RUMO À ESTAÇÃO
FINLÂNDIA

EDMUND WILSON

RUMO À ESTAÇÃO FINLÂNDIA

Escritores e atores da história

Tradução
Paulo Henriques Britto

Prefácio
Jed Perl

5ª reimpressão

COMPANHIA DE BOLSO

Copyright © 1940 by Harcourt Brace & Co., Inc., copyright renovado © 1967
by Edmund Wilson
Copyright da nova introdução e revisão © 1972 by The Estate of Edmund Wilson
Copyright do prefácio © 2006 by Jed Perl

Publicado mediante acordo com Farrar, Straus and Giroux, LLC, Nova York.

*Grafia atualizada segundo o Acordo Ortográfico da Língua Portuguesa de 1990,
que entrou em vigor no Brasil em 2009.*

Título original
To the Finland Station

Capa
Jeff Fisher

Revisão
Renato Potenza Rodrigues
Vivian Miwa Matsushita
José Muniz Jr.

Atualização ortográfica
Abordagem Editorial

Índice remissivo
Thaíse Costa

Digitação
Mikonos comunicación Gráfica

Dados Internacionais de Catalogação na Publicação (CIP)
(Câmara Brasileira do Livro, SP, Brasil)

Wilson, Edmund, 1895-1972.
　　Rumo à estação Finlândia: escritores e atores da história /
Edmund Wilson: tradução Paulo Henriques Britto ; prefácio Jed
Perl — São Paulo: Companhia das Letras, 2006.

　　Título original: To the Finland Station.
　　ISBN 978-85-359-0895-4

　　1. Comunismo — História 2. História — Filosofia 3. Socialismo
— História I.Título.

06-6578	CDD-901

Índices para catálogo sistemático:
1. História : Filosofia 901
2. História : Teoria 901

2023

Todos os direitos desta edição reservados à
EDITORA SCHWARCZ S.A.
Rua Bandeira Paulista, 702, cj. 32
04532-002 — São Paulo — SP
Telefone: (11) 3707-3500
www.companhiadasletras.com.br
www.blogdacompanhia.com.br

O autor agradece particularmente às seguintes pessoas as críticas, informações e materiais emprestados: Max Eastman, Christian Gauss, Franz Höllering, Sidney Hook, Robert-Jean Longuet, Mary McCarthy, Max Nomad e Herbert Solow. Em certos capítulos, o autor valeu-se muito da biografia de Bakunin (de E. H. Carr), da biografia de Lassalle (de Arno Schirokauer) e do primeiro volume da biografia de Lênin (de Liev Trótski). O livro Marx, Lenin, and the Science of Revolution, *de Max Eastman, lhe foi particularmente útil.*

Há que agradecer também às revistas The New Republic *e* Partisan Review, *nas quais foram publicadas certas seções do presente livro.*

SUMÁRIO

Prefácio *9*

PARTE I

1. Michelet descobre Vico *16*
2. Michelet e a Idade Média *20*
3. Michelet e a Revolução *28*
4. Michelet tenta viver a história *41*
5. Michelet entre nacionalismo e socialismo *45*
6. Declínio da tradição revolucionária: Renan *54*
7. Declínio da tradição revolucionária: Taine *64*
8. Declínio da tradição revolucionária: Anatole France *75*

PARTE II

9. Origens do socialismo: A defesa de Babeuf *90*
10. Origens do socialismo: A hierarquia de Saint-Simon *100*
11. Origens do socialismo: As comunidades de Fourier e Owen *108*
12. Origens do socialismo: Enfantin e os socialistas americanos *121*
13. Karl Marx: Prometeu e Lúcifer *135*
14. Karl Marx resolve mudar o mundo *145*
15. Friedrich Engels: O jovem de Manchester *154*
16. A parceria Marx-Engels *166*
17. Marx e Engels: O polimento da lente *179*
18. Marx e Engels tentam fazer história *191*
19. O mito da dialética *209*
20. Marx e Engels voltam a escrever história *232*

21. Personagens históricas: Lassalle *264*
22. Personagens históricas: Bakunin *301*
23. Karl Marx: Poeta das mercadorias e ditador do proletariado *332*
24. Karl Marx morre à sua mesa de trabalho *377*

PARTE III
25. Lênin: Os irmãos Uliánov *398*
26. Lênin: O grande diretor *424*
27. Trótski: A jovem águia *458*
28. Trótski identifica a história consigo próprio *485*
29. Lênin identifica a si próprio com a história *504*
30. Lênin na estação Finlândia *516*

Resumo: A situação em 1940 *537*
Apêndice: Prefácio à edição de 1971 *548*
Índice remissivo *561*
Sobre o autor *573*

PREFÁCIO

Edmund Wilson era mais aventureiro, mais produtivo e tinha interesses mais amplos do que quase todos os outros escritores americanos do século xx. Até sua morte, em 1972, publicou mais de duas dúzias de obras que incluíam romances, estudos históricos, crítica literária, reportagem política, livros de viagem, poesia e peças de teatro; os diários que manteve desde os anos 1920 foram publicados depois, em cinco robustos volumes. Cada página que Wilson escreveu era marcada por sua combinação única de vivacidade e lucidez, embora ele sempre abordasse a vida com uma avidez romântica, era uma avidez disciplinada e esclarecida pela beleza clássica de sua prosa. Seu estilo é ao mesmo tempo sensível e afiado, arrebatado e conciso. Essa mesma energia paradoxal está presente em seus estudos pioneiros sobre Marcel Proust e James Joyce, em suas reportagens sobre a vida dos trabalhadores durante a Grande Depressão, em seu relato da descoberta dos manuscritos do mar Morto, em suas lembranças da amizade com F. Scott Fitzgerald, em suas impressões sobre as visitas feitas aos índios iroqueses do estado de Nova York e nos registros sem rodeios que fazia em seus diários, com referências apaixonadas a mulheres e amantes. Wilson pode transformar qualquer experiência ou entusiasmo em literatura — e é literatura feita para durar.

A amplitude dos interesses e das obras de Wilson podia não ser especialmente incomum na Europa de meados do século xx, quando Sartre, Malraux, Koestler e muitos outros escritores iam da ficção para a não ficção e da literatura de ficção para a polêmica com considerável facilidade, mas nos Estados Unidos era praticamente o único com essa qualidade. Tratava-se de um homem de enorme cultura que jamais perdera o espírito pioneiro de ir direto ao ponto, embora tivesse aprendido meia dúzia de idiomas e fosse o responsável por apresentar aos leitores americanos muitas das riquezas da literatura europeia. Nascido em 1895, era filho único de uma família de classe média alta; seu pai era um proeminente advogado de Nova Jersey. Frequentou a Universidade Princeton, serviu no exército durante a Primeira Guerra Mundial e começou sua carreira na cidade de Nova York nos anos 1920, escrevendo para a *Vanity Fair*. Em alguns de seus primeiros livros — o romance *I Thought of Daisy* [Lembrei de Daisy] e o estudo sobre a literatura moderna *O castelo de Axel* — firmou-se como observador agudo da vida moderna, e nas décadas seguintes respondeu à maioria dos desafios e perplexidades do século xx. Seu fascínio de toda uma vida pela literatura americana resultou finalmente em *Patriotic Gore* [Sangue patriótico], um estudo magistral da literatura da Guerra da Secessão. Os costumes sexuais de seu tempo foram o tema de uma série interligada de histórias reunidas em *Memoirs of Hecate County* [Memórias do condado de Hecate], bem como de muitas páginas de seus diários. As modas culturais foram investigadas em suas crônicas literárias, entre elas *Classics and Commercials* [Clássicos e comerciais], e o período posterior à Segunda Guerra Mundial foi o tema de *Europe without Baedeker* [A Europa sem o guia Baedeker]. Quanto às calamidades sociais dos anos 1930 — a década em que Wilson abandonou o conforto do lar em que crescera e foi conhecer os Estados Unidos em toda a sua complexidade —, elas inspiraram as reportagens reunidas em *The American Earthquake* [O terremoto americano], bem como o panorama da ascensão das ideias socialistas na Europa, *Rumo à estação Finlândia*, publicado em 1940.

Embora cada admirador dos escritos de Wilson tenha predileção especial por uma de suas obras, *Rumo à estação Finlândia* está certamente no alto da lista de todos. O livro está banhado pela sensibilidade de Wilson para o ritmo da história humana, por sua curiosidade pelas formas das vidas individuais, por sua crença de que até as mais exaltadas artes e ideias emergem da experiência cotidiana. Para ele, nunca foi totalmente possível separar o pensador do pensamento ou o artista da obra de arte, e em *Rumo à estação Finlândia* as origens dos sonhos socialistas que ajudaram a moldar a história do século xx são localizadas nas batalhas intelectuais de um pequeno grupo de homens. Wilson começa com o dia de janeiro de 1824 em que "um jovem professor francês chamado Jules Michelet [...] encontrou o nome de Giovanni Vico numa nota do tradutor no livro que estava lendo" e conclui com a noite de 16 de abril de 1917, quando Lênin retornou do exílio para São Petersburgo e viu-se, na Estação Finlândia, diante de "homens que haviam saído de prisões ou voltado do exílio, de cujas faces escorriam lágrimas". Ele pôs em seu livro o subtítulo de "Escritores e atores da história", e o que prende o leitor, mais do que a exposição das ideias, é a força dos retratos que ele traça dos grandes intelectuais que são os heróis de sua história. As melhores páginas do livro talvez sejam aquelas em que descreve a vida miserável de Marx durante o período em que morou em Londres, quase incapaz de sustentar a família, lutando para terminar *O capital*: "Tudo vivia sendo penhorado, inclusive os sapatos das crianças e o casaco de Marx — o que os impedia de sair de casa [...] Às vezes [sua esposa] Jenny passava a noite inteira chorando, e Karl perdia a paciência: estava tentando escrever seu livro sobre economia". Wilson sempre admirou homens e mulheres que iam além da rotina da vida cotidiana e abraçavam as grandes questões morais e artísticas; o leitor sente essa admiração em seu retrato de Proust em *O castelo de Axel* e nos estudos reunidos em *Patriotic Gore*, sobre Ulysses S. Grant, cujas *Memórias* se transformaram em best-seller, e de Kate Chopin, a autora do estado de Louisiana que escreveu histórias ousadamente experimentais sobre mulheres infelizes no casamento.

Rumo à estação Finlândia é um livro com um fluxo incontrolável. Os homens que Wilson reúne — em especial Marx, Engels, Trótski e Lênin — são descritos com a mesma beleza das figuras de um romance do século xix. O livro é animado pela crença desses homens de que era possível encontrar uma nova ordem social, por seu desejo de endireitar o mundo, pelo anseio da utopia. Porém quando o livro foi publicado, em 1940, algumas pessoas já haviam reconhecido que a União Soviética não era aquele lugar ideal, embora muitos ainda acreditassem na promessa de uma nova Rússia. Pode-se argumentar que a energia de *Rumo à estação Finlândia* foi alimentada por uma falsa esperança, algo que o próprio Wilson enfrentou em seu prefácio para a edição de 1971, quando confessou que "Nada me levava a desconfiar que a União Soviética viria a tornar-se uma das mais abomináveis tiranias que o mundo jamais conhecera, e que Stálin seria o mais cruel e inescrupuloso dos implacáveis czares russos". Mas mesmo quando reconhecemos, como Wilson finalmente fez, que *Rumo à estação Finlândia* contém equívocos sérios, o livro continua sendo magnífico — um hino de ritmo grandioso ao anseio humano por justiça social. O filósofo político Michael Walzer lembra-se de tê-lo lido quando entrou na universidade, em 1953, em meio à Guerra Fria, e de como a combinação de otimismo romântico e lucidez analítica de Wilson o ajudou a ver que era possível ser "um esquerdista independente e crítico da política de Stálin".

Qualquer livro que mergulha nos fatos da história se tornará datado, pelo menos em alguma medida, e isso vale também para *Rumo à estação Finlândia*. Mas nenhum erro factual ou falha de interpretação pode diminuir a escala do empreendimento literário de Wilson. Tal como quase tudo o que ele escreveu, o livro é uma celebração da luta sem fim para compreender a condição humana, e nesse sentido é uma obra profundamente pessoal, fundamentalmente autobiográfica. Tomada em conjunto, a longa prateleira de livros de Wilson conta a história de um menino que nasceu numa comunidade privilegiada e um tanto insular no alvorecer do século xx e que se tornou um homem com uma curiosidade onívora sobre o mundo moderno. Sua vida foi uma busca, uma busca por variedades de experiência na literatura, na política e no amor. A palavra *rumo*, no título, oferece a chave deste livro, pois a história aqui contada não é sobre um determinado tipo de verdade ou justiça, mas sobre a *aspiração* de verdade e de justiça. Os leitores que ainda se voltam para

Wilson agora, uma geração depois de sua morte, ficam entusiasmados com esse anseio, com esse ardor romântico que é sempre temperado pela moderação clássica. Edmund Wilson, um homem que era tão complicado quanto perspicaz, é um dos heróis da literatura americana moderna.

Jed Perl*

---

* Jed Perl nasceu em Nova York, em 1951. Estudou arte no Columbia College e pintura na Skowhegan School. Foi editor da revista *Vogue* nos anos 1980 e é crítico de arte da *The New Republic* desde 1994. Entre os livros que publicou estão *Paris Without End*: *On French Art Since World War I*, *Eyewitness*: *Reports from an Art World in Crisis* e *New Art City*.

PARTE II

PARTE I

1. MICHELET DESCOBRE VICO

NUM DIA DE JANEIRO DE **1824,** um jovem professor francês chamado Jules Michelet, que ensinava filosofia e história, encontrou o nome de Giovanni Vico numa nota do tradutor no livro que estava lendo. A referência a Vico interessou-o tanto que começou a estudar italiano imediatamente.

Embora tivesse vivido e escrito cem anos antes, Vico jamais havia sido traduzido para o francês, sendo pouco conhecido fora da Itália. Fora um estudante pobre, nascido em Nápoles, na região mais atrasada da Itália, numa época em que a Renascença italiana, obstruída pela Inquisição, já estava praticamente esgotada. Devido à sua origem humilde e à reputação de excêntrico, Vico não pôde ter uma carreira acadêmica; ao ver, porém, que seria incapaz de vencer os obstáculos em seu caminho e que teria de seguir sozinho, levou adiante suas ideias impopulares. Em 1725, publicou uma obra intitulada *Princípios de uma ciência nova sobre a natureza comum das nações, através da qual também se revelam novos princípios da lei natural dos povos.* Vico tinha lido Francis Bacon e concluíra que devia ser possível aplicar ao estudo da história da humanidade métodos semelhantes àqueles que Bacon propusera para o estudo do mundo natural. Depois lera Grotius, que defendia uma abordagem histórica da filosofia e da teologia em termos das línguas e ações dos homens, com o objetivo de construir um sistema de direito que abarcasse todos os sistemas morais e, em vista disso, fosse universalmente aceitável.

O jovem Michelet também estava à procura dos princípios de uma nova ciência da história. Entre seus projetos incluíam-se uma história da "raça considerada como um indivíduo", uma série de "estudos filosóficos dos poetas" e uma obra sobre "o caráter dos povos conforme é revelado por seus vocabulários". Era seu intuito — escreveu Michelet — "combinar história e filosofia", porque "uma completava a outra". Em julho, já conseguira chegar até Vico, e leu todo o primeiro volume sem interrupção. Não seria exagero dizer que do confronto da mente de Michelet com a de Vico nasceu todo um novo mundo filosófico-histórico: o mundo da história social recriada. A respeito desse momento de sua vida, Michelet escreveu anos depois: "1824. Vico. Esforço, sombras infernais, grandeza, o Ramo de Ouro". Escreveu também: "A partir de 1824, fui tomado por um arrebatamento que peguei de Vico; fiquei incrivelmente inebriado com seu grande princípio histórico".

Mesmo hoje, ao lermos Vico, podemos sentir algo do entusiasmo de Michelet. É estranho e comovente encontrar, na *Ciência nova*, uma inteligência sociológica e antropológica moderna despertando em meio à poeira de uma escola de jurisprudência provinciana do final do século XVII e expressando-se pelo antiquado meio de um tratado semiescolástico. Aqui, através da visão precisa de Vico — quase como se contemplássemos as próprias paisagens do Mediterrâneo — vemos dissiparem-se as névoas que obscurecem os horizontes dos tempos mais remotos, vemos evanescerem-se as nuvens da lenda. Nas sombras há menos monstros; heróis e deuses evaporam-se. O que vemos agora são os homens tal como os conhecemos, no mundo que conhecemos. Os mitos que nos fizeram sonhar são projeções de uma imaginação humana como a nossa, e — se procurarmos a chave em nós mesmos e aprendermos a lê-los corretamente — esses mitos nos apresentarão a história das aventuras de homens como nós, um relato a que antes não tínhamos acesso.

E não só meras aventuras. Até então, a história sempre fora escrita como uma série de biografias de grandes homens, ou como uma crônica de acontecimentos notáveis, ou como um grande préstito comandado por Deus. Mas agora podemos ver que o desenvolvimento de uma sociedade foi afetado por suas origens, seu contexto; que, assim como os indivíduos, as sociedades passam por fases regulares de crescimento. Escreve Vico (baseio-me na tradução de Michelet, que às vezes se afasta do texto original): "Os fatos da história conhecida [...]" devem se "referir a suas origens primitivas, divorciados das quais eles até então pareceram não ter uma base comum, continuidade nem coerência". Escreve também: "A natureza das coisas não é mais do que virem elas a ser em determinados momentos e de determinadas maneiras. Onde quer que as mesmas circunstâncias estejam presentes, surgirão os mesmos fenômenos, e não quaisquer outros". E mais:

> Naquela noite escura que oculta de nossos olhos a mais remota antiguidade, surge uma luz que não pode nos desencaminhar: refiro-me a esta verdade incontestável: *o mundo social é certamente obra do homem*; e daí segue-se que se pode e deve encontrar os princípios desse mundo nas modificações da própria inteligência humana.

E mais: "Os governos se adaptam necessariamente à natureza dos governados; são resultado mesmo dessa natureza".

Todas as ideias que Michelet encontrou em Vico, embora fosse Vico o primeiro a expô-las, não eram, naturalmente, novas para Michelet. Entre a época de Vico e a de Michelet ocorrera o Iluminismo. Antes mesmo do nascimento de Michelet, Voltaire já varrera os deuses e heróis; Montesquieu já mostrara de que modo as instituições humanas se relacionavam com os hábitos raciais e os climas. Além disso, pouco depois Michelet encontraria em Herder uma teoria evolucionária da cultura, e em Hegel uma visão da química das transformações sociais. Como, então, a *Ciência nova* pôde constituir uma revelação para um homem de 1820? É que Vico, com a força de seu gênio imaginativo, de extraordinário poder e alcance, lhe permitira apreender pela primeira vez o caráter *orgânico* da sociedade humana e a importância de reintegrar, por meio da história, diversas forças e fatores que compõem a vida humana. Escreveu Michelet: "Não tive outro mestre senão Vico. Seu princípio da força viva, da humanidade que cria a si própria, é a fonte de meu livro e de meus ensinamentos". Vico afirmara que sua realização fora explicar "a formação do direito humano" e indicar "as fases específicas e o processo regular por meio do qual surgiram os costumes que deram origem ao direito: religiões, línguas, dominações, comércio, ordens, impérios, leis, armas, julgamentos, castigos, guerras, paz, alianças". Vico afirma ter mostrado, para todos esses elementos sociais, "em termos dessas fases e desse processo de crescimento, a eterna justeza em virtude da qual a fase e o processo são necessariamente tal como são e não de outro modo qualquer". Em agosto, por ocasião da entrega dos prêmios da escola, Michelet afirma:

> Ai daquele que tenta isolar um ramo do saber de outro. [...] Toda ciência é una: linguagem, literatura e história, física, matemática e filosofia; assuntos que parecem os mais distantes um do outro são na realidade interligados; ou melhor, todos formam um único sistema.

> [E poucos anos depois Michelet daria início a seu grande projeto de aplicação dos princípios gerais de Vico à exposição da história.]

2. MICHELET E A IDADE MÉDIA

NO ILUMINISMO DO SÉCULO XVIII e na Revolução Francesa, tornara-se dominante uma ideia que não está em Vico, embora já existisse em germe no pensamento de seu mestre, Bacon: a ideia do progresso humano, da capacidade de autoaperfeiçoamento da humanidade. Apesar de sua originalidade, Vico jamais chegara a desvencilhar-se completamente do ponto de vista teológico segundo o qual a meta do aperfeiçoamento é o Céu, sendo, portanto, a salvação uma questão individual, que depende da graça divina. Vico fora capaz de entender que as sociedades humanas passam por fases sucessivas de desenvolvimento, mas aparentemente imaginava a história como uma série de ciclos que se repetiam.

Michelet, porém, tendo nascido em 1798, já possuía a tradição da Revolução. Crescera durante o período napoleônico e a restauração dos Bourbon, e na adolescência fez-se batizar, tornando-se católico; havia aceito o cargo de preceptor da jovem princesa de Parma nas Tulherias. Mas era pobre: tanto por parte de pai como de mãe, sua família era da pequena burguesia culta — um de seus avôs fora organista da Catedral de Laon, e seu pai, impressor, arruinara-se quando Napoleão reprimiu a imprensa. Dois anos antes do nascimento de Jules, a tipografia de seu pai fora revistada por policiais que buscavam textos jacobinos; um manifesto proibido, que teria custado a vida a Furcy Michelet, estava bem à vista, sobre a mesa, mas o inspetor não teve a ideia de examiná-lo; contudo a sra. Michelet, que estava grávida, tempos depois convenceu-se de que seu filho nascera morto devido ao susto por que ela passara nesse dia. Tinha Jules Michelet dez anos de idade quando seu pai foi preso por não poder pagar as dívidas: ele foi junto com a mãe quando ela acompanhou o marido à prisão. Posteriormente, a polícia de Napoleão selou o prelo de Furcy Michelet, um incidente que causou tanta angústia a Jules que, anos depois, ele incluiu em seu testamento uma cláusula na qual determinava que a esposa não fosse obrigada a selar seu caixão. Em Michelet, os princípios da Revolução não estavam muito abaixo da superfície, mesmo nos primeiros anos de sua vida adulta, quando eles pareciam ter sido recobertos pelo verniz das opiniões burguesas convencionais da época.

Em julho de 1830, a reação contra Carlos x resultou num levante de trabalhadores e estudantes que dominou Paris durante três dias, levando a bandeira branca ao exílio mais uma vez. Michelet, ainda com Vico na cabeça, foi possuído de uma visão na qual o renascimento do idealismo na tradição da grande Revolução dava sentido aos ciclos de Vico. Numa explosão emocional, escreveu com muita rapidez uma *Introdução à história universal*. O livro fora escrito, segundo o autor, "nas calçadas em chamas" de Paris; começava com a seguinte declaração:

Nasceu com o mundo uma guerra que só há de terminar com o mundo: a guerra do homem contra a natureza, do espírito contra a matéria, da liberdade contra a fatalidade. A história não é mais que o registro desse conflito interminável.

O cristianismo dera ao mundo o evangelho moral; agora cabia à França pregar o evangelho social. "As soluções para os problemas sociais e intelectuais só têm efeito na Europa após serem interpretadas, traduzidas e popularizadas pela França."

Mas a vitória dos trabalhadores foi prematura; as províncias não apoiaram Paris; e a burguesia liberal, em vez de restaurar a república, vendeu-se ao partido orleanista, que entronizou o monarca constitucional, Luís Filipe. Michelet voltou para as Tulherias, onde tinha como aluna outra princesa, a filha de Luís Filipe. Porém conseguiu um cargo mais importante: foi nomeado conservador dos Arquivos, chefe da seção de história. E com os personagens, os estatutos e a correspondência oficial da França antiga à sua disposição, pôs-se a escrever sua *História da Idade Média*.

Quando Michelet começou a trabalhar nos Arquivos, com Vico e os ecos do levante de julho na cabeça, um novo passado — pela primeira vez, o passado verdadeiro da França — pareceu reviver. Nos dois primeiros volumes da *História* de Michelet, que tratam das antigas raças da Gália em um período que deixou poucos documentos e que, apesar dos estudos feitos posteriormente, até hoje conhecemos bem pouco, não teve muito êxito a tentativa de "ressuscitar" o passado, para empregar o termo com o qual Michelet designava seu método. O Michelet característico só aparece no capítulo intitulado "Mapa da França", no qual ele apresenta uma descrição do país. Porém, à medida que entramos nas épocas que deixaram um número maior de documentos, o milagre começa a acontecer.

As cartas escritas por Michelet nessa época apresentam de modo notável sua concepção da tarefa do historiador e a paixão com que ele se dedicava a ela.

Escreve Michelet:

> Creio que encontrei, através da concentração e da reverberação, uma chama suficientemente intensa para derreter todas as diversidades aparentes, devolver-lhes na história a unidade que tinham em vida. [...] Não pude interpretar o mais insignificante fato social sem invocar todos os ramos da atividade humana, chegando cada vez mais à conclusão de que nossas classificações não funcionam. [...] Empreender a tarefa de combinar tantos elementos díspares é nutrir no próprio peito uma grande força perturbadora. Reproduzir tantas paixões é não acalmar as paixões que se têm. Uma chama quente o bastante para fundir povos inteiros é quente o bastante para consumir a própria lareira em que se encontra.

A respeito da Renascença, escreve:

Jamais levantei peso tão grande, combinei tantos elementos aparentemente díspares numa única unidade viva. [...] Estou tentando unir aqueles fios que a ciência jamais juntou: o direito, a arte etc., para mostrar de que modo uma determinada estátua, um determinado quadro, é um evento na história do direito; acompanhar o movimento social desde o servo atarracado que faz as vezes de suporte dos nichos dos santos feudais até a fantasia da corte (a Diana de Goujon), até Béranger. Esse fio duplo compõe-se de indústria e religião. É fácil para a imaginação vislumbrar essa interação, mas determinar com algum grau de certeza a *maneira*, a *quantidade*, da ação, fundar uma teoria tão nova sobre bases científicas, é coisa que exige muito esforço.

Por trás das crônicas e lendas da Idade Média, que aquela chama havia tornado transparentes, via-se agora em foco um panorama novo e distinto. Ninguém havia realmente explorado os arquivos franceses; a fonte principal das obras de história eram as obras de história escritas anteriormente. Michelet nos conta de que modo, naquelas "galerias solitárias por onde caminhei por vinte anos, naquele silêncio profundo, vieram a mim os sussurros das almas que sofreram há tanto tempo, e que agora estavam sufocadas no passado" — todos os soldados mortos em todas as guerras, que lembravam a dura realidade e faziam-no perguntar-se, com amarga ironia, se ele estava ali para escrever romances à Walter Scott, incentivando-o a trazer à luz aquilo que fora suprimido por Monstrelet e Froissart, os "cronistas oficiais" da época da cavalaria. Há quem chame Michelet de romântico; e, de fato, sua história tem muita movimentação, muito de pitoresco, bem como, nas partes iniciais, trechos de retórica verborrágica. Porém não há dúvida de que sua atitude fundamental é, conforme ele próprio insiste, realista e não romântica. Michelet trabalhava sozinho; segundo ele, o movimento romântico o "ignorou". Aos 22 anos de idade, escrevera em seu diário:

Somos todos mais ou menos românticos. É uma doença que vem no ar que respiramos. Feliz aquele que desde cedo armou-se de bom senso e sentimentos naturais suficientes para reagir contra ela.

As grandes narrativas medievais estão relatadas em Michelet com uma intensidade que as torna vivas; no entanto, o efeito da abordagem do historiador é dissipar a aura de mito que se forma em torno delas. E as narrativas são apresentadas tendo como pano de fundo uma série de processos econômicos e sociais inteiramente desconhecidos dos seguidores da escola de ficção romântica que Michelet reprovava. Era uma característica dos românticos interessar-se por indivíduos notáveis enquanto tais; para Michelet, os indivíduos notáveis só interessavam na medida em que eram representativos de grupos e movimentos. A linguagem solene das velhas crônicas não emprestava mais às Cruzadas e à Guerra dos Cem Anos aquele ar remoto de tapeçaria antiga. Em Michelet, tais eventos transcorriam no mesmo palco — e no mesmo nível de dignidade — que as guerras com soldados enfileirados e peças de artilharia. O que interessa ao historiador, mais do que os feitos de valor individual, é o desenvolvimento das técnicas bélicas.

Assim, ainda guardamos na memória a terrível descrição dos camponeses, que aparece no capítulo referente aos seus levantes, depois de já termos esquecido Filipe de Valois e Filipe, o Belo. Escreve Michelet:

Hoje restam poucos castelos, graças aos decretos de Richelieu e à Revolução. Porém, mesmo agora, quando nos encontramos numa viagem ao pé das muralhas de Taillebourg ou Tancarville, quando, no coração da floresta das Ardennes, na garganta de Montcornet, vislumbramos, acima de nossas cabeças, aquele olho oblíquo e semicerrado a nos observar, aperta-nos o coração, e sentimos algo do sofrimento daqueles que, por tantos séculos, penaram ao pé daquelas torres. Para saber isso, nem sequer é preciso que se tenham lido os velhos livros de história. As almas de nossos ancestrais ainda latejam em nós por dores já esquecidas, quase como o homem ferido que sente dor na mão que perdeu.

É bem verdade que Michelet fez muito para tornar Joana d'Arc popular e famosa; contudo, ela o interessava como porta-voz do sentimento nacional do povo, e não como mística ou santa. "Que lenda é mais bela que essa história incontestável?", perguntou Michelet.

Porém há que ter cuidado para não transformá-la em lenda. Há que preservar zelosamente todas as suas circunstâncias, até mesmo as mais humanas; respeitar sua comovente e terrível humanidade. [...] Por maior a comoção sentida pelo historiador ao narrar esse evangelho, ele manteve os pés firmemente plantados no real, jamais sucumbindo à tentação do idealismo.

E o autor insistia que Joana d'Arc havia estabelecido o tipo moderno do herói de ação, "contrário ao cristianismo passivo". Assim, sua abordagem era inteiramente racional, solidamente fundada na filosofia do século XVIII — anticlerical e democrática. Por esse motivo, a *História da Idade Média*, ainda que importante, e apesar das observações argutas e passagens de maravilhosa eloquência, é a meu ver menos satisfatória que as outras partes da história de Michelet. O que o autor realmente admira não são as virtudes cultivadas pela era da cavalaria e do cristianismo, mas o heroísmo do cientista e o do artista, a religião e a política dos protestantes, as tentativas do homem a fim de compreender sua situação e controlar racionalmente seu desenvolvimento. Michelet percorre toda a Idade Média com impaciência, ansioso por chegar à Renascença.

Ter que entrar no reinado de Luís XI depois da história de Joana d'Arc é demais para Michelet; embora jamais seja realmente maçante, o autor faz o leitor sentir, nos trechos referentes a períodos que não lhe interessam, seu cansaço e ausência de empatia. No meio do reinado de Luís xı ele solta um grande suspiro de sofrimento:

> A história do século xv é longa; longos são seus anos e longas suas horas. Foi essa a sensação daqueles que viveram nesse período, e é essa a sensação daquele que tem de retomá-lo e insuflar-lhe vida. Refiro-me ao historiador que, encarando a história como algo mais que um simples jogo, faz um esforço sincero para entrar na vida do passado. [...] Pois onde é que há vida aqui? Quem saberá dizer quais os vivos e quais os mortos aqui? Por qual facção devo-me interessar? Haverá um só entre todas essas personagens que não seja suspeito nem falso? Haverá algum no qual possamos pousar o olhar e encontrar com clareza as ideias, os princípios, onde vive o coração do homem? Já afundamos muito na indiferença e na morte moral. E será necessário ir mais fundo ainda.

Enquanto isso, no século do próprio Michelet, a luta entre a reação e a república mais uma vez chega a um confronto. O clero denuncia a história de Michelet, e, mais uma vez, o filho da Revolução é obrigado a defender seus princípios. A princesa Clementina se casa, e Michelet pede demissão de seu cargo de preceptor. Em seu curso no Colégio de França, onde se tornou uma figura popular, dá início a uma série de preleções contra os jesuítas. Tem como colegas, entre outros, o militante Quinet e o patriota polonês exilado Mickiewicz. "Ação, ação!", escreve Michelet em julho de 1842.

> Apenas a ação pode nos consolar! Não apenas em nome do homem, mas também de toda aquela natureza mais baixa que se esforça para chegar à condição de homem, que contém a potencialidade de seu pensamento — levemos avante, com vigor, o pensamento e a ação.

A partir de 1843, Michelet segue uma linha definida e inflexível. Vira as costas para a Idade Média, acreditando já ter-lhe dado toda a atenção e simpatia que ela merece. Torna-se perigoso idealizá-la; o culto ao passado leva fatalmente à reação; as velhas tiranias são exumadas com o romantismo do passado. E Michelet, embora não se engajasse na política, saltou em sua história do século xv diretamente para a Revolução Francesa, cujas metas e realizações, segundo ele, haviam sido obscurecidas pela confusão dos acontecimentos que a seguiram. Agora Michelet estava no auge de sua capacidade, e, sob a pressão da paixão que vinha se acumulando, para explodir em 1848, dedicou-se inteiramente à epopeia de três séculos que o ocuparia durante o resto da vida, e à qual sua *História da Idade Média* serviria como pouco mais que uma introdução.

3. MICHELET E A REVOLUÇÃO

O MICHELET MADURO É um fenômeno estranho. Sob muitos aspectos, é mais fácil compará-lo a um romancista como Balzac do que a um historiador comum. Tinha ele as preocupações sociais e a compreensão do caráter individual que caracterizam o romancista, a imaginação e a paixão do poeta. Tudo isso, devido a alguma combinação extraordinária de acasos, em vez de se exercer livremente sobre a vida contemporânea, voltara-se para trás, para a história, e unificara-se em um apetite científico por fatos que levava Michelet a mergulhar em árduas pesquisas.

Criado isolado de seus companheiros, fora obrigado a confiar em seus próprios recursos. Sua infância foi triste, pobre e dura. Nasceu numa velha igreja escura e úmida, abandonada havia muitos anos, com janelas quebradas que deixavam entrar o vento e a chuva; seu pai a adquirira por um bom preço e a transformara em tipografia. Passou a juventude e o início da vida adulta num ambiente muito deprimente. Escreve ele: "Cresci como uma erva daninha, sem sol, entre duas pedras de calçamento em Paris". Até a época em que Jules Michelet completou quinze anos, sua família não comia carne ou bebia vinho; eles se alimentavam apenas de legumes cozidos e pão. E no porão em que moravam durante os anos em que Jules cursava a escola, passaram inverno após inverno sem aquecimento. O frio rachava tanto suas mãos que lhe ficaram cicatrizes para o resto da vida. Vivendo num ambiente apertado, o pai e a mãe brigavam constantemente, e o menino era obrigado a assistir a essas discussões. Aos dezessete anos perdeu a mãe, vítima de câncer. Na escola, era franzino, esquisito e tímido, alvo constante do escárnio dos colegas. Não conseguia fazer amizades; vinha de um mundo diferente. Quando terminavam as aulas, os outros meninos iam para lares burgueses, para uma vida de conforto e lazer; quando Jules ia para casa, era para trabalhar na tipografia. Aprendera a compor aos doze anos.

Porém, enquanto trabalhava no prelo, naquele porão sombrio e insalubre, estava construindo seu império. A fome e o frio obrigavam-no a procurar alimento e calor na própria mente e imaginação. Afinal, era filho único; os pais esperavam muito dele, lhe davam o melhor que podiam obter. Anos depois, a respeito da educação do neto, escreveria Michelet ao genro:

> O mais importante é Etienne. Preciso *transmitir a ele o que meus pais fizeram por mim*, dando-me, através de sacrifícios inauditos, liberdade, a liberdade de ter tempo para dedicar a meu trabalho. Que não nos entreguemos a atitudes falsamente democráticas. O trabalhador é *escravo* ou da vontade alheia ou do destino. Disso escapei, graças a meu pai e minha mãe.

E, afinal, embora — como veremos — os invernos frios e úmidos de Paris tenham marcado sua juventude, Michelet era um parisiense, o que para ele, durante toda a vida, significava herdar um imenso legado intelectual. Em uma de suas cartas, Michelet fala de sua ânsia por voltar para "nossa Paris, esse grande teclado de 100 mil teclas no qual se pode tocar todos os dias — refiro-me aos inumeráveis recursos intelectuais da cidade".

Por fim — e foi o que lhe deu uma determinada visão e uma formação específica —, os Michelet eram uma família de impressores, a quem a posse do prelo dava um interesse comum e uma espécie de *esprit de corps*. O prelo viria a tornar-se para Michelet o grande símbolo dos progressos do pensamento humano, e o ofício de impressor, uma verdadeira religião. Ainda havia nos Michelet algo do espírito dos grandes impressores renascentistas, como os Etienne e os Aldus, sobre os quais Michelet escreve com tanto fervor — essas famílias extraordinariamente cultas que, empolgadas com a descoberta da antiguidade e trabalhando quase sem parar para dormir, conseguiram não apenas publicar os clássicos mas também fixar-lhes os textos e elucidá-los. Assim, o pai de Michelet trabalhou com ele na preparação de sua história da França até a morte. E o interesse que Michelet manifesta pela liberdade de imprensa e pelo progresso da ciência humana é o de um homem para quem o ofício de impressor é ainda uma aventura e uma conquista. Parte essencial da força e do encanto da figura de Michelet é o fato de ele parecer menos um erudito do século XIX do que o último grande homem de letras renascentista. Menino, aprendeu latim e grego com uma perfeição que naquela época já se tornava rara; posteriormente aprendeu inglês, italiano e alemão, e devorou a literatura e o saber desses idiomas. Apesar de pobre, viajou muito, conhecia quase toda a Europa ocidental, e aquelas regiões — como as terras dos eslavos no Leste — que não conheceu em primeira mão, sua mente insaciável as invadiu.

A impressão que ele nos causa é muito diferente da visão que temos do estudioso moderno, que se especializa numa área restrita e aperfeiçoa-se num curso de pós-graduação: Michelet parece ter lido todos os livros, visto todos os monumentos e todos os quadros, entrevistado pessoalmente todas as autoridades e explorado todas as bibliotecas e arquivos da Europa, e que tudo isso está guardado em sua cabeça. Segundo os Goncourt, o que atrai em Michelet é o fato de que suas obras "parecem escritas à mão. Nelas não se encontram a banalidade e a impessoalidade que tem a coisa impressa; são como o autógrafo de um pensamento". Na realidade, ele representa uma etapa mais antiga da história da imprensa, antes que as fórmulas jornalísticas e acadêmicas se interpusessem entre o conhecimento em primeira mão e o leitor. Michelet é apenas um homem que vai até as fontes e tenta registrar aquilo que é possível aprender com elas; e esse papel, que, por um lado, não tem pretensões acadêmicas, por outro tem uma responsabilidade mais direta para com o leitor.

Assim, desde o início Michelet aprendeu a proteger-se dentro de uma cidadela intelectual imune a privações e desastres. E as circunstâncias externas de sua vida continuaram a ser amargas e dolorosas. Depois da morte da esposa, o pai de Jules arranjou um emprego curioso, de diretor de uma instituição que era uma mistura de pensão com hospício. Ali Michelet passou oito anos da juventude, em companhia de pessoas desequilibradas e empobrecidas, sobreviventes do antigo regime, e dos médicos e ajudantes que delas tomavam conta. Desposou a jovem companheira de um velho marquês deficiente mental: tinha ela pouco em comum com Michelet, e quinze anos depois morreu de tísica, deixando-lhe dois filhos. Durante esses anos, Michelet, um jovem professor, acordava às quatro da manhã para ler, escrever e dar aulas o dia inteiro; levava um livro até mesmo quando, à tarde, ia caminhar um pouco. Tinha um amigo íntimo, um estudante de medicina que compartilhava as mesmas paixões intelectuais que, escreveu Michelet, "devoravam" sua juventude; porém esse rapaz, para desespero de Jules, também ficou tuberculoso, definhou e morreu.

Talvez não haja no campo da literatura exemplo mais extraordinário de uma experiência individual limitada que se expandiu e se transformou numa grande obra da imaginação. Quando o frágil e solitário filho de impressor revirou o próprio ser em seus livros, deu ao mundo não as exaltações e os desesperos pessoais inflados a proporções heroicas que caracterizaram seus contemporâneos românticos, e sim o drama terrível da formação do mundo moderno a partir do feudalismo. Sua história da França, embora imensa, cheia de complexidades, variações e detalhes, revela uma concepção emocional ambiciosa, cuja origem podemos encontrar com facilidade na experiência pessoal do autor. Os séculos que antecedem a Revolução são como uma longa e solitária juventude, gasta na espera incessante de uma oportunidade para a expressão pessoal, a libertação, a afirmação de direitos jamais reconhecidos, a livre associação com os outros homens. O clímax da história é o momento da fundação das Federações, no ano que se seguiu à tomada da Bastilha, quando comunidades de toda a França vieram jurar fraternidade e devoção à Revolução. Michelet foi o primeiro historiador a investigar e enfatizar esse fenômeno. Escreve ele:

Creio que em nenhum outro momento o coração do homem foi tão amplo e espaçoso — em nenhum outro momento as distinções de classe, fortuna e facção foram mais completamente esquecidas.

Porém foi apenas um momento; depois, o refluxo dos velhos instintos e interesses em meio aos objetivos e às esperanças do novo viria ocasionar anos de confusão e desordem. Os líderes seriam derrubados pelas contradições internas entre novo e velho — tal como Michelet, que, antes de assumir uma posição, vira-se dividido entre seus protetores nobres e sua tradição revolucionária. O próprio Michelet foi produto dessa época de paradoxos; e iria se tornar o historiador por excelência das personalidades perplexas e anomalias políticas típicas de uma era de mudanças sociais. Essa ideia de contradições existentes dentro de um sistema social, que, como veremos, iria desempenhar um papel fundamental no pensamento socioeconômico futuro, já é tão dominante em Michelet que podemos nela identificar a origem dos paradoxos verbais que se tornaram frequentes nos últimos volumes a serem escritos de sua história da França, em que o autor aborda os impasses do antigo regime. Em Michelet, a antítese típica — que divide e torna incapaz de funcionar tanto o indivíduo como o organismo político — é entre solidariedade de classe e dever patriótico; e além dessa contradição há sempre a presença dos dois polos emocionais opostos que magnetizam o mundo de Michelet e lhe conferem um sistema moral: um egoísmo frio e antissocial e o impulso de solidariedade humana.

Voltemos ao século de Michelet. A Revolução de 1848 começou e terminou, e Michelet ainda não havia acabado sua história da Revolução de 1789. Em 1848, às vésperas da revolução de fevereiro, as aulas de Michelet foram consideradas tão incendiárias que seu curso foi suspenso; porém, depois da revolução ele recuperou a cátedra. Quando Luís Bonaparte tornou-se imperador em 1851, Michelet foi demitido sem direito a pensão e, quando se recusou a jurar lealdade ao imperador, perdeu seu cargo nos Arquivos. Era novamente um homem pobre, após um período de relativa prosperidade; se antes exercia influência direta sobre o público, agora estava sozinho com sua obra. "Aquele que sabe ser pobre sabe tudo", escreveu ele. Havia terminado a *História da Revolução* com a queda de Robespierre, e empreendera a tarefa de preencher a lacuna entre a morte de Luís XI e a tomada da Bastilha. Finda essa tarefa, retomou a história a partir da queda de Robespierre e chegou até Waterloo.

À medida que se passavam os anos e se publicavam volumes sucessivos da *História da França*, Michelet, cuja existência abarcava três quartos de século, foi deixando nele a sua marca indelével. Foi ele que, mais do que ninguém, deu aos franceses de seu tempo um passado. Era lido com entusiasmo por escritores tão diferentes quanto Lamartine, Montalembert, Victor Hugo, Heine, Herzen, Proudhon, Béranger, Renan, Taine, os irmãos Goncourt e Flaubert. Era, ao mesmo tempo, artista e pensador, e assim atingiu setores do mundo intelectual muito afastados uns dos outros, influenciando escritores os mais variados das mais diversas e curiosas maneiras.

O que Michelet considerava seu evangelho é coisa que podemos examinar mais adiante: suas ideias sempre eram expostas num nível mais ou menos distinto daquele em que se desenvolvia sua narrativa. Consideremos sua história como uma obra de arte e examinemos suas implicações filosóficas.

Em seu empreendimento de escrever a história de modo a captar o caráter orgânico da sociedade, daquela "humanidade que cria a si própria", conceito tomado emprestado a Vico, Michelet deparava-se com dois problemas fundamentais. Um deles era a tarefa enervante da qual já o ouvimos queixar-se em suas cartas: fundir materiais díspares, indicar as inter-relações das formas diversas de atividade humana. O outro era o de recapturar, por assim dizer, a forma e a cor peculiares de um momento histórico tal como o experimentaram os homens que nele viveram — voltar ao passado como se fosse presente, e ver o mundo sem ter uma visão definida do futuro ainda inexistente. Na concepção e execução dessas tarefas, Michelet, a meu ver, revelou-se um grande intelectual e um grande artista.

Um dos aspectos básicos do processo de fusão era a relação entre indivíduo e massa; e nisso Michelet talvez jamais tenha sido ultrapassado, nem mesmo no campo da ficção. Escreveu ele na *História da Revolução*:

> Outra coisa que essa História demonstrará com clareza, e que vigora em todos os casos, é que o povo era normalmente mais importante que os líderes. Quanto mais fundo escavei, mais me convenci de que o melhor estava no fundo, nas profundezas obscuras. E compreendi que é um grande erro tomar esses oradores brilhantes e poderosos, que exprimiam o pensamento das massas, como os únicos atores desse drama. Eles receberam impulsos de outrem muito mais do que o impeliram. O ator principal é o povo. Para reencontrar o povo e recolocá-lo em seu papel correto, fui obrigado a reduzir às devidas proporções as ambiciosas marionetes cujas cordas o povo manipulava, e nas quais procurávamos e julgávamos encontrar o mecanismo secreto da história.

E sempre que trata de pessoas notáveis, Michelet as apresenta em relação ao grupo social que as formou, a cujos sentimentos elas dão expressão, e cujas necessidades estão tentando satisfazer. Porém, mesmo as personalidades dos líderes revolucionários são apresentadas com vida, com todas suas idiossincrasias; por vezes nos são mostradas tão de perto que percebemos alterações em sua saúde ou seu moral, seus modos, sua indumentária; acompanhamos seus relacionamentos pessoais, seus amores. Michelet tem igual êxito ao tratar de indivíduos e de comunidades. A personalidade específica de uma cidade ou localidade — Lyon, Avignon ou Vendée — é apresentada com o mesmo domínio magistral da individualidade, e os diversos elementos sociais que a compõem são revelados interagindo uns com os outros, como os componentes de uma única personagem humana. E há também os coadjuvantes, como Ravaillac, o assassino de Henrique IV, ou Madame Guyon, mística do século XVIII, e pessoas totalmente obscuras, como Grainville, o infeliz mestre-escola de Amiens que parecia reunir em seu destino toda a desilusão e o desespero do período pós-revolucionário — todas essas figuras menores cujo retrato Michelet nos apresenta em um capítulo, fazendo-nos ver, numa única célula, determinada função ou doença do organismo.

A destreza com que o autor passa do close-up do indivíduo para o movimento do grupo local e daí para a visão analítica do todo, e vice-versa, é um dos componentes do virtuosismo técnico de Michelet, que vai se tornando cada vez mais impressionante.

Michelet realmente começa a dominar seu método perto do meio da *História da Revolução*, onde se torna necessário dominar um imenso teclado para relatar os desdobramentos ocorridos nas províncias dos acontecimentos políticos de Paris. Não posso concordar com Lytton Strachey, para quem a seção referente aos séculos que culminaram com a Revolução é a melhor da obra (os volumes referentes aos séculos XVI, XVII e XVIII foram escritos depois daquele dedicado à Revolução). A Revolução é um assunto muito mais desorganizado e muito mais difícil; e se o texto de Michelet é aqui excessivo e irregular, isso indica precisamente a determinação do autor de captar uma realidade complexa que já fora em outras ocasiões simplificada para produzir muitos sermões, revolucionários e reacionários. Michelet tinha razão ao afirmar que, embora já existissem versões realistas e robespierrianas da Revolução — tanto umas como outras "monarquistas", insistia o autor —, a sua história era a primeira de cunho republicano. Porém, nos volumes que abordam os séculos que antecederam a Revolução, em que é necessário enfocar um longo período de desdobramentos vagarosos, as grandes recorrências rítmicas da história são entremeadas com uma força cumulativa e um efeito sinfônico que certamente representam o limite extremo da capacidade do artista de usar fatos históricos como material de trabalho. Michelet manipula seus temas, abandonando-os e retomando-os periodicamente, como se trançasse uma corda: as assembleias periódicas dos Estados-Gerais, que gradualmente ganham uma nova importância; a esterilidade e a incompetência crescente da corte; o desenvolvimento das técnicas bélicas; os livros que assinalam o nascimento do Iluminismo; os episódios de perseguição aos protestantes; a série de julgamentos de casos de bruxaria que mostra a decadência do catolicismo nos conventos. Entretanto a imagem de uma corda sendo trançada é grosseira demais. Não há imagem, exceto a própria vida, que exprima a inteligência penetrante e a extrema perícia de exposição com que, por exemplo, nos volumes referentes a Luís xiv, Michelet inter-relaciona as intrigas palacianas, os temas das comédias de Molière e a situação da economia francesa; nem a abrangência do volume referente à Regência — Michelet queixa-se em suas cartas: "Nada mais difícil, mais disperso, mais árduo de reconstruir!" —, no qual o autor demonstra com grande sutileza que as boas intenções do regente liberal a nada levam por estar ele inextricavelmente comprometido com a classe agonizante a que pertence, uma história que termina com um desses incidentes incisivos que Michelet encontra tantas vezes para resumir uma situação: o duque d'Orléans, ao ver que suas reformas não levam a nada, tendo como único consolo a dissipação, exclama com amargura: "Pobre país miserável, governado por um bêbado e um proxeneta!".

Vez por outra, Michelet interrompe a narrativa para apresentar uma descrição da vida geral da época: os hábitos e costumes, a atmosfera moral; nesses trechos, o autor exibe sua genial capacidade de se identificar com cada período que aborda. É uma das principais diferenças entre o método de Michelet e o do historiador comum. Este sabe o que vai acontecer no decorrer de sua narrativa histórica, porque já tem o conhecimento dos fatos reais que ocorreram; Michelet, porém, consegue levar-nos de volta a períodos anteriores, de modo que sentimos as mesmas incertezas das personagens do passado, acreditamos em sua fé heroica, ficamos desanimados quando lhes ocorrem catástrofes inesperadas, sentimos — ainda que já conheçamos os fatos que estão para acontecer — que não sabemos direito o que o futuro reserva. Michelet tem uma sensibilidade de poeta para cada mudança de ritmo, movimento ou escala, e desenvolve uma técnica infinitamente variada para registrar fases diferentes. A genialidade que é elogiada em suas obras de história natural, com que ele consegue captar os movimentos súbitos do beija-flor, o bater de asas do alcatraz, a leveza e o canto da cotovia, o voo silencioso da coruja, com uma precisão que lembra Tennyson, manifesta-se de modo muito mais extraordinário em sua abordagem da história. Os processos que levam à Revolução são apresentados, como já vimos, como uma série circular de episódios; o autor nos mostra para onde estão caminhando as coisas, sem fazer muitos comentários, à medida que observamos certas tendências recorrentes que se tornam cada vez mais pronunciadas no comportamento de vários indivíduos e grupos. Não conheço na literatura nada mais extraordinário no seu gênero do que a perícia com que Michelet nos faz ver, à medida que acompanhamos sucessivas gerações de reis, que suas antigas qualidades aos poucos se perdem, e seu contato com o povo se torna cada vez menor. Os grandes salões de Fontainebleau e Versalhes parecem cada vez mais frios e maiores, e as personagens, menores e mais solitárias; normalmente o autor as apresenta menos como pessoas detestáveis do que como infelizes — Michelet jamais se esquecera daquelas pobres e confusas relíquias do sanatório em que vivera; e no fim já não nos surpreendemos muito ao ver o próprio Rei-Sol eclipsado em seu quarto sem janelas, entediado com a velha e surda Madame de Maintenon, apoquentado com as brigas dos monges, e por fim mandando às favas suas irrepreensíveis boas maneiras quando se enfurece com a obstinação do Parlamento. Para nos apresentar um símbolo final da monarquia, Michelet limita-se a descrever, sem comentários, o dispendioso e complicado mecanismo dos chafarizes de Marly, perto dos quais os de Versalhes são brincadeira de criança, e que produzem uma cacofonia de rangidos e gemidos que podem ser ouvidos de longe.

Os capítulos sobre as Federações são entusiásticos; os referentes aos últimos dias do Terror são de uma intensidade infernal, quase insuportável: tendo como pano de fundo o ar irrespirável dos superlotados cemitérios parisienses, Michelet nos confina, capítulo após capítulo, entre unidades humanas que se repelem umas às outras, na atmosfera cada vez mais carregada de pânico das salas das comissões e assembleias da capital. "Já comecei a alterar o ritmo de minha história", escreve Michelet em uma carta. "Não são mais capítulos longos, e sim pequenas seções, que se sucedem rapidamente. A prodigiosa aceleração do pulso é o fenômeno dominante do Terror." Agora a história é relatada dia a dia, e não mais ano a ano ou mês a mês, fazendo com que até as condições atmosféricas desempenhem seu papel sempre que ele dispõe de dados.

O dia 30 de outubro começou pálido e chuvoso [é o dia em que os girondistas foram guilhotinados], um desses dias lívidos que têm do inverno o ar de cansaço, mas não sua força, sua austeridade salutar. Nesses dias tristes e flácidos, perde-se a fibra; muita gente se rebaixa mais do que o normal. E fizeram questão de proibir que qualquer substância estimulante fosse ministrada aos condenados.

Depois o alívio, o redespertar da vida no período do Diretório. As pessoas saem de suas casas e andam pelas ruas. E os horizontes se ampliam, o ritmo acelera, com o advento de Napoleão — até que, já muito acima das salas de reunião, podemos divisar toda a extensão da Europa, da Irlanda até a Rússia, e compreendemos que estamos tratando de processos que envolvem todo o mundo ocidental.

Uma das técnicas de Michelet foi posteriormente explorada e tornada famosa pelo romancista Marcel Proust. Esse escritor, que invoca Michelet (se bem que num contexto diferente) e que evidentemente utilizou, em seus volumes sobre Sodoma e Gomorra, muito da visão micheletiana dos processos de decadência, também foi buscar no historiador, ao que parece, elementos de sua teoria da relatividade do caráter. Os atores mais importantes da história de Michelet muitas vezes nos dão as mais contraditórias impressões à medida que são apresentados em idades diferentes e situações diversas — ou seja, cada um aparece num dado momento representando o papel específico que desempenha nesse momento, sem que seja feita nenhuma referência aos papéis que irá assumir posteriormente.

Michelet explica o que está fazendo no final do livro cinco da *Revolução*: "A História é tempo", escreve ele. Sem dúvida, isto influenciou Proust (ao lado de outras influências, como a de Tolstói) a adotar conscientemente o método de apresentar suas personagens numa série de aspectos vivamente contrastantes, criando um efeito semelhante àquelas longas linhas dos gráficos de economia que sobem e descem ao longo do tempo. Ao que parece, porém, Michelet chegou a seu método naturalmente, antes de se conscientizar dele e justificá-lo, no decorrer do processo de identificar-se com o organismo social em constante desenvolvimento a ponto de passar a ver as personagens históricas tal como pareciam naquele momento a seus contemporâneos; ou, mais exatamente, a lhes atribuir o valor que possuíam naquele momento para a sociedade. E, por meio desses contrastes, Michelet visa a objetivos muito diversos dos de Proust, pois nos mostra, especialmente ao abordar o período revolucionário, de que modo pode mudar o valor de um indivíduo, de que modo sua própria personalidade parece variar durante a transição de um sistema para outro. Assim, Voltaire, entre o refinamento do antigo regime e a necessidade premente de instaurar uma nova ordem, é apresentado primeiro como um dos muitos jovens inteligentes que fazem o jogo de uma das facções palacianas; em seguida, após levar uma surra do Cavaleiro de Rohan, fugir para a Inglaterra e voltar à França, como um homem de muita seriedade, que foge da sociedade e fecha-se em casa para escrever; depois, durante seus primeiros anos em Ferney, entra num eclipse intelectual, sob a influência da sobrinha convencional, permitindo que ela crie em torno dele uma corte em miniatura, semelhante àquela da qual fugira, nas precárias fronteiras da França;

mais tarde, entrando num período de violenta atividade, como a nova consciência esclarecida da humanidade, defendendo Sirven e Calas; e por fim, após sua morte, quando em 1791 a nova geração transfere seus restos mortais para o Panteão, como o gigantesco gênio da Revolução que ele apenas vislumbrara. Do mesmo modo, o abade Sieyès é uma figura poderosa quando, ainda no antigo regime, publica seu panfleto sobre o Terceiro Estado; porém, mais tarde, na Convenção, é um homem fraco e tímido. Até mesmo no caso de Napoleão isso acontece: embora Michelet o deteste e sistematicamente o menospreze, subitamente a figura de Napoleão se agiganta, em circunstâncias favoráveis, e chega a um momento de grandeza no episódio de sua campanha do Egito.

4. MICHELET TENTA VIVER A HISTÓRIA

DE TÃO ABSORVIDO EM SUA HISTÓRIA, de tão identificado com seu tema, Michelet é levado a curiosos exageros. Suas
emoções e os acontecimentos de sua vida constantemente inter-
rompem a narrativa, e, inversamente, os eventos históricos
parecem envolvê-lo. Em sua divertida paródia de Michelet,
Proust escreve:

> Foi esta sempre a minha força, e a minha fraqueza também,
> esta ânsia de vida. No ponto culminante do reinado de Luís
> xv, quando o absolutismo parecia ter exterminado a liberda-
> de na França, durante dois longos anos — mais de um século
> (1680-1789) — estranhas cefaleias levavam-me a pensar todos
> os dias que eu seria obrigado a interromper minha história.
> Foi somente com o Juramento do Pátio do Jogo da Péla (20
> de junho de 1789) que pude de fato recuperar minhas forças.

Porém os exemplos que encontramos nas cartas de Michelet
são ainda mais bizarros que a paródia de Proust:

> Estou realizando aqui a tarefa extremamente árdua de revi-
> ver, reconstruir e sofrer a Revolução. Acabo de viver o *setem-
> bro* com todos os terrores e mortes; massacrado na Abadia,
> agora estou a caminho do tribunal revolucionário, ou seja,
> da guilhotina.

Outro exemplo:

> Quanto a mim, cheguei a um momento triplamente solene:
> estou prestes a penetrar o âmago da Convenção; estou no

limiar do Terror. Ao mesmo tempo, minha mulher está prestes a expelir de seu útero um novo *eu*. [...] Este momento de suspense, asseguro-lhe, causa-me muitos temores.

Por fim, o leitor tem a impressão de que Michelet é o próprio espírito humano em sua luta secular — suportando prolongados períodos de degradação, triunfando em extáticos renascimentos, dilacerado por terríveis conflitos interiores. Não se surpreende o leitor quando, chegando por fim ao ano de 1798, a data de nascimento de Michelet é assinalada como um evento ao qual as dinastias merovíngia e carolíngia conduziram, de certo modo. E esse detalhe não tem em absoluto um efeito grotesco; parece perfeitamente natural, parte da essência do assunto. O que Michelet está realmente dizendo é: "Sob o peso dessas experiências que aqui culminam, tornou-se possível para a consciência humana olhar para trás e ver a história da humanidade com uma nova perspectiva, compreendendo tudo o que aqui mostrei".

Porém não se pode entrar na história da humanidade uma vez que ela tenha ocorrido; um homem do século xix, na verdade, não pode resgatar a mentalidade do século xvi. Não se pode reproduzir a totalidade da história e ao mesmo tempo ater-se às formas e às proporções da arte. Não se pode ter tanto interesse pelo que aconteceu no passado e não se interessar pelos acontecimentos presentes. Não se pode ter interesse pelos acontecimentos presentes sem ter vontade de fazer alguma coisa para influenciá-los.

Michelet era impelido em muitas direções diferentes. Em primeiro lugar, seu assunto era tão vasto que estava sempre ameaçando ultrapassar os limites impostos pela duração da existência e pela capacidade humana. A *História da França* acabou extravasando numa série de livros menores, cada um dos quais abordava com maior profundidade determinados aspectos do problema. Michelet nos guia através dos séculos, ofegante, falando a toda velocidade; se por vezes torna-se elíptico e obscuro, é porque tem coisas demais a dizer. Em um de seus prefácios, explica, como se pedisse desculpas, que, se sua narrativa não apresenta a simetria ideal da arte, é porque não o permitem os fatos históricos; e em uma carta comenta, a respeito de uma história da França em um volume: "Não podes imaginar como é difícil reduzir essa longa sequência de séculos à unidade de uma obra de arte". Simultaneamente, sua paixão científica fazia-o revirar os arquivos febrilmente. Foi o primeiro a escrever uma história da Revolução baseada nos documentos dos diversos órgãos revolucionários; e como o edifício da Câmara Municipal foi pouco depois destruído num incêndio, Michelet passou a ser o único historiador a utilizar os documentos da Comuna. Gabriel Monod, seu biógrafo e discípulo, critica-o por não apresentar referências bibliográficas segundo os preceitos convencionais, mas até mesmo o metódico Taine e o invejoso Sainte-Beuve foram obrigados a confessar que, embora os métodos de Michelet fossem absolutamente diferentes dos deles, sua obra permanece válida.

Além disso, Michelet, ao voltar ao passado, ainda que consiga nos fazer ver as coisas tal como elas devem ter parecido aos homens do passado, possui inevitavelmente a visão de um homem de uma era posterior, e não consegue evitar a tentação de intervir. Constantemente adverte, aconselha e admoesta suas personagens, sem ter possibilidade de influenciá-las. Enquanto isso, os acontecimentos de seu tempo exigiam sua atenção constantemente. Michelet escrevia panfletos contra os jesuítas, em defesa da tradição revolucionária, em defesa da França pós-1870. Segundo seu dedicado mas desconfiado biógrafo, Michelet transformava suas preleções em discursos políticos. Não se cansava de repetir que seu objetivo era extrair da história "um princípio de ação", produzir "algo mais que inteligências — almas e vontades". Queixava-se de jamais estar de acordo consigo próprio; durante toda a vida estava sempre correndo e esforçando-se para realizar feitos prodigiosos que lhe pareciam irrealizáveis. Escreve em uma de suas cartas: "Tendo abandonado para todo o sempre o caminho da harmonia, retomei a vida que por tanto tempo vivi: a vida de uma bala de canhão".

Porém sua obra histórica encontrou seu tom e suas proporções, e Michelet não a abandonou em prol do ativismo. Até mesmo em 1848, quando estava no auge sua empolgação pelas questões políticas, e seu amigo e aliado Quinet estava se candidatando a um cargo público, Michelet não quis se engajar. Sua infância o havia condicionado — como dizem os behavioristas — a coisas como independência, literatura e pesquisa; seus cabelos haviam embranquecido aos 25 anos de idade. Já velho, casou-se novamente com uma mulher muito mais moça, a qual lhe dava carinho e admiração; no entanto a impressão que nos fornece sua obra é a de um homem que reassumiu velhos hábitos solitários. Trabalhava à noite, e os séculos dos mortos faziam-lhe companhia, emprestavam-lhe sua força e fé, para que ele despertasse força e fé nos vivos.

5. MICHELET ENTRE NACIONALISMO E SOCIALISMO

O QUE TINHA MICHELET A DIZER em suas preleções e panfletos? Que conclusões tirara ele das crises que, durante toda sua vida, pareciam estar constantemente trazendo à baila as questões revolucionárias, e nas quais a tradição revolucionária parecia ser derrotada sempre? Em que direção julgava ele que o progresso da humanidade havia se manifestado, e viria a se manifestar?

Pouco antes de 1848, quando estava prestes a dar início à *História da Revolução*, Michelet escreveu um livrinho intitulado *O povo*. A primeira metade da obra, "Da servidão e do ódio", apresenta uma análise da sociedade industrial moderna. Examinando as classes individualmente, o autor mostra de que modo todas fazem parte da rede socioeconômica — cada uma delas, exploradora ou explorada, e normalmente ao mesmo tempo extorsionária e vítima, gerando, por meio das próprias atividades, necessárias à sobrevivência, antagonismos irreconciliáveis com suas vizinhas, porém incapaz de subir na escala para fugir à degradação geral. O camponês, eternamente devendo dinheiro ao agiota ou ao advogado, sempre com medo de ser despejado, inveja o operário de indústria. O operário, praticamente confinado e desprovido de vontade própria devido a sua subjeção à máquina, desmoralizando-se ainda mais, nos poucos momentos de liberdade que lhe permitem, na dissipação, inveja o artesão. Este, no entanto, quando aprendiz, pertence a seu mestre, é ao mesmo tempo criado e trabalhador, e tem inquietantes aspirações burguesas. Na burguesia, por sua vez, o industrial, tomando dinheiro emprestado ao capitalista, sempre ameaçado de ser arruinado pela superprodução, comanda seus empregados como se o demônio o controlasse. Passa a odiá-los, por serem eles os únicos elementos incertos que impedem o funcionamento perfeito do mecanismo; os empregados, em compensação, detestam o capataz. O comerciante, pressionado por seus fregueses, que estão sempre tentando levar vantagem, pressiona o industrial para que este lhe forneça produtos malfeitos; ele talvez seja o que leva a vida mais infeliz de todos, obrigado a ser servil para com seus fregueses, odiado por seus concorrentes, e odiando-os também, sem produzir nada nem organizar nada. O funcionário público, mal pago, lutando para conservar sua respeitabilidade, sempre sendo transferido de um lugar para outro, não apenas tem que ser cortês, como o comerciante, mas também certificar-se de que suas ideias políticas e religiosas não desagradam o governo. Por fim, os burgueses ociosos dependem dos capitalistas, os membros da nação dotados de menos espírito cívico, e vivem eternamente com pavor do comunismo. Já perderam totalmente o contato com o povo. Fecharam-se em sua classe, e por trás de suas portas bem trancadas só há frio e vazio.

E então? A segunda metade de *O povo* hoje nos parece tão ridícula quanto a primeira parece percuciente. Como acontece com tantos outros escritores do século XIX, o que há de pior em Michelet são suas pregações. Conhecemos bem os evangelhos do século XIX da literatura inglesa: a Beleza de Ruskin, a Natureza de Meredith, a Cultura de Matthew Arnold — palavras sonoras e abstratas, com iniciais maiúsculas, que surgem em nebulosos apocalipses, para curar todos os males práticos. Quando Michelet se desvia da história propriamente dita, de seu complexo de eventos, exibe o que há de pior no liberalismo do século XIX. São grandes queimas de fogos de artifício, que deslumbram a vista com suas cores berrantes e escondem tudo o que deveriam iluminar. O burguês perdeu o contato com o povo, diz Michelet; traiu sua tradição revolucionária. Todas as classes se odeiam mutuamente. O que fazer? Precisamos amar. Precisamos tornar-nos semelhantes às criancinhas; a verdade está na boca dos simplórios, nos animais pacientes. E há também a Educação! Os ricos e os pobres devem frequentar as mesmas escolas: os pobres devem esquecer sua inveja, e os ricos devem deixar de lado o orgulho. E na escola devem aprender a ter Fé na Pátria. Michelet é obrigado a admitir: "Aqui surge uma séria objeção: 'Como posso eu dar fé ao povo quando eu próprio tenho tão pouca fé?'". A resposta é: "Olha para dentro de ti mesmo; pensa em teus filhos — lá encontrarás a França!".

No meio de tudo isso, Michelet diz algumas coisas muito penetrantes, sem perceber todas as suas implicações.

O homem foi levado a moldar sua alma conforme sua situação material. Que coisa extraordinária! Agora temos a alma do pobre, a alma do rico, a alma do comerciante. [...] O homem parece não passar de um acessório de sua posição.

E sua concepção de povo, que por vezes parece algo místico, no final das contas reduz-se a algo aparentemente idêntico à humanidade:

O povo, em sua ideia mais elevada, é difícil de encontrar no povo. Quando o observo aqui e ali, o que vejo não é o povo em si, porém uma classe, uma forma parcial do povo, efêmera e deformada. A sua forma autêntica, na mais elevada potência, só se manifesta no homem de gênio; nele reside a grande alma.

Michelet rejeita o socialismo: para ele, a propriedade na França já foi demasiadamente subdividida, e o sentimento de propriedade do francês é muito forte. E o apavora a ideia de os recursos nacionais serem geridos por funcionários públicos franceses. Não: a burguesia e o povo têm de aprender a se conhecer e amar mutuamente.

Veio a Revolução de 1848. Os proletários parisienses, liderados pelos socialistas e exigindo as oficinas municipais que lhes haviam sido prometidas, foram abatidos a tiros pela burguesia. "Que este dia seja riscado", escreveu Michelet em seu diário; afirmou também: "Agora eu não escreveria *O povo* jamais".

Mas ele continuou a ser um homem de sua época, membro

de uma geração que tinha visto tantos sistemas políticos fracassarem, que fora exposta ao idealismo dos românticos, que fora pressionada por uma balbúrdia de forças sociais. Em *O povo* ele havia escrito:

> Jovens e velhos, estamos cansados. Por que não confessá-lo, quase ao fim desse dia exaustivo que já dura meio século? [...] Mesmo aqueles que, como eu, já pertenceram a diversas classes e preservaram, em meio a todos os tipos de provações, o fecundo instinto do povo, ainda assim perderam, ao longo da trajetória, nos conflitos interiores em que se debateram, parte considerável de suas forças.

Michelet continuou a elaborar um típico evangelho moral do século xix numa série de estudos sociais que publicava alternadamente com os volumes de sua história da França. *O amor* e *A mulher*, evidentemente obras inspiradas pelo segundo casamento, já na velhice, após uma série de ligações amorosas infelizes ou problemáticas, constituíram uma tentativa de manter unida a família francesa, lembrando ao francês, tão negligente nessas questões, como eram sagradas as relações domésticas. Michelet ficou ingenuamente satisfeito quando um gozador veio dizer-lhe que seu livro estava levando à falência os bordéis. *Nossos filhos* retomava o tema da educação, a última esperança dos liberais de todas as épocas; e *A Bíblia da humanidade* representou uma tentativa — de um tipo que é bem conhecido em nossa época — de criar um novo substituto para a religião combinando o que havia de melhor nas religiões antigas.

Era o polo positivo de sua natureza neutralizando o efeito do negativo, em direção ao qual as últimas fases de sua obra histórica o impeliam; e podemos perdoar-lhes umas poucas bobagens bem-intencionadas para compensar aqueles volumes terríveis escritos sob a opressão de Napoleão iii, referentes aos últimos dias do antigo regime. Nesses livros, o principal vício literário de Michelet, uma espécie de verborragia romântica, desaparece completamente; a influência de Tácito, desde a infância um dos autores que mais admirara, parece impor-se. Michelet disseca a política e as intrigas num estilo que se torna cada vez mais incisivo e sucinto, com uma frieza cáustica que lembra Stendhal; e, com o poder incomparável do horror trágico, adensa sua crônica com o peso cada vez mais opressivo da vida dos prisioneiros políticos e freiras indesejáveis sufocados em prisões e claustros sem janelas, os massacres e despejos de comunidades protestantes inteiras realizados pelas *dragonnades* de Luís XIV, as torturas prolongadas sob os açoites, nas galés, sofridas por prisioneiros de consciência — preenchendo os abismos da história com aqueles milhões de seres humanos que haviam sido arrancados de suas vidas e esquecidos, até o leitor se sentir tentado a fechar o livro e desistir de aprender mais a respeito do passado da humanidade. Até mesmo o interesse de Michelet pela história natural — também inspirado por sua nova esposa: era uma de suas paixões —, que o levou a escrever, durante esse mesmo período, uma série de livros (*O inseto, A ave* etc.) que celebram com lirismo as maravilhas da natureza, tem um outro lado mais sinistro em sua história, onde os atos dos seres humanos cada vez mais parecem assemelhar-se ao comportamento dos insetos e das aves. Foi nessa época que surgiu *A origem das espécies*; o naturalismo já estava no ar.

Os acontecimentos de 1870-1 tiveram efeito devastador sobre Michelet. Ele não estava em Paris na época da invasão; e, ao receber a notícia das primeiras derrotas francesas, voltou, achando que sua presença era necessária, que de algum modo poderia ajudar. Durante o cerco de Paris, o prédio em que morava foi incendiado; miraculosamente, seu apartamento foi poupado, embora a cadeira na qual ele trabalhava ficasse chamuscada. Michelet, já com mais de setenta anos de idade, fugiu antes do ataque.

Antes da declaração de guerra, ele assinara, com Marx, Engels e outros, um manifesto pacifista internacional; agora publicava um panfleto intitulado *A França perante a Europa*, no qual, como "um trabalhador que se dirige aos trabalhadores do mundo", Michelet convocava-os a criar uma "liga de paz armada". Aqui se torna bem evidente como ele confundia a causa da França com a causa dos trabalhadores do mundo. "O grande partido operário, as nações que trabalham e produzem" deveriam armar-se para combater "o partido da morte", que é simplesmente "o militarismo russo-prussiano". Michelet elogia a moderação com que a revolução está transcorrendo; observa que apenas um homem foi morto. Os socialistas estão sendo admiravelmente prudentes, e o socialismo é basicamente uma questão local: ainda há apenas 10 milhões de trabalhadores na indústria, contra 26 milhões de camponeses, e estes, que tornaram possível o estabelecimento do Segundo Império, ainda defendem com firmeza a propriedade. Todas as classes estão cooperando fraternalmente; a França não tem motivo para temer "a questão social".

Não muito tempo depois, exilado em Pisa, Michelet tem notícia da Comuna de Paris, logo após a informação de que Paris se rendera; sofre um ataque de apoplexia. Era a terceira revolta operária de sua vida, e dessa vez um governo comunista controlaria Paris por dois meses e meio. O governo burguês em Versalhes fuzilou os prisioneiros; a Comuna massacrou os reféns burgueses, inclusive o arcebispo de Paris. A burguesia bombardeou a cidade; a Comuna incendiou prédios do governo. A população de Paris combateu as tropas de Versalhes durante oito dias, e foi finalmente derrotada com o massacre de 20 ou 30 mil homens e mulheres. Quando notícias da guerra civil chegaram a Michelet, ele sofreu um segundo derrame, mais sério que o primeiro, que paralisou seu braço direito e os órgãos da fala.

Porém ele se recuperou para retomar o trabalho. Havia trazido suas anotações consigo, e voltou, com dedicação furiosa, à sua história, exatamente onde a havia interrompido, na queda de Robespierre. Os volumes finais são mais que sombrios: são amargos. Embora sua concepção orgânica da história o levasse a ver a humanidade como um todo, Michelet estava habituado a concebê-la e tratá-la em termos de seus componentes: as nações.

Mas era possuidor de um tipo especial de nacionalismo que lhe permitia, no caso da França, identificar a pátria exclusivamente com a tradição revolucionária. Em nome da Revolução, a França fora eleita para liderar e iluminar o mundo. No entanto o velho nacionalismo, a inspiração crescente dos interesses e objetivos comuns, cujo desenvolvimento Michelet vinha acompanhando — o nacionalismo cuja profetisa fora Joana d'Arc e cuja concretização explícita foram as Federações de 1789 —, estava se transformando em algo que nada tinha a ver com os princípios de 1789: estava se tornando imperialismo moderno. Napoleão, um estrangeiro entre os franceses e um traidor da Revolução — e Napoleão III ainda mais —, é para Michelet uma distorção do ideal nacional. Em seus últimos volumes, a história de Michelet começa a extravasar de sua concepção original. Em um de seus prefácios, ele escreve: "Nasci no meio da grande revolução territorial, e vivi o bastante para ver a alvorada da grande revolução industrial. Nascido durante o terror de Babeuf, pude conhecer o terror da Internacional". A história do século XIX, diz ele, pode ser resumida em três palavras: industrialismo, militarismo, socialismo.

Michelet entretanto estava velho demais para contar o resto dessa história: interrompeu a narrativa no exílio de Napoleão. As palavras finais do último volume são como um epitáfio:

> Porém colocaram-no, por um erro singular, em Santa Helena — de modo que o crápula pudesse fazer um Cáucaso desse palco elevado e destacado, explorando a piedade do público e preparando, à força de suas mentiras, uma sangrenta segunda repetição de todos os desastres do Império.

Viriam a ser também o epitáfio de Michelet: não muito depois de escrevê-las seu coração parou de bater, em 9 de fevereiro de 1874; seus últimos volumes foram publicados após sua morte. Michelet havia planejado levar adiante sua história; caracteristicamente abandonou-a e morreu no momento exato, tanto da história que contava como dos eventos contemporâ-

51

neos. Como veremos, seria necessário um novo ponto de vista para abordar o que viria depois. Quem poderia imaginar Michelet tratando da Terceira República?

No entanto, sua obra já estava completa; e, agora, quando contemplamos o todo, vemos que, terminando onde termina, sua história é uma obra de arte admiravelmente bem-proporcionada e acabada. Os séculos antigos dos tempos semibárbaros sucedem-se rapidamente; levam ao nacionalismo moderno, Joana d'Arc; um pequeno intervalo, e um grande movimento internacional de iluminação e independência — a Renascença, a Reforma — faz com que a história extravase de seus limites (ou, mais exatamente, a Itália e a Alemanha invadam suas fronteiras); então a Renascença esmorece, o ritmo diminui, a escala de apresentação amplia-se; vemos a unificação da França, a intensificação do nacionalismo francês e, ao mesmo tempo, o desenvolvimento de uma nova Renascença, cujo clímax é a Revolução; a escala torna-se enorme; vamos buscar motivações em todos os corações; um dia agora pode durar mais que um século da Idade Média; findo o grande drama, o ritmo se acelera e o foco torna-se de novo mais abrangente; o drama revolucionário e a epopeia nacional perdem interesse. Não estou interpretando a história, nem mesmo interpretando Michelet muito fielmente, se levarmos em conta todas as suas afirmativas e indicações, e sim descrevendo a impressão que se tem a partir das proporções e ênfases de sua obra. Era essa a história que ele tinha a contar, e que, apesar de todas as mudanças do mundo em que o autor viveu e das vicissitudes de sua carreira pessoal, manteve sua coerência e chegou ao fim. Nela podemos estudar até que ponto é possível reconciliar o ideal nacionalista e o interesse pela vida da humanidade.

A *História da França* é uma obra única, uma grande criação da imaginação e da pesquisa, de um tipo que provavelmente jamais voltará a surgir — o esforço supremo de um ser humano com vistas a penetrar, compreender, abranger, dentro dos recursos de sua época, o desenvolvimento de uma nação moderna. Nenhum outro livro nos faz sentir, após sua leitura, que convivemos e conhecemos com tanta intimidade tantas gerações. E nos faz sentir outra coisa também: que nós mesmos somos o último capítulo da história, e que o próximo cabe a nós escrever.

Mas o que e como? Isso, Michelet não pode nos dizer. A luz feroz de seu intelecto apagou-se numa retórica fumacenta e ácida.

6. DECLÍNIO DA TRADIÇÃO REVOLUCIONÁRIA: RENAN

> "Você tem aquela coisa tão rara" — escreveu Michelet certa vez a um escritor mais jovem —, "aquela coisa que falta a todos eles [os literatos]: o sentimento do povo, sua seiva. Quanto a mim, sinto, quando releio o que lhe enviei [o primeiro volume da *História da Revolução*], o quanto isso ainda me falta. [...] Minha poesia por vezes é obscura, inacessível para as grandes massas."

A BURGUESIA FRANCESA, que na grande Revolução arrancara o poder das mãos da aristocracia feudal, conseguira, por meio de todos os reajustes das formas e aparatos do governo, e apesar tanto da reação monarquista como da rebelião socialista da classe trabalhadora, manter sua posição de classe dominante; e, exceto quando periodicamente despertada pelos realistas, pelos bonapartistas ou pelo clero, sua tradição revolucionária tornou-se débil. A palavra "revolução" estava passando a conotar interferência dos trabalhadores na ordem de propriedade burguesa.

O século XIX foi na França uma grande época para a literatura, e, no campo da ficção e da história, talvez seja comparável à Inglaterra elizabetana na poesia e à Renascença italiana na pintura. Porém essa literatura, não obstante o imenso alcance de sua imaginação social, não era mais uma literatura revolucionária. O entusiasmo pela ciência que caracterizara o Iluminismo persistia, sem o entusiasmo político do Iluminismo; e a partir do movimento romântico o conceito de arte literária vinha se tornando mais elaborado, mais sutil do que a mera eloquência, habilidade e perfeição técnica que marcaram o século XVIII. E Michelet, apesar de suas tentativas de reafirmar, de manter sempre em primeiro plano, em seu trabalho, os princípios revolucionários originais, estava se tornando um dos principais representantes dessa literatura altamente desenvolvida. Com seu olho de romancista que devassava diferentes tipos de personalidades, sua percepção da complexidade social e moral e seu virtuosismo artístico, ele viveria o bastante para ver suas obras serem lidas com prazer por pessoas que não concordavam com suas opiniões.

Não obstante, Michelet acabou saindo de moda. O autor de um artigo intitulado "Por que não se lê mais Michelet" previa em 1898, por ocasião do centenário do autor, que a comemoração não lhe faria justiça. Não se lê mais Michelet — dizia o artigo — porque as pessoas não o entendem mais. Embora seguido em seu tempo por toda a geração de 1850, para os jovens céticos do fim de século ele comete o supremo pecado de ser um apóstolo, um homem de sentimentos e convicções apaixonadas. Michelet criou a religião da Revolução, e a Revolução não é mais popular hoje em dia, quando os acadêmicos a colocaram em seu devido lugar, quando pessoas que nada seriam sem a Revolução horrorizam-se com o Terror jacobino, e mesmo aqueles que nada têm contra ela a abordam com condescendência. Além disso, Michelet atacava o clero, e hoje em dia a Igreja é respeitada.

Vejamo-lo, pela última vez, tal como o representa o desenho de Couture, antes de passarmos a seus sucessores: o Michelet de 1842, com sua máscara de determinação, que parece constantemente tensa, sem jamais relaxar — o maxilar alongado e plebeu, o queixo arrogante, a boca apertada, o nariz fino e vigoroso, de narinas largas e ardentes, os olhos profundos e penetrantes, protegendo uma sensibilidade consumida por uma luta interior, sob sobrancelhas pesadas como asas, que lhe sulcam o rosto com rugas de esforço incessante.

Agora olhemos para Renan e Taine. No caso de Michelet, o homem criou a máscara. Mas aqui foi a profissão que a fez: Renan, com sua barriga proeminente, suas mãos gordas, seu rosto redondo e inchado, suas pálpebras porcinas e pesadas — o mais inteligente e honesto dos abades franceses, mas ainda fundamentalmente um abade francês; Taine (no retrato de Bonnat), com seus óculos e olhos míopes, sua cabeça calva, sua pera de fios esparsos, suas sobrancelhas altas e simpáticas — o mais brilhante dos professores franceses, porém sempre um professor francês dos pés à cabeça. Michelet, membro de uma geração inquieta e apaixonada, forjou sua própria personalidade, criou sua profissão, estabeleceu seu lugar. Renan e Taine, por outro lado, são membros de castas de letrados. Ambos, como Michelet, colocaram a busca da verdade acima das considerações pessoais: Renan, que cursava o seminário, abandonou-o e despiu as vestes religiosas assim que percebeu que seria impossível aceitar a versão da história proposta pela Igreja, e o escândalo da *Vida de Jesus* custou-lhe sua cátedra no Colégio de França; e os princípios materialistas de Taine eram para seus superiores um obstáculo tão sério à sua carreira acadêmica que ele terminou sendo obrigado a desistir de lecionar. Mas, embora rejeitados por seus colegas de profissão, não demorou para que ambos fossem colocados entre os sábios de sua sociedade, uma sociedade agora temporariamente estabilizada. Ambos terminaram membros da Academia ("Quando se é *alguém*, por que querer ser *algo*?", indagava Gustave Flaubert a respeito de Renan); por outro lado, foi somente há uns poucos anos que Michelet e Quinet foram finalmente enterrados no Panteão.

Tanto Renan quanto Taine, membros da geração vinte ou trinta anos mais jovem que Michelet, foram influenciados por ele; como ele, possuíam ao mesmo tempo imensa erudição e talento artístico, e dariam continuidade a sua tarefa de recriar o passado. Renan descreve o entusiasmo que sentiu ao ler a história de Michelet na escola:

> O século chegava até mim através das rachaduras num cimento quebrado. [...] Com espanto, descobri que havia gente séria e erudita que não era do clero; vi que existia alguma coisa além da antiguidade e da Igreja, [...] a morte de Luís XIV não era mais o fim do mundo para mim. Surgiram ideias e sentimentos que nunca haviam sido expressos na antiguidade nem no século XVII.

Três anos depois que Renan saiu do seminário, a Revolução de 1848 eclodiu, e "os problemas do socialismo" — escreve ele — "pareciam, por assim dizer, brotar da terra e aterrorizar o mundo". Renan tentou abordar esses problemas num livro intitulado *O futuro da ciência*, no qual apresentava uma visão do progresso semelhante à do século XVIII, porém expressa num tom de sermão e banhada numa luz de altar que trouxera de Saint-Sulpice. O que a humanidade precisa — escreve ele — não é tanto de uma fórmula política ou de uma mudança de burocratas no poder, mas de "uma moralidade e uma fé". O historiador Augustin Thierry, entre outros, considerou o livro "ousado" demais para o público: seria melhor Renan "insinuar" suas ideias em um ou outro artigo.

A importância que os franceses dão à clareza e à discrição, que às vezes, há que confessar, impede que se diga mais do que uma parte do que se pensa, de fazer justiça à profundidade do que se pensa, me parecia [escreveu ele quarenta anos depois, quando finalmente publicou o livro] uma tirania naquela época. A língua francesa só é adequada para a expressão de ideias claras; no entanto as leis mais importantes, as que governam as transformações da vida, não são claras; elas nos aparecem numa meia-luz. Assim, embora os franceses fossem os primeiros a vislumbrar os princípios do que agora é denominado darwinismo, terminaram sendo os últimos a aceitá-lo. Enxergaram a coisa perfeitamente bem; só que ela estava fora dos hábitos costumeiros de seu idioma e do molde da frase bem torneada. Assim, os franceses menosprezaram verdades preciosas, não por não terem consciência delas, mas por simplesmente deixá-las de lado, considerando-as inúteis ou inexprimíveis.

Renan aceitou os conselhos dos mais velhos e não publicou seu livro. E o esfriamento geral da burguesia francesa em relação às questões sociopolíticas é algo que se vê com muita clareza nele. Renan continua a ter esperança no progresso;

porém é uma esperança que ainda volta os olhos para a ciência sem dar muita atenção à ciência política, cujos avanços, aliás, ele próprio tende a menosprezar, tal como dissera que os naturalistas franceses haviam feito com o darwinismo. Se Michelet havia perdido seus cargos para não fazer o juramento de fidelidade a Luís Bonaparte, Renan julgava tal atitude sem importância nenhuma:

> A meu ver, só deveriam recusar-se aqueles que haviam participado diretamente de governos anteriores [...] ou que na época tinham intenção inequívoca de conspirar contra o governo atual. A recusa dos outros, ainda que admirável em si quando motivada por um escrúpulo de consciência, é, a meu ver, lamentável. Pois, além de privar o serviço público daqueles que mais capacitados estão para exercê-lo, essa atitude implica que tudo que se faz e tudo que acontece deve ser levado a sério. [...] Em meu próprio caso, nada ainda me foi pedido; confesso que não [me] considero importante o suficiente para constituir uma exceção entre meus colegas, os quais são tão pouco partidários desse regime quanto eu. Está claro que, por muito tempo, devemos nos desligar da política. Não arquemos com os ônus, se não queremos as vantagens.

Há aqui um ideal de serviço público. Renan concorreu à Câmara dos Deputados em 1869 com a seguinte plataforma: "Nem revolução, nem guerra; uma guerra será tão desastrosa quanto uma revolução". E mesmo quando a guerra já havia explodido e os prussianos estavam sitiando Paris, assumiu a posição impopular de propor negociações de paz.

A partir de 1870, o intelectual burguês francês viu-se na posição singular de pertencer ao mesmo tempo a uma classe dominante e a uma nação derrotada, de ao mesmo tempo desfrutar de privilégios e submeter-se a humilhações; e este paradoxo produziu atitudes curiosas. Edmond de Goncourt, em seu diário, nos mostra uma visão reveladora de Renan durante a Guerra

Franco-Prussiana e a Comuna — vemo-lo elogiando os alemães, a quem seu campo de estudos tanto devia, apesar dos protestos vociferantes de seus compatriotas; agitando seus braços curtos e citando trechos bíblicos contra os profetas da vingança francesa; afirmando que, para o "idealista", a emoção do patriotismo fora tornada obsoleta pelo catolicismo, que "a pátria dos idealistas é o país no qual lhes é permitido pensar". Um dia, Renan estava à janela vendo um regimento passar, aclamado pela multidão; com desprezo, desviou a vista da cena, exclamando: "Não há, entre todos eles, um só homem capaz de um ato de virtude!".

Mas o que significava "virtude" para Renan? Em que ele fundamentava seu código? Sua obra, apesar de todo seu ar sorridente e indulgente, tem certa austeridade. Em que escola ele aprendera essa virtude? Fora a disciplina eclesiástica que o formara: o sentimento do dever e da autossuficiência, que contribuíam para a coragem moral que ele viria a demonstrar ao opor-se à Igreja, havia sido adquirido no seminário, derivado daquele catolicismo que, como ele afirmou, tornara obsoleto o patriotismo, mas no qual ele deixara de acreditar. É como se a virtude fosse para Renan um simples hábito que fora levado a adquirir com base em pretensões falsas. Embora sua devoção fosse de início voltada para os objetivos do Iluminismo, para a crítica científica das Escrituras que viriam suplementar os ataques de Voltaire, o próprio Iluminismo, como já vimos, estava morrendo desde que a burguesia francesa atingira seus objetivos socioeconômicos; e a virtude para Renan ficou cada vez mais semelhante não a uma máquina social, como era a de Michelet, mas a uma luminária pendurada no vazio. Numa hierarquia do mérito moral que ele estabelece em um de seus prefácios, Renan coloca o santo em primeiro lugar e o homem de ação em último: a excelência moral, afirma, sempre perde algo quando penetra na atividade prática, porque precisa adaptar-se à imperfeição do mundo. E essa concepção preocupava Michelet: ele rechaçou "a desastrosa doutrina, demasiadamente elogiada por nosso amigo Renan, aquela liberdade interior passiva, que se preocupa com sua própria salvação e entrega o mundo ao mal". É curioso contrastar o discurso de Renan por ocasião da inauguração de um medalhão de Michelet, Quinet e Mickiewicz no Colégio de França em 1884 com os que foram feitos por seus combativos antecessores. Renan dá ênfase sobretudo à importância de procurar a verdade com tranquilidade, ainda que a nosso redor reine a confusão daqueles que são obrigados a fazer do problema uma questão prática. Porém se corrige: "Não, estamos em guerra; a nós não é dada a paz". Parece totalmente rompido o vínculo entre o revoltoso na rua e o estudioso em seu gabinete.

Em sua obra *As origens do cristianismo*, a atitude de Renan em relação à própria época fica patente por detrás de sua narrativa. Se é possível chamar de imparcial qualquer produção humana, esse encantador relato do declínio do mundo antigo e da ascensão da religião cristã pode ser chamado de imparcial. A tentativa de abrangência e justiça universais é uma das coisas que mais impressionam em Renan. No entanto, a própria forma artística por ele empregada é tendenciosa; a própria cadência de suas frases é tendenciosa; e antes de chegar ao fim da narrativa, ele já fez a balança pender para um lado.

Em *As origens do cristianismo*, obra que começa com um volume sobre Jesus e termina com um volume sobre Marco Aurélio, há que admitir que de algum modo é Marco Aurélio que leva a melhor. A *Vida de Jesus*, chamada pelos Goncourt de "Michelet fenelonizado", sempre me pareceu a seção menos bem realizada do todo. Renan faz de Jesus um "médico encantador" — tende a fazer dele uma espécie de Renan, minimizando a tragédia simbólica que iria fascinar e sustentar o mundo. Talvez seja melhor a apresentação de Paulo, só que o efeito é torná-lo antipático. O episódio que todo leitor lembra melhor é a chegada de Paulo a Atenas para pregar o evangelho cristão, clamando contra as estátuas gregas. "Ó castas e belas imagens" — clama Renan por sua vez — "dos verdadeiros, deuses e deusas! Este judeuzinho feio vos estigmatizou com o nome de ídolos!". E assim, quando chega ao Apocalipse, que interpreta como um panfleto radical contra o Império Romano, dá um tom de ironia à narrativa desde o início, quando comenta como é impróprio que

João tenha escolhido a ilhazinha de Patmos, que Renan julga mais adequada para ser o sítio de algum delicioso idílio clássico como *Dafne e Cloé*, para formular suas fulminações e conceber suas monstruosidades estéticas. A verdade é que a seriedade moral dos judeus, a cuja literatura Renan dedicou sua vida, está se tornando antipática para ele. E quando chegamos a Marco Aurélio, a preferência de Renan pela cultura greco-romana em oposição à agitação dos cristãos é claramente visível, e é ela a última palavra do autor. Percebemos como, quase imperceptivelmente, seus interesses e suas ênfases foram mudando desde a publicação da *Vida de Jesus* quase vinte anos antes. Naquela época, Renan escrevera:

> Marco Aurélio e seus nobres mestres não tiveram sobre o mundo efeito duradouro.
> Marco Aurélio nos deixou alguns livros deliciosos, um filho execrável, um mundo agonizante. Jesus permanece para a humanidade como um princípio inesgotável de regeneração moral. Para a maioria, a filosofia não basta: exige-se a santidade.

Mas no volume dedicado a Marco Aurélio (publicado em 1881), Renan consegue dar a impressão de que os romanos, mediante suas reformas no âmbito do direito, estavam eles próprios, independentemente da evangelização dos cristãos, tendendo a pôr em prática princípios humanitários. "Seria mesmo necessário o cristianismo?", somos tentados a perguntar. Não poderia uma sociedade suficientemente desenvolvida chegar por si própria a esse ponto? Marco Aurélio tem tanto amor à virtude quanto Jesus, e é além disso um cavalheiro romano; e, ruminando melancólico sobre os afazeres dos homens ao mesmo tempo que, sem muito entusiasmo, luta contra as forças que abalam o Império, ele é apresentado como o modelo exemplar para o mundo intelectual francês do período pós-1870: desiludido com a tradição política, resignado com a derrota de sua nação, enojado com as tendências de seu tempo, porém persistindo na busca individual daqueles objetivos — e no cultivo individual daquelas qualidades — que ainda parecem ter valor em si.

Sua virtude [i.e., de Marco Aurélio] era, como a nossa, baseada na razão, na natureza. São Luís foi um homem muito virtuoso, e, de acordo com as ideias de seu tempo, um grande rei, porque era cristão; Marco Aurélio foi o mais devoto dos homens, não porque era pagão, mas por ser um homem emancipado. Foi motivo de orgulho para a natureza humana, não para uma religião em particular. [...] Ele alcançou a bondade perfeita, a indulgência absoluta, a indiferença temperada com piedade e desdém. "Resignar-se, enquanto se passa a vida em meio a homens falsos e injustos" — era esse o programa de vida do sábio. E tinha razão. A mais sólida bondade é a que se baseia no tédio perfeito, na constatação inequívoca de que tudo neste mundo é frívolo e sem bases reais. Jamais existiu culto mais legítimo que esse, que ainda é o nosso hoje.

Uma tal moralidade pode parecer atraente quando se lê sobre ela, contudo o seu efeito sobre sua geração é mais desestimulante que incentivador. Que espécie de seguidores podem ser recrutados por um pregador que é obrigado a buscar o exemplo do estoicismo de Marco Aurélio? Que começa afirmando que devemos dar mais valor ao santo do que a qualquer outro homem, mas que termina recomendando como modelo um sábio que desempenha o papel de homem de ação sem ter nenhuma convicção quanto ao valor da ação?

Porém o próprio Renan sentiu-se estimulado o bastante para realizar sua obra histórica. E *As origens do cristianismo* é uma obra-prima — talvez a maior de todas as histórias das ideias. O que Renan nos dá melhor do que ninguém, o que dele tiramos que jamais esquecemos é a consciência do modo como as doutrinas, os conceitos, os símbolos sofrem transformações contínuas nas mãos de diferentes indivíduos e raças. Com uma inteligência sensível e uma sutileza de apresentação jamais igualadas, Renan acompanha as palavras e a história de Jesus à medida que sofrem as mais variadas combinações, a cada vez tornando-se algo novo: o cristianismo dos apóstolos não é mais o cristianismo de Jesus; o cristianismo das Escrituras é modificado à medida que gravita em direção aos gregos ou aos judeus; o cristianismo da Roma de Nero é totalmente diverso do cristianismo primitivo da Judeia. Nossas ideias são todas tecidas de fios infinitamente longos e trançados, que devem ser analisados com infinita sutileza.

Observe-se entretanto que Renan dá ênfase principalmente à relatividade dos conceitos religiosos e filosóficos. Há relatividade também em Michelet — seus atores desempenham diferentes papéis em diferentes situações históricas, segundo suas capacidades pessoais em relação a diferentes circunstâncias; mas os valores dominantes não são questionados. Em Renan, membro de uma geração mais jovem, os próprios valores começam a ser abalados; o autor fala na "constatação inequívoca de que tudo neste mundo é frívolo e sem bases reais". Observe-se ainda que, em Michelet, estamos em meio a eventos humanos, entre os quais a propagação de ideias é apenas uma de muitos tipos de atividades, enquanto em Renan nos ocupamos basicamente de ideias, por trás das quais o resto da história da humanidade não é mais que um pano de fundo: é o bastidor sobre o qual foi tecida a tela, mas o que nos interessa é a tessitura da tela. O objetivo de Renan é nos levar a percorrer os textos religiosos e filosóficos da antiguidade — muito embora, graças ao encantamento da imaginação que ele induz à medida que lemos, a atmosfera da época em que tais textos foram escritos seja recriada. Apesar de *As origens do cristianismo* ainda se enquadrar na história orgânica de Michelet, não é mais a história do homem como um todo, e sim das ideias formuladas por um homem.

7. DECLÍNIO DA TRADIÇÃO REVOLUCIONÁRIA: TAINE

O ESTILO DE RENAN, tão admirado em sua época, mostra certos sinais inequívocos de decadência. Renan sempre insistia que a literatura francesa devia voltar à linguagem do século XVII, que o vocabulário clássico bastava para abordar sentimentos e ideias modernas; e o seu próprio estilo preserva, com dignidade, as qualidades clássicas de lucidez e sobriedade. Porém essa sua linguagem, que parece precisa, tende a causar impressões indistintas. Em comparação com a linguagem de Michelet, tensa, vigorosa, empolgada, vibrante, a prosa de Renan é pálida; falta-lhe relevo. Quando o lemos muito tempo sem interrupção, o sentido torna-se indistinto e temos sono.

Já Taine tem efeito bem diverso. Ele não tenta voltar ao passado: segue adiante com o presente. Mas, ao fazê-lo, exibe algumas das piores qualidades desse presente; e podemos estudar, em sua forma e estilo, as características do século XIX burguês, tal como elas se apresentam a nós tão logo abrimos o livro — antes mesmo de assimilarmos seu conteúdo.

Amiel criticava Taine: "Este autor me causa uma sensação de cansaço, como polias que rangem, máquinas que estalam, um cheiro de laboratório". Tem razão Amiel: Taine levou à perfeição um dos grandes estilos mecânicos modernos. Seus livros têm a exatidão infatigável, a força monótona das máquinas; e, apesar de sua inteligência sensível e das dúvidas a respeito de certas tendências de sua época que o acometiam por vezes, Taine raramente modula o tom arrogante e pedante, a convicção cômoda de solidez do burguês que está enriquecendo graças à máquina. Sob esse ângulo assemelha-se a Macaulay, por quem em certa época manifestara uma admiração descomedida; só que é um Macaulay da segunda metade do século, de índole mais filosófica, que está começando a ficar mais azedo e menos otimista em relação às tendências de sua época. É curioso ouvir Taine, em seu capítulo sobre Macaulay, condenar seu predecessor exatamente pelos defeitos que ele mesmo possui. Pois o próprio Taine, apesar de insistir repetidamente em sua atitude de objetividade naturalista, viria a se tornar tão enfático quanto Macaulay em sua aridez moral de classe média. E a obviedade que critica em Macaulay, a tendência a insistir em questões que já estão claras, é certamente um dos piores vícios de Taine.

Não é exatamente decadência que se vê aqui; as frases imensas de Taine, seus vastos parágrafos, seções volumosas e capítulos gigantescos representam a produção incessante, cada vez mais abundante, de uma classe que ainda está segura de si. Porém falta, de certa forma, algo de humano, o que transparece na falta de gosto do autor. Ele consegue combinar o rigor da fábrica com o mobiliário e a ornamentação do salão do século XIX. Boa parte da superfície de seu texto está recoberta de símiles enormes, colocados sobre uma demão de tinta. Quando funcionam, são realmente muito bons; mas, mesmo quando bons, normalmente são excessivamente elaborados e, com frequência, ridículos ou grotescos. Escreve ele a respeito de Voltaire:

> Criatura de ar e fogo, a mais excitável que jamais viveu, composta de átomos mais etéreos e mais vibrantes que os dos outros homens, ninguém possui estrutura mental mais sutil, nem equilíbrio ao mesmo tempo mais instável e mais perfeito. Podemos compará-lo àquelas balanças de precisão que podem ser perturbadas por um sopro, mas em comparação com as quais os outros aparelhos de medição são inexatos e grosseiros. Apenas pesos muito pequenos devem ser colocados nessa balança, apenas amostras minúsculas; porém nessas condições ela pesa qualquer substância com precisão.

Isso é esplêndido; realmente nos diz algo que nunca havíamos percebido a respeito de Voltaire. No entanto, algumas páginas acima, lemos o seguinte:

Comparo o século XVIII a um grupo de comensais: não basta que o alimento seja colocado a sua frente, que seja preparado, apresentado, que seja de fácil acesso e fácil digestão; deve também ser um prato especial, ou melhor, uma iguaria. A mente é um gourmet; sirvamo-lhe pratos saborosos e delicados, adequados a seu paladar; ela comerá tanto mais por ter a sensualidade aguçando-lhe o apetite.

Ora, para que tudo isso, só para dizer que os escritos do século XVIII eram temperados com "sal e condimentos"? A ideia de sabedoria temperada com espírito é bastante comum; Taine devia ter se limitado a empregar a palavra. Porém, com a maior complacência, ele nos apresenta um banquete, e um banquete no qual há a desagradável possibilidade de que seja servida comida sem tempero e nada apetitosa, mas que por fim constatamos, aliviados, consistir de pratos delicadamente preparados, comidos com prazer pelos comensais, cujos apetites foram "aguçados" pela "sensualidade". Mais adiante, em *As origens da França contemporânea*, na seção intitulada "O governo revolucionário", vamos encontrar o que talvez seja uma das piores imagens literárias já utilizadas. Taine está tentando descrever a situação da França na época em que, segundo ele, todos os homens de inteligência e espírito público ou haviam sido executados, ou estavam no exílio, ou estavam escondidos, e apenas ignorantes e brutos detinham o poder: "A reviravolta é completa: sujeita ao governo revolucionário, a França é como um ser humano obrigado a andar com a cabeça e pensar com os pés". Isso já é ruim; mas quando viramos a página constatamos que o capítulo seguinte começa assim: "Imagine-se um ser humano que seja obrigado a andar com os pés para o alto e a cabeça embaixo" — e essa imagem é desenvolvida por meia página. Comparemos Taine, mesmo em seus melhores momentos, com as imagens empregadas por Michelet, que surgem de modo bem mais espontâneo e no entanto permanecem muito mais tempo na memória: a Renascença serrada em duas como o profeta Isaías; a Revolução minada por especuladores como os cupins em La Rochelle; o czar e o rei da Suécia avançando como dois grandes ursos-polares do Norte e ameaçando as casas da Europa; as palavras não ditas, congeladas pelo medo, derretendo-se no ar da Convenção; a língua francesa do século XVIII viajando ao redor do mundo como a luz.

Deixemos de lado a superfície de Taine. É significativo, contudo, em relação à diferença entre Michelet, de um lado, e Renan e Taine, de outro, que sejamos levados a ver na obra desses dois a presença de uma superfície. Em Michelet não percebemos nenhuma superfície, e sim a coisa que ele apresenta, o complexo vivo do ser social. Sua preocupação básica é ater-se de perto aos homens e acontecimentos; ele consegue dominar a história, como Odisseu ao lutar com Proteu, agarrando-a e segurando-a enquanto ele sofre toda uma variedade de metamorfoses; e, no decorrer dessa luta caótica, Michelet desenvolve uma espécie original de forma literária. Não tem ideias preconcebidas que o estorvem; suas ideias são especulações, e são apenas postas a flutuar na estratosfera enquanto o autor se ocupa do que está acontecendo de fato. Porém tanto Renan quanto Taine desenvolvem sistematizações que, ao impor uma ordem à confusão da existência humana, parecem sempre mantê-la à distância. Renan jamais chega perto dos eventos e das emoções violentas a ponto de ameaçar o fluxo uniforme e tranquilo de sua narrativa. Taine joga a história dentro de uma máquina que automaticamente classifica os fenômenos, de modo que todos os exemplos de um tipo aparecem em uma seção ou capítulo, e todos os exemplos de outro tipo vão para outra seção ou capítulo, e o que não pode ser enquadrado com facilidade nas grandes e simplificadoras generalizações do autor simplesmente não aparece em lugar nenhum. A tese é a consideração fundamental, e o autor só permite um grau moderado de variedade nos fenômenos que a exemplificam. Taine, entretanto, com sua máquina extraordinária, fabricou um artigo de valor.

A geração de artistas e pensadores franceses que se tornaram adultos por volta de 1850 já havia praticamente abandonado quaisquer interesses políticos. O golpe de Estado de Luís Bonaparte em 1851 os deprimiu, fazendo-os sentir-se impotentes. Taine, como Renan, não tivera muitos escrúpulos a respeito do juramento de lealdade a Napoleão III. Assumiu a posição de que os eleitores, ainda que imbecis, tinham o direito de conferir o poder a quem bem entendessem; que um dissidente como ele próprio manifestasse recusa em se submeter à escolha do povo seria um ato de insurreição — isto é, que tal ato seria em si absolutamente impróprio, uma espécie de agressão à sociedade organizada. Porém recusou-se a assinar um documento apresentado aos professores universitários, no qual eles afirmavam sua "gratidão" e "respeitosa devoção". Escreveu Taine a um amigo: "A vida política nos será negada por talvez uns dez anos. Nossa única alternativa é a literatura pura ou a ciência pura".

Homens como Taine estavam se afastando do romantismo, do entusiasmo revolucionário e da exuberância emocional do início do século, para assumir um ideal de objetividade, de observação científica exata, que veio a ser denominado naturalismo. Tanto Renan quanto Taine se arrogam uma imparcialidade que contrasta vivamente com o engajamento feroz de um Michelet; e ambos falam muito mais da ciência. Para Taine, a ciência da história é um empreendimento bem menos humano do que o fora para Michelet. Em 1852 escreve que sua ambição é "fazer da história uma ciência, fornecendo-lhe, tal como ocorre com o mundo orgânico, uma anatomia e uma fisiologia". E no prefácio a seu *Ensaio sobre Tito Lívio*, de 1856, afirma:

> O homem, segundo Espinosa, é na natureza não um império dentro de um império, porém parte de um todo, e os movimentos do autômato espiritual que é nosso ser são governados por leis tanto quanto o são os do mundo material no qual ele está contido.

Observe-se que agora não temos mais a humanidade criando a si própria, a liberdade lutando contra a fatalidade, e sim um autômato funcionando dentro de um autômato. Na famosa introdução à *História da literatura inglesa*, publicada em 1863, Taine expõe toda sua filosofia e seu programa: ao se abordarem obras literárias, "como em qualquer outro campo, o único problema é de natureza mecânica: o efeito geral é um composto determinado inteiramente pela grandeza e direção das forças que o produzem". A única diferença entre os problemas morais e os físicos é que, no caso daqueles, não se dispõe dos mesmos instrumentos de precisão para medir as quantidades envolvidas. Mas "a virtude e o vício são produtos tanto quanto o vitríolo e o açúcar"; e todas as obras literárias podem ser analisadas em termos de raça, meio e momento.

Por si só, essa teoria poderia ter produzido uma crítica absolutamente árida; porém Taine tinha grande apetite pela literatura e talento para dramatizar eventos literários. Ao estudar obras literárias como florescimentos de períodos e povos, desenvolveu de modo brilhante uma parte específica da "reconstituição integral do passado" de que falava Michelet; e a crítica literária deve muito a ele. Com base no programa do autor, poderíamos ser levados a imaginar que Taine se limitaria a decompor as obras literárias em elementos químicos constituintes; contudo o que ele faz é exibi-las como espécimes, e sente grande prazer ao mostrar de que modo cada um de seus espécimes é um exemplar perfeitamente desenvolvido de sua espécie. E, apesar do que ele próprio diz, seu interesse por elas não é apenas de caráter zoológico. Taine tinha fortes predisposições morais de um tipo que fazia com que a literatura inglesa fosse um assunto particularmente adequado a sua pena. Embora considere Samuel Johnson "insuportável", tem prazer em contrastar os puritanos com as frivolidades da Restauração, e um de seus melhores efeitos é obtido quando, após discorrer sobre os dramaturgos da Restauração, nos apresenta Milton clamando contra os "filhos de Belial". Um dos capítulos mais eloquentes, uma das passagens em que Taine realmente parece ter grandeza, é o contraste estabelecido entre Alfred de Musset e Tennyson, em detrimento de uma forma de moralidade inglesa:

Pensamos naquele outro poeta lá na ilha de Wight, que se diverte retocando epopeias perdidas. Como é feliz entre seus bons livros, seus amigos, suas rosas e madressilvas! Não importa. O outro, aqui em meio à miséria e à imundície, elevou-se mais. Do alto de sua dúvida e desespero, viu o infinito como vemos o mar de um promontório acossado pelas tormentas. As religiões, sua glória e sua ruína, a espécie humana, suas dores e seu destino, tudo que é sublime no mundo lhe apareceu lá num lampejo. Ele sentiu, ao menos uma vez na vida, esta tempestade interior de sensações profundas, sonhos gigantescos e delícias intensas; o desejo pelos quais lhe possibilitou viver, a falta dos quais o levou à morte. Não era um mero diletante; não se contentava em provar e gozar; deixou sua marca sobre o pensamento humano; disse ao mundo o que é o homem, e o amor e a verdade e a felicidade. Sofreu, porém imaginou; desmaiou, porém criou. Arrancou desesperado das próprias entranhas a ideia que concebeu, e exibiu-a perante os olhos de todos, sangrenta e viva. Isto é mais difícil e belo do que acariciar e mirar as ideias dos outros. Só há no mundo uma realização digna de um homem: dar à luz uma verdade à qual nos entregamos e na qual acreditamos. As pessoas que deram ouvidos a Tennyson são melhores que nossa aristocracia de burgueses e boêmios; porém prefiro Alfred de Musset a Tennyson.

Não é apenas uma defesa de Musset; é também uma defesa de Taine. Empolgante nessa passagem é o tom de legítimo heroísmo intelectual que faz com que Taine nos inspire a respeito. Mas é significativo que, nesse texto, ele remonte à geração de 1830. Exceto o ideal da "ciência pura", ao qual julgava ter dedicado a vida, pouco havia de inspiração moral para ele na França do Segundo Império. Taine faz cursos de anatomia e psicologia; frequenta os alienistas. No entanto seu determinismo não lhe basta; e, embora continue a afirmá-lo, volta e meia tenta escapulir de seu confinamento num universo mecanicista de diversas maneiras, mais ou menos ilógicas. Quando expõe sua filosofia da arte, é obrigado a introduzir um valor moral sob a forma de "grau de beneficência do caráter" de um dado artista ou quadro. E em sua última fase manifestará seus sentimentos de dever patriótico.

A derrota da França e o episódio da Comuna chocaram e abalaram-no profundamente; no outono de 1871 Taine deu início a uma tarefa imensa e que lhe era pouco atraente, que o ocuparia durante os vinte anos de vida que lhe restavam e seria deixada inacabada por ocasião de sua morte. Resolveu aprender política e economia, e estudar os processos de governo na França das vésperas da Revolução até o período contemporâneo, passando pela era de Napoleão. Em vão Taine insiste em afirmar que tem um objetivo puramente científico, que mantém uma posição de imparcialidade em relação à França tanto quanto o faria em relação a Florença ou Atenas: sua obra *Origens da França contemporânea* tem um objetivo político evidente; e podemos inferir com base nela o quanto havia mudado, em comparação com o que era no final do século anterior, a atitude do burguês esclarecido em relação à revolução que tornou possíveis seu atual estado de esclarecimento e o gozo de suas propriedades e direitos atuais.

Em contraste com Michelet e Renan, a primeira coisa que impressiona o leitor de *Origens da França contemporânea* é o fato de que não se trata de uma história em absoluto, e sim de um enorme ensaio. Se Renan se tornou um historiador de ideias, colocando em segundo plano os outros eventos, Taine é um historiador da literatura, que revela uma inépcia surpreendente quando tenta abordar parlamentos e rebeliões. Livros e quadros podem ser isolados e estudados com tranquilidade em bibliotecas e museus; e pode-se reconstituir uma vida social suficiente para explicá-los com base em conversações e viagens; porém, embora Taine possa ler todos os documentos referentes a um grande conflito social tanto quanto qualquer outro tipo de livro, não tem nada na personalidade e experiência que lhe permita recriar na imaginação as realidades que esses documentos

71

representam. Observa-se, nos exemplos de sua imagística que citei, como Taine é desajeitado quando faz generalizações políticas, mas como é brilhante e cheio de vida quando se trata de analisar um escritor. Nas eternas generalizações e classificações que constituem a totalidade da estrutura de sua história, perde-se o movimento dos eventos. Em primeiro lugar, se Michelet, ao tentar relatar tudo, está sempre tentando extravasar seus limites, Taine começa estabelecendo um plano que exclua tantos elementos quanto possível. O que ele pretende elaborar, diz Taine, é apenas uma "história dos poderes públicos"; deixa a outrem a história "da diplomacia, das guerras, das finanças, da Igreja". Então formula um conjunto de simplificações de tendências gerais, políticas e sociais, e depois arregimenta uma longa série de dados documentais para apoiar cada uma delas. Na época de Taine, a compilação de fatos por seu valor intrínseco já estava sendo encarada como uma das funções da história; e Taine não se cansava de enfatizar o valor científico do "pequeno fato significativo". Aqui — diz ele — o autor se limitará a apresentar os dados e permitir que o leitor tire suas próprias conclusões; porém jamais lhe ocorre que nos perguntemos quem está selecionando os dados e por que ele faz sempre aquela escolha em particular. Jamais lhe ocorre que o leitor possa acusá-lo de ter concebido a simplificação primeiro e depois ter recolhido os dados que a confirmassem, ou encarar com ceticismo a premissa inicial do autor de que não existe nada que ele não possa classificar com segurança sob um número definido de rubricas assinaladas por algarismos romanos, numa crise tão complexa, tão confusa, tão desordenada e tão rápida quanto a Revolução Francesa.

Assim como Renan, mesmo após nos explicar que no período de declínio do mundo antigo os santos eram mais necessários que os sábios, deixa no ar a suspeita de que talvez a civilização representada por Marco Aurélio pudesse ter se salvado e resolvido tudo de modo bem mais agradável do que o que ocorreu, Taine também garante, justamente ao demonstrar a inevitabilidade do colapso do antigo regime, que os piores abusos do regime já estavam sendo corrigidos pela própria classe governante e insistentemente dá a entender que, se o povo tivesse sido um pouco mais razoável e paciente, tudo poderia ter sido resolvido com tranquilidade.

Nossa convicção de que uma religião ou uma revolução é inevitável varia em proporção a nosso distanciamento delas e da oportunidade que temos de refletir friamente. Taine minimiza as perseguições de fundo religioso e ideológico que ocorriam no regime monárquico, e quase consegue omiti-las de seu relato; tenta de algum modo dar a impressão de que a captura da Bastilha não passou de um gesto bárbaro e sem sentido, dizendo-nos que, afinal de contas, na época só estavam lá sete prisioneiros, e enfatizando as brutalidades gratuitas cometidas pela turba. Apesar de nos mostrar, em alguns capítulos admiráveis a respeito da situação social, como eram intoleráveis as condições de vida dos camponeses, curiosamente Taine adota um tom de indignação assim que começa a relatar os episódios em que estes violam as velhas leis, invadindo propriedades e roubando pão. Em relação às Federações de 1789, que tanto empolgavam Michelet, ele adota um tom irônico e condescendente. Desde o início Taine exclui de seu campo de interesse o espírito e as realizações do exército revolucionário, mencionando o assunto apenas de passagem — ainda que de modo mais respeitoso. E os líderes revolucionários são apresentados sem nenhum sinal de empatia — de um ponto de vista estritamente zoológico, segundo o próprio autor — como uma raça de "crocodilos".

Onde está agora o Taine que, ao falar de Alfred de Musset, exultava com a ideia de a humanidade atingir a grandeza através da miséria, do conflito, da dissipação? O Proteu humano, com suas convulsões e transformações desconcertantes, derrubou Taine e o contrariou tão logo ele saiu de sua biblioteca. Não apenas se sente horrorizado com os Marats como também, ao defrontar-se com um Danton ou uma Madame Roland, na mesma hora assume um tom professoral de superioridade. Ao ver homens caírem no ridículo ou embrutecerem, muito embora ele próprio deva às lutas deles sua cultura e posição privilegiada, há um toque remoto de reprovação em seu tom, e todas as cores vivas de sua imaginação esmaecem. Onde está agora o bravo naturalista que antes avançava com tanta obstinação apesar dos preconceitos dos círculos acadêmicos? O programa social que Taine nos apresenta é uma estranha mistura de timidez de chefe de família com independência de intelectual. Ele insiste: não deixemos o Estado ir longe demais; é claro que precisamos manter um exército e uma polícia, para proteger-nos dos estrangeiros e dos rufiões; porém o governo não deve interferir com a Honra e a Consciência, as duas abstrações do século xix favoritas de Taine, nem com o funcionamento da indústria, que estimula a iniciativa individual, o único agente capaz de garantir a prosperidade geral.

A verdade é que as multidões da grande Revolução e o governo revolucionário de Paris identificaram-se, na mente de Taine, com a revolução socialista da Comuna. Como Renan, ele termina imaginando que só é solidário com um pequeno número de indivíduos superiores, que foram eleitos o sal da terra; e está ainda mais longe do que Renan da concepção de Michelet, segundo a qual o homem verdadeiramente superior é aquele que mais integralmente representa o povo. Mas, ainda que não goste muito da média de seus semelhantes burgueses, Taine defende a lei e a ordem da burguesia assim que as sente ameaçadas pela espécie errada de homem superior.

Porém há algo de errado: não há aqui o entusiasmo que Taine exprimia em suas obras mais antigas. Ele não gosta do antigo regime; não gosta da Revolução; não gosta da França militarista criada por Napoleão e seu sobrinho. E não chegou a viver para escrever, tal como havia planejado, a glorificação final da família francesa, que daria uma base moral a seu sistema, nem a visão geral da França contemporânea, na qual, aparentemente, abordaria a questão dos usos e abusos da ciência: para mostrar de que modo a ciência, embora benéfica quando estudada e aplicada pela elite, tornava-se letal nas mãos do vulgo.

8. DECLÍNIO DA TRADIÇÃO REVOLUCIONÁRIA: ANATOLE FRANCE

ANATOLE FRANCE, membro de uma geração vinte anos mais jovem que a de Renan e Taine, tinha 27 anos quando ocorreu o levante da Comuna. Havia sido considerado incapaz de servir no front, e como membro da Guarda Nacional ficou nas fortificações, lendo Virgílio. Quando foi estabelecido o governo socialista em Paris e parecia haver perigo de ele ser convocado para defendê-lo, France escapuliu de Paris com um nome falso e um passaporte belga, refugiando-se em Versalhes, sede do governo burguês. De lá escreve aos pais, dizendo que teve a satisfação de ver um grupo de prisioneiros socialistas: "Gentalha [...], eram horrorosos, como se pode imaginar". A explosão de um depósito de pólvora no Palácio de Luxemburgo foi claramente ouvida em Versalhes, e a gente de lá ficou muito assustada. O jovem Anatole France viu o incêndio e preocupou-se com sua família em Paris. Já de volta ao lar, tendo sido reprimida a Comuna e permanecendo intactos o Louvre e a Biblioteca Nacional, France pôde concluir que "a vida intelectual parisiense não estava ainda totalmente destruída"; escreve a um amigo que "o governo da Loucura e do Crime está por fim apodrecendo, justamente no momento em que estava pondo em prática seu programa. Paris hasteou a flâmula tricolor sobre as ruínas".

Anatole France era filho de um livreiro parisiense, e a loja da família no Quai Voltaire era um ponto de encontro para aquela rica cultura parisiense que foi se tornando cada vez mais rica no decorrer do século. Frequentada pelos estudiosos, romancistas e poetas da época, ficava perto da Academia, e, quando Anatole tinha quinze anos, certa vez desenhou, no final de uma redação que recebeu menção honrosa, a livraria

Thibault e a Cúpula, ligando uma à outra com uma linha. Dois anos depois, escreveu ao pai, que acabara de assistir a uma sessão da Academia:

> Como posso eu responder a sua carta, se o senhor esteve no interior sacrossanto do Instituto, se o senhor escutou as vozes mais eloquentes e os poetas de mais nobre inspiração — eu, que só conheço o verde dos campos, o azul do céu, os telhados de sapê das fazendas?

Um de seus ídolos era Renan. Em um poema dramático intitulado "As bodas coríntias", France dramatizou *As origens do cristianismo*; e diz-se que uma parte de *O crime de Sylvestre Bonnard*, a história de um velho estudioso, bondoso, inocente e sutil, é baseada nas aventuras de Renan na Sicília. No prefácio de uma das últimas obras de Renan, *Dramas filosóficos*, France encontrou a frase a respeito do modo de encarar a vida com uma atitude de ironia e piedade, a qual ele viria a explorar e tornar famosa. Na verdade, o jovem Anatole France obteve seu primeiro sucesso com uma espécie de imitação adocicada de Renan quando velho. *O crime de Sylvestre Bonnard* — obra que mais tarde passou a detestar — foi escrito, segundo confessou o autor, com um olho na Academia. E, como esperava, a Academia o premiou. Aos 52 anos de idade, Anatole France assumiu seu lugar na Academia. Posteriormente diria que fez tudo o que teria agradado a mãe no Quai Voltaire.

Porém havia algo mais por trás da superfície adocicada dos primeiros escritos de France. O autor era um homem de dotes superiores que havia sofrido algumas humilhações desagradáveis. No colégio de padres em que estudou, o Collège Stanislas, a velha escala de valores sociais ainda estava em vigor. Durante todos os anos que lá passou — France mais tarde disse a seu secretário, Jean-Jacques Brousson — jamais recebeu um prêmio. Todos os prêmios eram concedidos a alunos de sobrenomes aristocráticos — era assim que a escola ganhava publicidade.

Naturalmente, algumas honras secundárias eram jogadas para o Terceiro Estado, os filhos de médicos, tabeliães e advogados — prêmios referentes à declamação, ao desenho, à instrução religiosa. Mas mesmo na distribuição das migalhas que caíam da mesa elevada o favoritismo também atuava.

Os mestres disseram a seus pais que ele era obtuso, e aconselharam-nos a tirá-lo da escola: era desperdiçar dinheiro tentar dar-lhe uma educação superior à sua condição social. O pai de Anatole era filho de sapateiro, começara a carreira como peão de fazenda e soldado; instruíra-se e fora subindo gradualmente, até chegar à livraria no Quai Voltaire; e durante toda a vida, Anatole sentiria o ressentimento do pequeno-burguês voltado contra a alta burguesia e a nobreza. Suas maneiras melífluas desapareciam quando ocorria algo que trazia à tona seu ressentimento. Ficou furioso com um visconde na Academia, que prometera votar nele e não cumprira a promessa: "O senhor está enganado, sr. de —", explodiu France quando o homem tentou pedir desculpas. "O senhor votou em mim! O senhor me deu sua palavra. É um cavalheiro, e os cavalheiros cumprem com a palavra. O senhor está enganado, sr. de —; o senhor votou em mim, sim!".

E quando um dos padres do Collège Stanislas, que havia recomendado ao seu pai que o pusesse para trabalhar na loja, tentou felicitá-lo quando foi eleito para a Academia, France repeliu-o com raiva. Odiava os padres também por julgar que a educação católica tinha por objetivo reprimir os instintos naturais, que era hostil à beleza e à *volupté*.

Todo esse lado de Anatole France veio à tona com o caso Dreyfus. A condenação de Dreyfus, que agitou a França em 1895, quando Anatole France tinha cinquenta anos, não foi uma verdadeira crise social como fora a Comuna, que questionou toda a estrutura da sociedade. Era apenas um conflito entre, de um lado, a burguesia liberal, e, do outro, o exército, os realistas e a Igreja. Naquela época, France, indivíduo tímido e preguiçoso, tinha uma amiga judia, a sra. Caillavet, que o estimulava a trabalhar, cedia-lhe um salão de sua casa e promovia sua carreira de todas as maneiras; provavelmente ela foi em grande parte a responsável pela participação de France na defesa de Dreyfus, a qual contribuiu para a revisão do processo e o perdão, concedido em 1899. Além disso, pôr fim a injustiças e atacar a reação eram atitudes que haviam sido transformadas por Rabelais e Voltaire numa tradição da literatura francesa, a qual France se orgulhava de representar. Anatole France fez discursos, escreveu panfletos, virou por um tempo um satírico do tipo de Bernard Shaw. Sua divertidíssima *História contemporânea*, com sua análise bem-humorada porém terrível das camadas superiores da sociedade francesa, é um produto do período Dreyfus. No início de *O olmo do parque*, como pedra fundamental e justificativa da obra, France — evidentemente pensando no pai — coloca um inteligente filho de sapateiro. Piédagnel, o filho brilhante de pais humildes, desperta o interesse do abade que dirige o seminário em que Piédagnel se prepara para o sacerdócio. Mas o menino é fraco em matéria de doutrina; descobre-se que ele anda copiando poemas eróticos de Verlaine e Leconte de Lisle. O abade teme estar criando um segundo Renan e, embora com relutância, expulsa-o exatamente no momento em que o menino está começando a empolgar-se esteticamente com os rituais da Igreja. Piédagnel, sem nenhuma aptidão para o trabalho braçal, volta para a oficina de sapateiro; a Igreja abruptamente fechou para ele as esperanças que havia despertado, reprimiu os mesmos talentos que havia estimulado. Sai do seminário porém com uma paixão no coração, a qual, diz o autor, preencherá toda a sua vida: o "ódio aos padres".

Esse incidente, relatado com a concisão e a frieza tipicamente francesas nas quais Anatole France é mestre, aquela arte que faz com que só percebamos o impacto total do que estamos lendo quando terminamos a última linha, é uma das coisas desse tipo de mais força que France jamais escreveu. No entanto ficamos um tanto surpresos quando prosseguimos a leitura e constatamos que o incidente não dá em nada. Com base nesses capítulos iniciais, somos levados a imaginar que Piédagnel seria o herói da história; porém o filho do sapateiro jamais reaparece. A personagem que vem a ser o herói é o sr. Bergeret, outro Sylvestre Bonnard, visto com menos sentimentalismo e mais ironia. O sr. Bergeret é um humilde professor de latim que foi obrigado pelo departamento de ciências a dar aulas num porão deprimente (na época de Anatole France, as letras estão perdendo a fé nas ciências, e já não querem mais aliar-se a elas). Mais adiante, Bergeret engaja-se na questão Dreyfus, ganha certo grau de notoriedade, vai para Paris e consegue uma cátedra melhor. O que France faz é juntar em Piédagnel sua própria situação e a de seu pai — a do neto de sapateiro e a do filho de sapateiro —, e depois substituí-lo pelo sr. Bergeret, que corresponde ao Anatole France maduro, para quem o Collège Stanislas são águas passadas. Um grande número de degraus da escada social é pulado entre Bergeret em Paris e Piédagnel na província. E daí em diante o próprio Anatole France é Bergeret triunfante.

O pequeno burguês do Quai Voltaire agora está se tornando um alto burguês. Seus livros esgotam edição após edição; são vendidos em todas as estações ferroviárias da França. Está ficando rico; pode comprar todos os quadros e livros e móveis finos e bricabraques que quiser. No salão da sra. Caillavet, ele é a figura literária mais procurada. Perde suas maneiras desajeitadas e sua gagueira, tornando-se famoso por sua conversação. Então adquire uma casa grande, começa a dissociar-se da sra. Caillavet, terminando por romper com ela definitivamente.

É bem verdade que essa senhora não devia ser fácil; não admira que France terminasse desesperado para escapar dela. Com sua afeição fervorosa e implacável, ela tentava controlar tudo o que ele escrevia, controlar toda a sua vida. Entretanto, durante o período em que sua influência sobre ele é dominante — mais ou menos de *O lírio vermelho* a *O caso Crainquebille* —, France é uma figura mais simpática e muito mais definida do que era antes e do que veio a ser depois. O desafio da oposição política desperta suas emoções mais generosas e traz à tona o que nele há de melhor; suas ideias parecem mais coerentes. E a sra. Caillavet certamente tinha razão ao tentar fazê-lo abandonar seus eternos pastiches históricos e escrever romances sobre a vida contemporânea.

Pois France dava muita importância à história; escreveu uma série de romances e contos — que, aliás, constituem a maior parte de sua obra — que tentam captar a essência de diversos períodos históricos, desde a Grécia de Homero até a Paris de Napoleão III. Até mesmo suas análises da França contemporânea são intituladas de *História contemporânea*. Porém — embora tenham passado somente umas poucas décadas —, como parece distante a visão da história que tinha Michelet, quando olhamos para trás agora que chegamos a Anatole France! É característico desse autor tentar apenas, como já vimos, captar a essência de uma época. Ele já se tornou um dos grandes praticantes de um culto que futuramente será levado ainda mais longe: o culto da inteligência por amor à inteligência. Vamos entender os fenômenos e contemplá-los: dá prazer, e é marca de superioridade, poder ver como funcionam as coisas e de que modo uma variedade infinita de coisas é boa de uma variedade infinita de maneiras. Não precisamos passar disso, contudo não precisamos tentar sistematizar nem tirar conclusões para nelas fundamentar a ação prática. France ainda não chegou a esse ponto. Às vezes, conforme veremos, tenta mesmo construir sistemas, e em alguns momentos realiza gestos públicos. Mas está longe de ter a visão exaltada e persistente que tem Michelet do conflito entre liberdade e fatalidade, homem e natureza, espírito e matéria, que fora tão visível no início do século. A ironia de France deleita-se em mostrar, com algo que se assemelha à complacência, de que modo são derrotados a liberdade, o espírito e o homem. O canto homérico dos males decorrentes da ira de Aquiles é interrompido por uma discussão entre vaqueiros; Joana d'Arc, pregando a guerra, encontra seguidores e torna-se heroína nacional, enquanto uma jovem que sofre de alucinações semelhantes que a inspiram a pregar a paz e o amor cristão, perambulando pelos muros da cidade durante o cerco de Paris, é logo atingida por uma flecha. Não há uma visão com coerência geral. Em *O procurador da Judeia*, France segue nas águas de Renan. Ao narrar o incidente em que Paulo se apresenta a Gálio, Renan ressaltara a ironia da situação: para Gálio, a autoridade, o romano culto, Paulo era apenas um joão-ninguém. Porém a civilização de Gálio estava com os dias contados; era Paulo que representava o futuro. Em *O procurador da Judeia*, Pilatos esqueceu Cristo. Mas posteriormente France inverte a situação: em *Na pedra branca*, demonstra que, a longo prazo, o futuro foi mesmo de Gálio, já que o tipo de civilização imaginado pelos romanos esclarecidos é que terminaria dominando depois que o cristianismo se desacreditasse. France escreveu adocicadas paródias de lendas de santos cujas nuances de ternura irônica Voltaire jamais teria compreendido. E o romance de Thaïs e Paphnuce é um drama no qual a simpatia do leitor vai tanto para a cortesã como para o santo. Às vezes France se diverte com exercícios de imaginação histórica pura, como nas conquistas de César vistas por um dos chefes gálicos que estão sendo subjugados pelos romanos. É a erudição indisciplinada da livraria, sem nenhum objetivo unificador que a organize, a curiosidade dispersa e indisciplinada do leitor apaixonado e indolente.

Quando chegamos ao período da Revolução Francesa, à qual Anatole France dedicou um dos mais ambiciosos de seus livros de seu último período, vemo-lo abordando o assunto de um ângulo que jamais teríamos imaginado, a julgar pelo France da *História contemporânea*. *Os deuses têm sede* é uma história passada no tempo do Terror, na qual o autor coloca em oposição um Robespierre áspero e puritano e um arrematante de rendas públicas encantador e epicurista — ou seja, a Revolução no que tem de mais feio e o antigo regime no que tem de mais atraente. Quando jovem, France escrevera a respeito de Luís xiv: "Aquele ser grotesco e detestável, que Michelet, com seus olhos de gênio, viu em toda sua baixeza e toda sua miséria, não merece mais nenhuma indulgência insensata"; porém, embora tenha agora uma opinião melhor desse monarca, mesmo agora não escolhe um aristocrata como herói. O que France faz é tomar um burguês culto que enriqueceu durante o antigo regime e desfrutou do melhor que a velha sociedade tinha a dar, e colocá-lo numa posição de superioridade moral. O jacobino Gamelin torna-se mais e mais fanático e intolerante, e por fim manda ao cadafalso o meigo Brotteaux. Brotteaux é uma nova versão de Bergeret, mas um Bergeret — veja-se o episódio da prostituta — em relação ao qual France parece estar resvalando para um sentimentalismo que lembra Sylvestre Bonnard.

E, afinal de contas, quem é Gamelin senão nosso velho amigo Paphnuce de *Thaïs*, só que agora bem menos simpático? O burguês acomodado está levando a melhor. Brotteaux perde sua bela casa, sua agradável vida social, no entanto suporta tudo com fortitude clássica; a caminho do cadafalso, lê Lucrécio. Anatole France ainda tem todos os seus luxos, e sentimos que lhe seria difícil abrir mão deles. Porém, ao desfrutá-los, France não é exatamente feliz. Hoje é moda menosprezá-lo como escritor; e isso ocorre em parte porque tenta-se encontrar nele coisas que não pode oferecer, não obstante às vezes tente fazê-lo — e não as coisas que realmente estão lá. Anatole France não representa apenas o empalidecimento do Iluminismo, como o fazem Taine e Renan; ele nos mostra essa tradição em franca desintegração, e o que ele nos conta, com toda sua arte e seu espírito, é a história de um mundo intelectual cujos princípios estão se esfacelando. O moralista em Anatole France, o Paphnuce, o Gamelin, está sempre em conflito com o sensualista, o grande pregador da *volupté* como único consolo da futilidade humana; e o moralista torna-se cada vez mais odioso à medida que o sensualista se torna mais e mais estéril.

Politicamente, France é socialista; no entanto, dois dos livros de sua última fase, *Os deuses têm sede* e *A revolta dos anjos*, têm como único objetivo mostrar que as revoluções terminam gerando tiranias pelo menos tão opressoras quanto aquelas que visaram derrubar. Em *A ilha dos pinguins*, quando tenta traçar uma espécie de resumo da história, France mostra a civilização industrial moderna erradicada da face da Terra por irados anarquistas proletários. Contudo, a ordem que se instaura em seguida não é mais livre nem mais racional que a anterior: os rebeldes são exterminados com seus senhores, e os homens que sobrevivem voltam à condição original de lavradores.

Voltamos aos ciclos de Vico; de pouco adiantou nos livrarmos da ideia de Deus. É bem verdade que *A ilha dos pinguins* tem intenção satírica, mas sabemos, com base nas outras obras de France, que ideias desse tipo o obcecavam. No início de seus trabalhos políticos, ele escrevera: "Lenta, porém inexoravelmente, a humanidade realiza os sonhos dos sábios"; mas havia momentos em que tal segurança era destruída pelos pesadelos da ciência, a qual, como já vimos, para ele não era mais a escola de disciplina e fonte de força que fora para Taine, Renan ou Zola. Taine é um determinista confesso, que com base em seus conceitos mecanicistas elabora um método sólido e uma força formal de lógica; todavia, seus valores estéticos e morais são pouco afetados por seus princípios materialistas. Anatole France é assumidamente um reformador e um otimista, que vive caindo no ceticismo e na depressão, seduzido pelas piores suspeitas a respeito do caráter mecanicista da vida e da total insignificância da humanidade. Lê os verbetes sobre astronomia da *Enciclopédia Larousse*, e explora muito a ideia de que a humanidade está sozinha num universo terrivelmente vazio, uma mera doença da superfície terrestre — uma visão que parecia terrível em Pascal, ainda era trágica em Leopardi, podia inspirar versos nobres a Alfred de Vigny, já parecia um tanto excessiva e ridícula nos romances de Thomas Hardy, e que em Anatole France, com seu roupão, seu chinelo e sua *Larousse*, desce ao nível de uma conversa de salão.

Em seu admirável estudo sobre Anatole France, Haakon M. Chevalier mostra de que modo tanto a ironia do autor como a sua inveterada incapacidade de construir um livro de grandes proporções eram devidas ao caráter ambíguo de seu intelecto: o sarcasmo de France é uma faca de dois gumes, porque não consegue conciliar os diferentes pontos de vista bem diversos que nele coexistem, e jamais consegue se ater a nenhum sistema por tempo suficiente para poder basear nele uma obra de grandes proporções. Mais ainda que Voltaire, Anatole France merece a acusação de ser um "caos de ideias claras". Seus últimos livros são mais sólidos e mais ambiciosos do que tudo que escreveu antes; apesar disso, também lhes falta coerência orgânica. O que é que encontramos neles? Grandes esperanças minadas por terríveis depressões, imaginação erótica misturada com impulsos de protesto social, e — cada vez mais pronunciado à medida que o autor envelhece — um niilismo negro e odiento. Aqui France consegue obter certos efeitos de intensidade, a intensidade de um homem torturado por sua incapacidade de levar até as últimas consequências qualquer de seus muitos impulsos contraditórios. Pela primeira vez, seu sarcasmo se torna verdadeiramente feroz. Sua sensação de isolamento se aprofunda. Antes de Proust, afirma insistentemente aquela solidão no amor, aquela impossibilidade de compartilhar com o outro as emoções que se sente, que Proust tomara como tema central de sua obra, e que desenvolverá de forma tão obstinada e tão obsessiva. Tanto em *O lírio vermelho* como em *História cômica*, a que se deve associar o conto patológico "Jocasta", escrito muitos anos antes, a conjuntura romântica típica em que o amor se torna impossível devido às barreiras do dever matrimonial, convenção social ou consanguinidade já se transformou na situação em que o amor é impossível por causa de uma obsessão neurótica e da inibição. Também Michelet fora filho único; também Michelet sofrera do desajuste social; porém a Revolução ainda recente lhe dera um sentimento de solidariedade para com outros seres humanos engajados num grande empreendimento, e por meio de sua obra histórica ele conseguira tornar-se parte de um mundo humano em cuja importância e destino acreditava. Em France, os abismos da dúvida e do desespero estão sempre a esperá-lo sob as cordas bambas e os trapézios da inteligência altamente desenvolvida, e suas acrobacias tornam-se cada vez mais arriscadas.

Enquanto isso, durante o caso Dreyfus, France devolve sua condecoração da Legião de Honra quando a Legião retira a homenagem conferida a Zola. Não frequenta as sessões da Academia; contudo, atendendo a pedidos insistentes, volta a comparecer na velhice. Na época da revolução de 1905 na Rússia, faz discursos para plateias proletárias. Apoia a guerra de 1914 e se oferece para o serviço militar aos setenta anos de idade; então, ao ser informado de que os Aliados recusam as propostas de paz das potências centrais, resolve não apoiar mais nenhuma causa patriótica. Diz a Marcel LeGoff: "É verdade, escrevi e falei como minha concierge. Estou envergonhado, mas tive de fazê-lo". Mas não fez nenhum protesto, nem mesmo durante as etapas posteriores da guerra. Estava com medo: seu velho amigo Caillaux fora preso por Clemenceau, de quem fora aliado no caso Dreyfus, e — segundo se diz — Clemenceau havia afirmado que faria o mesmo com France se ele abrisse a boca para criticar o governo. Cercado de parasitas, admiradoras e um verdadeiro museu de *objets d'art*, France recebia radicais e conversava com eles, tratando-os por "camarada". Brousson relata que, quando certa vez lhe perguntaram por que ele era "atraído pelo socialismo", France respondeu: "Melhor ser atraído que arrastado". LeGoff conta que, quando alguém lhe perguntou a respeito do futuro, France disse:

> O futuro? Mas, meu pobre amigo, não há futuro — não há nada. Tudo vai recomeçar como antes mais uma vez — as pessoas vão construir coisas e destruí-las, e assim por diante, para todo o sempre. Enquanto os homens não conseguirem se ver de fora nem libertar-se de suas paixões, nada jamais há de mudar. Teremos alguns períodos em que haverá mais paz, e outros em que haverá mais turbulência; os homens continuarão a se matar e depois voltar a sua vida de antes.

Ele frequenta gente demais, é polido demais e malicioso demais com todo mundo. A impressão é de que Voltaire foi afortunado por ter tido algo em que concentrar toda a sua malícia. No tempo de Anatole France, depois de toda a confusão em torno de Dreyfus, a Igreja já não parece tão importante quanto antes, e os satíricos não fazem mais do que importuná-la com versões obscenas de histórias religiosas. France continua a pregar os consolos de um epicurismo complacente;

porém afirma a Brousson: "Se você pudesse ler minha alma, ficaria horrorizado".

Tocou minhas mãos nas suas, febril e trêmulo. Olhou-me nos olhos, e vi que os seus estavam marejados de lágrimas. Seu rosto estava devastado. Suspirou ele: "Não há em todo o universo criatura mais infeliz do que eu! As pessoas me julgam feliz. Jamais fui feliz — nem por uma hora — nem por um dia!".

E o niilismo, as explosões de amargura começaram a fazer com que sua ingenuidade, que antes parecia engraçada, deliciosa, se tornasse destoante e insincera. Anatole France tinha um lado infantil que fica cada vez menos simpático à medida que o conhecemos melhor; e que está relacionado com uma tentativa de voltar às épocas mais inocentes do idioma. A tendência arcaizante que o levou, em um dos livros sobre Bergeret, a satirizar a política contemporânea com a linguagem de Rabelais e, nos livros sobre o abade Coignard, a criticar as instituições de seu tempo com um tom do século XVIII, até mesmo recheando sua fala com locuções e expressões obsoletas, representava uma fraqueza sua. Na velhice, refugia-se de sua solidão, da guerra, da morte da única filha, que se tornara distante quando ele se separara da primeira esposa, voltando ao tipo de recordações da infância — em obras como *O livro de meu amigo* e *Pierre Nozière* — que, no passado, lhe permitira ser encantador. Mas agora, não obstante alguns trechos excelentes, como a apóstrofe a Racine, exercícios admiráveis naquele francês castiço que France, como Renan, afirmaria, na última fase da vida, estar sendo corrompido a partir do século XVIII, e do trabalho de que é testemunha a série de rascunhos do livro que deixou inacabado ao morrer — apesar disso tudo, *O pequeno Pierre* e *Vida em flor* dão a impressão de um artificialismo frio e calculado. Torna-se necessário omitir tanta coisa angustiante, tanta coisa áspera tem que ser disfarçada! A inspiração feliz de uma arte amadurecida ao sol do século XIX não consegue mais neutralizar, no início do século xx, o gosto de poeira e cinzas. E há uma distância muito grande entre o France da água-forte de Zorn, debruçado sobre a mesa com seus olhos grandes e negros, simpáticos e cativantes, com o bigode e a barba pontuda do Segundo Império, e o velho da pintura de Van Dongen, a qual o próprio France detestava, dizendo, com razão, que o fazia parecer um camembert derretido.

Por fim, após toda uma vida de bajulações e prêmios, a nova geração o rejeita. Sua concepção de "sucessão dos fenômenos e relatividade das coisas" — na qual ainda tinha uma certa confiança — seria levada pelos simbolistas e seus sucessores até um ponto em que, por um lado, se tornaria ininteligível para Anatole France e, por outro, o interesse pela política que manifestara e seus lampejos de consciência social perderiam o significado para eles. Nos simbolistas, a convicção de isolamento social chegou a tal ponto que nem mesmo se tinha a ilusão de estar desiludido com a sociedade. Quando France morreu, sua cadeira na Academia foi ocupada por um eminente simbolista, que aproveitou o ensejo para depreciá-lo; e os dadaístas, esses ultrassimbolistas, com alguns jovens escritores neorromânticos, divulgaram, no dia de seu enterro, sob o título *Um cadáver*, um feroz manifesto contra ele. Escreveu Pierre Drieu de la Rochelle: "Sem Deus, sem tocar no amor! Sem desespero insuportável, sem ira magnífica, sem derrotas definitivas, sem triunfos conclusivos!". Protestou Joseph Delteil: "Esse cético, esse cético simpático, não me diz nada. O que me apaixona é a paixão. É o otimismo, a fé, o ardor, o sangue que me incita!". Acusam-no de fazer concessões, de ser covarde, tradicional, patriota, realista, de trair a Revolução.

Tendo chegado ao grau extremo de relativismo, a ponto de propor a escrita automática e os documentos produzidos por pacientes de hospícios, fazendo da irresponsabilidade um dever e do anarquismo moral uma ética, eles fecharam o circuito das diferentes relações do indivíduo, como escritor, com a sociedade, chegando a um ponto ainda anterior àquele em que encontramos Michelet no início: constataram que o passo seguinte necessariamente os retiraria da doutrina do relativismo que haviam levado às últimas consequências, e os faria começar de novo com um credo e um código, com princípios fixos e um plano de ação.

Dos grandes protótipos simbolistas do dadaísmo, Rimbaud lutara do lado da Comuna, e Lautréamont, segundo se dizia, participara da agitação contra o Segundo Império, tendo sido assassinado pela polícia de Napoleão III. No *Segundo manifesto surrealista* de André Breton, os nomes de Rimbaud e Lautréamont aparecem, curiosamente, ao lado dos nomes de Marx e Lênin. O passo seguinte ao dadaísmo era o comunismo; pelo menos um ou dois ex-dadaístas chegaram a se submeter à disciplina do Partido Comunista.

Porém, tendo acompanhado o desenrolar da tradição da revolução burguesa até a sua dissolução em Anatole France, precisamos voltar atrás e acompanhar a trajetória do socialismo, que se desenvolveu em oposição a ela.

PARTE II

9. ORIGENS DO SOCIALISMO: A DEFESA DE BABEUF

A FASE MAIS TRANQUILA DO DIRETÓRIO, que se seguiu à queda de Robespierre, foi perturbada pelas atividades de um homem que assinava Graco Babeuf.

O Diretório foi o período em que a Revolução Francesa guinou no rumo da reação, tornando possível a subida de Bonaparte. O grande levante da burguesia, que, ao destruir as formas feudais da monarquia e expropriar a nobreza e o clero, apresentara-se à sociedade como um movimento de libertação, terminara concentrando a riqueza nas mãos de um número relativamente pequeno de pessoas e criando um novo conflito de classes. Com a reação ao Terror, os ideais da Revolução se perderam. Os cinco políticos do Diretório e os comerciantes e financistas a eles aliados faziam especulação com propriedades confiscadas, auferiam lucros ilícitos com os abastecimentos militares, causavam uma perigosa inflação da moeda e jogavam com a desvalorização do luís de ouro. Enquanto isso, no inverno de 1795-6, os trabalhadores de Paris morriam nas ruas de fome e de frio.

Babeuf era filho de um protestante que fora enviado ao estrangeiro pelos calvinistas para negociar uma união com os luteranos, que lá havia permanecido, servindo como major no exército de Maria Teresa, e depois se tornado preceptor de seus filhos. Voltando à França, caíra na miséria; seu filho, segundo ele próprio dizia, aprendera a ler nos papéis catados na rua. Seu pai lhe ensinou latim e matemática. No leito de morte, deu-lhe um exemplar de Plutarco e disse que gostaria de ter desempenhado o papel de Caio Graco. Fez o menino jurar sobre sua espada que defenderia até a morte os interesses do povo.

Isso foi em 1780. Quando eclodiu a Revolução, Babeuf tinha 29 anos. Estava presente à tomada da Bastilha. Trabalhara como escrevente num cartório de direitos senhoriais na cidade-zinha de Roye, às margens do Somme; com a Revolução, ateou fogo aos arquivos. Daí em diante, como jornalista e funcionário público, entregou-se à tarefa revolucionária com tal ardor que estava sempre em apuros. Instigou os taberneiros da região do Somme a não pagar o velho imposto sobre o vinho, que fora abolido pela Assembleia Constituinte; vendeu as proprieda-des expropriadas e dividiu as terras comunais da vila entre os pobres. Babeuf agia depressa demais para o ritmo de sua pro-víncia. Os proprietários de terras e as autoridades locais volta e meia o prendiam e o jogavam rapidamente na prisão. Por fim, em 1793, foi nomeado para um cargo em Paris, no Departamen-to de Subsistência da Comuna. A miséria em Paris era terrível, e Babeuf descobriu uma falha na contabilidade do departamento. Concluiu que as autoridades estavam deliberadamente criando uma situação de fome para explorar a demanda por alimentos, e nomeou uma comissão de investigação. O governo dissolveu a comissão, e Babeuf foi acusado — injustamente, ao que parece — de fraude em sua administração nas províncias.

Com a reação termidoriana, Babeuf reuniu os elementos revolucionários que ainda tentavam promover os objetivos origi-nais do movimento. Em seu jornal, *A Tribuna do Povo*, denuncia-va a nova constituição de 1795, que abolira o sufrágio universal e concedia o voto só a quem tinha muitas posses. Exigia igualdade não apenas política, mas também econômica. Declarou que pre-feria a própria guerra civil a "esse acordo terrível que estrangula os famintos". Porém, os homens que haviam expropriado os nobres e a Igreja permaneciam fiéis ao princípio da proprieda-de. *A Tribuna do Povo* foi fechada, e Babeuf foi preso, com seus associados.

Enquanto Babeuf estava na prisão, sua filha de sete anos morreu de fome. Ele conseguiu permanecer pobre toda a vida. Sua popularidade era somente entre os pobres. Seus cargos públicos só lhe trouxeram problemas. Assim que saiu da prisão, fundou um clube político que se opunha às políticas do Diretó-rio, e que veio a ser chamado de Sociedade dos Iguais. Exigiam, no *Manifesto dos Iguais* (que não foi divulgado na época), que fosse abolida

> a propriedade individual da terra; a terra não pertence a ninguém. [...] Declaramos que não podemos mais suportar, ao lado da enorme maioria dos homens, o trabalho e o suor em benefício de uma pequena minoria. Há muito tempo — tempo suficiente, tempo demais — que menos de 1 milhão de indivíduos vêm desfrutando aquilo que pertence a mais de 20 milhões de seus semelhantes. [...] Jamais projeto mais vasto foi concebido ou posto em prática. Alguns homens de gênio, alguns sábios, o mencionaram de tempos em tempos, com voz baixa e trêmula. Nenhum deles teve a coragem de dizer toda a verdade. [...] Povo da França, abri vossos olhos e vossos corações à plenitude da felicidade. Reconhecei e proclamai conosco a República dos Iguais!

A Sociedade dos Iguais também foi reprimida; o próprio Bonaparte fechou o clube. Agora na clandestinidade, seus membros decidiram estabelecer um novo diretório. Elaboraram uma constituição que previa "uma grande comunidade nacional de bens", detalhando com precisão o funcionamento de uma sociedade planejada. As cidades seriam deflacionadas, e a população seria distribuída por aldeias. O Estado "se apossaria do recém-nascido, cuidaria de seus primeiros momentos de vida, garantiria o leite e zelaria por sua mãe, e o colocaria na *maison nationale*, na qual ele adquiriria a virtude e o esclarecimento de um verdadeiro cidadão". Assim, a educação seria igual para todos. Todos os indivíduos fisicamente capazes trabalhariam, e as tarefas desagradáveis ou árduas seriam da responsabilidade de todos, em um sistema de revezamento. O governo supriria as necessidades básicas da existência, e o povo faria suas refeições em mesas comunitárias. O governo controlaria todo o comércio exterior e tudo o que fosse impresso.

Enquanto isso, o valor do papel-moeda havia caído para quase zero. O Diretório tentou salvar a situação convertendo a moeda em títulos de propriedade de terra, que, no dia em que foram emitidos, estavam sendo descontados em 82%; e havia a convicção generalizada de que o governo estava falido. Só em Paris havia 500 mil pessoas precisando de auxílio. Os babeuvistas cobriram a cidade com exemplares de um manifesto de importância histórica, no qual afirmavam que a Natureza conferira a cada homem o direito igual de desfrutar de tudo o que é bom, e que o objetivo da sociedade era defender esse direito; que a Natureza impusera a cada homem o dever de trabalhar, e quem dele se esquivava era um criminoso; que numa "sociedade verdadeira" não haveria ricos nem pobres; que o propósito da Revolução fora acabar com todas as desigualdades e estabelecer o bem-estar de todos; que a Revolução, portanto, não estava terminada, e que todos aqueles que haviam abolido a Constituição de 1793 eram culpados de lesa-majestade contra o povo.

Nos cafés, cantava-se uma canção de autoria de um membro da Sociedade:

> Morrendo de fome, morrendo de frio, o povo espoliado de todos os direitos [...] recém-chegados locupletados de ouro, sem ter trabalhado nem pensado, estão se apossando da colmeia; enquanto vós, povo trabalhador, comeis ferro como um avestruz. [...] Um duplo conselho sem cérebro, cinco diretores amedrontados; o soldado mimado, o democrata esmagado: *Voilà la République!*

A "comissão insurrecional" de Babeuf tinha agentes infiltrados no exército e na polícia, e seu trabalho era tão eficiente que o governo tentou tirar suas tropas de Paris; quando os soldados se recusaram a obedecer, as tropas foram dissolvidas. No início de maio de 1796, nas vésperas do levante planejado, os Iguais foram traídos por um delator, e seus líderes, jogados na prisão. Os seguidores de Babeuf tentaram sublevar um esquadrão de polícia que lhes era simpático, porém foram sufocados por um novo Batalhão de Guarda convocado especificamente para essa tarefa.

Para servir de exemplo, Babeuf foi transportado até Vendôme dentro de uma jaula — uma humilhação que, não muito tempo antes, tinha enfurecido os parisienses quando os austríacos a impuseram a um francês.

A defesa de Babeuf, que se prolongou por seis sessões do tribunal e consiste em mais de trezentas páginas, é um documento impressionante e comovente. Babeuf sabia muito bem que corria risco de morte e que a Revolução estava perdida. Os franceses haviam finalmente se cansado das dores de parto dos sete anos decorridos desde a tomada da Bastilha. Todo o fervor que ainda lhes restava fora canalizado para o Exército Revolucionário, que naquela primavera, comandado por Bonaparte, estava conquistando vitórias na campanha da Itália. Na França, depois do Terror, o povo havia se cansado de violência. Babeuf se unira aos últimos jacobinos, mas o povo também estava cansado deles. Para a população, princípios inflexíveis e a guilhotina eram duas coisas inextricavelmente associadas; agora todos estavam felizes por poder viver, e um período de frivolidade tivera início. E o instinto burguês da propriedade já estava se tornando o impulso principal, substituindo outros instintos e ideais: todos aqueles que conseguiram obter alguma coisa agarravam-se a suas posses com unhas e dentes; a ideia da redistribuição dos bens os apavorava. E os pobres não estavam mais preparados para lutar. Babeuf sabia de tudo isso, e há em sua defesa um realismo, uma sobriedade que lembra fases muito posteriores do socialismo. Aqui não temos mais a retórica grandiosa, apaixonada e confusa da Revolução. Numa época em que, de modo geral, as pessoas só conseguiam pensar no presente, Babeuf olhava ao mesmo tempo para trás e para a frente; no momento em que uma sociedade que ainda falava nos ideais da Revolução — liberdade, igualdade, fraternidade — havia sido dominada inteiramente por uma nova classe de proprietários, com novos privilégios, injustiças e proibições, Babeuf, com muita coragem e visão, foi capaz de analisar a situação ambígua. Sua defesa é como um resumo das ideias não concretizadas do Iluminismo, e uma afirmação de sua necessidade fundamental. E há nela momentos de grandeza que não seria absurdo comparar à *Apologia* de Sócrates.

O que está realmente em jogo, diz Babeuf, não é tanto a questão da conspiração contra o governo, e sim a difusão de certas ideias julgadas subversivas pela classe dominante. O Diretório — prossegue ele — desrespeitou a soberania do povo, transformando o direito de votar e ser eleito em prerrogativa de certas castas. Os privilégios ressurgiram. O povo perdeu a liberdade de imprensa e a liberdade de reunião, bem como os direitos de fazer petições e portar armas. Até mesmo o direito de ratificar leis foi retirado dos cidadãos e conferido a uma segunda câmara. Estabeleceu-se um poder executivo que está fora do alcance do povo e que não depende do controle popular. Foram esquecidas a educação e a ajuda aos necessitados. E, por fim, a Constituição de 1793, aprovada por quase 5 milhões de votos que exprimiam um sentimento popular autêntico, foi substituída por uma constituição impopular, aprovada por talvez 1 milhão de votos duvidosos. De modo que, se fosse verdade que ele havia conspirado (e era mesmo, embora no julgamento Babeuf o negasse), teria sido uma conspiração contra uma autoridade ilegítima. As revoluções ocorrem quando as molas humanas da sociedade são esticadas além do que podem suportar. O povo rebela-se contra a pressão, e com razão, pois o objetivo da sociedade é o bem da maioria. Se o povo ainda se sente vítima de uma pressão excessiva, não importa o que digam os governantes, a revolução não terminou. Ou, se terminou, os governantes cometeram um crime.

A felicidade, na Europa, é uma ideia nova. Hoje sabemos no entanto que os infelizes são o poder realmente importante do mundo; eles têm o direito de falar como os verdadeiros senhores do governo que deles se esquece. Sabemos que todo homem tem o direito de desfrutar de todos os benefícios, e que o verdadeiro propósito da sociedade é defender esse direito e aumentar os benefícios comuns. E o trabalho, como o desfrute dos benefícios, deve ser dividido entre todos. A Natureza decretou que todos têm de trabalhar: é um crime fugir a esse dever.

E é também um crime apossar-se, em detrimento dos outros, dos frutos do trabalho ou da terra. Numa sociedade realmente justa, não haveria ricos nem pobres. Não existiria um sistema de propriedade como o nosso. Nossas leis referentes à hereditariedade e à inalienabilidade são instituições "humanicidas". O monopólio da terra exercido por alguns indivíduos, e a posse de produtos que excedem suas necessidades, não é nada mais, nada menos, que roubo; e todas as nossas instituições civis, nossas transações comerciais normais, são atos de latrocínio, perpetuados e autorizados por leis bárbaras.

Porém vocês afirmam — prossegue Babeuf — que as minhas ideias é que fariam a sociedade voltar à barbárie. Os grandes filósofos de nosso século não pensavam assim, e é deles que sou discípulo. Vocês deviam estar processando a monarquia por ter sido muito menos inquisitorial do que o governo de nossa atual República; deviam processá-la por não ter impedido que eu tivesse acesso às obras perniciosas dos Mablys, dos Helvétius, dos Diderots, dos Jean-Jacques. Filantropos de hoje!, não fosse o veneno desses filantropos do passado, talvez eu tivesse os mesmos princípios morais e as mesmas virtudes de vocês: talvez me inspirasse a mais terna solicitude à minoria dos poderosos do mundo; talvez eu fosse impiedoso para com a massa sofredora. Não sabem que incluíram em sua acusação a mim um trecho que citei de Rousseau, escrito em 1758? Ele falara de "homens odiosos a ponto de cobiçarem mais do que o suficiente enquanto outros homens morrem de fome". Não tenho escrúpulos em fazer esta revelação porque não temo comprometer esse outro conspirador: ele já está além da jurisdição deste tribunal. E Mably, o popular, o sensível, o humano, não foi ele um conspirador ainda mais contumaz? "Se seguires a cadeia de nossos vícios", escreveu ele, "descobrirás que o primeiro elo está preso à desigualdade de riquezas." O *Manifesto dos Iguais*, que jamais foi retirado da poeira da caixa em que o colocamos, mas do qual tanto se tem falado, não foi mais longe que Mably e Rousseau. E Diderot, que afirmou que, do cetro ao báculo, a humanidade era governada pelo interesse pessoal, e que o interesse pessoal derivava da propriedade, e que era inútil os filósofos discutirem sobre a melhor forma de governo possível enquanto não fossem arrancadas as raízes da propriedade em si — Diderot, que perguntou se seriam possíveis a instabilidade, as vicissitudes periódicas dos impérios, se todos os bens fossem propriedade comum, e que afirmou que todo cidadão devia tirar da comunidade o que precisasse e dar à comunidade o que pudesse, e que todo aquele que tentasse restaurar o detestável princípio da propriedade deveria ser trancafiado como inimigo da humanidade e louco perigoso! — Cidadãos, "louco perigoso" é justamente a acusação que vocês dirigem a mim por tentar instaurar a igualdade!

E Tallien e Armand de la Meuse, que agora são membros do Diretório e da legislatura — por que não estão sendo julgados também? Tallien, há poucos anos, quando editava *O amigo dos sans-cullotes*, afirmava que "a anarquia cessaria tão logo a riqueza fosse mais bem distribuída". E Armand de la Meuse afirmava à Convenção que "toda pessoa sincera deve admitir que igualdade política sem igualdade verdadeira é apenas uma ilusão tantalizante", e que "o erro mais cruel dos órgãos revolucionários é não determinar os limites dos direitos de propriedade, abandonando, em consequência, o povo às especulações gananciosas dos ricos".

Cristo nos mandou amar o próximo e fazer a ele o que desejamos que ele faça conosco; porém reconheço que o código de igualdade de Cristo o levou a ser julgado como conspirador.

A situação evoluía de tal forma que eu teria tomado consciência dela mesmo se não tivesse meios de compreendê-la. Quando fui preso por causa de meus escritos, deixei sem nenhum recurso minha mulher e meus três desgraçados filhos, durante aquela fome terrível. Minha filhinha de sete anos morreu quando a ração de pão foi reduzida a duas onças; e as outras crianças ficaram tão magras que quando as vi novamente não as reconheci. E nossa família era apenas uma entre milhares — a maior parte da população de Paris, aliás — cujos rostos foram emaciados pela fome, que andavam cambaleando pelas ruas.

E se desejo um sistema melhor para elas, não é minha intenção impô-lo pela força. Tudo o que quero é que o povo seja informado e convencido de sua própria onipotência, da inviolabilidade de seus direitos, e que exija seus direitos. Quero, se necessário for, que lhe seja ensinado como exigir seus direitos; mas nada quero que não seja submetido ao consentimento do povo.

Mas como poderia eu esperar ter sucesso onde Mobly e Diderot e Rousseau e Helvétius fracassaram? Sou um discípulo menor desses homens, e a República é menos tolerante que a monarquia.

Babeuf lembrou que os realistas da conspiração de Vendée haviam todos sido perdoados e libertados, e que o partido do Pretendente afirmava abertamente que aprovaria na íntegra a nova constituição se houvesse um único diretor e não cinco. A Sociedade dos Iguais tinha motivos para supor que estava sendo tramado um massacre contra seus membros, semelhante aos massacres de republicanos ocorridos no Sul; e Babeuf começou a fazer um relato tão provocador da perseguição aos republicanos promovida pelas forças da reação que os juízes o fizeram calar-se e o deixaram prosseguir só no dia seguinte.

Babeuf declarou que a sentença de morte não o surpreenderia nem assustaria. Estava acostumado com a ideia da prisão e da morte violenta como percalços de sua missão revolucionária. Para ele, satisfazia-o plenamente saber que sua esposa e filhos, bem como as famílias de seus seguidores, jamais se envergonharam do que acontecera a seus maridos e pais, pois haviam comparecido ao tribunal para apoiá-los.

Concluiu:

Porém, meus filhos, de meu lugar acima destes bancos — o único lugar de onde minha voz vos pode alcançar, já que, apesar de isso ir contra as leis, proibiram-me de ver-vos — de apenas uma coisa manifesto meu arrependimento: é que, embora tenha eu querido tanto deixar-vos como legado aquela liberdade que é a fonte de todo o bem, prevejo para o futuro somente escravidão, e vos deixo presas de todos os males. Nada tenho para deixar-vos! Não quero legar-vos nem sequer minhas virtudes cívicas, meu profundo ódio à tirania, minha ardente devoção à causa da Liberdade e da Igualdade, meu amor apaixonado ao Povo. Seria um legado desastroso para vós. O que faríeis com ele sob a opressão monárquica que está fadada a desabar sobre vós? Deixo-vos na condição de escravos, e é este pensamento o único que há de torturar minha alma em seus momentos finais de vida. Quisera eu dar-vos agora conselhos que vos ajudassem a suportar as correntes com mais paciência, mas não me julgo capaz de tal.

Depois de muita discordância, o veredicto foi de culpado. Um dos filhos de Babeuf conseguiu entregar-lhe um punhal de estanho feito com um candelabro; ao ouvir a sentença, Babeuf apunhalou-se à moda romana, porém só conseguiu ferir-se terrivelmente, e não morreu. Na manhã seguinte (27 de maio de 1797) foi guilhotinado. De seus seguidores, trinta foram executados, e muitos outros reduzidos à servidão ou deportados.

Antes de morrer, Babeuf escreveu a um amigo, a quem confiara sua família: "Creio que, em algum dia futuro, os homens voltarão a pensar em maneiras de proporcionar à espécie humana a felicidade que lhe propusemos".

Somente quase cem anos depois é que sua defesa foi tornada pública. Os jornais só a divulgaram em parte, e o texto completo só foi publicado em 1884. Durante décadas, o nome de Babeuf foi usado como se designasse uma espécie de bicho-papão.

10. ORIGENS DO SOCIALISMO:
A HIERARQUIA DE SAINT-SIMON

BABEUF FOI COMO UM ÚLTIMO ESFORÇO convulsivo dos princípios da grande Revolução Francesa no intuito de atingir seus objetivos lógicos. Os igualitaristas e os coletivistas que se tornaram proeminentes nos primeiros anos do século seguinte, embora nascidos mais ou menos na mesma época que Babeuf, pertencem a um outro mundo.

Seu protótipo é o conde de Saint-Simon. Descendia de um ramo mais recente da família do famoso duque do mesmo nome, cronista da corte de Luís XIV, e, embora tivesse aberto mão de seu título nobiliárquico e não mais acreditasse, como acreditara seu parente, na importância dos duques, lá a seu modo estava igualmente convencido da importância das classes proprietárias, especialmente da família Saint-Simon. Aos dezessete anos de idade, ordenou a seu criado pessoal que o acordasse todos os dias com a exortação: "Levante-se, *monsieur le comte!* Lembre-se de que há coisas muito importantes a fazer!". E, na prisão, durante o Terror, imaginou que seu ancestral Carlos Magno havia lhe aparecido e anunciado que fora reservado apenas à família Saint-Simon o destino de produzir tanto um grande herói e um grande filósofo; ele, Saint-Simon, faria no campo do intelecto algo equivalente aos feitos marciais de Carlos Magno.

Saint-Simon guardara distância da Revolução. Acreditava que o antigo regime tinha seus dias contados; porém — embora antes tivesse viajado à América para lutar do lado das colônias —, quando a Revolução Francesa eclodiu, considerou-a um processo basicamente destruidor, e não conseguiu convencer-se a participar ativamente dela. Especulou com propriedades confiscadas e ganhou uma quantia significativa, mas um sócio desonesto se apossou de boa parte dela. Então, após Carlos Magno revelar-lhe sua missão, com heroica ingenuidade começou a preparar-se sistematicamente para vir a ser um grande pensador.

Em primeiro lugar, foi morar em frente à Escola Politécnica e estudou física e matemática; depois foi morar perto da Escola de Medicina, onde foi estudante. Durante certo tempo, levou uma vida de dissipação, segundo ele, por curiosidade moral. Casou-se para promover grandes festas em seu salão; divorciou-se e se ofereceu à Madame de Staël, afirmando que, sendo ela a mulher mais extraordinária da época e ele o homem mais extraordinário, era óbvio que deviam colaborar para produzir um filho mais extraordinário ainda. Ela se limitou a rir. Saint-Simon viajou à Alemanha e à Inglaterra em busca de iluminação intelectual, mas voltou de ambos os países decepcionado.

Quem lê a biografia de Saint-Simon tende a considerá-lo um pouco amalucado, até que observa que os outros idealistas sociais de sua época eram tão excêntricos e extravagantes quanto ele. Os primeiros anos do século XIX foram tempos de grande confusão, em que ainda era possível ter ideias simples. A filosofia racionalista do século XVIII, na qual se baseara a Revolução Francesa, continuava a ser o pano de fundo da formação intelectual da maioria das pessoas (a educação de Saint-Simon fora supervisionada por D'Alembert); porém essa filosofia, da qual se esperara a solução para todos os problemas, não conseguiu salvar a sociedade nem do despotismo nem da miséria. A autoridade da Igreja e a coerência do velho sistema social haviam sido perdidas, e não havia mais um corpo de ideias aceito como algo mais ou menos oficial, tal como fora a obra dos enciclopedistas (um dos projetos de Saint-Simon era uma enciclopédia para o século XIX). As invenções mecânicas das quais se esperara expressiva melhoria das condições de vida da humanidade estavam visivelmente causando a infelicidade de muitos; no entanto, a tirania do comércio e da indústria ainda não era tão completa a ponto de a filantropia e a filosofia serem consideradas anacronismos que só refletiam os caprichos dos ignorantes. Assim, os franceses, privados dos sistemas do passado e incapazes de antever a sociedade do futuro, podiam propor os sistemas que bem entendessem, prever qualquer futuro concebível.

Alguns tentavam voltar ao sistema católico modificado ou em uma versão mais romântica. Justiça seja feita a Saint-Simon: embora descendente de Carlos Magno e admirador da Idade Média, ele teve a coragem intelectual de tomar o mundo pós-revolucionário tal como o encontrou e mergulhar em suas diferentes correntes de pensamento, para nelas buscar os princípios que o tornassem inteligível e permitissem a elaboração de um novo sistema. Diletante insaciável, possuído por uma curiosidade imensa que o tornava inquieto, grande nobre do antigo regime jogado na nova França e decidido a assumir, como nobre, a responsabilidade por toda a nova humanidade, Saint-Simon pôde compreender e indicar — numa série de escritos iniciada em 1802 com *Cartas de um habitante de Genebra* — certos elementos fundamentais do presente e certas tendências que apontavam para a sociedade do futuro que os pensadores profissionais da época não souberam enxergar.

O século XVIII — afirmava Saint-Simon — cometera um erro fundamental: por um lado, tomara como pressuposto que o homem era dotado de plena liberdade de vontade e, por outro, que o mundo físico era governado por leis invariáveis; ao fazer isso, excluíra o homem da Natureza. Pois havia também leis sociais; havia uma ciência do desenvolvimento social e, mediante o estudo da história da humanidade, deveríamos poder dominar esse saber.

O que Saint-Simon concluiu com base em seu estudo da história era que a sociedade passava alternadamente por períodos de equilíbrio e de colapso. Segundo ele, a Idade Média fora um período de equilíbrio; a Reforma e a Revolução constituíram períodos de colapso. Agora a sociedade estava pronta para a consolidação de um novo período de equilíbrio. Todo o mundo deveria agora ser organizado cientificamente; e esse problema evidentemente era de natureza industrial, e não — como se pensava no século XVIII — metafísica. A velha política da Revolução não tinha relação com as realidades sociais; e a ditadura militar de Napoleão tinha pouca relação com as necessidades da sociedade. Napoleão partia da premissa de que os objetivos da sociedade eram a guerra e a conquista perpétuas, enquanto na realidade os objetivos eram a produção e o consumo. A solução dos problemas sociais estava em ajustar os interesses em conflito; e a política, com efeito, consistia simplesmente em controlar o trabalho e as condições em que ele se desenvolve. Os liberais estavam redondamente enganados ao bater na tecla da liberdade individual; na sociedade, as partes deviam subordinar-se ao todo.

A solução era então livrar-se dos velhos liberais; livrar-se dos soldados na política, e colocar o mundo nas mãos dos cientistas, dos capitães de indústria e dos artistas, visto que a nova sociedade seria organizada não como a de Babeuf, com base no princípio da igualdade, mas segundo uma hierarquia de mérito. Saint-Simon dividia a humanidade em três classes: os *savants*, os que tinham posses e os que não tinham posses. Os *savants* exerciam o "poder espiritual" e ocupariam os cargos do órgão supremo, que seria denominado Conselho de Newton — pois fora revelado a Saint-Simon numa visão em que Newton, e não o papa, é que fora eleito por Deus para sentar-se a Seu lado e transmitir à humanidade Seus desígnios. Esse conselho, segundo um dos programas de Saint-Simon, seria composto de três matemáticos, três físicos, três fisiólogos, três *littérateurs*, três pintores e três músicos; seu trabalho consistiria em criar invenções e obras de arte para o melhoramento geral da humanidade, e em particular descobrir uma nova lei da gravidade que se aplicasse ao comportamento dos corpos sociais e que mantivesse as pessoas em equilíbrio umas em relação às outras. (O filósofo comunista do século XVIII Morellet, num livro chamado *O código da Natureza*, havia afirmado que a lei do amor por si próprio desempenharia, na esfera moral, o mesmo papel que, na esfera física, cabia à lei da gravidade.) Os salários dos membros do Conselho de Newton seriam pagos por subscrição geral, porque, evidentemente, era do interesse de todos que os destinos humanos fossem controlados por homens de gênio; a subscrição seria internacional, porque naturalmente interessaria a todos os povos impedir a eclosão de guerras internacionais.

Quem realmente governaria seriam os membros da comunidade cuja renda fosse suficiente para garantir-lhes a subsistência, permitindo-lhes trabalhar de graça para o Estado. As classes desprovidas de posses se submeteriam a esse sistema porque era de seu interesse fazê-lo. Quando tentaram assumir o poder na época da Revolução, as consequências haviam sido desastrosas, e elas terminaram passando fome. As classes dotadas de posses deveriam governar devido ao fato de possuírem "mais luzes". Porém o objetivo de todas as instituições sociais era melhorar, intelectual, moral e fisicamente, as condições de vida da "classe mais pobre e mais numerosa".

Haveria quatro grandes divisões do governo: a francesa, a inglesa, a alemã e a italiana; os habitantes do resto do mundo, que Saint-Simon considerava definitivamente inferiores, seriam classificados em uma ou outra jurisdição e contribuiriam para o financiamento do seu conselho.

Com suas festas, seu desregramento, suas viagens, Saint-Simon havia conseguido gastar todo o dinheiro que possuía, ganhando a oportunidade de estudar a pobreza em primeira mão. Insistira na importância de se misturar com todas as classes sociais, porém pretendia vê-las todas de fora, examiná-las com espírito científico. E o *grand seigneur sans-culotte*", como foi classificado certa vez por um contemporâneo seu que o admirava, com sua alegria, sua expressão simpática e aberta, seu longo nariz de Dom Quixote, que vivera em "cínica liberdade" no Palais-Royal, tornou-se copista em Montmartre, trabalhando nove horas por dia e ganhando um salário pequeno. Um homem que havia sido seu criado particular resolveu ajudá-lo, arranjando-lhe um lugar onde morar. Ninguém, além de um minúsculo grupo de discípulos, jamais lia os livros que Saint-Simon publicava; no entanto, ele continuava escrevendo livros, trabalhava neles à noite, o único tempo livre de que dispunha.

Em sua última obra, *O novo cristianismo*, Saint-Simon reafirma seu sistema a partir de um novo ponto de vista. Aparentemente não basta mais o poder benéfico da genialidade por si só. Ele concorda com reacionários como Joseph de Maistre ao afirmar que, para impor ordem à anarquia, torna-se necessária uma religião dominante; porém rejeita tanto o catolicismo como o protestantismo: é hora de um novo tipo de cristianismo. O princípio básico de Cristo, *amar o próximo*, aplicado à sociedade moderna, nos obriga a reconhecer que a maioria de nossos semelhantes é miserável e infeliz. A ênfase foi deslocada da mente dominadora no alto da hierarquia para o homem "sem posses" na sua base, mas a hierarquia permanece intacta, pois a mensagem de Saint-Simon continua a ser sua versão personalíssima do princípio *noblesse oblige*. É preciso fazer com que as classes prósperas compreendam que a melhoria das condições de vida dos pobres implicará também a melhoria das condições de vida delas; é preciso mostrar aos *savants* que seus interesses são idênticos aos das massas. Por que não se dirigir diretamente ao povo?, o autor faz seu interlocutor perguntar em seu diálogo. Porque precisamos evitar que o povo apele para a violência contra os governos; precisamos tentar convencer as outras classes antes.

E o livro termina — foram estas as últimas palavras que Saint-Simon escreveu — como uma apóstrofe dirigida à Santa Aliança, a união entre Rússia, Prússia e Áustria, formada quando Napoleão foi derrubado. Livrar-se de Napoleão foi correto, afirma Saint-Simon; contudo, fora o poder da espada, o que têm os vitoriosos? Eles aumentaram os impostos, protegeram os ricos; sua Igreja, suas cortes, suas próprias iniciativas voltadas para o progresso, dependem exclusivamente da força; suas forças armadas consistem em 2 milhões de homens.

"Príncipes!", conclui o autor,

Ouvi a voz de Deus, que vos fala através de minha boca: tornai-vos bons cristãos novamente; livrai-vos da convicção de que vossos exércitos pagos, vossa nobreza, vosso clero herético, vossos juízes corruptos, constituem vossos principais defensores; uni-vos em nome do cristianismo e aprendei a cumprir os deveres que o cristianismo impõe aos poderosos; lembrai que o cristianismo os obriga a dedicar suas energias à tarefa de melhorar o mais depressa possível a situação dos miseráveis!

Saint-Simon nunca estivera tão mal. Seu ex-criado e protetor havia morrido, e ele não conseguia sequer arranjar quem publicasse seus livros. Era obrigado a fazer cópias dos escritos ele próprio. Continuava a enviar, dessa forma, exemplares para pessoas de destaque cujo interesse por suas ideias ele esperava despertar; porém elas o ignoravam como sempre. Nesse período escreve Saint-Simon:

> Nos últimos quinze dias, tenho me alimentado de pão e água. Trabalho sem fogo que me aqueça, e cheguei mesmo a vender minhas roupas para que meu livro pudesse ser copiado. Fui levado a esta situação por minha paixão pela ciência e pelo bem público, por minha vontade de encontrar uma maneira de pôr fim, sem violência, à terrível crise em que se vê atualmente toda a sociedade europeia. E posso, assim, confessar sem pejo minha miséria e pedir a ajuda necessária para dar prosseguimento a meu trabalho.

Conseguiu afinal que sua família lhe enviasse uma pequena pensão.

Tentou suicidar-se com um tiro em 1823, porém sobreviveu e continuou a escrever até 1825, algo que lhe causava surpresa: "Podes explicar-me de que modo um homem com sete balas de chumbo na cabeça pode continuar a viver e pensar?". Em 1825, já agonizante, não quis receber um de seus parentes para não interromper um raciocínio.

Segundo um dos discípulos que assistiu à sua morte, Saint-Simon afirmou antes de morrer:

> Toda a minha vida pode ser resumida numa única ideia: garantir a todos os homens o livre desenvolvimento de suas

faculdades. Quarenta e oito horas após nossa segunda publicação, o partido dos trabalhadores será organizado: o futuro a nós pertence! [...]

Levou a mão à cabeça e expirou.

11. ORIGENS DO SOCIALISMO: AS COMUNIDADES DE FOURIER E OWEN

OS PARTIDOS DOS TRABALHADORES previstos por Saint--Simon viriam de fato a ser organizados pouco depois — embora, ao contrário do que ele imaginava, não levassem diretamente à concretização da nova sociedade cristã. Enquanto isso, porém, apareceram outros profetas, que tentaram criar por si próprios novos pequenos mundos influentes dentro do velho.

Charles Fourier e Robert Owen, dez anos mais jovens que Saint-Simon e Babeuf, são figuras bem semelhantes que seguiram carreiras quase paralelas, pois representam tendências que foram especialmente características da primeira parte do século xix. Fourier era filho de um comerciante de fazendas de Besançon que se tornara caixeiro-viajante; Owen era filho de um seleiro galês, que trabalhara como vendedor para um comerciante de tecidos. Como Saint-Simon, ambos haviam perdido a fé na política liberal da época e ambos tinham uma posição marginal em relação à cultura convencional de seu tempo. Fourier jamais se cansou de denunciar a tradição da filosofia europeia, sob cuja orientação a humanidade vinha se "banhando em sangue há 23 séculos científicos", e acreditava que era um dos desígnios de Deus desacreditar os filósofos profissionais, confutar todas "essas bibliotecas de política e moral", escolhendo a ele, Charles Fourier, "vendedor de loja, quase analfabeto", para expor Seus segredos à humanidade. Segundo Fourier, o erro dos estadistas havia mil anos fora ocupar-se apenas das transgressões de caráter religioso e administrativo. "O código divino deverá legislar acima de tudo a respeito da indústria, a função primordial"; entretanto só muito recentemente os governos começaram a fazer isso, e mesmo assim haviam cometido o equívoco de favorecer "a divisão industrial e a fraude comercial, sob o disfarce da 'livre concorrência'".

Talvez Robert Owen tenha sido influenciado por William Godwin, autor de *Investigação sobre a justiça política* (1793), embora, ao que se sabe, jamais tenha feito menção a esse livro, nem a nenhum outro desse tipo, e nunca tenha sido visto lendo outra coisa que não estatísticas. Suas tentativas de sistematizar a política foram breves e infrutíferas: afirmava ser impossível "encontrar qualquer coisa semelhante a um 'algo' racional que traga alívio ao sofrimento cada vez mais extenso da sociedade" nos "radicais, liberais ou conservadores — ou qualquer seita religiosa em particular".

Em seus retratos, Robert Owen parece uma grande e tranquila lebre pensativa, com um nariz bem inglês, seguro de si e independente, um rosto oval, elíptico, e olhos elípticos, profundos e inocentes que parecem se estender até as orelhas; o rosto de Fourier, encimando sua gravata branca, também tem algo dessa curiosa simplificação — embora com a dignidade do velho e vigoroso racionalismo francês, com a boca reta e o nariz fino e aquilino, os olhos lúcidos e religiosos, um pouco separados demais.

Tanto Owen como Fourier eram pessoas extraordinariamente diretas, de um desprendimento excepcional, de uma persistência infatigável. Em ambos havia uma combinação peculiar de humanitarismo profundo com paixão pela exatidão sistemática. Ambos conheciam em primeira mão os piores aspectos daquele sistema comercial e industrial que, em ritmo cada vez mais acelerado, estava dominando a sociedade ocidental. Fourier perdera seu patrimônio e escapara por um triz da guilhotina na época do cerco de Lyon, realizado pelas tropas revolucionárias da Convenção; vira a população dessa cidade ser reduzida à mais abjeta degradação com o desenvolvimento da indústria têxtil; e vira certa vez um carregamento de arroz ser jogado dentro d'água depois que os proprietários o deixaram apodrecer de propósito, porque haviam conseguido monopolizar o mercado e queriam manter elevado o preço, enquanto a população passava fome. O horror que tinha Fourier da crueldade, sua capacidade quase insana de sentir piedade, que o fizera, ainda na escola, levar surras terríveis em defesa de colegas menores e que, aos sessenta anos de idade, o levou a caminhar na chuva durante horas na tentativa de fazer algo por uma pobre criada que ele jamais vira mas que, segundo lhe haviam dito, era maltratada pela patroa — esse impulso avassalador de tornar menos dolorosa a vida humana lhe inspirava uma certeza otimista, impelindo-o a empreender trabalhos que não lhe proporcionavam nenhuma recompensa, e que eram eles próprios quase uma forma de loucura. Durante sua estranha vida solitária, Fourier não só formulou as complexas inter-relações dos grupos que viriam a constituir suas comunidades ideais com as proporções exatas dos edifícios que elas habitavam, como também se julgava capaz de calcular que o mundo duraria exatamente 80 mil anos, e que no final desse período cada alma teria viajado 810 vezes da Terra para outros planetas, que ele estava certo de serem habitados, e teria experimentado uma sucessão de precisamente 1626 existências.

Robert Owen, como Fourier, era particularmente sensível ao sofrimento: durante toda a vida, jamais se esqueceria da escola de dança em que estudara quando criança, e na qual vira a decepção das meninas que não conseguiam pares; essa escola representava para ele um tormento. Saiu de casa aos dez anos de idade, e subiu na vida tão depressa que, aos vinte, já se tornara administrador de uma fábrica de algodão em Manchester, dirigindo o trabalho de quinhentos operários. Como um dos primeiros homens a utilizar as novas máquinas de tecer algodão, logo se deu conta da terrível discrepância entre "a grande atenção dada a máquinas inanimadas e o descaso e desprezo com que se tratavam as máquinas vivas"; e percebeu que,

> por pior e mais insensata que seja a escravidão existente na América, a escravidão branca das fábricas inglesas era, nesse período em que tudo era permitido, coisa muito pior que os escravos domésticos que posteriormente vi nas Índias Ocidentais e nos Estados Unidos, e sob muitos aspectos, tais como saúde, alimentação e vestuário, os escravos viviam em muito melhor situação do que as crianças e os trabalhadores oprimidos e degradados das fábricas da Grã-Bretanha

— para não falar nos arrendatários e criados das grandes propriedades rurais inglesas, que ele conhecera no final do século XVIII. E não eram somente os trabalhadores que sofriam: os próprios patrões eram degradados.

Eu estava absolutamente farto de sócios que eram treinados apenas para comprar barato e vender caro. Esse trabalho faz deteriorar, e muitas vezes destrói, as melhores e mais elevadas faculdades de nossa natureza. Com base na longa experiência de uma vida em que passei por todos os níveis de comércio e manufatura, estou absolutamente convicto de que é impossível formar um caráter superior dentro desse sistema absolutamente egoísta. A verdade, a honestidade e a virtude continuarão a ser apenas palavras, tal como o são agora e sempre foram. Sob esse sistema, não pode haver civilização digna do nome; pois todos são treinados pela sociedade para entrar em conflito uns com os outros e mesmo destruírem-se mutuamente pela oposição de interesses que eles próprios criaram. É uma forma mesquinha, vulgar, ignorante e inferior de conduzir os negócios da sociedade; e nenhum melhoramento permanente, geral e substancial poderá surgir enquanto não for adotada uma maneira superior de formar o caráter e gerar riquezas.

Embora Fourier pensasse que havia repudiado a filosofia da Revolução e Owen afirmasse ter chegado a suas conclusões apenas pela observação, ambos formulavam suas propostas com base numa doutrina de Rousseau que impregnava de tal forma a atmosfera da época que não era necessário ler para assimilá-la: a doutrina segundo a qual a humanidade é naturalmente boa e que foram as instituições que a perverteram. Para Fourier, a natureza humana podia ser desmontada, como o conteúdo de uma caixa de ferramentas, e separada em um número limitado de "paixões" humanas — ou seja, instintos e interesses — que haviam sido concedidos por Deus para diferentes objetivos. Todas eram necessárias, e o problema da sociedade moderna era simplesmente que essas "paixões" estavam sendo usadas da maneira errada. Bastava que as paixões apropriadas fossem utilizadas para os objetivos corretos para que se instaurasse o reino da "Harmonia". Em toda a sua carreira, Robert Owen insistiria em afirmar seu princípio, segundo o qual os homens haviam se tornado o que eram devido à educação que receberam e às primeiras influências que se exerceram sobre eles, das quais não tinham controle; acreditava que bastava ensinar-lhes as coisas certas, em lugar de erros, durante seu período de formação, para que fosse possível torná-los — com "precisão matemática", asseverava Owen — universalmente bons e felizes.

A fim de demonstrar que o interesse de cada indivíduo era compatível com o interesse de todos, Fourier e Owen propuseram a criação de sociedades limitadas e independentes no interior da sociedade maior. As comunidades propostas por Fourier dependeriam do capital privado, e nelas não se buscaria a igualdade absoluta. Haveria sufrágio universal, e os filhos dos ricos e dos pobres receberiam a mesma educação; além disso, Fourier percebia que não seria desejável que na mesma comunidade convivessem indivíduos com rendas muito diferentes. Porém haveria diferenças de renda e uma hierarquia — se bem que uma hierarquia nada convencional: os capitalistas não ocupariam a posição mais elevada. Na distribuição de renda por dividendos (após ser garantido o mínimo necessário à subsistência), os capitalistas receberiam apenas quatro doze avos, enquanto os trabalhadores receberiam cinco doze avos e as pessoas de talento, três doze avos. Os trabalhos desagradáveis seriam mais bem pagos do que os outros, e os trabalhos necessários valeriam mais que aqueles apenas úteis, os quais, por sua vez, teriam prioridade em relação aos que só produzissem bens e serviços de luxo.

Para Fourier, a questão era simplesmente organizar as pessoas em relação ao trabalho de modo que todas as "paixões" humanas servissem a objetivos benéficos. Todo mundo gostava de fazer alguma coisa; assim, certamente tudo podia ser feito. Todo impulso humano podia ser utilizado para fins positivos; assim, não havia por que não satisfazer a todos eles. E, por con-

112

seguinte, não havia motivo para que alguém trabalhasse em algo de que não gostasse. Não era nem mesmo necessário que as pessoas se entediassem ou se cansassem trabalhando sempre na mesma coisa: todo mundo tinha uma combinação própria de gostos e paixões, porém era possível que cada um gratificasse todos eles participando de várias atividades. A eficiência industrial seria estimulada pela rivalidade entre diferentes grupos. Fourier elaborou um sistema que, além de tornar todos mais felizes, resultaria no aumento de produção. Descobriu até uma maneira de fazer com que dois problemas que o perturbavam — o motivo pelo qual os meninos gostam da sujeira e a maneira de livrar-se dos detritos da comunidade — resolvessem um ao outro reciprocamente: os meninos se encarregariam do lixo.

As comunidades de Robert Owen, por outro lado, visavam à igualdade absoluta. A única hierarquia era baseada na idade: os indivíduos maduros, ainda não idosos, constituiriam o conselho governante. As crianças seriam retiradas dos pais aos três anos de idade, para serem criadas por educadores especiais e babás. A unidade do meio de troca seria a hora de trabalho.

Fourier anunciou ao público que estaria em casa todos os dias ao meio-dia para discutir seus projetos com qualquer pessoa rica interessada em financiá-los. Porém, embora permanecesse à espera todos os dias durante dez anos, nenhum benfeitor jamais apareceu. Fourier morreu em 1837; sua fé permanecia inabalada, porém ele estava profundamente desapontado.

Por outro lado, Owen conseguiu criar sua comunidade ideal. Ele afirmava que Fourier, que outrora havia pedido sua ajuda, aprendera com ele a ideia básica de praticar o comunismo em grupos limitados; seja como for, Robert Owen é a principal figura aqui — uma das personalidades mais extraordinárias de sua época.

Os feitos de Robert Owen hoje em dia parecem tão fantásticos quanto os romances de imaginação de seu tempo: obras como *As aventuras de Caleb Williams* e *Frankenstein*. Idealista social tão desinteressado quanto Fourier, Owen teve uma carreira que lembra a de Henry Ford. Quando assumiu o controle dos cotonifícios de New Lanark, na Escócia, os trabalhadores eram homens e mulheres sujos, bêbados e de baixíssima confiabilidade — naquele tempo, trabalhar numa fábrica era sinal de falta de amor-próprio — e crianças de cinco a dez anos de idade, oriundas de orfanatos. Tendo como material humano esses miseráveis — e com a desvantagem de ser um galês trabalhando na Escócia —, Owen conseguiu, em 25 anos, criar uma comunidade de alto padrão de vida e nível de instrução considerável, onde Owen era adorado. Pagava aos empregados salários altos, e fazia-os trabalhar menos horas por dia do que qualquer um de seus concorrentes; além disso, sustentava-os em época de depressão econômica. Limitou a uma quantia fixa os lucros a serem pagos a seus sócios, aplicando o resto na comunidade para fazer melhorias. Não era evidente — Owen perguntava insistentemente ao mundo — que era assim que toda a sociedade deveria ser? Se todas as crianças fossem educadas como ele educava os filhos de seus empregados, separando-os dos pais e instruindo-os sem castigos nem violência, a espécie humana não se transformaria?

Não ocorreu a Owen de início indagar-se onde encontrar o material humano e as condições para moldá-lo. Não via que os seres humanos eram tão universalmente imperfeitos que as principais questões eram onde começar e quem deveria começar. Ele começara em New Lanark, com os seres humanos menos promissores que seria possível imaginar. Jamais ocorrera a Owen que ele próprio era um homem de caráter excepcionalmente elevado, e que fora ele, e não a bondade natural dos filhos daqueles adultos malformados, que transformara New Lanark em comunidade-modelo. Não compreendia que New Lanark era uma máquina que ele próprio construíra e que ele próprio precisava controlar e manter em funcionamento.

Em sua fábrica Robert Owen desempenhava o papel de um Deus benévolo porém onipotente. Quando descobriu que suas exortações não bastavam para fazer com que seus empregados se tornassem trabalhadores e honestos, Owen elaborou maneiras de vigiá-los e coibi-los. Mandou que pendurassem sobre cada empregado, em seu lugar de trabalho, um pedacinho de madeira de quatro lados, cada lado com uma cor, sendo cada cor associada a um grau de comportamento. Assim, diariamente, quando caminhava pela fábrica, conforme a cor que o capataz virasse para a frente, Owen podia saber como cada empregado havia se comportado no dia anterior. Sempre que encontrava uma das cores que designava comportamento "mau ou inferior", simplesmente fixava a vista no infrator ao passar por ele. Graças a esse sistema, teve o prazer de constatar que gradualmente o negro foi sendo substituído pelo azul, o azul pelo amarelo, e este, finalmente, pelo branco. As mudanças de cor eram todas anotadas num registro, de modo que, ao voltar após um período de ausência, Owen poderia saber como haviam se comportado os empregados. Além disso, descobriu um método infalível para detectar e localizar roubos. Owen, que jamais entendeu que fora ele próprio quem criara esse universo moral, sempre ficava surpreso quando seus professores iam ensinar seus métodos em outros lugares e não conseguiam os mesmos resultados, e ao ver que as comunidades por ele criadas não davam mais certo quando deixadas sob a supervisão de outrem. (William Lovett, um dos líderes dos cartistas, que trabalhou com ele posteriormente no movimento cooperativista, afirmou que Owen era um homem essencialmente despótico, com quem era impossível colaborar em termos democráticos.)

Aos poucos, contudo, à medida que foi percebendo que seus sócios sempre se rebelavam contra seus métodos, que com frequência tinha que procurar novos sócios, e que estava cada vez mais difícil encontrá-los, Owen foi obrigado a encarar o fato de que os capitalistas eram gananciosos e nada esclarecidos. E sua fé foi ainda mais abalada quando um projeto de lei que proibia o trabalho de menores — o primeiro a ser proposto na Inglaterra —, cuja aprovação ele tentava conseguir no Parlamento, foi não apenas violentamente atacado pelos proprietários de cotonifícios como também terminou mutilado, devido à pressão deles, por políticos em que ele confiava, como Robert Peel. Ao tentar obter assessoramento junto aos economistas políticos em Londres, constatou, surpreso, que eram homens sem nenhuma experiência prática, que — segundo ele — se limitavam a construir sistemas que racionalizavam as práticas condenáveis dos industriais. Quando foi convidado a assistir a uma conferência a respeito da terrível situação econômica que se seguira às guerras napoleônicas, da qual participavam pessoas cuja reputação ele respeitava — destacados economistas, filantropos, estadistas e empresários — e que era presidida pelo arcebispo de Cantuária, Owen constatou que ele próprio, homem sem instrução, era o único presente que compreendia que a onda atual de desemprego fora causada pela entrada no mercado de trabalho de homens que antes estavam servindo às forças armadas, e pelo colapso súbito do mercado que fora criado pelas necessidades da guerra; e surpreendeu todos os presentes quando lhes explicou que milhões de pessoas haviam ficado desempregadas com o advento das máquinas industriais. Quando, ainda jovem, trabalhava como administrador do cotonifício, o dono da fábrica, que morava bem perto, só viera visitá-la uma vez, para mostrá-la a um visitante estrangeiro; porém Owen não percebera as implicações do fato. Agora, começou a temer que seria necessário mais tempo do que julgara antes para fazer com que as pessoas compreendessem a verdade.

Nessa ocasião, entretanto, todos o ouviram com atenção, príncipes, arcebispos e primeiros-ministros: estavam começando a ficar seriamente preocupados com a agitação das classes baixas, e Owen demonstrara saber manter felizes os membros dessas classes. Owen foi capaz de acreditar que o interesse daqueles homens era altruístico: jamais lhe ocorrera que pessoas como aquelas, que ocupavam postos de grande autoridade, pudessem desejar qualquer coisa que não o aperfeiçoamento geral da humanidade. Foi então que aconteceu um incidente crítico que o fez mudar de opinião.

Em 1817, Owen foi ao Congresso de Soberanos, em Aix-la-Chapelle, e lá conheceu um diplomata veterano, que era o secretário do evento. Owen explicou que, graças aos progressos extraordinários da ciência, seria possível que toda a espécie humana, e não apenas uns poucos privilegiados, recebesse boa alimentação e boa educação intelectual e moral; para tal, tudo o que era preciso era convencer a humanidade de que ela devia cooperar, para seu próprio bem. Owen já dissera isso a pessoas de todos os tipos, porém a reação do secretário o surpreendeu. Evidente, disse o diplomata veterano; as potências que governavam a Europa, que ele representava, sabiam disso perfeitamente — e era justamente isso que não queriam que ocorresse. Se as massas vivessem bem e fossem independentes, como as classes dominantes poderiam controlá-las?

Depois que o secretário fez essa confissão, o resto da discussão não me interessou mais; pois havia eu descoberto que tinha a minha frente uma longa e árdua tarefa, a de convencer governantes e governados de que estavam lutando sob as condições da mais crassa ignorância, em detrimento dos interesses verdadeiros e da verdadeira felicidade de ambos. Percebi então que os preconceitos que eu teria que vencer em todas as classes e todos os países eram imensos, e que, além de paciência e perseverança infinitas, seriam necessárias a sabedoria que se atribui à serpente, a mansidão da pomba e a coragem do leão.

No entanto, ele havia "atravessado o Rubicão, e estava fortemente decidido a seguir em frente em linha reta".

Mas as autoridades já haviam começado a perceber que Owen era uma força idealista subversiva. Ele havia declarado publicamente que o principal inimigo da verdade era a religião; e havia atacado não apenas a religião como também a propriedade e a família (indo, portanto, muito mais longe do que Fourier, que na comunidade que projetou tentou conservar formas modificadas de todas as três). As igrejas passaram a combatê-lo, e seus amigos começaram a não querer ser vistos com ele.

Owen concluiu que a Europa estava doente, que era necessário ir para uma parte do mundo ainda não corrompida e lá fundar a nova sociedade. Foi para os Estados Unidos, e de uma seita religiosa alemã, os rappistas, adquiriu a cidade de New Harmony, Indiana, com 12 mil hectares. Em 4 de julho de 1826, promulgou a *Declaração de independência mental* dos três grandes opressores da humanidade: "a Propriedade Privada, a Religião Irracional e o Matrimônio", e convidou a entrar para sua comunidade "a gente trabalhadora e de boa vontade de todo o mundo". Então voltou para a Europa, deixando que a comunidade vivesse por si própria. Os americanos contudo não eram melhores que os ingleses — em New Harmony, na verdade, revelaram-se piores. A população do Oeste americano não era tão dócil quanto o proletariado escocês de New Lanark, e o convite indiscriminado feito por Owen atraiu todo tipo de vagabundo e trapaceiro. Owen havia tomado como sócio um sujeito sem escrúpulos chamado Taylor, porém, quando voltou à América, achou melhor mandá-lo embora de sua comunidade. Taylor obrigou Owen a lhe ceder um pedaço de terra, no qual disse pretender fundar sua própria comunidade. Na noite da véspera de fecharem o negócio, Taylor levou para suas terras instrumentos agrícolas e cabeças de gado, de modo que foram incluídos na transferência de propriedade no dia seguinte. Depois desrespeitou os preceitos de Owen, que era contrário ao álcool, abrindo uma destilaria de uísque em suas terras; além disso, instalou um curtume, concorrendo com o de Owen. New Harmony não durou nem três anos. Owen acabou vendendo a propriedade para particulares.

Fez outras tentativas desse tipo na Inglaterra e na Irlanda, e nessas comunidades enterrou muito dinheiro. Tudo indica que Owen não tinha nenhum tino comercial. No início da experiência de New Lanark, quando o algodão estava em alta, quando aquela era sua única comunidade e ele próprio podia supervisioná-la, esse defeito não fora evidente; mas Owen desperdiçava grandes quantias em equipamentos e instalações industriais para outras pessoas, sem ter a menor ideia de como tais investimentos seriam mantidos. Por fim, sua situação financeira ficou tão precária que seus filhos foram obrigados a sustentá-lo.

Como não era mais um rico industrial, que não gozava mais da simpatia das classes dirigentes, Owen passou a desempenhar um papel totalmente novo. A reforma eleitoral de 1832 dera o direito de voto apenas à classe média, tornando a classe operária desiludida e rebelde. Owen, também ele desiludido, aliou-se à classe operária. Não era mais nem mesmo patrão; sequer New Lanark lhe pertencia agora. Associou-se ao Movimento Cooperativista Owenista e ao Grande Sindicato Nacional Consolidado.

Mas continuava muito impaciente com os métodos políticos, ainda convicto — apesar de toda a sua experiência — de que seu sistema era obviamente correto e necessário; por isso não foi muito eficaz sua participação na longa e dura guerra dos trabalhadores. O movimento sindicalista despedaçou-se um ano após Owen tê-lo organizado. Ele jamais tivera muito interesse ou simpatia pelo movimento cartista, nem pelas agitações contra as leis referentes à importação e exportação de cereais: não conseguia convencer-se de que não seria muito mais fácil estabelecer a igualdade de um só golpe e de uma vez por todas. E, constatando que a humanidade ainda estava muito atrasada, recorreu a forças supraterrestres. No final da vida, acreditava que todas as almas magnânimas que havia conhecido — Shelley, Thomas Jefferson, Channing, o duque de Kent (esquecera-se de que o duque jamais lhe pagara as quantias consideráveis que havia emprestado a ele) —, todos aqueles que, em vida, haviam manifestado interesse por suas ideias, que pareceram realmente acreditar em sua visão, e que agora estavam mortos — estavam voltando do outro mundo para marcar encontros com ele e comparecer, para conversar, dar-lhe forças.

Owen precisava desses homens para confirmar aquelas intuições que haviam lhe ocorrido muitos anos antes, e que não estavam sendo confirmadas pela experiência com o passar dos anos — intuições de que "alguma mudança de grande alcance, talvez quase além da capacidade de entendimento da humanidade em seu estado atual de pouca instrução", estava "claramente em andamento"; de que, "felizmente para a humanidade, o sistema de interesses individuais em conflito" havia atingido "o ponto extremo de erro e incoerência", já que "agora, que se dispõe dos mais amplos recursos para criar riquezas, todos estão na pobreza, ou na iminência de serem ameaçados pelos efeitos da pobreza alheia"; de que o "princípio de união" estava prestes a substituir o "princípio de desunião", e de que todos os homens deveriam compreender que "a felicidade do eu" só podia ser obtida "por meio de uma conduta que promova a felicidade da comunidade".

Tendo ganhado e perdido muito dinheiro, Robert Owen voltou em 1858 para morrer em uma casa ao lado da selaria de seu pai, na cidadezinha no País de Gales em que nascera, e da qual havia saído aos dez anos para subir na vida de modo tão extraordinário na nascente indústria algodoeira.

12. ORIGENS DO SOCIALISMO: ENFANTIN E OS SOCIALISTAS AMERICANOS

A PECULIAR COMBINAÇÃO DE CARACTERÍSTICAS que vamos encontrar em Saint-Simon, Fourier e Owen é algo típico da época. No campo da literatura propriamente dita, o equivalente é Shelley. Todos eles se caracterizavam por vidas de uma excentricidade pura e filosófica, por uma retórica rarefeita que hoje nos parece inspirada, e por intuições fundamentais no campo social que continuariam a ter o mais alto valor.

Vimos, nos historiadores franceses de uma época posterior, como Michelet, Renan e Taine, de que modo essa retórica foi se tornando mais vazia e solidificando-se em abstrações hipostasiadas. O sistema industrial-comercial, cujas tendências pareceram aos primeiros profetas tão obviamente desumanas e inviáveis que seria fácil contê-las e modificá-las, estava ocupando todo o espaço, e absorvendo ou desmoralizando seus oponentes. O futuro não era mais uma imensidão livre, que homens como Fourier e Owen podiam tomar como um campo aberto para inovações. A burguesia viera para ficar, e o crítico social típico era agora o professor respeitável, para quem as intuições de Saint-Simon, Fourier e Owen eram tão estranhas quanto o comportamento excêntrico desses idealistas. Os mais brilhantes desses professores edificavam suas plateias ostentando ideais com iniciais maiúsculas, como a Consciência e a Honra de Taine. Insistindo cada vez mais na liberdade individual, esses pensadores foram se tornando cada vez menos ousados. É curioso comparar, por exemplo, a imprudência pessoal de Saint-Simon, para quem os direitos do indivíduo deveriam ser limitados no interesse da comunidade, com a timidez pessoal de Taine, que insistia em afirmar que a Consciência individual e a administração privada da indústria deviam ser livres de qualquer interferência do Estado.

121

É interessante, nesse ponto, examinar o fracasso das doutrinas de Saint-Simon nas mãos de seus discípulos após sua morte. Como já vimos, Saint-Simon chegara à conclusão de que a nova sociedade não poderia ser criada sem a ajuda de uma nova religião, e afirmara que falava "em nome de Deus". Um de seus discípulos, Olinde Rodrigues, um jovem judeu que assistira à morte de Saint-Simon e que ouvira suas últimas palavras em relação à religião, assumiu o papel de apóstolo consagrado, e desse modo surgiu um culto sansimonista.

Não foi Rodrigues, e sim um engenheiro francês, Prosper Enfantin, que veio a se tornar chefe desse culto. Em 1825, ano da morte de Saint-Simon, os sansimonistas começaram a publicar um jornal que visava recrutar trabalhadores para um programa de coletivismo, internacionalismo e abolição da propriedade privada e tarifas; a ideia da escravização e exploração da classe operária pela classe proprietária já aparece plenamente desenvolvida nos escritos dos sansimonistas. No entanto, Enfantin passou a se considerar um messias, e ele e outro discípulo tornaram-se os "Pais" da "Família" sansimonista.

Um dia, às seis e meia da manhã, Enfantin, que ainda estava deitado, recebeu a visita de um homem chamado D'Eichthal, membro da irmandade e também judeu. D'Eichthal estava num estado de extrema exaltação; havia comungado em Notre Dame na véspera, e subitamente lhe fora revelado que "Jesus vive em Enfantin", e que este fazia parte de um casal sagrado, o Filho e a Filha de Deus, que iriam pregar um novo evangelho para a humanidade. De início, Enfantin teve uma atitude cautelosa; disse a D'Eichthal que, até que aparecesse a messias mulher, não poderia assumir esse título, nem aceitar que outros o atribuíssem a ele; enquanto isso não acontecia, pedia encarecidamente que seu apóstolo o deixasse continuar a dormir. D'Eichthal foi embora, porém quase imediatamente voltou e acordou Enfantin, insistindo que havia chegado a hora e que Enfantin devia proclamar-se Filho de Deus. Enfantin levantou-se, calçou as meias em silêncio e anunciou: *"Homo sum!"*. A partir de então, passou a ser conhecido como "Cristo" e "papa". Os sansimonistas adotaram roupas especiais e complicados rituais religiosos. Enfantin deixou crescer a barba, claramente imitando Jesus, e exibia o título *"Le Père"* bordado em sua camisa à altura do peito.

Em Paris, os sansimonistas, perseguidos pelas autoridades, tiveram sua sala de reuniões fechada. Acompanhado de quarenta discípulos, Enfantin foi para Ménilmontant, nos arredores da cidade, onde fundou uma espécie de mosteiro. Usavam trajes vermelhos, brancos e violeta, e realizavam eles próprios todas as tarefas necessárias à subsistência. Diziam eles: "Quando os proletários nos apertarem as mãos, sentirão que elas estão tão calejadas quanto as deles. Estamos nos inoculando com a natureza proletária".

Porém — estamos no reinado de Luís Filipe —, foram acusados de pregarem doutrinas perigosas para a moralidade pública. O pai Enfantin teve de cumprir curta sentença de prisão, o que derrubou seu moral de messias. Enfantin não era dotado da verdadeira capacidade do fanático, que tinham Mary Baker Eddy e Joseph Smith, de iludir a si próprio e a outrem: estivera constantemente à espera da messias mulher, que finalmente faria o mundo acreditar nele e com que ele acreditasse em si próprio. E, saindo da cadeia, voltou a exercer sua profissão, o oficio prático de engenheiro.

Saint-Simon acreditava na importância da engenharia no futuro, e incluíra os engenheiros entre os grupos a quem caberia o controle supremo da sociedade. Na época em que visitou a América, tentara interessar o vice-rei do México no projeto de abertura de um canal no Panamá. E agora Enfantin, durante uma viagem ao Egito, fez o que pôde para promover uma ideia que lhe parecia igualmente sensata: abrir um canal em Suez, mas seus esforços praticamente não foram reconhecidos por De Lesseps quando empreendeu a construção do canal. Por fim, Enfantin tornou-se um dos diretores da estrada de ferro de Paris e Lyon, e foi a principal personagem no processo que resultou na criação de uma nova companhia ferroviária, em 1852, com o nome de Paris-Lyon-Méditerranée.

Assim, na pessoa de Prosper Enfantin, o evangelho de Saint-

-Simon produziu uma das carreiras mais bizarras e aparentemente mais incoerentes da história. Tendo iniciado como Filho de Deus, terminou como um diretor de ferrovia razoavelmente competente. Porém, tanto a religião como as ferrovias de Enfantin eram justificadas pelos ensinamentos de Saint-Simon: a nova e rápida forma de transporte era um meio de aproximar as pessoas umas das outras, e a fusão de empresas era um passo em direção à unificação. O problema de Enfantin era que, por um lado, ele era demasiadamente terra a terra, racional, francês, para se dissociar da sociedade e identificar-se com Deus, como o faz o santo; e, por outro, parecia não haver uma maneira de ligar sua atividade de engenheiro, de manipulador de ferrovias, à religião da humanidade.

Nenhum desses idealistas compreendia o mecanismo real das mudanças sociais, nem podia prever o inevitável desenvolvimento do sistema que tanto detestavam. Só lhes restava criar sistemas imaginários o mais contrário possível ao que existia na realidade e tentar construir modelos de tais sistemas, na esperança de que o exemplo fosse imitado. Era isso que a palavra socialismo designava quando começou a circular na França e na Inglaterra por volta de 1835.

Os Estados Unidos, com seu novo otimismo social e seus imensos espaços a serem ocupados, é que viriam a se tornar o grande campo de teste para tais experiências. O divórcio entre classe trabalhadora e classe proprietária, com a resultante organização de trabalho, já era bem acentuado na República americana em 1825; os imigrantes europeus que fugiam do feudalismo e da fome encontravam, nas superpovoadas cidades americanas, mais miséria e novos senhores impiedosos. Assim, o movimento socialista ao mesmo tempo aliviava a congestão e reanimava os desiludidos pensadores políticos.

Já vimos que Robert Owen veio à América em 1824 e deu início a um movimento owenista: havia pelo menos doze comunidades owenistas; Albert Brisbane, que trouxera de Paris o fourierismo e recebera de Horace Greeley um púlpito no jornal *The New York Tribune*, fizera propaganda fourierista com tamanho êxito que mais de quarenta grupos fundaram falanstérios (um dos quais era a comunidade de Brook Farm, em sua segunda fase). Esse movimento, surgido ao mesmo tempo que a grande onda de renascimento religioso, e que em diversos pontos cruzava com o transcendentalismo, o swedenborgianismo, o perfeccionismo e o espiritismo, sobreviveu durante a década de 1850, até que a agitação em prol da cessão de terras a colonos no Oeste, que culminou com a Lei da Propriedade Rural de 1863, desviou a atenção dos insatisfeitos do sindicalismo e do socialismo. É difícil calcular com exatidão o número de comunidades desse tipo, mas sabe-se da existência de ao menos 178, incluindo entre elas as comunidades religiosas que praticavam o comunismo, com número de membros de quinze a novecentos. Morris Hillquit, em sua *História do socialismo americano*, julga que deve ter havido muitas outras, envolvendo um total de "centenas de milhares" de pessoas. Calcula-se que apenas as comunidades owenistas e fourieristas ocupassem um total aproximado de 20 mil hectares. Havia comunidades cujos membros eram todos americanos e outras, como a dos icarianos, em que só havia franceses, e as dos grupos religiosos alemães, compostas apenas de imigrantes. Havia comunidades sectárias, comunidades que eram simplesmente cristãs e comunidades cheias de deístas e ateus. Havia comunidades que praticavam a castidade absoluta e comunidades que praticavam o "amor livre"; havia também comunidades vegetarianas. Algumas praticavam o comunismo puro, com socialização de propriedade e lucros, enquanto outras — em particular as falanges fourieristas — eram organizadas como sociedades anônimas. Algumas eliminaram totalmente o dinheiro e praticavam o escambo no comércio com o mundo exterior; outras construíam indústrias e tornavam-se competitivas. Uma seguidora de Owen, uma escocesa chamada Frances Wright, fundou uma comunidade às margens do rio Wolf, no Tennessee, que visava resolver o problema dos negros: alguns de seus membros eram escravos que ela adquirira de seus senhores, comprando-os ou pedindo-os de graça, e que seriam educados e libertados pelos membros brancos.

Um caso particularmente curioso, e tipicamente americano, foi o de uma comunidade anticomunista. Um certo Josiah Warren, que participara da comunidade owenista de New Harmony e concluíra que seu fracasso era devido à própria ideia de "combinação", elaborou uma doutrina de Soberania Individual e um programa de Comércio Equitativo. Por uns tempos perambulou por Ohio e Indiana, abrindo uma sucessão de "Lojas de Tempo", nas quais o freguês pagava em dinheiro pelo valor da mercadoria no atacado, mais uma pequena percentagem para a manutenção da loja, e a Warren, pelo tempo consumido na transação, com uma "nota de trabalho". Warren transmitiu essa ideia a Robert Owen, que a experimentou num empreendimento em grande escala em Londres. Posteriormente, Warren fundou em Long Island a vila de Modern Times [Tempos Modernos], na qual a Soberania Individual poderia exercer-se livremente na propriedade, no trabalho e no gosto pessoal. Warren anunciou que lá não haveria "organização, nem delegação de poderes, nem constituições, nem leis, nem estatutos", nem "regras nem regulamentos senão aqueles que cada indivíduo fizer para si próprio e seus próprios negócios; nem autoridades, nem profetas, nem sacerdotes". Quando se reuniam, não era para determinar planos comuns, e sim, apenas "para conversar amistosamente", fazer música, dançar ou realizar "qualquer outra atividade recreativa agradável".

"Nem mesmo uma única exposição dos princípios que nos norteavam" jamais fora "feita na vila. Não era necessário; pois, conforme comentou uma senhora, 'uma vez afirmada e compreendida a questão, nada há mais a dizer: só resta agir'."

A vila de Modern Times, por sua vez, gerou Henry Edger, que se tornou um dos dez apóstolos escolhidos por Auguste Comte, discípulo de Saint-Simon, para pregar a religião científica por ele denominada positivismo, e que mais tarde tentou fundar uma comunidade comtista; gerou um indivíduo chamado Stephen Pearl Andrews, que criou um sistema de "Universologia" e uma hierarquia intelectual e espiritual chamada "Pantarquia"; gerou um certo dr. Thomas L. Nichols, que publicou uma *Antropologia esotérica*, inaugurou um movimento em prol do amor livre divulgando uma lista de pessoas espalhadas por todos os Estados Unidos que estavam procurando "afinidades", e terminou convertendo-se ao catolicismo.

"Sentado no venerável pomar", escreveu um visitante da Falange Trumbull, no condado de Trumbull, Ohio, em agosto de 1844,

> em frente às moradias provisórias, vendo os marceneiros trabalhando em suas oficinas abertas sob os galhos verdejantes das árvores, e ouvindo a meu redor os ruídos de gente trabalhando, das rodas dos moinhos, e muitas vozes, não pude conter uma exclamação mental: na verdade, meus olhos veem homens que se apressam a libertar os escravos de todas as designações, nações e idiomas, e meus ouvidos ouvem-nos cravando, com força e rapidez, pregos no caixão do despotismo. Não posso ver nesta Falange senão um passo tão importante quanto qualquer outro no processo de nossa independência política, e um passo muito maior do que aquele que representou a conquista da Magna Carta, a base da liberdade da Inglaterra.

Com suas serrarias, moinhos e hectares de terras virgens, com seus dormitórios e refeitórios comunitários, essas comunidades viveram alguns anos verdadeiramente estimulantes, harmoniosos e produtivos, porém o que mais houve foram brigas e fracassos. Um número muito reduzido de comunidades durou mais de dez anos, mas um número bem maior não chegou a sobreviver nem mesmo dois. Elas lutavam contra fontes de desavenças internas e a pressão da opinião pública do mundo externo, a incapacidade de os grupos oriundos das classes trabalhadoras se comportarem de acordo com os ideais socialistas e a incapacidade dos grupos de origem burguesa de se adaptarem ao trabalho braçal. Além disso, todos os tipos de calamidades ocorreram, tais como incêndios e epidemias de tifo. Um riacho inundava um terreno alagadiço, e toda a comunidade adoecia, com febres. Comprava-se um terreno quando coberto de neve; chegava a primavera e a decepção era geral. Os equipamentos e mantimentos iniciais eram inadequados ou insuficientes para toda a comunidade. As dívidas contraídas no início iam aumentando cada vez mais, e por fim faziam a comunidade afundar. Os títulos de propriedade de terra revelavam-se legalmente duvidosos; o amadorismo dos membros em matéria de contabilidade gerava as maiores confusões. Surgiam problemas causados pela intolerância dos membros religiosos e por ciúmes entre as mulheres. Como comentou um membro da Associação Marlboro, de Ohio, as comunidades eram prejudicadas "pela falta de fé quando se tinham fundos, e pela falta de fundos quando se tinha fé", e por "aceitarem gente necessitada, inválida e doente". Terminavam com processos litigiosos abertos por membros contra as associações; ou então, quando se conseguia aumentar o valor da propriedade, havia membros que não resistiam à tentação de especular e vendê-la.

A história dos icarianos é mais longa. Etienne Cabet era filho de um tanoeiro; graças à Revolução Francesa, pudera iniciar uma carreira de advogado e político. Sua lealdade aos princípios revolucionários tornava-o figura notória e nada desejável, tanto no período da Restauração dos Bourbon como durante o reinado de Luís Filipe. Limitado a ocupar cargos remotos, perseguido por ser da oposição na Câmara, tendo por fim que optar entre a prisão e o exílio, Cabet foi se vinculando à extrema-esquerda, que ainda era representada pelo velho Buonarotti, o sobrinho-neto de Michelangelo que havia lutado ao lado de Babeuf. Exilado na Inglaterra, Cabet escreveu um romance intitulado *Viagem à Icária*, no qual descrevia uma utópica ilha comunista, onde os habitantes dispunham de imposto de renda progressivo, abolição do direito de herança, regulamentação estatal dos salários, oficinas de trabalho nacionais, educação pública, controle eugênico do casamento e um jornal único controlado pelo governo.

O efeito desse romance sobre o proletariado francês durante o reinado de Luís Filipe foi tamanho que em 1847 Cabet já tinha um número de seguidores estimado em 200 a 400 mil, ansiosos para pôr em prática o icarianismo. Cabet publicou um manifesto: *Allons en Icarie!* A Icária seria estabelecida na América; e estava convicto de que a Europa não tinha mais conserto, nem mesmo com uma revolução geral. Havia consultado Robert Owen, e este lhe recomendara o Texas, recentemente admitido na União e necessitado de colonizadores. Cabet, então, assinou um contrato com uma companhia americana que — imaginava ele — lhe cedia 1 milhão de acres (400 mil hectares). Quando o primeiro grupo de 69 icarianos se apresentou no cais de Havre e assinou, logo antes de embarcar, "contratos sociais" que o comprometia com o comunismo, Cabet afirmou que, "tendo em vista os homens que estão na vanguarda", ele não tinha dúvidas quanto "à regeneração da espécie humana". Mas, quando os icarianos aportaram em New Orleans, em março de 1848, descobriram que tinham sido enganados pelos americanos: seu domínio, em vez de chegar até o rio Red, ficava a quatrocentos quilômetros de suas margens, no meio de uma região inexplorada, que consistia em apenas 10 mil acres, e eram terras espalhadas, e não contíguas. Porém conseguiram chegar lá, em carros puxados por bois. Todos contraíram malária, e o médico enlouqueceu.

Mais tarde Cabet e os outros imigrantes juntaram-se aos pioneiros e, após terríveis sofrimentos e muito esforço, conseguiram instalar-se em Nauvoo, Illinois, localidade que fora recentemente abandonada pelos mórmons, os quais haviam sido, nos tempos em que estavam no Utah antes da morte de Brigham Young, um exemplo de comunidade cooperativa bem-sucedida.

Embora não se dissolvessem até quase o final do século, os icarianos tiveram poucos momentos de relativa prosperidade. Apesar do muito que se esforçaram, nunca conseguiram muita coisa; dependiam do dinheiro que lhes mandavam da França, e após a Revolução de 1848, que prometeu oficinas de trabalho nacionais, o entusiasmo pelo movimento foi morrendo — e as dívidas da comunidade aumentaram. Os icarianos cultivavam a terra artesanalmente, tentando produzir tudo de que necessitavam. Levaram décadas para aprender o inglês. Viviam realizando reuniões políticas nas quais faziam intermináveis discursos em francês. E a comunidade era repetidamente convulsionada por dissidências. A questão fundamental em jogo era o conflito entre os instintos do pioneiro americano e os princípios do ideólogo dogmático francês.

Cabet, com sua mente bem focada no século XVIII, havia concebido um sistema por ele considerado perfeito, que certamente se imporia a todos porque tornaria as pessoas felizes. A utopia de seu romance tinha um presidente e um sistema parlamentar calcados na Convenção Revolucionária francesa e na Constituição americana; porém, uma vez fundada a comunidade na prática, Cabet houve por bem impor-se como ditador. E tudo indica que estava longe de ter a superioridade espiritual autêntica de um Robert Owen ou de um Noyes. Foi o mais burguês dos líderes comunistas. Não tinha uma visão imaginativa das possibilidades da agricultura nem da indústria e, sempre limitando a comunidade à escala mais cautelosa da pequena economia francesa, proibiu o fumo e o uísque, supervisionava a vida privada dos membros e abalava o moral dos indivíduos fazendo-os espionar uns aos outros. Transformou-se num líder tão tirânico que os membros cantavam a "Marselhesa" ao pé de sua janela e o desafiavam nas assembleias: "Então viajamos 3 mil milhas para não termos liberdade?". Em 1856, a maioria dos membros votou a favor de sua expulsão; o velho morreu imediatamente em seguida, em Saint Louis.

Uma segunda revolução icariana seguiu-se. Os membros mais jovens, empolgados com a Internacional e a Comuna de Paris de 1871, rebelaram-se contra os mais velhos, que haviam se tornado meros fazendeiros americanos. Exigiram direitos políticos iguais para as mulheres e a comunização dos pequenos jardins privados, uma das poucas distrações dos velhos. Ocorreu outra secessão, que terminou na Califórnia e foi morrendo aos poucos. Os velhos icarianos — dos quais só restavam alguns — dissolveram a comunidade em 1895, afirmando que dali em diante eram gente igual a todo mundo.

A experiência de maior êxito foi a Comunidade de Oneida, no estado de Nova York, que durou 32 anos, de 1847 a 1879, sob os princípios coletivistas originais, e seu líder, John Humphrey Noyes, foi de longe a figura mais extraordinária produzida pelo movimento nos Estados Unidos.

Nascido em 1811, em Brattleboro, Vermont, sua família tinha certa distinção na política. Estudou teologia em Yale, porém logo começou a professar uma heresia denominada perfeccionismo. Segundo a doutrina dos perfeccionistas, não era necessário morrer para salvar-se — era possível livrar-se do pecado neste mundo mesmo. Porém, ao visitar a cidade de Nova York pela primeira vez, o jovem Noyes entrou em pânico: sentiu que as tentações da carne o arrastavam para os portões do Inferno; à noite, sem conseguir dormir, perambulava pelas ruas, entrava nos bordéis e pregava a salvação entre as prostitutas. Ao contrário dos outros socialistas de seu tempo (e nisso Joseph Smith é a figura correspondente no plano da religião), preocupava-se muito com a sexualidade, e na comunidade que fundou posteriormente desenvolveu uma técnica que eliminava o perigo da gravidez, colocando o amor numa nova base comunitária. E, em alguns casos, permitiu filhos ilegítimos. Começando com os membros de sua própria família, Noyes exercia uma influência tão poderosa sobre seus seguidores e passou a ter tamanho controle sobre si próprio que conseguiu dominar essas situações difíceis, como também dissociar — para si próprio e para os respeitáveis cidadãos de Vermont — a ideia de prazer sexual da ideia de inferno e pecado, incluindo-a entre os elementos da salvação na terra.

Homem de grande capacidade intelectual, Noyes estudou cuidadosamente as outras comunidades com a finalidade de aprender com sua experiência, e escreveu sobre elas um livro importante, *História dos socialismos americanos*. Chegou à conclusão de que os fracassos e os diferentes graus de sucesso dessas comunidades podiam todos ser atribuídos a fatores definidos. Via com clareza o que havia de absurdo num sistema como o de Fourier, que adotara certos princípios abstratos e deduzira a partir deles uma comunidade ideal que podia ser criada no vazio e que passaria a funcionar automaticamente. Em primeiro lugar, era importante começar com indivíduos que se conhecessem e que tivessem confiança uns nos outros. Também era importante não se afastar demais dos grandes centros e não depender demais da terra, que tinha muito menos condições de sustentar uma comunidade do que uma indústria. Igualmente importante era que o líder intelectual vivesse na própria comunidade e atuasse como seu líder político: para Noyes, devia-se criar um "imposto proibitivo" a incidir sobre

a importação de teorias socialistas que não foram postas em prática por aqueles que as elaboraram. É verdadeiramente cruel fazer com que um grande número de pessoas simples nutra grandes expectativas a respeito de projetos utópicos que lhes custarão tudo que têm, enquanto os inventores e promulgadores das teorias só fazem escrever e falar.

O mais fundamental na posição de Noyes era a ideia de que nem o socialismo, nem a religião por si só bastavam para garantir o êxito de uma comunidade: os dois precisavam estar associados; e era necessário ter uma inspiração — ou "aflato", para empregar o termo de Noyes — forte o bastante para decompor a velha unidade familiar e reagrupar os membros no novo organismo, o novo lar, da comunidade. Noyes acreditava que o exemplo prático mais importante fora o da comunidade religiosa dos shakers, que se estabeleceu originariamente em Watervliet, Nova York, em 1776, e prosperou durante todo o século XIX, ao mesmo tempo que — conforme observou Horace Greeley — "centenas de bancos e fábricas, e milhares de estabelecimentos comerciais, administrados por homens fortes e sagazes, foram à falência", e que — segundo li no jornal outro dia — de uma população máxima de quase 5 mil, ainda sobrevivem, representados por seis velhos e uma velha. Para Noyes, a validade do movimento shaker devia-se ao fato de que, como o mormonismo e o cristianismo, ele fora capaz de gerar um segundo grande líder para salvá-lo do período de confusão que se seguira à morte do primeiro líder, a Mãe Ann.

Noyes tentou concretizar essas condições na Comunidade de Oneida, assumindo ele próprio a responsabilidade absoluta por tudo, desenvolvendo uma fábrica de alçapões de aço altamente lucrativa, entre outros empreendimentos industriais bem-sucedidos (uma dessas fábricas, a Community Plate, existe até hoje), e mantendo o "aflato" religioso. Conseguiu instituir, já na fase final da comunidade (entre 1869 e 1879), um sistema de procriação por ele denominado "estirpecultura", no qual uma junta de supervisores escolhia os parceiros e proibia uniões, com o fim de produzir crianças melhores; e o próprio Noyes, embora já tivesse mais de sessenta anos, teve nove filhos. Apesar de tudo, não conseguiu realizar sua última condição para uma comunidade de sucesso: não encontrou um segundo grande líder, um Brigham Young. À medida que Noyes envelhecia, a Comunidade de Oneida, com suas perigosas tensões, começou a escapar de seu controle; os clérigos protestavam contra sua presença; a comunidade acabou tendo de abandonar o casamento complexo. Por fim, depois que Noyes foi obrigado a afastar-se devido às dissidências surgidas, a propriedade privada voltou a ser adotada.

É significativo que Noyes, que havia pensado mais a fundo e que conseguira mais sucesso do que todos os outros líderes de comunidades socialistas, não tivesse outra esperança no futuro que não a expectativa muito irrealista de que a indispensável combinação de socialismo com religião talvez viesse a ser adotada universalmente quando as "igrejas locais" se convertessem ao comunismo.

Algumas semanas antes do momento em que escrevo, li no jornal da minha cidade a respeito da destruição de uma parte do "falanstério" estabelecido perto de Red Bank, New Jersey, pela mais duradoura das comunidades fourieristas, a Falange Norte-

-Americana, que aderiu aos princípios de Fourier de 1843 a 1855. Descendentes dos membros originais da comunidade ainda vivem isolados nas matas esparsas de New Jersey, no mesmo velho prédio de longos avarandados, já há muitos anos sem receber uma pintura nova, porém construído com uma certa grandeza, segundo as especificações de Fourier, sendo, portanto, impossível de classificar quer como mansão, quer como alojamento, quer como hotel; aqui ainda conservam tomates na velha fábrica que, consoante as instruções de seu criador, fica a uma certa distância do falanstério, oculta atrás de uma alameda arborizada. Aqui, em meados do século xix, estiveram Greeley, Dana, Channing e Margaret Fuller. Foi para cá que vieram os remanescentes da comunidade de Brook Farm; aqui encontraram refúgio os exilados franceses. Aqui morreu o poeta George Arnold, o qual, criado na comunidade fourierista, e tendo-a visto esfacelar-se quando adolescente, voltava ao antigo refúgio de vez em quando para escrever, entre madressilvas e grilos, seus poemas de ócio epicurista ou resignação elegíaca; aqui nasceu Alexander Woollcott, que aprendeu algo que o faz preferir abandonar seu programa de rádio a abster-se de fazer críticas aos nazistas.

Aqui, nesta grande ala do prédio, que estava ameaçando desabar e acaba de ser demolida, ficava o salão comunitário onde os membros comiam, assistiam a conferências e concertos, realizavam banquetes e bailes; onde as mulheres serviam às mesas e dançavam, e orgulhavam-se de usar saias que só chegavam até os joelhos, com calças semelhantes às dos homens por baixo. Aqui era o centro daquele pequeno mundo pastoral por meio do qual, nas palavras de um dos fourieristas, eles tentavam "escapar do atual estado desalmado da sociedade civilizada, em que a fraude e a competição desenfreada reduzem a pó os cidadãos de mente mais elevada"; em que esperavam desempenhar o papel de vanguarda de sua época, através de sua postura decidida e da pureza de seu exemplo, apontando para um ideal de fraternidade humana, de produção planejada, de trabalho feliz e cultura refinada — todas essas coisas das quais a sociedade parecia estar estranhamente se afastando.

13. KARL MARX: PROMETEU E LÚCIFER

EM AGOSTO DE **1835**, um jovem judeu alemão, aluno do Friedrich-Wilhelm Gymnasium, em Trier, escreveu uma composição em seu exame final, intitulada *Reflexões de um jovem a respeito da escolha de uma profissão*. A redação estava cheia daqueles ideais elevados que sempre se manifestam em tais ocasiões, e só se tornou digna de atenção porque o jovem em questão conseguiu concretizar suas aspirações. Ao escolher uma profissão — disse Karl Marx aos dezessete anos de idade —, deve-se ter certeza de não se estar colocando na posição de mero instrumento servil nas mãos de outrem: o indivíduo deve manter sua independência em sua própria esfera e certificar-se de que está servindo à humanidade — caso contrário, ainda que venha a se tornar famoso como erudito ou poeta, não será jamais um grande homem. Nunca nos realizamos verdadeiramente a menos que estejamos trabalhando pelo bem de nossos semelhantes: nesse caso, não só nosso fardo não será pesado demais, como também nossas satisfações não serão apenas alegrias egoístas. Assim, precisamos estar atentos para evitar cair na mais perigosa de todas as tentações: o fascínio do pensamento abstrato.

Uma reflexão — que foi devidamente assinalada pelo professor — vem limitar a torrente de aspirações.

Porém nem sempre podemos seguir a carreira que consideramos nossa verdadeira vocação; nossos relacionamentos na sociedade já estão até certo ponto formados antes que sejamos capazes de determiná-los. E nossa constituição física já se nos impõe, e suas determinações ninguém pode desprezar.

Assim, para o jovem Marx, a ditadura das relações sociais já era um empecilho para a autorrealização individual. Seria a concepção, que se tornara tão popular desde Herder, de que as condições físicas e geográficas determinam as culturas humanas? Seria a consciência dos obstáculos que ainda dificultavam o desenvolvimento dos judeus — os terríveis impostos discriminatórios, as restrições ao livre trânsito, as proibições à ocupação de cargos públicos, à participação na agricultura e ao exercício de profissões especializadas?

As duas coisas, decerto. No sangue de Karl Marx confluíam várias linhagens de rabinos. Havia rabinos na família de sua mãe fazia um século ao menos; e a família de ambos os pais de seu pai havia gerado sucessões ininterruptas de rabinos, alguns deles professores eminentes dos séculos xv e xviii. O avô paterno de Karl Marx fora rabino em Trier; um de seus tios era rabino na mesma cidade. Hirschel Marx, pai de Karl, foi sem dúvida o primeiro homem inteligente de sua família a abandonar decisivamente a carreira religiosa e conquistar um lugar ao sol na sociedade maior a seu redor.

Os judeus alemães do século xviii estavam se libertando do mundo do gueto, com seu isolamento social e seu sistema fechado de cultura religiosa. Era mais um episódio da história do ocaso das instituições e ideias medievais. Moses Mendelssohn, filósofo judeu, por meio de sua tradução da Bíblia para o alemão, colocara seu povo em contato com a cultura do mundo germânico fora do gueto, e no tempo de Karl Marx os judeus já desempenhavam um papel importante na literatura e no pensamento da época. Porém Mendelssohn — figura que inspirou a Gotthold Lessing a personagem Nathan, o sábio — produziu um resultado que foi muito além do que fora sua intenção causar: em vez de orientar os judeus na direção de um judaísmo reavivado e purificado, ele abriu-lhes as portas do Iluminismo. Para os judeus mais jovens, foi como se o corpo tradicional de sua cultura subitamente se reduzisse a pó, como um cadáver num túmulo que não foi selado. As filhas de Mendelssohn já fizeram parte de um grupo de judias sofisticadas, com salões concorridos e amantes "filósofos", e que começavam a converter-se ao protestantismo ou ao catolicismo.

Hirschel Marx era um livre-pensador kantiano, que deixara para trás o judaísmo e os judeus. Morando em Trier, na fronteira entre a Alemanha e a França, em sua formação entrara tanto a filosofia germânica como Rousseau e Voltaire. Sob a influência da Revolução Francesa, algumas das restrições impostas aos judeus haviam sido atenuadas; assim, Hirschel pôde estudar direito e ter uma carreira de sucesso. Quando os prussianos expulsaram Napoleão e mais uma vez tornou-se ilegal um judeu ocupar cargos públicos, ele mudou o nome para Heinrich, batizou toda a família e subiu até a posição de *Justizrat*, tornando-se chefe do tribunal de Trier.

Os vizinhos da família Marx em Trier eram a família Von Westphalen. O barão Von Westphalen, embora fosse um funcionário prussiano, era também um produto da civilização do século XVIII: seu pai fora secretário e homem de confiança do duque Ferdinand de Brunswick, homem liberal, amigo de Winckelmann e Voltaire, que lhe concedera um título de nobreza. Ludwig von Westphalen lia sete línguas, amava Shakespeare e conhecia Homero de cor. Costumava levar o jovem Karl Marx para passear com ele pelos vinhedos das encostas das margens do rio Mosela e falar-lhe sobre Saint-Simon, o francês que queria organizar a sociedade cientificamente em nome da caridade cristã: Saint-Simon impressionara o barão. A família Marx tinha ancestrais holandeses, poloneses, italianos; as nações acumulavam-se à medida que se remontava a séculos mais remotos. Ludwig von Westphalen tinha ascendência alemã e escocesa; sua mãe era da família dos duques de Argyle; ele falava alemão e inglês com igual desenvoltura.

Tanto os Westphalen quanto os Marx pertenciam a uma pequena comunidade de funcionários protestantes, de apenas trezentos membros, em meio a uma população de 11 mil católicos, e a maioria viera de outras províncias transferida para Trier, aquela velha cidade que fora uma cidadela romana, depois uma

137

diocese na Idade Média, e que, na época dos Westphalen e dos Marx, ora era governada pelos alemães, ora pelos franceses. As crianças das duas famílias brincavam juntas no grande jardim dos Westphalen. A irmã de Karl e Jenny von Westphalen tornaram-se amigas inseparáveis. Então Karl apaixonou-se por Jenny.

No verão do ano em que Karl completou dezoito anos de idade, quando ele foi passar as férias em casa, Jenny von Westphalen prometeu que se casaria com ele. Era quatro anos mais velha que Karl e considerada uma das moças mais bonitas de Trier, sendo cortejada por muitos filhos de funcionários, proprietários de terras e oficiais do exército; porém esperou sete anos por ele. Era inteligente, tinha caráter forte e falava bem; havia sido criada por um pai extraordinário. Karl Marx devotava-lhe uma paixão que durou toda a vida. Da faculdade, enviava-lhe medíocres poemas românticos.

Esses poemas juvenis de Marx, que ele próprio criticava, tachando-os de meramente retóricos, quase imediatamente após escrevê-los, têm, não obstante, certa força, e são interessantes na medida em que revelam todo o repertório de impulsos e emoções que lhe são característicos, antes de serem atrelados aos pistões de seu sistema. O estilo, áspero e tenso, bem apropriado à sátira, é totalmente inadequado aos temas românticos, que são os mais frequentes; no entanto, mesmo neles encontramos algo daquela cristalização dura e escura que virá distinguir a prosa de Marx, e eles deixam na mente do leitor alguns símbolos recorrentes.

Nesses poemas, um pobre velho, só pele e ossos, aparece deitado no fundo da água; as ondas o fazem dançar nas noites de lua, pois elas têm o coração frio e nada sentem. Há um homem numa casa amarela, um homenzinho com uma mulher magra e horrorosa; o poeta cerra as cortinas para que eles não espantem suas fantasias. Há médicos, um bando de filisteus, para os quais o mundo não passa de um saco de ossos, cuja psicologia limita-se à ideia de que nossos sonhos são provocados pela ingestão de macarrão e bolinhos, cuja metafísica consiste na ideia de que, se fosse possível localizar a alma, seria fácil expeli-la com uma pílula. Há também almas sentimentais que choram ao pensar na morte de um bezerro; porém não há também asnos, como o de Balaão, tão humanos que chegam a falar?

Numa das baladas de Marx, um marinheiro é despertado pela tempestade: resolve sair, abandonar o calor e a tranquilidade das cidades, e ir para o mar, ver as velas de seu navio se enfunarem, orientar-se pelas estrelas imutáveis, lutar contra as ondas e o vento, sentir a exaltação de ir ao limite de suas forças, sentir o sangue pulsando no momento do perigo — vai desafiar e conquistar o mar que lava os ossos de seu irmão. Em uma outra balada, um capitão, ameaçado pelo canto das sereias — bem diferente dos marinheiros de Heine, cujos ossos embranquecem os rochedos —, declara a elas que seus encantos são espúrios, que para elas, nas suas frias profundezas abissais, não arde um Deus eterno; mas no peito dele os deuses reinam com todo seu poder, todos os deuses, e sob a orientação deles não é possível desviar-se de sua rota. As sereias, desanimadas, afundam. Numa outra balada, um herói prometeico amaldiçoa um deus que lhe roubou tudo que tinha, e ele jura que há de se vingar, embora sua força tenha sido reduzida a um feixe de fraquezas; com sua dor e seu horror construirá um forte, um frio forte de ferro, que encherá de terror aquele que o contemplar, e no qual os relâmpagos ricochetearão. Prometeu virá a ser o mito predileto de Marx: a epígrafe de sua tese de doutorado será a fala de Prometeu a Zeus em Ésquilo: "Sabe tu que jamais quereria eu trocar meu infortúnio pela condição de servo teu. Pois melhor me parece estar acorrentado a este rochedo do que passar toda a vida como fiel mensageiro do pai Zeus". Quando o jornal que ele virá a publicar for proibido pelas autoridades, uma caricatura da época representará Marx acorrentado a sua prensa, enquanto a águia prussiana lhe devora as entranhas.

Em outro poema, Marx afirma que as grandezas e os esplendores dos gigantes pigmeus da terra estão fadados a reduzir-se a ruínas. Nada valem em comparação com as aspirações da alma; mesmo derrotada, a alma permanece desafiante, e ainda construirá para si um trono de gigantesco desdém: "Jenny! Se pudermos fundir nossas almas, então com desprezo hei de jogar a luva no rosto do mundo, hei de caminhar entre as ruínas como criador!".

O velho Heinrich, que dizia que seus pais só haviam lhe dado a vida e o amor que os pais dão aos filhos, esperava que Karl, que tivera mais oportunidades que ele, o substituísse no tribunal de Trier. Reconhecia que o filho tinha uma capacidade excepcional, porém reprovava o que lhe parecia falta de direção, suas ambições intelectuais demasiadamente ecléticas. Embora ele também, como Karl, fale em trabalhar para "o bem da humanidade", está muito ansioso para que o filho estabeleça boas relações com gente importante; dá-lhe cartas de recomendação para pessoas influentes que podem promover sua carreira. As cartas que escreve para o filho são uma mistura de admiração entusiástica e preocupação com a possibilidade de que a genialidade do filho seja desperdiçada; e há nelas o toque de insistência de uma afeição ciumenta. O velho Heinrich acusa o filho de egoísmo, de falta de consideração com seus pais — Karl raramente respondia às cartas dos familiares —; reclama constantemente dos frequentes pedidos de dinheiro — será que Karl pensa que o pai é feito de ouro? — etc. Sua mãe escreve que ele não deve deixar de limpar bem seus aposentos, de lavar-se toda semana com uma esponja e sabão, que é preciso convencer sua Musa de que as coisas melhores e mais elevadas serão promovidas pela atenção dada às coisas mais humildes.

Enquanto isso, na Universidade de Bonn, na qual ingressara no outono de 1835, Karl entrou para um certo Clube da Taberna, contraiu dívidas consideráveis, entrou em conflito com as autoridades universitárias por embebedar-se e criar confusão à noite, tornou-se membro de um Clube dos Poetas suspeito de exercer atividades subversivas e que estava sendo vigiado pela polícia, participou de uma briga entre os clubes das tabernas, plebeus e as aristocráticas associações Korps, e por fim — no verão de 1836 — participou de um duelo e recebeu um ferimento perto do olho. Numa litografia dos membros de seu clube de taberna, feita nesse mesmo ano, quando Karl Marx tinha dezoito anos, ele aparece ao fundo, mas com a cabeça bem erguida, com os cabelos negros e espessos que parecem formar um elmo, e um olhar de ferocidade contida nos olhos negros, sob as sobrancelhas grossas e escuras. Foi então decidido, com a aprovação enfática do pai, que ele seria transferido para a Universidade de Berlim, na época comparada a uma "casa de correção", em contraste com o caráter "orgíaco" das outras universidades alemãs.

Em Berlim, onde permaneceu até 30 de março de 1841, Marx estudou direito, atendendo ao pedido do pai, mas na verdade dedicava-se mais à filosofia, que era, nas universidades alemãs da época, o assunto de maior interesse intelectual, e fascinava Marx, que tinha uma queda natural para o assunto. Marx se fecha em seu quarto para pensar e estudar, "repele as amizades", como ele próprio escreve, "despreza a natureza, a arte e a sociedade, passa muitas noites acordado, luta em muitas batalhas, sofre muitas agitações provocadas por causas externas e internas", lê desbragadamente, planeja trabalhos gigantescos, escreve poesia, filosofia, faz traduções.

As cartas do pai tornam-se cada vez mais preocupadas. Será que Karl tem mais cérebro do que coração? Será um espírito divino ou faustiano o que dele se apossou? Será ele capaz da felicidade doméstica, de fazer felizes aqueles à sua volta? As cartas do velho Marx são convincentes. Seu filho, segundo a filha de Karl, admirava muitíssimo o pai, e não se cansava de falar sobre ele; a vida toda trouxera no bolso um retrato do pai, e quando Marx morreu, Engels colocou-o em seu caixão. No entanto, embora recebesse muita coisa de valioso do pai, era vital para o filho rejeitar muito, também. A correspondência entre Heinrich e Karl tem certo interesse dramático. Atinge o clímax numa carta extensa e de força emocional trágica, escrita em 9 de dezembro de 1837, cinco meses antes da morte do velho — uma última tentativa desesperada de impedir que seu filho se transformasse em algo que o apavorava. Na carta, ele pede que o gênio nega-

141

dor do filho venha a se tornar um pensador sério, que ele venha a compreender que só se adquire a arte por meio da convivência com pessoas distintas; Karl precisa aprender a apresentar-se ao mundo sob um aspecto agradável e positivo, para granjear consideração e afeição. Acima de tudo, deve pensar em Jenny, que lhe dá toda a dedicação e que está sacrificando sua posição social; em troca, ele tem obrigação de lhe conquistar um lugar na sociedade humana, e não apenas um quarto enfumaçado ao lado de uma lâmpada a óleo fedorenta, fechada com um estudioso maluco.

O velho, que gostava de Jenny e fizera o possível para promover aquele casamento, já antevia o futuro, e sentia-se incapaz de fazer qualquer coisa para impedir que ele se concretizasse. Pois Karl parecia ter abandonado o mundo bárbaro dos estudantes alemães, aquele mundo de cerveja e duelos, e voltado ao mundo de seus antepassados rabinos. Seu isolamento social já era completo — ele nunca mais estimularia nenhuma amizade senão aquelas que condiziam com seus interesses intelectuais; e de tanto trabalhar sua saúde fora abalada. Enviado para o campo para recuperar-se, lera toda a obra de Hegel e mais as de seus discípulos. Começara a transformar-se no grande rabino secular de sua época. No século anterior, Salomon Maimon tentara conciliar a filosofia rabínica com Kant. Karl Marx, também um professor na tradição judaica, porém totalmente desvinculado do sistema judaico e tendo todo o pensamento ocidental à sua disposição, iria desempenhar um papel de liderança sem precedentes no mundo moderno.

Voltaremos mais adiante a esse aspecto de Marx; podemos adiantar entretanto que ele era tão profunda e completamente judeu que não se preocupava muito com a questão judaica nos termos em que ela era discutida na época. A única opinião que ele manifestava em relação a esse assunto era que as atividades dos judeus relacionadas à usura, que os tornara impopulares entre seus semelhantes e que tanto repugnavam a Marx, não passavam de um sintoma particularmente maligno do capitalismo, que desapareceria quando o sistema capitalista fosse abolido.

No caso particular de Karl Marx, seu orgulho, sua independência, sua convicção de superioridade moral, que dão à sua vida dignidade heroica, parecem remontar à época de glória de Israel e desconhecer todas as desgraças que a sucederam.

Será falsa essa impressão? Marx reescreveu dois de seus poemas e terminou por publicá-los, em 1841. Num deles aparece um violinista louco, com um roupão branco e um sabre. Por que ele toca tão desenfreadamente?, pergunta o poeta. Por que ele faz o sangue ferver? Por que ele despedaça seu arco? — Por que bramem as ondas?, pergunta o espírito, em resposta. Para que elas, com um estrondo, se quebrem no rochedo; para que a alma se quebre no chão do Inferno. — Mas, ó músico, com zombaria tu despedaças teu próprio coração! Essa arte que te foi concedida por um grande deus, tu deverias usá-la para aumentar a música das esferas. — Não, responde a aparição, com este sabre enegrecido de sangue perfuro a alma. Deus nem conhece nem honra a Arte; ela se eleva dos vapores do Inferno; ela enlouquece o cérebro e altera o coração. É o Demônio que marca o tempo para mim, e é a Marcha da Morte a música que tenho de tocar.

Durante toda a vida de Karl Marx, a figura de Lúcifer estaria por trás de Prometeu: o lado reverso e malévolo do rebelde benfeitor do homem. Num poema satírico de Engels e Edgar Bauer, escrito mais ou menos nessa época, Marx é caracterizado como o "sujeito negro de Trier", um monstro selvagem e musculoso que ataca suas presas não rastejando até elas, e sim saltando sobre; que estica os braços em direção aos céus como se quisesse derrubar esse dossel, que cerra o punho e urra como se mil demônios o agarrassem pelos cabelos. Já velho, na intimidade Marx seria conhecido como "*Old Nick*" ["Satanás"]. Seu filho, quando pequeno, o chamava de "diabo". É bem verdade que o demônio, tanto quanto o rebelde, era uma das máscaras convencionais do romântico; mas há algo mais que um desafio romântico nessa identificação com o demônio.

O segundo poema é um diálogo entre namorados. Amada diz ele —, teu sofrimento te dói — sinto-te tremer sob meus lábios. Tu bebeste da alma: brilha, joia minha —, brilha, brilha, ó sangue da juventude! Responde a jovem: Querido, estás tão pálido, falas coisas tão estranhas! Vê com que música celestial os mundos navegam através dos céus! — Querida — diz ele —, eles passam e brilham — fujamos nós, também, vamos fundir nossas almas numa só. Então ele sussurra, com um olhar aterrorizado: Querida, tu bebeste veneno; precisa partir comigo agora. É noite; já não vejo mais a luz. — Com violência, ele a aperta contra o peito, com a morte no coração e no hálito. A jovem sente uma dor mais funda; nunca mais abrirá os olhos.

Heinrich Marx havia morrido em maio de 1838; Karl Marx se casou com Jenny von Westphalen em junho de 1843, dois anos após se formar em Berlim.

14. KARL MARX RESOLVE MUDAR O MUNDO

A GRANDE TAREFA DO PRIMEIRO PERÍODO de Karl Marx foi engajar o pensamento filosófico alemão nas realidades da Alemanha de seu tempo.

O mundo da filosofia germânica nos parece estranho quando o abordamos após examinarmos a Revolução Francesa. As abstrações dos franceses — sejam Liberdade, Fraternidade e Igualdade ou as Harmonias e Atrações Apaixonadas de Fourier — são princípios sociais que visam evocar perspectivas de aperfeiçoamento sociopolítico; em contraste, as abstrações dos alemães são como mitos nebulosos e amorfos, que pairam nos céus cinzentos da terra plana de Königsberg e Berlim, só descendo à realidade encarnados em deuses.

Marx e Engels chegariam à conclusão de que os filósofos alemães não apresentaram princípios para o homem como ser social por serem impotentes sob um regime feudal obsoleto: assim, por exemplo, a "autodeterminação" kantiana fora o reflexo intelectual do efeito da Revolução Francesa sobre as mentes da burguesia alemã, que tinha o impulso, mas ainda não a força, para libertar-se das instituições antigas — de modo que essa "vontade" permanecia como uma "vontade-em-si-e-para-si [...] uma determinação puramente ideológica e um postulado puramente moral", sem nenhuma influência sobre a sociedade real.

Para Hegel, a sociedade, "o Estado", era a realização da razão absoluta, à qual o indivíduo tinha que se subordinar. Posteriormente explicou que havia se referido ao Estado *perfeito*; porém suas posições políticas em seus últimos anos de vida parecem indicar que, para ele, essa perfeição fora alcançada pelo Estado prussiano de Frederico Guilherme III. A sociedade havia parado de se desenvolver; havia se consumado e petrificado num

145

modelo. Mas ao mesmo tempo esse Estado consumado era ele próprio apenas uma entidade mística no mundo de sombras do idealismo alemão, pois era concebido como nada mais que um produto e um aspecto de uma "Ideia" divina primordial, a qual se realizava por meio da razão. O rei, investido de um direito divino e cuja permanência no trono era garantida por aquilo que havia de mais avançado em matéria de filosofia, protegia e promovia os hegelianos: haviam se tornado pilares da administração.

Havia contudo um princípio revolucionário em Hegel, o qual fora influenciado quando jovem, antes de enrijecer e se tornar um professor prussiano, pela eclosão da Revolução Francesa. Havia examinado toda a história tal como a conhecia e demonstrado os processos orgânicos, recorrentes e inexoráveis, por meio dos quais as sociedades velhas se transformam em novas. Por que, então, deveriam tais processos ser interrompidos de repente? A Revolução de 1830 na França provocara agitações na Alemanha. A repressão prontamente pusera fim a elas, e se instaurara uma reação, que teve entre outras características a de tentar reanimar a ortodoxia religiosa. Surgiu uma nova escola de hegelianos, que usavam o hegelianismo para destruir o cristianismo. Em 1835, David Friedrich Strauss publicou sua *Vida de Jesus*. Uma das realizações de Hegel foi canalizar a atenção dos alemães para a visão do desenvolvimento das instituições humanas como manifestações específicas do gênio de cada povo. D. F. Strauss, embora afirmasse, como Hegel, que o cristianismo representava a verdade ideal, chocou os alemães ao dizer que os Evangelhos não eram documentos históricos, e sim meros mitos; que, embora por trás deles houvesse alguns fatos verídicos, eles eram basicamente o fruto inconsciente da imaginação comum da mente dos primeiros cristãos. Bruno Bauer, em seus escritos críticos sobre os Evangelhos, publicados em 1840 e 1841, tentou refutar essa leitura mitopoética, ela própria um mito, examinando os textos do Novo Testamento como produtos de mãos humanas específicas, e concluiu que tudo não passava de uma fraude, concebida conscientemente como tal por aquele que a iniciara: Jesus jamais existira. Bauer livrou-se do cristianismo, porém — tendo permanecido hegeliano — elaborou posteriormente uma doutrina de "autoconsciência", a qual, negando a existência da matéria como realidade distinta do espírito, deixava a humanidade desencarnada, pairando no vácuo filosófico.

Karl Marx, quando ainda estudava em Berlim, em 1837, fora admitido como membro de um *Doktorklub* do qual Bauer era integrante e no qual surgiu um movimento de "jovens hegelianos". Marx havia sucumbido à filosofia hegeliana, que ainda era o mais poderoso sistema filosófico alemão, contudo quase imediatamente começou a resistir a ela. O princípio deicida que havia em Marx se rebelava contra a Ideia Absoluta. Escreve ele em sua tese de doutorado, a qual, não obstante, é permeada pelo método hegeliano:

> A filosofia não faz segredo do fato de que seu credo é o de Prometeu: "Numa só palavra, detesto todos os deuses". Esta é sua arma contra todas as divindades do céu ou da terra que não reconhecem a própria autoconsciência humana como a mais alta divindade.

E, conforme veremos, a autoconsciência humana não permaneceria apenas como uma abstração universal, como a autoconsciência definida por Bruno Bauer.

Por essa época, Bauer já era professor em Bonn e havia prometido a Marx que lhe arranjaria um cargo lá. Marx pretendia ir para Bonn a fim de juntar-se a Bauer; os dois haviam colaborado numa sátira dirigida contra os hegelianos religiosos e falavam em publicar uma revista ateia. Mas, quando Marx se formou, Bauer já começara a ter problemas devido a suas atividades antirreligiosas e pró-constitucionais, e perdeu sua cátedra na primavera seguinte. Com isso, a possibilidade de que o mais talentoso filósofo da nova geração na Alemanha — a respeito do qual alguém já dissera que, assim que pisasse numa sala de aula, todos os olhos da Alemanha estariam voltados para ele —, a possibilidade de que o jovem dr. Marx seguisse o exemplo de seus grandes predecessores, Kant, Fichte e Hegel, e expusesse seu sistema de um púlpito acadêmico, foi destruída para sempre.

A subida ao trono de Frederico Guilherme IV, de quem se esperavam reformas liberais, só tivera como efeito uma nova reação feudal. A partir daí, a necessidade de ação política foi ficando cada vez mais urgente para os alemães. Já na quarta década do século XIX, eles não tinham parlamento, nem julgamento por júri, nem os direitos de liberdade de expressão e liberdade de reunião; e o novo rei, com seu romantismo que idealizava a Idade Média, deixou bem claro que não lhes daria nada disso. Por sua vez, as doutrinas dos socialistas utópicos estavam começando a incomodar a filosofia e a política alemã. Haviam chegado de suas fontes na França via Renânia, já em parte afrancesada, onde encontraram, também por outros motivos, um campo particularmente propício. Os camponeses dos vinhedos do Mosela estavam empobrecendo, desde a assinatura do acordo aduaneiro entre a Prússia e Hesse, devido à competição com a indústria vinícola de outras regiões; e entre eles ainda havia vestígios do sistema medieval de propriedade comunitária da terra. O sansimonismo se espalhou tão rapidamente ao longo do Mosela que o arcebispo foi obrigado a denunciá-lo como herético. Em 1835 um alemão chamado Ludwig Gall publicou em Trier um panfleto socialista, no qual declarava que a classe dos proprietários e a classe dos trabalhadores tinham interesses diretamente conflitantes. Em 1834, Heinrich Marx tivera destacada participação em banquetes políticos nos quais se exigia a criação de um parlamento de verdade e se cantara a "Marselhesa"; porém os jornais de Trier foram proibidos de publicar qualquer notícia a respeito desses encontros, e o próprio príncipe herdeiro os criticara. Como resultado, o clube no qual os banquetes haviam sido realizados passou a ser visado pela polícia.

Nos primeiros meses de 1842, Karl Marx escreveu um artigo a respeito da nova censura prussiana, no qual o vemos pela primeira vez exibir suas melhores qualidades; nele a lógica implacável e a ironia esmagadora de Marx são dirigidas a seus eternos inimigos: aqueles que negam a seres humanos os direitos humanos. O censor, é bem verdade, impediu a publicação do artigo na Alemanha, e ele só foi impresso um ano depois na Suíça. Porém já soara a nova nota que, embora vá permanecer por muito tempo abafada e ignorada, gradualmente irá perfurar, com seu duro timbre metálico, todos os tecidos do pensamento ocidental.

Marx começa a escrever para o *Rheinische Zeitung*, um jornal liberal publicado em Colônia, centro da Renânia industrializada, financiado pelos ricos comerciantes e industriais que viam suas ideias e suas ferrovias serem obstruídas pela velha sociedade católica. Seus colaboradores eram membros da jovem intelligentsia, e Karl Marx tornou-se redator-chefe do jornal em outubro de 1842.

O trabalho de Marx no *Rheinische Zeitung* o levou a enfrentar, pela primeira vez, problemas para os quais — como ele próprio comentou — Hegel não havia previsto nenhuma solução. Ao comentar as atas da Dieta da Renânia, que fora convocada por Frederico Guilherme IV, Marx analisou um debate a respeito de um projeto de lei que visava punir quem catasse lenha na floresta, e pareceu-lhe claro que o novo governo estava tentando retirar dos camponeses até mesmo aqueles privilégios comunais que lhes cabiam desde a Idade Média. Utilizando pela primeira vez o conceito irônico de "fetiche", que viria a desempenhar tão importante papel em sua obra, Marx ressaltou que os direitos do povo estavam sendo sacrificados em benefício de novos direitos concedidos às árvores; e por meio de uma argumentação de sutileza semiescolástica, provou que um governo que não fazia distinção entre catar lenha e roubar, classificando ambas as atitudes como atentados à propriedade privada, estava convidando as pessoas por ele processadas injustamente a não fazer distinção entre o atentado à propriedade que representa o roubo comum e o atentado à propriedade que representa a posse de muitas propriedades que impede as outras pessoas de possuírem qualquer propriedade. Essa questão inspira o jovem Marx — tinha ele então 24 anos — a escrever um trecho de grande eloquência, no qual afirma que o código do mundo feudal não tem nenhuma relação com a justiça humana em geral, representando essencialmente o vestígio de um tempo em que os homens eram essencialmente animais, e apenas garante o direito de se comerem uns aos outros — só que, entre as abelhas, pelo menos eram as operárias que matavam os zangões, e não o contrário. Posteriormente, o jornal começou a receber cartas a respeito da miséria dos viticultores do Mosela. Marx foi investigar, verificou que a situação dos camponeses era realmente terrível e entrou numa polêmica com o governador da província do Reno. Enquanto isso, o *Rheinische Zeitung* polemizava com um concorrente, um jornal conservador que o acusava de tendências comunistas. Karl Marx sabia muito pouco a respeito do comunismo, porém resolveu estudar o assunto imediatamente.

Sob a direção de Marx, o *Rheinische Zeitung* durou cinco meses. Foi fechado em atendimento a um pedido do embaixador da Rússia, por ter criticado o governo do czar.

Tem-se a impressão de que era sempre com uma sensação de alívio que Karl Marx se afastava da política para dedicar-se à pesquisa e à tarefa de desenvolver ideias globalizantes. Afirmou ele que a atmosfera havia ficado sufocante demais.

Não é bom trabalhar para a liberdade como escravo, e lutar com alfinetes em vez de porretes. Estou cansado da hipocrisia, da estupidez, da autoridade brutal, e da nossa tergiversação covarde, obediente e mesquinha. E agora o governo me devolveu a liberdade.

Nessa mesma carta, dirigida a um amigo, Marx diz que está em conflito com sua família: não tem direito a nenhuma propriedade do pai enquanto sua mãe estiver viva; porém está noivo de Jenny von Westphalen e não pode nem quer partir sem ela. "Na Alemanha não posso mais seguir nenhuma carreira. Aqui a pessoa avilta seus valores."

No entanto, antes de abandonar a pátria, Marx resolve enfrentar Hegel, cujo idealismo dominou sua mente até então. Será melhor deixar a análise do pensamento político de Marx no ponto em que ele se dissocia da filosofia do direito de Hegel para depois do início da sua colaboração com Engels; porém podemos nos antecipar e mostrar de que modo Marx queimou uma ponte — invertendo o processo que ocorre em *O ouro do Reno*, em que os deuses atravessam o arco-íris para chegar ao Valhala, deixando para trás o mundo duro da ganância humana: partindo do eu da filosofia idealista alemã, que jamais conseguia realmente conhecer o mundo exterior, Marx parte para o mundo dos proprietários de terra reunidos na Dieta da Renânia para apertar a corda em torno do pescoço dos camponeses, mundo em que o próprio Marx é excluído das salas de aula e impedido de divulgar suas ideias.

Além de Strauss e Bauer, houve um terceiro filósofo a criticar a religião — Ludwig Feuerbach — que impressionara muito a geração de Marx em 1841, com a publicação de um livro intitulado *A essência do cristianismo*. A Ideia Absoluta de Hegel — afirma Feuerbach —, que supostamente se encarnara na matéria com o fim de realizar a razão, não passava de um pressuposto gratuito que Hegel não conseguiu provar. Na verdade, a Ideia Absoluta era apenas um substituto do Verbo feito Carne, e Hegel não era mais do que o último dos grandes apologistas do cristianismo. Esqueçamos a Ideia Absoluta; comecemos a investigar o homem e o mundo tal como os encontramos. Quando o fazemos, torna-se perfeitamente óbvio que as lendas e os rituais das religiões são meras manifestações de mentes humanas.

Feuerbach conseguira retirar a religião da esfera da imaginação comum em que a colocara Strauss, desvincular o instinto ético da autoconsciência pura em que ele caíra quando Bruno Bauer rejeitou a autoridade das Escrituras, e vincular a religião e a moralidade inexoravelmente aos costumes dos homens. Porém, ainda acredita na necessidade permanente da religião. Tenta ele próprio criar um substituto para a religião, um culto do amor baseado na sexualidade e na amizade. E imagina uma humanidade abstrata dotada de uma razão comum.

Marx sentia que cabia a ele livrar-se da religião de uma vez por todas, colocando as emoções e as moralidades do homem em relação com as vicissitudes da sociedade. Cabia-lhe também a tarefa de converter a "Vontade" da filosofia germânica, até então "um postulado puramente ideológico" — que até Fichte, embora o concebesse em ação, não pressupusera como necessariamente coroado de êxito, encarando-o como um fim em si —, converter essa abstração em força atuante no mundo da realidade prática.

Numa admirável série de anotações a respeito de Feuerbach feitas em 1845, Marx afirmou que o defeito de todos os materialismos anteriores era que eles representavam os objetos externos apenas na medida em que atuavam sobre a mente, que permanecia passiva, enquanto o defeito do idealismo era que o que ele percebia não podia atuar sobre o mundo. Na verdade, a realidade ou irrealidade do pensamento fora de sua atuação no mundo era uma questão acadêmica: tudo o que podemos conhecer é nossa própria ação em relação com o mundo exterior. Tentamos atuar sobre esse mundo externo: quando constatamos que conseguimos transformá-lo, sabemos que nossos conceitos estão corretos.

Os socialistas utópicos, como Robert Owen, acreditavam que uma nova educação poderia produzir um novo tipo de ser humano. Contudo esse pensador utópico era na realidade um materialista, e como tal não sabia explicar de que modo ele próprio, que não poderia ser senão o produto das condições preexistentes, viera a se diferenciar tanto a ponto de poder educar os outros. Então haveria dois tipos de ser humano? Não: havia um princípio dinâmico em ação na totalidade da atividade humana. Senão, como explicar a coincidência entre as modificações que percebemos nas coisas e nossos esforços humanos voltados para objetivos?

Feuerbach imaginara um homem abstrato com sentimentos religiosos abstratos; mas na realidade o homem era sempre social, e seus sentimentos religiosos, como todos os outros sentimentos, estavam relacionados a seu meio e sua época. Os problemas que tinham dado origem às concepções sobrenaturais da religião eram na verdade problemas práticos, que só poderiam ser resolvidos pela atuação do homem com vistas a transformar o mundo da realidade prática.

Quanto ao materialismo tradicional, seus conceitos eram também não sociais: ele concebia os seres humanos simplesmente como indivíduos distintos que formavam uma associação "cívica". O novo materialismo proposto por Marx iria encarar a humanidade de um ponto de vista mais orgânico: o da "sociedade humana ou humanidade socializada".

O que apresentei acima é minha paráfrase de um documento que inspirou muita controvérsia e muitos comentários; não o analisei, nem critiquei seus pressupostos. Marx jamais chegou realmente a desenvolver essa filosofia. Estamos às vésperas de 1848, e Marx está impaciente para deixar para trás a forma antiga de discussão filosófica e trabalhar pela revolução: tudo o que fez foi pensar na questão apenas o suficiente para esboçar uma posição que lhe servisse de base para a ação. Marx resume tudo nas últimas duas linhas de suas anotações: "Até agora, os filósofos só fizeram interpretar o mundo de maneiras diferentes; cabe transformá-lo".

15. FRIEDRICH ENGELS: O JOVEM DE MANCHESTER

NO OUTONO DE 1842, quando Marx estava dirigindo o *Rheinische Zeitung*, um jovem muito inteligente, que colaborava no jornal, foi falar com ele. Filho de um industrial renano, havia sido convertido ao comunismo recentemente. Estava passando por Colônia a caminho da Inglaterra, para onde ia com o duplo objetivo de aprender a profissão de seu pai em Manchester e estudar o movimento cartista.

Karl Marx, que estava apenas começando a ler os comunistas e que pouco ou nada sabia a respeito de Manchester, recebeu-o com total frieza. Estava no momento envolvido numa daquelas brigas com antigos companheiros que viriam a ser frequentes no decorrer de sua vida. A poderosa reação ocorrida na Alemanha fizera com que os jovens hegelianos de Berlim assumissem uma posição de intransigência teórica; e como sua posição de ateísmo e comunismo puros, sem contato com a sociedade real, excluía qualquer possibilidade de influenciar os acontecimentos da época mediante a agitação política, haviam apelado para uma política de fazer palhaçadas, semelhante à postura adotada pelos dadaístas no pós-guerra no século xx, para chocar um mundo em relação ao qual não tinham nenhuma esperança e que só desejavam insultar. Karl Marx detestava as palhaçadas e considerava fútil a intransigência: estava tentando transformar seu jornal numa força política com atuação prática. Cortava e rejeitava artigos de seus amigos de Berlim e — numa atitude que viria a ser cada vez mais característica de sua personalidade — rapidamente passou de uma posição de desconfiança crítica, fundamentada em sólidos argumentos intelectuais, para uma postura de suspeita doentia e odienta. Assim, achou que o jovem viajante fosse um emissário de seus

154

inimigos de Berlim e despachou Friedrich Engels sem perceber quem ele era nem compreender o que queria.

Engels era dois anos e meio mais jovem que Marx, mas já possuía certa reputação como escritor. Nascera em 28 de novembro de 1820 na cidade de Barmen, um centro industrial, onde havia boas casas de pedra e ruas bem pavimentadas. Por entre as casas via-se um riacho de águas límpidas, o Wupper, que fluía rumo às águas do Reno, passando por pequenas colinas, onde havia branquearias verdes, casas de telhados vermelhos, jardins, prados e bosques. Foi assim que descreveu a cidade numa carta assinada com pseudônimo — aos dezoito anos de idade, muito bem escrita para sua idade — destinada a um jornal dirigido por Gutzkow. Porém na margem oposta do Wupper, escreveu Engels, viam-se as ruas estreitas e uniformes de Elberfeld, onde fora instalada a primeira máquina de fiar da Alemanha; e o rio, quando passava entre as duas cidades, era ladeado por fábricas de tecidos e tinha suas águas emporcalhadas por tinta roxa. Friedrich Engels já havia percebido que "a vida popular autêntica e vigorosa, que existia em quase toda a Alemanha", havia desaparecido em sua cidade natal. Em Barmen-Elberfeld jamais se ouviam as velhas canções folclóricas: os trabalhadores das fábricas só cantavam músicas vulgares e indecentes, quando cambaleavam bêbados pelas ruas. Engels refletia: beber cerveja e vinho já fora uma atividade alegre, porém, agora que da Prússia vinha bebida destilada barata, as tabernas estavam se tornando ambientes cada vez mais violentos. Os operários embriagavam-se todas as noites; viviam brigando, e vez por outra chegavam a se matar. Quando eram expulsos das tabernas tarde da noite, dormiam em celeiros ou estábulos, sobre montes de esterco ou às portas das casas.

Segundo Engels, isso ocorria por motivos perfeitamente óbvios. Aqueles homens passavam o dia inteiro trabalhando em recintos de tetos baixos, onde respiravam mais poeira e fumaça de carvão do que oxigênio; trabalhavam debruçados sobre os teares ou queimando as costas junto aos fornos. Desde os seis anos de idade, haviam feito com eles todo o possível para minar sua força e roubar-lhes a alegria de viver. Para eles, só restavam o evangelismo e o conhaque.

O pai do jovem Friedrich Engels estava envolvido na indústria têxtil e gostava de evangelismo, mas não de conhaque. Tinha fábricas tanto em Manchester como em Barmen. Seu avô iniciara as atividades industriais da família na segunda metade do século XVIII; dizia-se que ele foi o primeiro empresário a construir uma comunidade industrial permanente, dando habitação aos operários — até então uma população flutuante — que se destacaram pelo afinco e bom comportamento, descontando o custo das casas de seus salários. O pai de Friedrich era progressista em virtude de ter sido o primeiro industrial da Renânia a instalar máquinas inglesas em suas fábricas; porém era um dos pilares da mais rigorosa facção do calvinismo que dominava a localidade, e um homem extraordinariamente intolerante.

Friedrich Engels, com sua jovialidade natural e seu entusiasmo pela literatura e pela música, fora criado numa gaiola de teologia da qual levou muito tempo para conseguir escapulir. Para o "pietismo" praticado por seu pai, integridade era trabalhar sem parar; e trabalho, para ele, era só o tipo de atividade que ele exercia. Não admitia romances em sua casa, e o jovem Friedrich ambicionava tornar-se poeta. O velho Caspar, achando que o rapaz precisava criar juízo, mandou-o para Bremen para viver com um pastor protestante e trabalhar num escritório de exportação. Foi lá que Friedrich leu a *Vida de Jesus* de Strauss, obra que pôs em movimento, para ele, a máquina da crítica racionalista. Durante meses entretanto continuou a considerar-se "sobrenaturalista"; e, de fato, seus instintos religiosos não foram extintos, e sim reanimados, pela nova doutrina que passou a interessá-lo. Viria a reencontrar seu Deus perdido na Ideia Absoluta de Hegel.

Começou a escrever resenhas de peças de teatro e ópera, relatos de viagens, narrativas mitológicas, poemas de temática oriental, à Freiligrath: a velha fuga para um passado magnífico como modo de suportar um presente árido e prosaico. Adorava Shelley, e o traduzia; e escrevia rapsódias revolucionárias cantando a liberdade que haveria de vir, e que faria toda a Alemanha tão simpática, jovial e franca como uma Renânia pré-industrial idealizada: o novo sol, o novo vinho, a nova canção!

O jovem Engels é uma figura atraente. Era alto e esbelto, com cabelos castanhos e olhos azuis brilhantes e penetrantes. Ao contrário de Marx, homem macambúzio e obstinado, era flexível, ativo, cheio de vida. Em Bremen divertia-se esgrimindo e andando a cavalo; certa vez atravessou o rio Weser a nado quatro vezes seguidas. Era observador, e incluía em suas cartas desenhos das pessoas que via: corpulentos corretores que começavam todas as frases com "Na minha opinião..."; jovens com bigodes espalhafatosos, barbas espessas e floretes embolados; um velhote esquisito que se embriagava todas as manhãs, ia até a porta da casa, batia no peito e afirmava para o mundo: "Sou um burguês!"; carroceiros montados a pelo e barqueiros carregando café nas docas; poetas maltrapilhos e angustiados, um dos quais, segundo Engels, está escrevendo um livro no qual propõe a *Weltschmerz* (angústia romântica) como a única forma infalível de perder peso. O próprio Engels escrevia tão facilmente em verso como em prosa, e aprendia línguas estrangeiras com extraordinária facilidade: aparentemente, uma das coisas de que mais gostava no clube de negociantes que frequentava era a variedade de jornais estrangeiros. Apreciava bons vinhos e bebia imensamente: um de seus desenhos mais divertidos retrata um velho connoisseur, enojado, que acabou de provar um vinho azedo, em contraste com o rosto alegre e simpático do caixeiro-viajante que acaba de convencê-lo a comprar o vinho. Gostava de música; entrou para uma associação de canto e para ela compôs algumas peças corais. Escreve para sua irmã contando que Liszt acaba de dar um recital em Bremen; Liszt é um homem maravilhoso, as mulheres desmaiam por sua causa e guardam em vidros de colônia as folhas que sobram nas xícaras de chá por ele usadas, enquanto ele as abandona e vai beber com estudantes;

sua conta na taberna já chegou a trezentos táleres — sem contar o que deve ter gastado em outros lugares!

O que observamos em Engels desde o início é seu profundo interesse pela vida. O pensamento de Marx, embora realista no sentido moral e embora às vezes enriquecido por uma imagística peculiar, sempre tende a expor os processos sociais em termos de desenvolvimentos lógicos abstratos, ou a projetar personificações mitológicas: Marx quase nunca percebe os seres humanos concretos. Já Engels encara a vida de modo bem diverso: apreende, com naturalidade e certa simplicidade de espírito, a vida de outras pessoas. Enquanto Marx, durante o curso universitário, escrevia pouco à família e, quando o fazia, era só para falar de suas ambições, Engels continua, por meio da imaginação e do sentimento, a participar da vida da família, mesmo depois que vai para Bremen. Sempre que escreve para a irmã, consegue ver as próprias experiências através dos olhos dela — desde o dia, em 1838, em que descreve para ela, com todos os detalhes, sete pintos, um dos quais é preto e come na mão da gente, até o dia, em 1842, em que lhe fala sobre seu spaniel recém-adquirido, que "tem revelado forte tendência a frequentar tabernas" e vai de mesa em mesa pedindo comida; Engels ensinou-o a rosnar com a maior ferocidade sempre que diz: "Olha o aristocrata!". E consegue ver todos os seus familiares em casa; envia à irmã uma pequena cena, em forma de peça de teatro, que representa a vida da família na época, uma grande e próspera família de classe média, que, apesar das implacáveis sessões de leitura da Bíblia promovidas pelo velho Caspar, permanece culta, alegre e cheia de vida. Em sua imaginação, acompanha Marie até o colégio interno, volta com ela a Barmen ao fim do curso e a vê começando em liberdade sua vida nova de moça. Escreve para ela uns versos humorísticos encantadores a respeito de um estudante manco que conhecera em Bonn e que, na imaginação de Engels, a irmã acha mais atraente do que outros pretendentes mais aristocráticos e arrogantes.

Um dia Engels foi até o cais do porto visitar um navio que ia partir para a América. A primeira cabine era "um ambiente elegante e confortável, como um salão aristocrático, com móveis de mogno ornamentados com ouro"; porém, quando desceu para a terceira classe, viu gente "amontoada, como pedras de calçamento nas ruas"; homens, mulheres e crianças, doentes e saudáveis, espremidos entre suas bagagens. Imaginou-os numa tempestade, jogados de um lado para o outro, sendo obrigados a fechar a escotilha por onde entrava toda a ventilação de que dispunham. Viu que era gente alemã boa, forte e honesta, "muito longe de ser o pior que a pátria produz", que havia sofrido nas propriedades feudais, entre a servidão e a independência, até resolver abandonar a pátria.

De Bremen, Engels partiu para Berlim no outono de 1841, para cumprir um ano de serviço militar. Escolhera Berlim por causa da universidade: ainda não tinha nenhuma formação acadêmica, e pretendia estudar filosofia. Lá conheceu o mesmo grupo de jovens hegelianos que tanto havia estimulado Marx. Naquele ano Feuerbach publicara *A essência do cristianismo*, obra que libertou Engels da teologia e o colocou solidamente no mundo da ação humana; foi também o ano da publicação de *A triarquia europeia*, de autoria de um homem chamado Moses Hess, filho de um industrial judeu, que viajara à Inglaterra e à França e chegara à conclusão de que era impossível eliminar os ódios entre as nações sem que fosse abolida a competição comercial. Hess foi aparentemente o primeiro escritor alemão a canalizar a tendência sansimonista de modo a fazê-la desaguar na corrente principal do pensamento germânico, e, quando mais tarde o jovem Engels o conheceu em Colônia, Hess rapidamente o converteu ao comunismo.

No novembro seguinte, Friedrich Engels viajou para a Inglaterra, onde passou 22 meses. Foi o período da depressão econômica mais profunda que jamais se abatera sobre a Inglaterra. Os cotonifícios de Manchester estavam parados, e as ruas, cheias de operários desempregados, que pediam dinheiro aos transeuntes com um jeito ameaçador de rebeldes. O movimento cartista, que exigia o sufrágio universal e a representação da classe trabalhadora no Parlamento, atingira o clímax no verão anterior, numa greve geral em todo o norte da Inglaterra, que só cessou quando a polícia atirou numa enorme multidão. Em maio do ano seguinte, uma greve de oleiros terminou em tumulto sangrento. No País de Gales, os camponeses empobrecidos estavam destruindo as casas dos guarda-barreiras.

Friedrich Engels olhou para Manchester com os olhos abrangentes e penetrantes de um estrangeiro altamente inteligente. Explorou a cidade — segundo ele próprio — até conhecê-la tão bem quanto conhecia sua cidade natal. Barmen-Elberfeld lhe fornecera a chave para compreender Manchester. Examinou o mapa da cidade e viu que o centro comercial era cercado por um cinturão de bairros operários; depois vinham as belas casas e jardins dos proprietários, que se fundiam gradualmente com o campo; viu também de que modo os proprietários podiam ir de suas casas até a Bolsa sem jamais ter que observar as condições de vida dos operários, porque as ruas pelas quais atravessavam os bairros pobres estavam cheias de lojas que escondiam a miséria e a sujeira que havia por trás delas. No entanto, era impossível caminhar por Manchester sem deparar com pessoas com estranhas deformações, pernas tortas e corcundas — gente que representava aquela raça oprimida e atrofiada cuja energia sustentava a cidade.

Engels observava essa gente cuidadosamente. Estava tendo um romance com uma moça irlandesa chamada Mary Burns, que trabalhava na fábrica Ermen & Engels, e fora promovida para trabalhar numa nova máquina de fiar automática. Mary Burns era aparentemente uma mulher de caráter independente, pois diz-se que recusou a oferta de Engels, quando este propôs sustentá-la para ela não ter que trabalhar. Porém, aceitou que ele a instalasse, com a irmã, numa casinha no subúrbio de Salford, onde as barcaças carregadas de carvão e as chaminés já perdiam terreno para os bosques e campos. Ali Engels deu início à estranha vida dupla que levaria durante toda a carreira de industrial. Embora tivesse aposentos na cidade e durante o dia ficasse em seu escritório, passava as noites na companhia das irmãs Burns, recolhendo material para um livro no qual revelaria o lado negativo da vida industrial. Mary Burns manifestava um patriotismo irlandês feroz, e estimulava o entusiasmo revolucionário de Engels ao mesmo tempo que lhe servia de guia nos abismos infernais da cidade.

Engels via os trabalhadores amontoados como ratos em suas moradias apertadas, famílias inteiras — e às vezes mais de uma família — num único cômodo, os sãos com os doentes, adultos com crianças, parentes próximos dormindo juntos, às vezes sem camas, por terem sido obrigados a vender todos os móveis para serem queimados como lenha, às vezes em porões úmidos de onde se tirava água aos baldes quando chovia, às vezes vivendo no mesmo cômodo que os porcos; comendo farinha misturada com gesso e chocolate misturado com terra, intoxicados por carne impregnada de ptomaína, drogando a si próprios e aos filhos doentios com láudano; vivendo, sem esgotos, em meio aos próprios excrementos e lixo; vitimados por epidemias de tifo e cólera, que por vezes chegavam até os bairros mais prósperos.

A demanda crescente de mulheres e crianças nas fábricas fazia com que muitos chefes de família se tornassem desempregados crônicos, prejudicava o crescimento das meninas, facilitava o nascimento de filhos de mães solteiras e ao mesmo tempo obrigava as jovens mães a trabalharem grávidas ou antes de se recuperarem plenamente do parto, terminando por encaminhar muitas delas à prostituição; as crianças, que começavam a trabalhar nas fábricas aos cinco ou seis anos de idade, recebiam pouca atenção das mães, que passavam o dia inteiro na fábrica, e nenhuma instrução de uma sociedade que só queria delas que executassem operações mecânicas. Quando as deixavam sair das verdadeiras prisões que eram as fábricas, as crianças caíam exaustas, cansadas demais para lavar-se ou comer, quanto mais estudar ou brincar — às vezes cansadas demais até para ir para casa. Também nas minas de ferro e carvão, mulheres e crianças, juntamente com os homens, passavam a maior parte de suas vidas rastejando em túneis estreitos debaixo da terra e, fora deles, viam-se presas nos alojamentos, à mercê da loja da companhia, sofrendo atrasos no pagamento do salário de até duas semanas. Cerca de 1400 mineiros morriam por ano quando se partiam cordas apodrecidas, quando desabavam túneis por causa da escavação excessiva dos veios, quando ocorriam explosões por causa da ventilação deficiente ou da negligência de uma criança exausta; e os que escapavam de acidentes catastróficos morriam de doenças dos pulmões. Por sua vez, os habitantes do interior, que com a industrialização perderam a antiga condição de artesãos, pequenos proprietários e arrendatários de quem, mal ou bem, os grandes proprietários cuidavam — esses haviam sido transformados em diaristas sem eira nem beira, por quem ninguém era responsável, e que eram castigados com a prisão ou a deportação se, em épocas de necessidade, roubavam e comiam a caça das terras dos grandes proprietários.

Para Engels, parecia que o servo medieval, que ao menos estava fixo à terra e ocupava uma posição definida na sociedade, estivera em melhor situação que o operário industrial. Naquela época em que as leis de proteção aos trabalhadores praticamente inexistiam, os antigos camponeses e trabalhadores braçais da Inglaterra, e até mesmo a antiga pequena burguesia, estavam sendo levados para as minas e as fábricas, tratados como matéria-prima para os produtos a serem fabricados, sem que ninguém se importasse nem mesmo com o que fazer com o refugo humano gerado pelo processo. Nos anos de depressão, o superávit de mão de obra, tão útil nos anos em que a economia ia bem, era despejado nas cidades; essas pessoas tornavam-se mascates, varredores, lixeiros ou simplesmente mendigos — viam-se às vezes famílias inteiras mendigando nas ruas — e, o que era quase igualmente comum, prostitutas e ladrões.

Thomas Malthus — dizia Engels — afirmara que o aumento da população estava sempre pressionando os meios de subsistência, de modo que era necessário que grandes quantidades de pessoas fossem exterminadas pela miséria e pelo vício; e a nova legislação referente aos pobres havia posto em prática essa doutrina, transformando os asilos de indigentes em prisões tão desumanas que os pobres preferiam morrer de fome nas ruas.

Tudo isso constituiu uma revelação para Engels. Ele via o Parlamento ser pressionado por causa das condições de trabalho; os debates a respeito das leis referentes ao auxílio aos pobres e às condições de trabalho nas fábricas colocaram em segundo plano as discussões acerca do movimento de classe média contrário às leis referentes à importação e exportação de cereais; e Engels concluiu que os "antagonismos de classe" estavam "mudando completamente o aspecto da vida política". Agora ele entendia com clareza, pela primeira vez, a importância dos interesses econômicos, que até então receberam pouca ou nenhuma atenção dos historiadores. Engels concluiu que, pelo menos no contexto de sua época, os fatores econômicos eram sem dúvida de importância crucial.

Em Londres viu o maior aglomerado humano que jamais conhecera, porém aquelas pessoas lhe pareciam átomos. Aquelas "centenas de milhares de indivíduos de todas as classes e categorias que se acotovelavam" não eram, não obstante,

seres humanos com as mesmas capacidades e faculdades, e com a mesma vontade de serem felizes? E, em última análise, não serão eles obrigados a buscar a felicidade do mesmo modo, através dos mesmos meios? E assim mesmo acotovelam-se como se nada tivessem em comum, como se um nada tivesse a ver com o outro, como se o único entendimento que houvesse entre eles fosse o acordo tácito de que cada um deve ficar em seu lado da calçada, para não atrapalhar a correnteza que vai no sentido oposto, e jamais ocorre a ninguém a ideia de conferir a um de seus semelhantes um olhar que seja. A indiferença brutal, o isolamento insensível de cada um em seus interesses pessoais, é tanto mais repelente e ofensivo quanto maior o número de indivíduos arrebanhados num espaço limitado.

Essa visão do indivíduo na sociedade moderna como ser impotente, estéril e egoísta foi um dos temas principais do pensamento do século XIX, que em nossa época tem sido expresso com ainda mais ênfase, se tal coisa é possível. Já vimos que o historiador Michelet, escrevendo no mesmo momento que Engels, tentava interpretar o mundo em termos de um egoísmo antissocial que se opunha a um ideal de solidariedade e que conseguiu, voltando ao passado, escapar dessa solidão sinistra identificando-se com a nação francesa, buscando posteriormente confortar-se, em face dos antagonismos que detectava na sociedade, com uma crença mística no "Povo". Já vimos, também, que uma das primeiras ideias do jovem Marx fora a de que era perigoso colocar os interesses egoístas acima do ideal de servir à humanidade. Saint-Simon fora levado, pela desintegração do catolicismo e do sistema feudal a que estava ligado por hereditariedade, a elaborar, nos anos de confusão que se seguiram à Revolução, um novo sistema de hierarquias que possibilitasse a unidade e a ordem no futuro. Os socialistas utópicos, como Fourier, que achavam intolerável a sociedade competitiva, estavam se protegendo de modo análogo contra a sensação de isolamento em relação a seus semelhantes, imaginando um novo tipo de cooperação.

O progresso da civilização industrial produzia cada vez mais conflitos sanguinolentos; e, ao entrar em contato mais íntimo com ela, Engels tornava-se mais e mais convicto da necessidade de uma nova conciliação. Aos vinte e poucos anos de idade, ele supunha que uma sociedade de tal forma dividida estaria caminhando direto para uma guerra civil e a consequente abolição do sistema de competição e exploração. A classe média inglesa estava rapidamente sendo absorvida dos dois lados, e em pouco tempo só existiria na Inglaterra um proletariado desesperado em confronto com uma classe proprietária imensamente rica. Parecia-lhe inútil esperar dessa classe uma solução paliativa que fosse: a seu ver, ela estava decidida a ignorar o problema. Certa vez, Engels chegou a Manchester acompanhado de um burguês inglês e mencionou a miséria terrível da cidade, disse jamais ter visto "uma cidade tão mal construída"; o inglês ouviu seus comentários sem nada dizer; na esquina onde se separariam, porém, o homem saiu-se com esta: "E, no entanto, aqui se ganha um bom dinheiro; até logo, meu senhor".

Engels tinha a impressão de que as "classes instruídas", cuja educação limitara-se a maçantes lições de latim e grego nos tempos da escola, só liam comentários à Bíblia e romances caudalosos. Apenas Carlyle, em sua obra recém-publicada, *Passado e presente*, parecia ter alguma consciência da seriedade da situação da Inglaterra; infelizmente, Carlyle estava imbuído do pior tipo de filosofia alemã: aquela embriaguez provocada por ideias a respeito de Deus que impediam as pessoas de acreditar na humanidade. Os ingleses precisavam — afirmava Engels — era do novo tipo de filosofia alemã, que mostrava de que modo o homem poderia, afinal, tornar-se senhor de seu próprio destino.

Mas, nesse ínterim, os trabalhadores ingleses certamente haveriam de exigir seus direitos numa revolta que faria com que a Revolução Francesa parecesse brincadeira; e, quando chegassem ao poder, haveriam de estabelecer o único tipo de regime capaz de tornar a sociedade realmente coerente. O comunismo final imaginado por Engels não era muito diferente daquele que Saint-Simon anunciara pouco antes de morrer; só que, pela primeira vez, era concebido não como a consequência de um nebuloso movimento espontâneo, e sim em decorrência de uma cadeia definida de eventos. Engels estava convicto de que essa decorrência já estava explícita no lema dos cartistas: "O poder político é nosso meio; a felicidade social, nosso fim".

16. A PARCERIA MARX-ENGELS

ENQUANTO ISSO, Marx havia se casado e levado Jenny para Paris em outubro de 1843. Com a seriedade habitual, andava estudando o comunismo francês e a Revolução Francesa, assunto a respeito do qual pretendia escrever um livro.

Porém no início de 1844 caiu-lhe nas mãos um ensaio que Engels enviara da Inglaterra para ser publicado no *Deutsch-Französische Jahrbücher*, publicação da qual Marx também era colaborador. Era uma análise original e brilhante da "economia política" inglesa, assunto que Engels vinha estudando. Nele afirmava que as teorias de Adam Smith e Ricardo, de MacCulloch e James Mill, eram basicamente racionalizações hipócritas dos impulsos gananciosos subjacentes ao sistema de propriedade privada que estava destruindo os povos britânicos: a Riqueza das Nações tinha o efeito de reduzir a maioria das pessoas à pobreza; o Livre-Câmbio e a Livre Concorrência não impediam que o povo continuasse escravizado, e consolidavam o monopólio da burguesia sobre tudo o que valia a pena possuir — todas as filosofias do comércio não faziam senão santificar as fraudes de comerciantes inescrupulosos; as discussões a respeito do valor abstrato eram mantidas propositadamente no plano das abstrações, para não ser necessário levar em conta as condições reais sob as quais se davam todas as transações comerciais: a exploração e a destruição da classe trabalhadora, a oscilação entre prosperidade e crise. Imediatamente Marx começou a corresponder-se com Engels e resolveu estudar tudo sobre os economistas ingleses que já fora traduzido para o francês.

Por volta do fim de agosto, Engels foi rever a família em Barmen, e no caminho passou por Paris. Foi logo visitar Marx, e os dois constataram que tinham tantas coisas a dizer um para o outro que passaram dez dias juntos. Nesse encontro teve início não só sua colaboração intelectual como também sua parceria literária. Os dois estavam trabalhando em direção a conclusões semelhantes, e agora um podia completar o outro. Como os eletrodos de cobre e zinco da pilha voltaica, cujos mistérios eles costumavam discutir — o líquido condutor seria Hegel diluído na atmosfera política das vésperas da Revolução de 1848 —, os dois jovens alemães geraram uma corrente que viria a proporcionar energia a novos motores sociais. A indução dessa corrente marxista é o evento central de nossa crônica e um dos maiores acontecimentos intelectuais do século; nem mesmo a analogia com a eletricidade é adequada para exprimir a vitalidade orgânica com que o sistema Marx-Engels, ao desenvolver-se, foi capaz de absorver tamanha diversidade de elementos — as filosofias de três grandes nações, as ideias tanto da classe trabalhadora como das classes instruídas, os frutos de tantas áreas do conhecimento. Marx e Engels realizaram a proeza que é a marca de todos os grandes pensadores: resumir imensos acúmulos de conhecimentos, combinar muitas correntes de especulação e dar a um novo ponto de vista mais vida e mais força.

Não valeria a pena tentar levantar em detalhe todas as influências dos pensadores que contribuíram para a formação de Marx e Engels. Num certo sentido, todas essas tentativas são vãs. O método que venho empregando no presente livro, de colocar em destaque essa e aquela figura, não deve fazer com que o leitor incorra no erro de imaginar que as grandes ideias são geradas por uma raça especial de grandes homens. Apresentei aqui algumas das figuras mais importantes que colocaram em circulação ideias socialistas; e o professor Sidney Hook, em sua admirável obra *De Hegel a Marx*, mostra com precisão a relação entre Marx e a filosofia alemã que lhe serviu de base. Mas por trás dessas figuras destacadas havia outras fontes menos conhecidas, ou mesmo obscuras: todos os agitadores, políticos, jornalistas; panfletos, conversações, insinuações; todas as implicações práticas derivadas de pensamentos não expressos ou inconscientes, as implicações de instintos aquém da consciência.

Não obstante, é apropriado levantar essas questões a esta altura de nossa exposição, pois foi precisamente a ideia de que os movimentos intelectuais representam situações sociais que Marx e Engels fariam muito para promover; assim, talvez seja interessante falar um pouco mais sobre o contexto intelectual do início do século xix com base no qual Marx e Engels construíram seu sistema, bem como compreender as relações entre esses dois pensadores.

O mais importante que Marx e Engels e todos os seus contemporâneos extraíram da filosofia de Hegel foi o conceito de transformação histórica. Hegel pronunciara suas palestras sobre *A filosofia da história* na Universidade de Berlim no inverno de 1822-3 (lembremos que foi no ano seguinte que Michelet travou contato com a obra de Vico); e, apesar de seu modo de falar abstrato e místico, ele revelara estar plenamente consciente de que as grandes figuras revolucionárias da história não eram apenas indivíduos extraordinários, que moviam montanhas simplesmente com a força de vontade, e sim agentes através dos quais as forças das sociedades em que eles se inseriam realizavam seus propósitos inconscientes. Assim, dizia Hegel, por exemplo, é verdade que Júlio César lutou, derrotou seus rivais e destruiu a Constituição de Roma com a finalidade de conquistar uma posição de supremacia, mas o que o torna uma figura importante para o mundo é que ele estava fazendo o que era necessário para unificar o Império Romano: impondo um regime autocrático, a única solução possível.

Escreve Hegel:

Assim, não foi apenas seu interesse pessoal, e sim um impulso inconsciente, que ocasionou a realização daquilo cujo momento havia chegado. Assim são todos os grandes homens da história — cujos objetivos pessoais envolvem as grandes questões que são a vontade do Espírito do Mundo. Eles podem ser chamados de Heróis, na medida em que seus objetivos e sua vocação derivam não do curso regular e tranquilo dos eventos, sancionado pela ordem vigente, e sim de uma fonte oculta — que não atingiu a existência fenomenal, presente —, aquele Espírito interior, ainda escondido sob a superfície, o qual, invadindo o mundo exterior como se fosse este uma casca, quebra-o em pedaços, porque é um núcleo diferente daquele que pertencia à casca em questão. Portanto, apresentam-se como homens que parecem derivar de si próprios o impulso de suas vidas; e cujos feitos produzem um estado de coisas e um complexo de relações históricas que parecem refletir apenas o interesse *deles*, ser apenas obra *deles*.

Tais indivíduos não tinham consciência da Ideia geral que estavam manifestando no momento em que promoviam seus objetivos pessoais; pelo contrário, eram homens práticos, políticos. Porém ao mesmo tempo eram homens de pensamento, que tinham uma visão das exigências de seu tempo — *do que estava maduro para desenvolver-se*. Era esta a própria Verdade de sua época, de seu mundo; a próxima espécie a se desenvolver, por assim dizer, e que já estava formada no útero do tempo. A eles cabia conhecer esse princípio nascente; dar o passo imediatamente seguinte necessário a seu mundo; fazer disso sua meta, e empenhar sua energia na promoção dessa causa. As figuras da história do mundo — os Heróis de uma época — devem, portanto, ser reconhecidos como aqueles que souberam enxergar com clareza; os feitos *deles*, as palavras *deles*, são os melhores de sua época. Os grandes homens estabelecem seus objetivos para satisfazer a si próprios, e não a outrem. Todos os projetos e conselhos prudentes que porventura tenham recebido de outrem serão os aspectos mais limitados e incoerentes de sua carreira, pois eles foram os que melhor compreenderam as coisas; foi com eles que os *outros* aprenderam e aprovaram — ou ao menos consentiram — sua prática. Pois o Espírito que deu esse novo passo na história é a alma mais recôndita de todos os indivíduos; porém vive num estado de inconsciência do qual foi despertado pelos grandes homens em questão. Portanto, esses líderes da alma são seguidos por seus companheiros, os quais sentem o poder irresistível de seu próprio espírito interior neles encarnado.

Um pouco mais adiante examinaremos a dinâmica peculiar do conceito hegeliano de transformação histórica. Por ora, basta assinalar que Hegel julgava que cada uma das épocas em que se dividia a história da sociedade humana era um todo indivisível. Afirma ele:

Resta-nos ainda demonstrar que a constituição adotada por um povo compõe uma substância, um espírito, com sua religião, sua arte e sua filosofia, ou, ao menos, com suas concepções e pensamentos: sua cultura, de modo geral; para não entrarmos nas influências adicionais, *ab extra*, do clima, dos povos vizinhos, de seu lugar no mundo. Um Estado é uma totalidade individual, da qual não se pode destacar qualquer aspecto em particular, nem sequer um de importância tão suprema quanto sua constituição política, e tirar conclusões em relação a ele sob essa forma isolada.

Porém, enquanto Hegel tendia a acreditar que o desenvolvimento da história através de revoluções, a realização gradual da "Ideia", havia culminado no Estado prussiano de sua época, Marx e Engels, que aceitavam o progresso revolucionário mas repudiavam a Ideia divina, situavam a consumação da transformação no futuro, quando ocorresse a realização da ideia comunista na revolução seguinte.

A essa altura, os dois já haviam desenvolvido ideias próprias a respeito do comunismo. Haviam examinado as concepções de seus predecessores e, com suas mentes aguçadas e realistas, extirpado delas o sentimentalismo e as fantasias que se misturavam com as percepções práticas dos socialistas utópicos. De Saint-Simon aceitaram a descoberta de que a política moderna era simplesmente a ciência da regulamentação da produção; de Fourier, a condenação ao burguês, a consciência do contraste irônico entre "o frenesi especulativo, o espírito de comercialismo que nada poupa" que caracterizavam o reinado do burguês e "as promessas brilhantes do Iluminismo" que os precedeu; de Owen, a consciência de que o sistema fabril teria de ser a raiz da revolução social. Viram que o erro dos socialistas utópicos fora imaginar que o socialismo seria imposto à sociedade de cima para baixo, por desinteressados membros das classes superiores. Era impossível, acreditavam eles, induzir a burguesia a agir contra seu interesse próprio. O educador — Marx viria a escrever em suas *Teses contra Feuerbach* — tinha que antes ser educado: ele não está propondo a seus discípulos uma doutrina que lhe foi conferida por Deus, mas apenas dirigindo um movimento do qual ele próprio é membro, e que lhe proporciona energia e objetivo. Marx e Engels combinaram as metas dos utópicos com o processo hegeliano de desenvolvimento orgânico. Assim, em meados do século xix eles já enxergavam com clareza — coisa que nem John Humphrey Noyes via — que era impossível para pequenas unidades comunistas por si só conseguirem salvar a sociedade, ou mesmo sobreviver em desafio ao sistema comercial; que não fora apenas por acidentes infelizes e por dificuldades de relacionamento pessoal que o movimento comunista americano não dera em nada, mas porque ignorara o mecanismo da luta de classes.

Marx aprendera a respeito dessa luta de classes ao ler os historiadores franceses, quando se mudou para Paris. Em sua *História da conquista da Inglaterra*, publicada em 1825, Augustin Thierry apresentara a conquista normanda em termos de uma luta de classes entre os conquistadores e os saxões. Guizot, em sua *História da revolução inglesa*, mostrara, do ponto de vista burguês, a luta entre a classe média e a monarquia.

Era preciso contudo encontrar uma base econômica para a luta de classes. Já vimos que Friedrich Engels veio a compreender a importância da economia como consequência de sua experiência em Manchester. Karl Marx aprendera mais nos livros. A ideia da importância fundamental do interesse econômico não era nova na década de 1840. Um advogado francês chamado Antoine Barnave, que fora presidente da assembleia revolucionária de 1790, afirmava que a diferença entre as classes era resultado das desigualdades econômicas; que a classe no poder numa determinada época não apenas fazia leis para toda a sociedade com o fim de garantir o domínio de suas propriedades, como também "orientava os hábitos e criava os preconceitos" da sociedade; que a sociedade estava constantemente mudando sob a pressão das necessidades econômicas; e que a burguesia ascendente e triunfante que substituíra a nobreza feudal terminaria produzindo uma nova aristocracia. Barnave, que era politicamente moderado e comprometido com a família real, foi guilhotinado em 1793. Uma edição de suas obras completas foi publicada em 1843; no entanto aparentemente Marx jamais o mencionou, e não se sabe se chegou a ler seus escritos. Fosse como fosse, o pensamento da época estava convergindo, nos primeiros anos da década de 1840, para o ponto de vista marxista. O economista patriótico alemão Friedrich List publicara em 1841 sua obra *O sistema nacional da economia política*, na qual apresentava o desenvolvimento da sociedade segundo suas fases industriais; e em 1842 um comunista francês chamado Dézamy, que já fora ligado a Cabet, publicou seu *Código da comunidade*. Karl Marx o havia lido em Colônia. Dézamy criticava Cabet por este acreditar que se podia fazer alguma coisa pelos trabalhadores pedindo ajuda à burguesia, e, aceitando a realidade brutal da luta de classes, projetara uma nova espécie de comunidade, baseada no materialismo, no ateísmo e na ciência. Embora não tivesse ainda chegado a nenhuma conclusão a respeito das táticas dos trabalhadores, Dézamy estava convencido de que o proletariado, no qual incluía os camponeses, devia se unir e libertar. E deve-se observar que a importância da classe oprimida já fora enfatizada por Babeuf, quando este declarou, em sua defesa, que "a massa dos expropriados, os proletários" era por todos "considerada terrível", e constituía agora "a maioria de uma nação totalmente apodrecida".

Em dezembro de 1843, Marx escreveu para o *Deutsch--Französische Jahrbücher* uma *Crítica da filosofia do direito de Hegel*, na qual postulava que o proletariado era a classe que desempenharia o novo papel hegeliano no processo de emancipação da Alemanha:

> Uma classe *radicalmente acorrentada*, uma das classes da sociedade burguesa e que não pertence à sociedade burguesa, uma ordem que causa a dissolução de toda ordem, uma esfera que tem caráter universal em virtude de seu sofrimento universal e que não se arroga nenhum *direito específico*, porque não é vítima de nenhuma *injustiça específica*, e sim da injustiça total, que não pode mais invocar um direito *histórico* e sim apenas um direito *humano*, que não se coloca em um antagonismo unilateral em relação às consequências do Estado germânico, e sim em antagonismo absoluto em relação a seus pressupostos — uma esfera, enfim, que não pode se emancipar sem libertar-se de todas as outras esferas da sociedade e, ao fazê-lo, libertar todas essas esferas elas próprias; que, em resumo, como representa *a total destituição* da própria humanidade, só pode se redimir através da *redenção de toda a humanidade*. O *proletariado* representa a dissolução da sociedade enquanto ordem especial.

Embora Marx já tenha ido tão longe, o proletariado ainda é, para ele, algo assim como uma abstração filosófica. A motivação emocional básica do papel que ele atribui ao proletariado parece derivar de sua condição pessoal de judeu. "A emancipação do judeu é a emancipação da sociedade do judaísmo"; "uma esfera, enfim, que não pode se emancipar sem emancipar todas as outras esferas da sociedade" — estas são as conclusões, redigidas de modo quase idêntico, de dois ensaios sucessivos e publicados, por assim dizer, lado a lado. Por um lado, Marx nada sabia a respeito do proletariado industrial; por outro, recusava-se a levar a sério o judaísmo ou a participar nas discussões de sua época a respeito do problema dos judeus do ponto de vista do caso especial representado pela cultura judaica, afirmando que a posição especial do judeu estava basicamente ligada a sua atuação como agiota e banqueiro, e que seria impossível dissociar-se desses papéis até que fosse abolido o sistema do qual fazia parte. Como resultado, a hostilidade e a rebelião oriundas das restrições sociais impostas aos judeus, bem como a posição moral e a visão do mundo derivadas de sua tradição religiosa, foram transferidas por Marx, com todo seu poder extraordinário, para um proletariado imaginário.

Talvez a melhor coisa que Engels fez para Marx nesse período tenha sido dar forma e corpo ao proletariado abstrato de Marx e situá-lo numa casa e numa fábrica concretas. Engels havia trazido da Inglaterra o material para a compilação de sua obra *A situação da classe trabalhadora na Inglaterra em 1844*, e dedicava-se à tarefa de escrevê-la. Aqui estava o panorama social que daria autenticidade à visão de Marx; aqui estavam os ciclos de prosperidade que eram sempre seguidos por períodos de depressão industrial — causados, Engels percebera, pelo apetite cego dos fabricantes em competição — e que só poderiam resultar numa catástrofe geral, que, segundo Marx, finalmente destronaria os deuses e os substituiria pela sabedoria do espírito humano.

Por outro lado, para Engels, Marx representava o apoio da convicção moral e da força intelectual que lhe permitiria manter-se norteado em relação àquela sociedade contemporânea cujos crimes ele compreendia tão bem, mas à qual ele ainda estava organicamente vinculado, ao contrário de Marx. Além disso, Marx tinha mais peso e força de vontade. Engels escrevia com lucidez e facilidade; tinha sensibilidade, equilíbrio, humor. Lembra muito mais um escritor francês do Iluminismo — algo entre um Condorcet e um Diderot — do que um filósofo da escola alemã; tanto que somos levados a acreditar na tradição segundo a qual sua família era de origem francesa protestante. Esse jovem sem formação acadêmica era extraordinariamente culto: já estava escrevendo tão bem em inglês que começara a publicar artigos no jornal de Robert Owen; e seu francês era tão bom quanto seu inglês. Tinha facilidade em adquirir informações e talento de jornalista para apreender a situação; seu colaborador, Marx, costumava dizer que Engels estava sempre à frente dele. Mas Engels não tinha a força de Marx; é o que sentimos em seus escritos. Desde o princípio, Marx consegue achar, em questões como a do roubo de lenha, motivo para despertar no leitor uma indignação dirigida contra todos aqueles que violam as relações humanas; enquanto Engels, embora tendo mais experiência das crueldades e degradações da vida nas indústrias, não consegue — nem mesmo em *A situação da classe trabalhadora na Inglaterra* — despertar no leitor a vontade de protestar ou lutar; em vez disso, tende a resolver o conflito com uma sensação de otimismo a respeito da conclusão. Mais tarde, Engels escreveria: "Marx era um gênio. Os outros éramos, no máximo, talentosos".

Talvez não estejamos abusando da atual tendência a fazer especulações desse tipo se dissermos que é possível que Marx tenha adquirido, aos olhos de Engels, algo daquele prestígio associado à autoridade paterna que o homem mais jovem havia rejeitado no próprio pai. Engels sempre reteve algo de juvenil: em setembro de 1847, aos 27 anos de idade, escreve a Marx que não quer aceitar a vice-presidência de uma comissão comunista porque sua aparência é "terrivelmente juvenil". O jovem Friedrich vinha se rebelando desde a adolescência contra a mistura de estreiteza de comerciante com intolerância religiosa que caracterizava o velho Caspar Engels; porém, as decisões que o pai impusera ao filho até então haviam determinado sua carreira profissional. E, embora Friedrich terminasse se livrando da teologia, herdara algo do fervor religioso do pai. Engels fora criado ouvindo a pregação do grande pastor calvinista de Barmen-Elberfeld, Friedrich Wilhelm Krummacher, que, com uma eloquência que impressionava Engels, utilizava alternadamente as lendas da Bíblia com uma oratória majestosa derivada das Escrituras, e exemplos extraídos da vida cotidiana. Krummacher aterrorizava e dominava sua congregação com a terrível lógica do calvinismo, que os levava ou à danação ou à graça. Karl Marx também era um grande moralista e, às vezes, um pregador de grande poder. Aparentemente, ele proporcionou ao jovem apóstata do pietismo um novo centro de gravidade espiritual.

* * *

Quando Engels voltou a Barmen, para viver com a família e trabalhar na empresa da família, continuou a se corresponder com Marx, e tornava-se cada vez mais insatisfeito e irrequieto, com uma impaciência que certamente era alimentada pelas cartas que trocava com o amigo.

Evidentemente, Engels havia estabelecido algum compromisso com uma jovem de sua cidade e sua classe social antes de ir para Manchester; e em sua cabeça esse fato parecia estar relacionado — suas cartas a Marx não deixam isso muito claro — com a obrigação de trabalhar na firma do pai.

A persuasão de meu cunhado e os rostos melancólicos de meus pais fizeram-me concordar em ao menos tentar me dedicar a essa profissão abjeta, e estou trabalhando no escritório há duas semanas — a questão de minha ligação sentimental também me levou a isso; porém eu estava deprimido antes de começar: acumular dinheiro é terrível, Barmen é terrível, a perda de tempo é terrível, e o mais terrível de tudo é continuar a ser não apenas um burguês, mas nada menos que um industrial, um burguês que trabalha em detrimento do proletariado. Bastaram uns poucos dias na fábrica do velho para que eu fosse obrigado a reconhecer o quanto isso é horrível, coisa que antes eu não percebia. [...] Não fosse a tarefa diária de escrever em meu livro os mais terríveis relatos das condições de vida na Inglaterra, creio que eu já estaria arrasado; porém meu livro ao menos mantém viva a raiva em mim. Pode-se perfeitamente ser comunista e ao mesmo tempo manter uma posição burguesa, desde que *não se escreva*; porém fazer propaganda comunista a sério e ao mesmo tempo trabalhar na indústria e no comércio — isso é absolutamente impossível.

Engels fazia reuniões de trabalhadores com Moses Hess, que havia se tornado seu aliado na região de Wuppertal, e estavam publicando um jornal comunista em Elberfeld. À medida que passam as semanas, as cartas a Marx começam a manifestar seu otimismo característico. Agora encontram-se comunistas por toda a parte, escreve ele numa delas.

Entretanto, o velho Engels estava indignado; tornara-se uma figura trágica. Não suportava ver Friedrich colaborando com Hess e pregando o comunismo em Barmen.

Não fosse por minha mãe, pessoa meiga e humana, que nenhum poder tem contra meu pai, e a quem amo muito, jamais ocorreria por um momento sequer fazer a menor concessão a meu pai fanático e despótico. Mas minha mãe está adoecendo de tanto sofrimento e, toda vez que fica muito preocupada comigo, fica com uma dor de cabeça que dura oito dias — assim, não aguento mais esta situação, tenho que ir embora, e mal sei como vou poder suportar as poucas semanas que ainda terei de ficar aqui.

Por fim, Engels foi informado de que a polícia estava planejando prendê-lo e partiu na primavera de 1845. Em uma de suas cartas, há um trecho no qual dá a impressão de estar querendo meter-se em alguma confusão para ser obrigado a se separar da moça com quem estava comprometido, e talvez até para conspurcar a imagem que ela fazia dele.

Foi ter com Karl Marx em Bruxelas. Marx fora obrigado a deixar Paris, pois a França o expulsara a pedido do governo alemão, preocupado com as atividades dos revolucionários alemães refugiados em Paris, e por ordem daquele mesmo Guizot — agora primeiro-ministro — que ajudara Marx a entender o mecanismo da luta de classes.

Então Engels foi direto a Manchester, onde foi buscar sua amiga Mary Burns a fim de levá-la para a França. Karl Marx o acompanhou nessa viagem; Engels mostrou-lhe as atividades de Manchester e apresentou-lhe a obra dos economistas políticos ingleses. Um quarto de século depois, Engels lembrava Marx das vezes em que contemplavam, através das vidraças coloridas

das janelas da biblioteca de Manchester, um céu sempre azul. Era a luz daquele intelecto humano que, supunham eles, estava atingindo a maturidade e que iria resgatar a dignidade do homem, em meio ao horror daquela imundície, deformidade e doença que cercavam a cidade.

17. MARX E ENGELS:
O POLIMENTO DA LENTE

O PAPEL QUE MARX DESEMPENHAVA para Engels — de bússola que o impedia de desviar-se do rumo certo —, ele também o desempenhava para a esquerda como um todo.

Já vimos de que modo a tradição da Revolução Francesa transformou-se primeiro em retórica democrática, depois em humanismo cético e ciência antidemocrática, e terminou em niilismo antissocial, à medida que os historiadores franceses cada vez mais identificavam seus interesses com os da burguesia francesa, e que os ideais da burguesia se tornavam dominantes e mais vulgares. Como judeu, Marx de certa forma permanecia à margem da sociedade; como homem de gênio, pairava acima dela. Sem ter nenhuma das deficiências do proletário em termos de formação intelectual nem de conhecimento do mundo, tampouco era um homem de classe média — nem sequer um membro daquela elite de classe média na qual acreditavam homens como Renan e Flaubert; e seu caráter não podia ser pressionado pelas ameaças nem pelas seduções da sociedade burguesa. É bem verdade que tinha um caráter dominador, uma personalidade arrogante, anormalmente desconfiada e ciumenta; é bem verdade que era vingativo e demonstrava uma malignidade que nos parece gratuita. Mas, se essas características de Marx nos repelem, devemos lembrar que dificilmente uma pessoa polida e simpática poderia ter realizado a tarefa que ele estava destinado a cumprir: uma tarefa que exigia a fortitude necessária para repelir ou romper todos aqueles vínculos que, por nos envolverem na vida geral da sociedade, limitam nossa visão e nos desviam de nossos objetivos. Precisamos lembrar que um homem como Renan, digamos, que nos aconselha a "aceitar todo ser humano como bom e tratá-lo de modo amistoso até termos provas concretas de que ele não o é", que confessa que por vezes mente, em seu relacionamento com escritores contemporâneos seus, "não por interesse, mas por bondade" —, precisamos lembrar que a força moral de Renan termina sendo enfraquecida na medida em que é diluída por sua urbanidade.

Nos livros por eles escritos entre o momento em que se conheceram e a Revolução de 1848 — *A sagrada família*, *A ideologia alemã*, *A miséria da filosofia* —, Marx e Engels estavam tentando chegar a uma formulação definitiva de seu ponto de vista revolucionário, e isso exigia muita destrutividade, especialmente em relação a seus contemporâneos alemães, à medida que os dois iam extraindo as ideias que consideravam válidas das teias de aranha metafísicas e das divagações por meio das quais os pensadores burgueses, por terem interesse na conservação do status quo, esquivavam-se das conclusões lógicas de suas premissas.

A primeira fase de Marx e Engels nos apresenta trechos muito empolgantes e engraçados, quando os autores, com um humor brutal mas não cruel, tipicamente alemão, criticam os filósofos germânicos com uma série de variações sobre o tema por eles citado de seu amigo e discípulo Heine: "A terra é da Rússia e da França;/ O mar aos ingleses pertence;/ Mas no mundo das nuvens e sonhos/ Nosso domínio é inconteste". Há que imaginar um Mencken ou um Nathan mais profundos, dedicados a uma tarefa mais grandiosa. Sem dúvida, Marx e Engels encontraram um campo maravilhoso para exercitar a crítica satírica: como no caso de Mencken e Nathan, seu alvo era toda a vida intelectual de uma nação. Assim, muitos de seus antigos aliados, com o passar dos anos, adotaram formas atenuadas de cristianismo, dirigindo jornais conservadores ou fazendo o jogo ufanista do imperialismo prussiano. Até mesmo Moses Hess, com quem Engels aprendera tanta coisa, ligara-se à escola dos "verdadeiros socialistas", os quais, para os inventores do marxismo, pareciam ter chegado aos princípios do socialismo apenas para transportá-los de volta para a estratosfera das abstrações, e que pareciam também estar fazendo o jogo da reação, opondo-se à agitação pró-constitucionalista realizada pela grande burguesia, dando a impressão de que estavam sendo inflexíveis mas, na verdade — segundo Marx e Engels —, com o objetivo de defender seus próprios interesses pequeno-burgueses.

Já os escritos de Marx sem a colaboração de Engels são menos bem-humorados. Ele parece chegar a suas opiniões sempre através da crítica minuciosa das opiniões dos outros, como se a acuidade e a força de sua mente só pudessem manifestar-se integralmente em ataques dirigidos à mente dos outros, como se Marx só conseguisse descobrir o que ele próprio pensava estabelecendo distinções que excluíam os pensamentos dos outros. Seu método faz com que ora ele seja simplesmente implicante, ora insuportavelmente maçante. Franz Mehring tem razão quando afirma que, em seus escritos polêmicos desse período, Marx é pedante, forçado e ridículo com a mesma frequência com que é penetrante e profundo. Quando, em *A sagrada família*, atacou Bruno Bauer e seus irmãos, até mesmo Engels o criticou, argumentando que a extensão excessiva da análise de Marx era totalmente desproporcional ao desprezo que ele manifestava em relação aos autores criticados.

Já Engels, em seus escritos sem a colaboração de Marx, é geralmente autor de uma prosa fluida e límpida; porém é uma característica de Marx alternar, de um lado, ataques cegos, insistentes, zombeteiros, que se estendem por passagens desnecessariamente longas, recusando-se a abandonar o assunto, num exercício árido de dialética hegeliana que simplesmente hipnotiza o leitor com seus paradoxos e termina provocando sono, e, de outro, os clarões ocasionais de uma intuição divina. Apesar de todo o entusiasmo que Marx manifesta pelo "humano", ele é ou de uma obscuridade e uma caceteação desumanas, ou então de um brilho quase sobre-humano. Está sempre ou fechado dentro de seu próprio ego, incapaz de manifestar o mínimo de solidariedade que lhe permita conviver com outros seres humanos, ou então abrindo-se numa visão do mundo tão abrangente que, passando por cima dos indivíduos, do mesmo modo como em sua posição anterior não conseguia alcançá-los, engloba continentes, classes inteiras, séculos de história.

Examinemos a polêmica que travou com Proudhon, tomando-a como protótipo dos relacionamentos humanos de Marx nessa época, e que permaneceu típico de seus relacionamentos pelo resto de sua vida, sendo que a velhice chegou a intensificar as características aqui reveladas. O episódio é também de importância fundamental para o desenvolvimento do sistema de Marx.

Marx conhecera Proudhon no verão de 1844. Pierre Joseph Proudhon era filho de um tanoeiro; autodidata notável, tornou-se impressor, tendo aprendido grego, latim e hebraico por conta própria. Em 1840, havia publicado um livro cujo título perguntava: *O que é propriedade?*, e no decorrer do qual respondia: "A propriedade é roubo", resposta que causara forte impressão na época. Marx sentira muito respeito por Proudhon, e em longos serões em Paris lhe expusera a doutrina de Hegel.

Dois anos depois, Marx escreveu a Proudhon, de Bruxelas, convidando-o para participar de uma correspondência organizada, cujo objetivo era manter em contato comunistas de diferentes países, e que fora iniciada entre ele e Engels. Aproveitou o ensejo para avisar a Proudhon, num pós-escrito, que tivesse cuidado com um jornalista chamado Karl Grün, um dos "verdadeiros socialistas", contra quem Marx fazia uma série de acusações um tanto vagas, porém candentes e cheias de implicações sinistras.

Proudhon responde que terá prazer em participar, mas que, devido a compromissos já assumidos e a sua "preguiça inata", suas contribuições não serão muito numerosas; em seguida, toma "a liberdade de fazer certas reservas, inspiradas por diversas passagens de sua carta". Escreve Proudhon:

Colaboremos, sim, na tentativa de descobrir as leis da sociedade, a maneira como elas atuam, o melhor método de investigá-las; mas, pelo amor de Deus, depois de demolirmos todos os dogmatismos a priori, evitemos a todo custo as tentativas de instilar outro tipo de doutrina no povo; não caiamos na contradição de seu compatriota, Martinho Lutero, que, após derrubar a teologia católica, imediatamente dedicou-se à empresa de estabelecer uma teologia protestante, com um grande arsenal de excomunhões e anátemas. Há três séculos que a Alemanha vem se ocupando exclusivamente da tarefa de livrar-se da recuperação feita pelo sr. Lutero; que não leguemos nós, construindo outras restaurações desse tipo, nenhuma tarefa como essa à humanidade. Aplaudo com entusiasmo sua ideia de trazer à luz toda a variedade de opiniões; façamos uma polêmica boa e sincera, mostremos ao mundo um exemplo de tolerância esclarecida e clarividente; mas não nos coloquemos, simplesmente por estarmos à testa de um movimento, na posição de líderes de uma nova intolerância; não nos arvoremos em apóstolos de uma nova religião — ainda que seja esta a religião da lógica, da própria razão. Saibamos receber, saibamos estimular todos os protestos; condenemos todas as exclusões, todos os misticismos; jamais consideremos uma questão encerrada, e, mesmo após esgotarmos nossos últimos argumentos, comecemos de novo, se necessário, com eloquência e ironia. Com esta condição, terei muito prazer em participar de sua associação — caso contrário, não!

Proudhon acrescentou que Grün era um exilado sem recursos financeiros, com mulher e filhos para sustentar, e que, embora ele, Proudhon, compreendesse a "ira filosófica" de Marx, não via nada de mais em que Grün, como Marx acusara, "explorasse as ideias modernas para viver". Aliás, Grün estava prestes a empreender uma tradução de uma obra de Proudhon, e este esperava que Marx, corrigindo uma impressão desfavorável causada por um momento de irritação, fizesse o possível para ajudar Grün a resolver seus problemas financeiros, promovendo a venda do produto.

Em consequência desse incidente, Marx atacou o novo livro de Proudhon com uma ferocidade completamente incompatível com a opinião a respeito das obras anteriores de Proudhon que havia expressado anteriormente e que voltaria a manifestar no futuro. Mas, ao dissecar Proudhon e expor os pressupostos básicos do autor, Marx expôs pela primeira vez, num livro que chegou ao público, as premissas de seu próprio pensamento. Antes elogiara Proudhon por haver submetido "a propriedade privada, que é a base da economia política, [...] à primeira análise decisiva, implacável e ao mesmo tempo científica". Agora percebia que o axioma "a propriedade é roubo", ao referir-se a uma violação da propriedade, pressupunha ele próprio a existência de direitos de propriedade legítimos.

Mais uma vez, surgia o Homem Abstrato, dessa vez com o direito inalienável de possuir coisas, por trás do qual estava, na verdade, o pequeno burguês. Proudhon afirmava que a greve era um crime contra um "sistema econômico" fundamental, contra "as necessidades da ordem estabelecida", e com base na teoria hegeliana do desenvolvimento, que Marx em pessoa tentara explicar-lhe, havia elaborado um novo tipo de socialismo utópico, para cuja realização não era necessário o surgimento verdadeiramente hegeliano da classe trabalhadora como a nova força que derrubaria a antiga, pois era preciso tão somente ajudar os pobres dentro do sistema vigente de relações de propriedade.

O próprio Marx voltara a Hegel para afastar-se do Homem Abstrato, que era uma premissa tanto de Feuerbach como de Proudhon, e pôr em seu lugar o Homem Histórico, cujos princípios e cuja subsistência estavam sempre vinculados às circunstâncias da época em que ele vivia. Era impossível inculcar novas circunstâncias; estas tinham que se desenvolver a partir das antigas mediante os conflitos entre as diferentes classes.

E aqui encontramos aquilo que Marx afirmava ser sua única contribuição original ao sistema que veio a ser chamado de marxismo. De acordo com Engels, quando ele chegou a Bruxelas na primavera de 1845, Marx lhe expôs a teoria, já plenamente desenvolvida, segundo a qual a história era uma sucessão de conflitos entre uma classe exploradora e uma classe explorada. Esses conflitos eram resultado dos métodos de produção prevalecentes durante os diversos períodos — isto é, dos métodos por meio dos quais as pessoas obtinham alimentos, roupas e as demais necessidades da vida. Fenômenos aparentemente inspirados e independentes, como a política, a filosofia e a religião, na verdade surgiam em decorrência dos fenômenos sociais. A luta atual entre exploradores e explorados chegara a um ponto em que os explorados — os proletários — foram expropriados de todos os seus direitos humanos e passavam a representar portanto os direitos fundamentais da humanidade, e em que a classe que possuía e controlava a máquina industrial tinha cada vez mais dificuldade em distribuir seus produtos — de modo que a vitória dos trabalhadores e a derrota dos proprietários, a conquista do controle da máquina pelos trabalhadores, seria o fim da sociedade de classes e a libertação do espírito do homem.

Marx e Engels — que assimilaram com extraordinária rapidez o pensamento social e histórico de sua época — elaboraram, portanto, uma teoria completa e coerente, que explicava mais mistérios do passado, simplificava mais complicações do presente e abria para o futuro um caminho aparentemente mais prático do que qualquer outra teoria dessa espécie jamais proposta. E fizeram mais: apresentaram um "princípio dinâmico" (expressão usada por Marx em sua tese de doutorado) — a respeito do qual voltaremos a falar adiante — que impulsionava todo o sistema, motivava de modo convincente uma progressão na história, como nenhuma outra generalização histórica fizera antes, e que não apenas despertava o interesse do leitor num grande drama, mas também o obrigava a reconhecer que ele próprio era parte dele e o estimulava a desempenhar um papel nobre.

A primeira exposição completa dessa teoria fora apresentada na seção inicial de *A ideologia alemã*, que Marx e Engels haviam começado a escrever naquele outono em Bruxelas; mas, como o livro não chegou a ser publicado, foi só com a divulgação do *Manifesto comunista*, escrito para a Liga dos Comunistas em 1847-8, que suas ideias realmente foram anunciadas ao mundo.

Nessa obra, o telescópio de Marx e Engels não está mais virado para as grandes e vagas formas abstratas que habitam os

185

céus germânicos — não lhes interessa mais nem mesmo zombar delas —, e sim para a anatomia da sociedade real. O *Manifesto comunista* combina a concisão e o vigor de Marx, sua lógica que ancora o presente no passado, com a franqueza e a humanidade de Engels, sua apreensão das tendências da época. Porém, não há maneira melhor de ver com clareza o que Engels deve a Marx do que pela comparação entre o rascunho inicial de Engels e o texto modificado por Marx. Os *Princípios do comunismo* de Engels — é bem verdade que se trata de um texto escrito às pressas — constituem uma exposição lúcida e precisa da situação contemporânea da indústria, despida de emoção, que não leva a nenhum clímax envolvente. Já o *Manifesto comunista* é um texto denso, explosivo, de imensa força. Com vigor impressionante, em suas quarenta ou cinquenta páginas estão contidos uma teoria geral da história, uma análise da sociedade europeia e um programa para a ação revolucionária.

O programa era "a derrubada à força de toda a ordem social vigente" e a implementação das seguintes medidas:

1. Expropriação da propriedade fundiária e emprego da renda da terra em proveito do Estado; 2. Imposto de renda fortemente progressivo; 3. Abolição do direito de herança; 4. Confisco da propriedade de todos os emigrados e sediciosos; 5. Centralização do crédito nas mãos do Estado, por meio de um banco nacional com capital do Estado e monopólio exclusivo; 6. Centralização dos meios de transporte nas mãos do Estado; 7. Multiplicação das fábricas e meios de produção nas mãos do Estado, aproveitamento de terras incultas e melhoramento de terras cultivadas, segundo um plano geral; 8. Trabalho obrigatório para todos; organização de exércitos industriais, particularmente na agricultura; 9. Combinação do trabalho agrícola e industrial, de modo a fazer desaparecer gradualmente a distinção entre cidade e campo; 10. Educação pública gratuita para todas as crianças, abolição do trabalho de menores na indústria tal como é praticado atualmente. Combinação da educação com a produção material.

* * *

Mas apresentar o *Manifesto comunista* do ponto de vista de sua evolução é esvaziar seu impacto sobre as emoções e seu feito de holofote revelador. A mais eloquente condenação à atitude marxista é o trecho da carta de Proudhon que transcrevemos anteriormente. É verdade que Marx e Engels eram dogmáticos; é verdade que eram injustos com muitos indivíduos — pois Engels já havia se tornado quase tão intolerante quanto Marx, quase tão intolerante quanto o velho Caspar, seu pai. Porém essa arrogância e implacabilidade eram necessárias para derrubar as ilusões da época. Já vimos que tanto os historiadores como os socialistas tinham o mau hábito de abordar problemas difíceis colocando em oposição a eles ideais com iniciais maiúsculas — virtudes, ideias, instituições —, uma prática de origem alemã. Essas palavras desempenhavam a mesma função que "a abençoada palavra Mesopotâmia", a qual — segundo a anedota — a velhinha muito devota dizia lhe inspirar tanto conforto espiritual quando ela lia a Bíblia; e essas palavras nunca mais voltaram a ter exatamente esse mesmo efeito depois do *Manifesto comunista*.

Àqueles que falavam de Justiça, Marx e Engels replicavam:

Justiça para quem? No capitalismo, são os proletários que são presos com mais frequência e os que recebem os castigos mais severos; ao mesmo tempo, como passam fome quando estão desempregados, são eles que são levados a cometer a maioria dos crimes.

Àqueles que falavam de Liberdade, eles replicavam: "Liberdade para quem? Jamais será possível libertar o trabalhador sem restringir a liberdade do proprietário". Àqueles que falavam em Vida Familiar e Amor — que supostamente estariam sendo destruídos pelo comunismo —, eles respondiam que essas coisas, na sociedade da época, só existiam para a burguesia, já que a família proletária fora desmembrada com a utilização de mulheres e menores nas fábricas, levando jovens a fazer amor nos moinhos e minas ou a vender seus corpos quando os moinhos e minas se fechavam. Àqueles que falavam do Bem e da Verdade, Marx e Engels retrucavam que jamais saberíamos o que essas palavras queriam dizer até que surgissem moralistas e filósofos que não estivessem mais comprometidos com uma sociedade baseada na exploração, e portanto não tivessem nenhum interesse pessoal na perpetuação da opressão.

Assim, o *Manifesto comunista* foi a expressão do protesto, talvez o mais candente que já se viu em letra de forma, contra as versões de todos esses belos ideais que haviam se entronizado durante a era burguesa:

> Em todos os lugares onde conquistou o poder, a burguesia destruiu as relações feudais, patriarcais e idílicas. Despedaçou sem piedade todos os variados laços que prendiam o homem feudal a seus "superiores naturais"; só deixou subsistir, entre os homens, os laços do interesse puro e simples e do rígido "pagamento à vista". Afogou o fervor religioso, o entusiasmo cavalheiresco e o sentimentalismo popular nas águas gélidas do cálculo egoísta. Reduziu a dignidade pessoal a um simples valor de troca; e substituiu as inúmeras liberdades conquistadas com tanto esforço por uma única liberdade que não conhece escrúpulos: a liberdade de comércio. Em suma: substituiu a exploração disfarçada por ilusões religiosas e políticas pela exploração aberta, cínica, direta e brutal.

As palavras finais do *Manifesto comunista*, que encerram uma declaração de guerra à burguesia, constituem um momento decisivo na história do pensamento socialista. O lema da Liga dos Justos fora "Todos os homens são irmãos". Marx e Engels não concordavam com isso: Marx declarava que havia categorias inteiras de homens que ele não queria reconhecer como irmãos; e seu novo lema foi colocado no final do manifesto: "Que as classes dominantes tremam ante a ideia de uma revolução comunista. Os proletários nada têm a perder a não ser suas correntes. Têm um mundo a ganhar. PROLETÁRIOS DE TODO O MUNDO, UNI-VOS!".

A ideia de guerra justa, em conjunção com a ideia de ódio justificado, veio substituir o socialismo de Saint-Simon, que se apresentara como um novo tipo de cristianismo. Agora os homens não são mais todos irmãos; não há mais uma solidariedade meramente *humana*. O "verdadeiramente humano" será concretizado quando tivermos chegado à sociedade sem classes. Enquanto isso, os únicos elementos da sociedade que podem vir a concretizar esse futuro — o proletariado desprovido de direitos e os pensadores burgueses revolucionários —, na medida em que formam um grupo solidário, não devem mais sentir solidariedade humana para com seus inimigos. Esses inimigos — que só deixaram subsistir entre os homens "os laços do interesse puro e simples e do rígido 'pagamento à vista'" — destruíram, de modo irreparável, essa solidariedade.

Viemos abordando Marx e Engels em termos de suas origens nacionais e pessoais. O *Manifesto comunista* pode ser tomado como marco que assinala o ponto em que eles atingem sua estatura moral completa, em que assumem, com plena consciência do que estão fazendo, as responsabilidades de um novo e heroico papel. Foram eles os primeiros grandes pensadores sociais de seu século a se tornarem, por meio de uma disciplina consciente, ao mesmo tempo sem classe e internacionais. Conseguiram contemplar a Europa ocidental e enxergar, em meio a sentimentos patrióticos, slogans políticos, teorizações filosóficas e exigências práticas dos trabalhadores, os processos sociais gerais que por toda parte atuavam nos bastidores; e a eles parecia claro que todos os movimentos de oposição estavam convergindo para um mesmo fim.

O *Manifesto comunista* foi pouco lido quando publicado — em Londres — em fevereiro de 1848. Foram enviados exemplares para as poucas centenas de membros da Liga dos Comunistas; mas na época não foram colocados à venda. Provavelmente teve pouca influência sobre os acontecimentos de 1848 e em seguida entrou em eclipse com a derrota do movimento dos trabalhadores em Paris. Porém aos poucos foi se espalhando pelo mundo ocidental. Em 1872, os autores escreveram que haviam sido feitas duas traduções para o francês, e que doze edições já tinham surgido na Alemanha. Também haviam aparecido rapidamente traduções para o polonês e o dinamarquês; e, em 1850, saiu a versão inglesa. O *Manifesto* não fora mencionado nem na Rússia nem nos Estados Unidos: os dois países eram considerados por Marx e Engels "pilares da ordem social europeia" — a Rússia como "baluarte da reação", fonte de matérias-primas para a Europa ocidental e mercado para produtos manufaturados; os Estados Unidos como mercado, fonte de matérias-primas e válvula de escape para a emigração europeia. No entanto, já no início dos anos 1860 julgou-se interessante fazer uma tradução para o russo, e em 1871 apareceram três traduções nos Estados Unidos. Assim, o *Manifesto* realmente atingiu aquele público de "trabalhadores de todo o mundo" a que fora destinado: chegou a todos os continentes, em ambos os hemisférios, rivalizando com a Bíblia cristã. No momento em que escrevo, acaba de ser traduzido para o africâner, dialeto do holandês falado na África do Sul.

Marx e Engels, ainda jovens e ainda com as esperanças de 1848 pela frente, tiveram um momento de clarividência e confiança como jamais viriam a ter novamente; haviam falado e sido ouvidos por todos aqueles que, embora esmagados pelo sistema industrial, eram capazes de pensar e estavam dispostos a lutar.

18. MARX E ENGELS TENTAM FAZER HISTÓRIA

NAS SEÇÕES INICIAIS DESTE TRABALHO, abordamos algumas autores que estavam tentando, em retrospecto, dominar a confusão da história impondo-lhe a harmonia da arte, que participavam dos eventos de sua época quando muito através de preleções polêmicas, como foi o caso de Michelet (quando ele foi suspenso do Colégio de França, tudo o que Engels comentou foi que o fato combinaria com suas ideias burguesas para promover a popularidade de sua obra histórica); ou, como no caso de Renan, por meio de uma candidatura fracassada a um cargo público. Já em Marx e Engels, temos homens de igual brilho intelectual que tentam fazer com que a imaginação histórica intervenha nos acontecimentos humanos diretamente, como força construtiva.

Há vários motivos que explicam o reconhecimento insuficiente dado a Marx e Engels como escritores. Sem dúvida, um deles é o fato de que as conclusões a que eles chegaram eram contrárias aos interesses das classes que mais leem e que fazem a reputação dos escritores. A tendência a boicotar Marx e Engels, que se verifica tanto entre os historiadores literários como entre os economistas, constitui uma notável corroboração da teoria marxista da influência da classe sobre a cultura. Porém, há um outro motivo também. Marx e Engels não acreditavam em almejar a glória filosófica ou literária. Acreditavam ter descoberto as alavancas que regulam os processos da sociedade humana, que liberam e canalizam suas forças; e, embora nem um nem outro tivessem talento de orador ou de político, eles tentavam fazer com que suas capacidades intelectuais atuassem o mais diretamente possível na realização de objetivos revolucionários. Estavam tentando fazer com que sua prosa se tornasse "funcional", no sentido em que o termo é empregado em arquitetura, o que não ocorrera com o jornalismo de Marat nem com a oratória de Danton. Como seus objetivos eram de âmbito internacional, não estavam nem mesmo preocupados com seu lugar na história do pensamento alemão. Assim, Marx escreveu sua resposta a Proudhon em francês; e os escritos de Marx e Engels desse período misturam francês, alemão e inglês, entre artigos de jornal, polêmicas e manifestos que só recentemente foram reunidos pelos russos e publicados na íntegra.

Marx e Engels encontravam dificuldades quando se tratava de publicar seus escritos filosóficos mais longos em forma de livro — dificuldades devidas aos mesmos fatores que, posteriormente, vêm impedindo a circulação e leitura de suas obras. *A ideologia alemã*, por exemplo, obra que lhes custara muito trabalho, só foi impressa fragmentariamente em vida dos autores. Contudo, embora o livro contivesse a primeira formulação geral de sua visão, Marx e Engels conformaram-se pensando que ela era mais importante para eles próprios; assim, escreveu Engels:

> Não temos nenhum interesse em expor essas novas conclusões científicas em grossos volumes destinados a sabichões profissionais. Pelo contrário: nós dois entramos de armas e bagagens no movimento político; tínhamos certas ligações com o mundo culto [...] e laços estreitos com o proletariado organizado. Tínhamos o dever de fundamentar nosso ponto de vista em bases científicas sólidas; porém não era menos importante para nós convencer o proletariado europeu em geral e o alemão em particular. Tão logo entendemos claramente a questão, dedicamo-nos a esta tarefa.

É preciso compreender o quanto era radical e difícil estabelecer relações com a classe trabalhadora para intelectuais alemães da década de 1840. A respeito de Heine e seu círculo social, escreve Herzen: "Jamais conheceram o povo. [...] Para compreender o gemido da humanidade perdido nos pântanos do presente, tinham de traduzi-lo para o latim e chegar a suas ideias através dos Gracos e do proletariado romano"; nas ocasiões em que emergiam de seu "mundo sublimado", como Fausto no porão de Auerbach, eram impedidos por um "espírito de ceticismo escolástico de simplesmente olhar e ver", e "imediatamente voltavam correndo das fontes vivas para as fontes da história: nestas sentiam-se mais em casa".

O próprio Heine nos fala do seu constrangimento ao conhecer o alfaiate comunista Weitling:

O que mais me feriu o orgulho foi a total falta de respeito daquele sujeito ao conversar comigo. Nem sequer tirou o chapéu e, embora estivesse eu em pé à sua frente, permaneceu sentado, o joelho direito apoiado na mão e elevado até a altura do queixo, enquanto com a mão esquerda esfregava sem parar logo acima do tornozelo a perna erguida. De início, julguei que essa atitude pouco respeitosa resultasse de um hábito por ele adquirido em seu trabalho de alfaiate, porém logo convenci-me de que estava enganado. Quando lhe perguntei por que não parava de esfregar a perna daquele jeito, Weitling respondeu, com naturalidade, como se fosse a coisa mais normal do mundo, que nas diversas prisões alemãs em que estivera confinado fora posto a ferros, e que, como a cadeia de ferro que lhe prendera o joelho em muitos casos fora pequena demais, ele ficara com uma irritação crônica na pele, que o obrigava a coçar-se sem parar. Confesso que senti repulsa quando o alfaiate Weitling falou-me nessas correntes. Eu, que uma vez em Münster beijara com lábios ardentes as relíquias do alfaiate João de Leyden — as correntes que o prenderam, as tenazes com que foi torturado, que estão guardadas na Prefeitura de Münster —; eu, que cultuara com tanto entusiasmo o alfaiate morto, agora sentia uma aversão irreprimível por esse alfaiate vivo, Wilhelm Weitling, embora ambos fossem apóstolos e mártires da mesma causa.

* * *

Já as relações entre Karl Marx e Weitling eram muito diferentes.

Wilhelm Weitling era filho ilegítimo de uma lavadeira alemã e de um oficial do exército napoleônico, que abandonou a mãe e o filho, e cujo nome o filho nem sequer conhecia. Ainda menino, tornou-se aprendiz de alfaiate, mas detestava o exército de tal modo que, quando chegou sua vez de cumprir o serviço militar, fugiu de casa. Autodidata, aprendeu as línguas clássicas e elaborou o projeto de um idioma universal; aos 27 anos de idade escreveu um livro intitulado *A humanidade tal como é e tal como deveria ser*. Naquela época — a década de 1830 — a tradição de Babeuf havia renascido nos bairros proletários de Paris; e uma sociedade denominada Liga dos Justos fora fundada em associação com o movimento babeuvista por um grupo de alfaiates refugiados alemães. Weitling entrou para a Liga e em pouco tempo destacou-se como o mais importante líder proletário alemão. Em 1842, quando a atmosfera estava se tornando saturada daquelas ideias que em breve se condensariam sob a forma de marxismo, Weitling publicou um livro comunista chamado *Garantias de harmonia e liberdade*, saudado por Marx como "estreia tremenda e brilhante da classe operária alemã". Enquanto isso, Weitling fora expulso de Paris por ter participado da insurreição de Blanqui, em 12 de maio de 1838 e, refugiando-se na Suíça, lá foi julgado culpado de blasfêmia e condenado a seis meses de prisão, por ter publicado um livro no qual afirmava que Jesus Cristo fora comunista e filho ilegítimo. Daí em diante viveu perseguido, escorraçado, tornando-se, não sem razão, um excêntrico, atormentado por manias de perseguição e julgando-se um santo comunista. Vivia uma vida de simplicidade ascética, e não tinha outra propriedade que não as ferramentas de seu ofício.

Por fim, foi parar em Bruxelas, e Marx e Engels tinham de resolver de que modo lidariam com ele. Segundo Engels, o casal Marx o tratou "com uma paciência quase sobre-humana"; entretanto, a paciência de Marx para com rivais se esgotava rapidamente; além disso, Marx não conseguia deixar de mencionar, em seu relacionamento com pensadores autodidatas de origem humilde, como Proudhon e Weitling, que eles não eram, como ele, doutores em filosofia. (Wilhelm Liebknecht, que era licenciado em filologia, relata que Marx adorava constrangê-lo mostrando-lhe trechos de Aristóteles e Ésquilo que ele tinha certeza de que Liebknecht não conseguiria traduzir.)

Em 30 de março de 1846, Weitling foi convidado para uma reunião convocada pelos comunistas de Bruxelas "com o fim de adotar, se possível, uma tática comum para o movimento operário". O relato que se segue é de autoria de um jovem intelectual russo chamado Annenkov, que estava viajando e portava uma carta de recomendação dirigida a Marx.

O relato de Annenkov é muito vivo. Segundo ele, Marx era

o tipo do homem que reúne energia, força de caráter e convicção inabalável — até seu aspecto físico era impressionante. Com uma espessa juba de cabelos negros, as mãos cobertas de pêlos e o paletó abotoado erradamente, dava a impressão de ser um homem com o direito e o poder de exigir respeito, muito embora seu aspecto e seu comportamento fossem por vezes um tanto estranhos. Seus movimentos eram desajeitados, mas arrogantes e autoconfiantes; seus modos violavam todas as convenções sociais. Porém eram orgulhosos e ligeiramente desdenhosos, e o timbre metálico da voz era extraordinariamente apropriado para os veredictos radicais que ele emitia a respeito dos homens e das coisas. Só se exprimia em termos de julgamentos de valor que não admitiam contradição e que se tornavam ainda mais intensos, e um tanto desagradáveis, devido ao tom áspero em que se exprimia sempre. Isso manifestava sua firme convicção de que tinha a missão de causar forte impressão nas mentes dos homens, dominar suas vontades e compeli-los a segui-lo. [...]

O alfaiate e agitador Weitling era um jovem louro e bonito, que trajava uma sobrecasaca um tanto ajanotada e uma barba de corte igualmente ajanotado; parecia mais um caixeiro-viajante que o proletário severo e rancoroso que eu imaginara.

Depois que fomos apresentados informalmente — no que Weitling me cumprimentou com uma polidez algo afetada —, sentamo-nos ao redor de uma pequena mesa verde, à cabeceira da qual ficou Marx, de lápis na mão, a cabeça leonina debruçada sobre uma folha de papel, enquanto seu inseparável amigo e companheiro de propaganda, o alto e ereto Engels, com sua distinção e seriedade inglesas, abria a reunião com um discurso. Falou sobre a necessidade de que os reformadores trabalhistas chegassem a uma conclusão mais ou menos clara em meio à atual confusão de opiniões contraditórias e formulassem alguma doutrina comum que servisse de bandeira para todos aqueles seguidores que não tinham tempo nem capacidade para se ocupar de questões teóricas. Porém, antes que Engels tivesse terminado sua falação, Marx de repente levantou a cabeça e dirigiu a seguinte pergunta a Weitling: "Diga-nos, Weitling, você que causou tanta agitação na Alemanha com a sua propaganda comunista e converteu tantos trabalhadores que, por esse motivo, acabaram perdendo seus empregos e seu pão — com que argumentos você defende suas atividades sociais revolucionárias, e em que você as pretende fundamentar?". [...]

Teve início uma discussão desagradável, a qual, porém, conforme veremos, não durou muito tempo.

Weitling parecia querer manter a discussão no plano dos lugares-comuns da retórica liberal. Com expressão séria e tensa, começou a explicar que não cabia a ele elaborar novas teorias econômicas, e sim utilizar aquelas que, como se via na França, eram as mais adequadas para o intuito de abrir os olhos dos trabalhadores para a terrível situação em que se encontravam, para todas as injustiças cometidas contra eles. [...]

Falou por algum tempo, mas, para minha surpresa e em contraste com Engels, exprimia-se sem clareza e até mesmo

de modo confuso, frequentemente repetindo-se e corrigin-
do-se; e tinha dificuldade para chegar às conclusões que ora
seguiam, ora precediam suas premissas.

Diz Annenkov que, nessa reunião, Weitling estava defron-
tando uma plateia muito diferente da que frequentava sua oficina ou lia seus escritos.

"Sem dúvida ele teria se estendido ainda mais se Marx não o
tivesse interrompido, com um olhar irritado." Sarcástico, Marx
afirmou

que era nada menos que fraudulento levantar o povo sem
dispor de nenhuma base de ação sólida e bem pensada. Despertar esperanças fantásticas [...] jamais levaria à salvação
dos que sofriam, e sim, pelo contrário, à sua destruição. "Falar aos trabalhadores alemães sem ideias científicas e sem
uma doutrina concreta seria brincar com uma propaganda
vazia e inescrupulosa, que envolveria inevitavelmente, de um
lado, um apóstolo inspirado, e, de outro, asnos boquiaber-
tos a escutá-lo".

Fazendo um gesto em direção a Annenkov, Marx acrescentou que o papel de Weitling talvez até fosse positivo na Rússia;
mas num país civilizado como a Alemanha, não se podia fazer
nada sem uma doutrina sólida.

A face pálida de Weitling enrubesceu e sua fala tornou-se
agitada e direta. Com a voz trêmula de excitação, começou
a repetir que um indivíduo que reunira centenas de homens
em nome das ideias de Justiça, Solidariedade e Amor Fraternal não poderia ser caracterizado como um indivíduo
preguiçoso e vazio; que ele, Weitling, se consolava daquela
agressão lembrando-se das centenas de cartas de agradeci-
mento, declarações e demonstrações que havia recebido dos
quatro cantos da pátria; e que talvez suas modestas tentativas
de promover o bem comum fossem mais importantes do que

aquelas análises e críticas de gabinete feitas longe do mundo sofredor e da opressão do povo.

Essas últimas palavras fizeram com que Marx perdesse a calma: enraivecido, bateu com o punho na mesa com tanta violência que a lamparina balançou, e, pondo-se de pé num salto, gritou: "A ignorância jamais ajudou ninguém!".

Seguimos seu exemplo e nos pusemos de pé também. A reunião estava encerrada.

Annenkov, "extremamente atônito", rapidamente despediu-se de Marx, que ainda estava transtornado de raiva. Quando Annenkov saiu, ele estava andando de um lado para o outro, com passos largos.

Foi o primeiro expurgo marxista (a vítima seguinte foi um infeliz alemão chamado Kriege, que havia ido para os Estados Unidos e estava publicando um jornal comunista dedicado ao espírito do Amor). Veremos que Karl Marx, em sua busca das fontes do poder na classe operária, não hesitava em romper com os próprios líderes operários, nem mesmo em humilhá-los. Não sabia persuadir nem conquistar; exceto um grupo muito pequeno de discípulos dedicados, não tinha a capacidade de inspirar lealdade pessoal; era incapaz de induzir a trabalhar para ele pessoas que o desafiassem ou de quem ele discordasse; e, em relação à classe operária em particular, não tinha medo dela, como Heine, e sempre manteve com ela relações um tanto distantes. Porém, sua crítica a Weitling era justificada: era da maior importância desiludir o movimento trabalhista em relação ao velho socialismo utópico. Era tarefa de Marx fazer com que a classe operária compreendesse a necessidade de estudar os processos históricos, detectar tendências e avaliar situações; em suma, convencê-la de uma vez por todas que precisava não de simples oratória, mas de competência. Karl Shurz, que viu Marx em Colônia durante a Revolução de 1848, afirmou que os modos habituais de Marx eram tão "provocantes e intoleráveis" que suas propostas eram invariavelmente rejeitadas, "porque todos aqueles que haviam sido ofendidos por sua conduta tendiam a concordar com tudo aquilo que Marx reprovava". No entanto, sua arrogância e frieza eram distorções negativas compensadas pela força positiva de sua capacidade de encarar a política com objetividade e sua paciência em favor dos objetivos a longo prazo. O movimento trabalhista tinha mesmo de aprender com Marx.

Não há dúvida de que, durante os acontecimentos de 1848-9, Marx desempenhou um papel corajoso e enérgico.

Ele havia entrado para a Liga dos Justos — que foi rebatizada com o nome de Liga dos Comunistas — na primavera de 1847. Enquanto isso, a rápida expansão das ferrovias europeias ocorrida no período 1846-7 fora seguida de uma forte depressão, na qual cerca de 50 mil homens ficaram desempregados. A revolução eclodiu na França em fevereiro de 1848, depois que soldados atiraram gratuitamente em participantes de uma manifestação pacífica, com a queda imediata de Luís Filipe e a proclamação da República Francesa. Karl Marx, ainda em Bruxelas, ajudou a redigir um discurso a ser enviado ao governo provisório francês. Segundo relatório da polícia belga, Marx contribuíra para a compra de armas para os trabalhadores belgas com 5 dos 6 mil francos que ele induzira sua mãe a lhe dar como sua parte do espólio do pai. Expulso pelas autoridades da Bélgica, foi para Paris e lá estabeleceu a nova sede da Liga dos Comunistas. Posicionou-se contrariamente a uma expedição revolucionária empreendida por um grupo de exilados, corajosos porém sem objetivos definidos, que entraram na Alemanha e foram dispersados assim que atravessaram o Reno.

Marx e Engels voltaram à Alemanha; chegaram em 10 de abril em Colônia, onde uma divisão da Liga dos Comunistas havia organizado, por toda a Renânia, um movimento de petições a favor de reformas, e onde os eventos de 23 de fevereiro haviam repercutido quando soldados atiraram nos participantes de uma manifestação organizada pela Liga. O dirigente da Liga era um homem chamado Gottschalk, filho de um açougueiro judeu, que havia estudado medicina e exercia sua profissão entre os pobres de Colônia. Era um defensor apaixonado dessa gente, e organizara a União dos Trabalhadores. Quando os prussianos, pressionados pela agitação, concederam uma assembleia nacional, Gottschalk propôs que os trabalhadores a boicotassem. Marx foi contra a ideia: achava inútil a classe trabalhadora fazer greve em prol de sua própria causa enquanto a revolução burguesa não triunfasse. Adquiriu o controle de um jornal, o *Neue Rheinische Zeitung*; nele empatou o que restava de seu patrimônio e todo o dinheiro que Jenny ainda possuía; dissolveu a Liga dos Comunistas, apesar dos protestos dos outros líderes, argumentando que, como agora dispunha de um órgão através do qual poderia exercer sua liderança, a organização não era mais necessária; e deu início a uma campanha a favor da "democracia", na qual cuidadosamente evitava qualquer menção aos interesses da classe operária e ao comunismo. Também assumiu o controle da União dos Trabalhadores, enquanto Gottschalk estava na prisão.

Os meses em que chefiou o *Neue Rheinische Zeitung* constituem certamente o auge da carreira jornalística de Marx. Engels, que se ocupava da parte de política externa, afirmou posteriormente que cada artigo fora como uma bomba; e em 1914 Lênin disse que o jornal ainda era o modelo "insuperado" do que deve ser um "órgão do proletariado revolucionário". Dia após dia, mês após mês, Marx cravava suas esporas nos flancos da Assembleia, incitando-a a tomar medidas mais corajosas; o hálito gélido de suas críticas ardia nas nucas dos deputados. Porém estes, desacostumados com o poder político, ficavam a discutir princípios filosóficos e não conseguiam entrar em acordo a respeito do poder executivo central a ser estabelecido, num momento em que a autoridade era vital. Como resultado, o rei da Prússia, Frederico Guilherme, acertou uma trégua na guerra com a Dinamarca sem consultar a Assembleia Nacional, recusou-se a se tornar monarca constitucional quando eleito, enviou tropas para sufocar as insurreições a favor da Constituição que a Assembleia havia preparado e finalmente — em junho de 1849 — a dissolveu. Antes disso, Gottschalk, que já havia sido solto, atacou Marx em termos semelhantes aos empregados por

Weitling: "Eles não estão realmente interessados em salvar os oprimidos. Os sofrimentos dos trabalhadores, a fome dos pobres, para eles, só têm interesse científico e doutrinário". E mais:

> Por que motivo nós, que somos proletários, temos que derramar nosso sangue por isso? Será mesmo necessário que mergulhemos voluntariamente no purgatório da decrépita dominação capitalista para evitar um inferno medieval, conforme nos diz o Senhor Pregador, a fim de chegar de lá ao paraíso nebuloso de seu credo comunista?

Quando, anos depois, perguntaram a Engels a respeito de Gottschalk, ele afirmou que se tratava de "um cabeça oca", "um demagogo perfeito para a situação daquela época", "um profeta de verdade, acima de qualquer escrúpulo, e portanto capaz de qualquer baixeza". Assim, a União dos Trabalhadores rachou, e a reação completou o serviço; Gottschalk voltou a clinicar, trabalhou nos bairros miseráveis durante a epidemia de cólera, contraiu a doença e morreu naquele outono.

Marx resistiu até o fim. Na primavera, Colônia encheu-se de soldados, e as autoridades tentaram intimidá-lo de todas as maneiras. Berlim mandou agentes para espioná-lo e tentar descobrir coisas que pudessem ser usadas contra ele; porém o governo de Colônia não os deixou trabalhar. Um dia dois oficiais subalternos foram à casa de Marx para dizer-lhe que havia insultado a classe deles; Marx, de roupão, ameaçou-os com um revólver sem balas. Intimado a comparecer ao tribunal por incitar o povo a não pagar os impostos, Marx demonstrou, com um de seus arrazoados sutis, que todas as leis eram apenas reflexos de relações sociais e que, quando mudavam as relações sociais, as leis tornavam-se caducas; logo, não fora ele que quebrara leis que a Revolução tornara obsoletas, e sim o governo que violara os direitos que prometera garantir pela Constituição a ser promulgada. O impacto de sua argumentação sobre o júri foi tamanho que o primeiro jurado, em nome de todos, agradeceu a Marx sua exposição "extremamente informativa". A circulação do *Neue Rheinische*

Zeitung subiu para 6 mil exemplares, e com isso aumentaram os gastos imediatos de impressão. A burguesia abastada, com medo, não quis ajudar mais o jornal, e Marx fez uma turnê para levantar fundos. Só recebeu uma contribuição — de um *agent provocateur*, que depois o acompanhou até Colônia. Lá chegando, Marx encontrou uma ordem de expulsão. Recentemente haviam sido reprimidos os levantes de Dresden e Baden. À falta de um pretexto melhor, as autoridades o baniram como estrangeiro indesejável, alegando que, por ter vivido no exterior, ele havia perdido sua nacionalidade prussiana. Marx publicou todo o último número de seu jornal com tinta vermelha. Vinte mil exemplares foram distribuídos; alguns chegaram a ser vendidos a um táler, e as pessoas que os adquiriram emolduraram seus exemplares. Os responsáveis pelo jornal anunciaram que sua última palavra seria "sempre e em toda parte: 'A emancipação da classe operária!'".

Entrementes, em 1848, Engels havia se exposto a um processo judicial por falar em reuniões públicas e incitar a Assembleia de Frankfurt a resistir às tentativas de desarmá-la, e em setembro, quando foi declarada a lei marcial, foi acusado de alta traição. Refugiou-se em Barmen, quando seus pais não estavam lá; porém estes, ao voltar, fizeram tantas cenas que Engels fugiu da Alemanha e foi para Bruxelas. Mas a polícia belga expulsou-o para a França.

Em Paris — cidade que ele sempre amara, que chegara a chamar de "cabeça e coração do mundo" — constatou que "não suportava essa cidade morta", que, estando morta, "não era mais Paris". "Nos bulevares, só se viam burgueses e informantes da polícia; os bailes e teatros estavam desolados; os moleques com jaquetas da Guarda Móvel desapareceram, comprados pela honesta República por trinta sous por dia". Resolveu ir para a Suíça; como não tinha dinheiro, viajava a pé; contudo, não foi pelo caminho mais curto, porque "ninguém fica ansioso por sair da França". Compara os outros países com a França: a Espanha, com suas terras incultas e pedregosas; a Itália, relegada ao atraso pelo comércio internacional; a Inglaterra, com sua fumaça de carvão e céu cor de chumbo; a Alemanha, com sua "planície chata e arenosa ao norte, separada do Sul da Europa pelo muro de granito dos Alpes — a Alemanha, pobre em matéria de vinho, terra de cerveja, gim e pão de centeio, de rios e revoluções que terminam na areia". Mas a França, com seus cinco grandes rios, com seu litoral em três mares — o trigo, o milho e o arroz, azeitonas e linho e seda, e, quase em toda parte, vinho... "E que vinho!" Engels enumera os tipos que mais aprecia, do Bordeaux ao Ai Mousseux; "e quando se leva em conta que cada um desses vinhos provoca uma embriaguez diferente, do desejo louco do cancã à febre da 'Marselhesa'!". É um sentimento de entusiasmo com o qual se identifica todo ex-combatente que já tirou licença e perambulou pela França por uns tempos. Também Engels estava deixando para trás uma guerra, enquanto caminhava por entre as colinas, carregadas de vinhas, dourando-se aos primeiros raios do sol do outono, colinas que, segundo ele, embora menos imponentes que as montanhas escarpadas da Suíça ou da Renânia, têm uma harmonia e riqueza de ensemble que proporcionam ao espectador uma satisfação incomparável.

Nessas páginas, que do ponto de vista literário são das mais brilhantes que Engels jamais escreveu, de repente nos damos conta da dupla personalidade que ele está criando em seu relacionamento com Marx. Nas cartas que envia a Marx nos anos que precederam a Revolução, Engels se esforça ao máximo para imitar as avaliações desdenhosas do amigo, sua tendência a interpretar os atos das pessoas em termos de interesse pessoal: todos os outros participantes do movimento revolucionário, sejam aliados sejam adversários, são qualificados com epítetos como "Hund", "Wanz", "Tölpel", "Rüpel", "Hanswurst", "Schafskopf", "Schlingel" e "Vieh", e com o passar dos anos a palavra Esel ("asno") quase chega a virar sinônimo de "ser humano". Até mesmo quando se refere a seu velho aliado Moses Hess, que fora um dos primeiros a reconhecer a genialidade de Marx, que convertera o próprio Engels ao comunismo e trabalhara com ele fazendo agitação na

Renânia, Engels adota um tom brutal e impiedoso. "Será que jamais escaparemos desse imbecil?" — Engels escreveria a Marx; também não perdoa a burrice nem a ignorância dos trabalhadores. Contudo, caminhando pelo vale do Loire, Engels parece ter recuperado sua exuberância e bom gênio. Nas fazendas e vilarejos, em pagamento à hospitalidade dos habitantes, desenha para seus filhos caricaturas de Luís Napoleão e do general Cavaignac, as quais, segundo ele, são retratos fiéis dessas personalidades.

Em Dampierre, encontra trezentos ou quatrocentos trabalhadores parisienses, "sobreviventes das antigas oficinas nacionais", enviados pelo governo para construir uma represa. Escreve Engels: "Não demonstram o menor vestígio de preocupação com os interesses da sua classe nem com as questões políticas do momento que tanto os afetam". Sua vida relativamente confortável e o afastamento da capital tiveram o efeito de "alterar-lhes muito as opiniões". Estavam — pensou Engels — se transformando em camponeses. Com a perspicácia de sempre, analisa o ponto de vista político do camponês francês, cujo pai ganhou sua propriedade da antiga nobreza e do clero, e que não vê por que se dar ao trabalho de atuar em favor de uma revolução lá em Paris que aparentemente é contrária à propriedade; que por enquanto ainda não entendeu que os novos banqueiros o estão expropriando com suas hipotecas, exatamente como as velhas classes dominantes o faziam. Na Borgonha as pessoas parecem a Engels "tão ingênuas, tão boas, tão abertas", tão cheias de "bom senso em seu mundo costumeiro" que não há como não "perdoar-lhes imediatamente a ignorância política e o entusiasmo por Luís Napoleão". Nas ruas da Borgonha escorria um sangue que não era da guilhotina: era por causa da extraordinária safra de 1848; a república vermelha de Auxerra deixaria pálidos os deputados de Paris; o povo estava jogando fora o vinho do ano anterior para ter onde guardar o vinho novo. E as mulheres daquelas cidadezinhas borgonhesas, que graças ao comércio do vinho haviam adquirido algo da alta civilização francesa — aquelas moças tão limpas e esbeltas: os compatriotas de Engels talvez jamais o perdoassem por preferir aquelas jovens às vaqueiras alemãs, com seus passos largos de soldado e suas costas largas e chatas que faziam com que parecessem tábuas cobertas de chita; e ele passou tanto tempo entre elas, comendo uvas e bebendo vinho, deitado na grama, conversando e rindo, que para subir uma colina levou o tempo que teria levado para escalar o Jungfrau.

Na Suíça, não recebendo carta de Marx, que ficara de lhe mandar dinheiro, aparentemente Engels chegou a temer que seu terrível aliado o tivesse abandonado com tanta facilidade e com tão poucos remorsos quanto ele o vira fazer com outros. Marx porém não havia se esquecido dele: "A ideia de que eu o teria abandonado por um instante que fosse", escreveu-lhe Marx, "é pura imaginação sua. Você continua a ser para mim meu amigo íntimo, como eu espero continuar a ser o mesmo para você".

No início de 1849, Engels pôde voltar para Colônia. Enquanto Marx viajava para angariar fundos, Engels ficou tomando conta do jornal e escrevendo para as lideranças. Depositava grandes esperanças na revolução na Hungria, e achava que os franceses seriam incitados à revolta pela campanha dos austríacos no norte da Itália. Quando os prussianos lançaram a milícia contra os defensores da Constituição, desencadeando a guerra civil, foi em Elberfeld que a violência começou. A cidade estava cheia de operários desempregados. Em maio haviam levantado barricadas nas ruas; a prisão fora invadida; a administração da cidade fora assumida por uma Comissão de Segurança Pública. Seguiram-se as insurreições em Dresden e Baden. Os húngaros estavam prestes a invadir a Áustria. Engels voltou para Elberfeld e foi nomeado pela Comissão para um cargo ligado à defesa da cidade. Mas ele apavorou a burguesia quando tentou armar os trabalhadores. Na manhã de seu primeiro domingo em Elberfeld, com um cinturão vermelho e cheio de entusiasmo, estava na ponte entre Elberfeld e Barmen, comandando artilheiros, quando o velho Caspar, a caminho da igreja, ao que parece, passou e viu o filho. Houve então uma cena terrível; foi a ruptura definitiva entre os dois. O incidente foi comentado em toda a cidade, e os burgueses ficaram indignados: o velho Engels era um dos cidadãos mais respeitáveis do lugar. Logo apareceram cartazes por toda a cidade pedindo a Friedrich Engels que partisse.

Quando o *Neue Rheinische Zeitung* foi suspenso, Engels acompanhou Marx até Frankfurt, onde em vão tentaram convencer o Parlamento a lutar pela Constituição; depois foram a Baden e ao Palatinado, onde por fim foram obrigados a reconhecer que a rebelião não era tão séria quanto desejavam. Na viagem de volta foram detidos e logo soltos. Marx foi para Paris, mas Engels voltou ao Palatinado. Não lhe era possível desempenhar nenhum papel político: ele recusou todos os cargos oficiais que lhe foram oferecidos pelo governo provisório, por não considerar o governo verdadeiramente revolucionário; e os artigos que tentou publicar no jornal do governo foram considerados fortes demais. Concluiu que o Palatinado era "uma grande taberna", onde as pessoas bebiam cerveja e falavam mal dos prussianos, mas ninguém estava realmente preocupado. Só mesmo na Revolução Alemã é que poderia acontecer de Engels descobrir por acaso que os prussianos já estavam na província ao ler uma notícia num número atrasado de um jornal de Colônia. Engels avisou os nativos e alistou-se no exército local.

Chegou a participar de quatro combates. Escreveu a Jenny Marx:

> O silvo das balas é coisa totalmente insignificante; e no decorrer de toda a campanha, apesar de ter presenciado muita covardia, não cheguei a ver doze homens exibirem covardia no momento da batalha. Por outro lado, o que não faltou foi "burrice corajosa". [...] Pensando bem, é ótimo que alguém do *Neue Rheinische Zeitung* tenha participado.

Sua unidade partiu em direção a Friburgo, na esperança de impedir que o governo de lá se rendesse aos prussianos sem resistir; contudo, antes de chegarem à cidade, foram informados de que os governantes haviam fugido. Engels e seu comandante, Willich, tentaram convencer os superiores a resistir com as forças que lhes restavam, porém nada conseguiram, e o exército recuou para a Suíça. Foi uma das últimas unidades a ser dispersada. Engels se lembraria daquela retirada através da Floresta Negra como um delicioso passeio; era julho, e as montanhas estavam ornadas com o esplendor das flores estivais. Willich — escreveu ele à sra. Marx — era um soldado corajoso e habilidoso, mas fora do campo de batalha valia tanto quanto um "verdadeiro socialista".

Um verão delicioso: o silvo das balas, as cores das flores estivais.

Mas voltemos a Marx. Quando lemos as cartas que escreveu em Paris, reencontramos todo o ônus da desgraça humana, a dor da paixão moral. Condenado a sofrer e a fazer outros sofrerem, Marx está fadado a seguir em frente, contra a felicidade daqueles que ele ama, contra o curso natural da atividade humana, contra a própria maré vazante da história, rumo a uma vitória que também será uma tragédia.

Engels havia abandonado aquela Paris desolada quando o lado que ele apoiava saiu perdendo. Porém toda a escuridão da morte do ideal agora oprime o espírito de seu líder. Com a presidência de Luís Bonaparte, a reação pusera fim a todas as esperanças. A cidade sofria uma epidemia de cólera; havia um calor pesado e sem sol: segundo Herzen, os carros funerários apostavam corrida quando se aproximavam dos cemitérios. O Exército Republicano francês, que fora enviado para defender a Itália da Áustria, acabara entregando a Roma republicana ao papa. Karl Marx não tinha um tostão. Ao fechar o jornal, não guardara um pfennig para si, e Jenny Marx tivera de vender toda a sua mobília para poderem partir de Colônia. Em Paris, penhoraram a prataria que ela herdara. Jenny tinha três filhos e temia que eles pegassem cólera; e estava esperando mais um para aquele outono.

Stephan Born, na época um jovem impressor comunista, posteriormente líder operário em 1848, conhecera os Marx em Bruxelas, quando moravam numa "casinha de subúrbio extremamente modesta, que quase chegava a ser pobre", e fala da devoção mútua do casal. A respeito de Jenny, declara que jamais conheceu mulher "em que há tanta harmonia entre aparência exterior e coração e mente". Ela costumava declamar nas reuniões semanais de uma certa União Educacional dos Trabalhadores — que fora fundada em associação com a Liga dos Justos — depois que Karl terminava sua falação. Born relata que, numa dessas ocasiões, Engels aventurou-se a comparecer acompanhado de Mary Burns. Karl e Jenny guardaram distância do amigo, e quando Born veio falar com eles, Karl "deu a entender, com um olhar e um sorriso significativo, que sua mulher se recusava terminantemente a travar conhecimento com aquela [...] senhora". (Observe-se que o próprio Born aprova a atitude da sra. Marx, como exemplo de sua atitude "intransigente" "quando estão em questão a dignidade e a pureza de conduta", e considera insolência da parte de Engels lembrar os trabalhadores presentes das "acusações frequentemente dirigidas aos filhos de industriais ricos, que se aproveitam de sua posição para colocar as filhas do povo à disposição de seus prazeres".)

Quando Marx foi banido da Bélgica, Jenny Marx fora presa por vadiagem quando tentava descobrir o que haviam feito com ele; na polícia, trancafiada com algumas prostitutas, tivera que dormir na mesma cama que uma delas. Agora, embora Marx estivesse usando nome falso, um sargento da polícia francesa apareceu certa manhã para lhes dizer que teriam de sair de Paris dentro de 24 horas. Se quisessem permanecer na França, teriam de ficar no longínquo departamento de Morbihan. "Os pântanos de Pontino da Bretanha!", exclama Marx em suas cartas; achava que as autoridades queriam matá-lo.

Resolveu refugiar-se na Inglaterra, e escreveu a Engels, dizendo-lhe que fosse para lá também.

19. O MITO DA DIALÉTICA

CABE AGORA UMA EXPOSIÇÃO MAIS DETALHADA da estrutura e da mecânica do sistema que constituía a premissa da atividade política de Marx e Engels.

Eles denominavam sua filosofia "materialismo dialético" — um nome que tem o efeito indesejável de fazer com que o leigo tenha uma ideia errada do que é o marxismo, pois nele nem a palavra "materialismo" nem a palavra "dialético" são empregadas no sentido comum.

A "dialética" a que se referiam Marx e Engels não era o método argumentativo de Sócrates, e sim o princípio da mudança proposto por Hegel. A "dialética" utilizada por Platão era uma técnica de chegar à verdade mediante a conciliação de duas afirmativas opostas; a "dialética" de Hegel era uma lei que também envolvia contradição e conciliação, só que, para Hegel, ela atuava não apenas no domínio da lógica, mas também no âmbito do mundo natural e da história. O mundo está sempre mudando, diz Hegel, porém há nessas transformações um elemento de uniformidade: o fato de que cada processo de mudança atravessa necessariamente um ciclo de três fases.

A primeira delas, que Hegel denomina *tese*, é um processo de afirmação e unificação; a segunda, a *antítese*, é um processo de dissociação e negação da tese; a terceira é uma nova unificação, que concilia a antítese com a tese e é denominada *síntese*. Esses ciclos não são simples recorrências que deixam o mundo tal como era antes: a *síntese* é sempre um avanço em relação à tese, pois combina, numa unificação mais "elevada", o que há de melhor na tese e na antítese. Assim, para Hegel, a unificação representada pelo início da República Romana constituiu uma tese. Essa unificação inicial fora realizada por grandes patriotas como os Cipião; com o passar do tempo, contudo, o patriota republicano assume um caráter diverso: a "individualidade colossal" da era de César e Pompeu, uma individualidade que tende a perturbar o Estado à medida que a ordem republicana começa a se deteriorar sob a influência da prosperidade romana — esta é a antítese que se dissocia da tese. Por fim Júlio César derrota seus rivais, as outras individualidades colossais, e impõe à civilização romana uma nova ordem, autocrática, uma síntese, que promove uma unificação maior: o Império Romano.

Marx e Engels adotaram esse princípio, e projetaram sua atuação no futuro, o que Hegel não havia feito. Para eles, a tese era a sociedade burguesa, que constituíra uma unificação em relação ao regime feudal que se desintegrava; a antítese era o proletariado, gerado pelo desenvolvimento da indústria moderna mas depois dissociado, pela especialização e o aviltamento, do corpo principal da sociedade moderna, e que um dia teria que se voltar contra ela; a síntese seria a sociedade comunista resultante do conflito entre a classe operária e as classes proprietárias e patronais e do controle da indústria pela classe operária, e que representaria uma unidade mais elevada ao harmonizar os interesses de toda a humanidade.

Passemos agora para o aspecto materialista do materialismo dialético marxista. Hegel fora um filósofo idealista: considerava as transformações históricas etapas por meio das quais algo que ele denominava Ideia Absoluta progressivamente se autorrealizava no meio do mundo material. Marx e Engels, como eles próprios diziam, viraram Hegel de cabeça para baixo, de modo que, pela primeira vez, ele ficasse na posição correta.

Escreve Marx em *O capital*:

Para Hegel, o processo do pensamento que, com o nome de Ideia, ele chega a transformar em sujeito independente, é o demiurgo do mundo real, enquanto o mundo real é apenas

210

a sua aparência externa. Para mim, pelo contrário, o ideal é apenas o material após ser transposto e traduzido dentro da cabeça do homem.

Marx e Engels haviam declarado que todas as ideias eram humanas e que toda ideia estava interligada a alguma situação social específica, que, por sua vez, fora produzida pelas relações entre o homem e condições materiais específicas.

Mas o que significava isso exatamente? Para muita gente simplória que ouve falar de marxismo, é coisa muito simples: significa que as pessoas sempre agem movidas pelo interesse econômico, e que tudo o que a humanidade já pensou ou fez pode ser explicado nesses termos. Essas pessoas julgam encontrar no marxismo a chave de todas as complexidades da existência humana, que lhes possibilita — o que é ainda mais gratificante — diminuir as realizações dos outros, mostrando que por trás delas há uma motivação econômica. Se pedíssemos que tais pessoas justificassem suas premissas e se elas fossem capazes de participar de uma discussão filosófica, elas seriam obrigadas a recorrer a alguma forma de mecanicismo que representasse o fenômeno da consciência, acompanhado da ilusão da vontade, como uma espécie de fosforescência gerada pela atividade mecânica, ou talvez algo que atua paralelamente a ela, porém, seja como for, algo incapaz de afetá-la. Dar origem a tais mal-entendidos é uma das principais infelicidades do marxismo, desde o dia em que Engels foi obrigado a dizer a Joseph Bloch que "muitos dos 'marxistas' atuais" — isto é, da década de 1890 — não passavam de "uma mixórdia sem par".

Marx e Engels haviam rejeitado o que eles denominavam de "mecanicismo puro" dos filósofos franceses do século XVIII. Viram a impossibilidade de aplicar — escreveu Engels — "os padrões da mecânica a processos de natureza química e orgânica", nos quais as leis da mecânica, embora também elas tivessem validade limitada, certamente "ocupavam o segundo plano em comparação com outras leis mais elevadas". Assim, na sociedade — para citar mais uma carta de Engels — não é verdade "que a situação econômica seja a *única causa atuante* e tudo o mais não passe de um efeito passivo".

Mas então em que sentido era verdade que a economia determinava as relações sociais e que as ideias se derivavam delas? Se as ideias não eram "efeitos passivos", qual a natureza e âmbito de sua atuação? De que modo atuariam sobre as condições econômicas? Como poderiam as próprias teorias de Marx e Engels ajudar a produzir uma revolução proletária?

Na verdade, Marx e Engels jamais desenvolveram detalhadamente seu ponto de vista. O que nele há de importante e estimulante é a ideia de que o espírito humano irá dominar sua natureza animal através da razão, porém Marx e Engels acabaram levando muita gente a achar que o que eles pensavam era justamente o contrário: que a humanidade era inevitavelmente vítima de seus próprios apetites. Pois, após os fragmentos das *Teses contra Feuerbach*, Marx abandonou a filosofia propriamente dita; tinha a intenção de escrever um livro sobre a dialética após terminar *O capital*, mas não viveu o suficiente para fazê-lo. Engels tentou fazer isso, em anos posteriores, primeiro em *Anti-Dühring*, obra que foi aprovada por Marx, e depois em seu pequeno trabalho sobre Feuerbach e em suas longas cartas a diversos correspondentes, após a morte de Marx. Nesses escritos, Engels tentou apresentar uma visão geral da dialética, no entanto ele já havia confessado, quando jovem, no tempo em que estava estudando filosofia com a maior dedicação, que não tinha muita aptidão natural para essa disciplina; assim, só pôde apresentar um esboço do sistema. E quem recolher tudo o que Marx e Engels escreveram sobre esse assunto não vai conseguir reunir muita coisa. Em seu admirável estudo *Marx, Lenin e a ciência da revolução*, Max Eastman mostra as discrepâncias existentes entre afirmações feitas por Marx e Engels em diferentes ocasiões; Sidney Hook, em *Para compreender Karl Marx*, obra de muita competência, embora de menor agudeza crítica, tenta harmonizar as incoerências, formular com precisão o que é vago e elaborar um sistema apresentável.

O que mais nos interessa aqui na filosofia marxista é o fato de que há consideráveis diferenças de ênfase entre a primeira fase de seus criadores e a última. O leitor de *A ideologia alemã*, obra de 1845-6, em que está claramente presente uma intenção satírica, conclui que os autores querem convencê-lo de que tudo que os homens pensam e imaginam decorre diretamente de suas necessidades mais chãs. Já nas cartas de Engels escritas na última década do século, uma época em que pessoas interessadas no marxismo estavam começando a fazer perguntas fundamentais, vemos um ancião tentando expor sua visão da natureza das coisas com a maior seriedade, e a impressão que temos é totalmente diversa. Escreve Engels:

> Marx e eu somos em parte responsáveis pelo fato de que, de vez em quando, nossos discípulos dão maior peso ao fator econômico do que deveriam. Fomos obrigados a enfatizar seu caráter central em oposição a nossos adversários, que o negavam, e nem sempre havia tempo, espaço e oportunidade para fazer justiça aos outros fatores envolvidos nas interações recíprocas do processo histórico.

Vejamos agora de que modo Engels via essas "interações recíprocas".

A primeira imagem que nos vem à mente quando ouvimos falar da visão marxista da história — imagem pela qual, segundo o próprio Engels, ele e Marx são em parte responsáveis — é uma árvore cujas raízes são os meios de produção, cujo tronco são as relações sociais, cujos galhos — a "superestrutura" — são o direito, a política, a filosofia, a religião e a arte, e a verdadeira natureza da relação entre esses galhos e o tronco e as raízes é oculta por folhas "ideológicas". Mas não era isso que Marx e Engels queriam dizer. As atividades ideológicas da superestrutura não são consideradas por eles nem simples reflexos da base econômica, nem meras fantasias ornamentais que dela brotam. Sua concepção é bem mais complexa. Cada um desses departamentos mais elevados da superestrutura — direito, política, filosofia etc. — está sempre lutando para libertar-se das limitações que lhe são impostas pelo interesse econômico e desenvolver um grupo de profissionais que sejam independentes das tendenciosidades de classe, e cujo trabalho tenha para com as raízes econômicas relações extremamente indiretas e obscuras. Esses grupos podem atuar diretamente um sobre o outro, e até mesmo sobre a base socioeconômica.

Em uma de suas cartas, Engels tenta dar uma ideia do que quer dizer, utilizando exemplos no âmbito do direito. Diz ele que as leis referentes à herança evidentemente têm uma base econômica, porque devem corresponder a diversas etapas do desenvolvimento da família; porém seria muito difícil provar que a liberdade de disposições testamentárias existente na Inglaterra e as restrições legais nesse âmbito vigentes na França podem ser explicadas tão somente por causas econômicas. Entretanto esses dois tipos de leis têm efeito sobre o sistema econômico, na medida em que influenciam a distribuição da riqueza. (A propósito, cabe aqui observar que em *A questão habitacional* [seção 3, ii], obra publicada em 1872, Engels apresenta uma visão bem mais "materialista" do desenvolvimento dos sistemas legais.) Num rascunho de *Introdução à crítica da economia política*, Marx havia tentado explorar as dificuldades de estabelecer relações entre arte e condições econômicas. Observa ele que os períodos de maior desenvolvimento artístico não coincidem com os de maior progresso na sociedade. Grandes obras de arte — como as epopeias gregas, por exemplo — não são necessariamente produtos de um período de elevado desenvolvimento social. Em relação a qualquer caso específico, é possível entender por que uma forma específica de arte floresceu num momento específico: a própria ingenuidade dos gregos, que não haviam ainda inventado a imprensa, sua proximidade com a mitologia primitiva numa época em que ainda não fora inventado o para-raios, quando era possível imaginar que um relâmpago era sinal da ira de Zeus, o encanto infantil de uma sociedade ainda em sua infância — tudo isso fez com que a arte dos gregos antigos se tornasse, "sob certos aspectos, um padrão e modelo inatingíveis". O difícil era descobrir as *leis gerais* que determinam a relação entre desenvolvimento artístico e desenvolvimento social. Pode-se dizer que Marx teve muita dificuldade em explicar o caso específico mencionado acima, e que sua explicação está longe de ser satisfatória. O problema é que ele não entra na questão do que quer dizer quando afirma que a era do para-raios é um período de desenvolvimento social "mais elevado" do que a Grécia homérica. Há outro trecho do mesmo texto que indica que Marx estava tentando investigar essa questão:

A relação desigual que há, por exemplo, entre produção material e artística. *Em geral, o conceito de progresso não deve ser entendido no sentido abstrato usual* [o grifo é meu]. No caso da arte etc., não é tão importante nem tão difícil entender essa desproporção como o é no caso das relações sociais concretas: por exemplo, a relação entre a educação nos Estados Unidos e na Europa. A questão realmente difícil, porém, que cabe examinar aqui, é a do desenvolvimento desigual das relações de produção enquanto relações legais. Como, por exemplo, a relação entre direito cívico romano (isso é menos verdadeiro no que diz respeito ao direito criminal e ao direito público) e a produção moderna.

O que há de mais notável nesse manuscrito — como no caso das *Teses contra Feuerbach* — é que ele indica que Marx, embora estivesse ciente da importância de determinados problemas, jamais os examinou de fato: simplesmente abandonou a questão e não a retomou.

Em relação ao papel da ciência no sistema que estavam elaborando, Marx e Engels ficaram um tanto confusos, porque a obra deles próprios tem pretensões científicas, e eles são obrigados a acreditar no impacto que ela terá sobre a sociedade ao mesmo tempo que têm que reconhecer que se trata de uma ideologia, e como toda ideologia seu lugar é na superestrutura. No prefácio escrito por Marx para sua obra *Crítica da economia política* (não é o mesmo texto que o fragmento citado acima), ele afirma que, no estudo das transformações que são ocasionadas pelas revoluções sociais, deve-se sempre fazer uma distinção entre a transformação material das condições econômicas de produção, que pode ser determinada com a precisão da ciência natural, e as formas legais, políticas, religiosas, estéticas ou filosóficas — em suma, ideológicas — por meio das quais os homens se conscientizam desse conflito e nele se engajam.

Assim, a ciência natural não se inclui entre as formações ideológicas da superestrutura, mas possui uma precisão que as outras não podem ter, e essa precisão está ao alcance da ciência social. Porém, na época em que Marx e Engels ridicularizavam o "homem abstrato" de Feuerbach, eles afirmavam, em *A ideologia alemã*, que "até mesmo as ciências naturais 'puras' inicialmente derivam seus objetivos, bem como seus materiais, do comércio e da indústria, das atividades perceptíveis dos seres humanos". Marx iria declarar mais tarde, em *O capital*, que, "no âmbito da economia política, a pesquisa científica livre encontra não apenas os mesmos inimigos que encontra em outras áreas" como também outros ainda mais terríveis, porque

a própria natureza do assunto de que ela trata coloca em cena, contra ela, aquelas paixões que são ao mesmo tempo as mais violentas, as mais vis e as mais abomináveis de que o coração humano é capaz: as fúrias do interesse pessoal.

No *Anti-Dühring*, Engels minimiza a precisão científica. Segundo ele, naquelas ciências, como a mecânica e a física, que são mais ou menos suscetíveis de uma abordagem matemática, pode-se falar em verdades finais e eternas, ainda que mesmo na matemática haja uma grande margem de incerteza e erro; nas ciências que tratam dos organismos vivos, as verdades imutáveis consistem simplesmente em truísmos tais como o fato de que todos os homens são mortais e todas as fêmeas de mamíferos têm glândulas mamárias; e nas ciências que ele chama de "históricas", a precisão torna-se ainda mais difícil:

Uma vez que ultrapassamos o estágio primitivo do homem, a chamada Idade da Pedra, a repetição de circunstâncias é a exceção e não a regra e, mesmo quando ocorrem tais repetições, elas jamais se dão sob condições exatamente iguais.

Além disso, quando excepcionalmente verificamos que é possível reconhecer "a ligação interna entre as formas sociais e políticas de uma época, isso só se dá, geralmente, quando se trata de formas ultrapassadas e em vias de extinção". Engels acrescenta que, nas ciências que tratam das leis do pensamento humano — a lógica e a dialética —, a situação é a mesma.

Por outro lado, em relação à política, a doutrina marxista exigiria que se demonstrasse que o valor das instituições é relativo à classe social; porém há momentos em que os autores são obrigados a admitir que, em certas situações, uma instituição política tem algo assim como um valor absoluto. Era um dos principais postulados do marxismo que o Estado não tinha significado ou existência senão como instrumento de dominação de uma classe. Marx, contudo, em *O 18 brumário de Luís Bonaparte*, demonstra que o governo de Luís Bonaparte por algum tempo representou um equilíbrio entre as diversas classes da sociedade francesa; e mais — em *A origem da família*, Engels afirma que

excepcionalmente [...] há períodos em que as classes em conflito aproximam-se tanto de uma situação de equilíbrio que o poder do Estado, que se coloca aparentemente como mediador, assume por um momento certa independência em relação a ambas. Foi o que ocorreu nas monarquias absolutistas dos séculos XVII e XVIII, que equilibravam os nobres com os burgueses; no bonapartismo do Primeiro Império e, em particular, do Segundo Império, na França, que usava o proletariado contra a burguesia e a burguesia contra o proletariado.

No entanto, Marx e Engels jamais tiveram nenhuma dúvida a respeito da teoria da revolução social desenvolvida por eles próprios; jamais duvidaram que o objetivo derivado dessa teoria seria alcançado um dia. Tampouco se deram ao trabalho de explicar de que modo a "ideologia" deles, reconhecidamente uma ideologia de classe destinada a promover os interesses do proletariado, poderia ter uma espécie de validade diferente da validade das outras.

Onde começam e terminam tais validades? É a pergunta que o leitor de hoje em dia faz a Marx e Engels. Como determinar até que ponto uma lei ou obra de arte, por exemplo, é produto de uma ilusão de classe e até que ponto tem alguma aplicação mais geral? Até que ponto e sob quais condições as ideias dos seres humanos atuam sobre suas bases econômicas? A última palavra que Engels nos deixou sobre essa questão, em carta de 21 de setembro de 1890 a Joseph Bloch, é a afirmação de que, embora o fator econômico não seja "o *único* fator determinante", "a produção e reprodução da vida real constituem *em última análise* o fator determinante na história" (o grifo, nos dois casos, é de Engels). Mas e o valor de um sistema legal ou uma cultura literária para outros contextos históricos que não aquele que os gerou? Sem dúvida, o Império Romano, "em última análise", mergulhou num impasse econômico. Mas será que os juristas romanos e Virgílio morreram junto com o império? O que significa a expressão "em última análise"? Sem dúvida, a *Eneida* não teria sido escrita sem Augusto, mas é igualmente verdade que a *Eneida*, tal como a conhecemos, não teria existido sem o precursor alexandrino de Virgílio, Apolônio de Rodes; e até que ponto Virgílio, por sua vez, atua como princípio de vida cultural nas novas formas de sociedade que surgem após sua época? "Em última análise" tem sentido de último no tempo ou o significado bem diverso de motivação fundamental do comportamento humano?

Talvez ajude a esclarecer essa dificuldade a ideia de que os povos ou classes que passam fome são incapazes de produzir qualquer forma de cultura, mas que, assim que começam a prosperar, colaboram com outros povos e classes num projeto comum; que a ruína econômica de uma sociedade indubitavelmente destrói os indivíduos que a integram, mas que os resultados desse projeto comum podem sobreviver e ser retomados por outras sociedades que chegarem a atingir o nível a partir do qual a sociedade anterior começou a entrar em declínio. No entanto, Marx e Engels não esclarecem essa questão. Marx, que havia estudado direito romano, estava sem dúvida começando a abordar esse problema nas notas citadas anteriormente. Por que motivo jamais chegou a fazê-lo? Por que — resumindo — Marx e Engels contentaram-se em formular, a respeito da relação entre a vontade criativa consciente do homem e a luta pela sobrevivência, relativamente cega, generalizações tão pobres quanto a afirmação de que

os homens fazem sua própria história, mas não exatamente da maneira que desejam. Não escolhem as circunstâncias em que se veem, porém têm que atuar sobre as circunstâncias tal como as encontram, e trabalhar sobre o material que lhes é legado pelo passado

(Marx, *O 18 brumário de Luís Bonaparte*, 1852) ou a de que "os homens fazem sua própria história, porém até agora não a fizeram com uma vontade coletiva e segundo um plano coletivo" (carta de Engels a Hans Starkenburg, 1894)?

A tentativa mais ambiciosa de Engels de explicitar sua posição é o ensaio sobre *Ludwig Feuerbach e o fim da filosofia clássica alemã*, de 1886. Lá ele afirma:

Os homens fazem sua própria história, qualquer que seja seu resultado, na medida em que cada pessoa procura o objetivo que ela própria deseja conscientemente; e é precisamente a resultante dessas inúmeras vontades que atuam em diferentes direções e de seus efeitos diversos sobre o mundo externo que constitui a história. Assim, também entra em jogo aquilo que os inúmeros indivíduos desejam. A vontade é determinada pela paixão ou pela deliberação. Porém os fatores que são determinantes imediatos da paixão e da deliberação são de tipos muito diferentes. Em parte podem ser objetos externos, em parte motivações ideais, ambição, 'entusiasmo pela verdade e a justiça', ódio pessoal ou mesmo caprichos puramente individuais de toda espécie. Mas, por um lado, já vimos que, na maioria dos casos, as inúmeras vontades individuais atuantes na história produzem resultados bem diferentes do que pretendiam — resultados que, muitas vezes, são até opostos às intenções originais; assim, em relação ao resultado final, as motivações individuais são também de importância apenas secundária. Por outro lado, coloca-se mais esta questão: quais as forças motoras que, por sua vez, são subjacentes a essas motivações? Quais as causas históricas que, nos cérebros dos atores, transformam-se nessas motivações? O velho materialismo jamais levantou essa questão.

A resposta de Engels é "a luta de classes visando à emancipação econômica". Contudo ele próprio jamais levanta a questão seguinte: exatamente de que modo as "motivações ideais" podem influenciar o progresso da luta de classes?

O problema é que, desde o início, algo impedia Marx e Engels de formular essas questões nos termos em que as colocamos nos parágrafos anteriores: a dialética hegeliana. A partir do momento em que admitiram a dialética em seu sistema semimaterialista, nele ingressou um elemento de misticismo.

Tanto Marx como Engels partiram de uma posição idealista. Julgavam que haviam feito Hegel descer das alturas até a realidade; sem dúvida, ninguém se dedicara com mais consciência e afinco à tarefa de desacreditar as ilusões fúteis dos homens, na cara deles esfregar suas misérias, obrigá-los a pensar em seus problemas práticos. Todavia, seu próprio esforço insistente — que nem um inglês nem um francês julgariam necessário — já trai a predisposição em sentido oposto. Na verdade, havia em Marx e Engels muito daquele idealismo germânico que julgavam estar combatendo. O jovem Marx, que satirizara os médicos por eles imaginarem que seria possível fazer com que o organismo expelisse a alma com uma pílula, ainda estava presente no materialismo dialético.

As abstrações da filosofia alemã, que nos parecem sem sentido ou grotescas quando as vemos vertidas para o inglês ou para o francês, dão em alemão, em virtude da solidez dos substantivos com iniciais maiúsculas, quase a impressão de serem deuses primitivos. São substanciais e, no entanto, uma espécie de seres puros; são abstratas porém alimentam. Têm o poder de santificar, consolar, embriagar e motivar para a guerra, comparável, talvez, apenas às velhas canções e epopeias de outros povos. É como se as velhas divindades tribais germânicas tivessem sido convertidas ao cristianismo, mantendo sua natureza pagã agressiva, e em seguida a teologia cristã fosse substituída pelo racionalismo francês do século XVIII e elas colocassem a máscara da razão pura. Mas, embora tivessem se tornado menos antropomórficas, continuavam a ser produtos mitopoeicos. Os alemães, que tão pouco realizaram no campo da observação social, que produziram tão poucos grandes romances e peças teatrais enfatizando o lado social, conservaram e desenvolveram em grau extraordinário o gênio mitopoeico. O *Ewig-Weibliche* de Goethe, o *kategorische Imperativ* de Kant, o *Weltgeist* de Hegel, com sua Idee — tais entidades dominam as mentes dos alemães e obsedam o pensamento europeu como grandes divindades lendárias pairando no ar. Karl Marx, num trecho citado anteriormente, afirma que a Ideia hegeliana é um "demiurgo", pois esse demiurgo continuou a caminhar a seu lado mesmo quando ele imaginava já haver se desvencilhado dele. Marx ainda acreditava na tríade de Hegel: *These, Antithese* e *Synthese*; e essa tríade não passava da velha trindade da teologia cristã, que os cristãos haviam tomado emprestada de Platão. Era o triângulo mítico e mágico que, desde os tempos de Pitágoras e mesmo antes, atuava como símbolo de certeza e poder, e cujo valor provavelmente derivava da conformação dos órgãos sexuais masculinos. "A filosofia" — escreveu Marx certa vez — "está para o estudo do mundo real assim como o onanismo está para o amor sexual"; mas, ao estudar o mundo real, ele insistiu em utilizar a dialética. Sem dúvida, a *Tese*, *Antítese* e *Síntese*, com sua ideia de um em três e três em um, exerce sobre os marxistas um efeito irresistível que não se pode explicar racionalmente. (Chega a causar espécie não ter Richard Wagner jamais composto um drama musical sobre a dialética: na verdade, as relações entre Wotan, Brunilde e Siegfried, no ciclo do *Anel dos nibelungos*, parecem ter implicações desse tipo.)

A dialética está profundamente arraigada em toda a obra de Marx; ele jamais se livrou dela. Encontramo-la em sua técnica de raciocínio e em seu estilo literário. Seu método de expor ideias consiste numa sequência dialética de paradoxos, de conceitos que se transformam em seus contrários, e contém um elemento importante de puro encantamento. Isso é particularmente visível em seus primeiros escritos, nos quais por vezes é extremamente eficaz, por outras artificial e tedioso:

> Lutero derrotou o servilismo baseado na devoção, porque o substituiu pelo servilismo baseado na convicção. Esmagou a fé na autoridade, porque restaurou a autoridade da fé. Transformou os clérigos em leigos, porque transformou os leigos em clérigos. Libertou os homens da religiosidade exterior, porque fez da religiosidade uma coisa interior, do coração. Emancipou o corpo das correntes, porque acorrentou o coração.

Porém esse elemento continuou presente em seus escritos, até chegar ao clímax de *O capital*, aquela frase em que fala em expropriar os expropriadores.

Em seus últimos anos de vida, Marx dedicou boa parte de seu tempo ao estudo da matemática superior, na qual — disse ele a Lafargue — encontrava "o movimento dialético novamente, em sua forma mais lógica e mais pura". E Engels estudou matemática e física, química e zoologia, na tentativa de provar que o processo dialético regia o mundo natural. Essas pesquisas e especulações foram retomadas pelos russos depois da revolução, e, com a disseminação do marxismo, elas vêm sendo feitas também em outros países. Para citar exemplos recentes, dois eminentes cientistas britânicos, J. D. Bernal e J. B. S. Haldane, estão tentando mostrar a atuação da dialética na física e na química e na biologia, respectivamente. A atitude de um indivíduo em relação a esse tipo de pensamento é, naturalmente, determinada por sua atitude em relação à metafísica pura. Para todo aquele que sempre achou difícil aceitar a inevitabilidade de qualquer sistema metafísico e que tende a encarar a metafísica de modo geral como a poesia produzida pelas pessoas imaginosas que pensam com abstrações em vez de imagens, as concepções dos materialistas dialéticos só se impõem até certo ponto. Sem dúvida, elas permitem que se formule em termos dramáticos a dinâmica de certas transformações sociais, entretanto é evidentemente impossível aplicá-las a outras.

Não foi difícil criticar Engels — que utilizou alguns exemplos tirados diretamente da *Lógica* de Hegel — mostrando que ele estava distorcendo os fatos ao argumentar que a "negação da negação" (ou seja, a atuação da *antítese* sobre a *tese*) podia ser demonstrada matematicamente, verificando-se que a negação da negação de a era $+a^2$, "a grandeza positiva inicial, porém em um nível mais elevado". A negação de $-a$, obviamente, não é a^2, e sim a; e para obter-se a^2 nem sequer é preciso negar: basta multiplicar $+a$ por $+a$. É bem verdade que Engels reconhece a necessidade de construir desse modo a primeira negação para que a segunda "permaneça ou se torne possível". Mas como, nesse caso, o materialista dialético é sempre obrigado a impor suas próprias condições para chegar a resultados dialéticos, como sustentar que a dialética é inerente a todos os processos da natureza? O mesmo se dá com a "transição da quantidade para a qualidade", um princípio hegeliano cuja atuação Marx julgava encontrar tanto na transformação do chefe da guilda medieval em capitalista como nas transformações dos compostos da série do carbono através do acréscimo de moléculas.

O professor Hook, em seu artigo "Dialética e natureza", publicado no segundo número do periódico *Marxist Quarterly*, observa que, no caso do exemplo citado por Engels, da súbita transformação da água em vapor ou gelo em determinadas temperaturas, a transformação ocorreria, para um observador diferente, num momento diferente, e seria uma transformação diferente: para uma pessoa de cujo ponto de vista a água estivesse oculta dentro de uma serpentina de calefação a súbita transição que ela perceberia — talvez assinalada por um espirro — seria a queda da temperatura do ambiente do recinto, antes agradável e agora frio. E quem sabe se um microscópio que nos permitisse ver os componentes subatômicos da água não mostraria que é uma ilusão a ideia de que, no ponto de fervura, a água começa a transformar-se de líquido em vapor?

O mesmo se dá com os exemplos citados por Bernal e Haldane. Afinal, todas as descobertas citadas por Bernal foram feitas sem que se utilizasse o raciocínio dialético — do mesmo modo que a elaboração da tabela periódica de Mendeleiev, que tanto impressionava Engels como exemplo de qualidade determinada pela quantidade, nada teve a ver com *antítese* e *síntese*; e não é fácil perceber de que modo estaríamos aperfeiçoando tais descobertas se as adaptássemos ao crivo da dialética. No caso de uma descoberta em particular, a teoria da relatividade de Einstein, o próprio descobridor afirmou que, em sua opinião, os escritos de Engels não tinham "nenhum interesse especial, nem do ponto de vista da física atual, nem do da história da física". No caso de mais um exemplo de Bernal — a teoria freudiana da repressão dos desejos —, o ciclo dialético, sem dúvida alguma, nada tem de inevitável. O instinto é a *tese*; a repressão é a *antítese*; a sublimação é a *síntese*: até aí, tudo bem. Mas digamos que o paciente não consiga sublimar e enlouqueça, ou se suicide: onde está a conciliação dos opostos na *síntese*? Onde está a progressão do mais baixo para o mais elevado? Sem dúvida, é verdade que em diversos campos ocorrem mudanças que se valem de acumulações que nos dão a impressão de serem qualitativas. É possível que, como afirma J. B. S. Haldane, a transformação do gelo em água ainda seja um fenômeno misterioso. Mas de que modo isso prova a existência da trindade dialética? E de que modo o professor Haldane a prova, ao apresentar os processos de mutação e seleção sob a forma de tríades? Ou Hegel, ao dispor toda a sua argumentação em três partes? Ou Vico, quando insiste em ver tudo em trincas: três tipos de idiomas, três sistemas de direito, três formas de governo etc.? Ou Dante, quando divide seu poema em três seções com 33 cantos cada uma?

Numa interessante controvérsia recente no periódico marxista *Science and Society*, o professor A. P. Lerner, da London School of Economics, levanta contra o professor Haldane a acusação — que me parece bastante óbvia — de que ele está pretendendo enquadrar na dialética a biologia, a qual até agora nada ganhou com isso, numa tentativa absolutamente gratuita de integrar sua área do saber à Igreja Marxista. O professor Haldane argumenta, em resposta, que, depois que foi "compelido" pelas editoras estatais de Moscou a formular a teoria evolucionista de Mendel em termos dialéticos, constatou que a maneira de pensar dialética o ajuda bastante em seu trabalho de laboratório. Reconhece que não chega a afirmar que as conclusões a que suas pesquisas o conduziram "não poderiam ter sido obtidas sem o estudo de Engels"; limita-se a dizer que "não cheguei a elas sem esse estudo". Longe de "sofrer", como insinuou o professor Lerner, "de um forte impulso emocional no sentido de adotar a dialética", o professor Haldane, que participa ativamente da campanha de apoio ao governo republicano espanhol e que faz questão de informar o leitor desse fato em seu primeiro trabalho publicado, explica que o processo que o levou a aceitar a dialética demorou "cerca de seis anos, ou seja, não foi em absoluto amor à primeira vista". Prossegue: "E espero que nenhum estudioso da biologia se torne usuário da dialética antes que esteja convencido (e creio que o dr. Lerner não está) de que ela auxilia tanto a compreender os fatos já conhecidos em biologia como a descobrir novos fatos". Haldane agradece ao professor Lerner "suas críticas estimulantes [...]. Porém as críticas mais valiosas seriam as que partissem de pesquisadores que atuassem na mesma área que eu e que tivessem aceitado os princípios marxistas".

"Espero que nenhum [...] se torne [...] antes que esteja convencido (e creio que o dr. Lerner não está) de que [...] auxilia a compreender etc. [...] Porém as críticas mais valiosas seriam as que partissem de [...] que tivessem aceitado os princípios [...]" Onde foi que já ouvimos isso antes? Não foi de alguém recém-convertido ao Movimento de Rearmamento Moral ou ao catolicismo?

Assim, a dialética é um mito religioso, dissociado da personalidade divina e vinculado à história da humanidade. "Odeio todos os deuses", Marx dissera quando jovem; porém ao mesmo tempo ele se projetara na personagem do marinheiro decidido que traz no peito a autoridade dos deuses, e em um de seus primeiros artigos sobre liberdade de imprensa publicados no *Rheinische Zeitung*, afirma que o escritor deve, "a seu modo, adotar os princípios do pregador religioso, adotar o princípio 'obedecer a Deus e não ao homem', em relação àqueles seres humanos entre os quais ele se vê confinado por seus desejos e necessidades humanos". Quanto a Engels, passara a meninice à sombra do púlpito do grande evangelista calvinista Friedrich Wilhelm Krummacher, que pregava em Elberfeld todos os domingos e levava sua congregação às lágrimas e à estupefação. Em uma de suas *Cartas de Wuppertal*, Engels relata que Krummacher dominava seus ouvintes com a força terrível da lógica de sua argumentação. Dada a premissa básica do pregador — a total "incapacidade do homem de, por seu próprio esforço, querer o bem, quanto mais alcançá-lo" —, seguia--se que Deus é quem tinha de dar essa capacidade ao homem, e como a vontade divina era livre, a concessão de tal capacidade era necessariamente arbitrária; seguia-se então que "os poucos escolhidos seriam abençoados, *nolentes volentes*, enquanto os outros seriam malditos para sempre. 'Para sempre?', perguntava o próprio Krummacher, para responder depois: 'Sim, para sempre!'".

Aparentemente, o jovem Engels ficou muitíssimo impressionado com essa pregação.

Karl Marx havia identificado sua própria vontade com a *antítese* do processo dialético. "Os filósofos só fizeram interpretar o mundo de maneiras diferentes", escrevera ele nas *Teses contra Feuerbach*. "Cabe a nós transformá-lo." Na filosofia alemã, à vontade sempre fora reservado o papel de força sobre-humana; e essa vontade fora recuperada por Marx e incorporada ao materialismo dialético, emprestando seu impulso e sua força irresistível às ideias revolucionárias do autor.

Para um homem ativo e decidido como Lênin, talvez a convicção de que a história está com ele, de que é certo que ele atingirá seu objetivo, seja uma fonte adicional de força. A dialética simplifica deste modo as coisas: parece reduzir as complexidades da sociedade a um protagonista e um antagonista claramente definidos; inspira a convicção de que a luta não apenas será vitoriosa, mas também porá fim a todos os conflitos dessa ordem, para sempre. Assim, a verdadeira validade da tríade dialética é servir de símbolo da eterna insurreição das forças da vida jovens e em crescimento contra tudo o que é velho e estéril, dos instintos cooperativos da sociedade contra o que é bárbaro e anárquico. Representa um progresso em relação ao ponto de vista por ela substituído — "Abaixo o tirano! Queremos liberdade!" — na medida em que concebe o processo revolucionário como um desenvolvimento orgânico com base no passado, o qual vem sendo preparado, de certa forma, pelas próprias forças da reação, e que combina em si os diferentes recursos das duas partes em conflito em vez de limitar-se a substituir uma coisa pela outra.

Porém a conversão à crença num poder divino nem sempre tem um efeito galvanizante. Foi em vão que Marx tentou afastar a ideia de uma Providência: "*A História não faz nada*" — insistira ele em *A sagrada família* —,

> não possui riquezas colossais; não luta em nenhum combate. É o *homem* — o homem real, vivo — que age, possui e luta sempre. Não é em absoluto a "História" que utiliza

o homem como meio para atingir fins seus, como se ela fosse uma pessoa; a História não é *nada* senão a atividade do homem buscando atingir seus fins.

Mas, quando ele fala como se o proletariado fosse o instrumento eleito por uma dialética, como se sua vitória estivesse predeterminada, é inegável que parte da premissa de uma força extra-humana. Na Alemanha medieval, afirma Marx aos cartistas ingleses num discurso em 1856, existia um tribunal secreto chamado Vehmgericht

para vingar as iniquidades da classe dominante. Quando se via uma cruz vermelha assinalando uma casa, todos sabiam que seu dono havia sido condenado pelo tribunal. Todas as casas da Europa estão agora marcadas com a misteriosa cruz vermelha. A História é o juiz; seu verdugo é o proletariado.

Então existe, mesmo, um tribunal supremo do qual o proletariado é apenas o carrasco. Existe uma entidade não humana chamada "História" que faz coisas por conta própria e que fará com que a trajetória da humanidade termine bem, independentemente do que você ou seu inimigo venham a fazer. A doutrina da salvação pelas obras, conforme mostra a história do cristianismo, com muita facilidade se transforma na doutrina da salvação pela graça. Com muita naturalidade, identificando-se com a *antítese* da dialética — ou seja, professando uma fé religiosa —, o marxista se coloca no estado mental do homem que sobe numa escada rolante. A Vontade marxista, que antes havia decidido transformar o mundo, transformou-se ela própria na força invisível que motiva o movimento da escada rolante; basta subir no primeiro degrau que automaticamente se chega ao andar superior, ou seja, à condição abençoada da *síntese*. A única outra situação concebível é a do homem que tenta descer na mesma escada rolante, e ou não consegue sair do lugar ou anda para trás. Se bem que há no marxismo um forte componente moral que faz com que a escada rolante seja uma comparação demasiadamente mecânica

— pois o homem que está subindo sabe com certeza que é uma alma nobre, ainda que não dê um passo para cima, enquanto que o infeliz que teve o azar de andar no sentido contrário ao da escada, apesar de imbuído das melhores intenções, está condenado — como as almas malditas do pastor Krummacher — a não apenas ser levado de costas em direção à *síntese*, mas também a cair na ignomínia e no tormento. Assim, os social-democratas alemães da Segunda Internacional, partindo da premissa de que o advento do socialismo estava garantido, apoiaram uma guerra imperialista que teve o efeito de cassar à classe trabalhadora todas as suas liberdades; e os comunistas da Terceira Internacional, deixando a história por conta do demiurgo dialético, aceitaram o despotismo de Stálin enquanto ele extirpava o próprio marxismo russo.

Karl Marx, com sua moralidade rigorosa e seu ponto de vista internacionalista, havia tentado guiar a Vontade germânica primitiva em direção a um movimento que conduzisse toda a humanidade à prosperidade, felicidade e liberdade. Porém, na medida em que esse movimento envolve, sob o disfarce da dialética, um princípio semidivinizado da História, ao qual é possível transferir a responsabilidade humana pelo pensamento, pelas decisões, pela ação — e vivemos no momento um período de decadência do marxismo —, ele se presta às repressões do tirano. A corrente original da velha Vontade germânica, que permaneceu na Alemanha e continuou a ser patriótica, foi canalizada e tornou-se a filosofia do imperialismo alemão, e por fim do movimento nazista. Tanto o ramo alemão como o russo jogaram fora tudo o que havia de bom no cristianismo com o que havia de mau. O demiurgo do idealismo alemão jamais fora um Deus do amor, nem admitia as imperfeições humanas: não recomendava ao indivíduo ser humilde nem caridoso em relação ao próximo. Karl Marx, com sua severidade do Velho Testamento, nada fez para humanizá-lo. Ele desejava que toda a humanidade se tornasse unida e feliz, contudo adiou esse momento até que a *síntese* fosse atingida, e em relação ao momento presente não acreditava na fraternidade humana. Marx estava mais próximo do que imaginava daquela Alemanha imperialista que tanto detestava. Afinal, também os nazistas alemães — que se veem como agentes de uma missão histórica — acreditam que a humanidade será feliz e unida quando toda ela for ariana e submetida a Hitler.

Mas Marx e Engels tinham uma mensagem que — ainda que seja às vezes colocada em segundo plano pelo mito da dialética e levante problemas que, se neles insistirmos, podem parecer levá-la à desintegração — foi na época, não obstante, uma ideia de impacto revolucionário, e que ainda pode ser aceita como parcialmente válida em nosso tempo. Dissociemo-la da dialética e tentemos formulá-la em sua forma mais geral:

> Os habitantes dos países civilizados, na medida em que conseguem atuar como seres criativos e racionais, vêm lutando por disciplinas e projetos que trariam ordem, beleza e saúde a suas vidas; porém, enquanto permanecerem divididos em grupos que têm interesse em fazer mal uns aos outros, serão prejudicados por obstáculos irremovíveis. Somente quando se conscientizarem desses conflitos e assumirem a tarefa de livrar-se deles é que estarão no caminho que leva a um código de ética, um sistema político ou uma escola artística realmente humanos, e não defeituosos e limitados como os que conhecemos. No entanto, a correnteza do empreendimento humano segue sempre nessa direção. Cada um dos grandes movimentos políticos que transcendem as barreiras sociais proporciona uma fusão nova e mais ampla do elemento agressivo que se levanta com o elemento que ele ataca e absorve. O espírito humano está sempre se expandindo contra a pressão animal predatória, perfazendo unidades de seres humanos cada vez maiores, até que percebamos por fim, de uma vez por todas, que toda a espécie humana é uma coisa só, e que não deve fazer mal a si própria. Então ela fundamentará nesta consciência uma moralidade, uma

sociedade e uma arte mais profundas e mais abrangentes do que nos é possível imaginar no momento.

E ainda que seja verdade que não podemos mais depender de um Deus que nos dê leis que transcendam as limitações humanas, ainda que seja verdade que não podemos sequer fazer de conta que qualquer dos construtos intelectuais do homem seja realmente independente das condições terrenas específicas que levaram certos indivíduos a elaborá-lo, assim mesmo podemos afirmar que nossa nova ciência das transformações sociais, por mais rudimentar que seja, tem mais razão de ser qualificada como universal e objetiva do que qualquer outra teoria da história anterior. Pois a ciência marxista desenvolveu-se como reação a uma situação em que por fim se tornou evidente que, para que a sociedade possa sobreviver, é necessário que ela seja reorganizada com base em novos princípios de igualdade; assim, *nós* fomos obrigados a elaborar uma crítica da história do ponto de vista da necessidade iminente de criar um mundo livre dos nacionalismos e classes. Se nos comprometemos a lutar pelos interesses do proletariado, é porque na verdade estamos tentando trabalhar pelos interesses da humanidade como um todo. Nesse futuro, o espírito humano, representado pelo proletariado, irá se expandir a ponto de constituir aquela unidade maior, cuja visão já pode ser apreendida pela sua mente.

20. MARX E ENGELS VOLTAM A ESCREVER HISTÓRIA

FOSSE COMO FOSSE, a descoberta da motivação econômica dera a Marx e Engels um instrumento que lhes permitiria escrever história de uma maneira nova, como uma candente agulha pirográfica.

Estavam dando início a um período de suas vidas em que, relativamente falando, teriam pouca atuação política; agora, em seus escritos jornalísticos, seus panfletos, seus livros e na sua extraordinária correspondência, que representa no século XIX um papel de certo modo análogo ao das cartas de Voltaire e dos enciclopedistas no século XVIII, iriam aplicar seu novo método de análise aos acontecimentos do passado e do presente.

Karl Marx inaugurou essa fase com um produto de seu gênio maduro no que tinha de mais brilhante, o ensaio intitulado *A luta de classes na França* (1848-50), escrito em Londres no seu primeiro ano de exílio e publicado numa revista denominada *Revue der Neuen Rheinischen Zeitung*, editada por ele e Engels, e na qual ambos divulgavam seus escritos. Em 1852 foi publicado *O 18 brumário de Luís Bonaparte*, a respeito do golpe de Estado de dezembro de 1851; anos depois, em 1871, foi a vez de *A guerra civil na França*, que analisava o episódio da Comuna.

Toda essa série busca uma interpretação mais profunda, expressa em termos mais elevados do que o jornalismo de Marx, e constitui uma das maiores produções no campo da moderna arte e ciência da história.

Voltemos aos historiadores franceses que nos têm servido de ponto de referência para situar as posições marxistas. É evidente que esses homens sentiam-se perplexos em relação às confusas e complicadas transformações que vinham ocorrendo na França de sua época, no decorrer das quais república, monarquia, revolta operária e império se alternavam, coexistiam e trocavam de máscaras entre si. Marx retira todas as máscaras e apresenta um diagrama das correntes que vêm fluindo abaixo da superfície da política francesa — um diagrama que varre definitivamente a tradicional linguagem revolucionária composta de slogans generalizantes e conceitos abstratos, e que se baseia exclusivamente nos impulsos originados por interesses, tais como o pão e o vinho que os camponeses conseguiam produzir com seus pequenos pedaços de terra, e a segurança e o luxo dos parisienses, custeados pela especulação nos cargos públicos. É bem verdade que nas obras de Michelet dessa época o autor já consegue enxergar, por exemplo, que, por trás do imbróglio ocorrido na cidade industrial de Lyon em 1793, em que a Convenção fizera o jogo dos ricos contra o líder revolucionário Joseph Chalier, estivera o conflito entre explorados e exploradores: porém, como afirma Michelet, isso é algo que ele aprendeu com os socialistas, e ele não leva adiante essa intuição.

No entanto Marx, em *O 18 brumário*, jamais perde o fio da meada da economia e consegue ver o que há por trás de todo o espetáculo de legitimistas, orleanistas, bonapartistas, republicanos e Partido da Ordem, mostrando o que realmente acontecera na França após a abdicação de Luís Filipe: os grandes industriais, os grandes proprietários de terras e financistas haviam se unido contra a pequena burguesia e os trabalhadores; todos os partidos políticos se viram frustrados em suas tentativas de atingir seus objetivos por intermédio do governo parlamentarista; e desse modo fora possível a Luís Bonaparte assumir o poder, não pela simples mágica do nome Napoleão, mas graças ao apoio de uma classe de camponeses proprietários de terras que não conseguiram se organizar politicamente, mas queriam um pai e protetor para se colocar entre eles e a burguesia — em conjunção com o apoio interesseiro de um grupo de burocratas profissionais, criado pela centralização do governo. Por um momento, diz Marx, Luís Bonaparte conseguirá manter todos os grupos em posição de equilíbrio; porém, como será impossível fazer qualquer coisa para um deles sem de algum modo prejudicar os outros, ele acabará fazendo com que todos se voltem contra ele. Nesse ínterim, os chamados democratas, que estavam tentando unir num Partido Social-Democrata os trabalhadores socialistas e os pequeno-burgueses republicanos, foram derrotados pelos burgueses e pelos trabalhadores, embora "se arrogassem uma posição de superioridade em relação à luta de classes", devido a sua incapacidade de transcender as limitações intelectuais da pequena burguesia e fazer o que o próprio Marx está fazendo aqui: apreender os interesses de classe que estão de fato envolvidos. Quem lê *O 18 brumário* nunca mais encara a linguagem, as convenções, os conchavos e as pretensões dos parlamentos com os mesmos olhos, se antes tinha alguma ilusão a respeito deles. Tais coisas perdem a consistência e a cor, evaporam diante de nossos olhos. A velha competição por cargos públicos e o velho jogo do debate político parecem tolos e obsoletos; pois agora vemos pela primeira vez, além do jogo de sombras, o conflito de apetites e necessidades que, ainda que os próprios atores o desconheçam em parte, projeta na tela essas magras silhuetas.

Esses escritos de Marx são elétricos. Talvez não haja em toda a história do pensamento textos que façam o leitor entusiasmar-se tanto com uma nova descoberta intelectual. Neles Marx é mais vívido e vigoroso do que nunca — na minúcia e na exatidão das observações políticas; na energia da faculdade que combina e articula ao mesmo tempo que resume; no humor e na torrente de metáforas que transfiguram os fenômenos prosaicos da política, e no pulso das invectivas trágicas — ouvimos seu eco em Bernard Shaw — que é capaz de transformar a queda de um parlamento incompetente, dividido entre tendências contraditórias, numa shakespeariana queda de alma danada.

Enquanto isso — estamos no verão de 1850 —, Engels voltava sua lanterna de alta potência para os acontecimentos de um passado mais remoto. Em 1841, um certo Wilhelm Zimmerman publicara uma história da guerra dos camponeses na Alemanha de 1525. Zimmerman, que posteriormente viria a fazer parte da extrema esquerda da Assembleia de Frankfurt, escrevera de um ponto de vista favorável aos camponeses revoltosos; era, porém,

234

um idealista, que concebia o episódio como uma luta entre o Bem e o Mal — enquanto Engels era capaz de enxergar, por trás do quadro pintado por Zimmerman, a anatomia de um relacionamento entre as classes que o outro mal vislumbrara. Engels percebeu ali uma analogia com a recente revolução de 1848-9.

Numa pequena obra intitulada *A guerra dos camponeses na Alemanha*, Engels analisa a complicada sociedade do final do século xvi, em que a hierarquia do feudalismo estava desmoronando e as novas cidades-repúblicas emergiam, e tenta localizar os interesses socioeconômicos subjacentes às heresias da Idade Média e da Reforma. Demonstra que a revolta de Lutero fora transformada num movimento de classe média com o objetivo de derrubar a autoridade política e expropriar as riquezas do clero, mas que o desafio de Lutero à Igreja Católica dera impulso aos elementos mais descontentes: os camponeses, esmagados sob os destroços do feudalismo, e os plebeus empobrecidos das cidades. Os primeiros, organizando amplas conspirações, terminaram formulando uma série de exigências, entre as quais se incluíam a abolição da servidão, a redução dos impostos sufocantes, a garantia de alguns direitos legais rudimentares, o controle democrático do clero e a redução dos salários e títulos dos clérigos. O líder dos camponeses era um pregador protestante chamado Thomas Münzer, que propunha o imediato estabelecimento do Reino de Deus na Terra. Era, na verdade, uma espécie de comunismo cristão primitivo; e ao professá-lo Münzer rompeu com Lutero. Quando, em abril de 1525, estourou a insurreição dos camponeses, Lutero voltou-se contra essa forma mais extremada de anticlericalismo, acusou Münzer de ser instrumento de Satanás e instigou os príncipes a estrangular seus camponeses como se fossem cães raivosos. Assim, o movimento de Lutero passou a ser protegido por esses príncipes, que haviam se apossado de propriedades da Igreja. Thomas Münzer foi preso e decapitado, e o movimento, por falta de coordenação, foi debelado.

Engels considerava Münzer um gênio, cuja percepção da necessidade do comunismo ia muito além das condições de seu tempo. O futuro imediato, na época de Münzer, era a própria antítese do comunismo. Ai daquele que, como Münzer em Mülhausen em 1525, como tantos outros que Engels conhecera em Frankfurt em 1848, se vê, no calor da luta por uma sociedade em que sejam abolidas as classes sociais, comprometido com um corpo de governantes que, devido à lenta evolução das coisas, não pode senão promover os interesses das classes abastadas, que nada têm a ver com ele, enquanto ele é obrigado a alimentar as massas com promessas vazias!

Em meio a essa atividade literária, da qual ele e Marx tanto gostavam, Engels lamenta a tolice ou hipocrisia de todo aquele que, sendo um verdadeiro revolucionário de esquerda, ainda deseja, naquele momento histórico, ocupar um cargo público.

Pois o fogo de 1848 já havia se extinguido.

Aquele movimento, que fora iniciado na Suíça quando os radicais derrotaram os cantões católicos e que resultara em insurreições na França, Itália, Alemanha, Áustria e Hungria, terminara com a repressão da revolta húngara, a cargo dos imperadores da Áustria e da Rússia. Todos os esforços do proletariado só haviam servido — no dizer de Engels — para tirar do fogo as castanhas da burguesia. Ele e Marx, um ano após chegarem à Inglaterra, ainda esperavam uma nova crise que reiniciasse as perturbações. Marx acreditava que uma nova rebelião pequeno-burguesa derrubaria a alta burguesia na França; e os dois esperavam que a *Revue der Neuen Rheinischen Zeitung* pudesse preservar as sementes do velho jornal para quando brotasse uma nova revolução na Alemanha. Mas, ao estudar a depressão da década de 1840 que precipitara os eventos de 1848, chegaram à conclusão de que os desdobramentos políticos estavam interligados com as flutuações do comércio internacional de uma maneira de que eles não haviam se dado conta. No outono de 1850, Marx e Engels perceberam que se iniciava um novo período de prosperidade burguesa e, no último número da *Revue*, afirmaram que "uma revolução só tem esperança de sucesso quando os fatores modernos de produção e a técnica burguesa de produção entram em choque. Só é possível uma nova revolução após uma nova crise".

A jactância orgulhosa de 1848 teria de ser definitivamente abandonada, com todo o resto da literatura romântica; e daquela velha conversa confusa e franca sobre pátria, fraternidade e liberdade surgiram problemas de estratégia a longo prazo, a serem examinados friamente. A Liga dos Comunistas fora reativada após o fracasso da revolução alemã; porém se encontrava dividida entre August Willich — que fora o comandante de Engels na campanha de Baden e continuava a exigir ação imediata, e a quem Engels, agora completamente às ordens de seu comandante intelectual, ridicularizava tanto quanto o fazia seu mestre — e Marx, que insistia que os trabalhadores tinham pela frente "quinze, vinte ou cinquenta anos de guerra civil e guerras nacionais, não apenas para mudar suas condições de vida, mas também para se transformarem e se qualificarem para o poder político". A facção de Willich — escreve Marx — "vê a *vontade pura* como motivação da revolução, e não as condições concretas". É nesse momento que a autoafirmação dinâmica da filosofia pré-1848 perde a força e passa a ser substituída pelas forças da história, cada vez mais entendidas como algo automático, o que é inevitável. Numa reunião em 15 de setembro de 1850, constatou-se que Marx controlava a maioria dos membros da Comissão Executiva, mas ele sabia que a maioria dos militantes preferia Willich, e assim transferiu a sede da Liga para Colônia. Nessa época, Frederico Guilherme IV sofreu um atentado, e onze dos comunistas de Colônia foram presos e indiciados com base em documentos grosseiramente forjados pela polícia. Marx e Engels demonstravam com tanta clareza a falsidade das provas que a acusação as abandonou; entretanto, como sabemos, quando há preconceitos políticos envolvidos, a evidente falsidade das provas não basta; e o júri condenou sete dos acusados a sentenças de três a seis anos de prisão. Era o fim da Liga dos Comunistas, que foi dissolvida em novembro de 1852. Também o movimento cartista, no qual Engels depositara esperanças, não sobreviveu muito após 1848. Na primavera de 1848, os cartistas ainda estavam bastante ativos no norte do país, e organizaram uma manifestação em Londres que preocupou sobremaneira as autoridades, a ponto de chamarem o duque de Wellington e colocarem o Banco da Inglaterra em estado de defesa. Com o advento do boom econômico, contudo, o movimento foi morrendo. Marx colaborou em um de seus jornais, mas a publicação pouco tempo durou.

Em junho de 1855, foi aprovada uma lei que, para manter os trabalhadores sóbrios, proibia a venda de cerveja aos domingos; o povo londrino então pôs-se a reunir-se todos os domingos no Hyde Park, formando multidões de 250 a 500 mil pessoas, gritando com rebeldia "Vão para a igreja!" para a gente elegante que lá passava o dia. Marx logo achou que aquilo era "o início da revolução inglesa" e participou tão ativamente nas manifestações que certa vez só não foi preso porque conseguiu confundir o policial com uma de suas argumentações irrespondíveis. Mas o governo voltou atrás, liberando a cerveja dominical, e a agitação não deu em nada.

Em fevereiro de 1851, Marx e Engels parabenizam-se mutuamente por estarem isolados. "Corresponde a nossa posição e nossos princípios", afirma Marx. "O sistema de concessões recíprocas, de medidas paliativas adotadas só para manter as aparências, a obrigação de concordar publicamente com esses asnos em relação a todos os absurdos do partido — já deixamos tudo isso para trás." Responde Engels: "Doravante somos responsáveis apenas por nós mesmos; e quando chegar o momento em que esses cavalheiros perceberem que precisam de nós, estaremos em situação de podermos impor nossas condições". Diz a Marx que eles precisam escrever "livros substanciais" em que nem seja "necessário mencionar essas aranhas". De que valerão todos os mexericos maliciosos da ralé revolucionária quando Marx retrucar com sua Economia Política?

Em junho, Marx consegue acesso à sala de leitura do Museu Britânico, e lá passa a estudar diariamente das dez às sete. Obtém e lê com muita atenção alguns relatórios oficiais a respeito das fábricas que foram vendidos por parlamentares a um sebo por ele frequentado. Aparentemente, aqueles que não vendiam esses relatórios costumavam usá-los como alvos, medindo o poder de suas armas de fogo pelo número de páginas que as balas perfuravam.

Mais uma vez, Marx e Engels estavam intelectualmente livres; mas não há como o líder revolucionário derrotar a sociedade que ele combate fazendo o jogo dessa sociedade. Marx jamais teria paz, nem Engels lazer.

O fracasso da revista os deixara sem um tostão. Ela tivera como leitores os emigrados alemães de Londres, no entanto, como os dois tinham o hábito de insultar, em seus comentários, os membros mais influentes da comunidade alemã londrina, a revista fora recebida com frieza. Só conseguiram publicar quatro números, e um número duplo; depois foram obrigados a parar. Marx investira na publicação os últimos tostões de uma quantia que havia levantado vendendo o que restava da propriedade de seu pai. Sua mãe recusou-se a lhe dar mais, embora ele ameaçasse emitir uma promissória em nome dela e, se ela a protestasse, voltar para a Alemanha para que o prendessem. Durante algum tempo, resolveu tentar ganhar algum dinheiro com a publicação de suas obras completas. Um dos comunistas de Colônia comprara uma gráfica e se propusera a editá-las em dois volumes, mas o homem foi preso nas batidas policiais de maio de 1851, quando apenas o primeiro volume havia sido publicado (tudo indica, porém, que o livro vendeu muito bem). *O 18 brumário de Luís Bonaparte* talvez jamais tivesse sido editado se um alfaiate alemão que emigrara para Nova York não gastasse todas as suas economias — quarenta dólares — para publicá-lo lá. Mil exemplares foram feitos, um terço dos quais foi enviado à Europa; porém estes acabaram sendo distribuídos entre simpatizantes e amigos: não se conseguiu convencer um único livreiro a colocá-lo à venda.

Ao chegar à Inglaterra, Marx havia alugado aposentos mobiliados para a sua família no elegante subúrbio de Camberwell; contudo foram despejados na primavera de 1850 por não poderem pagar o aluguel e mudaram-se para uma rua pobre no Soho. Lá a família inteira se instalou em dois cômodos pequenos, escuros e sem ventilação: agora eram seis, contando com as crianças, a empregada, Helen Demuth, chamada Lenchen, que fora dada a Jenny por sua mãe como presente de casamento e que, embora os Marx raramente tivessem dinheiro para pagá-la, ficaria com eles até o fim de suas vidas. O menino que havia nascido alguns dias antes da mudança para Londres morreu nesse apartamento em novembro daquele ano. O despejo ocorreu quando Jenny ainda estava amamentando, e ela fez um relato muito vivo do incidente numa carta à esposa de um camarada.

Vou lhe descrever um dia desta vida tal como ela é, e você verá que talvez poucos outros refugiados tenham passado por algo semelhante. Como aqui as amas de leite são caras demais para nós, resolvi, apesar das dores incessantes e terríveis nos seios e nas costas, amamentar a criança eu mesma. Porém o pobre anjinho sugava de mim tanta dor secreta junto com o leite que estava sempre doente; passava noite e dia sofrendo dores atrozes. Ainda não dormiu bem uma noite desde que veio ao mundo; no máximo, duas ou três horas. Ultimamente vem sofrendo de cólicas violentas, de modo que o pobrezinho está sempre entre a vida e a morte. A dor fazia-o sugar com tanta força que meu mamilo se feria e sangrava; muitas vezes o sangue entrava em sua boquinha trêmula. Estava eu a amamentá-lo um dia quando nossa senhoria apareceu de repente. Durante o inverno, lhe pagamos ao todo mais de 250 táleres, e havíamos combinado com ela que no futuro faríamos os pagamentos não a ela, mas ao senhorio, que havia pedido o sequestro do imóvel. Pois a mulher negou o combinado e exigiu as cinco libras que ainda lhe devíamos, e, como não tínhamos esse dinheiro para lhe dar, dois oficiais de justiça entraram na casa e se apossaram de todas as poucas coisas que eu tinha: camas, roupas de cama, roupas, tudo, até o berço de meu pobre neném, e os melhores brinquedos que haviam pertencido às meninas, que assistiam à cena aos prantos. Ameaçaram levar tudo em duas horas — se isso acontecesse, eu teria de dormir no chão, com meus filhos congelados e meus seios doídos. Nosso amigo Schramm resolveu ir rapidamente à cidade buscar ajuda. Tomou uma carruagem, e os cavalos dispararam de repente; ele pulou para fora e foi trazido sangrando para nossa casa, onde eu estava desolada com meus pobres filhos, que tiritavam de frio.

No dia seguinte tivemos que deixar a casa. Estava frio, chovia; foi terrível. Meu marido tentava encontrar um lugar para morarmos, mas ninguém nos queria quando dizíamos que tínhamos quatro filhos. Por fim um amigo nos acudiu, pagamos, e rapidamente vendi todas as minhas camas, para saldar as dívidas com o boticário, o padeiro, o açougueiro e o leiteiro, que haviam ficado assustados com o escândalo da chegada dos oficiais de justiça e vieram afobados apresentar suas contas. As camas que eu havia vendido foram retiradas da casa e colocadas numa carroça — e sabe o que aconteceu? Já passava muito da hora do pôr do sol, e na Inglaterra é ilegal transportar mobília tão tarde. O senhorio chamou a polícia, dizendo que talvez houvesse coisas de sua propriedade entre as nossas, e que podíamos estar fugindo para o estrangeiro. Menos de cinco minutos depois, já havia umas duzentas ou trezentas pessoas em frente à nossa porta, toda a gentalha de Chelsea. As camas tiveram que voltar para dentro de casa — só poderiam ser entregues aos compradores no dia seguinte, após o nascer do sol [...].

Jenny pede desculpas por falar tanto sobre seus problemas; explica que sente necessidade de se abrir ao menos uma vez com uma pessoa amiga.

Não pense que esses sofrimentos triviais me abateram o ânimo. Sei muito bem que nossa luta não é isolada e que eu em particular devo me considerar feliz e privilegiada, pois meu querido marido, esteio de minha vida, ainda está a meu lado. A única coisa que realmente me dói e faz meu coração sangrar é o fato de ser ele obrigado a suportar tantas mesquinharias, de haver tão poucos que o ajudem, e ele, que com tanta disposição e boa vontade já ajudou a tantos, encontrar--se tão desamparado aqui.

Em Dean Street, Soho, permaneceriam durante seis anos. Como disse Jenny, poucos ajudavam seu marido; e, com o passar dos anos, ficou claro que ele pouco fazia para ajudar a si próprio. E agora devemos encarar um fato curioso. Karl Marx era neurótico em relação a dinheiro. Uma das mais notáveis "contradições" de toda sua carreira é o fato de que o homem que, mais do que ninguém, chamou a atenção para a motivação econômica, era incapaz de fazer o que quer que fosse para ganhar dinheiro. Pois, por mais difícil que fosse para um emigrado encontrar trabalho regular, certamente não era impossível. Liebknecht, Willich e Kossuth conseguiam sustentar-se em Londres; porém, pelo que se sabe, durante todos os trinta anos que Marx lá viveu, só uma vez ele tentou arranjar um emprego regular.

Essa resistência à ideia de ganhar a vida talvez, ao menos em parte, se devesse ao impulso de evitar ao máximo a acusação de comercialismo que era sempre dirigida aos judeus. Não há dúvida de que a animosidade dos escritos de Marx que às vezes são qualificados de antissemíticos é basicamente voltada contra o judeu agiota ou subserviente à sociedade burguesa. Tome-se, por exemplo, em *O senhor Vogt*, o trecho no qual Marx insiste no fato de que um certo jornalista londrino passou a assinar "Levy" em vez de "Levi" e a publicar ataques a Disraeli para ser aceito como inglês, e elabora, com muita estridência e pouco bom gosto, a imagem do nariz proeminente de Levy farejando os esgotos da maledicência. O problema é que esse homem — que difamou Marx — é bajulador e mexeriqueiro. E a acusação levantada por Marx contra outro judeu, um especulador do Segundo Império, é que ele "acrescentou às nove musas gregas uma décima musa hebraica, a 'Musa da Época', que é o nome que ele dá à bolsa de valores". O desprezo que Marx sente por sua raça é, talvez, basicamente a raiva de Moisés ao encontrar os filhos de Israel dançando perante o Bezerro de Ouro.

Seja como for, o que é absolutamente certo é que a aversão que tinha Marx pela ideia de escrever para ganhar dinheiro estava associada a um idealismo quase insano. Quando jovem, ele afirmara, no artigo que já citamos acima:

> O escritor tem de ganhar dinheiro para poder viver e escrever, mas ele não deve jamais viver e escrever a fim de ganhar dinheiro. [...] O escritor não considera, em absoluto, que suas obras são um meio. Elas são *fins em si*; não são meios nem para ele próprio, nem para outrem; tanto assim que, se necessário, ele sacrifica *sua própria* existência em benefício da existência *delas* e, a seu modo, como o pregador religioso, assume o princípio "obedecer a Deus e não ao homem" em relação aos seres humanos entre os quais ele se vê confinado por seus desejos e necessidades humanas.

Naturalmente, isso foi escrito antes de Marx elaborar seu materialismo dialético; porém ele agiria com base nesse princípio pelo resto da vida. "Tenho que buscar meu objetivo custe o que custar", escreve ele numa carta em 1859, "e não deixarei que a sociedade burguesa me transforme numa máquina de ganhar dinheiro". Observe-se a curiosa terminologia de Marx: o escritor está "confinado" (*"eigenschlossen"*) entre os homens. Instintivamente, Marx se vê como um ser que paira acima do mundo dos homens.

O fato é que ele está confinado neste mundo por seus "desejos e necessidades humanas"; e se não vai deixar que o transformem numa máquina de ganhar dinheiro, alguém terá que sofrer essa transformação para ganhar dinheiro por ele.

Em *A guerra dos camponeses na Alemanha*, Engels escrevera que o ascetismo era necessário para os movimentos proletários, tanto na Idade Média quanto nos tempos modernos:

Esta austeridade ascética de comportamento, esta insistência na renúncia a todas as amenidades e prazeres da vida, por um lado coloca em oposição às classes dominantes o princípio de igualdade espartana, e por outro constitui uma etapa de transição necessária, sem a qual a camada mais baixa da sociedade jamais poderia lançar um movimento. A fim de desenvolver sua energia revolucionária, a fim de sentir claramente sua posição hostil em relação a todos os outros elementos da sociedade, a fim de se concentrar como classe, eles têm que começar se despindo de tudo o que poderia conciliá-los com a ordem social existente, negar-se até mesmo os menores prazeres que poderiam vir a tornar sua posição de oprimidos tolerável por um momento e dos quais nem mesmo a mais forte pressão pode privá-los.

Karl Marx, o Münzer do proletariado, exemplificava mais ou menos isso, e Engels esforçava-se para dissociar-se de suas origens burguesas. Porém os sofrimentos da família Marx em Londres causavam angústia a Engels. Quase desde o início da correspondência entre ambos, a partir da carta em que Engels escreve ao amigo que está procurando um lugar para ele ficar em Ostend, dando-lhe detalhes a respeito de *déjeuners* e charutos, e instruções detalhadas sobre trens num tom que dá a entender que, sem elas, Marx não seria capaz de pegá-los, fica bem evidente uma espécie de solicitude amorosa em que se fundem o papel de protetor e o de discípulo. Agora, no outono de 1850, aquele ano terrível para a família Marx, Engels conclui que não lhe resta outra alternativa senão voltar àquela "profissão imunda" contra a qual ele havia se rebelado em Barmen. Afinal, a revolução estava adiada, e Marx precisava de lazer para poder realizar seu trabalho.

Engels voltou a trabalhar na Ermen & Engels em Manchester, e começou a enviar a seu pai relatórios altamente competentes a respeito da firma. O velho veio visitá-lo na primavera seguinte. Engels escreveu a Marx que reagira com "algumas palavras e uma expressão irada" quando o velho Caspar, confiando no respeito do filho e na presença de um membro da família

Ermen, resolveu "fazer um ditirambo" às instituições prussianas, e por esse motivo as relações entre os dois tornaram-se tão gélidas quanto antes. Friedrich não deixou que seu pai o colocasse na chefia do escritório de contabilidade de Manchester, porém comprometeu-se a ficar lá durante três anos sem assumir nenhuma obrigação que interferisse no trabalho de escritor político ou o impedisse de sair de Manchester se os acontecimentos tornassem isso necessário. Engels trabalhava numa "sala escura em um depósito com vista para o quintal de uma taberna". Sempre detestara Manchester e queixava-se de se sentir sozinho e entediado; e, embora estivesse mais uma vez vivendo com Mary Burns, continuava tendo que alugar aposentos de solteiro na cidade. Ainda tentava viver sua vida sem se misturar com a sociedade que girava em torno da indústria do algodão. Quando o pai lhe deu um cavalo no Natal, escreveu a Marx que se sentia constrangido "de ter um cavalo aqui enquanto você e sua família passam necessidades em Londres". "Se eu soubesse como vocês estavam, teria esperado uns dois meses e economizado o custo dos cuidados com o animal. Mas não faz mal: não preciso pagar agora." Engels adorava montar: certa vez escreveu a Marx, após passar sete horas cavalgando, que era "o maior prazer físico que conheço". Logo começou a caçar raposas com os fidalgos que desprezava, dizendo a Marx que era essa "a verdadeira escola de cavalaria", sendo, portanto, importante como treino militar para a grande luta decisiva que — conforme ele começava a acreditar no final dos anos 1850 — breve eclodiria em toda a Europa.

Assim, Engels podia mandar a seu amigo dinheiro com regularidade. E em agosto de 1851 Marx conseguiu uma nova fonte de renda. Foi convidado por Charles A. Dana para escrever regularmente para o jornal *The New York Tribune*. Horace Greeley, que dirigia a publicação, havia se declarado socialista, e vinha divulgando muito o fourierismo; Dana, seu diretor administrativo, fora um dos síndicos da comunidade de Brook Farm. Conhecera Marx em Colônia em 1848 e tivera excelente impressão dele; agora lhe pedia que escrevesse um artigo sobre política europeia a cada duas semanas.

Marx aceitou, mas, afirmando que seu inglês era fraco e que seus estudos de economia ocupavam todo o seu tempo, pediu a Engels que escrevesse os artigos. Engels concordou, embora isso não lhe fosse nada conveniente, já que agora só tinha as noites livres, e durante um ano produziu uma série de artigos sob o título *Alemanha: revolução e contrarrevolução*, fazendo em relação à política alemã, ainda que com menos brilho e paixão, o que Marx estava fazendo em relação à França. Os artigos foram publicados como se fossem de Marx, e mesmo quando Kautsky os reuniu em livro após a morte de Engels, continuaram sendo atribuídos a Marx. Porém no início de 1853 a maior parte dos artigos já era de autoria de Marx. No período 1853-6, ele abordou em especial a Guerra da Crimeia; Engels, que havia estudado estratégia militar a sério por acreditar que seria necessário que os revolucionários entendessem do assunto, escrevia sobre a situação militar. No outono de 1854, escreveram sobre a Revolução Espanhola; e, em 1861 e 1862, sobre a Guerra de Secessão americana. Marx também escrevia sobre política britânica tanto para o *Tribune* como para a publicação cartista *People's Paper*.

Esses escritos jornalísticos, embora de modo geral não sejam tão notáveis quanto uma análise como *A luta de classes na França*, que Marx escrevera para sua própria revista e na qual pudera exprimir todos os seus pensamentos, ainda merecem uma leitura e proporcionam aquela satisfação intelectual que encontramos em todas as suas obras. A diferença entre Marx e o correspondente político normal era que ele não tinha nenhum contato com políticos; não dispunha de informações confidenciais nem informantes oficiais. No entanto, dispunha de todos os documentos relevantes existentes no Museu Britânico; e como era incapaz de fazer o que quer que fosse de modo superficial, para escrever um desses artigos fazia mais leituras — tanto de obras de fôlego, por exemplo histórias da Espanha e da Índia, como de correspondências diplomáticas e relatórios parlamentares — do que muito autor respeitável costuma fazer para escrever um livro inteiro.

Queixava-se a Engels, com toda razão, de que dava a essas publicações em termos de trabalho muito mais do que elas lhe davam em dinheiro.

Uma das características mais notáveis desses comentários jornalísticos de Marx e Engels — se os compararmos com os escritos jornalísticos e "teses" políticas produzidos em etapas posteriores do marxismo — é justamente a flexibilidade, a facilidade com que são levados em conta fatos novos. Embora o princípio básico da dialética fosse concebido como um mecanismo muito simples, os fenômenos sociais do dia a dia eram encarados por Marx como infinitamente variados e complexos. Se os autores tinham uma atitude mística em relação à sua meta, eram realistas em relação aos meios de atingi-la. Havia certas premissas — sobre as quais falaremos adiante — que vinham dos tempos mais idealistas do *Manifesto comunista*; contudo elas jamais os impediam de compreender que sua hipótese deveria adequar-se a fatos concretos. Há muitos aspectos sob os quais Marx e Engels diferem dos pedantes e fanáticos tacanhos que se pretendem seguidores do movimento por eles fundado; porém desses aspectos o mais evidente é a honestidade com que esses inovadores reconhecem e respeitam os fatos, e estão sempre prontos para aprender com a experiência.

Ao mesmo tempo, tinham um interesse onívoro por todo tipo de atividade intelectual e reconheciam o valor do trabalho de outrem. Esta última característica pode parecer pouco compatível com a tendência de Marx a separar-se dos demais pensadores e excluí-los, bem como sua postura habitual de superioridade irônica, imitada fielmente por Engels. Há muitas passagens na correspondência Marx-Engels em que esses dois mestres — que, como Dante (autor muito citado por Marx nesses contextos), resolveram criar um partido para si próprios — parecem decididos a insistir, de forma quase maníaca, em negar o mérito das ideias de todos os outros. Porém tem-se a impressão de que essa conclusão implacável é condição indispensável para que seja preservado seu ponto de vista absolutamente definido. É como se os dois tivessem elaborado seu tom característico, cáustico e cômico, sua atitude independente e implacável, seu idioma poliglota personalíssimo (*"Apropos! Einige Potwein und Claret wird mir sehr wohl tun under present circumstances"*; *"Die verfluchte vestry hat mich bon gré mal gré zum 'constable of the vestry of St. Pancras' erwählt"*) à medida que foram se dando conta de que podiam abranger porções cada vez maiores do mundo e compreendê-lo melhor, enquanto os outros homens, habituados à vulgar jovialidade da retórica política, jamais puderam apreender o sentido da história ou compreender o que acontecia a seu redor. Dentro daquele relacionamento recíproco, limitado à troca de ideias entre dois homens, tudo é clareza, racionalidade, empolgação intelectual, autoconfiança. O ar de conspiração secreta e o humor à custa dos outros ocultam uma torre de vigia e um laboratório.

E aqui, no campo geral do pensamento, ainda que nem sempre no da prática política, Marx e Engels estão sempre atentos para qualquer coisa na ciência ou na literatura que possa ajudá--los a compreender o homem e a sociedade. O homem tímido que se agarra a uma fórmula porque quer a certeza acima de tudo, o esnobe que aceita uma doutrina porque ela o faz sentir--se superior aos outros, o medíocre que está à procura de uma desculpa que lhe permita desprezar os que lhe são superiores — todos esses têm interesse em excluir, desacreditar, ridicularizar e difamar; e a truculência de Marx e Engels, até hoje característica da tradição marxista, é a única parte dela que são capazes de imitar. Porém, para os verdadeiros pioneiros das fronteiras do pensamento, para aqueles que assumiram a responsabilidade de direcionar as ideias da humanidade, dar a resposta correta a cada problema está longe de ser coisa fácil. Tais pioneiros sabem muito bem como é limitado o conhecimento humano, como são poucos os seres humanos capazes de ao menos tentar encontrar algo de novo, construir uma nova imagem da experiência. Embora Marx e Engels confiassem na dialética, não acreditavam que ela faria tudo sozinha sem que eles precisassem ter iniciativa e pesquisar; tampouco imaginavam que ela os isentasse da necessidade de conhecer as ideias dos outros homens. Por mais que Marx fosse hipercrítico e demolidor em relação a rivais como Proudhon, sua consciência da realidade intelectual o obrigava a fazer-lhes justiça — conquanto seja necessário reconhecer que muitas vezes, como no caso de Lassalle e no de Ernest Jones, ele só o fizesse após a morte do indivíduo em questão; além disso, era meticuloso a ponto de se tornar pedante quando se tratava de reconhecer as contribuições não apenas de predecessores seus, como Ricardo e Adam Smith, como também do autor de um panfleto anônimo publicado em 1740, no qual encontrara o primeiro esboço de uma teoria do valor-trabalho.

Além disso, o marxismo dos fundadores da doutrina jamais atingiu a fase — a que posteriormente chegou nas mãos dos mais nobres líderes operários que aceitaram o materialismo dialético — em que se julga necessário que todo o pensamento seja funcional, ou seja, voltado para a agitação e a estratégia; que se virem as costas para todo o interesse que não seja de natureza política, não por não terem valor, mas por serem irrelevantes para o que deve ser feito. Marx e Engels ainda tinham algo da tradição renascentista: não haviam emergido completamente dessa matriz. Queriam influir sobre o curso da história, mas também adoravam o saber como um fim em si — ou, como talvez seja mais correto dizer, acreditavam que o saber conferia poder, e apesar da intensidade da vontade que tinha Marx de derrotar o inimigo na luta de classes, ele afirmava que sua máxima favorita era *"Nihil humanum alienum puto"*. Ele e Engels abordavam o passado com um respeito que nada tinha a ver com o impulso que, utilizando o marxismo como justificativa, vigorou numa das fases da Revolução Russa e foi imitado por marxistas de outros países: o de fazer tábula rasa da cultura.

A defesa feita por Engels das humanidades em *Anti-Dühring* é algo que seria aprovado com ênfase por qualquer defensor da educação humanística. Segundo Engels, a

"escola do povo do futuro" projetada por Dühring não passa de uma escola primária prussiana um pouco "enobrecida", na qual o grego e o latim são substituídos por um pouco mais de matemática pura e aplicada e, em particular, pelos elementos de filosofia da realidade e pelo ensino de alemão reduzido ao nível de Becker, isto é, mais ou menos ao nível da terceira série secundária.

Dühring

quer abolir as duas alavancas que, no mundo de hoje, dão ao menos a oportunidade de se elevar acima do limitado ponto de vista nacional: o conhecimento das línguas antigas, que abre um horizonte comum mais amplo ao menos para aqueles que tiveram uma formação clássica; e o conhecimento das línguas modernas, que é o único meio capaz de permitir que as pessoas de países diferentes compreendam umas às outras e informem-se do que está ocorrendo além das fronteiras de suas nações.

Quanto ao aspecto estético da educação, o sr. Dühring terá que refazê-lo completamente. A poesia do passado não serve para nada. Sendo proibidas todas as religiões, segue-se logicamente que os "adornos religiosos, mitológicos ou não" que caracterizam os poetas do passado não poderão ser tolerados nessa escola. Também o "misticismo poético", "tal como o praticado, digamos, por Goethe com tanta prodigalidade" há de ser condenado. Bem, o sr. Dühring ficará então encarregado de produzir para nós obras-primas poéticas que estejam "em conformidade com as exigências mais elevadas de uma imaginação reconciliada com a razão" e que representem o ideal puro que "denota a perfeição do mundo". E ele deve apressar-se! A conquista do mundo só será atingida pela comuna econômica [proposta por Dühring] no dia em que esta, reconciliada com a razão, caminhar em tempo binário e em alexandrinos.

E Marx e Engels sempre tinham à sua frente — ao contrário dos seus seguidores, que às vezes dele se esquecem completamente — o homem ideal renascentista, do tipo exemplificado por Leonardo ou Maquiavel, que tinha cabeça tanto para as ciências quanto para as artes, que era ao mesmo tempo homem de ação e pensador. De fato, uma das principais objeções por eles levantadas contra a sociedade industrial estratificada era o fato de que ela especializava as pessoas em profissões de tal modo que as impossibilitava de desenvolver mais que uma única aptidão; e um de seus principais argumentos a favor do comunismo era que ele voltaria a produzir homens "completos". Marx e Engels haviam repudiado radicalmente os eruditos da Alemanha idealista, os quais eles consideravam tão fatalmente deformados pela especialização na atividade intelectual quanto o proletário que trabalhava na fábrica exclusivamente em operações mecânicas, e desejavam levar eles próprios, na medida do possível, vidas de homens "completos". Sem dúvida Engels se aproximou desse ideal, com o trabalho na fábrica, a vida social, a prática esportiva, os estudos de idiomas, ciências naturais, economia e assuntos militares, seus artigos jornalísticos, seus livros, seus desenhos e versos, sua atuação política; quanto a Marx, o que lhe faltava em capacidade prática e atlética era compensado pelo alcance imenso de sua mente. É bem verdade que a obra de Marx, bordejando a de Engels e quase submergindo-a, foi necessariamente se tornando, pressionada pelas circunstâncias da época, quase exclusivamente econômica, e que os efeitos do progresso das máquinas, que já observamos em relação aos métodos de Taine, também são visíveis nas fases posteriores do marxismo, que se torna cada vez mais árido, mais técnico, mais abstrato. Porém há ainda em Marx e Engels, até o fim, o sentimento de um mundo rico e variado, a abrangência dos muitos tipos de domínios abertos a todos os homens, todos interessantes e todos bons em sua diversidade.

As idas de Engels a Londres eram sempre grandes ocasiões para a família Marx. Karl ficava tão excitado no dia em que o amigo deveria chegar que não conseguia trabalhar; ele e Engels passavam a noite em claro, fumando, bebendo e conversando. Contudo, a vida dos Marx na Inglaterra continuava a ser dura e miserável.

Como sempre, Marx não perguntara nada a respeito do pagamento quando fora convidado a escrever para o *Tribune* e ficou desconcertado quando soube que só iam lhe pagar cinco dólares por artigo. Durante o primeiro ano em que ele próprio escreveu os artigos, produziu sessenta escritos para o jornal americano. Dana gostava tanto deles que passou a publicar as melhores partes dos textos como editoriais, atribuindo a Marx apenas o restante. Marx protestou, mas o máximo que conseguiu foi que Dana publicasse todo o artigo como editorial, sem assinatura. Depois Marx foi reduzido a dois artigos por semana; e, quando terminou a guerra e a prosperidade do início dos anos 1850 foi se transformando em crise, obrigando o jornal a fazer economia, a um apenas — se bem que Dana tentou compensar oferecendo a Marx mais trabalho na *Enciclopédia americana* e em algumas revistas americanas. Assim mesmo, a renda de Marx sofreu uma queda de dois terços.

Eis um relato aparentemente fidedigno a respeito da vida da família Marx na época em que viviam no Soho, da autoria de um agente da polícia que lá esteve em 1853:

[Marx] vive num dos piores bairros, e portanto dos mais baratos, de Londres. Ocupa dois aposentos. O que dá para a rua é a sala, sendo o dos fundos o quarto. Não há um móvel limpo nem apresentável em nenhum dos dois cômodos: tudo está quebrado, rasgado e esfarrapado; a poeira cobre todas as coisas, e a bagunça é completa. No meio da sala há uma mesa grande e antiga coberta com oleado. Sobre ela há manuscritos, livros e jornais, bem como brinquedos, utensílios de costura de sua esposa, xícaras desbeiçadas, talheres sujos, lamparinas, um tinteiro, copos, alguns cachimbos de argila holandeses, cinzas — tudo empilhado na mesma mesa.

Quando se entra, a fumaça faz os olhos lacrimejarem de tal modo que de início se tem a impressão de que se está tateando numa caverna, até que se acostuma e consegue divisar alguns objetos. Tudo é sujo e empoeirado, e sentar-se é coisa bem arriscada. Aqui há uma cadeira com três pernas apenas; acolá há outra, por acaso inteira; nela as crianças brincam de cozinhar. Esta é a que é oferecida à visita; porém as comidinhas das crianças não são retiradas, de modo que quem se senta se arrisca a sujar as calças. Mas nada disso causa o menor constrangimento a Marx nem a sua esposa. Eles recebem a visita com muita amabilidade, oferecendo-lhe cachimbos, fumo, o que mais houver para oferecer. Aos poucos toma forma uma conversa inteligente e interessante, que compensa todas as deficiências domésticas, de modo que o desconforto torna-se suportável. Chega-se a ficar acostumado com os dois, achando-os interessantes e originais.

Às vezes passavam dias à base de pão e batatas. Numa ocasião, o padeiro, ao trazer o pão, apresentou sua conta e mandou chamar Marx; seu filho, então com sete anos e meio, salvou a situação dizendo que o pai não estava em casa, agarrando o pão e correndo para entregá-lo a Marx. Tudo vivia sendo penhorado, inclusive os sapatos das crianças e o casaco de Marx — o que os impedia de sair de casa. A prataria que Jenny herdara dos pais foi toda parar na casa de penhores, peça por peça. De certa feita o homem da casa de penhores, vendo numa peça de prata o timbre do duque de Argyll, chamou a polícia e Marx foi preso. Isso foi numa noite de sábado, e como todos os amigos respeitáveis da família tinham ido passar o fim de semana fora, Marx teve que ficar na cadeia até a manhã de segunda. Às vezes Jenny passava a noite inteira chorando, e Karl perdia a paciência: estava tentando escrever seu livro sobre economia.

O bairro estava cheio de infecções. A família sobreviveu a uma epidemia de cólera, mas houve um inverno em que todos ficaram gripados ao mesmo tempo. "Minha mulher está doente. Jennychen está doente" — escreveu Marx a Engels no outono de 1852. "Lenchen está com uma espécie de febre nervosa. Não posso chamar o médico, porque não tenho dinheiro para comprar remédios." Marx sofria de hemorroidas e furúnculos, que o impediam de frequentar a biblioteca. Em março de 1851, tiveram mais uma filha, que morreu de bronquite um ano depois. Essa criança jamais chegou a ter berço, e, quando morreu, sua mãe teve que pedir duas libras emprestadas a um refugiado francês para comprar um caixão: *"Quoique de dure complexion"*, Marx escreveu a Engels nessa ocasião, *"griff mich diesmal die Scheisse bedeutend an"*. Em janeiro de 1855 nasceu outra menina, mas em abril o único menino que restava morreu. Segundo Liebknecht, o menino tinha "olhos magníficos e uma cabeça promissora, a qual, porém, era pesada demais para seu corpo"; ele dera sinais de ter herdado o brilho do pai: foi este que enganou o padeiro. No entanto, era uma criança delicada, e seus pais não tinham como cuidar dele. Marx foi mais abalado pela morte desse menino do que pela de qualquer outro filho seu. Escreve ele a Engels:

> A casa parece deserta e vazia desde a morte do menino, que era sua própria alma. Impossível exprimir o quanto sentimos sua falta constantemente. Já sofri todos os tipos de azar, mas agora sei pela primeira vez o que é uma verdadeira desgraça. Sinto-me arrasado. [...] Em meio a todos os terríveis infortúnios por que tenho passado nos últimos dias, o que me dá forças é pensar em você e na sua amizade, e na esperança de que talvez ainda tenhamos algo de útil a realizar no mundo juntos.

Dois anos depois Jenny teve uma criança que nasceu morta, em circunstâncias tão dolorosas que Karl disse a Engels que não conseguia escrever a respeito do assunto.

Aparentemente, Jenny não era muito boa como dona de casa; era Lenchen, pessoa resoluta, que dirigia o lar. Porém tinha muito senso de humor: sua filha Eleanor lembrava que seus pais riam muito juntos; e Jenny soube comportar-se com dignidade e lealdade até o fim, apesar das circunstâncias inesperadas em que se viu jogada. Para o órfão Wilhelm Liebknecht, ainda na faixa dos vinte anos, outro refugiado socialista alemão, ela ora parecia

Ifigênia, amaciando e educando o bárbaro, ora Eleonora, trazendo paz de espírito a quem se questiona e perde a autoconfiança. Era mãe, amiga, confidente, conselheira. Era e ainda é para mim meu ideal de mulher. [...] Se em Londres não soçobrei, corpo e alma, em grande parte foi graças a ela, que, no momento em que julguei estar me afogando no mar duro do exílio, surgiu-me como Leucoteia ao náufrago Odisseu e deu-me coragem para nadar.

O agente de polícia citado anteriormente afirmou que Marx, "como marido e pai, apesar de seu temperamento instável e inquieto, era o mais doce e meigo dos homens"; e todas as outras testemunhas o confirmam. Em sua família, Marx era o patriarca, e onde ele dominava, ele sabia amar. Sempre continha os gracejos irreverentes e o linguajar vulgar quando havia mulheres ou crianças presentes; e se alguém dizia algo de indecente, ficava nervoso e até corava. Gostava de brincar com os filhos, e diz-se que escreveu várias das páginas sarcásticas de *O 18 brumário de Luís Bonaparte* com crianças montadas em suas costas, brincando de cavalo, chicoteando-o. Contava-lhes uma longa história sem fim sobre uma personagem imaginária chamada Hans Röckle, que tinha uma loja de brinquedos encantados, mas nunca tinha dinheiro no bolso. Hans tinha homens e mulheres, anões e gigantes, reis e rainhas, mestres e artesãos, pássaros e quadrúpedes, tantos quanto havia na arca de Noé, mesas e cadeiras, caixas e carruagens, grandes e pequenos, tudo feito de madeira. Mas, embora fosse mágico, tinha dívidas para com o açougueiro e o diabo, as quais jamais conseguia pagar; por isso era obrigado a vender seus lindos brinquedos ao diabo, um por um, o que o entristecia muito. No entanto, depois de muitas aventuras, algumas assustadoras, outras engraçadas, todos eles voltavam a Hans.

Liebknecht, que visitava os Marx quase diariamente, pinta um quadro muito simpático da família. Faziam passeios a Hampstead Heath aos domingos, com pão e queijo, cerveja e vitela assada, que levavam numa cesta. As crianças adoravam tudo o que era verde; uma vez viram uns jacintos num canto de um campo cheio de placas de "Proibido entrar", porém tiveram a temeridade de entrar assim mesmo. A volta para casa era muito alegre; cantavam canções populares de negros e — "asseguro-lhes de que é verdade", comenta Liebknecht — canções patrióticas alemãs, como "*O Strassburg. O Strassburg, Du wunderschöne Stadt*", canção que fora uma das peças que Karl copiara numa coletânea de canções folclóricas de vários países que compilara, quando estudante, para Jenny; Marx recitava trechos do *Fausto* e da *Divina comédia*; ele e Jenny recitavam Shakespeare, que haviam aprendido a amar com o pai dela. Era uma regra por eles adotada que, nessas ocasiões, ninguém podia falar de política nem queixar-se das tristezas do exílio.

Às vezes a pequena Jenny, que tinha os olhos negros e a testa alta do pai, entrava num "êxtase profético oracular", como dizia Liebknecht. Num desses passeios, ela pareceu entrar em transe e começou a improvisar uma espécie de poema sobre a vida futura nas estrelas. Sua mãe ficou preocupada; o pai ralhou e a fez calar-se.

A vida do exilado político é caracterizada por certos estados de espírito que não podem ser imaginados por aqueles que têm pátria. Justamente aqueles cujos princípios e interesses os elevavam acima do cidadão comum, ao se verem privados da base da cidadania, da relação orgânica entre indivíduo e sociedade, são reduzidos a algo menos que cidadãos. E, além das dificuldades que o exilado encontra para arranjar emprego e fazer amizades num país estrangeiro, é difícil para ele criar raízes no lugar onde agora vive, fazer uma carreira, porque está sempre na esperança de voltar a seu país quando o regime que o baniu for derrubado.

Para o comunista, a situação é ainda pior. Se ele escreve em sua própria língua a respeito do que está acontecendo em seu país, ele só pode publicar no estrangeiro obras que só são lidas por uns poucos emigrados e que, quando enviadas à pátria, podem comprometer seus destinatários (ver carta de Engels a Marx a respeito do panfleto de Marx sobre os julgamentos dos comunistas em Colônia). E, como se opõe a toda a sociedade, o comunista tem de tentar viver nela sem se tornar parte dela. Vê-se limitado a conviver com seus poucos camaradas, e esse pequeno círculo torna-se nervoso e mal-humorado; logo passam a desperdiçar sua energia mental e suas emoções em controvérsias estéreis e brigas mesquinhas. O entusiasmo pelo grupo transforma-se em intriga; o talento é corroído pela vaidade. Os relacionamentos de fraternidade revolucionária são degradados pelo ciúme e pela suspeita. Sempre protegendo-se da pressão que recai sobre eles tanto por serem estrangeiros como por serem inimigos da sociedade, o homem alienado de si próprio cede a impulsos de voltar-se contra seus aliados e acusá-los de trair a causa; sempre sujeito a estar sendo secretamente espionado, é levado a desconfiar de toda pessoa que dele se aproxima, como um possível informante; acaba esmagado pelo medo terrível de que os que lhe são mais íntimos estejam tramando traí-lo, e sua própria pobreza sempre lhe aponta um motivo possível para essa traição.

Marx e Engels tinham perfeita consciência desse perigo. Em 12 de fevereiro de 1851, Engels escreve a Marx: "Cada vez mais a pessoa se convence de que a emigração é uma instituição que necessariamente transforma todo indivíduo num tolo, num asno e num patife, a menos que ele consiga afastar-se totalmente dela". Mas era-lhes impossível afastar-se completamente: suas cartas estão cheias de menções a brigas por causa de fundos revolucionários, reuniões políticas sabotadas, críticas injustas, temores vagos. Numa carta a Weydemeyer de 2 de agosto do mesmo ano, Marx afirma que, além de todos os problemas que já tem, ele é obrigado a suportar

a baixeza de nossos inimigos, que nem uma só vez tentam atacar-me de modo objetivo, porém vingam-se de sua própria impotência espalhando calúnias nefandas a meu respeito, tentando destruir minha reputação. [...] Alguns dias atrás, o "famoso" advogado Schramm encontra um conhecido na rua e imediatamente começa a cochichar: "Dê no que der a

257

revolução, todos concordam que Marx está perdido. Rodbertus, que é quem deve ficar por cima, imediatamente mandará matá-lo". É assim que todos eles falam. Quanto a mim, acho graça nessas idiotices, e não deixo que me distraiam de meu trabalho nem por um momento, mas você pode imaginar o efeito nada salutar que elas têm sobre minha mulher, que está doente e passa o dia inteiro às voltas com problemas de dinheiro os mais deprimentes, e cujo sistema nervoso está abalado, quando todos os dias mexericos bobos vêm trazer até ela as emanações pestilentas do venenoso esgoto da democracia.

A afronta máxima que ocorreu nessa fase da vida de Marx foi um ataque dirigido por um certo Karl Vogt, professor de zoologia alemão, ex-membro esquerdista da Assembleia de Frankfurt, que posteriormente se exilara na Suíça. Durante uma daquelas guerras de exilados cujos detalhes não vale a pena reconstituir, Vogt publicou, em janeiro de 1860, um panfleto em que acusava Marx de chantagear ex-revolucionários que estavam tentando adaptar-se ao regime na Alemanha, falsificar dinheiro na Suíça e explorar os trabalhadores em benefício próprio. Em novembro do mesmo ano, Marx publicou um longo contra-ataque a Vogt. Seus amigos haviam feito o possível para dissuadi-lo, dizendo-lhe que era uma perda de tempo e dinheiro (já que ele próprio custeou a edição do livro); porém Marx insistiu, dizendo que, por mais vil que fosse o ataque, em consideração a sua esposa e a seus filhos ele tinha que defender sua carreira e seu caráter.

O senhor Vogt certamente limpou o nome de Marx e apresentou provas contundentes — com base no próprio ataque que dera origem à polêmica e que fora publicado num jornal patrocinado por Marx — de que Vogt era um propagandista pago por Napoleão III. Porém o leitor pode concordar com os amigos de Marx e concluir que teria sido melhor se ele houvesse — como dizem os marxistas — relegado seu acusador à História. Pois, quando o governo republicano francês, após a derrota de Sedan, publicou os arquivos do Segundo Império, constatou-se que Karl

Vogt havia de fato recebido 40 mil francos do imperador. E o livro de Marx a respeito de Vogt — apesar de conter um capítulo em que o autor analisa com agudeza a situação internacional e faz uma caricatura macabra de um daqueles sórdidos agentes de polícia que eram o tormento da vida do exilado — é certamente uma das obras mais maçantes, tediosas e irritantes da qual um homem de gênio já se orgulhou. Nela, Marx, com sua compulsão a analisar todo e qualquer assunto exaustivamente, a resolver cada questão com o grau mais elevado de exatidão, desmascara umas poucas mentiras e fraudes ignóbeis com uma maquinaria tão desproporcional a sua função que faz com que seu alvo pareça ainda mais trivial do que é. O sarcasmo de Marx, a única forma de humor que ele conhece, e que às vezes parece obsessivo, aqui se estende impiedosamente em chistes ao mesmo tempo forçados e asquerosos (Marx era quase tão obcecado por excrementos quanto Swift).

E, no entanto, *O senhor Vogt* tem um momento de grandeza que se destaca no final, como a assinatura de Marx. Quando as acusações de Vogt foram feitas, Marx quis abrir um processo de difamação na Alemanha contra o jornal que as veiculara. O tribunal de Berlim não aceitou o pedido; Marx apelou novamente mas nada conseguiu; levou a questão ao Supremo Tribunal e pela terceira vez foi derrotado. Frustrado, descarrega seu sarcasmo com força candente sobre os juízes desses tribunais mesquinhos que não dão razão ao juiz mais elevado. O Supremo Tribunal Real havia afirmado: "No presente caso, não parece ter ocorrido nenhum erro judicial". Assim, diz Marx, graças a um simples "não" (que em alemão vem no final da frase), um certo sr. von Schlickmann, em nome do Supremo Tribunal Real, tem o poder de rejeitar seu pedido. Tudo reside no ato de escrever aquela única palavra, sem a qual seu processo teria sido permitido. O sr. von Schlickmann não precisa refutar os argumentos apresentados pelo advogado de Marx; não precisa nem mesmo discuti-los; não precisa nem mesmo mencioná-los. Basta-lhe colocar "não" no final de uma frase.

Wo also bleibt die *Begründug* der "zurückweisenden" *Verfügung?* Wo die Antwort auf die sehr ausführliche Beschwerdeschrift meines Rechtsanwalts? Nämlich:

SUB III: "Ein solcher (Rechtsirrthum) *erhellt* jedoch im vorliegenden Falle nicht".

Streicht man aus diesem Satze SUB III das Wörtchen *nicht* weg, so lautet die Motivirung: "Ein solcher (Rechtsirrthum) *erhellt* jedoch im vorliegenden Falle". Damit wäre die Verfügung des Kammergerichts über den Hausen geworfen. Aufrecht erhalten wird sie also nur durch das am Ende aufpostirte Wörtchen *"Nicht"* womit Herr von *Shlickmann* im namen des Obertribunals die Beschwerdeschrift des Herr Justizrath Weber "zurückweist".

Αυτοτατος εφη. *Nicht.* Herr von *Schlickmann* widerlegt die von meinem Rechtsanwalt entwickelten Rechtsbedenken *nicht*, er bespricht sie *nicht*, ja *erwähnt* sie *nicht*. Herr von *Schlickmann* hatte natürlich für seine "Verfügung" hinreichende Gründe, aber er verschweigt sie. *Nicht!* Die Beweiskraft dieses Wörtleins liegt ausschliesslich in der Autorität, der hierarchischen Stellung der Person, die es in den Mund nimmt. An und für sich beweist Nicht Nichts. *Nicht!* Αυτοτατος εφη.

So verbot mir auch das *Obertribunul* den "Democrat" F. Zabel zu *verklagen.*

So endete *mein Prozess mil den preussischen* Gerichten.*

---

* Onde, então, se encontra o argumento em que se baseia esta rejeição? Onde, a resposta à pormenorizada petição apresentada por meu advogado? Ei-la:

No item III: "Ora, no presente caso, não parece ter ocorrido tal erro judicial".

Se omitirmos dessa sentença do item III a única palavrinha "não", a decisão fica assim: "Ora, no presente caso, parece ter ocorrido tal erro judicial". Desse modo, a ordem do Tribunal de Apelação é anulada e aniquilada. Ela só se sustenta com a colocação daquela única palavrinha "não", com a qual o sr. von Schlickmann, em nome do Supremo Tribunal, rejeita a petição do sr. Weber.

Ele próprio falou. "Não!" O sr. von Schlickmann "não" refuta os argumentos legais de meu advogado; ele "não" tenta nem mesmo discuti-los; ele "não"

* * *

O que realmente está por trás de todo o livro — é o que se percebe quando se chega ao trecho final — é a indignação impotente do homem íntegro cujos princípios o transformaram num rebelde, dirigida contra um sistema judicial que, precisamente porque ele é um rebelde, não reconhece sua integridade. Uma das coisas que mais irritaram Marx foi a afirmativa, incluída na decisão do tribunal, de que não havia nada nos ataques publicados que pudesse atingir sua reputação. E o caso de Marx é um exemplo. O tribunal está dizendo, na verdade: Você declara guerra à sociedade; como pode querer que os tribunais o defendam? Os juízes de Augsburgo não se decidiram contra Karl Vogt quando ele processou um jornal de Augsburgo que publicara acusações contra ele, do mesmo modo que os juízes de Berlim se decidiram contra Karl Marx? Por que não levar a coisa ao absurdo e pedir ao tribunal burguês que faça com que você pareça aos olhos de seus camaradas um revolucionário sincero e altruísta?

Outro tipo de acusação estava em jogo, que era séria o bastante e continha verdade bastante para irritar Marx — como sempre acontecia quando tais acusações eram feitas —, talvez mais do que todas aquelas histórias ridículas a respeito de dinheiro falso e chantagem. Vogt incluíra em seu livro uma carta escrita por um tenente prussiano chamado Techow, escrita em 1850, na época em que a Liga dos Comunistas rachara; Te-

---

menciona sequer. O sr. von Schlickmann tinha, naturalmente, bons motivos para fazê-lo, porém preferiu não os expor. "Não!" O poder de demonstração dessa pequena palavra reside exclusivamente na autoridade, na posição hierárquica da pessoa que a pronuncia. Por si só, "não" nada quer dizer. "Não!" *Ele próprio falou*.

Assim o Supremo Tribunal me proibiu de processar o "democrata" F. Zabel.

Assim terminou meu processo nos tribunais da Prússia.

chow fora membro da Liga. Na carta, o ex-camarada de Marx escrevera:

> Se Marx tivesse em si tanto coração quanto intelecto, tanto amor quanto ódio, eu faria qualquer sacrifício por ele, muito embora em diversas ocasiões ele tenha não apenas dado indícios de seu absoluto desprezo por mim, mas também o tenha expressado por fim da maneira mais franca. Ele é o único de nós em quem eu confio, por sua capacidade de liderança, a capacidade de apreender uma situação complexa sem se perder nos detalhes. Porém — prossegue Techow — Marx estava agora possuído pela ambição de dominação pessoal: só conseguia tolerar pessoas inferiores e desprezava os trabalhadores que o apoiavam.

Assim, Marx foi obrigado a criar seu próprio tribunal, no qual ele pudesse defender sua superioridade moral contra a polícia e seus espiões, os funcionários subalternos, os altos funcionários, todos os simulacros vazios do direito, que são capazes de rejeitar, sem esforço, sem sofrimento, sem nenhum brilho intelectual, o que é justo, o que necessariamente há de vir, apenas escrevendo a palavrinha "não".

Entre *O senhor Vogt* e *A luta de classes na França* há uma década de vida no exílio. A diferença entre os dois livros é chocante. No livro de 1850, escrito quando Marx tinha trinta e poucos anos, quando podia se dar ao luxo de gastar seu patrimônio num jornal revolucionário e penhorar todos os seus pertences, ainda empolgado com suas lutas recentes em Colônia, ele estava exultante, consciente de que sua mente vigorosa e original tinha todo um novo mundo intelectual para dominar; *O senhor Vogt*, de 1860, já semiatrofiado pela monotonia de Londres, o estado dos nervos de Jenny estando tão precário que, quando ela adoece com varíola no momento em que o livro está indo ao prelo, o médico diz a Karl que a infecção provavelmente a salvou de um colapso nervoso,

Marx não pode fazer mais do que rodar as engrenagens de sua mente, cuspir trocadilhos ácidos e bradar contra aquela sociedade que ele antes desafiava tão frontalmente.

E seu protesto será sufocado. Marx conseguiu desfazer-se de cerca de oitenta exemplares na Inglaterra, mas o livro jamais chegou a ser distribuído na Alemanha, pois o editor alemão que o publicara em Londres foi à falência. Marx havia acertado com o jovem editor que dividiria com ele os lucros ou os prejuízos, porém o rapaz tinha um sócio que não teve escrúpulos de invocar a lei e cobrar todos os custos da edição; assim, Marx não apenas perdeu o que havia investido como também teve que desembolsar outro tanto, ou quase. Jamais lhe ocorrera fazer um contrato por escrito.

21. PERSONAGENS HISTÓRICAS: LASSALLE

NUNCA FOI FÁCIL RESOLVER OS PROBLEMAS que decorrem do conflito entre internacionalismo e nacionalismo. As guerras de libertação da Revolução Francesa transformaram-se nas campanhas imperialistas de Napoleão. O socialismo de Marx e Engels exigia que um proletariado internacional, cujos interesses fossem os mesmos por toda parte, se levantasse contra a opressão de uma burguesia internacional, mas como esse conflito só poderia ter início quando o sistema industrial tivesse passado por todo o processo de desenvolvimento capitalista, os dois autores classificariam os diferentes países como mais ou menos "avançados", conforme o grau desse desenvolvimento; isso implicava que, em conflitos entre nações, caberia apoiar os países mais "avançados" — o que, por sua vez, possibilitava que se disfarçassem motivações que no fundo eram emocionais e nacionalistas por meio de argumentos que se pretendiam baseados numa estratégia exigida pelos objetivos do socialismo.

Esse conflito talvez tenha gerado mais paradoxos e absurdos do que qualquer outro aspecto do pensamento radical — foi assim que Shaw defendeu a política britânica na África do Sul, invocando o atraso dos bôeres; foi assim que alguns socialistas americanos aprovaram a participação dos Estados Unidos na Grande Guerra, argumentando que para chegar ao socialismo seria necessário antes salvar o capitalismo; foi assim também que os comunistas soviéticos, que haviam criticado os socialistas americanos, puderam afirmar que as alianças desejadas pelo Kremlin de algum modo contribuiriam para a revolução proletária que o Kremlin estava sabotando na Espanha. Assim, levando em conta tais eventos posteriores, a maneira como Marx e Engels encaravam esses problemas — especialmente tendo em vista o fato de que eram pioneiros no campo da estratégia internacional — nos parece surpreendentemente conscienciosa e sagaz. Mas nem por isso eles deixaram de cair em certas contradições flagrantes. Denunciaram as intenções imperialistas da Rússia e a exploração que os britânicos perpetravam na Irlanda, no entanto sua atitude em relação aos dinamarqueses e tchecos era bem semelhante à dos ingleses em relação aos irlandeses: tendiam a encará-los como povinhos incômodos, cujas pretensões de ter civilizações próprias não deveriam ser levadas a sério. A unificação da Alemanha era, na época, parte essencial de seu programa revolucionário, e implicava que não se tivesse muita paciência com as reivindicações de alguns povos vizinhos não germânicos em regiões onde os alemães também estavam envolvidos. Os únicos vizinhos oprimidos da Alemanha a cujas exigências eles davam atenção eram os poloneses, porque temiam que a Rússia dominasse a Polônia; e mesmo nesse caso, muito embora tivessem defendido os poloneses contra as explorações dos prussianos no tempo do *Neue Rheinische Zeitung*, Engels escreveu a Marx pouco depois — 23 de maio de 1851 — uma carta em que propunha uma tática horripilante de realpolitik na Polônia, segundo a qual, "sob o pretexto de defender" os poloneses, os alemães deveriam "ocupar seus fortes, em particular Posen", e "tirar dos poloneses ocidentais tudo que pudermos".

Quanto mais reflito sobre a história, mais claramente vejo que os poloneses estão completamente *foutu* como nação e que só podem ser úteis como meios para um fim até o momento em que a própria Rússia for levada a uma revolução agrária. A partir de então a Polônia não terá mais nenhuma *raison d'être*. Os poloneses jamais fizeram outra coisa na história senão cometer burrices corajosas e belicosas. Seria impossível citar uma única ocasião em que a Polônia, mesmo em comparação com a Rússia, representou com sucesso o progresso ou fez qualquer coisa de importância histórica. Por outro lado, a Rússia já se revelou uma força genuinamente progressista contra o Oriente, e assim por diante. Engels também aprovou os "ianques energéticos" por tomarem a Califórnia dos "mexicanos preguiçosos", por achar que os americanos teriam mais capacidade de trabalhar a terra e abrir as portas do Pacífico.

Quando os franceses foram finalmente provocados a lutar contra a Prússia devido à alteração feita por Bismarck no telegrama do rei, Marx e Engels tiveram dificuldade em calcular, com base em sua filosofia, qual seria a posição correta a adotar a cada etapa do desenrolar dos eventos. Começaram defendendo os alemães. "Os franceses estão precisando levar uma surra", afirmou Marx.

Se os prussianos vencerem, então a centralização do *poder estatal* ajudará a centralização da classe operária alemã. Além disso, a preponderância germânica deslocará o centro de gravidade do movimento operário na Europa ocidental da França para a Alemanha

— o que, segundo ele, implicaria "a preponderância da nossa teoria em detrimento das de Proudhon etc.". Mas, quando ficou claro que os prussianos não se contentariam em derrotar Luís Bonaparte e pretendiam também se apoderar da Alsácia e da Lorena, Marx e Engels começaram a protestar, argumentando que essa agressão levaria a França a aliar-se com o czar. Enquanto isso, eles vinham aprovando as resoluções tomadas pelas ramificações francesa e alemã da Internacional dos Trabalhadores, que condenavam as guerras nacionalistas em geral — embora inicialmente as hostilidades tivessem sido aceitas pelos trabalhadores alemães como uma "guerra defensiva" e um "mal inevitável".

Era difícil encarar a situação imediata com realismo e ao mesmo tempo conservar em mente o objetivo a longo prazo. Afinal, Bismarck representava — como os nacionalistas antes dele — a unificação alemã, e sua guerra contra a França, que tinha o efeito de obrigar os alemães do Sul a unir-se à Prússia para propósitos de defesa, era um meio de atingir esse fim. Marx e Engels estavam tentando manter nítida a distinção entre os interesses nacionais da Alemanha e as ambições dinásticas de Prússia. Como renanos, detestavam os prussianos; e talvez a única falha grave do realismo de seu prognóstico político tenha sido sua teimosa incapacidade de reconhecer a ascensão e o domínio da Prússia, mesmo quando o processo já estava bem adiantado. É curioso acompanhar, na correspondência dos dois, as reações aos acontecimentos. Escreve Marx a Engels por ocasião de sua primeira visita a Berlim na primavera de 1851: "Dá náuseas ver — especialmente no teatro — a predominância de uniformes". Engels ainda tem esperanças, em maio de 1866, pouco antes da batalha de Sadowa, que acabaria por consolidar o poder da Prússia, de que, se Bismarck declarar guerra à Itália, "os berlinenses explodirão. Bastaria que eles proclamassem a república para que toda a Europa virasse de pernas para o ar em poucos dias". Engels não conseguia acreditar que o norte e o sul da Alemanha chegariam "às vias de fato simplesmente porque Bismarck assim deseja" e previu que, se isso ocorresse, a Prússia seria derrotada; em seguida, mesmo após a Prússia ter derrotado a Áustria e seus aliados entre os Estados germânicos setentrionais, ainda era capaz de escrever:

> Toda essa história tem um aspecto positivo: ela simplifica a situação e portanto torna mais fácil o surgimento de uma revolução, eliminando os levantes das pequenas capitais e, seja como for, acelerando o desenvolvimento. Numa perspectiva mais ampla, um parlamento alemão é algo bem diverso de uma câmara prussiana.

Engels transmite a Marx as histórias que lhe contam amigos seus que estão morando na Alemanha, com uma mistura de ódio aos prussianos e desprezo pela timidez e inépcia dos povos de lugares como Frankfurt e Nassau, que acabam de ser anexados pela Prússia. "Wehner, que acaba de voltar de Hanôver, me disse que os oficiais prussianos já se tornaram absolutamente detestados por lá, juntamente com os burocratas e a polícia."

Esses porcos dos prussianos realmente estão atuando de modo admirável. Jamais teria eu imaginado que eles pudessem ser tão estúpidos; é que é impossível imaginar a extensão de sua estupidez. Tanto melhor. O processo está em andamento, e isso só vai apressar o advento da Revolução.

Porém Engels acaba de receber um relato em primeira mão das táticas do exército de Nassau. Tendo que construir uma ponte sobre o rio Meno, e fracassando após a primeira tentativa, devido a uma tempestade — "uma tempestade no Meno!", exclama Engels —, descobriram, ao retomar a tarefa, que só tinham pontões suficientes para chegar até o meio do rio; assim, escreveram para o povo de Darmstadt, pedindo-lhes que enviassem mais pontões.

Por fim os receberam e puderam terminar de construir a ponte sobre aquele terrível rio. Imediatamente em seguida, a gente de Nassau recebe ordens de marchar para o Sul. Deixam a ponte totalmente desprotegida, confiando-a a um velho barqueiro, a quem dizem que não deixe o rio levar a ponte. Alguns dias depois chegam os prussianos, tomam aquela ponte tão conveniente, fortificam-na e marcham sobre ela!

É exatamente como na campanha do Palatinado; e no entanto Engels, que narra a história com um toque de humor que trai sua afeição, não consegue acreditar no triunfo da Prússia.

Esses problemas do socialista alemão patriota em confronto com as atividades construtivas de Bismarck também se manifestam nas relações entre Marx e Engels e o grande porta-voz da fase seguinte do socialismo alemão: Ferdinand Lassalle.

Lassalle era filho de um próspero comerciante de sedas judeu de Breslau. Nasceu em 11 de abril de 1825, sendo, portanto, sete anos mais moço que Marx. Seu pai escolhera seu nome com base em sua cidade natal, Loslau, e o filho posteriormente afrancesou-o. No caráter e no relacionamento com a família, Lassalle sob certos aspectos tinha muito em comum com Marx. Era o único filho homem de seus pais e, como Marx, tinha uma inteligência privilegiada e era adorado pelo pai, a quem tratava com arrogância veemente. Ao contrário de Marx, porém, era emotivo, tumultuoso e vaidoso, em relação tanto a sua pessoa como a suas realizações. Tinha brigas terríveis com a irmã e tentava desafiar seus colegas na escola a duelos, acusando-os de caluniá-lo.

No caso de Lassalle, o rompimento com o judaísmo não ocorreu, como na família de Marx, na geração anterior, mas na sua. Ferdinand fora iniciado na sinagoga aos treze anos, e quando assumiu a liberdade do pensamento secular, ficou ainda mais deslumbrado do que Marx, o qual já possuía o exemplo do velho Heinrich na tradição do pensamento racionalista moderno. Desprezando o empreendimento comercial da família no ramo de sedas, exigiu formação universitária. A visão de Hegel aparentemente já o possuíra, pois, quando seu pai lhe perguntou o que ele queria estudar, ele respondeu: "O maior e mais abrangente estudo do universo, o que está mais intimamente associado aos mais sagrados interesses da humanidade: o estudo da História".

Passou por maus pedaços numa academia comercial de Leipzig. Seu orgulho e brilho intelectual precoce, bem como o gênio incontrolável, causaram conflitos com um prosaico diretor, que lhe disse que ele deveria tornar-se ator para poder desempenhar o papel de Shylock, o judeu usurário do *O mercador de Veneza* de Shakespeare. Quando, aos quinze anos, no auge da empolgação por Heine e Börne, soube da perseguição aos judeus em Damasco, fez uma anotação furiosa em seu diário: "Até mesmo os cristãos se surpreendem com a pachorra de nossa raça — não entendem por que não nos revoltamos, para podermos morrer no campo de batalha e não na câmara de torturas". Certa vez escreveu a Marx que se considerava revolucionário desde aquele ano, 1840 — e socialista desde 1843. Tentou entrar para um ginásio católico para lá fazer o exame vestibular para a universidade, julgando que, graças à aliança que os católicos estavam fazendo com os judeus contra o inimigo comum, a Prússia protestante, não haveria discriminação contra ele; porém foi rejeitado, com o argumento de que não havia cumprido todas as formalidades necessárias para a admissão. Imediatamente apelou para o Ministério da Educação e Culto Público, e chegou a convencê-lo a fazer com que fosse admitido. Lassalle teve sucesso nas provas; no exame oral ficou inclusive em primeiro lugar. Entretanto foi reprovado por um professor de teologia, um protestante, que, como representante do governo, dirigia o exame. Os examinadores protestaram; no entanto o representante, argumentando que seu próprio filho jamais pudera passar da sexta série, afirmou que não deveriam nem mesmo ter permitido que Lassalle realizasse os exames, já que ele havia apelado ao ministro, passando por cima dos chefes da junta examinadora. O rapaz apelou novamente para o ministro, que lhe disse que o jeito era tentar mais uma vez no ano seguinte. Foi o que Lassalle fez; foi então aprovado e ingressou na Universidade de Breslau.

Mas em Breslau meteu-se em apuros: foi punido com dez dias de detenção por protestar contra um professor que atacara Feuerbach e os jovens hegelianos; de lá seguiu para a Universidade de Berlim onde se empanturrou de Hegel; acordava às quatro da manhã para ler suas obras, e ficou empolgado com a ideia de que estaria realizando em si próprio a Ideia do Espírito do Mundo hegeliano. Escreveu ao pai: "Através da filosofia, transformei-me na razão que compreende a si própria — ou seja, Deus autoconsciente". Taxava o pai de burguês e fazia-lhe pedidos desesperados de dinheiro. Se havia em Lassalle algo de Marx, havia também muito de Disraeli. A caminho de Berlim, vindo de Breslau, passara pelas aldeias da Silésia onde a greve dos tecelões estava se desenrolando, e já se considerava um defensor do proletariado. Porém, queria igualmente fazer sucesso na sociedade; era um janota, montava cavalos fogosos e dedicava-se à conquista de mulheres com a mesma energia e eloquência irresistíveis que mais tarde exibiria em seus discursos políticos e arrazoados legais. A respeito de suas cartas de amor, poderia ter dito o mesmo que disse sobre um de seus panfletos:

270

que estava "tecendo com lógica e fogo uma teia que, a meu ver, surtirá o efeito desejado". Aos vinte e tantos anos, era esbelto, com cabelos castanhos crespos, uma bela testa de intelectual e um perfil aquilino incisivo.

Foi de maneira tipicamente engenhosa e anticonvencional que ele encontrou a primeira oportunidade de se tornar famoso, ao mesmo tempo que travou o primeiro combate em prol das vítimas de uma sociedade injusta. Havia uma dama, a condessa Sophie von Hatzfeldt, que nascera princesa e pertencia a uma das grandes famílias alemãs, e que se casara aos dezessete anos com um membro de um ramo diferente da mesma família, com a finalidade de resolver uma disputa a respeito da linha de sucessão entre esse ramo dos Hatzfeldt e o ramo do pai de Sophie. Seu marido assumiu uma atitude de antagonismo implacável em relação a ela; apossou-se do dinheiro que ela herdara; era-lhe infiel; tentou afastá-la dos filhos. Mandou as filhas para um convento em Viena e por fim, em 1846, ameaçou deserdar o filho de catorze anos caso não se afastasse da mãe. Nesse ponto Lassalle interveio. A condessa estava tentando divorciar-se, mas tinha contra ela toda a força da tradição: as famílias alemãs eram chefiadas pelos homens, e seus irmãos sabotavam-lhe todas as tentativas. Pois Lassalle, embora estudasse filosofia e não direito, procurou a condessa Von Hatzfeldt e a induziu a lutar por seus direitos e a colocar toda a questão em suas mãos. Ela revelara-se uma mulher de forte personalidade; fumava charutos e, segundo se conta, certa vez sacou uma pistola e ameaçou atirar num ajudante de ordens do rei que fora enviado para levar seu filho e interná-lo numa academia militar. Escreve Lassalle:

Convencida de que estava com a razão, ela confiou em suas próprias forças e nas minhas. Aceitou com entusiasmo minha proposta. Assim, eu, um jovem judeu sem influência, lancei-me contra as forças mais poderosas — eu sozinho contra o mundo, contra o poder da hierarquia e de toda a aristocracia, contra o poder da riqueza ilimitada, contra o governo e contra todos os funcionários graduados, que são invariavelmente os aliados naturais dos ricos e dos poderosos, e contra todos os preconceitos possíveis. Havia eu resolvido combater a ilusão com a verdade, os títulos de nobreza com a convicção da razão, o poder do dinheiro com o poder do espírito.

Era contra a própria submissão da mulher que Lassalle estava lutando. Certa vez disse à condessa: "A senhora parece não se dar conta de que seu corpo foi tomado emprestado por uma ideia de importância histórica perene".

Agiu depressa: fez com que seu pai lhe desse dinheiro e subornou os camponeses de Hatzfeldt, para que eles dessem depoimentos contrários ao conde, e a imprensa, para que a opinião pública se voltasse contra ele. O conde parecia prestes a capitular e aceitar um acordo com a condessa, quando Lassalle, com um gesto voluntarioso, pôs a perder tudo que havia conseguido. Lassalle enviara um criado à casa do conde para pedir uma entrevista particular, e o conde expulsou-o. Imediatamente o jovem retrucou com uma carta insolente, na qual ameaçava fisicamente Hatzfeldt a menos que ele lhe pedisse desculpas; o conde ficou tão furioso que foi afastada qualquer possibilidade de se entrar em um acordo. A pendência se arrastou por oito anos. Lassalle trabalhava febrilmente, apelando para todos os recursos. Conseguiu que fosse roubado da casa da amante do conde um escrínio que, imaginava ele, conteria uma apólice que garantia uma pensão à amante em detrimento dos interesses da condessa e seus filhos. Contudo, a apólice não estava lá, e os amigos de Lassalle que tentaram roubá-la foram presos. Em consequência Lassalle redobrou seus esforços: atacou o conde com uma bateria de processos, arranjou 358 testemunhas, fez acusações em 36 tribunais e ele próprio atuou como advogado. Chegou a organizar uma manifestação de camponeses contra Hatzfeldt nas terras do conde. Por fim, o próprio Lassalle foi preso por seu envolvimento no roubo do escrínio, em Colônia, em fevereiro de 1848.

Isso foi apenas alguns dias antes do levante na França. Lassalle afixou à parede de sua cela um "Manifesto ao povo" de autoria de Blanqui, que havia encontrado num jornal parisiense; e quando foi a julgamento em agosto fez um discurso de seis horas de duração, no qual sua defesa em relação ao envolvimento no caso do escrínio se transformou numa defesa mais ampla de sua "luta honesta e infatigável pelo reconhecimento dos profanados direitos do homem". Nesse ínterim, a condessa Hatzfeldt vinha aparecendo em reuniões públicas, denunciando as forças da reação e afirmando que se considerava uma proletária. O júri absolveu Lassalle, que se tornou herói revolucionário. Em Düsseldorf, o povo desatrelou os cavalos da carruagem em que vinham Lassalle e a condessa e puxou o veículo pelas ruas. A defesa no tribunal da Colônia revolucionária estabelecera sua reputação como orador, e ele entregou-se de corpo e alma à política. Chefiou uma delegação de Düsseldorf a um comício popular às margens do Reno convocado por Engels para declarar o compromisso de fidelidade à Assembleia de Frankfurt contra a Prússia, um evento de grande repercussão por toda a Alemanha; e em novembro foi preso por apoiar o apelo assinado por Marx, que instigava o povo a não pagar impostos e a mobilizar-se contra o governo. Marx e Engels fizeram o possível para tirá-lo da prisão, mas o governo só permitiu que seu caso fosse a julgamento em maio de 1849. Na prisão, ele atormentava as autoridades com um bombardeio contínuo de petições. Pressionava o carcereiro de modo tão impiedoso que o homem acabou se queixando para o governador; e quando este foi visitar o preso em sua cela, Lassalle o censurou por não ter lhe dado bom-dia, não o deixou dizer nada em protesto e exigiu que lhe permitissem processar as autoridades carcerárias. Quando finalmente apareceu perante o tribunal, já havia mandado imprimir e vender na cidade o discurso de defesa que ia pronunciar. Neste, atacava o governo por violar as reformas que ele próprio garantia e por usar os tribunais para perseguir pessoas que estavam apenas tentando fazer com que fossem implementadas; atacava também a Assembleia de Frankfurt por sua passividade. Quando descobriu que não seria permitida a presença do público no tribunal, recusou-se a fazer seu discurso, sabendo que o júri o havia lido, e simplesmente exigiu que fosse absolvido de imediato. O júri inocentou-o, porém as autoridades, convencidas de que se tratava de um homem perigoso, mantiveram-no preso até 1851, e prenderam também a condessa Hatzfeldt.

O divórcio da condessa foi concedido em 1850; e em 1854 o conde viu-se em posição tão desvantajosa que fez um acordo muito favorável a ela, que se tornou aliada íntima de Lassalle. Ao que parece, ele próprio não tinha sua mãe em boa conta; uma vez classificou-a de "gansa que chocou um ovo de águia", e sua relação com a condessa era do tipo filial — ela era vinte anos mais velha que Lassalle. Moraram juntos durante anos em Düsseldorf, já que ele não tinha autorização para voltar a Berlim. A condessa sacrificara sua posição na sociedade, enquanto Lassalle, graças a ela, se tornara mais equilibrado e mais polido. "Não posso mais manter relações com você" — disse ele a um de seus infelizes amigos judeus que haviam se envolvido no escândalo do escrínio e que estava prestes a cumprir pena na prisão por causa disso. "Você se tornou grosseiro e rude." Esse mesmo indivíduo, Arnold Mendelssohn, escreveu-lhe mais tarde: "Está escrito no livro do Destino que você há de destruir a si próprio e aqueles que se ligam a você". Porém uma carta que Mendelssohn escreveu à condessa mostra que ele permaneceu leal a algo nobre que havia em Lassalle por trás do exibicionismo arrogante.

A própria condessa era por ele tratada da mesma maneira manipuladora e dominadora. Quando finalmente conseguiu dar um jeito de voltar a Berlim em 1857, Lassalle ordenou-lhe, apesar de ela protestar com veemência, que não se juntasse a ele na capital, porque a rainha reprovava tanto sua conduta que não aceitaria a presença de ambos lá; portanto, conforme lhe havia sido dito, se a condessa viesse ele teria de sair de Berlim. Foi essa a época dos sucessos sociais e literários de Lassalle. Instalou-se — como ele próprio fazia questão de anunciar — numa casa esplêndida, com quatro grandes salões de festas, mais uma quantidade imensa de livros e vinhos. Lá recebia os membros da nobreza, da sociedade elegante e do mundo acadêmico que tinham coragem de visitá-lo. Uma jovem com quem Lassalle pretendia se casar, filha de um funcionário russo, escreveu uma descrição da residência. Segundo ela, o efeito geral não era agradável; a casa estava atulhada de numerosos móveis de diferentes estilos, com a nítida intenção de impressionar: divãs turcos, peanhas, bronzes, espelhos enormes, pesadas colgaduras de cetim, grandes vasos japoneses e chineses; porém seu gabinete era simples e sóbrio, revelando um gosto mais apurado. Ele acabara de publicar uma obra sobre Heráclito, na qual vinha trabalhando havia anos, e em que tentava encontrar no filósofo grego os princípios propostos por Hegel; no entanto, segundo Marx e outros, o livro tinha mais volume e exibição de erudição do que substância. Escreveu também, em versos brancos, uma tragédia sobre um tema relacionado com a revolta dos camponeses do século XVI, uma obra sobre jurisprudência de inspiração hegeliana e um panfleto sobre política internacional que, embora visasse promover a causa da revolução, prenunciava o plano de Bismarck de enfraquecer o poder austríaco. Lassalle passou a especular na bolsa de valores, foi visitar Garibaldi na Itália, atacou com uma bengala um ciumento funcionário do governo por causa de uma senhora casada na qual ambos estavam interessados, e ao mesmo tempo fazia a corte à jovem russa que conhecera em Aix-la-Chapelle, a quem uma vez escreveu uma carta de quarenta páginas; pedia à condessa que viesse para ajudá-lo nessa conquista, embora nessa época ele estivesse confinado a uma cadeira de rodas. Havia contraído sífilis aos 22 anos; a doença entrara na fase secundária e jamais fora tratada adequadamente, e os ossos de uma das pernas estavam sendo destruídos. Lassalle até então não havia conseguido desempenhar nenhum papel importante na política, e tudo o que fazia era desperdiçar suas energias. Já estamos no final do ano de 1860.

Lassalle havia tentado duas vezes, após 1848, entrar para a Liga dos Comunistas, porém os comunistas desconfiavam de suas ambições e de sua ligação com a aristocrática condessa — assim, sua única participação possível no movimento revolucionário era levantar fundos e ajudar os comunistas falsamente acusados em Colônia a fugir. Lassalle sempre admirara Marx e naturalmente respeitava-o como chefe do movimento. Havia levantado dinheiro para ele na época em que Marx fora pela primeira vez à Inglaterra; atendendo a um pedido deste, tentara-lhe arranjar trabalho jornalístico na Europa continental, negociara a publicação de um de seus livros e tentara obter a restituição de seus direitos de cidadania na Alemanha, depois que o novo rei, Guilherme, concedeu anistia aos exilados políticos, sujeita a muitas condições. Marx irritava-se com a presunção de Lassalle e seus modos arrogantes; provavelmente invejava-o por poder ir aonde bem entendesse e por estar morando na Alemanha. Evidentemente, detestava dever-lhe favores, e em suas cartas a Engels ridicularizava-o com ferocidade. Embora defendesse Marx em sua briga com Vogt, Lassalle tomara a liberdade de criticá-lo por ter acreditado nas acusações iniciais feitas a Vogt e repreender sua tendência a desconfiar de todo mundo. Marx, aliás, estava desconfiado de que Lassalle estivesse adiando a publicação do livro de sua autoria a fim de que saísse antes o panfleto que ele próprio escrevera e estava prestes a publicar pelo mesmo editor; e Lassalle foi informado dessa suspeita. Em consequência, para provar que era absolutamente isento de qualquer desconfiança em relação a ele, Marx enviou-lhe uma carta difamatória contra Lassalle, que recebera sete anos antes, mencionou outras acusações, que segundo ele estariam nos arquivos da Liga, e se arrogou o mérito de não ter acreditado nelas. Lassalle respondeu-lhe com uma ironia avassaladora: desafiava Marx tal como fazia com qualquer outro. O resultado foi que Marx começou a desconfiar de que Lassalle estivesse de fato sabotando a venda de seu livro. Não obstante, Lassalle convenceu Marx a visitá-lo em Berlim na primavera de 1861, fotografou-o e serviu-lhe veado com maionese; a condessa, "para insultar a família real", arranjou-lhe um lugar num camarote ao lado do camarote real, num balé. E Lassalle expôs a Marx o projeto de lançar um novo jornal radical, que seria dirigido por eles dois e financiado pela condessa. Com o advento de Guilherme e da anistia, os velhos revolucionários estavam voltando, e Lassalle queria criar um órgão para eles.

Porém as autoridades recusaram-se a permitir que Marx se instalasse na Alemanha sob quaisquer condições; e a possibilidade de Marx colaborar com Lassalle foi destruída nas vésperas da eclosão de um novo movimento operário na Alemanha, devido a infelizes considerações pessoais que interferiram com o que ambos acreditavam ser seu papel histórico. Lassalle retribuiu a visita de Marx indo a Londres em julho. Chegou empolgado com a nova agitação política na Alemanha, da qual ele havia começado a participar. Os uniformes que tanto haviam irritado Marx no ano anterior, quando ele assistira ao balé ao lado do camarote da família real, estavam começando a sofrer oposição. No Parlamento prussiano, a maioria liberal estava atrapalhando os planos do ministro da Guerra, que exigia um exército mais poderoso; como resultado, em 11 de março o rei Guilherme dissolveu o Parlamento. Quatro semanas depois, Lassalle fizera, perante uma organização de trabalhadores de fábricas em Berlim, um discurso por ele intitulado "Programa dos trabalhadores". O sufrágio universal concedido aos cidadãos do sexo masculino em 1848 fora substituído, no ano seguinte, por um sistema de três classes baseado na tributação direta — ou seja, na renda individual; dessa forma, a classe operária e a pequena burguesia ficaram praticamente excluídas numa época em que estavam sendo indiretamente exploradas por impostos sobre alimentos, selos postais etc., para custear a maior parte das despesas do governo. Lassalle apresentou-se como um dos líderes do movimento pelo sufrágio universal e, ao defender suas posições para sua plateia com a clareza e o vigor que lhe eram característicos, expôs também toda a teoria materialista da história: a luta de classes, o desenvolvimento da indústria e o papel do proletariado no futuro, em relação ao qual a luta pelo sufrágio universal era apenas uma tarefa momentânea.

Na medida em que as classes menos favorecidas lutam pela melhoria de suas condições de vida *como classe*, por uma situação melhor *como classe*, tanto mais esse interesse *pessoal* — longe de ir contra o movimento da história e ver-se condenado a uma trajetória completamente imoral — coincide, quanto a sua *direção*, com o desenvolvimento de todo o *povo*, com a vitória da Ideia, com os progressos da civilização, com o princípio vital da própria História, que nada mais é senão o desenvolvimento da *Liberdade*. Ou seja, conforme já vimos acima, a *vossa* causa é a causa de toda a *humanidade*.

Havia também começado a falar com os liberais em termos de dinâmica social marxista: dizia-lhes que as questões constitucionais não eram "questões legais mas questões de força"; jamais conseguiriam uma constituição preenchendo uma folha de papel com palavras, e sim apenas mudando as relações de poder. Lassalle pretendia forjar uma cooperação entre os trabalhadores e os liberais burgueses. As novas eleições de maio haviam colocado no Parlamento uma maioria de liberais ainda mais numerosa do que a anterior.

Numa carta a Engels, Marx iria afirmar que o "Programa dos trabalhadores" de Lassalle era uma "má vulgarização do *Manifesto* e outras ideias que já expusemos tantas vezes que já se tornaram mais ou menos lugares-comuns"; também ironizaria do mesmo modo o discurso de Lassalle sobre a constituição, tachando-o de óbvio. Porém essas críticas, do ponto de vista do que Lassalle estava tentando fazer — isto é, tornar os princípios marxistas atuantes na política —, eram completamente irrelevantes. E a questão do jornal ainda não estava resolvida. Marx escrevera a Engels que Lassalle só poderia ser útil como membro do corpo de colaboradores e "sob rígida disciplina". Quando Marx sugeriu a Lassalle em Berlim que seria bom convidar Engels a participar também, Lassalle respondeu que concordava, "desde que três não seja demais", mas que só o aceitaria se o voto dele e o de Marx valessem como um único voto, senão ele, Lassalle, perderia em todas as votações. Ora, Marx via-se na situação de ser obrigado a retribuir a hospitalidade de Lassalle justamente no momento em que sua situação estava mais negra.

Os Marx haviam finalmente conseguido sair do Soho. A mãe de Jenny morrera em 1856, legando à filha 120 libras esterlinas, e em outubro do mesmo ano o casal gastou quarenta libras em móveis e mudou-se para uma casa de quatro andares — uma residência que, em comparação com a anterior, era magnífica; os marcos das janelas eram de pedra trabalhada, incrustados na fachada de tijolo, com um vitral separado por uma parede da casa ao lado — em Grafton Terrace, Maitland Park, Haverstock Hill. Marx escreveu a Engels que, na próxima vez que ele viesse a Londres, encontraria sua família em *"ein vollständiges home"*. Porém mal eles haviam se instalado quando o *Tribune* começou a reduzir os artigos de Marx, de modo que — com o aumento das despesas, embora *"der show von respectability"* tivesse o efeito de facilitar o crédito de Marx na praça — a renda da família foi significativamente diminuída. A vida em Maitland Park acabara tão difícil quanto haviam sido os tempos do Soho. Marx queria manter as aparências por causa das filhas: se fosse apenas por ele, ou se só tivesse filhos homens — escreve a Engels — iria de bom grado morar em Whitechapel, "mas, para as meninas, agora que estão crescendo, essa metamorfose não seria nada aconselhável". As meninas eram extremamente inteligentes. Laura ganhara uma menção honrosa e Jenny um prêmio de primeiro lugar por aplicação ao estudo, no tempo em que eram as alunas mais jovens da escola particular em que Marx as colocara. Fizera-as também estudar música. Contudo as jovens tinham que encarar a realidade e ganhar a vida, e a pobreza e a amargura de seus pais constantemente as puxavam de volta para a sombra. No ano da visita de Lassalle, quando as moças estavam com dezessete e dezoito anos, a jovem Jenny, que quando criança tinha fantasias sobre a vida nas estrelas, deu sinais de estar entregando os pontos. Marx escreveu a Engels em fevereiro que ela passara dois meses sob cuidados médicos:

A menina está definhando a olhos vistos. Jenny já tem idade suficiente para se dar conta da tensão e da bagunça em que vivemos, e a doença da qual ela está sofrendo, a meu ver, tem este fato como causa principal. [...] Imagine só que ela procurou a sra. Young, sem nos dizer nada, para tentar arranjar trabalho no teatro.

Em junho, Marx escreveu: "As pobres meninas são causa de angústia cada vez maior para mim, porque tudo isso [devido a dificuldades financeiras, tinha sido necessário penhorar até as roupas das meninas e os sapatos de Lenchen] aconteceu durante a época da Exposição, em que todas as amigas delas estão se divertindo, e elas são obrigadas a ficar em casa, com medo de que alguém venha visitá-las e veja a miséria em que vivem". Também conta nessa carta que sua mulher diz todo dia que preferia estar na sepultura com as crianças. Lassalle chegou em julho. As mulheres da família Marx já haviam sido cativadas por ele. No ano anterior, quando a sra. Marx se recuperava da varíola e estava com o rosto cheio de cicatrizes, ele lhe escrevera cartas longas e galantes, nas quais tentava torná-la mais otimista a respeito de sua aparência. Lassalle dizia que as cartas dela eram tão encantadoras e simpáticas que lhe davam vontade de beijar-lhe a mão a cada palavra que lia; de fato, as cartas de Jenny a Lassalle contêm uma exuberância de gratidão que chega a ser patética. Havia muitos anos que Jenny não ouvia um comentário galante, ou mesmo via homens elegantes. Quando Marx a mandou para Ramsgate para se recuperar de uma de suas crises nervosas, ela travou conhecimento com "umas senhoras inglesas distintas e, *horribile dictu*, intelectuais", no dizer de seu marido; Marx comentou com Engels que esse contato fora positivo: "Após anos de más companhias ou ausência de companhias" tinha sido bom "ver gente do nível dela". E Lassalle, através de Marx, quando este voltou de Berlim, mandou mantilhas de presente para Jenny e todas as tais senhoras. Jenny vestiu a sua e começou a andar de um lado para o outro; "Tussy", a menorzinha, comentou, em inglês: "Igualzinha a um pavão!". Quando, por fim, Lassalle veio visitar os Marx, no auge da temporada londrina, no período da Exposição, ele trouxe consigo todo o glamour das rodas elegantes de Berlim.

Jenny fez o possível para agradá-lo; seu marido escreveu a Engels que ela "penhorou tudo o que não estava preso com pregos ou rebites". Porém a miséria e as Fúrias a derrotaram. O senhorio, que até então não havia se manifestado, exigiu as 25 libras a que fazia jus e ameaçou chamar os oficiais de justiça; o homem do piano, um indivíduo boçal e estúpido, ameaçou arrastar Marx ao tribunal caso ele não pagasse as seis libras que lhe devia; o padeiro, o quitandeiro, o vendedor de chá, todos vieram apresentar suas contas; e havia ainda os impostos a pagar. Como se isso não fosse bastante, o médico disse-lhes que a jovem Jenny estava em estado tão precário que precisava passar duas semanas à beira-mar; e Tussy começava a manifestar sintomas de algo que parecia icterícia. Lassalle falava sobre os 5 mil táleres que acabara de perder numa especulação e gastava, como o próprio Marx observou com azedume, pelo menos uma libra por dia só em táxis e charutos. A cada dia aumentava o mau humor de Marx. Comenta com Engels que como ele, Marx, não tem um emprego regular, mas apenas "trabalhos teóricos", Lassalle acha que tem o direito de roubar-lhe tanto tempo quanto quiser, e reage com um ressentimento furioso quando Lassalle se oferece para ajudar a resolver o problema das meninas instalando uma delas na casa da condessa, como sua acompanhante. Por fim, começa a achar Lassalle insuportável: "A conversa-fiada interminável com sua voz de falsete, os gestos expressivos desgraciosos, o tom de voz de quem está sempre corrigindo o ponto de vista do interlocutor". Marx achava que Lassalle mudara, em comparação com o que fora da última vez que o vira; havia ficado "completamente maluco": não era mais "apenas o maior dos estudiosos, o mais profundo dos pensadores, o mais brilhante dos investigadores, mas também um Don Juan e um cardeal Richelieu revolucionário". É possível — os eventos posteriores parecem confirmar a hipótese — que a impressão de mudança que Lassalle causou em Marx não fosse apenas produto da má vontade deste: sem dúvida, nessa época Lassalle demonstrava aquela inquietude fatal, aquela superexcitação desesperada que caracteriza o homem que sente as espiroquetas da sífilis no sangue e nos ossos. Fosse como fosse, Marx o via com olhos terríveis, que o reduziam ao esqueleto de uma caricatura. Em suas cartas a Engels, já esgotara seu estoque de apelidos insultuosos baseados na ideia de que Lassalle era um parvenu judeu: "Ele tem que viver como um barão judeu — ou melhor (através da condessa, pelo visto), como um judeu baronizado". Porém agora, ao examinar o cabelo de Lassalle e a forma peculiar de sua cabeça, conclui que certamente ele tem sangue de negro: "Esta combinação de sangue judeu alemão com uma base fundamental de sangue negro não poderia senão gerar um produto extremamente singular. Aliás, sua autoafirmação é bem coisa de crioulo".

Um dia Marx parecia tão deprimido que Lassalle lhe perguntou como andavam suas finanças. Os comerciantes ameaçavam parar de fazer entregas e processá-lo; Marx contou tudo ao amigo, que imediatamente se prontificou a ajudá-lo. Disse que lhe emprestaria quinze libras, incondicionalmente, e a quantia adicional que ele quisesse, tendo como fiador Engels ou outra pessoa. Marx aceitou as quinze libras e combinou de tomar emprestadas mais sessenta libras. Lassalle partiu; em agosto, Marx recebeu dele uma carta, enviada de Wildbad, exigindo uma promissória de Engels que especificasse que o próprio Engels teria de pagar-lhe oito dias antes da data do vencimento — "Não, é claro, que eu tenha alguma dúvida de que você tem sua aprovação", porém precisava de uma garantia para circunstâncias inesperadas ou morte. Marx ofendeu-se e escreveu-lhe uma carta sarcástica, dizendo que seu nome na promissória jamais apareceria relacionado de qualquer forma com a "vida burguesa" de Lassalle, nem comprometeria nenhum "drama burguês" seu. Como sempre, Lassalle contra-atacou. A coisa foi piorando cada vez mais. Seis dias antes do vencimento da promissória, Lassalle escreveu a Marx uma carta desagradável, na qual exigia o dinheiro e pedia também que Marx lhe devolvesse um livro anotado que ele lhe emprestara um ano antes; mandou em seguida um bilhete seco a Engels. O dinheiro foi pago imediatamente, e Marx, em sua resposta, disse algo que Lassalle poderia perfeitamente ter aceitado como pedido de desculpas: afirmou que não tivera razão ao ofender-se quando Lassalle exigiu que Engels se obrigasse a pagar a dívida, mas que ele não fora nada magnânimo da parte dele bancar o advogado de acusação numa época em que estava deprimido a ponto de dar um tiro nos miolos; Marx esperava que a amizade dos dois fosse forte o bastante para resistir àquele choque; ia enviar-lhe o livro imediatamente, porém descobrira que isso lhe custaria dez xelins. Assim terminou o relacionamento de Marx e Lassalle.

Entretanto Lassalle voltara à Alemanha para realizar a tarefa mais importante de sua existência, para a qual lhe restavam apenas dois anos de vida. Em agosto, a Câmara prussiana recusou-se a aprovar uma verba para mais de dois anos de serviço militar. O ministro da Guerra exigia três anos: os dois primeiros, comentava-se, para ensinar o soldado a atirar no inimigo estrangeiro, e o terceiro, a atirar em seus pais. O rei estava a ponto de abdicar, reclamando, com ingenuidade, que não conseguia encontrar um ministério que lhe permitisse governar sem a aprovação da maioria do Parlamento, quando então Bismarck veio acudi-lo, oferecendo-se para formar o ministério que queria o rei e convencendo-o a deixar que ele assumisse o poder. Pensando apenas na guerra iminente com a Áustria, na necessidade de fazer da Alemanha uma grande potência, dominada e treinada pela Prússia, anunciou que era hora de um regime de "sangue e ferro". E pôs-se a governar durante quatro anos sem orçamento aprovado pelo Parlamento, implementando o programa militar e dirigindo desafios e insultos aos parlamentares, sob o pretexto de que a Constituição não especificava o que se devia fazer quando o rei e o Parlamento não conseguissem entrar em acordo quanto a esse tema. Enquanto isso, o "Programa dos trabalhadores" de Lassalle havia sido confiscado pela polícia assim que fora publicado, e seu autor estava sendo processado "por ter publicamente incitado as classes de não proprietários a odiar e desprezar as classes de proprietários". Lassalle pronunciou outro discurso, no qual instigava a Câmara a protestar suspendendo suas atividades. Porém os liberais alemães de 1862 eram tão verborrágicos e incapazes quanto os de 1848. Perderam sem qualquer resistência sua liderança na prática de um procedimento parlamentar que não podia mais obter reconhecimento; e a liderança do movimento pró-reforma passou definitivamente para mãos bem diversas.

No início de dezembro, um delegado proletário de Leipzig pediu a Lassalle que convocasse um congresso geral da classe operária alemã. Lassalle havia começado a aplicar-se, com uma empolgação ainda mais febril do que lhe era de costume, ao estudo da economia; e passou a promover uma agitação que não tinha precedentes, na Alemanha do período, em termos de atividade, ousadia e brilho. Em janeiro do ano seguinte, foi julgado pelo seu "Programa dos trabalhadores". Falou durante quatro horas; atacou o advogado de acusação, filho de Schelling, com citações das obras de seu pai; derrotou as tentativas do promotor de fazê-lo calar-se, argumentando que tinha o direito de manifestar-se a respeito da questão de se permitir ou não que ele falasse; e fez uma falação pró-operária que muito agradou aos membros do sindicato de Leipzig que tinham ido a Berlim para ouvi-lo. Em março, Lassalle lhes apresentou um manifesto de luta: "Agora já existe um partido dos trabalhadores. Esse partido precisa ser provido de um embasamento teórico e um grito de guerra prático, ainda que o preço seja a minha cabeça 33 vezes". Em maio organizou o partido, com o nome de Associação Geral dos Operários da Alemanha.

Lassalle já havia atraído a atenção de Bismarck, que nele vira uma força que merecia ser levada a sério. O ministro-presidente convidou-o para uma entrevista, na qual discutiram a situação da classe operária. Nessa época, Lassalle estava propondo um programa estatal de auxílio às associações produtivas de trabalhadores; para levantar o dinheiro, bastava conceder o sufrágio universal e fazer com que os próprios trabalhadores votassem a favor de empréstimos. A principal diferença entre Lassalle e Marx — embora, conforme já vimos, Marx e Engels nem sempre fossem coerentes em relação a essa questão — era que, para Lassalle, o Estado não era apenas o instrumento de uma classe dominante, indesejável em si e, na melhor das hipóteses, uma necessidade temporária para a instauração da ditadura do proletariado que tornaria possível a concretização do comunismo, mas "uma unidade de indivíduos num todo moral", que poderia garantir "uma quantidade de educação, poder e liberdade que lhes seria inatingível enquanto permanecessem como simples combinação de indivíduos". Lassalle nem mesmo fazia objeções à monarquia em si, se ela representasse esse Estado "moral"; após sua morte, Bismarck disse ao Reichstag que Lassalle não era "em absoluto" um republicano. Naquele momento, Lassalle e Bismarck tinham em comum — embora tivessem nas mãos instrumentos diferentes e os objetivos finais fossem diversos — o desejo de tirar o poder dos liberais burgueses. Deve-se observar também que Lassalle tinha outro ponto de divergência com Marx — e com Bismarck —, à medida que tentava reincorporar ao socialismo a ideia de amor fraternal que Marx havia repelido:

> Aquele que invoca a Ideia da condição do operário como o princípio governante da sociedade [...] pronuncia um brado que não visa dividir e separar as classes sociais, e sim um brado de reconciliação, que engloba toda a sociedade, [...] um brado de *amor* que, a partir do primeiro momento em que se elevar do coração do povo, *permanecerá para sempre como o brado verdadeiro do povo*, e continuará, em virtude de seu conteúdo, essencialmente um *brado de amor*, mesmo que soe como um brado de guerra.

Por sua vez, Lassalle trata Bismarck como se fosse o chefe de uma grande potência aconselhando o chefe de uma outra grande potência a respeito do que deve fazer para o próprio bem. Quando a Associação Geral foi fundada, ele enviou a Bismarck uma cópia de seus estatutos, com a seguinte mensagem: "Venho por meio desta encaminhar a Vossa Excelência a constituição de meu reino, o que talvez lhe dê motivo para invejar-me". Quando Bismarck começa a fechar jornais e proibir o debate político, Lassalle o adverte de que dessa forma ele está estimulando a revolução. Lassalle viaja pela Renânia em triunfo. Em

Solingen, um burgomestre liberal manda a polícia dissolver um de seus comícios, e Lassalle manda um telegrama a Bismarck exigindo "imediatas satisfações legais". Em Berlim o problema é mais sério: os liberais venceram as eleições de outubro, e seus discursos desencadeiam distúrbios. Finalmente é preso, acusado de alta traição, por ordem do promotor público, o qual — afirma Lassalle — jamais lhe perdoou por ter lhe jogado na cara as ideias de seu eminente pai; e consegue fazer com que Bismarck transfira Schelling para outra cidade.

Porém em janeiro de 1864 a guerra com a Dinamarca já era iminente. Lassalle fez o possível para convencer Bismarck, com previsões assustadoras, a conceder o sufrágio universal antes de declarar a guerra; afirmou que uma guerra prolongada ocasionaria distúrbios e insurreições na Alemanha, e o rei ou demitiria Bismarck ou a "História" adotaria "suas medidas fatais" em relação a "seu governo e sua monarquia". Mas àquela altura Bismarck sentia que o poder já estava todo em suas mãos, conforme declarou mais tarde. Na sua última entrevista com Lassalle, o junker, com o charuto insolente que fumaria por tantos anos soltando fumaça na cara de diplomatas e parlamentares, aconselhou-o a adquirir "uma propriedade fundiária e uma esposa feia" se ele quisesse fazer uma boa carreira. Levando os dinamarqueses a acreditar piamente que a Inglaterra viria salvá-los — "A mentira é uma potência europeia!", já dissera Lassalle num de seus manifestos proletários —, Bismarck desencadeou uma guerra com a Dinamarca que, longe de ser prolongada, terminou um mês depois, e que permitiu à Prússia anexar os territórios de Schleswig, Holstein e Lauenburg, além de garantir o controle do porto de Kiel. Bismarck não precisa mais de Lassalle para ajudá-lo a afastar os "progressistas". Manda um subordinado seu escrever-lhe um bilhete dizendo que está ocupado demais para recebê-lo, e que não pode marcar um encontro para o futuro. Lassalle tenta um último recurso. Sutilmente propõe uma discussão sobre a questão aberta entre a Prússia e a Áustria pela anexação de Schleswig-Holstein, a maior preocupação imediata de Bismarck; porém, após esperar três dias sem pôr a carta no correio, não resiste à tentação de acrescentar um pós-escrito no qual manifesta, não muito delicadamente, seu espanto por ter sua carta anterior sido respondida de forma tão descortês, e diz ao ministro-presidente que quaisquer iniciativas futuras terão de partir de Bismarck. Foi o fim do relacionamento entre Lassalle e Bismarck.

Mas Lassalle não parou de agitar. As autoridades o perseguiam com maior ferocidade, e seu estado físico era cada vez pior; em sua casa, contudo, constantemente vasculhada pela polícia, continuava a escrever panfletos e mais panfletos, a preparar discursos e mais discursos; quando sua voz desaparecia de repente, pincelava a garganta com nitrato de prata e conseguia usar as cordas vocais por mais duas horas. Queixava-se do ar nas salas de reuniões, dizia que detestava as delegações de operários e que lamentava não poder dirigir o movimento de seu gabinete; mas agora os trabalhadores não desconfiavam mais dele como antes, pois sabiam que sua coragem era indomável. Mais uma vez levado ao tribunal por alta traição, mais uma vez Lassalle faz sua defesa, como ele próprio diz, com "a fúria de um tigre hircano", fazendo os juízes levantarem-se e gritarem de raiva: e mais uma vez é absolvido. Por fim recebe uma pena de doze meses de prisão em Düsseldorf. Apela, mas, apesar de se empenhar ao máximo, só consegue reduzir a pena para seis meses.

Não sabe mais se resistirá. Se, no outono, quando tiver que ir para a prisão, sentir que seus nervos não aguentam, terá que fugir para o estrangeiro. Mas nesse ínterim resolve ir a uma estação de cura na Suíça para tentar recuperar as forças. Quando parte de Düsseldorf no último dia de junho, uma gigantesca manifestação operária despede-se dele na estação.

Em Rigi-Kaltbad, Lassalle encontrou uma jovem que já conhecia de Berlim e com quem havia flertado antes, filha de um historiador chamado Von Dönniges. A moça tinha um pouco de sangue judeu, e fisicamente parecia-se com o próprio Lassalle. Tinha lindos cabelos ruivos alourados, e "uma cabeça sólida e rebelde". Certamente era mais inteligente e mais ousada do que a maioria das mulheres de seu meio. Ao que parece, ela e Lassalle se identificaram um com o outro na imaginação de um modo que por vezes tem um efeito inebriante sobre pessoas egoístas, mas também o perigo de poder se transformar numa repulsa mútua súbita e violenta. Helene chama-o de "águia", "mestre e senhor"; fala de sua "presença demoníaca"; diz que foge com ele para o Egito se seus pais não o aceitarem, porém pede-lhe que tente uma solução respeitável. Lassalle, por sua vez, tem pensado muito ultimamente em fazer um casamento brilhante. Vão a Genebra conversar com a família de Helene.

Mas a história se repete. O velho Von Dönniges faz uma cena terrível. Helene vai direto a Lassalle, à pensão onde ele está hospedado; joga-se na cama, diz-lhe que é sua para todo o sempre e pede-lhe que a leve para a França. Lassalle no entanto não a quer desse modo: exige que os pais dela o aceitem; quer casar-se da maneira tradicional. Leva-a para casa — e a perde irrevogavelmente. Seus pais a retiram de Genebra, impossibilitando-o de vê-la outra vez. Lassalle fica possesso: mobiliza a condessa, que solicita ao bispo de Mogúncia que atue como intermediário entre o pai de Helene e Lassalle; pede ajuda ao coronel Rustow, militar revolucionário que é seu amigo; procura Richard Wagner — o qual acha Lassalle "extremamente antipático" e afirma que "sua motivação fundamental" não passa de "vaidade e sofrimento fingido" — e tenta convencê-lo a intervir junto ao rei da Baviera, pois Von Dönniges é funcionário do governo bávaro. Por fim consegue fazer com que o ministro das Relações Exteriores da Baviera pressione o pai de Helene a fim de permitir que Lassalle a veja. Este, já tendo estudado o aspecto legal da questão, pode provar que, pelas leis de Munique, o pai de Helene não tem o direito de coagi-la. Von Dönniges permite o encontro. Lassalle exige duas horas; mas Helene, que foi intimidada e já começa a reagir ao próprio arrebatamento, recusa-se a vê-lo. Dez minutos! "Quando foi que Lassalle já se contentou com dez minutos de falação?" Helene lhe escreve, dizendo que está tudo terminado, pois vai casar-se com um jovem, um inofensivo nobre romeno, que já fora seu noivo uma vez. Lassalle, como reformador, fora contra os duelos; porém agora resolveu desafiar tanto o pai quanto Von Rakowitz, o jovem romeno. Von Rakowitz aceitou o desafio, e o duelo é marcado para a manhã de 28 de agosto. Rustow aconselha o amigo a praticar um pouco de tiro antes, mas Lassalle, com sua costumeira autoconfiança, não segue o conselho. Levou um tiro mortal no abdômen antes que tivesse conseguido dar um tiro.

Marx e Engels jamais se comportaram de modo tão repulsivo quanto após a morte de Lassalle. Engels normalmente sentia ciúmes de todo aquele que ameaçava tornar-se colaborador de Marx; este, por sua vez, costumava estimular essa tendência do amigo. Fosse como fosse, Marx ficou furioso com a apoteose proletária que ocorreu depois da morte de Lassalle, e escreveu a Engels, com o sarcasmo habitual, que estavam tentando utilizar como prova dos poderes sobre-humanos de Lassalle o fato de que ele sobrevivera ao tiro por quatro dias, embora sofrendo de peritonite: os pacientes de peritonite, disse Marx, sempre viviam dois dias no mínimo. Engels estimulou a indignação do amigo consultando um compêndio de medicina e copiando trechos que afirmavam que os pacientes de peritonite podiam sobreviver por muitos dias; um trabalhador em Paris que fora escoiceado sobrevivera por sessenta ou setenta horas.

Engels, porém, embora dissesse que Lassalle fora para eles "no atual momento um amigo muito pouco confiável, e no futuro, praticamente com certeza, um inimigo" e perguntasse como era possível que "um homem político" como ele duelasse "com um aventureiro romeno" (certa vez Engels e Marx haviam conseguido dissuadi-lo de travar um duelo), admitia que Lassalle fora politicamente "o sujeito mais importante da Alemanha", "o único homem de quem os industriais e aqueles canalhas do Partido do Progresso têm medo". E Marx ficou realmente chocado: quase chegou a sentir remorsos.

Dear Frederick:* [Caro Frederick:] O infortúnio de L desgraçadamente não me sai da cabeça o dia todo. Apesar de tudo, ele ainda era da *vieille souche* e inimigo dos nossos inimigos. Além disso, a coisa foi tão inesperada que é difícil acreditar que um indivíduo tão buliçoso, *stirring* [arrebatador], *pushing* [enérgico], agora esteja mortinho da silva, e sua língua permaneça *entirely* [inteiramente] imóvel. Quanto à causa de sua morte, você está cheio de razão. Foi mais um dos muitos atos insensatos que ele cometeu durante a vida. *With all that* [Apesar dos pesares], lamento que nosso relacionamento tenha sido tão turbulento nesses últimos anos, embora não haja dúvida de que a culpa foi dele. Por outro lado, ainda bem que resisti a instigações de todos os lados e jamais o ataquei em seu "Ano de Jubileu".

Marx ouvira dizer que a condessa Hatzfeldt andava comentando que ele deixara Lassalle na mão, e escreveu a ela: "Mesmo sem levar em conta suas capacidades, eu pessoalmente o amava. O que é triste é que nós ocultamos esse fato um do outro como se fôssemos viver para sempre".

Talvez Engels tenha certa razão ao afirmar, numa carta a Marx, que Lassalle fora vítima de seu próprio cavalheirismo volúvel e cego: "*Der L ist offenbar daran kaputt gegangen, dass er das Mensch nicht sofort in der Pension aufs Bett geworfen und gehörig hergenommen hat, sie wollte nicht seinem schönen Geist, sondern seinen jüdischen Riemen*". Mas George Meredith, em *Os trágicos comediantes*, que segue com muita fidelidade um esboço biográfico publicado por Helene von Dönniges, pôs o dedo no impulso básico que destruiu a carreira de Lassalle. Era o orgulho, e não o cavalheirismo, que era excessivo e tinha algo de louco. Embo-

---

* Daqui em diante, as passagens que aparecem em inglês e em francês nas cartas poliglotas de Marx e Engels serão grifadas na tradução [e mantidas no original, seguidas, no caso dos trechos em inglês, da tradução para o português (N. T.)]. As palavras enfatizadas serão representadas com maior espaçamento entre as letras, tal como é costume fazer em alemão. (N. A.).

ra Meredith só aborde o episódio de Helene e não remonte ao passado, desde o início fora o orgulho que se colocara como obstáculo a seus projetos, ao mesmo tempo que estimulava seu heroísmo. Lassalle superestimou sua força no caso de Helene, justamente como fizera antes com o conde Hatzfeldt, a quem irritou e provocou quando podia ter obtido um acordo imediato; justamente como fizera com as autoridades de Colônia, com suas exigências e agindo de modo ofensivo, e por isso permaneceu meses na cadeia após ter sido absolvido; justamente como fizera com Marx, deixando que a casmurrice neurótica do outro o levasse a assumir uma atitude arrogante em relação a um de seus poucos camaradas revolucionários de capacidade comparável à sua, tornando impossível a colaboração entre eles; justamente como fizera com Bismarck, agindo de tal modo que seria impossível voltar a entrevistar-se com ele.

Mas não é justo concluir, como o fizeram Marx e Engels e outros posteriormente, que Lassalle ou se venderia a Bismarck, ou seguiria sua orientação. Com um orgulho que, como o de Swift, sempre se manifestava como insolência, Lassalle foi levado, apesar de seus gostos aristocráticos, a lutar pelo proletariado espoliado, do mesmo modo que Swift, a despeito de suas ambições mundanas, foi levado a lutar pelos irlandeses empobrecidos. Homens desse tipo jamais se tornam príncipes senão no reino da arte, da ética e do pensamento, e nunca conseguem entrar em acordos e alianças — sob esse aspecto, Lassalle é muito diferente de Disraeli — com os príncipes do mundo, muito menos com os policiais e pequenos funcionários que os servem. Talvez se possa afirmar, em teoria, que Lassalle teria desfrutado o poder em si, porém a questão prática é: como pode chegar ao poder um homem que está sempre criando casos por causa de pretensões que os poderosos, pelo próprio fato de estarem no poder, não podem reconhecer? É ocioso especular a respeito da possibilidade de que o auxílio estatal à produção dos operários proposto por Lassalle levasse ao socialismo de Estado de Bismarck: como pode vender-se a Bismarck um homem que não consegue resistir ao impulso de insultar Bismarck? Lassalle, a seu modo peculiar e trágico, também era um intransigente.

Os anos difíceis do início da década de 1860, em que ocorreu o rompimento definitivo entre Marx e Lassalle, ameaçaram pôr fim até mesmo à amizade entre Marx e Engels.

Na noite de 7 de janeiro de 1863, a amante de Engels, Mary Burns, morreu subitamente de apoplexia. "Não posso sequer exprimir o que sinto", escreveu Engels a Marx num bilhete curto: "A pobre moça me amava de todo o coração". Em sua resposta, Marx limitou-se a comentar que a notícia o "surpreendeu e chocou", que Mary era "simpática, espirituosa e dedicada"; em seguida, discorreu longamente sobre a miséria em que vivia, queixando-se da dificuldade de obter um empréstimo em Londres, e concluiu assim: "Quem dera que, em vez de Mary, fosse minha mãe, que sofre de tantos males e, além disso, já viveu o bastante [...]". Porém mesmo aqui uma ironia generalizante põe em relevo a atitude sarcástica de Marx: "Veja você as ideias estranhas que surgem na cabeça de 'pessoas civilizadas' quando estas se veem pressionadas por certas circunstâncias".

Para entender o efeito que esta carta teve sobre Engels, é preciso antes acompanhar a correspondência trocada pelos dois durante os onze anos que haviam decorrido desde que Engels se estabelecera em Manchester. Ano após ano, semana após semana, Marx chorava miséria e pedia dinheiro a Engels. Este lhe prometera uma espécie de mesada, mas Marx nunca conseguia se satisfazer com ela, e vivia forçando o amigo a meter-se em malabarismos financeiros que iam contra a consciência comercial de Engels. No entanto, provavelmente pior era a mania que tinha Marx de obrigar Engels não apenas a sustentá-lo como também a escrever artigos que Marx havia se comprometido a produzir, sendo que o pagamento ia para o bolso de Marx. O aspecto mais desagradável do relacionamento entre os dois é o modo como Marx insiste com Engels para que ele termine os artigos a tempo de serem enviados no próximo navio, numa época em que o amigo está trabalhando o dia inteiro e às vezes tem assuntos a resolver à noite — mesmo quando se leva em conta que Engels escrevia com facilidade enquanto Marx tinha dificuldade em redigir. A situação de Engels é ao mesmo tempo cômica e patética. Numa ocasião, em 1852, quando tem de ficar em seu escritório até as oito horas todas as noites, ele escreve a Marx que terá de passar a noite seguinte escrevendo um artigo que prometeu aos cartistas, e, portanto, só poderá fazer o artigo para o *Tribune* na noite seguinte. Responde Marx:

> Se o seu tempo está tão contado, certamente é melhor escrever para Dana do que para Jones. Mando em anexo uma carta de Weydemeyer que deixa bem claro como é importante que esses artigos não sejam interrompidos.

Mesmo depois que convence Marx a escrever ele próprio os artigos em alemão, é Engels que tem de traduzi-los; e mesmo depois que Marx já aprendeu a escrever em inglês de modo razoável, ele ainda obriga Engels a produzir alguns textos sobre assuntos militares e comerciais. Em 1857, Engels teve uma crise de saúde, talvez em parte por excesso de trabalho. Havia se comprometido a produzir uma parte dos verbetes que Dana incumbira Marx de escrever para a *Enciclopédia americana*; chega a ser comovente ver Engels trabalhando antes, durante e depois de sua doença, apesar de afirmar não entender do assunto, em verbetes sobre exército, artilharia e generais cujos nomes começam com A e B. Quando escreve a Marx que já se restabeleceu o suficiente para poder voltar a montar, este lhe escreve em resposta:

> *I congratulate you upon your equestrian performance* [Parabéns por suas proezas equestres]. Mas não vá dar saltos colossais: breve você terá uma oportunidade mais séria de arriscar a pele. Você parece *to ride somewhat hard this hobbyhorse* [levar a sério demais essa sua mania].

Em 1858, Marx escreve, após pedir a Engels que compre para ele um livro novo de que precisa:

Não acha que você já tem material suficiente para escrever algo mais geral sobre o *state of the British forces in India* [estado das forças britânicas na Índia] e algo de natureza conjetural para sexta-feira? *It would be a great bonn* [boon] [seria excelente] para mim, pois levarei quase uma semana para revisar meu manuscrito.

Quando, em 1859, Engels está pensando em escrever um panfleto, Marx se dirige a ele no tom de um professor que fala com um aluno: "Considere-se totalmente liberado do seu trabalho para o *Tribune* (a menos que, o que é pouco provável, algum acontecimento da guerra faça seu panfleto caducar), até que a coisa esteja pronta".

As cinco libras foram recebidas. Você devia seus *war-articles colour a little more* [*sic*] [dar um pouco mais de cor aos seus artigos sobre a guerra], já que você está escrevendo para a *general newspaper* [um jornal geral], e não para um periódico científico sobre assuntos militares. É fácil tirar do "Correspondente" do *Times* algo de mais descritivo e individual e inserir no seu texto. Eu não posso fazer isso, porque haveria uma discrepância estilística.

Enquanto isso, a contradição entre as opiniões e os objetivos comunistas de Engels e suas atividades profissionais continuava a gerar tensões constantemente, tal como já ocorrera em Barmen, só que agora não havia nenhuma perspectiva de alívio à vista. A falsidade de sua posição é ressaltada de modo cômico numa carta a Marx escrita em 15 de novembro de 1857, cheia de entusiasmo a respeito da depressão industrial:

O aspecto geral da Bolsa de Valores daqui tem andado muito divertido nas últimas semanas. As pessoas andam incomodadas com a disposição de espírito particularmente alegre que de repente se apossou de mim. *Indeed* [De fato], a bolsa é o único lugar onde o *dulness* [tédio] de que venho sofrendo se transforma em elasticidade e *bouncing* [*sic*] [sensação de energia, leveza de espírito]. E, naturalmente, sempre faço previsões pessimistas, o que irrita aqueles asnos ainda mais. Na quinta-feira a situação estava particularmente deplorável; na sexta os cavalheiros estavam ruminando a respeito do possível efeito da suspensão da lei dos bancos; e assim, quando a cotação do algodão sobe um pêni, dizem: "O pior já passou". Mas ontem um *despondency* [desânimo] muito gratificante voltou a predominar; todo o poder e a glória desapareceram, e quase ninguém queria comprar nada, de modo que nosso mercado ficou tão ruim quanto antes.

Porém Engels jamais demonstra impaciência. Logo depois que a família Marx se mudou para Grafton Terrace, parecendo estar em melhor situação, Marx lhe escreve para dizer que perdeu o emprego do *Tribune* e que sua situação está agora "mais desesperadora do que em qualquer outra época nos últimos cinco anos". Por um momento apenas Engels dá a entender que a notícia o desconcertou:

Sua carta foi para mim como um raio caído de um céu azul. Julgava eu que tudo estivesse finalmente indo bem, que você estivesse instalado numa boa casa e os *business* [negócios] todos acertados, e agora pelo visto a situação está completamente incerta. [...] Por volta dos primeiros dias de fevereiro, vou lhe enviar cinco libras, e até segunda ordem você receberá sem falta a mesma quantia todos os meses. Mesmo que eu tenha de começar o novo ano fiscal com um monte de dívidas, *c'est égal*.

Em 1862, Engels escreve:

Se lhe apresentei um relatório de minhas despesas, não foi com a intenção de desestimular a sua "exploração", como você diz. Pelo contrário, confio em que continuaremos a nos ajudar mutuamente sempre que for necessário — não faz a menor diferença qual de nós num dado momento seja o "explorador" ou o "explorado": os papéis a qualquer momento podem ser trocados. Só entrei em todos aqueles detalhes para lhe mostrar a impossibilidade de levantar mais do que aquelas dez libras no momento.

Isso continuou até a morte de Mary Burns. Mas há também outros fatores envolvidos na reação de Engels à carta de Marx. Para uma pessoa afável como ele, certamente um esforço consciente se fazia necessário para aguentar a misantropia implacável de Marx. É o que sentimos ao ler a correspondência. Marx tinha o gênio satânico do satirista: seu sarcasmo é a manifestação autêntica de sua natureza, e é por esse motivo que tantas vezes ele é eficaz; porém o sarcasmo de Engels não convence. Embora ele saiba ser cômico, não consegue usar o humor como arma mortífera: o máximo que consegue é cair no mau gosto. Além disso, a maneira como Karl e Jenny tratavam Mary Burns sempre fora uma questão delicada para ele. Observe-se que, ao falar sobre a morte de Mary na carta citada anteriormente, Marx não transmite nenhuma mensagem de condolências da parte de Jenny. O pobre Engels, que havia feito o que Marx não fizera — declarar guerra à família burguesa —, sacrificara, por levar uma vida boêmia, mais do que se pode imaginar hoje em dia. Durante esses anos todos, vivera obcecado com a ideia de que Mary Burns descendia do poeta Robert Burns, aparentemente através de Highland Mary; fez viagens à Escócia e à Irlanda para confirmar sua teoria, sem jamais ter encontrado absolutamente nada de concreto. Fosse como fosse, Engels só respondeu no dia 13 a carta que Marx lhe escrevera no dia 8, nos seguintes termos:

296

Prezado Marx: Você certamente há de compreender que a desgraça que me acometeu e a sua atitude fria em relação a ela me impediram de lhe responder antes.

Todos os meus amigos, inclusive simples conhecidos filisteus, souberam manifestar, nessa ocasião que não podia senão me abalar profundamente, mais solidariedade e amizade do que eu esperava. Você aproveitou a oportunidade para demonstrar a superioridade da sua maneira de encarar as coisas com frieza (*Denkungsart*).

E Engels levanta também a questão financeira:

Você sabe em que estado estão minhas finanças; sabe também que faço tudo o que posso para ajudá-lo a sair de sua difícil situação. Mas a quantia considerável que você menciona me seria impossível levantar no momento, como você mesmo certamente sabe.

Enumera três maneiras possíveis de obter o dinheiro, e conclui assim: "Se nada disso der certo, então o jeito é mesmo apelar para aquele que acaba de lhe passar um pito".

Dez dias depois Marx lhe responde, pedindo desculpas e dizendo que se arrependera da carta tão logo a enviara; mas "sob tais *circumstances* [circunstâncias] eu *generally* [geralmente] não consigo senão recorrer ao cinismo". E sua falta de tato e sentimento é tamanha que ele se estende por páginas e páginas queixando-se de sua situação, e mais ou menos dando a entender que sua carta anterior saiu como saiu devido à pressão que sua mulher lhe impusera. Mas foi até bom — prossegue Marx — Engels ter reagido dessa maneira, porque agora Jenny certamente há de compreender que é impossível continuarem vivendo no atual padrão de vida. Pois bem: ele vai abrir falência, vai mandar as filhas arranjarem emprego como governantas; vai mandar Lenchen procurar outro emprego, e ele e Jenny e a pequena Tussy vão morar numa casa de cômodos.

Mas o amigo, naturalmente, não aceita isso. Apela para um

recurso perigoso, assinando uma promissória que com certeza não poderá pagar na data do vencimento, e envia a Marx cem libras. Então para de escrever a Marx durante 22 dias, deixando duas cartas sem resposta. O pobre Marx, em cartas cada vez mais angustiadas, continua a demonstrar sua falta de tato: tenta fazer as pazes com Engels contando-lhe que disse a Jenny que nenhum dos outros problemas da família causados por "esses aborrecimentos burgueses" é mais sério do que os incômodos proporcionados a Engels por causa deles; porém isso teve o efeito — Marx não deixa de acrescentar — de contrariar Jenny ainda mais e piorar a situação doméstica. Em seguida pede a Engels uma explicação do funcionamento da máquina de fiar automática — Mary Burns havia trabalhado com uma delas —, e oferece ao amigo uma análise extraordinariamente sutil e absurdamente alongada da diferença entre "máquina" e "ferramenta". Há nessa carta uma passagem extraordinária — é impossível saber se Marx a insere como um pedido de desculpas ou como tentativa de explicar sua falta de tato — que tem importância profunda com referência a toda a vida e o pensamento de Marx. Diz ele, ao comentar a sua ignorância em relação a máquinas em geral, que está estudando mecânica prática em caráter "puramente experimental". E afirma: "É exatamente o mesmo que ocorre comigo em relação a idiomas. Compreendo as leis matemáticas, porém a mais simples realidade técnica que necessite de intuição é mais difícil para mim do que o mais intricado problema". Quando Engels deixa de responder a essa carta e à seguinte, Marx teme tê-lo ofendido novamente. "Se lhe falei de máquinas, foi só para distraí-lo e ajudá-lo a tirar da cabeça os pensamentos tristes". E talvez seja verdade mesmo que Marx tentara dar ao amigo a oportunidade de exibir seus conhecimentos a respeito de fábricas e ao mesmo tempo expor suas próprias limitações — este, talvez, o maior sacrifício de que era capaz. Marx, contudo, não resistira à tentação de pintar na outra carta um quadro tão negro de sua situação pessoal que seria impossível entendê-lo como tentativa de alegrar Engels, e que só poderia servir como testemunho do quanto ele estava sofrendo por expiação. Assim, Marx diz que passou doze dias sem poder ler, escrever nem fumar — "Tive uma espécie de infecção na vista, complicada por um mal dos nervos da cabeça terrivelmente revoltante [...]. Entreguei-me a todos os tipos de devaneios psicológicos a respeito de como seria ficar cego ou enlouquecer". E Marx se digna a revelar sentimentos pessoais involuntários, coisa tão rara nele; comenta a respeito de Manchester que "esse lugar deve ter ficado muito vazio para você. Sei disso por experiência pessoal, pois ainda fico aterrorizado toda vez que passo por perto de Soho Square".

Quando por fim Engels responde, diz a Marx que este há de desculpá-lo por ficar tanto tempo sem escrever. Havia tentado sair de sua depressão dedicando-se ao estudo dos idiomas eslavos, "mas a solidão tornou-se insuportável". Dá a entender que recorreu à dissipação. "Ajudou; agora já voltei ao normal." Por algum tempo, demonstra uma leve arrogância em relação a Marx; parece ofendê-lo não indo visitá-lo em uma de suas idas a Londres. Mas logo voltam ao relacionamento antigo, só que agora talvez haja na atitude de Engels em relação a Marx um pouco mais de benevolência jocosa. *"Voilà bien le père Marx!"*, escreve Engels numa carta de Marx escrita em 1867 que Marx datara "1859"; e no outono anterior já havia zombado de leve do amigo por ter ele dado a alguém uma nota promissória sem perceber seu valor.

Alguns meses após a morte de Mary Burns, Engels começou a viver com a irmã de Mary, Lizzy, mais religiosa que a irmã, porém assim mesmo uma boa companheira. Uma vez Engels escreveu a seu respeito: "Ela era de origem proletária irlandesa autêntica, e o sentimento de classe apaixonado que era instintivo nela valia mais para mim do que qualquer das elegâncias dessas moças burguesas pedantes, 'instruídas' e 'sensíveis'". Sua vida prosseguiu mais ou menos como antes.

As semanas de janeiro e fevereiro de 1863 devem ter sido o pior momento de toda a trajetória do relacionamento Marx--Engels; e o fato de que conseguiram atravessar esse período sem que sua amizade fosse seriamente abalada é testemunho não apenas da capacidade que tinha Engels de ser indulgente e compreensivo, mesmo quando essas qualidades eram pouco correspondidas, mas também da grandeza de Marx, capaz de sobrepujar suas terríveis falhas de caráter.

22. PERSONAGENS HISTÓRICAS: BAKUNIN

POUCO DEPOIS, devido a uma combinação de circunstâncias, por algum tempo a vida de Marx tornou-se mais estável e digna. Wilhelm Wolff — um dos poucos comunistas alemães em quem ele e Engels confiavam e de quem permaneceram amigos (Marx dedicou *O capital* a sua memória) — morreu na primavera de 1864 e legou a Marx oitocentas libras; e no outono do mesmo ano Engels tornou-se sócio da Ermen & Engels, podendo, portanto, mandar mais dinheiro a Marx. No verão de 1866, Laura Marx tornou-se noiva de um jovem médico cubano chamado Paul Lafargue, em cujas veias corria sangue francês, espanhol, negro e índio; casaram-se dois anos depois. Jenny casou-se no outono de 1872 com um socialista francês chamado Charles Longuet, que tivera de sair da França depois da Comuna e dava aulas no University College, em Londres. Assim, o problema das moças estava resolvido; porém Marx fazia objeções políticas aos dois genros: costumava dizer que "Longuet é o último proudhoniano, e Lafargue o último bakuninista — o diabo que os carregue!". Na primavera de 1867, Marx terminou o primeiro volume de *O capital*, que foi publicado no outono. Era a primeira exposição substancial de suas ideias gerais numa forma detalhada e desenvolvida. A *Crítica da economia política* que Marx publicara em 1859 havia embatucado até mesmo seus discípulos, com suas abstrações implacáveis e obscuras, e causara muito pouco impacto — embora, significativamente, tivesse sido publicada no mesmo ano que *A origem das espécies* de Darwin, que para Marx fornecia uma "base na ciência natural" à filosofia do materialismo histórico.

E, após uma década de reação, a rebelião dos trabalhadores estava renascendo com vigor e estabelecendo uma nova solidariedade geral. Na Inglaterra, o movimento sindicalista viera substituir o cartismo. O crescimento das cidades industriais acarretara a expansão das indústrias de construção civil e de mobiliário, e os empregados desses segmentos ficaram sem trabalho quando, no final dos anos 1850, ocorreu uma recessão. Coisa bem semelhante estava acontecendo na França, onde Napoleão III estava reconstruindo Paris e os seguidores de Proudhon e Blanqui organizavam os trabalhadores desempregados. Já vimos de que modo o movimento dos trabalhadores prussianos crescera sob a liderança de Lassalle. Wilhelm Liebknecht, que voltara do exílio em 1862, havia convertido ao socialismo marxista um jovem torneiro chamado August Bebel e, após ter sido expulso da Prússia em 1865, estava organizando no Sul da Alemanha uma Liga de Sindicatos de Trabalhadores Alemães. A Guerra de Secessão americana de 1860-5, ao suspender a exportação de algodão, provocara uma crise na indústria têxtil; e, com a libertação dos escravos americanos em 1863, a abolição da servidão na Rússia em 1861 e a revolta dos poloneses em 1863, as ideias liberais e revolucionárias ganharam novo ímpeto. Em julho de 1863, já começava a cristalizar-se um movimento internacional de trabalhadores. Os sindicatos ingleses, cuja atuação estava sendo prejudicada pela importação de mão de obra da Alemanha, França e Bélgica, fizeram um apelo aos operários franceses para que entrassem em um entendimento comum contra os patrões; e os franceses, após uma demora de quase um ano, devida à hesitação dos líderes proletários em romper definitivamente com os partidos liberais burgueses, aceitaram a proposta dos ingleses. A Associação Internacional dos Trabalhadores foi fundada em St. Martin's Hall, Londres, em 28 de setembro de 1864. Assim, quatro semanas após a morte de Lassalle, Marx foi convidado para a primeira reunião da nova organização proletária, da qual ele viria a tornar-se o cérebro, tendo seus dois genros, entre outros membros, como lugares-tenentes.

Quem lê a correspondência de Marx dessa época fica impressionado ao ver até que ponto mesmo uma personalidade tão independente quanto a dele — apesar de suas queixas constantes de insônia e doenças — pode ser influenciada por uma relativa segurança financeira, pela consciência de estar produzindo uma realização intelectual importante e pela responsabilidade decisiva por um empreendimento coletivo. Tem-se a impressão de que a atuação de Marx na Internacional caracteriza-se por bastante sensatez e tato. No Conselho Geral, ele tem que lidar com homens pertencentes a diversos partidos e seguidores de diversas doutrinas que não contam com sua aprovação: velhos owenistas e cartistas, discípulos de Blanqui e Proudhon, patriotas poloneses e italianos; e por algum tempo consegue trabalhar com eles sem se envolver em desavenças pessoais mais sérias. Talvez a necessidade de terminar seu livro o induzisse a evitar criar problemas. Sem dúvida, as suspeitas obsessivas e a agressividade histérica dos tempos do racha na Liga dos Comunistas são bem menos visíveis nesse momento. Além disso, não tem mais Lassalle como rival.

O Marx desse período — apesar de tudo — tornou-se uma força que o poder burguês, pela ação de policiais ou xerifes, não pode mais expulsar nem expropriar, um homem a quem os outros recorrem como se para aprender princípios permanentes e verdadeiros, numa era de ilusões políticas, como quem procura para uma nova viagem um piloto que jamais se perdeu ou naufragou nas tempestades da revolução e da reação.

Lafargue nos deixou uma descrição de Marx visto por um jovem admirador na década de 1860. Seu gabinete, no primeiro andar da casa, dava para Maitland Park, e era bem iluminado. Nele havia uma mesa de trabalho simples, de um metro de comprimento e sessenta centímetros de largura; uma cadeira de braços de madeira, na qual Marx trabalhava; um sofá de couro e mais um ou dois móveis. Em frente à janela havia uma lareira, ladeada de estantes. Nelas os livros davam a Lafargue uma impressão de desordem, por estarem ordenados por assunto, volumes *in quarto* lado a lado com panfletos, e grandes pacotes de jornais velhos e manuscritos nas prateleiras de cima, em pilhas que chegavam até o teto. Por todo o recinto havia papéis e livros, misturados a charutos, fósforos, latas de fumo e cinzas.

Porém Marx sabia onde cada objeto estava guardado: marcava seus livros e dobrava-lhes as páginas sem se importar se se tratava de edições de luxo e sabia localizar imediatamente os trechos e dados que mencionava em suas conversas. Os livros e papéis obedeciam-lhe como se fossem seus braços e pernas: "São meus escravos", dizia Marx, "e têm de me servir a meu bel-prazer". Sua mente — diz Lafargue, numa imagem feliz — era como um navio de guerra sempre preparado para partir imediatamente em qualquer direção no mar do pensamento. O tapete estava totalmente gasto no trecho entre a porta e a janela, porque Marx costumava andar de um lado para o outro quando ficava sozinho em seu gabinete, trabalhando e pensando. É a essa época que pertencem aqueles retratos e fotos bem conhecidos — e bem diferentes da imagem carrancuda, tensa, pouco à vontade e agressiva que se vê na foto tirada em Berlim por Lassalle, quando Marx acabara de completar sessenta anos — em que se percebe algo semelhante à benevolência, grandeza de imaginação e serenidade proveniente de uma superioridade moral nos olhos fundos, na testa larga, na juba e barbas vastas, já grisalhas, imagem de um rebelde desafiador se transformando em patriarca bíblico pleno de autoridade.

Como já vimos, o discurso inaugural preparado por Marx para a Associação Internacional de Trabalhadores tinha de manter um equilíbrio precário: precisava contentar os sindicalistas ingleses, que só pretendiam realizar greves vitoriosas e não ligavam nem um pouco para seu "papel histórico"; os proudhonianos franceses, que se opunham às greves e à coletivização dos meios de produção, e que acreditavam em sociedades cooperativas e no crédito fácil; os seguidores do patriota Mazzini, que estava mais interessado em libertar a Itália e não queria envolver a luta de classes nesse processo. Conforme explicou a Engels, Marx lamentava ter sido obrigado a incluir no discurso abstrações tais como "dever" e "direito" e a afirmação de que era o objetivo da Internacional "indicar as leis simples da moralidade e justiça, que deveriam governar as relações entre indivíduos privados, como regras fundamentais do intercurso entre as nações". Mas ele incluiu também uma condenação candente das consequências do progresso industrial na Inglaterra, que estava ligada a ideias suas desenvolvidas em *O capital*. Marx demonstrou que, embora as importações e exportações inglesas tivessem triplicado em vinte anos, verificava-se que, em vez de ser abolida a miséria, conforme as previsões dos apologistas da classe média, as populações urbanas e rurais estavam agora mais aviltadas e subnutridas do que nunca.

> Em todos os países da Europa, é agora uma verdade que se pode demonstrar para toda mente despida de preconceitos, e que só pode ser negada por aqueles que estão interessados em iludir as pessoas, que nem o aperfeiçoamento das máquinas, nem a aplicação da ciência à produção, nem os artifícios da comunicação, nem a criação de novas colônias, nem a abertura de mercados, nem o livre-câmbio, nem todas essas coisas juntas abolirão a miséria das massas trabalhadoras; mas que, pelo contrário, com base nas falsas bases atualmente vigentes, todos os novos progressos das forças produtivas do trabalho tenderão a intensificar as discrepâncias sociais e aguçar os antagonismos sociais. A morte causada pela fome atingiu quase o nível de uma instituição, durante esta época de embriaguez com o progresso econômico, na metrópole do Império Britânico. Esta época está assinalada nos anais do mundo pelo retorno mais rápido, o âmbito mais extenso e os efeitos mais letais da praga social denominada crise comercial e industrial.

Marx continuou a dirigir a Internacional com tolerância e prudência surpreendentes até o final do Congresso de Basileia de 1869, no qual os adeptos da coletivização derrotaram definitivamente seus adversários. Marx não comparecia a esses congressos anuais, mas os controlava por meio de seus lugares--tenentes. Estava tentando fazer com que a Internacional não tomasse uma parte excessivamente grande de seu tempo; certa ocasião, mandou dizer que havia ido à Europa continental para tratar de assuntos da Internacional para que o deixassem em paz em Londres; porém escreveu a Engels: *"Well, mon cher, que faire? Man muss B sagen, sobald man A gesagt".* A cada ano que passava, a organização se tornava mais importante. No final dos anos 1860, calculava-se que já possuísse 800 mil membros regulares, e seu poder aumentava à medida que a Internacional se aliava a outros sindicatos que se declaravam solidários a ela. A imprensa da Internacional afirmava serem 7 milhões de membros, e as estimativas da polícia chegavam a 5 milhões. A Internacional organizava fundos de greves e impedia a importação de fura-greves. O próprio nome da organização em pouco tempo tornou-se um espantalho para os empregadores, de modo que bastava ameaçar os patrões para que eles se dobrassem. Como se inesperadamente, quando já haviam se resignado a viver sob a reação e ocupar-se com trabalhos literários, Marx e Engels se viram na posição de líderes de um imenso movimento proletário com possibilidades revolucionárias. *"Les choses marchent"*, escreveu Marx a Engels em setembro de 1867.

> E quando estourar a próxima revolução, o que talvez ocorra mais cedo do que parece, nós (isto é, eu e você) teremos este poderoso *engine* [motor] em nossas mãos. *Compare with this the results of Mazzinis etc. operations since 30 years!* [sic] [Compare com isso os resultados da atuação de Mazzini etc., em trinta anos!] E sem nenhum recurso financeiro! Apesar das intrigas dos proudhonianos em Paris, de Mazzini na Itália, e dos ciumentos Odger, Cremer e Potter em Londres, e Shulze-Del [itzsch] e os lassallianos na Alemanha! Podemos nos dar por muito satisfeitos!

Mais uma vez, e agora com resultados mais sérios, a autoridade do Marx sedentário entrou em conflito com um político ativo, e o ponto de vista marxista, tão racionalista e prudente, perdeu o controle sobre um movimento operário que já se estendia por toda a Europa. Foi no Congresso de Basileia que a Internacional foi cativada por Mikhail Bakunin.

Era membro daquela infeliz geração que atingira a maturidade na Rússia durante o reinado de Nicolau I. Nascido em 18 de maio de 1814, Bakunin tinha onze anos quando eclodiu o levante dezembrista — uma conspiração de funcionários e poetas burgueses influenciados por ideias ocidentais —, no qual a família de sua mãe desempenhou um papel importante. A Rússia de Púchkin e dos dezembristas, do alvorecer da grande cultura da Rússia moderna, foi extinta pelos trinta anos de reinado de Nicolau, que abortou o movimento intelectual por meio de uma terrível censura à imprensa e dificultou o mais que pôde a movimentação de seus súditos entre a Rússia e a Europa ocidental. Bakunin era produto desse movimento frustrado, como seus amigos Turguêniev e Herzen. Tal como eles, foi impelido pela opressão de seu país a buscar liberdade e luzes no Ocidente, e viu-se condenado a viver e trabalhar lá enquanto sua mente permanecia voltada para os problemas da Rússia. Segundo Herzen, Bakunin "tinha dentro de si o poder latente de uma atividade colossal pela qual não havia demanda".

Nascera na província de Tver; sua família pertencia à aristocracia proprietária de terras. Passara a meninice com os irmãos numa propriedade de "quinhentas almas" numa casa grande construída no século XVIII, com vista para um rio largo, de águas lentas; num certo sentido, essa propriedade e essa família tão amadas, que constituíam um pequeno mundo, permaneceram como pano de fundo de toda a sua vida posterior. A infância e a juventude de Bakunin foram vividas numa atmosfera de fantasia, de emoções ternas e empolgações intelectuais, que lembra as obras de Turguêniev e Tchékhov. Era o menino mais velho entre dez irmãos e irmãs, e, portanto, dominava as irmãs graças a seu sexo e aos irmãos graças à idade. Sua atitude em relação a eles era protetora e os liderava em conspirações contra o pai, que se casara aos quarenta anos de idade; sua jovem esposa sempre tomava o partido do marido nessas ocasiões. O próprio Bakunin confessou estar apaixonado por uma de suas irmãs, e aparentemente tinha ciúme de todas. Quando começaram a namorar e casar-se, Mikhail Aleksandrovitch tentava fazê-las voltar-se contra os namorados e maridos, exatamente como incitara os irmãos a rebelar-se contra o pai. Mais tarde viria a fazer a mesma coisa com outras mulheres; mas, embora sempre conseguisse afastá-las dos maridos, invariavelmente as desapontava, jamais tornando-se amante delas. Tudo indica que tenha sido impotente durante toda a vida; tratava-se, evidentemente, de um caso de inibição sexual causada pelo tabu do incesto. Na Sibéria, aos 44 anos de idade, casou-se com uma jovem de dezoito, a qual, não obstante continuasse vivendo com Bakunin, teve dois filhos com outro homem.

Na Rússia, o jovem Bakunin tornou-se membro de um grupo literário tão inebriado com o idealismo hegeliano que influenciava até mesmo suas paixões amorosas. Volatilizando à maneira russa as abstrações pomposas do filósofo alemão, faziam brindes às categorias hegelianas, seguindo toda a progressão metafísica da Pura Existência até a divina Ideia. Aos 26 anos, em 1840, Bakunin resolveu ir a Berlim para beber o hegelianismo na fonte, e partiu com uma de suas irmãs, que ele conseguira afastar do marido e convencer a ir com o filho para a Alemanha.

Durante os tempos de juventude na Rússia, Bakunin sempre fora um súdito fiel do czar — sua única insubordinação fora contra o pai. Mas em Berlim, sob a influência dos jovens hegelianos, caminhava para a esquerda. O momento decisivo de sua conversão à interpretação revolucionária de Hegel aparentemente ocorreu ao perder definitivamente o controle sobre seus irmãos, que já estavam ficando maduros. Sua irmã casada reconciliou-se com o marido e retornou para a Rússia; um irmão que fora morar com ele na Alemanha também voltou e tornou-se funcionário público; a irmã por quem fora apaixonado e que, como os outros, iria para a Alemanha apaixonou-se por seu amigo Turguêniev e nem chegou a sair da Rússia. Porém Bakunin não amadureceu: jamais teve um desenvolvimento emocional normal.

Impelido pela corrente de sua época, passou a considerar-se um revolucionário político — um revolucionário da vontade pura e do ato puro, para quem a revolta era uma necessidade histórica, mas que não via nenhuma utilidade na estratégia de Marx. Para Bakunin, a sinceridade e a intensidade do gesto garantiam seu valor e sua eficácia; e o gesto era basicamente destrutivo. Analisando seu próprio caráter, já mais velho, ele "atribuiu sua paixão pela destruição à influência da mãe, cujo caráter despótico inspirou nele um ódio insensato por toda e qualquer restrição à liberdade". Mas era também claramente uma maneira de extravasar seus impulsos sexuais frustrados. Ainda jovem, na Alemanha, escreveu: "O desejo de destruir também é um desejo criativo". Tinha visões de uma conflagração extática: "Toda a Europa, incluindo São Petersburgo, Paris e Londres, transformada num imenso monte de escombros". Herzen relata que uma vez Bakunin estava viajando de Paris a Praga quando deparou com uma revolta de camponeses alemães,

> que estavam fazendo tumulto ao redor do castelo, sem saber o que fazer. Bakunin saltou do veículo e, sem perder tempo indagando a respeito do motivo da disputa, pôs em forma os camponeses e os treinou com tanta perícia [já fora oficial da artilharia na Rússia] que, quando voltou à carruagem para dar prosseguimento a sua viagem, o castelo já estava pegando fogo em todos os quatro lados.

Além disso, ele insistia sempre que era importante, em tempo de revolução, "desencadear as paixões más".

Porém havia nele também a magnanimidade de um amor deslocado e impessoal: "As paixões pessoais mesquinhas jamais desempenham alguma função no homem possuído pela paixão: ele nem sequer tem necessidade de sacrificá-las, pois elas não existem mais dentro dele". Queria — ainda que em nome da destruição — abraçar toda a espécie humana, e tinha a capacidade de despertar em seus seguidores um curioso sentimento entusiástico de fraternidade.

Com sua estatura colossal e impressionante, seu gênio retórico, Bakunin deveria ter se tornado, como Garibaldi ou Mazzini, o líder de uma grande causa nacional. Mas na Rússia não havia causa que pudesse liderar; e no estrangeiro ele jamais poderia participar integralmente dos movimentos nacionalistas de outros países. Estava fadado a passar toda a vida tentando, sem sucesso, intervir em revoluções estrangeiras. Assim, por exemplo, quando em 1848 estourou a Revolta de Fevereiro na França, Bakunin foi imediatamente a Paris, para servir na Guarda Nacional dos Trabalhadores; e o prefeito de polícia revolucionário fez sobre ele um comentário que se tornou famoso: "Que homem! No primeiro dia da revolução ele é um tesouro; mas, no segundo, merece ser fuzilado". Então, quando em março estourou a revolução alemã, Bakunin foi para a Alemanha, onde esperava ajudar os poloneses a se revoltar. Chegara à conclusão de que a libertação da Rússia só poderia ser efetuada através de uma revolução geral pan-eslavista. Mas os poloneses desconfiavam de Bakunin: a embaixada russa em Paris havia espalhado o boato de que ele era um espião; assim, foi obrigado a ir para Praga, onde participou de uma frustrada insurreição tcheca. Após meses indo de um lugar a outro com passaportes falsos, sempre perseguido pela polícia, viu-se por acaso em Dresden em maio de 1849, quando lá ocorreu a crise revolucionária. O rei da Saxônia recusava-se a aceitar a Constituição que havia sido elaborada pela Assembleia de Frankfurt, e as forças pró-constitucionais estavam partindo para a luta. Bakunin não estava interessado no movimento pela unificação da Alemanha, e não acreditava que a revolução fosse sair vencedora, mas não conseguia permanecer apático quando havia confusão a seu redor. Na rua encontrou por acaso Richard Wagner, na época regente da ópera de Dresden e que se dirigia até a Prefeitura para saber o que estava acontecendo. Bakunin acompanhou-o. Foram informados de que o Governo Provisório acabava de ser proclamado. Um discurso bastava a Bakunin: apresentou-se aos líderes e aconselhou-os a fortificar a cidade para protegerem-se das tropas prussianas. Os prussianos, de fato, chegaram naquela noite; o comandante das forças revolucionárias, que talvez tenha sido um traidor, obstruiu a defesa da cidade, e os oficiais revolucionários poloneses, que Bakunin havia se dado ao trabalho de recrutar, acharam que a causa estava perdida e foram embora; dois dos membros do triunvirato provisório também sumiram da Prefeitura. O terceiro membro ficou sozinho, e Bakunin, que nada tinha a ver com aquela briga, ficou a seu lado até o fim, fazendo a ronda das barricadas para manter elevado o moral dos revoltosos. Os soldados prussianos e saxões entraram na cidade à força, fuzilando os revoltosos ou jogando-os no Elba. Bakunin tentou convencer seus camaradas a usar toda a pólvora que lhes restava para explodir o prédio da Prefeitura, com eles dentro. Em vez disso eles fugiram para Friburgo. Wagner convenceu-os a seguir em frente até Chemnitz, dizendo que os trabalhadores industriais certamente os defenderiam. Mas, quando os revoltosos de Dresden chegaram em Chemnitz, não havia nenhum sinal de revolução por lá. Foram presos naquela noite, em suas camas. Bakunin estava tão exausto que nem sequer tentou fugir, o que teria sido fácil, concluiu mais tarde. Foi enviado de volta a Dresden e jogado na prisão com os outros.

Ficaria oito anos preso: treze meses na cadeia de Dresden e na fortaleza de Königstein, tendo sido então sentenciado à morte. Certa noite acordaram Bakunin e o levaram para fora, como se fossem decapitá-lo. Mas a sentença fora comutada, e ele estava apenas sendo entregue à Áustria, contra quem havia instigado os tchecos. Em Praga, onde deveria cumprir prisão perpétua, foi confinado numa cela da cidadela de Hradcin, como prisioneiro político. Não tinha direito a constituir um advogado, nem permissão de receber ou enviar cartas; só podia praticar meia hora de exercício por dia, quando caminhava de uma extremidade a outra de um corredor, guardado por seis homens armados. Quando Bakunin já estava havia nove meses vivendo nessas condições, as autoridades ficaram alarmadas com o boato de que seus amigos planejavam libertá-lo e o transferiram para a fortaleza de Olmütz, onde foi posto a ferros e acorrentado à parede. Dois meses depois foi julgado por um tribunal militar e condenado à

311

forca por alta traição. Porém sua pena foi novamente comutada, e dessa vez Bakunin foi entregue à Rússia.

Na fronteira, os guardas austríacos tiraram seus grilhões, por serem de propriedade do governo austríaco, e em seu lugar colocaram grilhões ainda piores. O czar mandou jogá-lo na fortaleza de Pedro e Paulo e conseguiu arrancar dele uma daquelas "confissões" de crimes e arrependimento que Nicolau I impunha aos prisioneiros como humilhação final e que até hoje caracterizam o sistema paternalista vigente na Rússia. Bakunin teve escorbuto, perdeu todos os dentes, ficou apatetado e flácido por causa do confinamento. Quando a irmã que fora sua paixão veio visitá-lo, ele conseguiu entregar-lhe um bilhete desesperado:

> Você jamais compreenderá o que significa ser enterrado vivo, dizer a si próprio a cada momento do dia e da noite: sou um escravo, estou aniquilado, reduzido à condição de impotência pelo resto de meus dias. Ouvir, mesmo dentro da cela, o ruído da luta que está por eclodir, que decidirá as questões mais vitais para a humanidade, e ser forçado a permanecer ocioso e calado. Ser rico em ideias, das quais talvez algumas, ao menos, sejam belas, e não poder realizar nenhuma; sentir amor no coração, sim, amor, apesar desta petrificação exterior, e não poder investi-lo em nada nem em ninguém. Sentir-se cheio de devoção e heroísmo para servir a uma causa sagrada, e ver seu entusiasmo despedaçar-se contra quatro paredes nuas, minhas únicas testemunhas e minhas únicas confidentes.

Quando Nicolau morreu em 1855 e Alexandre subiu ao trono, despertando esperanças de uma liberalização do regime, a mãe de Bakunin dirigiu um apelo ao czar. De início nada conseguiu; e Bakunin fez seu irmão prometer-lhe que lhe traria veneno se as tentativas da mãe em nada resultassem. Porém ofereceram-lhe a alternativa do exílio na Sibéria.

Uma vez fora dos muros da prisão, Bakunin expandiu-se e disparou como um gênio que escapa de uma garrafa. Descobriu que o governador da Sibéria oriental era parente seu, do ramo dezembrista de sua família, e este lhe arranjou colocação numa empresa exportadora de lá. Uma de suas obrigações era viajar a serviço, e após quatro anos de exílio conseguiu escapar. Na primavera de 1861, induziu um comerciante siberiano a pagar-lhe as despesas de viagem até a foz do rio Amur e obteve uma carta entregue aos comandantes dos navios do Amur que lhes pedia que oferecessem transporte a Bakunin. Lá conseguiu convencer oficiais e comandantes a deixá-lo passar de um navio para outro, até que partiu de Yokohama em uma embarcação americana rumo a San Francisco. Pediu trezentos dólares emprestados a um religioso inglês com quem fizera amizade no navio e foi de San Francisco a Nova York, via Panamá; pediu a Herzen, que estava em Londres, que lhe enviasse mais dinheiro e chegou a Londres no final de novembro.

Segundo Herzen, Bakunin voltou à Europa como os dezembristas chegando do exílio, os quais pareciam mais jovens ao sair da prisão do que durante a juventude esmagada pela opressão em seu próprio país. Bakunin era um daqueles seres extraordinários que, em vez de serem destruídos pelo castigo, parecem ser preservados por ele. A reação dos anos 1850, que tanto deprimira os exilados em Londres, jamais ocorrera para ele; limitou-se a "folhear" os eventos daqueles anos como se fossem capítulos de um livro, como disse Herzen. O que Bakunin ainda via e ouvia em sua mente era a rebelião de fevereiro em Paris, o levante de Dresden, a revolta dos tchecos em Praga. De San Francisco escrevera a Herzen informando que ia voltar a dedicar-se à "destruição total do Império Austríaco" e à construção da federação livre dos povos eslavos. Quando, em 1863, estourou a insurreição polonesa, Bakunin imediatamente ofereceu-se para organizar uma legião russa; porém os poloneses temiam que ele os comprometesse, com sua reputação terrível e suas ideias extravagantes, e tentaram convencê-lo a ficar em Londres. Não obstante, Bakunin foi a Copenhague na esperança de participar da rebelião e causou constrangimentos ao governo russo tentando instigar uma insurreição na Finlândia. Por fim embarcou com um grupo de poloneses num navio inglês por eles fretado, com a intenção de ir até a Lituânia. Aparentemente, o capitão, um inglês, não simpatizava nem um pouco com seus passageiros — Bakunin falara em encostar-lhe um cano de revólver na cabeça —, nem com a perspectiva de encontrar-se com cruzadores russos no mar Báltico. Levou-os de volta à Dinamarca.

Nos anos seguintes, Bakunin perambulou pela Suécia, Itália e Suíça, vivendo de dinheiro emprestado e à custa de uma princesa russa, associando-se a movimentos revolucionários e tentando ele próprio detonar movimentos. Em 1866, já havia concluído definitivamente que as insurreições patrióticas, como as dos italianos, dos tchecos e dos poloneses, nas quais depositara tantas esperanças, não eram necessariamente revolucionárias senão em relação aos países que oprimiam esses povos e normalmente — exemplo disso era o caso dos oficiais e proprietários de terra poloneses que haviam participado da revolta recém-ocorrida — se opunham de modo tão ferrenho às inovações sociais quanto os impérios contra os quais lutavam. Bakunin acreditava então que a revolução social teria de ser internacional e conseguiu introduzir no programa pela criação dos "Estados Unidos da Europa", de autoria da Liga pela Paz e Liberdade — uma organização de intelectuais burgueses na qual ele se interessara em 1867 —, um parágrafo a respeito da "libertação das classes trabalhadoras e a eliminação do proletariado".

No verão de 1868, Bakunin entrou para a seção de Genebra da Internacional e tentou realizar uma fusão entre essa organização e a liga pacifista, no entanto esse projeto foi vetado por Marx, que se referia à Liga como "os conversas-fiadas de Genebra", e pelos próprios membros da Liga. Bakunin por fim desligou-se da Liga e começou a organizar trabalhadores, mas, como não conseguia contentar-se em trabalhar apenas na construção da Internacional e submeter-se às ordens de Marx, criou outra organização, a Aliança Social-Democrata Internacional, cujas atividades eram em parte secretas e cujas relações com a Internacional eram ambíguas. Como antes, Marx recusou-se a permitir que a nova Aliança se fundisse com a organização original e insistiu em que Bakunin a dissolvesse, para que as diferentes seções se vinculassem separadamente à Internacional. Bakunin obedeceu — publicamente; mas sem dúvida jamais lhe ocorreu, por um instante que fosse, a possibilidade de retirar o véu de sua sociedade secreta. Costumava considerar-se o chefe de uma grande organização clandestina. E estava, pela primeira vez na vida, tornando-se realmente poderoso. Por intermédio de seus conhecidos italianos, estabeleceu divisões na Itália e na Espanha, países em que a Internacional nunca tivera seguidores, e conseguiu exercer forte controle sobre certas organizações operárias na Suíça de fala francesa, onde a Internacional iria realizar seu próximo congresso. Bakunin se aproximara dos relojoeiros do Jura, que haviam sido reduzidos à mais negra miséria pelos novos concorrentes americanos; fora visitá-los nas aldeias montanhesas e os entusiasmara. Foi entre eles que Bakunin recrutou o mais importante de seus lugares-tenentes, um jovem mestre-escola chamado James Guillaume, que tinha disciplina e diligência, duas qualidades que lhe faltavam. No Congresso de Basileia em 1869, Bakunin controlava doze dos 75 delegados.

A questão central da luta entre os seguidores de Bakunin e os de Marx foi a abolição do direito de herança. Era uma medida que Bakunin exigia com veemência como "uma das condições indispensáveis para a emancipação dos trabalhadores" — talvez por ele estar tentando, sem sucesso, convencer os irmãos a lhe enviar uma parte dos bens da família. Marx, com sua lógica habitual, argumentava que, como a herança da propriedade privada era apenas consequência do sistema de propriedade privada, o importante era atacar o sistema em si, e não se preocupar com malefícios dele decorrentes.

Mas Marx permanecera em Londres e, embora houvesse expressado seu ponto de vista no Congresso através de um relatório do Conselho Geral, seu único porta-voz era um alfaiate alemão, obediente e cumpridor de ordens, sem nenhum poder de tomar iniciativas por conta própria. Bakunin, por outro lado, estava presente, com sua personalidade apaixonante e arrebatadora. Um indivíduo que compareceu a uma reunião da Liga pela Paz e Liberdade descreveu a extraordinária impressão por ele causada sobre a plateia,

> caminhando em direção à plataforma com seus passos pesados de camponês [...], vestido de modo descuidado, com uma blusa cinzenta, embaixo da qual se via não uma camisa, e sim um colete de flanela. [...] Ouviu-se um brado estrondoso: "Bakunin!". Garibaldi, que presidia a sessão, levantou-se e andou até ele para abraçá-lo. Havia muitos adversários de Bakunin presentes, mas todo mundo ficou de pé, e parecia que os aplausos não iam acabar mais.

O barão Wrangel escreveu a respeito de sua oratória em outra assembleia:

> Não me lembro mais do que Bakunin disse, e de qualquer forma seria quase impossível reproduzi-lo. Sua falação não tinha nem sequência lógica nem riqueza de ideias, porém consistia de expressões empolgantes e apelos inflamadores. Era algo incandescente, como uma força da natureza — uma tempestade cheia de relâmpagos e trovões, e um rugido de leões. O homem era um orador nato, feito para a revolução. A revolução era seu elemento natural. Seu discurso causou uma impressão tremenda. Se ele tivesse pedido a seus ouvintes que um cortasse a garganta do outro, todos lhe obedeceriam de bom grado.

Embora suas atividades nunca dessem em nada, Bakunin havia adquirido o poder de símbolo. Talvez Bernard Shaw tenha certa razão quando afirma que o Siegfried de Wagner, concebido após a revolução de Dresden, foi baseado em Bakunin. Fosse como fosse, apesar de sua atitude de desafio em relação aos prussianos não levar a nada na prática e ser politicamente incoerente, ela se tornara símbolo da afirmação da coragem desinteressada do espírito humano em oposição ao egoísmo e à covardia, do mesmo modo como sua sobrevivência, após ter sido preso por três déspotas e dado a volta ao mundo para fugir, demonstrara a força daquela vontade de ser livre que, segundo Byron, era "mais brilhante nas masmorras". Bakunin falava à imaginação, o que Marx jamais fizera: havia nele aquela simplificação sobre-humana de um herói de poesia romântica, algo muito raro e muito estranho no mundo real. Assim, Bakunin fez no Congresso um apelo tão eloquente em favor da abolição do direito de herança que, pela primeira vez na história da Internacional, foi rejeitada uma recomendação do Conselho Geral. A resolução de Bakunin não foi aceita, e um certo número de delegados se absteve de votar; porém a de Marx tampouco foi aprovada, e por uma maioria ainda maior. Eccarius, o infeliz alfaiate — com o qual Marx viria a brigar —, comentou apenas, preocupado, que "Marx vai ficar extremamente contrariado".

Ficou claro para Marx que Bakunin queria apossar-se da Internacional. Mas o destino colocou Bakunin em suas mãos.

O reinado de Alexandre II — o novo czar reformista — havia levado a Rússia de volta à reação na década de 1860, dando origem a um novo movimento revolucionário. Mas não se tratava mais de uma conspiração de cavalheiros como o movimento dos dezembristas, nem uma ebulição de intelectuais como o círculo de Petrachevtsi no final dos anos 1840: os agitadores agora eram estudantes pobres que estavam enfrentando dificuldades nos estudos causadas por um governo que se propusera a estimular a educação, entretanto descobrira que permitir que as pessoas aprendessem o que quisessem necessariamente as estimulava a desprezar o czar. Um desses estudantes era um jovem chamado Netchaiev, filho de um ex-servo, que havia se instruído o suficiente para matricular-se na Universidade de São Petersburgo. Havia lido a respeito de Babeuf e Blanqui, e vivia sonhando com sociedades secretas. Em São Petersburgo, tornou-se líder da ala esquerda do movimento estudantil e teve que fugir para Moscou quando a polícia resolveu reprimir o movimento.

Netchaiev foi então a Genebra para conhecer Bakunin e os outros exilados russos, lá chegando em março de 1869.

Bakunin ficou fascinado com Netchaiev. Sendo ele próprio homem preguiçoso e manso, apesar de seus impulsos voltados para a destruição universal, Bakunin viu naquele rapaz de 21 anos, enérgico, decidido e virulento, o tipo do conspirador perfeito, dotado daquele *diable au corps* que ele afirmara ser indispensável para o revolucionário em um dos programas que escrevera para sua Aliança. Havia no relacionamento entre Netchaiev e Bakunin algo que lembrava a ligação entre Rimbaud e Verlaine. O homem mais velho via no jovem a imagem ideal de si próprio renascido — impiedoso, realista, determinado, rápido como uma bala em direção a seu alvo. Bakunin o adorava, referia-se a ele como "o garoto", submetia-se a todas as suas exigências.

Juntos — o manuscrito original parece ser do punho de Bakunin — redigiram um documento horripilante chamado *O catecismo do revolucionário*, o qual — embora, como comentaram Marx e Engels, fundisse num único ideal as posturas românticas de Rodolphe, Karl Moor, Monte Cristo e Macaire — tem sua importância como a primeira exposição completa de um ponto de vista revolucionário que continuaria a manifestar-se na história da Rússia. Segundo *O catecismo*, o revolucionário é um condenado, sem interesses nem sentimentos pessoais, nem sequer um nome que seja seu. Tem apenas uma ideia, a revolução, e rompeu com todas as leis e os códigos morais do mundo instruído. Se ele vive nesse mundo, fingindo fazer parte dele, é tão somente para estar em melhores condições de destruí-lo; e tudo o que há nesse mundo é igualmente odioso. Tem de ser frio: deve estar disposto a morrer, deve preparar-se para resistir a torturas e deve prontificar-se a esmagar qualquer sentimento que surgir, inclusive de honra, no momento em que este interferir em seu objetivo. Só pode sentir amizade por aqueles que servem a seus propósitos; os revolucionários de capacidade inferior devem ser considerados recursos a serem gastos. Se um camarada cai em apuros, seu destino deve ser decidido conforme sua utilidade e o custo da força revolucionária necessária para salvá-lo. Quanto à sociedade estabelecida, seus membros devem ser classificados não de acordo com a canalhice individual, e sim conforme o seu grau de periculosidade em relação à causa. Os mais perigosos devem ser destruídos imediatamente; mas há também outras categorias de pessoas que, se ficarem à solta temporariamente, promoverão os interesses do revolucionário, perpetrando atos brutais e enfurecendo a população, ou que podem ser explorados para o bem da causa mediante chantagens e intimidações. O revolucionário deve explorar os liberais dando-lhes a impressão de que apoia seus programas e depois comprometendo-os, envolvendo-os com os programas da revolução. Os outros radicais devem ser estimulados a fazer coisas que, na maioria das situações, os destruam por completo, e, no caso de uma minoria, os transformem em revolucionários de verdade. O único objetivo do revolucionário é a liberdade e a felicidade dos trabalhadores braçais; porém, por julgar que essa meta só pode ser obtida por meio de uma revolução popular que destrua tudo, ele deve promover com toda a sua energia os males que tendam a esgotar a paciência do povo. O russo deve repudiar categoricamente o modelo clássico de revolução em voga nos países ocidentais, que sempre respeita a propriedade e a tradicional ordem social da "civilização" e da "moral", pois o que faz na verdade é substituir um Estado por outro; o revolucionário russo deve erradicar o Estado, com todas as suas tradições, instituições e classes. Assim, o grupo que promove a revolução não tentará impor ao povo nenhuma organização política de cima para baixo: a organização da sociedade futura, sem dúvida, surgirá do próprio povo. Nosso papel é simplesmente a destruição, terrível, completa, universal e impiedosa; e para tal fim devemos nos juntar não apenas aos elementos recalcitrantes das massas, mas também ao mundo destemido dos bandidos, os únicos revolucionários verdadeiros da Rússia. Acrescente-se que, nessa época, Bakunin vinha manifestando sua admiração pelos jesuítas e falando, em tom de ameaça, em seguir seu exemplo.

Bakunin e Netchaiev tinham ambos a mania de sociedades secretas; só que, enquanto, ao que tudo indica, o primeiro limitava-se a iludir-se a respeito do tamanho e do alcance da sua organização, Netchaiev mentia sistematicamente. Já conseguira inventar a lenda de que havia fugido da fortaleza de Pedro e Paulo, na qual jamais estivera preso, e convencera Bakunin de que estava atuando como agente de uma comissão revolucionária de expressão nacional. Netchaiev voltou à Rússia e confidenciava aos estudantes moscovitas que era membro de uma organização secreta que impunha uma disciplina férrea e que possuía poderes terríveis; um dos principais deveres de seus membros era fazer circular um certo poema sobre a morte do grande revolucionário Netchaiev. Um dos membros mais capazes e desinteressados do movimento estudantil era um jovem estudante de agronomia chamado Ivanov, que participava nas atividades cooperativas dos estudantes e passava todo o seu tempo livre lecionando aos filhos dos camponeses. Em pouco tempo Ivanov começou a questionar a existência da organização de Netchaiev e, após desafiá-lo a prová-la, afirmou que pretendia ele próprio fundar uma organização séria. Netchaiev convenceu quatro de seus companheiros a assassinar Ivanov; em seguida, obteve um passaporte falso e fugiu, deixando que seus companheiros levassem a culpa. A polícia prendeu trezentos jovens; dos 84 levados a julgamento, quase todos foram presos ou exilados.

Enquanto isso, Netchaiev havia voltado a Genebra, onde fez alguns amigos revolucionários e adquiriu o controle de um jornal de exilados russos. Começou a tratar Bakunin tal como *O catecismo do revolucionário* dizia que os liberais deviam ser tratados após tirar deles tudo o que era possível tirar. Não dava a Bakunin nenhum dinheiro, nem deixava que ele colaborasse no jornal; e nesse ínterim fizera o antigo aliado perder uma possível fonte de renda. Por intermédio de um amigo, Bakunin fora encarregado de traduzir *O capital* para o russo e recebera um adiantamento considerável. Porém, ao dar-se conta de que o trabalho era difícil e demorado, e já tendo gasto todo o dinheiro, deixou que Netchaiev o convencesse de que aquilo era uma perda de tempo. Netchaiev escreveu uma carta ao amigo de Bakunin — aparentemente sem que este soubesse — ameaçando-o de castigos terríveis que lhe seriam infligidos pela organização secreta se ele criasse problemas por causa do dinheiro. Por fim, tomou a precaução de roubar uma caixa contendo cartas a Bakunin, para ter algo com que comprometê-lo. Bakunin enviou cartas para pessoas em todos os cantos da Europa, alertando-as a respeito de Netchaiev; este, por sua vez, resolveu colocar um espião na organização de Bakunin. Escolheu para a missão um polonês que lhe parecia um revolucionário autêntico. Contudo, esse homem era agente do czar e rapidamente entregou Netchaiev.

Mas, no tocante a Bakunin, o mal já estava feito. Nos julgamentos dos estudantes russos em 1871, em que *O catecismo* veio à tona, foi revelado que Netchaiev se apresentara em Moscou como representante autorizado da Internacional; além disso, em uma de suas publicações afirmara que os princípios de sua teoria social estavam contidos no *Manifesto comunista*. Pode-se bem imaginar o horror de Marx, que detestava tramas clandestinas e tinha necessidade doentia de sentir que tudo estava sob seu controle pessoal, ao descobrir que uma sociedade secreta, que falava de forças ocultas, iniciados e círculos herméticos, havia espalhado seus tentáculos dentro da Internacional e estava se identificando com ela.

Sem dúvida, Marx invejava Bakunin, tal como invejava Lassalle, por sua capacidade de encantar e liderar. Havia em Bakunin a peculiar combinação de franqueza infantil com astúcia russa, a qual, com seu entusiasmo e sua presença imponente, o fazia realizar milagres de persuasão. Conta-se que uma vez Bakunin visitou um bispo da seita russa herética dos *raskolniki* cantando uma música religiosa e tentou convencê-lo de que seus objetivos eram idênticos; e é sabido que conseguiu, do modo mais inocente, transformar em agente seu o principal agente do czar na Suíça, que se fazia passar por general russo da reserva: esse homem, por ordem de Bakunin, voltou à Rússia para trabalhar em benefício dele, informando-o a respeito das atividades revolucionárias lá levadas a cabo e intercedendo junto aos familiares de Bakunin em questões referentes ao patrimônio da família. Foi a tal ponto cativado por Bakunin que chegou a lhe dar uma quantia considerável, obtida do governo russo como se fosse para gastos necessários ao cumprimento de suas obrigações profissionais. O que talvez seja ainda mais extraordinário é que Bakunin também conseguiu encantar Marx, quando, no outono de 1864, na época da fundação da Internacional, os dois se encontraram em Londres. Bakunin pediu notícias de Engels afetuosamente, lamentou a morte de Wolff, garantiu a Marx que a revolução polonesa havia fracassado porque os proprietários de terras não haviam proclamado o "socialismo camponês", e que ele estava decidido a dedicar toda a sua vida exclusivamente à causa do socialismo (e mais tarde costumava afirmar, em suas cartas a Marx, que se considerava discípulo dele). Marx escreveu a Engels sobre Bakunin em termos tão favoráveis que se trata quase de uma exceção na correspondência entre os dois: segundo Marx, Bakunin era um dos poucos homens que haviam progredido nos últimos dezesseis anos em vez de andar para trás.

É igualmente verdade que, em seus escritos que atacam Bakunin, Marx e Engels não hesitaram em usar contra ele certos atos irresponsáveis de Netchaiev pelos quais Bakunin não era diretamente responsável, bem como alguns escândalos sem fundamento acerca da sua carreira na Sibéria. Porém creio ser injusto criticá-los com muita severidade por isso, como o faz Mehring. Não há dúvida de que Bakunin era um pouco desequilibrado e completamente irresponsável do ponto de vista político. Ele passou toda a sua vida brincando de conspirar, tal como fizera na infância com os irmãos na casa do pai, aquele mundo isolado e protegido em que sabia que nada de mau poderia lhe acontecer; assim, também, seu eterno hábito de pedir dinheiro emprestado e depois esquecer-se da dívida era vestígio da dependência infantil. Bakunin conseguia cativar as pessoas graças ao fascínio de sua personalidade, cujo poder era derivado em parte do fato de haver nela certa ingenuidade infantil e, antes que percebessem o que estava acontecendo, ele as envolvia em missões secretas, em desafios irresponsáveis etc.; mas suas conspirações eram sempre em parte imaginárias e, ao que parece, ele próprio nunca conseguiu entender bem a diferença entre sonho e realidade. Sua falta de senso de realidade manifestava-se de modo mais desastroso na imprudência com que comprometia seus agentes e camaradas na Rússia com os quais se correspondia. Marx e Engels tinham razões para ficar indignados com isso. Bakunin, embora adorasse códigos secretos, muitas vezes não tomava as precauções necessárias para impedir que seus associados caíssem nas mãos da polícia. É significativo o fato de que, embora até o fim da vida sempre conseguisse recrutar novos discípulos, ele invariavelmente perdia os mais antigos. Até mesmo o indispensável Guillaume terminou não conseguindo suportá-lo.

Além disso, a partir de 1866 Bakunin passou a defender a doutrina do "anarquismo", que tinha como uma de suas premissas fundamentais a total abolição do Estado proposta em *O catecismo do revolucionário*. Vinha pregando essa doutrina numa campanha contra o "autoritarismo germânico" de Marx. O que nela havia de razoável era a ideia de que as organizações revolucionárias devem provir do próprio povo e não serem impostas de cima para baixo, e que as unidades de uma associação de trabalhadores devem poder chegar a suas decisões por meio de procedimentos estritamente democráticos. Porém Bakunin estava longe de ser um grande teórico, e tanto seus princípios como sua prática apresentavam tantas incoerências que foi muito fácil para Marx e Engels ridicularizá-lo devastadoramente quando resolveram desacreditá-lo a sério. Observaram que, embora Bakunin afirmasse que a organização da Aliança seria uma amostra da sociedade futura em que o Estado seria abolido, na verdade ela fora constituída como uma ditadura em que um único homem, "*le citoyen B.*", tomava ele próprio todas as decisões; que, por outro lado, a estrutura frouxa da Aliança impossibilitava qualquer ação coordenada, de modo que suas unidades, estimuladas por visões apoteóticas, viviam expostas à repressão imediata; e que, não obstante o anarquismo pregasse que era necessário abster-se de desempenhar qualquer papel oficial na política da ordem constituída, os seguidores de Bakunin na Espanha, durante os levantes de 1873, não haviam hesitado em aceitar cargos políticos nas juntas que, em vez de abolir o Estado, estavam simplesmente estabelecendo governos provinciais.

Teria sido impossível a Marx e Bakunin colaborarem em pé de igualdade. Os bakuninistas na Basileia haviam tentado sem sucesso transferir a sede do Conselho Geral de Londres para Genebra. No congresso seguinte, em Haia, que só se realizou em 2 de setembro de 1872, Marx e Engels pela primeira vez fizeram questão de comparecer pessoalmente, e, como os bakuninistas italianos não foram, conseguiram dominar os procedimentos. Apresentaram a carta ameaçadora que Netchaiev escrevera para o russo que dera a Bakunin a tarefa de traduzir *O capital* e conseguiram expulsar da organização Bakunin e Guillaume.

Porém o adversário ainda tinha muita força. A Comuna de Paris tivera o efeito de estimular o programa dos bakuninistas, que pregavam a ação direta em oposição à estratégia paciente de Marx. Bakunin partiu diretamente para a ação em Lyon em setembro de 1870, quando lá foi proclamada uma república e estabelecida uma Comissão de Segurança Pública. Seguindo seu programa anarquista, imediatamente emitiu um decreto que declarava a abolição do Estado; no entanto, como comentaram Marx e Engels, a vontade anarquista não bastara para aboli-lo por decreto, tanto assim que o Estado não precisou fazer mais do que enviar dois batalhões da Guarda Nacional para acabar com a sociedade do futuro. Não obstante, a Comuna alcançara êxito surpreendente. Bakunin ficou entusiasmado ao saber que o Palácio das Tulherias fora incendiado:

> Entrou na sala de reuniões com passos largos e rápidos — embora normalmente andasse muito devagar —, bateu com a bengala na mesa e exclamou: "Bem, meus amigos, as Tulherias estão ardendo. Eu pago uma rodada de ponche para todos!"

E os revolucionários dos países mediterrâneos queriam logo rebelar-se contra os padres e príncipes em vez de esperar pelo desenvolvimento industrial sem o qual, insistia Karl Marx, todas as tentativas de revolução seriam vãs.

Marx tinha de lutar também contra os blanquistas franceses, em uma disputa semelhante. Esses seguidores de Louis Blanqui, um socialista que acreditava na ação direta, anunciavam empolgados que "a organização militante das forças revolucionárias do proletariado" era um dos objetivos imediatos da Internacional. Na própria Inglaterra, a posição de Marx e Engels era enfraquecida pelo fato de o movimento sindicalista, que havia conseguido o sufrágio para os trabalhadores e se assustara quando Marx discursou em favor da Comuna de Paris, estar se aproximando dos liberais do Parlamento, e pedir insistentemente um conselho especial para as suas seções da Internacional, distinto do Conselho Geral. Engels, que se mudara para Londres no outono de 1870, sob alguns aspectos não se saíra muito bem como membro do Conselho Geral: os membros sindicalistas ingleses jamais o perdoavam por ser um industrial — pois seu convívio com os empresários ingleses o fizera adotar até certo ponto seus modos; além disso, ressentiam-se dos métodos autoritários que Engels adquirira com sua formação militar. Dizia-se até que Marx só o promovia porque Engels lhe dava dinheiro. Na Alemanha, o movimento socialista, que estava crescendo, fora obrigado a se dissociar da Internacional para que seus membros não fossem presos. Ademais, Marx estava velho, doente e cansado, e queria terminar *O capital*. Marx e Engels sabotaram a Internacional no momento em que perderam o controle da organização, tal como haviam feito antes com a Liga dos Comunistas. Transferiram a sede para Nova York.

Os operários americanos relutaram em se filiar à Internacional, embora houvesse membros de origem germânica nos Estados Unidos desde 1869, e o número total de membros lá tivesse chegado a 5 mil, em sua maioria imigrantes. A pressão do pânico de 1873, quando 180 mil trabalhadores ficaram desempregados apenas no estado de Nova York, conferiu à organização certa importância. A Internacional teve participação nas imensas manifestações de desempregados de Chicago e Nova

York, e apoiou a grande greve de mineiros de carvão de 1873. Porém havia obstáculos insuperáveis. Uma das seções, chefiada pela feminista Victoria Woodhull, tentou lançar um movimento americano independente, que tinha entre outros objetivos os direitos da mulher e o amor livre, e que pretendia recrutar todos os cidadãos de fala inglesa. Quando Londres suspendeu essa seção, a srta. Woodhull ignorou a censura e convocou uma convenção de "todos os seres humanos dos sexos masculino e feminino da América", na qual foi proposto um idioma universal e a srta. Woodhull foi lançada como candidata à presidência da República. Logo depois a Internacional rachou devido à necessidade de se adaptar à realidade americana, tornando a organização mais aberta. O secretário do Conselho Geral era um velho amigo de Marx chamado Sorge, que havia saído da Alemanha depois de 1848. Os marxistas permaneceram fiéis a seus princípios, e as seções americanas separaram-se da organização e fundaram novos partidos trabalhistas. A Internacional foi extinta em 1874 por uma resolução do Conselho Geral que proibia seus membros americanos de se filiarem a qualquer partido, por mais reformista que fosse, organizado pelas classes proprietárias.

Na Europa, a Internacional dos bakuninistas também se fragmentou durante a década de 1870, devido ao caráter impraticável da doutrina anarquista. Bakunin morreu em 1º de julho de 1876, anunciando sua desilusão com as massas, que "não queriam se empolgar por sua própria emancipação", e afirmando que "nada de sólido e vivo pode ser construído por trapaças jesuíticas". Uma jovem estudante russa se tornara sua mais recente discípula, e ele pedia que ela lhe falasse repetidamente sobre a paisagem do interior da Rússia. As rãs do jardim de sua vila italiana lembravam-lhe as rãs da Rússia, que ele ouvira quando jovem nos campos e lagos perto da casa de sua família; e quando Bakunin as escutava, diz a jovem, "seus olhos perdiam o brilho duro e astucioso, e a tristeza contraía suas feições, ensombrecendo-lhe os lábios". Todas as suas trapaças, sua eloquência, seus desafios e ameaças — nada conseguira fazer com que aquele homem, que havia fugido da Sibéria, escapasse daquela propriedade onde passara a infância. O caráter puramente emocional de sua revolta é indicado por uma de suas últimas declarações. Uma noite saiu do hospital para visitar um amigo, que tocou Beethoven ao piano para ele. "Tudo há de passar", disse Bakunin, "e o mundo terminará, porém a nona sinfonia de Beethoven há de permanecer."

Mas o verdadeiro clímax desse período de organização e agitação da classe operária foi a Comuna de Paris em 1871.

A Comuna foi um momento decisivo na história do pensamento político europeu. Já vimos que a notícia da eclosão da guerra civil fez com que Michelet sofresse um derrame; que dois meses de governo socialista em Paris inspiraram tamanho terror a Taine que ele passou o resto da vida tentando desacreditar a Revolução Francesa; que Anatole France, ainda jovem, estremeceu ao ver os communards. Inversamente, para aquele outro movimento, de origem mais recente, que via na vitória da classe trabalhadora o progresso histórico, a Comuna surgiu como o primeiro evento histórico a constituir uma comprovação importante da teoria por eles defendida. E, se esse acontecimento assustava os historiadores burgueses, os filósofos da história nele encontravam inspiração, celebravam-no e o estudavam.

A luta da classe operária contra a classe dos capitalistas e seu Estado [escreve Marx a Kugelmann em abril, antes da queda da Comuna] inaugura uma nova fase com a luta em Paris. Quaisquer que venham a ser os resultados imediatos, atingiu-se um novo ponto de partida de importância para a história do mundo.

Três anos depois, o anarquista Kropotkin, encarcerado numa prisão em São Petersburgo, teve um consolo que Bakunin não tivera quando preso: passou uma semana contando para um jovem na cela ao lado, por meio de batidas na parede, a história do que havia acontecido em Paris.

Devido à própria fraqueza e à corrupção de seu governo extorsionário, no final da década de 1860 Napoleão III já não inspirava mais confiança a nenhum dos grupos sociais — exceto o campesinato — que ele antes conseguira manter em equilíbrio. A frágil estrutura do Segundo Império desabou com a derrota de Napoleão III em Sedan, e as classes sociais imediatamente começaram a lutar entre si, conforme a previsão de Marx. Um governo republicano provisório foi estabelecido pela ala liberal da Câmara, e nele Blanqui recebeu um cargo secundário, o de comandante de um batalhão da Guarda Nacional. Blanqui exigiu que toda a população adulta de Paris fosse armada a fim de defender a cidade contra os prussianos; porém o governo burguês agora temia uma insurreição proletária. A queda de Metz e a aproximação dos prussianos precipitaram uma tentativa de revolução protagonizada por Blanqui e outros socialistas, que foi sufocada pelo Governo Provisório. Esse governo assinou um armistício com os alemães em 29 de janeiro de 1871, em que concordava com a cessão da Alsácia-Lorena e o pagamento de imensa indenização. A Assembleia Nacional, que se reuniu em Bordeaux e proclamou a república em fevereiro, elegeu Thiers presidente; e Thiers a obrigou a aceitar um programa esmagador de levantamento de fundos para pagar os alemães antes de iniciar as reformas internas. Esse programa pôs fim à moratória sobre as dívidas e à suspensão da obrigação de pagar aluguéis que estavam em vigor durante o cerco; ainda, suspendeu os salários dos membros da Guarda Nacional. Quando, por fim, o governo de Thiers tentou retirar da Guarda as armas cuja fundição os próprios membros haviam custeado, explodiu uma revolta que resultou, em 26 de março, na eleição da Comuna de Paris.

Os parisienses haviam ficado sitiados durante cinco meses, reduzidos às mais terríveis privações, e agora viam a França, que o império envolvera numa guerra humilhante e desastrosa, entregue às mãos dos alemães pela república. O novo governo, chefiado por revolucionários — embora Blanqui tivesse sido preso pouco antes por ter participado no levante anterior —, resolveu abolir a polícia e o exército, funções que passaram a ser exercidas pelo povo, abriu as escolas públicas ao povo, expropriou o clero e tornou todos os cargos públicos eletivos, remunerados por salários anuais de, no máximo, 6 mil francos. Porém o governo teve medo de ir longe demais: perdeu tempo com eleições e atividades de organização para não ser acusado de tendências ditatoriais; escrupulosamente, não requisitou os 3 bilhões depositados no Banco Nacional, e hesitou em marchar sobre Versalhes — onde a Assembleia Nacional havia se refugiado — para não provocar uma guerra civil. O governo de Thiers, sem nenhuma hesitação, sitiou Paris. Durante uma única semana de maio, na qual a Comuna foi derrotada (25 de maio), entre 20 e 40 mil communards foram mortos pelas tropas de Versalhes. Os próprios communards mataram reféns e queimaram prédios. Bom exemplo da divergência de tendências entre as visões burguesa e socialista da história — e daqui em diante haverá duas culturas históricas correndo em paralelo, sem jamais se fundirem realmente — é o fato de que aqueles que desde jovens conhecem a versão convencional da história e sabem tudo a respeito do terror de Robespierre durante a grande Revolução Francesa nunca ouviram falar que o terror de Thiers executou, prendeu e exilou mais gente — cerca de 100 mil pessoas, segundo as estimativas — durante a semana em que a Comuna foi reprimida do que o terror revolucionário de Robespierre em três anos.

Oficialmente, a Internacional dos Trabalhadores nada tinha a ver com a Comuna, mas alguns de seus membros desempenharam papéis importantes. Marx e Engels acompanharam os eventos da Inglaterra, guardando recortes de jornais, com o maior entusiasmo. Engels tentou utilizar seus conhecimentos de estratégia militar e aconselhou os communards, em vão, a fortificar a encosta norte de Montmartre. E dois dias após a derrota final, Marx leu perante o Conselho Geral seu discurso sobre *A guerra civil na França*, provocando indignação na Inglaterra. Escreveu ele para seu amigo, o dr. Kugelmann: "Tenho a honra de ser no momento o homem mais caluniado e ameaçado de Londres.

Isso realmente me faz bem, após esses tediosos vinte anos de idílio em meu gabinete".

Na verdade a Comuna não havia seguido o percurso que Marx e Engels traçaram para o progresso do movimento revolucionário. Enquanto fora bem-sucedida, ela justificava a ideia de força direta defendida pelos adversários de Marx e Engels, Blanqui e Bakunin. E Marx, que sempre insistira que o Estado da burguesia teria de ser tomado pela ditadura do proletariado e só poderia ser abolido de forma gradual, permitiu-se certo grau de incoerência, elogiando a iniciativa ousada dos *communards* de simplesmente decretar a extinção das velhas instituições.

Posteriormente, ele e Engels usaram a Comuna o quanto puderam, "aperfeiçoando suas tendências inconscientes", conforme admitiu Engels certa vez, transformando-as em "planos mais ou menos conscientes". Na verdade, durante os dois meses de sua breve existência, a Comuna não tivera tempo de avançar muito no projeto de reorganização da sociedade, e desde o início fora tanto um movimento patriótico como uma revolução social. No entanto, Engels afirmou também que os retoques socialistas feitos sobre os fatos foram, "dadas as circunstâncias, justificáveis, e até necessários". Ele próprio, no vigésimo aniversário da Comuna, em 1891, declararia que, se os "filisteus" socialistas queriam ter uma ideia de como seria a ditadura do proletariado, que olhassem para a Comuna de Paris. Observe-se que aqui já começa a se manifestar uma tendência mitificadora naquela corrente socialista da história que mais se orgulha de ser realista.

E atente-se também que esse fato está intimamente associado ao mito da dialética. Veja-se em que termos Marx, em *A guerra civil na França* e em suas cartas a Ludwig Kugelmann, discute habitualmente a Comuna:

> Que elasticidade, que iniciativa histórica, que capacidade de sacrifício vemos nesses parisienses! [...] A história não conhece exemplo comparável de tal grandeza. [...] Paris trabalhando, pensando, lutando, sangrando, quase esquecendo,

ao incubar a nova sociedade, os inimigos em seu encalço — radiante no entusiasmo de sua iniciativa histórica. [...] Sabem que, a fim de conseguir sua própria emancipação, e com ela aquela forma mais elevada à qual a sociedade moderna já tende, de modo inelutável, por suas próprias forças econômicas, eles terão de passar por lutas prolongadas, por uma série de processos históricos, transformando as circunstâncias e os homens. [...] Com plena consciência de sua missão histórica, e com a resolução heroica de agir em função dela, a classe trabalhadora pode se dar ao luxo de sorrir das grosseiras invectivas desses lacaios armados de tinteiros e penas, e do paternalismo didático dos burgueses doutrinários bem-intencionados, que vomitam seus lugares-comuns ignorantes e obsessões sectárias no tom oracular da infalibilidade científica. [...] A Paris proletária, com sua Comuna, será para sempre celebrada como o glorioso arauto de uma nova sociedade. Seus mártires estão entronizados no grande coração da classe trabalhadora. Seus exterminadores já foram pregados pela História àquele eterno pelourinho do qual nem todas as preces de seus sacerdotes poderão redimi-los.

Assim, a História é um ser dotado de um ponto de vista definido em qualquer período. Possui uma moralidade que não admite apelos e que decreta que os exterminadores da Comuna serão considerados *errados* para todo o sempre. Sabendo disso — ou seja, sabendo que estamos *certos* —, podemos nos permitir exageros e simplificações. Nesse momento, o marxismo do próprio Marx — e mais ainda o de seus discípulos menos escrupulosos — se afasta do método rigoroso proposto pelo "socialismo científico".

23. KARL MARX:
POETA DAS MERCADORIAS
E DITADOR DO PROLETARIADO

A GRANDE REALIZAÇÃO DE KARL MARX, *O capital*, é uma obra única e complexa que exige um tipo de análise diferente da que costuma ser aplicada a ela. Quando estava trabalhando no primeiro livro, Marx escreveu a Engels (em 31 de julho de 1865) que, quaisquer que fossem as limitações de seus escritos, eles tinham "o mérito de constituir um todo artístico". Em sua carta seguinte, datada de 5 de agosto, diz que seu livro é uma "'obra de arte'" e menciona suas "considerações artísticas" ao explicar por que está demorando para terminá-lo. Sem dúvida, em *O capital* entraram tanto considerações artísticas como científicas. O livro é uma combinação de vários pontos de vista distintos, de várias técnicas de pensamento distintas. Contém um tratado de economia, uma história do desenvolvimento industrial e um panfleto inspirado na sua época; nessa obra, a moralidade, que por vezes é deixada de lado em benefício da objetividade científica, não é sempre coerente, nem a economia é coerentemente científica, nem a história é isenta de arroubos inspirados por uma visão apocalíptica. E por fora de toda a imensa estrutura, escura e forte como a velha basílica de Trier, construída pelos romanos com muros de tijolos e colunas de granito, pairam as névoas e auroras boreais da metafísica e do misticismo germânicos, sempre prontas a entrar pelas menores fendas do edifício.

Mas, em última análise, é o poeta que há em Marx que faz de todas essas coisas um todo — o mesmo poeta que já demonstrara sua força nos versos escritos quando estudante, com um equipamento que não era apropriado à arte da poesia romântica. O assunto de Marx agora é a história do homem; e aquele lado árido e desumano de sua mente que nos desconcerta em seus escritos anteriores é preenchido pela matemática e pela lógica. Porém é o poder da imaginação, tanto quanto a força da argumentação, que torna *O capital* tão convincente.

Assim, antes de entrar em *O capital*, examinemos o efeito tremendo que o livro produz em quem o lê pela primeira vez.

Uma das características da obra de Marx, de modo geral, é que há mais do jogo hegeliano entre opostos do que da progressão hegeliana do mais baixo ao mais alto em sua utilização do método dialético. Seus escritos tendem a não ter um desenvolvimento formal; é difícil encontrar neles um início ou um fim. Contudo, isso é menos acentuado no primeiro livro de *O capital*, tal como Marx finalmente o elaborou, do que talvez em qualquer outra obra sua. Uma vez assimiladas as abstrações da abertura da obra, o livro ganha momento e se torna uma epopeia.

É uma visão que ao mesmo tempo fascina e assusta, que inspira uma mistura de admiração e terror, esta evolução da produção mecânica e da acumulação magnética de capital emergindo do mundo feudal com seus ofícios mais primitivos porém mais humanos; destroçando-o e difundindo-o; acelerando, reorganizando, recombinando, numa complexidade cada vez mais engenhosa, em proporções cada vez mais gigantescas; rompendo as velhas fronteiras nacionais; estendendo os trilhos e guindastes de seu comércio através de países, oceanos e continentes, assimilando povos de culturas distantes, em diferentes estágios do processo civilizatório, a seu sistema, controlando os destinos de outras raças, dando-lhes novas formas aos corpos e mentes, personalidades e aspirações, sem que cheguem a apreender exatamente o que lhes aconteceu e independentemente da vontade de qualquer indivíduo. No entanto, todo esse desenvolvimento não é apenas tecnológico; não é o resultado da atuação de uma implacável força inumana sobre a humanidade. Há também um princípio humano em jogo — como diz Marx, "aquelas paixões que são ao mesmo tempo as mais violentas, as mais vis e as mais abomináveis de que o coração humano é capaz: as fúrias do interesse pessoal". Pois outro elemento do gênio de Marx é uma intuição psicológica peculiar: ninguém jamais enxergou com olhos tão implacáveis a infinita capacidade humana de não perceber ou de encarar com indiferença a dor que infligimos aos outros quando temos oportunidade de tirar dela algum lucro.

Ao abordar esse tema, Marx tornou-se um dos grandes mestres da sátira. É sem dúvida o maior ironista desde Swift, e tem muito em comum com ele. Compare-se a lógica da "modesta proposta" de Swift para resolver o problema da miséria dos irlandeses, pela qual as pessoas famintas seriam estimuladas a comer os bebês nascidos em excesso, com a argumentação em defesa do crime que Marx propõe aos filósofos burgueses (no chamado "quarto livro" de *O capital*): o crime, diz o autor, é produzido pelo criminoso exatamente como "o filósofo produz ideias; o poeta, versos; o professor, manuais", e sua prática é útil à sociedade porque resolve o problema da população supérflua, ao mesmo tempo que sua repressão proporciona empregos a muitos cidadãos honrados.

Outra coisa Marx tem em comum com Swift: a capacidade de extrair uma certa poesia do dinheiro. Há em Swift uma espécie de apetite intelectual por computações e contas, e um sentimento quase sensual em relação ao dinheiro. Nas *Cartas do fanqueiro*, por exemplo, temos a impressão de ver as moedas, ouvi-las, apalpá-las. Mas em Marx a ideia de dinheiro leva a algo mais filosófico. Já vimos que, ao escrever a respeito das leis sobre o roubo de lenha, Marx transforma as árvores dos proprietários de terras em seres superiores a quem os camponeses tinham de ser sacrificados. Agora — levando um passo à frente a imagem usada por Thomas More, o qual, numa etapa anterior ao desenvolvimento do capitalismo, numa época em que as grandes propriedades estavam sendo despovoadas e transformadas em pastos para carneiros, afirmou que os carneiros estavam comendo o povo — Marx nos apresenta a imagem de um mundo em que as mercadorias mandam nos seres humanos.

Essas mercadorias têm leis próprias de movimento; parecem girar em suas órbitas como elétrons. Assim, elas mantêm em funcionamento as máquinas e sustentam as pessoas que cuidam das máquinas. E a maior das mercadorias é o dinheiro, porque representa todas as outras. Marx nos mostra de que modo as fichas de metal e as notas de papel, meras convenções para facilitar a troca, adquirem o caráter fetichista que fará com que pareçam fins em si, assumindo um valor próprio, depois adquirindo uma potência própria que parece substituir a potência humana. Marx afirmara todo esse tema em uma frase de um discurso seu de 1856 escrito em inglês: "Todas as nossas invenções e progressos parecem ter a consequência de atribuir às forças materiais uma vida intelectual e reduzir a existência humana à condição de força material". A humanidade fica impotente, presa numa rede de salários, lucros e crédito. A facilidade que tem Marx de evocar essas visões de fetiches independentes e implacáveis, que, embora inanimados, usurpam os direitos dos seres vivos, evidentemente deriva-se acima de tudo de sua deficiência de sentimentos pessoais, a qual ele projetava no mundo exterior. Como outros grandes satiristas, castigava os outros por terem os defeitos que ele julgava perigosos em si próprio; e era precisamente esse lado cego e paralítico da estranha personalidade de Karl Marx que permitia que seu lado ativo e perceptivo apreendesse, explicasse e denunciasse, como ninguém jamais pudera fazer antes, a negação das relações pessoais, da responsabilidade do homem para com o homem, aquela crueldade abstrata e semi-inconsciente que afligia sua época.

É bem verdade que Marx também adora suas abstrações; estende-se sobre elas com exagero. Muito dessa parte de *O capital* é pura exibição gratuita, e o interesse do leitor é proporcional a sua capacidade de apreciar exercícios de lógica pura. O método de Marx possui alguma beleza: permite-lhe, conforme observou Mehring, fazer distinções de uma sutileza infinita — embora, encarando a coisa pelo ângulo oposto, ele pareça estar transformando processos industriais em escorregadias definições metafísicas. (Engels costumava reclamar que era difícil reconhecer os processos históricos por trás das etapas da argumentação dialética.) Mas o principal valor desses capítulos abstratos que se alternam com os capítulos sobre história é — ao menos no primeiro livro — de natureza irônica. A proeza de Marx é hipnotizar-nos com seus silogismos que vão e voltam, elevar-nos à contemplação do que parece ser uma lei metafísica e depois, por meio de uma única expressão, jogar-nos de volta à realidade, fazendo-nos ver que os princípios econômicos que se prestam a demonstrações tão elegantes provêm simplesmente das leis do egoísmo humano e que, se é possível presumir que atuam de modo tão infalível, é apenas porque o instinto de aquisição é tão infalível quanto a força da gravidade. O significado das fórmulas aparentemente impessoais que Marx nos apresenta com ar tão científico é — conforme o autor nos lembra de vez em quando, quase como um comentário ocioso — o dinheiro que se nega ao bolso do trabalhador, o suor que se impõe a seu corpo, os prazeres naturais que se negam a seu espírito. Ao competir com as sumidades da economia, Marx produziu uma espécie de paródia; e, após a leitura de *O capital*, as obras de economia convencionais nunca mais nos parecem ser o que eram antes: podemos agora ver, por trás de suas argumentações e cifras, as realidades das relações humanas cruas que é seu objetivo ou efeito mascarar.

Em Marx, a exposição da teoria — a dança das mercadorias, o bordado da lógica — é sempre seguida por uma visão documentada das leis do capitalismo em atuação. E esses capítulos, com seu acúmulo de relatórios de fábricas, suas descrições prosaicas de miséria e imundície, sua enumeração implacável das condições anormais a que homens, mulheres e crianças da classe trabalhadora tentam se ajustar, suas crônicas dos recursos sórdidos pelos quais os patrões quase invariavelmente conseguem recuperar, minuto por minuto e tostão por tostão, os lucros que as leis, continuamente inadequadas e chegando tarde demais, tentam reduzir, e com seus exemplos de apelos complacentes à moral, à religião e à razão por meio dos quais os patrões e os economistas que os defendem têm a hipocrisia de justificar sua prática — tudo isso, por fim, torna-se quase intolerável. Sentimos que, pela primeira vez, foi desvendada a verdadeira estrutura de nossa civilização, e que ela é a mais feia que jamais existiu — um estado de coisas em que é difícil dizer o que é pior, se a degradação física dos trabalhadores ou a degradação moral dos patrões.

De vez em quando, com efeito surpreendente, Marx lembra outras sociedades guiadas por ideais diferentes. A vergonhosa instituição da escravidão na qual se baseava o sistema grego ao menos tornara possível, ao degradar um grupo de pessoas, o desenvolvimento de uma aristocracia de um bom gosto maravilhoso e capaz de inúmeras realizações, enquanto as massas humanas do mundo industrial são escravizadas apenas para "transformar uns poucos novos-ricos vulgares e semi-instruídos em 'eminentes produtores de algodão', 'grandes fabricantes de salsicha' e 'influentes comerciantes de graxa'". O sistema feudal da Idade Média, antes de ser perturbado pela revolta dos nobres contra o rei, ao menos garantia certos direitos em troca de certos deveres. Todo mundo era, de algum modo, alguém; entretanto, quando ocorria uma depressão industrial e as fábricas cerravam suas portas para os operários, nem o patrão nem o Estado assumiam responsabilidade por eles. Se o barão, com sua exploração, sempre torrava dinheiro de tal modo que seus dependentes ganhavam alguma coisa, a grande nova virtude do burguês era a economia, a prática de economizar dinheiro para reinvesti-lo. E, embora sempre mantenha bem próximos de nossos olhos o escritório de contabilidade, a roca, o martelo-pilão, a gramadeira, a mina, Marx sempre leva consigo, pelas cavernas e desertos do mundo industrial moderno, frios como os abismos do mar que o marinheiro de sua balada desprezava por estarem longe de Deus, os ditames daquele "Deus eterno" que lhe fornecem seu padrão inflexível para julgar as coisas terrenas.

É mais ou menos essa a impressão inicial que se tem de *O capital*. Só mais tarde, quando pensamos na obra com mais distanciamento e após termos contato com outros escritos de Marx, é que suas incoerências básicas se tornam visíveis.

A mais óbvia delas é a discrepância entre o ponto de vista científico do historiador e o ponto de vista moral do profeta. "O que mais me surpreendia em Marx", escreve o sociólogo russo Maksim Kovalevski,

> era a sua postura apaixonadamente sectária em questões políticas, que não casava com o método calmo e objetivo que ele recomendava a seus discípulos e que era proposto como instrumento para a investigação dos princípios econômicos.

H. M. Hyndman também ficou impressionado com "o contraste entre os modos e o palavreado [de Marx] quando levado à irritação [pela política do partido liberal] e sua atitude quando expunha os eventos econômicos da época".

Por um lado, Marx nos diz, em *O capital*, que um determinado desenvolvimento "histórico", indispensável para o progresso da humanidade, só poderia ter sido realizado pelo capitalismo; por outro, ele tenta nos enfurecer ao mostrar a crueldade dos responsáveis pelo sistema capitalista. É como se Darwin fosse também um criador de novas espécies, como Luther Burbank, e fizesse seus leitores se indignarem com as limitações — tendo em vista o ideal — das espécies produzidas pela evolução e com as injustiças sofridas pelas espécies de animais e plantas eliminadas na luta pela sobrevivência. Como historiador científico, Marx afirma que a centralização que é condição do socialismo só poderia ter sido gerada pelo processo competitivo do capitalismo. Numa passagem notável do segundo livro, o autor aceita até os horrores do sistema como um aspecto de seu desenvolvimento benéfico:

> Examinando em detalhe a produção capitalista, [...] constatamos que ela é muito econômica em relação ao trabalho materializado incorporado nas mercadorias. Porém ela é, mais do que qualquer outro método de produção, pródiga em relação às vidas humanas, ao trabalho vivo, desperdiçando não apenas carne e sangue, mas também nervos e cérebros. De fato, é apenas por meio do mais extravagante

desperdício de desenvolvimento individual que o desenvolvimento humano é garantido e promovido naquela etapa
da história que vem imediatamente antes da reorganização
consciente da sociedade. Como todas as economias aqui
mencionadas [da parte dos proprietários das minas de carvão] decorrem da natureza social do trabalho, é justamente
esse caráter social do trabalho que causa esse desperdício de
vida e saúde do trabalhador.

Assim, as forças capitalistas não poderiam ter atuado de forma diferente: até mesmo ao destruir vidas humanas, são de algum
modo agentes da salvação humana; e no entanto cada industrial
individual é acusado de ser ou um feitor de escravos insensível ou
um hipócrita racionalizador.

A princípio, podemos nos convencer de que Marx conseguiu demonstrar "cientificamente" a torpeza da classe dos capitalistas e provar que o triunfo da causa dos trabalhadores é, de
alguma forma, assegurado pela "ciência econômica". Temos a
teoria marxista da mais-valia.

Segundo Marx, o trabalhador vende sua capacidade de trabalho como qualquer outra mercadoria no mercado, e seu valor
é determinado pela quantidade mínima necessária para mantê
-lo vivo e em condições de trabalhar e gerar um nova oferta de
trabalhadores — isso é tudo o que o empregador faz questão de
lhe garantir. Assim, o trabalhador é empregado em troca de um
pagamento mínimo, a que ele faz jus por, digamos, seis horas
de trabalho, e é então obrigado por seu patrão, sob a ameaça de
perder o emprego, a trabalhar oito ou dez horas. O patrão está
roubando do trabalhador de duas a quatro horas de trabalho e
vende o produto desse trabalho por seu valor. O valor do trabalho roubado é denominado "mais-valia" e constituiria o lucro
do industrial. É o que lhe possibilita tornar-se gordo e insolente, enquanto o trabalhador é reduzido ao mínimo necessário a
sua subsistência.

Ora, sem dúvida o industrial, se lhe for permitido, tentará tirar o máximo de seus empregados e pagar-lhes os salários o mais baixo possível. Mas o que quer dizer exatamente a afirmativa de que o trabalho determina o valor (ideia cujo embrião Marx encontrou em Ricardo e em Adam Smith)? Não seria difícil mencionar diversas coisas cujo valor certamente *não* era determinado pelo trabalho: móveis antigos, quadros renascentistas, o elemento rádio; e, mesmo no caso de artigos manufaturados, estava longe de ser verdade que seu valor no mercado era proporcional à quantidade de trabalho que fora necessária para produzi-los. Não é verdade que o lucro de um industrial que empregue muitos trabalhadores e gaste relativamente pouco em equipamentos seja maior do que o lucro de um que gaste muito em equipamentos e empregue um número relativamente pequeno de trabalhadores — embora a teoria de Marx pareça implicar tal constatação. Os fabianos ingleses, com base em Stanley Jevons, elaboraram uma teoria contrária fundamentada na demanda: o preço de qualquer mercadoria é determinado pelo seu grau de utilidade para as pessoas que a ela têm acesso, e isso, por sua vez, pode ser considerado o determinante do valor do trabalho necessário para produzi-la.

Marx não tentou resolver esse problema na única seção de *O capital* que chegou a publicar. A solução foi adiada para um volume subsequente, o qual jamais chegou a completar; e foi só em 1894 que Engels pôde editar a seção póstuma (Livro III) dos rascunhos de Marx que a continham. Então verificou-se que Marx admitira francamente que, "de modo geral, lucro e mais-valia são duas grandezas diferentes". Era verdade que todos os lucros provinham da mais-valia; porém o efeito da concorrência entre capitalistas — pois com o aporte de muito capital numa atividade industrial lucrativa a tendência era diminuir a rentabilidade desta, enquanto a retirada de capital de uma atividade menos produtiva tinha o efeito de aumentar sua rentabilidade — era equalizar o índice de rentabilidade, de modo que todos obtenham lucros aproximados. O lucro total corresponderia à mais-valia total; contudo, a mais-valia individual seria, por assim dizer, racionada entre os capitalistas, e os lucros seriam divididos de tal maneira que cada um recebesse uma parte proporcional à quantidade de capital por ele investida. Quanto ao comerciante, ele não produzia valor da mesma forma que o trabalhador, apenas economizava dinheiro para o industrial, ao distribuir as mercadorias por ele produzidas, e recebia uma parte da mais-valia daquele. Tampouco as pessoas que trabalhavam para o comerciante; estas, por sua vez, não criavam valor, no fundo recebiam uma fração do lucro do comerciante. Com esse procedimento era-lhes roubada uma parte do que mereciam por seu trabalho do mesmo modo que os trabalhadores eram roubados pelo industrial. O proprietário de terras na sociedade capitalista recebia sua parte da mais-valia sob a forma do aluguel que lhe era pago pelo industrial e pelo comerciante.

Assim, o valor que deveria ser derivado do trabalho era um conceito puramente abstrato que nada tinha a ver com preços e lucros relativos e cujo caráter era quase místico na medida em que se tratava de uma essência inerente apenas ao trabalho agrícola e fabril, ausente do trabalho do comerciante e do próprio industrial, bem como do trabalho dos empregados do comerciante. Para demonstrar que esse valor de trabalho tem uma realidade objetiva, seria necessário provar que o lucro total obtido num dado momento era equivalente à parcela do conjunto dos preços praticados no mercado para a quantidade total de mercadorias produzidas embolsada pelo industrial após ele pagar seus empregados — um cálculo que Marx jamais tentou fazer. E não é fácil aceitar que a argumentação abstrata por ele desenvolvida no Livro III — à qual recentemente John Strachey deu tanta importância em seu livro *A natureza da crise do capitalismo* — prove o que quer que seja. Se o lucro é igual à mais-valia, diz Marx, então, à medida que a indústria se torna mais mecanizada e tem menos necessidade de empregar mão de obra humana, é de esperar que a taxa de rentabilidade caia. Ora, de fato isso ocorre. Porém — pressupondo que o lucro de fato diminui —, de que modo isso prova que há uma relação direta entre a proporção de trabalho humano empregada e a taxa de rentabilidade do industrial, calculada com base em seu investimento total? Seria perfeitamente possível, conforme veremos em breve, explicar o mecanismo das crises do capitalismo sem invocar a teoria do valor-trabalho; e certamente aquele não constitui prova desta. A teoria do valor-trabalho é, portanto, como a dialética, simplesmente uma criação do metafísico que jamais abdicou em favor do economista que havia em Marx — uma tentativa de mostrar que os valores morais que ele queria impingir às pessoas eram, independentemente das ideias que se tenham a respeito deles, de alguma maneira implícitos à natureza das coisas.

Enquanto isso, durante mais de um quarto de século — de 1867 a 1894 —, a ideia de que todo valor era criado pelo trabalho foi fincando raízes. Fora aceita pelos seguidores de Marx como um dos princípios fundamentais de sua fé, e estes aguardavam confiantemente o dia em que o mestre resolveria todos os problemas e daria a seus inimigos a réplica irrefutável. Entretanto, com a publicação do Livro iii de *O capital*, até mesmo economistas que simpatizavam com Marx manifestaram sua desilusão e desapontamento.

Chega-se quase a achar que tinha uma certa razão o economista italiano Loria, segundo o qual Marx não teve ânimo de mostrar ao mundo os desdobramentos ulteriores de sua teoria e deixou de propósito que essa tarefa ficasse, após sua morte, a cargo de Engels. Não há dúvida de que o efeito moral devastador do Livro i de *O capital* tende a ser diluído pela leitura dos volumes subsequentes. Se só é verdade que todo valor é criado pelo trabalho em algum sentido metafísico, então talvez aquelas teorias utilitaristas do valor que os marxistas consideram fraudes capitalistas não sejam tão vazias quanto afirmávamos. Se é possível calcular o valor tal como Marx fazia, em unidades de força de trabalho abstrata, por que tal cálculo não podia ser realizado em unidades de utilidade abstrata, conforme negou Marx? A pergunta é mais pertinente ainda quando levamos em conta que o suposto valor do trabalho não parece ter algo a ver com a fixação dos preços, enquanto a demanda do consumidor obviamente tem.

A verdade é que todas essas teorias são incompletas: os preços reais são produtos de situações muito mais complexas do que qualquer uma dessas fórmulas, e são complicadas por fatores psicológicos que os economistas raramente levam em conta. O economista tende a imaginar que o valor — e o valor no sentido de preços reais é facilmente confundido com o valor no sentido moral ou filosófico — é algo criado basicamente pelo grupo a que ele pertence ou que pretende defender. O industrial do tipo mais antiquado e mais boçal praticamente acreditava que ao mesmo tempo criava o produto e o trabalho ao fornecer a inteligência e o capital que davam ao empregado uma oportunidade de trabalhar. Para os socialistas fabianos, que representavam o consumidor de classe média britânico, era o ser humano como consumidor, e não o lavrador ou o operário de fábrica, que determinava o valor das mercadorias por meio da sua demanda por elas. Henry George, que no tempo em que era um tipógrafo pobre na Califórnia ficara horrorizado ao ver aquela terra de abundância ser transformada num monopólio impiedoso em que os ricos expulsavam os pobres, foi levado a concluir que todo o valor derivava em última análise da terra. Karl Marx, que não apenas estava do lado do trabalhador como também queria vê-lo herdar toda a terra, afirmava que todo o valor era criado pelo trabalho. Sua tentativa de fundamentar essa afirmação com uma justificativa teórica mostra com clareza — talvez melhor do que qualquer outro exemplo — a incoerência que há no materialismo dialético entre a tendência a representar tudo como relativo, todo sistema econômico como uma ideologia projetada por interesses de classes específicos, e o impulso de estabelecer princípios com validez mais geral, nos quais se possa fundamentar a conduta do indivíduo.

Engels, naturalmente, ficou furioso com Loria, e em resposta àqueles que reclamaram do Livro III — no que veio a ser um de seus últimos textos, pois nem viveu para escrever a segunda parte que havia projetado — propôs um argumento absurdo que comprometeu toda a posição marxista. Recorrendo a seus estudos de antropologia, Engels tenta provar que, entre os povos primitivos, o preço real pelo qual as mercadorias são trocadas é determinado pelo trabalho necessário para produzi--las. Afirma ele:

> A gente daquela época era certamente astuta o bastante — tanto os que criavam gado quanto seus fregueses — para não dar de graça o tempo de trabalho por eles gasto sem receber o equivalente na troca. Pelo contrário, quanto mais próximo está um povo do estado primitivo de produção de mercadorias — os russos e orientais, por exemplo —, mais tempo eles ainda gastam hoje em dia para obter, através de obstinadas negociações de barganha, a compensação integral pelo tempo de trabalho que consumiram num dado produto.

É uma imagem divertida do ingênuo Engels comprando bijuterias de bronze de um mercador persa e aceitando a argumentação deste como simples tentativa de um indivíduo honesto no sentido de conseguir que o comprador lhe restitua o valor integral de seu trabalho — imagem que nos parece ainda mais estranha quando nos lembramos do desenho feito pelo jovem Engels, representando um caixeiro-viajante satisfeito por ter vendido vinho estragado a um connoisseur. E isso revela uma falácia central do marxismo. Afinal, Marx e Engels haviam dedicado uma parte considerável de suas vidas à tarefa de demonstrar que as pessoas costumam vender as coisas por preços bem mais altos do que aqueles que pagaram por elas. Porém, Engels retrucaria: "As pessoas? Não, só a burguesia", o que o colocou na posição ridícula de acreditar que, por exemplo, o vendedor de cavalos no Cáucaso ou o vendedor oriental de bugigangas são incapazes de cobrar por um produto mais do que ele vale. Não: o desejo de conseguir o preço mais alto possível por algo que se tem de vender parece ser uma característica da espécie humana desde um período anterior à sociedade capitalista.

Voltaremos a essa questão mais adiante; enquanto isso observemos como é simplória a motivação psicológica subjacente à visão do mundo de Marx. Os economistas, de modo geral, têm a limitação de só compreender uma ou duas motivações humanas: a psicologia e a economia jamais se combinaram de modo a complementarem-se de fato. Marx compreendia tanto o sórdido interesse próprio e sua capacidade de iludir-se como o orgulhoso espírito humano que se liberta da degradação e da opressão. Contudo, tendia a considerar tais coisas exclusivamente como produtos da especialização de classe, e não impulsos mais ou menos comuns a toda a humanidade, que podem se manifestar, ou estar latentes, em pessoas de todas as classes.

Marx teria esbarrado em mais problemas complicados referentes à motivação dos grupos econômicos se tivesse levado adiante sua anatomia das classes sociais. O que ele nos mostra no primeiro livro de *O capital* é sempre o operário de fábrica enfrentando diretamente o industrial, o camponês enfrentando o proprietário de terras; nessa seção, quando se refere ao capitalista, Marx tem sempre em mente o explorador direto. Mas no segundo e no terceiro livro, relativos à circulação do capital, Marx trata dos comerciantes e banqueiros, assim como da classe, que atualmente denominamos "colarinho-branco", que para eles trabalha. Aqui o quadro se torna bem mais complexo. Marx só chegou a discutir as inter-relações entre essas forças de classe nas páginas finais de seu rascunho; e parece significativo que do capítulo intitulado "As classes" só tenha escrito uma página e meia. Ele afirma que a sociedade capitalista moderna pode ser dividida em três grandes classes: "os proprietários de simples força de trabalho, os proprietários de capital e os proprietários de terra; suas fontes de renda respectivas são o salário, o lucro e a renda da terra". Há ainda "estágios intermediários e de transição" que "apagam todas as fronteiras definidas". A questão é: o que constitui uma classe? "À primeira vista, pode parecer que a identidade das rendas e das fontes de renda" constitua a base de cada uma das três grandes classes. Mas nesse caso os médicos e os funcionários públicos também seriam classes sociais.

O mesmo seria verdade em relação à infinita dissipação de interesses e posições criada pela divisão social do trabalho entre trabalhadores, capitalistas e proprietários de terra. Por exemplo, os proprietários de terra são divididos em proprietários de vinhedos, de fazendas, de florestas, de minas, de pesqueiros.

Nesse ponto termina o manuscrito.

Marx interrompeu sua análise das classes sociais no momento em que se aproximava das verdadeiras dificuldades da questão.

Assim, o que Karl Marx tomara por base de suas profecias — conforme observou recentemente Reinhold Niebuhr — era a premissa de que, embora o patrão sempre tivesse se revelado ganancioso, o trabalhador socialista do futuro — tendo dado, nas palavras de Engels em *Anti-Dühring*, o "salto do reino da necessidade para o reino da liberdade" — passaria a agir sempre em prol do bem da humanidade. A classe dominante da era capitalista nunca fizera por vontade própria outra coisa que não roubar os pobres em benefício do seu bem-estar, mas a classe dominante da ditadura do proletariado jamais pensaria em abusar de seu poder.

Deve-se também observar a esta altura que Marx e Engels estavam convictos da existência de um período na pré-história em que vigorara um padrão de moralidade diferente. Após escrever o *Manifesto comunista*, eles mudaram de ideia em relação à afirmativa de que "a história de toda a sociedade humana, no passado e no presente, sempre foi a história da luta de classes". Em edições posteriores ao manifesto, Engels acrescentou uma nota na qual explicava que em 1847 pouco se sabia a respeito do comunismo das sociedades primitivas. Posteriormente, ele e Marx leram obras recentes de alguns antropólogos que os convenceram de que uma gens comunista fora a verdadeira forma primitiva de organização social. Ficaram particularmente impressionados com a obra de um etnólogo socialista americano, Lewis H. Morgan, que tinha vivido entre os índios iroqueses. Em consequência, Marx e Engels podiam então fundamentar sua fé no futuro em uma espécie de Idade do Ouro de propriedade comunista e relações fraternais que teria existido no passado.

O próprio Marx tencionava escrever sobre esse assunto, mas jamais chegou a fazê-lo; assim, Engels, após a morte do amigo, publicou um ensaio a respeito das comunas rurais livres da Alemanha, com base nas pesquisas de G. L. von Maurer, e um livrinho intitulado *A origem da família, da propriedade privada e do Estado*. Aqui Engels tenta, com base em Morgan, demonstrar que a "singela grandeza moral" da "velha sociedade pagã sem classes" fora "minada e destruída pelos meios mais desprezíveis: roubo, violência, astúcia, traição" e que, como decorrência, o "novo sistema de classes" fora "instituído pelos impulsos mais mesquinhos: inveja vulgar, volúpia brutal, avareza sórdida, roubo egoísta da riqueza comum".

Ora, levanta-se assim o mesmo tipo de pergunta, em relação a esse passado comunista, que o domínio do proletariado em relação ao futuro socialista. De que modo os membros da espécie humana, antes felizes e bons, tornaram-se tão infelizes e maus? A situação atual, conforme o que Engels afirma, fora ocasionada pelos próprios povos primitivos devido às guerras tribais. Nem por um momento os vitoriosos hesitaram em aproveitar sua superioridade sobre os vencidos para saqueá-los e reduzi-los à escravidão. Mais uma vez esbarramos nas limitações da concepção marxista da natureza humana. Não deixa de ser plausível a hipótese de que uma comunidade primitiva de iguais fosse mais sólida, dentro de seus limites, do que a sociedade moderna — as aldeias dos índios pueblos do sudoeste americano sobreviveram com sua economia comunista apesar dos vizinhos nômades mais predatórios e dos massacres e explorações dos brancos — e a de que qualquer sociedade futura mais estável deve caminhar em direção a um equilíbrio desse tipo. Mas teriam sido apenas impulsos "vulgares", "brutais" e "egoístas" que deram origem à sociedade de classes?

Não precisamos abordar muito a fundo esta questão do passado primitivo, já que Marx não a aprofundou muito em seus escritos e, a meu ver, Engels nem sequer se esforçou muito para encaixá-la na teoria dialética da história. Mas a questão do futuro é importante. Por que devemos supor que os impulsos brutais e egoístas do homem hão de desaparecer numa ditadura socialista?

A resposta a essa pergunta é simplesmente que Marx e Engels, apesar de se orgulharem de ter elaborado um novo socialismo "científico", em contraste com o velho socialismo "utópico", ainda guardavam em si certa quantidade do utopismo que haviam rejeitado.

Consideremos a questão do motivo pelo qual Marx pressupunha que a moralidade do proletariado revolucionário seria necessariamente melhor para a humanidade do que a moralidade da burguesia exploradora. As moralidades professadas pelas pessoas estão, segundo a teoria de Marx, indissoluvelmente ligadas a seus interesses de classe; assim, há uma moralidade da burguesia e uma moralidade do proletariado, e elas são antagônicas. A primeira tem por objetivo cultivar aquelas virtudes que foram necessárias para que a burguesia atingisse a atual situação e para justificar os crimes que ela cometeu ao expropriar e destruir os trabalhadores; a segunda consiste na lealdade, no autossacrifício e na coragem que possibilitarão aos trabalhadores expropriar e destruir a burguesia. Porém é *direito* para o proletariado expropriar os burgueses, e até mesmo aprisioná-los e matá-los, em algum sentido no qual *não é* direito para a burguesia fazer a mesma coisa com os proletários. Por quê? Porque — responde o marxista — o proletariado representa a *antítese*, a qual, no decorrer da evolução dialética do inferior para o superior, vai levar a *tese* à *síntese*. Mas de que modo a moralidade revolucionária se distingue e afirma sua superioridade em relação à moralidade contra a qual ela luta, e que por fim há de suplantar?

O que a distingue é o fato de reconhecer certos direitos humanos fundamentais. Em seus primeiros escritos, Karl Marx disse muita coisa a respeito desses direitos. Mais tarde, quando já trabalha em *O capital*, não mais os invoca de modo tão explícito, e em *Anti-Dühring* (1877) Engels afirma que "a ideia de igualdade, tanto em sua forma burguesa quanto na proletária", é "ela própria um produto histórico" e "portanto está longe de ser uma verdade eterna"; que sua popularidade decorre tão somente do que ele chama de "difusão geral e validade contínua das ideias do século XVIII". Para Marx, porém, certamente fora mais do que isso; sua "validade" fora sentida com paixão. E o herdeiro do Iluminismo do século XVIII, com fé algo semelhante à de Rousseau no valor fundamental da pessoa humana, até mesmo assombrado pelo fantasma do "bom selvagem", conforme indica sua atitude em relação às comunidades primitivas estudadas por Morgan, está sempre por trás do historiador científico que afirma com frieza que o "desenvolvimento humano" foi "garantido e promovido naquela etapa da história que vem imediatamente antes da reorganização consciente da sociedade" ao preço de um imenso desperdício de "carne e sangue". Já vimos de que modo Marx ridicularizou Proudhon por ter introduzido na economia contemporânea a abstração, típica do século XVIII, de um homem natural universal dotado de um direito fundamental de possuir propriedade. No entanto o próprio Marx passaria o resto da vida afirmando que todo ser humano era dotado — para usar a terminologia de um outro expoente da filosofia do século XVIII, Thomas Jefferson — do direito à "vida, à liberdade e à busca da felicidade". Quando um inglês da classe dominante como Palmerston afirmava que

> o poder legislativo de um país tem o direito de impor a qualquer classe da comunidade as restrições políticas que ele julgar necessárias à segurança e ao bem-estar do todo. [...] Trata-se de um dos princípios fundamentais em que se baseia o governo civilizado,

Marx retrucava imediatamente:

Eis a mais cínica confissão jamais feita, a afirmação de que as massas populares não têm nenhum direito, e sim apenas devem receber aquelas imunidades que o poder legislativo — em outras palavras, a classe dominante — julgar conveniente conceder-lhes.

E agora chegamos à verdadeira base do marxismo — à ideia de que a sociedade de classes é errada porque destrói, como diz o *Manifesto comunista*, os vínculos entre os homens e impede o reconhecimento daqueles direitos que são comuns a todos os seres humanos. Se tais direitos humanos não existem, o que há de errado na exploração? Porém não há, em última análise, nenhuma maneira de provar que eles existem, exatamente como não há como provar que para Deus todas as almas têm o mesmo valor. Não há como convencer com argumentos um conservador inglês de que as classes mais pobres não são inevitavelmente inferiores às classes dominantes; e seria perda de tempo discutir com um nazista a ideia de que todos os povos não nórdicos não são inferiores de nascença. Em *Anti-Dühring*, Engels iria apresentar um admirável relato *histórico* do desenvolvimento do conceito de igualdade de direitos no mundo moderno, demonstrando que a ideia de igualdade foi sustentada sob a hierarquia medieval pelas pretensões dos diversos Estados nacionais; que a classe média industrial, à medida que evoluía do artesanato para a manufatura, precisou libertar-se das restrições das guildas, a fim de poder vender sua força de trabalho, e das leis de comércio discriminatórias, para poder vender suas mercadorias; e que a classe trabalhadora gerada pelo novo sistema, como "sombra" da burguesia, dela herdara o ideal de igualdade e exigia não apenas a abolição dos privilégios de classe, tal qual fizera a burguesia, como também "a abolição *das próprias classes*". Mas, mesmo com o auxílio de dados históricos, não se pode necessariamente convencer as pessoas de que o progresso das instituições humanas implica um processo de democratização progressiva: só se pode apelar para métodos que são, em última análise, morais e emocionais. E isso Karl Marx sabia fazer excepcionalmente bem. A grande importância de seu livro não está, em absoluto, no fato de ele estabelecer uma essência incomparável do valor, inerente a todo trabalho agrícola ou fabril, e sim no de mostrar, concretamente, de que modo o trabalhador é explorado pelo patrão, e fazer o leitor indignar-se com isso. Ainda que o autor pretenda nos dizer que todos esses horrores contribuíram para o progresso da civilização humana e que toda moralidade é relativa, na verdade ele nos convence é de que uma civilização digna do nome será impossível se não pusermos fim a esses horrores, e nos enche de fervor por uma moralidade proposta por ele.

Foi sob esse aspecto que Karl Marx, como judeu, teve valor fundamental para o pensamento de sua época. O gênio característico do judeu é o gênio moral. Os livros sagrados do povo de Israel serviram de base para as religiões de três continentes e, mesmo no caso dos grandes judeus que não trataram da religião em si, é normalmente sua apreensão das ideias morais que lhes confere sua força peculiar. A descoberta freudiana das compensações emocionais é, na verdade, uma espécie de intuição moral: o irracional e o destrutivo na personalidade são necessariamente distorções do criativo e do natural; para corrigi-los, tanto paciente como analista são obrigados a exercer uma autodisciplina, que é o único preço do autodomínio e do ajuste — um ponto de vista bem diverso do de um pensador mais puramente germânico como Jung, que afasta seus pacientes dos problemas pessoais e os encaminha para o mundo onírico dos mitos primitivos, e muitas vezes os deixa lá. Foi provavelmente graças a seu lado judeu que Proust não se tornou o Anatole France de uma fase ainda mais decadente da tradição beletrística francesa. Sem dúvida, a autoridade moral dos judeus é um dos fatores mais importantes que levaram os nazistas a persegui-los. Para um povo que está tentando recapturar a autoconfiança e a crueldade bárbaras, é desconcertante a presença de tais moralistas, que estão sempre tentando reavivar um dos princípios que transcendem as barreiras entre países e classes quando o que se quer é acreditar numa hierarquia racial.

É interessante relembrar o papel que os judeus já desempenharam nesta nossa crônica: os estudos semíticos de Renan, a influência da sra. Caillavet sobre Anatole France, os discípulos judeus de Saint-Simon; o líder operário Andreas Gottschalk; o comunista Moses Hess; o socialista Ferdinand Lassalle. Assim, Karl Marx agregou à economia um ponto de vista que foi valioso para sua época justamente na medida em que era alheio a ela. Somente um judeu, em meados do século XIX, seria capaz de usar armas morais para atacar a fortaleza da autocomplacência burguesa.

Somente um judeu poderia ter lutado de modo tão intransigente e obstinado pela vitória das classes expropriadas. As grandes mentes judaicas dessas primeiras gerações, ao se libertarem do fechado mundo do gueto, ainda se lembravam do cativeiro medieval e tendiam a apresentar-se como defensores de outros grupos sociais ou doutrinas até então não libertados ou aceitos. Assim, Freud enxergou a importância vital daqueles impulsos sexuais que a civilização proibira e que o puritanismo havia tentado sufocar, e obrigou a ciência psiquiátrica a levá-los em conta. Assim, também, Einstein interessou-se pelas poucas anomalias do sistema de Newton, as quais pouca atenção recebiam, pois o sistema funcionava tão bem, e fez da pedra rejeitada pelo construtor a pedra fundamental do novo sistema que iria abalar a autoridade do velho. Assim, também, Lassalle assumiu a causa do feminismo numa época em que, de modo geral, as mulheres alemãs viviam à mercê de seus pais e maridos; assim, também, Proust transferiu ao artista e ao homossexual tanto o destino trágico de uma raça perseguida na sociedade como sua convicção interior de superioridade moral. E assim Marx, como já vimos, colocou em lugar do judeu oprimido a figura do proletariado oprimido.

Porém a tradição de Marx é a do Velho Testamento, e não a do Novo. Sua filha Eleanor relata que a versão da vida de Jesus que ele contava aos filhos mostrava Jesus basicamente como filho de um carpinteiro pobre que fora injustamente executado pelos ricos. Marx insistia no sofrimento dos injustiçados e no ódio aos exploradores, mas era tão incapaz de amar aqueles quanto de ter piedade destes. Não foi um desses líderes proletários que se integram profundamente à vida dos trabalhadores. Ele próprio não tinha nenhuma experiência pessoal da indústria moderna; sua montanha de dados sobre o assunto provinha de Engels e dos relatórios parlamentares. E se ele expõe os horrores do sistema industrial, é menos para despertar em nós a solidariedade para com os trabalhadores do que para destruir o aspecto humano dos patrões. Nos escritos de Karl Marx, a burguesia aparece basicamente como caricatura, e o proletariado, como vítima de seus crimes. Há em Marx uma discrepância irredutível entre o bem que ele propõe à humanidade e a crueldade e o ódio que ele inculca como meio de chegar ao bem — uma discrepância que, na história do marxismo, deu origem a muitas confusões morais.

De onde provém a animosidade que transparece em *O capital*? É o mais amargo de todos os livros amargos de Marx. Nele não se encontra quase nenhum vestígio do entusiasmo que empresta vigor a suas obras anteriores. A respeito de *A situação da classe trabalhadora na Inglaterra em 1844*, Marx escreve a Engels, em 9 de abril de 1863:

> Relendo seu livro mais uma vez, senti com tristeza o quanto envelheci. Com que frescor, paixão, arrojo de visão e isenção de escrúpulos eruditos e científicos você abordou seu assunto aqui! E a ilusão de que amanhã ou depois de amanhã o resultado ganhará vida como realidade histórica perante nossos olhos dá ao todo um humor leve e vivo — e é terrivelmente desagradável o contraste entre isso e os tons de cinzento das obras posteriores.

Mas não é apenas a idade que é responsável pela diferença entre o livro de Engels e o de Marx. Não há como ler *O capital* à luz da vida do autor nesse período sem concluir que a motivação emocional — em parte ou no todo inconsciente, sem dúvida — dos ataques de Marx aos capitalistas e seu macabro relato dos sofrimentos dos pobres são ao mesmo tempo sua convicção indignada de que seu próprio destino é injusto e seu remorso por ter impingido esse destino a outrem. Marx não é apenas a vítima, o proletariado explorado, é também o patrão explorador. Pois ele não explorou Jenny e Engels? Não é o responsável não apenas pela existência de suas filhas queridas, mas também por todas as dificuldades e sofrimentos por que elas passaram? Numa carta a Siegfried Meyer, escrita em 30 de abril de 1867, quando finalmente enviou os originais de *O capital* ao impressor, Marx afirma que seu livro é "a tarefa pela qual sacrifiquei minha saúde, minha felicidade na vida e minha família".

É bem verdade — prossegue Marx — que tudo foi em nome do ideal e da humanidade:

> Rio-me dos chamados homens "práticos" e de sua sabedoria. Quem tivesse o couro grosso de um boi naturalmente poderia dar as costas para o sofrimento da humanidade e cuidar da própria vida; mas, assim como são as coisas, eu me consideraria muito pouco prático se morresse sem terminar meu livro, ao menos em manuscrito.

Diz Lafargue: "'Trabalhar pela humanidade' era uma de suas expressões favoritas". Aquela ciência pela qual se devem sacrificar os outros "não deve ser", escreve Marx em outro texto, "um prazer egoísta: aqueles que têm condições de se dedicar aos estudos científicos devem também ser os primeiros a colocar seu saber a serviço da humanidade". Porém, aquele que opta por trabalhar pela humanidade, por não escrever para ganhar dinheiro, tem que fazer com que outros ganhem dinheiro por ele, ou então sofrer, e fazer com que outros sofram, por não ter dinheiro.

Se era verdade, como propus antes, que Marx e Engels eram, um em relação ao outro, como eletrodos da pilha voltaica, tornava-se cada vez mais óbvio que Marx desempenhava o papel do metal do eletrodo positivo, que emite hidrogênio e permanece intacto, enquanto Engels representava o eletrodo negativo, que se gasta pouco a pouco. Em 27 de abril de 1867, logo depois que as últimas páginas do Livro i de *O capital* foram finalmente entregues ao impressor, Engels escreveu a Marx:

Não há nada que eu deseje mais do que fugir deste miserável comércio que me desmoraliza completamente por causa do tempo que me faz desperdiçar. Enquanto eu estiver aqui, não poderei realizar nada — principalmente depois que me tornei um dos patrões, a coisa ficou muito pior, já que aumentou minha responsabilidade.

Afirma que vai largar tudo; mas nesse caso sua renda ficaria muito reduzida, "e o que não me sai da cabeça é: o que faremos com você?". Marx responde, contrito:

Tenho confiança e esperança em que dentro de um ano serei bem-sucedido o bastante para poder reformular minha situação econômica radicalmente e voltar a me sustentar. Não fosse você, eu jamais teria conseguido terminar essa minha tarefa, e asseguro-lhe de que sempre me pesou na consciência como um íncubo a ideia de que foi principalmente por minha causa que você vem sendo obrigado a deixar que suas esplêndidas faculdades se desperdicem e enferrujem no comércio e, ainda por cima, a compartilhar todas as minhas *petites misères*.

Contudo, acrescenta Marx, não há como esconder de si próprio que ele ainda tem pela frente "um ano de provações", e dá a entender, sem dizer explicitamente, que uma remessa imediata de dinheiro seria oportuna.

O que — fora a incerteza — mais me assusta é a perspectiva de voltar a Londres [estava no momento na Alemanha cuidando da publicação de seu livro], o que terei de fazer dentro de seis ou oito dias. As dívidas que lá acumulei são consideráveis, e os maniqueus [credores] aguardam ansiosamente meu retorno. Ou seja: mais preocupações familiares, choques domésticos, uma vida de perseguido, ao invés de voltar a dedicar-me livremente a meu trabalho.

Já vimos como estava sua situação familiar. No ano seguinte, o que Karl e Jenny vinham tentando evitar havia anos teria de ocorrer: Laura ia começar a trabalhar como governanta. O pobre Marx, mais atormentado do que nunca, dividido entre as necessidades de sua família e as exigências de sua obra, estava sofrendo de insônia crônica. Fora acometido de uma sucessão de sofrimentos que não eram menos incômodos fisicamente por serem causados em parte pela tensão da situação doméstica, como o próprio Marx julgava, e em parte pelas dificuldades ligadas ao livro, como Engels acreditava. Durante anos Marx foi atormentado quase incessantemente por carbúnculos e furúnculos, males que causam um desconforto impossível de imaginar para aqueles que jamais foram vitimados por eles, com incômodas inflamações que não cessam de aparecer em lugares diferentes, inacessíveis em muitos casos, às vezes tornando a pessoa incapaz de fazer o que quer que seja, como se uma legião de diabinhos estivesse brotando sob a sua pele. E além disso havia gripe, reumatismo, oftalmia, dor de dente e dor de cabeça. Mas o problema mais sério era a hipertrofia do fígado. Durante toda a vida tivera problemas hepáticos: seu pai morrera de câncer no fígado, e Marx temia contrair o mesmo mal. Quando estava na faixa dos sessenta anos, sua doença intensificou-se, obrigando-o mais tarde a se tratar. Enquanto isso, nos anos em que se dedica a *O capital*, Marx atravessa uma fase de profundo sofrimento. Escreve a Engels que seu braço está tão atacado de reumatismo que ele grita, sem ter consciência de fazê-lo, cada vez que o mexe quando está dormindo; diz que suas crises hepáticas lhe embotaram o cérebro, paralisaram todos os seus membros. Certa vez, incapaz de ler e escrever, Marx se entregara a "devaneios psicológicos a respeito de como seria ficar cego ou enlouquecer". E estende seus males a todos que o cercam de modo a indicar que está convicto de que é sua sina causar sofrimento a outrem. Quando Jenny viaja a Paris para acertar a tradução francesa de *O capital*, ela descobre que o homem com quem fora falar acabara de sofrer um derrame e ficar paralítico; no trem que ela pega para voltar ocorre algum problema com a locomotiva, Jenny chega duas horas

356

atrasada; depois o ônibus em que ela está sofre um acidente; e quando finalmente chega a Londres a carruagem que a leva para casa bate em outra, obrigando-a a seguir caminho a pé. Enquanto isso, a irmã de Lenchen, que fora passar uns tempos na casa de Marx, de repente adoece e, pouco antes da chegada de Jenny, morre. Quando a mãe de Marx — cuja morte, como já vimos, ele vinha aguardando com certa expectativa — por fim morre, ele escreve uma carta estranha a Engels na qual dá a entender que o Destino estava exigindo algum membro de sua família: "Eu próprio já tenho um pé na cova (*unter der Erde*)". Em uma de suas cartas a Engels durante sua viagem a Berlim para visitar Lassalle, Marx revela, através de outra fantasia, o significado simbólico que atribui à doença:

> *Apropos* [A propósito de] Lassalle-Lázaro! Lepsius demonstra, em sua grande obra sobre o Egito, que o êxodo dos judeus do Egito é nada mais nada menos que a história contada por Mâneton a respeito da expulsão da "raça de leprosos" do Egito liderada por um sacerdote egípcio chamado Moisés. Assim, o leproso Lázaro é o protótipo dos judeus e de Lázaro-Lassalle. Só que no caso do nosso Lázaro, a lepra atingiu-lhe o cérebro. A doença da qual ele está sofrendo era originariamente uma sífilis secundária mal curada. A partir dela surgiu a cárie óssea [...] e algo ainda resta em uma de suas pernas [...] nevralgia ou *something of the sort* [algo do gênero]. Em detrimento de seu organismo, nosso Lázaro está vivendo agora tão faustosamente quanto sua antítese, o homem rico, o que a meu ver é um dos principais obstáculos à sua cura.

E os tempos melhores que Marx esperava após terminar o primeiro livro de *O capital* jamais viriam. Conforme lhe dissera, Engels tinha esperanças de que ele se tornasse menos pessimista. Porém a pobreza e a dependência em relação a outras pessoas eram características permanentes da vida de Marx, e à medida que suas consequências se tornavam mais dolorosas, ele naturalmente se tornava mais amargurado. Segundo Hyndman, Marx, ao contrário do que ocorre com outros homens à medida que envelhecem, foi se tornando ainda mais intolerante. *O capital* é um reflexo desse período. Marx afirmou ter escrito o capítulo terrível sobre "A jornada de trabalho" numa época em que, em decorrência da doença, sua cabeça estava fraca demais para trabalhos teóricos. Quando finalmente terminou o livro, escreveu a Engels: "Espero que a burguesia, pelo resto de seus dias, tenha bons motivos para se lembrar de meus carbúnculos". Assim, ao atacar o sistema industrial, ele está ao mesmo tempo afirmando suas próprias tribulações, invocando os céus — ou seja, a História — como testemunha de que ele é um justo injustiçado, e maldizendo o canalha hipócrita que obriga os outros a se matar de tanto trabalhar e a sofrer por ele, que permanece indiferente à agonia pela qual é responsável e até consegue manter-se mais ou menos ignorante a respeito dela. O livro parte de um nobre propósito e faz parte do nobre legado de Marx, de sua vida dedicada ao trabalho; entretanto, o sofrimento dessa vida faz com que o quadro por ele pintado seja odiento e atroz. A dedicação elevada e a dor estão inextricavelmente interligadas; e quanto mais Marx afirma a vontade de seus impulsos mais elevados, mais negra se torna sua situação.

Pode-se ter a impressão de que Marx mantém bem separados o capitalista mau de um lado e o comunista bom do futuro no outro; no entanto, para chegar a esse futuro, é necessário que o comunista seja tão cruel e repressivo quanto o capitalista; ele também tem que violentar aquela humanidade comum que o profeta prega. É uma grave deformação minimizar o elemento sádico dos escritos de Marx. Em seu discurso à Liga dos Comunistas em abril de 1850, ele afirmara aos proletários revolucionários que,

> longe de nos opormos aos chamados excessos, à vingança do povo dirigida a indivíduos odiados e a ataques populares a edifícios associados a lembranças odientas, devemos não apenas tolerar tais coisas como também assumir a iniciativa delas.

E, como vimos em sua correspondência, essa tendência não aparece apenas em sua atitude em relação à política. Na carta a Engels que acabamos de citar, por exemplo, há um trecho em que Marx diz ao amigo que o editor que, vinte anos antes, teve medo de publicar *A ideologia alemã* e "nos fez engolir o tal do Kriege" recentemente caíra de uma janela e, "veja você (*gefälligst*), quebrou o pescoço".

Se isolamos as imagens usadas por Marx — por si só tão poderosas e vivas que por vezes têm o efeito de nos fazer esquecer sua falta de observação realista e quase dão a ilusão de ser experiências visíveis e tangíveis —, se as isolamos e examinamos, podemos vislumbrar as obsessões que se encontram no âmago da visão do mundo de Marx.

Aqui tudo é crueldade, estupro, repressão, mutilação, massacre, gente enterrada viva, cadáveres que andam, vampiros que se alimentam de sangue alheio, vida em morte e morte em vida:

O abade Bonawita Blank [...] realizava operações em pegas e estorninhos, as quais tinham o efeito de fazer com que as aves, embora livres para voar para onde quisessem, sempre voltassem para ele. Ele cortava-lhes a parte inferior do bico, portanto elas não podiam alimentar-se por si só, sendo obrigadas a comer em sua mão. O bom burguês que via de longe o bom padre com pássaros nos ombros comendo em sua mão de modo aparentemente tão amistoso admirava sua cultura e ciência. Seu biógrafo afirma que as aves o amavam por ser ele o benfeitor delas. E os poloneses, acorrentados, mutilados, marcados a fogo, recusam-se a amar seus benfeitores prussianos!

Mas o capital não se limita a viver do trabalho. Como um senhor magnífico e bárbaro, arrasta consigo para sua sepultura os cadáveres de seus escravos, imensas hecatombes de trabalhadores, que morrem nas crises econômicas.

Se o objetivo do bicho-da-seda ao tecer fosse prolongar sua existência como lagarta, ele seria um perfeito exemplo do trabalhador assalariado (ou seja, ambos estão fadados a terminar enterrados vivos).

Esta miserável Assembleia desceu do palco após conceder a si própria o prazer, dois dias antes de seu aniversário, 4 de maio, de rejeitar a ideia da anistia para os revoltosos de junho. Com o poder esmagado, abominada pelo povo, repelida, maltratada e jogada fora com desprezo pela burguesia, de quem era instrumento, obrigada na segunda metade de sua vida a negar a primeira, despojada de suas ilusões republicanas, sem grandes realizações passadas, sem esperanças para o futuro, seu corpo vivo morrendo pouco a pouco, só pôde galvanizar seu próprio cadáver relembrando incessantemente a vitória de junho, revivendo-a vez após vez, substanciando a si própria repetindo constantemente a maldição dos malditos. Vampiro, que vive do sangue dos revoltosos de junho!

Mas de 1848 a 1851 só restava um fantasma ambulante da velha revolução — ora sob a forma de Marrast, *le républicain en gants jaunes*, vestido de Bailly, ora sob a forma do aventureiro que escondia sua fisionomia vulgar e desagradável por trás da máscara mortuária de ferro de Napoleão.

O sufrágio universal parece ter sobrevivido apenas por um momento para que pudesse, perante os olhos de todos os homens, preparar do próprio punho um testamento, declarando, em nome do povo: "Tudo o que existe merece ir para o lixo".

Nem uma nação nem uma mulher podem ser perdoadas pelo momento de descuido em que aquele que passou por ela por acaso aproveitou a oportunidade para cometer um estupro.

Tétis, a deusa do mar, havia previsto que seu filho morreria na flor da juventude. Como Aquiles, a Constituição tem seu ponto fraco; e, como Aquiles, prenuncia sua própria morte prematura.

Se, subsequentemente, a Constituição foi morta a golpe de baioneta, não esqueçamos que, quando ainda estava no útero, era protegida por baionetas apontadas para o povo, e que foi por meio de baionetas que veio à luz.

Os defensores do Partido da Ordem ainda estavam sentados nos ombros das forças armadas quando se deram conta, um belo dia, de que seu assento estava espetando, pois os ombros haviam se transformado em baionetas.

A ordem burguesa, que havia no início do século designado o Estado como sentinela para guardar as recém-criadas pequenas propriedades e as estercara de louros, agora transformou-se num vampiro que lhes chupa o sangue vital e o tutano do cérebro e os cospe na retorta de alquimista do capital.

(Este último trecho foi citado por Max Eastman como exemplo do mau gosto de Marx. Sem dúvida, nele Marx mistura metáforas diferentes, porém o estilo não difere tanto daquele dos textos apocalípticos da Bíblia. Observe-se, de passagem, que Marx sempre criticava impiedosamente seus adversários quando eles misturavam metáforas.)

Essas imagens foram pinçadas dos escritos do período mais brilhante de Marx: seus artigos publicados no *Neue Rheinische Zeitung* e os livros *A luta de classes na França* e *O 18 brumário*; e poderíamos acrescentar a esses exemplos uma infinidade de outros, colhidos nas obras em que o tom lúgubre é ainda mais predominante. Eis a descrição do operário apresentada em *O capital*. Já vimos, diz Marx,

que no sistema capitalista todos os métodos de incrementar a produtividade social da força de trabalho atuam em detrimento do trabalhador individual: que todos os meios de desenvolver a produção são transformados em meios de dominar e explorar o produtor; que eles mutilam o trabalhador e o reduzem a um fragmento de ser humano, à condição degradada de acessório da máquina, fazem de seu trabalho um tormento tamanho que seu significado essencial é destruído; isolam-no das potencialidades intelectuais do processo de trabalho na medida exata em que a ciência é a ele incorporada como força independente; que distorcem suas condições de trabalho, sujeitando-o, durante o processo de trabalho, a um despotismo que é tão mais odioso quanto mesquinho; que transformam toda a sua vida em expediente e arrastam sua mulher e filhos ao holocausto do ídolo do capital.

Marx tinha muito apreço por uma expressão alemã, "*lasten wie ein Alp*", que pode ser traduzida como "pesar como um íncubo". Vamos encontrá-la na primeira página de *O 18 brumário*, na qual o autor afirma que "a tradição de todas as gerações mortas pesa como um íncubo sobre o cérebro dos vivos". Já a vimos na carta citada anteriormente, na qual Marx diz a Engels que o mal que ele causou à carreira do amigo lhe pesa na consciência como um íncubo; e após a morte de Lassalle ele escreveu à condessa Hatzfeldt que aquele acontecimento lhe pesava "como um sonho horroroso e mau". Numa carta a Engels, diz, a respeito de *O capital*, que a tarefa que assumiu lhe pesa como um íncubo; e queixa-se de que a Internacional dos Trabalhadores "e tudo o que ela implica [...] me pesam como um íncubo, e eu gostaria de poder livrar-me dela". É sempre a mesma sensação de opressão, quer Marx a objetifique e a generalize como a opressão que os mortos exercem sobre os vivos, quer a sinta pessoalmente como o peso de sua própria culpa ou da sua maior realização. É sempre a mesma ferida, e nunca fica muito claro — como no caso da dialética, que ora é uma verdade fundamental da natureza, ora uma ação de agentes humanos; ou como no caso do desenvolvimento da economia capitalista, ora um processo inevitável e fora da esfera da moral, ora o mais negro dos crimes da espécie humana — se os deuses a impingiram aos homens ou se os homens a impingiram a si próprios. É sempre a mesma imagem de ser enterrado vivo, quer o passado tentando sufocar o presente, quer o futuro se livrar do passado. A Constituição francesa de 1848, que, como Marx afirma na passagem citada ainda há pouco, foi guardada por baionetas quando ainda estava no útero, é do útero arrancada por baionetas para ser morta pelas mesmas baionetas.

Uma vez Marx escreveu a Engels que "sofro tantas desgraças quanto Jó, embora não seja tão temente a Deus quanto ele". Não: Marx não é temente a Deus. Também vê a si próprio como "Satanás", o espírito goethiano da negação. Satanás tampouco é o símbolo adequado: esse demônio foi torturado. Ainda que tivesse sido capaz de rir satanicamente do editor que os fez engolir Kriege e depois caiu e quebrou o pescoço, ele não consegue rir desse destino trágico sem, por ironia dialética, quebrar também o próprio pescoço. E, além disso, o tal editor não havia enterrado vivo o livro de Marx? É Prometeu que continua sendo seu herói predileto, pois Prometeu é um Satanás que sofre, um Jó que jamais assente; e, ao contrário de Jó e de Satanás, ele traz à humanidade sua libertação. Prometeu aparece em *O capital* (capítulo 23) representando o proletariado acorrentado ao capital. O herói que trouxe a luz foi torturado por Zeus por uma águia que lhe bicava precisamente o fígado, assim como Karl Marx — o qual, segundo se afirma, relia Ésquilo todos os anos — era obcecado pelo medo de ter o fígado devorado, como o do pai, pelo câncer. E, no entanto, se o pai Zeus enviou uma ave voraz para torturar o rebelde, é igualmente um devorador voraz e destruidor o fogo que Prometeu deu aos homens. Nesse ínterim, o salvador jamais é salvo; o matador jamais se eleva da sepultura. A ressurreição, apesar de certa, tarda, pois ainda há que expropriar os expropriadores.

É esse o trauma responsável pela angústia e pelo desafio que reverberam por todas as páginas de *O capital*. Chamar a atenção para ele não é diminuir a autoridade da obra de Marx. Pelo contrário, na história, como em outras áreas, a importância de um livro depende não apenas da abrangência da visão e da quantidade de informação nele contidas, mas também das profundezas de onde ele foi arrancado. As obras mais cruciais do pensamento humano — excluídas as chamadas ciências exatas, se bem que mesmo nelas talvez se dê algo semelhante — são sempre as que exprimem em palavras os resultados de experiências novas e fundamentais às quais os seres humanos tiveram de se adaptar. *O capital* é um desses livros. Em sua experiência pessoal Marx encontrou a chave da experiência mais ampla da sociedade, e ele se identifica com essa sociedade. Seu trauma é refletido em *O capital* como o trauma da humanidade vivendo sob o sistema industrial; e só mesmo um espírito tão sofrido e irado, tão pouco à vontade no mundo, poderia ter identificado e dissecado as causas da mutilação geral da humanidade, as terríveis colisões, as convulsões inexplicadas que aquela era de grandes lucros estava condenada a sofrer.

Vejamos agora até que ponto o diagnóstico oferecido em *O capital* ainda é válido hoje em dia e até onde as expectativas de Marx foram confirmadas pelos fatos.

Marx julgava que o sistema capitalista continha certas contradições fundamentais que garantiam sua destruição futura. Sua teoria a respeito dessas contradições — que ele encarava em termos de opostos hegelianos — pode ser explicitada, com muitas simplificações, como segue.

O sistema capitalista, baseado na propriedade privada, era portanto de natureza inevitavelmente competitiva. O objetivo de todo industrial era sempre vender mais barato que seus concorrentes, de modo que havia um estímulo constante à criação de métodos de produção mais eficientes. Porém quanto mais eficiente uma indústria — quanto mais depressa as máquinas fossem capazes de trabalhar e menos pessoas fossem necessárias para operá-las —, mais gente ficaria desempregada e menores se tornariam os salários. Ou seja: quanto mais mercadorias fossem produzidas, menos pessoas poderiam comprá-las. A fim de poder escoar a sua produção sob condições cada vez mais desfavoráveis, o industrial teria de vender mais barato que seus concorrentes, o que implicaria reduzir mais os salários e adquirir máquinas mais eficientes — de modo que, a longo prazo, um número ainda menor de pessoas poderia comprar seus produtos. Essa situação já vinha causando excesso de produção e uma depressão a cada dez anos, aproximadamente; e a única maneira pela qual o industrial poderia escapar desse círculo vicioso era encontrar novos mercados para seus produtos no estrangeiro — uma saída que, a longo prazo, não poderia salvá-lo.

Quanto maior a eficiência produtiva da indústria, mais dinheiro seria necessário para as fábricas; e pareceria interessante para o industrial construir fábricas cada vez maiores. Assim, as indústrias cresceriam cada vez mais e as companhias se fundiriam uma nas outras até que cada indústria estivesse praticamente transformada numa única grande organização unificada, e o dinheiro que as sustentaria estivesse concentrado num número muito pequeno de pessoas. Mas, na verdade, quanto maiores as companhias, quanto mais vultosas as quantias com que elas lidariam, menor seria sua rentabilidade. Por fim, as contradições desse processo emperrariam de tal modo o sistema — por não haver mais novos mercados a conquistar — que se tornaria impossível para a sociedade continuar funcionando, a menos que o dinheiro e as grandes indústrias centralizadas fossem retirados das mãos daqueles que afirmavam ser os proprietários, e que só podiam concebê-las como fonte de enriquecimento pessoal através do lucro, e passassem a ser administrados visando ao bem comum. A classe trabalhadora seria capaz de fazer isso, porque teria inchado em proporções gigantescas e teria se conscientizado de que seus interesses de classe eram incompatíveis com os de seus patrões; e sua miséria seria tamanha que não lhe restaria outra alternativa. Todos os seus escrúpulos seriam vencidos pela consciência de que essa miséria coincidia com o momento em que a produção daquilo que os trabalhadores necessitavam se tornara mais facilmente possível e em maior escala do que jamais se imaginara em toda a história.

Podemos rejeitar a dialética hegeliana-marxista como lei da natureza, mas não podemos negar que Marx soube empregá-la com eficácia para apontar as incongruências do capitalismo e demonstrar a necessidade do socialismo. Nada antes deixara tão claros os paradoxos da miséria imposta pela abundância de grandes instituições de utilidade pública tornadas inúteis pelos direitos de propriedade daqueles que as controlavam. Tampouco era necessário aceitar a metafísica da teoria do valor-trabalho e argumentar a partir dela a priori, tal como o faz o sr. Strachey a fim de ser convencido por Marx de que esse processo necessariamente leva o capitalismo a um impasse. O importante foi Marx ter conseguido ver — o que os economistas burgueses não conseguiram — a economia capitalista de uma perspectiva histórica como algo que, tal como ocorrera com os sistemas econômicos anteriores, tivera um início e teria fatalmente um fim. Matemático, historiador e profeta, Marx apreendeu as leis de seu progresso precipitado e previu as consequências desastrosas de suas depressões como ninguém jamais fizera.

Porém Marx não pôde prever com a mesma precisão os fenômenos sociais que resultariam desses colapsos. Havia diversas falácias na imagem do futuro por ele visualizada.

Em primeiro lugar, a identificação feita pelo judeu Marx entre os judeus e o proletariado dá margem a um erro de cálculo. Na época de Marx, tanto o judeu como o trabalhador haviam sido despojados de seus direitos e excluídos da sociedade, mas havia uma diferença entre eles: o proletário tinha sofrido uma atrofia intelectual além da física, os filhos dos proletários, conforme observara Engels, não tinham consciência de sua desgraça e infelicidade porque jamais conheceram outra realidade; enquanto os judeus, embora suas perspectivas fossem limitadas, tinham, geralmente, boa formação intelectual; apesar de todas as migrações e todas as restrições a que eram sujeitos, haviam preservado um alto nível de instrução; tinham atrás de si um passado nobre e previam uma ressurreição nacional. Quando foi rompida a casca do velho isolamento, era perfeitamente natural que homens como Marx retomassem os instrumentos do pensamento moderno como quem assume um legado que é seu. Além disso, Marx herdara de seus ancestrais rabinos uma tradição de autoridade espiritual.

O proletário, contudo, não tinha formação e, mesmo quando veio a organizar sindicatos e opor-se de modo eficaz ao patrão, não possuía nenhuma tradição relacionada à responsabilidade que se requer de uma classe governante. Pouco sabia a respeito da história da sociedade, pouco sabia sobre o resto do mundo — e poucas oportunidades teve de aprender tais coisas. Seus patrões tinham interesse em mantê-lo ignorante. Sua própria posição o privava daquilo que lhe permitiria subir de status. As limitações impostas pelo mundo medieval ao judeu eram um mero acidente sofrido pela nação judia; as limitações impostas ao proletário eram deficiências inextricavelmente ligadas a sua classe. Porém Karl Marx estava absolutamente convicto de que os trabalhadores seriam capazes de adquirir a ciência, a autodisciplina e as técnicas executivas desenvolvidas pela classe governante precisamente à medida que se aprofundasse o fosso entre o proletariado e as classes proprietárias, à medida que seu antagonismo aumentasse. Pois não haveria comunistas como Marx para ensinar-lhes? E eles não aprenderiam tão depressa quanto ele?

A esse equívoco fundamental estava associada (ou, talvez, tenha derivado dele) outra analogia, em parte, errônea: aquela entre, de um lado, o progresso da burguesia nos séculos XVII e XVIII e, do outro, a vitória do proletariado que os comunistas previam para o futuro. Ora, a burguesia europeia, ao assumir o poder, já vinha equipada de instrução e bastante experiência administrativa; já possuía muitas propriedades e certo grau de autoridade. Mas o proletariado da Inglaterra industrializada — que é o objeto de estudo por excelência de *O capital* — devido à longa subordinação à máquina e às parcas oportunidades que lhe são oferecidas pela vida dentro do sistema de castas vigente, aparentemente tornou-se incapacitado para a política classista e a ação de classe. Marx parece jamais ter levado em conta um aspecto do proletariado industrial sobre o qual Antoine Barnave, um dos primeiros investigadores das categorias econômicas, já fizera uma observação terrível:

Os pobres dessa época da sociedade não são menos escravizados por sua própria miséria; perderam aquela sagacidade natural, aquele arrojo da imaginação, que caracterizava os homens que viviam perambulando nas matas.

Antes de tornar-se dominante, a burguesia já possuía propriedades e cultura, e bastava-lhe defender seu direito a tais coisas, mas o proletariado inglês teria de lutar muito para consegui-las, e, quando excepcionalmente um proletário era bem-sucedido, ele adquiria uma visão de classe média. Quando, como decorrência das negociações sindicais, o proletariado obtinha melhores salários e mais horas de lazer, não pensava em uma revolução mundial; quando gerava um líder parlamentar de valor, este era comprado ou absorvido pela classe governante. E Marx não pôde prever de modo algum que, após uma mortandade generalizada de trabalhadores na próxima grande guerra competitiva, um pequeno estipêndio judiciosamente administrado pelas classes governantes, que sempre sabem evitar crises com mil e um expedientes, bastaria para impedir que o proletariado fizesse um escândalo, ao mesmo tempo mantendo-o dependente e garantindo sua degeneração gradual.

Além disso, Marx não era a pessoa indicada para aceitar, nem sequer para imaginar, a psicologia dos trabalhadores depois que seu padrão de vida tivesse melhorado um pouco. Para ele, as ocupações e hábitos, as ambições e desejos do homem moderno, coisas que jamais experimentou, tendiam a apresentar-se puramente sob a forma de manifestações de classe, inclinações vis de uma burguesia ignóbil. Não passava por sua cabeça a possibilidade de o proletariado vir a compartilhá-las. Quando um proletário dava sinal de querer o mesmo que queria o burguês, Marx passava a encará-lo como renegado e pervertido, uma vítima desprezível das ideias pequeno-burguesas. Ele não era capaz de conceber que em seu próprio país e na Itália poderia surgir um novo tipo de socialismo de Estado, combinado com um nacionalismo exacerbado, que compraria a aquiescência dos trabalhadores, possibilitando que os mais ambiciosos criassem um tipo de classe governante não muito diferente da velha burguesia; nem que uma Rússia revolucionária, governada por uma ditadura estabelecida com base nos princípios marxistas, terminaria de modo muito semelhante.

Acima de tudo, Marx não conhecia os Estados Unidos. Durante a Guerra de Secessão, Marx caracterizou o governo americano, em seus artigos escritos para o *The New York Tribune*, como "a forma mais elevada de governo popular até hoje concretizada" e pedia o apoio da classe trabalhadora "para o único governo popular existente no mundo". Mais tarde, porém, escreveu a Engels que a república norte-americana era "o país-modelo da impostura democrática" e, a julgar pelas últimas páginas de *O capital*, passou a considerar os Estados Unidos após a guerra um grande campo aberto à exploração capitalista, que naquele momento avançava "a passos de gigante" e sem nenhum entrave. O que Karl Marx não tinha como compreender era que a ausência de um passado feudal nos Estados Unidos não apenas teria o efeito de facilitar a expansão do capitalismo como também de possibilitar uma autêntica democratização social; que ali surgiria e perduraria uma comunidade em que pessoas ocupadas em diferentes esferas de atividade chegariam mais perto de falar a mesma língua e até mesmo de compartilhar os mesmos critérios a respeito do que ocorria em qualquer outro país no mundo industrializado. Naquele país, os agrupamentos sociais baseiam-se fundamentalmente no dinheiro, e o dinheiro muda de mãos tão depressa que as divisões de classe jamais se tornam muito profundas. Há nos Estados Unidos, em comparação com a Europa — e ao contrário do que afirma o sr. Lundberg —, pouca solidariedade de classe do tipo tradicional, baseada na endogamia e na manutenção do controle de uma empresa pela mesma família geração após geração. Também é verdade que os objetivos democráticos que a república anunciou à nova nação — embora, naturalmente, propostos por um governo de proprietários — ainda guardam prestígio suficiente a ponto de fazer com que nos Estados Unidos, ao contrário do que se dá na Europa, a acusação de atitude antidemocrática seja algo politicamente sério.

Há muita violência industrial nos Estados Unidos, muito mais do que costuma ocorrer na Europa; porém aqui não temos crises cumulativas como nos países europeus, mais feudais: aqui a luta de classes é constante. E isso é possível porque, mesmo havendo divergência entre os interesses das diferentes classes, chegamos mais perto da igualdade social; nosso governo não garante a sobrevivência de uma hierarquia tanto quanto os sistemas europeus. Somos mais anárquicos, no entanto mais homogêneos, e nossa homogeneidade consiste em tendências comuns que Marx teria considerado burguesas, mas que, na verdade, só podem ser atribuídas à concorrência capitalista em parte. O homem comum, liberado da sociedade feudal, parece fazer mais ou menos a mesma coisa em todos os lugares — ao contrário do que Marx esperava, porque não era isso que ele gostava de fazer. O homem comum do mundo moderno quer uma casa com confortos propiciados pela máquina (enquanto Marx jamais se preocupara em garantir para a mulher e as filhas o mínimo de condições de vida decentes em seu lar); quer parques de diversão, cinemas, esportes (Marx afirmava ter estudado equitação uma vez, mas Engels, que o fez montar num cavalo em Manchester, afirmou que ele certamente não passara da primeira aula); quer a oportunidade de viajar em seu país: excursões baratas como as realizadas na Alemanha nazista, as viagens de barco pelo Volga para proletários, os acampamentos e trailers nos Estados Unidos; quer escotismo e Associação Cristã de Moços (ACM), clubes de caminhadas e organizações de jovens como os que há na Alemanha, "*Physkultur*" como na Komsomol soviética. Quer serviços sociais — hospitais, bibliotecas, estradas —, seja por meio de impostos arrecadados pelo Estado, ainda pelo encampamento de empresas pelo Estado, seja ainda — como ocorre em grande escala nos Estados Unidos — pela filantropia de indivíduos endinheirados. Tudo isso, que é almejado tanto pelos povos das repúblicas soviéticas como pelos povos dos países fascistas, os americanos conseguiram durante os períodos em que sua economia capitalista estava em alta; mas eles conseguiram também outras coisas que os demais povos vão querer e vão obter: a liberdade de locomoção e um grau razoável de liberdade de expressão.

Hoje em dia, tudo indica que condições como essas sejam pré-requisitos para qualquer revolução socialista capaz de perpetuar-se e estabelecer uma nova forma de domínio social. Por si só, o socialismo não pode criar nem uma disciplina política nem uma cultura. Mesmo quando o poder passa para as mãos de um grupo de socialistas, por si só eles não têm o poder de instilar seus ideais nem de estabelecer as instituições que propõem. Somente os processos orgânicos da sociedade podem concretizá-las. E hoje em dia parece claro que apenas o homem que já desfrutou um bom padrão de vida e certa segurança financeira é realmente capaz de lutar pela segurança e pelo conforto. Mas, por outro lado, tudo indica que, ao obter essas coisas, ele se transforma em algo muito diferente da concepção que Marx tinha de proletário.

Para Marx, só mereciam sobreviver aqueles que foram injustamente degradados e os que subiram naturalmente devido a sua superioridade em termos de intelecto e autoridade moral. Ele não tinha como reconhecer as realidades de uma sociedade em que os homens têm liberdade de fazer amizades ou brigar com quem bem entendem — em outras palavras, uma sociedade que se aproxime de fato do ideal de uma sociedade sem classes que Marx passou toda a vida apregoando. E devemos levar em conta — a menos que resolvamos aceitá-la por pura fé num texto sagrado, assim como as pessoas no ano 1000 achavam que o mundo ia acabar — que a profecia catastrófica de Marx a respeito das consequências do desenvolvimento do capitalismo, o grande curto-circuito entre as classes, baseia-se numa premissa psicológica que pode ou não estar correta: a ideia de que não há limites ao processo pelo qual aqueles que vivem de lucros continuarão indiferentes ou ignorantes em relação à miséria dos que lhe garantem o sustento. O conflito final previsto por Marx pressupunha uma situação na qual empregador e empregado não tinham nenhum contato; não apenas este não poderia sentar-se à mesma mesa que aquele por ocasião de uma disputa industrial como a inibição o impediria de esmurrar o adversário enquanto a fronteira entre as classes não fosse demarcada com clareza e o exército proletário não fosse convocado.

Em outras palavras, Marx era totalmente incapaz de imaginar uma democracia. Fora criado num país autoritário e tivera algumas experiências decepcionantes com instituições supostamente populares. Sem dúvida, suas concepções acerca do que era possível ser realizado pelos parlamentos e tribunais democráticos haviam sido influenciadas pela inépcia da Assembleia de Frankfurt, que se dispersou como um dente-de-leão quando Frederico Guilherme nela soprou, e pela atitude do tribunal que lhe negou o direito de processar Vogt. Além disso, o próprio Marx, profundamente consciente de sua superioridade, era por instinto nada democrático em seu trato com os companheiros: guardava rancores em relação a diversos projetos fracassados nos quais havia colaborado com outros socialistas e com os trabalhadores cujos interesses ele defendia. Por fim — e trata-se, sem dúvida, de um fator fundamental — é extremamente difícil para uma pessoa cuja vida interior consiste apenas em dor sofrida e impingida a outrem, em esmagar e ser esmagado, conceber um mundo governado pela paz e a fraternidade, relações entre homens baseadas na amizade, confiança e razão, por mais que as deseje. Assim, ele não podia nem acreditar muito no potencial dos mecanismos democráticos existentes na sua época, nem visualizar os problemas que adviriam se, com o fracasso de tais mecanismos, um proletariado despreparado viesse a conquistar o poder. Em seus últimos anos de vida, Marx por vezes reconhecia — vejam-se suas conversas com H. M. Hyndman e seu discurso pronunciado numa assembleia de trabalhadores realizada em Amsterdã em 8 de setembro de 1872 — que em países democráticos como Inglaterra, Holanda e Estados Unidos havia a possibilidade de que a revolução fosse realizada por meios pacíficos, mas na prática o efeito geral de seus ensinamentos (apesar das iniciativas revisionistas dos social-democratas alemães) tem sido levar as pessoas a esperar uma colisão gigantesca entre as classes.

Após os eventos de 1848, com o fracasso dos parlamentos alemão e francês, Marx acrescentou a seu corpo doutrinário uma característica ausente do *Manifesto comunista* e que ele próprio considerava uma de suas únicas contribuições originais à teoria política socialista: o conceito de ditadura do proletariado. Parecia-lhe claro que não bastaria o proletariado assumir o poder: ele seria obrigado a destruir as instituições burguesas e construir o socialismo a partir de uma tábula rasa; para realizar isso, seria necessário reprimir todas as forças que inevitavelmente insistiriam na tentativa de reinstaurar o Estado capitalista. O governo que Marx imaginava para o bem-estar e a elevação da humanidade — embora por vezes falasse em instituições democráticas atuantes dentro da nova classe dominante — era um despotismo de classe exclusivista e implacável, dirigido por mandachuvas de elevados princípios que haviam conseguido transcender suas classes de origem, como Engels e ele.

O pensamento de Marx no fundo não é um sistema fechado, ainda que tenha fornecido dogmas a tantas seitas. A menos que o encaremos como um texto sagrado, *O capital* nos abre um caminho para uma investigação realista.

Durante toda a vida, Marx teve muita dificuldade em terminar suas obras. Documentos de importância fundamental, como as *Teses contra Feuerbach* e a *Introdução à crítica da economia política*, foram por ele deixados em estado fragmentário ou embrionário; até mesmo o *Manifesto comunista* só lhe foi arrancado sob pressão. Foram necessários anos de insistência de Engels e de angústia de Jenny Marx para que ele concluísse o Livro i de *O capital*. Essa dificuldade provavelmente em parte era neurótica: a eterna apreensão do homem que, como o herói da balada de Marx, que constrói seu forte com os retalhos de suas fraquezas, está sempre com medo de que suas forças se revelem insuficientes — é por esse motivo que sua erudição e sua lógica complexa são em certa medida pura exibição acadêmica. A lentidão de seus esforços era também consequência do âmbito dos estudos e interesses de Marx, bem como da imensidão de sua tarefa — interesses que permaneceriam insatisfeitos, uma tarefa que jamais poderia ser encerrada. Quando o primeiro livro estava sendo publicado, na primavera de 1867, Marx pretendia aprontar o segundo no inverno seguinte. Em uma carta a Engels, porém,

afirma que acumulou "muito material novo" sobre a propriedade fundiária, e algum tempo depois parece ter resolvido usar
a Rússia como exemplo fundamental do desenvolvimento do
arrendamento de terra no segundo livro, assim como utilizara a
Inglaterra em sua análise da indústria no primeiro livro. Já com
sessenta e muitos anos, aprendeu russo, estudou literatura e
história russas, e encomendou documentos de lá. Foi provavelmente sua ansiedade exagerada a respeito da própria capacidade
de abordar com segurança a economia russa, mais do que o
problema de sua teoria do valor-trabalho, que constituiu o principal obstáculo ao andamento do livro. Marx acumulou pilhas de
estatísticas que chegavam a um volume de dois metros cúbicos.
Na época em que o segundo livro de *O capital* se tornara infernal pedra de Sísifo a atormentar a vida da família Marx, Engels
comentou com Lafargue que tinha vontade de tocar fogo em
todo aquele material. Um dos últimos escritos inacabados de
Marx, conforme veremos, foi uma tentativa de formular algumas ideias acerca do futuro revolucionário da Rússia e da possibilidade de que ela viesse a representar uma exceção às leis do
capitalismo que ele havia demonstrado.

É bem verdade que — conforme diz Edward Bernstein —,
embora "no que diz respeito a detalhes e assuntos secundários
Marx de modo geral leve em conta as mudanças importantes
causadas por evoluções transcorridas após a época em que ele
escreveu seus primeiros textos socialistas", não obstante, "em
suas conclusões gerais permanece basicamente fiel a suas pro-
posições originais, fundamentadas nos velhos pressupostos
jamais corrigidos" de 1848. Mas o importante é que ele estava
realmente ciente das mudanças: sua mente queria sempre saber
mais, esforçava-se para entender melhor. Foi uma realização
colossal resumir a copiosa literatura de seus predecessores,
entretanto, como seu objeto de estudo se estendia até o presente e continuava futuro afora, Marx era obrigado a realizar
uma tarefa ainda mais difícil: apreender a tendência dos acontecimentos de seu tempo. Se, por um lado, ele dedicava horas
e semanas ao trabalho de reconstruir, com base em documen-

tos redigidos em eslávico arcaico, a história do sistema russo de propriedade fundiária, por outro, julgava necessário estudar romeno para acompanhar os acontecimentos da época nos Bálcãs.

Assim, *O capital* é não só uma obra inacabada como também, em certo sentido, uma obra sem fim — e não apenas porque, com a morte de Marx, Engels continuou a trabalhar com os rascunhos do amigo durante doze anos e, mesmo após a morte deste, Karl Kautsky publicou volumes subsequentes (o resumo crítico da obra dos predecessores de Marx) entre 1904 e 1910 —; além disso, após todos os volumes póstumos, ainda restam suplementos inacabados ou nem sequer esboçados: o livro filosófico sobre o materialismo dialético que estabeleceria a ligação entre a revolução e o universo, a obra antropológica que justificaria o comunismo do futuro com base no comunismo primitivo da pré-história, o livro sobre literatura em que Balzac seria analisado como anatomista da sociedade burguesa, os estudos de matemática superior que exemplificariam as leis da dialética estabelecendo "uma nova base para o cálculo diferencial". *O capital* (como a história de Michelet) peca como obra de arte não apenas porque os acontecimentos não se adaptam à simetria do livro — já que o próprio Marx, enquanto trabalhava na obra, era levado a estudar fenômenos não previstos no plano original —, como também porque leva inevitavelmente a especulações e textos futuros — a começar com o adendo de Engels aos últimos volumes, passando por todo o desenvolvimento do pensamento marxista após a morte de Marx —, sem os quais (de poucos outros livros pode-se dizer isto) a obra original não permaneceria válida. E o impulso básico que a inspira escapa completamente do campo da literatura, animando atividades como as do próprio Marx relacionadas à Internacional dos Trabalhadores, que interromperam o trabalho no livro, e como as atividades posteriores de Engels na organização do Partido Social-Democrata, que interromperam o trabalho de elaboração dos volumes inacabados (se é difícil apresentar um relato com efeito coerente e bem organizado da doutrina marxista, é justamente porque Marx e Engels eram interrompidos e atrapalhados com frequência na sistematização de suas ideias pela necessidade de participar em movimentos políticos, pressionados pelos eventos de seu tempo). Dessas meditações e desses trabalhos surge um instrumento que é também uma arma no mundo real dos homens.

24. KARL MARX MORRE
À SUA MESA DE TRABALHO

COMO JÁ VIMOS, Karl Marx estava longe de apoiar cordialmente o único de seus seguidores que aprendera a usar essa arma
com real eficiência. Marx perseguira o movimento lassalliano com
intolerância particularmente acentuada. Ressentira-se da glorificação de Lassalle, ocorrida após sua morte, e da devoção que
levava aos trabalhadores alemães a cantar canções sobre ele e
colocar retratos seus nas paredes das casas. Acreditou na condessa Hatzfeldt quando esta lhe contou que Lassalle havia combinado com Bismarck que apoiaria a anexação de Schleswig-Holstein
em troca de certas concessões para os trabalhadores e injustamente acusou o partido de Lassalle — para o qual, segundo Mehring,
era vital aproveitar as concessões que Bismarck viesse a fazer à
classe operária — de fazer o jogo de Bismarck. Marx escreveu a
Engels que o partido precisava "de uma boa limpeza, para tirar
o fedor de Lassalle que ainda permanece".

Liebknecht e Bebel, nesse ínterim, haviam conseguido,
em 1867, eleger-se para o Reichstag da Alemanha setentrional
e no ano seguinte fundaram, por ocasião de um congresso de
sindicatos em Eisenach, um novo Partido Trabalhista Social-
-Democrata. ("Que diabo de nome!", escrevera Engels a Marx
quando o termo "social-democrata" foi inventado.) Quando
eclodiu a Guerra Franco-Prussiana, os lassallianos votaram a
favor de créditos de guerra em julho de 1870, enquanto Liebknecht e Bebel se abstiveram de votar; mas em dezembro, com a
vitória, ambos os partidos se recusaram a aprovar mais créditos.
Liebknecht e Bebel protestaram contra a anexação da Alsácia-
-Lorena e aplaudiram a Comuna de Paris; foram indiciados por
alta traição e condenados a dois anos de prisão. Schweitzer, líder
dos lassallianos, também tinha sido preso, e depois da guerra a

luta comum contra Bismarck fez os dois partidos se aproxima-rem. Liebknecht organizou a fusão dos partidos, que teve lugar na cidade de Gotha em 22 de maio de 1874.

Uma comissão de sete lassallianos e sete seguidores do par-tido de Eisenach já havia elaborado um programa que fora enviado a Marx para receber a sua aprovação. Era de esperar que Marx ficasse satisfeito ao ver os trabalhadores alemães finalmente unidos, porém ele aproveitou a oportunidade para fazer comentários desagradáveis a respeito da falsidade da dou-trina dos lassallianos. Liebknecht não ficou muito preocupado com essas críticas. Fizeram-se algumas pequenas emendas no programa, e a fusão dos partidos foi realizada e frutificou. O incidente poderia ter sido deixado de lado e lembrado apenas como mais um exemplo da virulência desmedida de Marx se ele não tivesse aproveitado o ensejo para desenvolver, numa longa carta que se tornou conhecida como *Crítica ao programa de Gotha*, algumas ideias gerais sobre a questão de suma impor-tância à qual, até então, não havia dado atenção.

Marx começa alarmando-se — talvez o assunto o deixas-se nervoso — com a tentativa de fundamentar o programa na teoria do valor-trabalho. Os redatores do programa afirmavam que "o trabalho é a fonte de toda riqueza". Não! A natureza também era uma fonte de valor de uso. Não bastava trabalhar: era igualmente necessário ter algo em que e com que trabalhar.

E Marx passava para outro assunto que talvez ele julgasse necessário discutir mais a fundo devido às críticas a ele dirigidas por Bakunin. O agitador russo prometera uma sociedade liber-tada dos ônus e das restrições do Estado e afirmara que Marx, como alemão, queria impor o autoritarismo e a disciplina rígi-da. Era verdade que, ao analisar o futuro da Alemanha, Marx insistira muito na importância de trabalhar pela construção de um Estado centralizado forte, e não por uma república fede-ral; agora ele fazia questão de deixar claro que se opunha ao próprio conceito de Estado, que também almejava a liberdade completa, a realização das tarefas da humanidade por meio da associação voluntária.

Isso fez com que Marx tentasse antever, de tal modo preciso, como jamais fizera, o que aconteceria numa sociedade socialista inaugurada por uma revolução proletária. Até então, em textos como o *Manifesto comunista*, Marx limitara-se a afirmar que a velha sociedade seria "substituída por uma associação na qual o livre desenvolvimento de cada um levará ao livre desenvolvimento de todos"; porém não havia ainda explicado como essa situação seria atingida depois da derrubada da ditadura por ele imaginada. Na verdade, nunca chegou a explicar isso. Na *Crítica ao programa de Gotha*, esboçou algumas indicações acerca da constituição da sociedade socialista em seus estágios iniciais. A visão exaltada de libertação que parece ser evocada em suas primeiras obras é aqui substituída por um prolongamento de um estado de coisas mais ou menos semelhante ao mundo que conhecemos. A nova ordem, gerada no ventre da velha, inevitavelmente nascerá parecida com ela. As classes terão sido abolidas, contudo ainda haverá desigualdades. No primeiro momento ainda não existirá, por exemplo, igualdade de direitos no que diz respeito a salários e a poder aquisitivo. Expressões como "igualdade de direitos" e "distribuição equitativa", que aparecem no programa de Gotha, embora tenham sido importantes no passado, não passam de bobagens obsoletas. "Não se pode reconhecer um sistema de direitos mais elevado do que aquele que é permitido pela configuração do nível econômico e pela fase de desenvolvimento cultural determinada por essa configuração." (*Das Recht kann nie höher sein als die ökonomische Gestaltung und dadurch bedingte Kulturentwicklung der Gesellschaft.*) Como persistirão diferenças de capacidade, física e intelectual, geradas pela sociedade do passado, haverá em decorrência diferenças de extensão ou intensidade entre os trabalhos produzidos por homens diferentes, e como o valor é criado pelo trabalho, os operários da sociedade socialista não terão igualdade de direitos. (A questão de o trabalho de um homem mais forte ou mais inteligente ser ou não necessariamente maior em "extensão ou intensidade" — do ponto de vista do esforço empreendido — do que o trabalho de um homem mais fraco ou menos inteligente foi sempre ignorada por Marx, assim como a questão dos incentivos sob a forma de maiores salários para trabalhos mais extensos ou mais exigentes, que contribuíram, na União Soviética, para o surgimento de um novo tipo de desigualdade entre as classes.)

É somente

> numa fase mais elevada da sociedade comunista, após a extinção da subordinação escravizadora dos indivíduos sujeitos à divisão do trabalho, com a consequente extinção da antítese entre trabalho braçal e trabalho intelectual, depois que o trabalho deixar de ser apenas um meio de vida e se tornar ele próprio a necessidade fundamental da vida, depois que as forças de produção aumentarem com o desenvolvimento global do indivíduo e todas as fontes da riqueza coletiva estiverem jorrando com mais abundância,

que "os estreitos horizontes dos direitos burgueses" poderão finalmente "ser ultrapassados, e a sociedade escreverá em suas bandeiras: 'De cada um, conforme sua capacidade; a cada um, conforme suas necessidades!'".

Observe-se que, embora Marx ressaltasse a ingenuidade das utopias dos socialistas que o precederam, o futuro que ele imaginava, com suas fontes de riqueza coletiva fluindo com mais abundância, era ainda um tanto utópico. Marx havia simplesmente adiado essa feliz consumação para um futuro um pouco mais remoto.

Foi esse o último ato importante da carreira pública de Marx. Seus últimos dez anos de vida ainda lhe trouxeram alguns consolos: Engels estava morando em Londres; Marx podia fazer viagens por motivos de saúde. Porém durante esse período ele soçobra lentamente, obrigado a abandonar o trabalho aos sessenta anos de idade — sucumbindo àquela ferida mortal que trazia consigo desde o nascimento. Havia banido a Internacional quando sentiu que estava perdendo o controle sobre ela; agora estava perdendo o controle sobre *O capital*, cujo primeiro livro, ao ser publicado, não lhe granjeara o reconhecimento público esperado. Sofreu a humilhação de ver a crítica a seu livro escrita por Engels para a *Fortnightly Review*, a qual o historiador Beesly havia prometido publicar, ser devolvida por John Morley com a justificativa de que era árida demais para os leitores da publicação; e veria seu amigo e discípulo Hyndman editar um livro intitulado *A Inglaterra para todos*, baseado em parte nas ideias de Marx, no qual o autor, temendo uma reação negativa por parte de seus leitores, respeitosamente manifestou sua dívida para com "a obra de um grande pensador e escritor de muita originalidade", sem mencionar o nome de Marx.

Jenny Longuet, que estava morando na França com o marido, teve um filho na primavera de 1881, e seus pais foram visitá-la no verão. Porém Jenny Marx voltou doente. Havia contraído um câncer incurável e seus nervos estavam aniquilados. Ela própria havia escrito algumas vezes cartas a Engels pedindo dinheiro, e acabou tornando-se um tanto ciumenta em relação a ele e ressentida do muito que lhe deviam. Quando, por ocasião da morte de sua mãe, Marx foi a Trier, ele escreveu a Jenny:

> Tenho feito peregrinações diárias à velha casa dos Westphalen (na Rosnerstrasse), a qual me interessa mais do que todas as ruínas romanas juntas, porque me lembra de uma juventude feliz e porque era nela que morava o meu amor. E todos os dias a gente daqui me faz todo tipo de perguntas sobre a ex-"moça mais bonita" de Trier, a "rainha do baile". É muitíssimo agradável descobrir que a mulher da gente continua a viver como uma "princesa encantada" na imaginação de toda uma cidade.

Marx de fato a fizera beber a taça envenenada que o amante oferecera à amada naquele sinistro poema que escrevera quando jovem; e ele, como o amante do poema, também tornava-se frio por efeito do veneno.

Em dezembro, Jenny agonizava, e o próprio Marx estava de cama, atacado de pleurite. Escreve Eleanor, filha do casal:

> Jamais esquecerei daquela manhã em que ele se sentiu forte o bastante para entrar no quarto de mamãe. Era como se eles tivessem voltado à juventude — ela, uma moça apaixonada; ele, um rapaz apaixonado, começando a vida juntos, e não um velho devastado pela doença e uma velha moribunda se despedindo para sempre.

Segundo Liebknecht, Jenny acompanhou com entusiasmo infantil as primeiras eleições realizadas na Alemanha após a promulgação da Lei Antissocialista, e ficou deliciada quando foi constatado que os social-democratas, embora o partido estivesse na ilegalidade, haviam crescido eleitoralmente. Marx escreveu a Sorge que foi gratificante Jenny ter o prazer, pouco antes da morte, de ver a publicação, cercada de alguma publicidade, de um artigo sobre ele de autoria de Belfort Bax. Suas últimas palavras inteligíveis foram: "Karl, esgotaram-se minhas forças". Ele estava doente demais para ir ao enterro. Quando Engels chegou, Marx disse: "O Mouro morreu, também".

E tinha razão: no ano seguinte, Marx foi a Algiers, a Monte Carlo, a Enghien, ao lago de Genebra, mas a pleurite o acompanhou a todos esses lugares. De volta à Inglaterra, foi à ilha de Wight para escapar do fog londrino, mas lá se resfriou novamente. A morte de Jenny Longuet, cuja saúde o preocupara tanto num momento em que não tinha dinheiro suficiente para mandá-la passar uma temporada à beira-mar, ocorreu em janeiro de 1883. Em março, Marx descobriu que estava com um abscesso pulmonar. Quando Engels foi visitá-lo na tarde do dia 14, encontrou todos em lágrimas: seu amigo sofrera uma hemorragia. Lenchen subiu e encontrou o patrão no gabinete e achou que ele estivesse semiadormecido. Ele se levantara da cama, fora até o gabinete e sentara-se à mesa de trabalho. Engels entrou, tomou-lhe o pulso e examinou-lhe a respiração; constatou que não havia nenhum sinal de vida.

O colaborador de Marx viveu mais doze anos. Lizzy Burns morrera em 1878; para agradá-la, Engels casou-se com ela em seu leito de morte. Quando as mulheres da família Marx vinham visitá-lo, ele sempre mandava Lizzy fazer compras, dando-lhe dinheiro para beber alguma coisa num bar e voltar para casa de fiacre, passando pelo parque. Até o final de seus dias, Engels tentou provar que Lizzy e a irmã eram descendentes de Robert Burns. Após a morte de Lizzy, uma jovem sobrinha dela, chamada Mary Ellen, que fora criada na casa de Engels, tentou ficar como governanta, porém foi engravidada pelo filho de um rico empreiteiro. Engels obrigou-o a casar-se com ela, o que indignou a família do rapaz; ficara surpreso ao constatar que o jovem nem era revolucionário nem tinha nenhum dote intelectual. Tentou ajudar o jovem casal e, quando o negócio do rapaz abriu falência, os dois foram morar com Engels. Escreveu ele a Regina Bernstein: "A família é muito numerosa: dois cachorros, três gatos, um canário, um coelho, dois porquinhos--da-índia, catorze galinhas e um galo". Quando nasceu o bebê, Engels afeiçoou-se a ele. Dava muito dinheiro ao marido de Mary Ellen, mas o rapaz jamais conseguia se ajeitar. Depois da morte de Marx, Lenchen foi tomar conta de Engels.

Aparentemente, os últimos anos de vida de Engels foram felizes. Ele ainda caminhava ereto e esbelto, quase com a energia de um jovem, pelas ruas daquela Londres cuja população atomizada o chocara tanto quando ele lá chegara, ainda moço. Morava, tal como Marx havia morado, numa daquelas monótonas vilas de casas idênticas; a fuligem era tanta, segundo Liebknecht, que nos quintais não era possível distinguir o cascalho do gramado; as fachadas das casas eram tão parecidas que Engels, míope, ao chegar da rua quando já estava escuro, várias vezes tentara destrancar a porta da casa errada. Mas em Londres ele tinha amizades mais interessantes e mais tempo de lazer para dedicar a seus estudos e seus prazeres. Eleanor Marx, que estava passando uns tempos com ele em Manchester na época em que ele finalmente largou a firma, relata que Engels gritava, ao calçar as botas de cano alto: "Pela última vez!". E, ao final do dia, "estávamos esperando por ele à porta quando o vimos atravessando o campo [...] brandindo a bengala e cantando e rindo de orelha a orelha". Em Londres, promovia reuniões aos domingos, às quais convidava homens de todas as classes sociais que haviam se distinguido ou no campo intelectual ou no serviço à causa socialista. Não exigia que professassem a doutrina correta; recebia até conservadores prussianos. Sua adega estava sempre cheia de bom vinho bordeaux, o mesmo que sempre enviara a Marx em grandes quantidades. A conversa era irrestrita, e a certa altura o anfitrião puxava velhas canções de estudantes. Gostava tanto da balada folclórica inglesa "O vigário de Bray" — com base na qual, segundo ele, se podia aprender muito sobre a história da Inglaterra — que a traduziu para o alemão. Duas semanas antes do Natal, convidava suas amigas a picar montanhas de maçãs, nozes, passas, amêndoas e cascas de laranjas, que depois eram colocadas numa enorme bacia. Escreve Bernstein:

> Mais tarde vinham os amigos, e cada um deles tinha de segurar uma colher grande fincada no meio da bacia e revirar a pasta três vezes — uma tarefa nada fácil que exigia muita força muscular. Mas sua importância era mais simbólica, e aqueles que não tinham força suficiente eram isentados. O toque final era dado pelo próprio Engels, que ia até a adega e voltava com champanhe.

Reunidos na ampla cozinha, "brindávamos um feliz Natal e muitas outras coisas". Quando chegava o Natal, Engels dava um pedaço do pudim feito na bacia enorme a cada um dos amigos, e oferecia um jantar colossal em sua casa, no qual a iguaria era servida fumegante.

Quando a influência de Marx não estava presente, a bonomia natural de Engels tendia a reafirmar-se. Permanecia fiel às velhas antipatias de Marx: recusava-se a manter qualquer contato com H. M. Hyndman e com todos aqueles que, a seu ver, haviam prejudicado seu amigo. Continuava a brigar com os lassallianos e a criticar Wilhelm Liebknecht por não ter levado em conta as críticas feitas por Marx ao programa de Gotha. Porém, os conselhos que dava a diversos grupos, apenas quando lhe pediam, eram cheios de bom senso e moderação. Como Mehring observou, Engels adotou uma política realista muito semelhante à que fora seguida por Lassalle na Alemanha, apoiando a agitação em favor do sufrágio: que a classe operária formule suas próprias exigências; haverá tempo para cuidar da doutrina depois. Escreveu a Sorge que não havia por que ter pressa de publicar as críticas de Marx a Henry George, candidato à prefeitura de Nova York pelo Partido Trabalhista Unido em 1886: de qualquer modo, George ia acabar se desacreditando, e enquanto isso

> é necessário que as massas sigam o caminho que corresponde a cada país e às circunstâncias da época, que é normalmente um caminho indireto. Desde que elas sejam realmente incitadas, tudo o mais é de importância secundária.

Ao herdar sozinho toda a glória de Marx e ter todo o campo livre para si, Engels tornou-se mais modesto do que nunca. Toda vez que o elogiavam, afirmava que, se no tempo em que Marx era vivo ele, Engels, talvez tivesse sido um pouco subestimado, sentia-se agora superestimado. No verão de 1893, compareceu pessoalmente pela primeira vez a um congresso da Segunda Internacional, fundada pelos social-democratas em 1889. Com a revogação da Lei Antissocialista, ele podia voltar a visitar a Alemanha, e os socialistas imploraram-lhe que viesse. Ao ver as torres da catedral de Colônia do trem no qual atravessava a Renânia, Engels ficou com os olhos rasos d'água e disse: "Que linda terra! Pena que não se pode viver nela". Quando apareceu no congresso, em Zurique, ficou surpreso com a ovação que recebeu e transferiu-a toda para Marx. Na casa do so-

385

cialista russo Akselrod, ficou deliciado ao ser apresentado a um grupo de lindas camaradinhas russas, as quais beijou e cujos olhos elogiou; porém escreveu ao irmão: "Gosto mesmo é de uma deliciosa operariazinha de Viena, que tem o tipo de rosto sedutor e maneiras encantadoras que são tão difíceis de encontrar". Posteriormente escreveu a Sorge: "As pessoas eram todas muito simpáticas, mas não sou muito propenso a essas coisas; ainda bem que terminou". Da próxima vez lhes escreveria antes, para não "ter que desfilar perante o público". Essas funções eram para os parlamentares e oradores magnéticos: "Esse tipo de coisa é apropriado a eles, mas pouco tem a ver com meu tipo de trabalho".

Engels pretendia fazer de *A guerra dos camponeses* uma obra de peso na qual exporia toda a sua teoria sobre a história da Alemanha, no entanto os manuscritos confusos e ilegíveis, as sutilezas enigmáticas de *O capital* consumiram o resto de sua vida. Só conseguiu publicar o Livro III, no qual é abordada a teoria do valor-trabalho, em outubro de 1894, seu penúltimo ano de vida; legou o restante a Kautsky.

Foi uma ironia, e ao mesmo tempo algo muito coerente com o resto de sua vida, que Engels tivesse de, por assim dizer, "pagar o pato" pelos dois aspectos mais questionáveis do marxismo: a dialética e a teoria do valor-trabalho, os dois dogmas nos quais se baseia a teoria como sistema. Atendendo a um pedido de Marx, Engels escrevera um trabalho polêmico atacando o filósofo berlinense Dühring, o qual, por não expor sistematicamente as ideias de Marx e Engels de autoria deles, estava cativando os socialistas alemães da nova geração. Engels tentou defender a dialética, porém não foi muito convincente, embora Marx aprovasse seu livro. Depois da morte de Marx, Engels teve de responder às perguntas dos jovens socialistas que estavam tendo problemas com a teoria marxista. O próprio Marx havia destacado, com muito efeito e para grande satisfação sua, os aspectos materialistas do materialismo dialético hegeliano-marxista, para contrapô-los às miragens douradas dos utopistas e assustar os burgueses. Com os escrúpulos de consciência quase mórbidos que o impediam de escrever sobre qualquer assunto que não houvesse dissecado minuciosamente, Marx jamais levou adiante as investigações que possibilitariam estabelecer as premissas básicas da dialética. É significativo que, no prefácio de *O capital*, em vez de ele próprio expor a visão materialista da história, Marx tenha se contentado em citar com aprovação uma exposição um tanto inadequada da teoria, que a tornava extremamente sinistra, de autoria de um admirador russo. Engels, mais fluente e mais superficial, tentou explicar tudo de modo plausível, e, ao fazê-lo, o antigo idealismo alemão que ele bebera junto com seus primeiros goles de vinho do Reno começou a voltar à dialética. Já abordamos as ênfases distintas que Marx e Engels deram a sua doutrina em diferentes momentos de suas carreiras; acrescente-se aqui que as interpretações extremamente divergentes que têm sido dadas ao materialismo dialético também se devem em parte a certas diferenças de temperamento fundamentais entre os dois pensadores.

E agora Engels tinha de abordar a teoria do valor-trabalho, muito atacada na época. Morreu em 5 de agosto de 1895, tentando defendê-la a sério, deixando inacabados seus últimos textos polêmicos. Estava sofrendo de câncer no esôfago e não podia mais falar, porém podia escrever. Conversava com os amigos por meio de um quadro-negro, revelando desse modo que suportava sua dor "com estoicismo e até mesmo com humor".

Deixou heranças para as duas filhas de Marx e para a sobrinha de Mary e Lizzy Burns (a qual, não obstante, contestou o testamento, tentando ficar com mais do que Engels lhe legara), e mais 20 mil marcos para o Partido. Escreveu a Bebel: "Acima de tudo [...] não deixe que o dinheiro caia nas mãos dos prussianos. E, quando se certificar de que isso não vai ocorrer, tome uma garrafa de bom vinho comprada com ele. Faça isso em minha memória". Deixou escritas instruções a respeito do que fazer com seu corpo, que foram seguidas pelos amigos. O cadáver foi cremado, e num dia de outono de muito vento as cinzas foram dispersadas no mar, em Beachy Head.

Wilhelm Liebknecht escreveu um relato extenso, com clima de pesadelo, acerca de um episódio que aparentemente teve para ele algum significado especial. Certa vez ele foi levar as duas filhas de Marx, então com sete e oito anos, para assistir ao enterro do duque de Wellington, em Londres. Ao saírem de casa, Jenny lhe dissera para não se misturar à multidão com elas; porém Liebknecht não tinha dinheiro para conseguir lugar numa janela ou numa arquibancada e foi obrigado a ficar numa escada, perto do portão de Temple Bar. A multidão ruidosa foi se aproximando, e então passaram a longa procissão, o imponente catafalco e os cavaleiros com seus trajes com ornamentos de ouro. Mas justamente quando os três iam embora, a multidão, que vinha atrás da procissão, entrou correndo na rua, atrás deles. De início Liebknecht tentou fincar pé onde estava, mas era como uma canoa num rio cheio de placas de gelo. Obrigado a seguir em frente, ele agarrou as meninas, aproximando-as de si e tentou ficar à margem do grosso da multidão. Pareciam ter quase se safado quando uma outra avalanche humana apareceu e empurrou-os para a Strand. Nessa avenida, a multidão transformou-se em uma massa compacta. Liebknecht trincou os dentes e tentou levantar as crianças, para que não fossem submetidas à pressão que ele sentia nos ombros, mas constatou que elas estavam espremidas contra seu corpo com tanta força que não havia como suspendê-las. Agarrou-as pelos braços; a multidão puxou-as para longe. Sentiu uma força interpondo-se entre os três e segurou-as pelos pulsos, uma com cada mão, mas a força o separava das meninas; temeu que, se não as soltasse, ele deslocaria ou quebraria seus braços. Soltou-as. Perto de Temple Bar Gate, sem conseguir passar pelas três passagens do portão, a multidão começou a acumular-se, como uma onda sólida chocando-se com os pilares de uma ponte; havia gente gritando, gente sendo pisoteada. Como um possesso, Liebknecht enfiava os ombros e os cotovelos a sua frente tentando passar por uma das aberturas, mas repetidamente fracassava: a corrente de pessoas que entrava o empurrava para o lado. Por fim foi tragado por ela, sofreu um aperto horrível, entrou na passagem e foi cuspido do outro lado. Lá havia mais espaço. Saiu correndo entre as pessoas procurando pelas crianças. Quando já começava a passar mal de pavor, ouviu duas vozes gritando: "Ô Biblioteca!". Era o apelido que as meninas haviam lhe dado em referência a sua erudição (porque nem mesmo as crianças, quando filhas de comunistas, podiam chamar um camarada de "senhor"). Elas haviam atravessado o portão com muito mais facilidade do que ele sem sequer se dar conta do perigo por que haviam passado. Liebknecht nada disse aos pais das meninas. Naquele dia, várias mulheres morreram na multidão.

Teria Liebknecht antevisto naquele instante — já observamos que a imagem do redemoinho lhe ocorrera uma vez antes, quando ele se referiu ao torvelinho do exílio do qual julgava ter sido salvo por Jenny Marx — que seu próprio filho seria arrastado pela fúria daquela maré cega e brutal que o pai tivera forças de combater — Karl Liebknecht, morto a pauladas, tiros e chutes, quando ele por sua vez tentou resistir a ela? Sem dúvida, as filhas do grande rebelde, mais a irmã delas ainda não nascida, iriam encontrar um destino semelhante àquele que Wilhelm Liebknecht temera no dia do enterro do duque de Wellington.

Jenny Longuet morreu, como já vimos, antes de seu pai, e um de seus filhos pequenos morreu seis dias depois de Marx. Eleanor, muito mais moça que as irmãs — a quem a família chamava "Tussy" —, tinha 28 anos quando o pai morreu. Era de longe a mais inteligente das três, e a favorita do pai. Nascera pouco antes da morte de Edgar, e quando criança parecia um menino, a ponto de dar a impressão de estar tentando preencher o vazio causado pela morte do filho de Marx. Com o passar dos anos, foi se tornando secretária, companheira e enfermeira do pai. Ela compreendia o movimento operário, cuidava da correspondência de Marx e participava de todas as atividades da Internacional. Tinha dezesseis anos de idade quando Lissagaray, um socialista francês que posteriormente escreveria uma história da Comuna de Paris, apaixonou-se por ela e pediu sua mão em casamento. Marx, talvez por motivos egoístas inconscientes, achou que o rapaz não tinha caráter, e a pobre Tussy, apesar de gostar de Lissagaray e contar com a aprovação da mãe, foi obrigada a permanecer com o pai. Aparentemente é em relação a esse incidente que ela escreve a Olive Schreiner:

> Se você alguma vez já tivesse visitado nosso lar, se já tivesse visto meu pai e minha mãe, se soubesse o que ele representava para mim, compreenderia melhor minha ânsia de amor, dado e correspondido, e minha intensa necessidade de amizade. Em meu pai eu confiava tanto! Durante muitos anos infelizes houve uma sombra entre nós [...] porém nosso amor sempre foi o mesmo, como também, apesar de tudo, nossa fé e confiança um no outro. Minha mãe e eu nos amávamos com paixão, mas ela não me conhecia tanto quanto meu pai. Uma das dores mais amargas das muitas de minha vida é ter minha mãe morrido pensando, apesar de todo nosso amor, que eu fora dura e cruel, jamais suspeitando que, para não magoar a ela e papai, sacrifiquei os melhores, os mais verdes anos de minha vida. Mas papai, embora só viesse a *saber* pouco antes do fim, achava que tinha de confiar em mim — nossas naturezas eram tão idênticas!

Era a filha mais parecida com Marx. Tinha cabelos negros e olhos negros brilhantes, bem como a mesma testa larga, o mesmo corpo baixo e largo. Tinha vivacidade, uma tendência a sorrir com facilidade, tez avermelhada e uma voz extraordinariamente musical. Adorava recitar e representar, e seu pai deixara-a estudar arte dramática e achava-a "muito boa nas cenas de paixão". Mais tarde, Eleanor empregaria esses dons quase exclusivamente em discursos em favor da causa socialista. Incentivada por Engels, desempenhou um papel ativo e importante na organização do Sindicato de Empregados de Gasômetros e Outros Trabalhadores entre os operários não qualificados do East End londrino; nas assembleias era saudada com gritos de "foguista velha de guerra!". Ensinou o líder trabalhista Will Thorne a ler e escrever e participou na grande greve dos estivadores londrinos de 1889, que seu trabalho entre os operários ajudara a preparar. Além disso, cuidou da edição de obras de seu pai após sua morte, fez a primeira tradução inglesa de *Madame Bovary*, traduziu Ibsen para Havelock Ellis e preparou o texto de *Alerta às mulheres belas*, uma peça anônima do período elisabetano, para publicação na Mermaid Series de Ellis. Porém sua edição da peça jamais foi publicada, pois a série passou a ser dirigida por um novo editor que julgou prudente dissociá-la do autor de *Estudos sobre a psicologia da sexualidade* e chegou até a retirar o nome de Ellis das folhas de rosto.

Eleanor Marx fazia parte daquele mundo de intelectuais avançados da década de 1880 que causavam horror aos ingleses mais convencionais. Beatrice Potter, na época interessada em atividades de caridade — ainda não havia se casado com Sidney Webb —, conheceu-a pouco depois da morte de seus pais, na primavera de 1883, quando Eleanor estava dirigindo uma revista de livres-pensadores. O diretor anterior havia sido preso por blasfêmia, e Eleanor estava "muito indignada". "Não adiantou nada discutir com ela", escreveu em seu diário a srta. Potter.

Ela se recusava a reconhecer a beleza da religião cristã. [...] Achava que Cristo, se de fato existiu, foi um indivíduo fraco dos miolos, de caráter muito bondoso, mas totalmente destituído de heroísmo. "Pois no último momento ele não pediu que afastassem dele o cálice?"

Eleanor afirmou que era objetivo dos socialistas fazer com que o povo "esquecesse do outro mundo do misticismo e vivesse para este mundo, e exigisse as coisas que pudessem torná-lo agradável".

É uma pessoa atraente, de um desalinho pitoresco, com cabelos negros e crespos esvoaçando para todos os lados. Olhos belos cheios de vida e compreensão; fora eles, as feições e a expressão são feias, e a tez mostra os sinais de uma vida insalubre e frenética mantida à base de estimulantes e temperada por narcóticos. Vive sozinha, convive muito com o círculo social de Bradlaugh.

Um ano após a morte de Marx, Eleanor estava tendo um relacionamento sério com um membro desse círculo, um homem cuja esposa ainda era viva. Ela trabalhava num colégio interno de bom nível, mas, quando comunicou a seus superiores sua situação conjugal, estes, embora a contragosto, tiveram de demiti-la. "Preciso tanto de um emprego", ela escreveu a Havelock Ellis, "e isso é tão difícil de encontrar. As pessoas 'respeitáveis' não querem me empregar."

Seus amigos haviam feito o possível para dissuadi-la de ir viver com o dr. Edward Aveling. Era um jovem e brilhante professor de ciências, de ascendência francesa e irlandesa, que, com Bradlaugh e Annie Besant, fora um dos líderes do movimento secularista. Após conhecer Eleanor Marx, começou a atuar no movimento socialista e tentou intermitentemente atuar como agitador, conferencista e escritor. Entretanto, havia algo de muito estranho em Aveling. Era um caloteiro inveterado e desavergonhado — se é possível qualificar de modo tão brutal o homem que serviu de modelo para a personagem Louis Dubedat, o artista pouco confiável, porém talentoso, de *O dilema do médico*, de Bernard Shaw. Apesar de sua feiúra surpreendente e repulsiva, sua eloquência e seu charme eram tamanhos que, segundo H. M. Hyndman, "lhe bastava meia hora de vantagem em relação ao homem mais bonito de Londres", para que conseguisse fascinar uma bela mulher — um poder que ele utilizava sem nenhum escrúpulo. Mas pior ainda para aqueles que o conheciam era sua absoluta irresponsabilidade em matéria de dinheiro: não apenas escapulia de hotéis sem pagar a conta como pedia dinheiro emprestado aos amigos o tempo todo, mesmo quando sabia que eles tinham pouco, sem jamais pagar; tampouco hesitava em usar ele próprio o dinheiro que lhe fora confiado pelo movimento. Era emocional, artístico, temperamental. Chegou a tentar a carreira de ator; apresentou-se com uma companhia de teatro de repertório no interior. Escreveu diversas peças em um ato, que ele e Eleanor representaram. Tinha gostos luxuosos e sempre fazia questão do bom e do melhor.

Os ingleses costumavam dizer que "ninguém pode ser tão

ruim quanto Aveling parece ser". Mas o Conselho Executivo da Federação Social-Democrata de Hyndman não queria aceitá-lo. Acabaram cedendo, pressionados por Eleanor e pelos amigos franceses e alemães de Marx, que mandaram cartas recomendando Aveling. Engels, muito dedicado a Tussy, continuou a recebê-lo mesmo depois que outros convidados seus lhe disseram que, se Aveling estivesse presente, eles se recusariam a comparecer. Edward Bernstein escreveu que os fabianos, com um jeito evasivo que ele considerava tipicamente inglês e insuportável, diziam sempre que ele mencionava o casal Aveling: "Ah, os Aveling são muito inteligentes. [...] Todo mundo tem que reconhecer que eles fizeram muito pelo movimento". Escreveu Olive Schreiner a Ellis:

Estou começando a ter horror do dr. A. Dizer que não gosto dele é muito pouco. Tenho medo e horror dele quando estou a seu lado. A cada vez que o vejo essa aversão fica mais forte. [...] Gosto muito dela; mas *ele* faz com que me sinta muito infeliz.

Aveling não era fiel a Eleanor. Por fim sumiu e, quando reapareceu, estava muito doente. Apesar de saber que ele estava apaixonado por outra mulher, Eleanor permaneceu a seu lado quando ele foi operado — em 1898 — e cuidou dele até ficar bom. Escreveu ela por essa época a Demuth, filho de Lenchen:

Cada vez mais me convenço de que os comportamentos errôneos nada mais são que uma doença moral. [...] Há pessoas que não têm um certo senso moral, assim como há pessoas surdas ou cegas ou com outras deficiências. E começo a compreender que é tão injustificado acusar aquelas como estas. Devemos nos esforçar para curá-las e, se tal não for possível, assim mesmo devemos fazer o melhor de que somos capazes.

Era como se sua dedicação a Aveling fosse uma tentativa de repetir sua dedicação a Marx, que também fora intelectualmente brilhante mas sempre às voltas com problemas financeiros — como se "senso moral" substituísse "senso financeiro". Quando Aveling estava quase recuperado, Eleanor subitamente bebeu veneno. Naquela manhã havia recebido uma carta, que Aveling se deu ao trabalho de destruir, a qual — segundo se crê — continha a notícia de que, no tempo em que estivera ausente, Aveling — cuja primeira esposa já havia morrido — casara-se com uma jovem atriz. Ele também tentou rasgar o bilhete que Eleanor deixara para ele, mas o médico-legista o impediu. O bilhete dizia: "Como tem sido triste a vida esses anos todos".

Aveling herdou o que restava do dinheiro que Engels legara a Eleanor e foi viver com a nova esposa. Alguns meses depois morreu, numa cadeira espreguiçadeira ao sol, placidamente, lendo um livro.

Paul e Laura Lafargue perderam todos os filhos que tiveram, o que, diz-se, foi uma das causas do desânimo que aparentemente os acometeu. Lafargue fechou seu consultório de médico e tornou-se fotógrafo, passando a viver com muita dificuldade. Tinha fama de pão-duro, e os socialistas franceses o chamavam *le petit épicier*. Havia participado da Comuna de Paris, porém, embora eleito uma vez para a Câmara, jamais desempenhou no movimento um papel à altura de sua capacidade. Engels legara 7 mil libras a Laura. Ela dividiu o dinheiro em dez partes e resolveu que, quando acabasse a última delas, o melhor que teriam a fazer seria suicidar-se. Em 1912, quando já tinham quase setenta anos de idade, os dois tomaram injeções de morfina; foram encontrados mortos em suas camas.

Tanta dor e tanto esforço foram necessários para construir uma fortaleza para a mente e a vontade fora dos paliativos da sociedade humana.

Jenny Longuet teve cinco filhos, dos quais sobreviveram três homens e uma mulher: foram os únicos descendentes de Marx. Um deles, Jean Longuet, tornou-se, após o assassinato de Jaurès, o líder da ala esquerdista dos socialistas franceses e foi contra a continuação da guerra após a Áustria ter apresentado propostas de paz. Seu filho, Robert-Jean Longuet, bisneto de Marx, está, no momento em que escrevo, publicando uma revista no Marrocos em defesa dos interesses dos nativos e contra o regime militar francês, que afundou os marroquinos na miséria depois que a depressão de 1931 levou o governo francês a proteger o mercado da metrópole em detrimento dos produtos exportados pelo Marrocos.

PART III

PARTE III

25. LÊNIN: OS IRMÃOS ULIÁNOV

PARA MARX E ENGELS, a Rússia só podia parecer um bicho--papão. Como alemães, viviam com medo do czar. Por volta de 1848, no tempo do *Neue Rheinische Zeitung*, parecia-lhes que a guerra contra a Rússia seria a única maneira de unificar a Alemanha e fazer eclodir a revolução. Às vésperas da Guerra da Crimeia, Marx e Engels afirmaram que, desde 1789, só havia na Europa, "na realidade, duas potências: a Rússia e o Absolutismo, de um lado, e a Revolução e a Democracia, de outro". E, como alemães, sempre manifestaram desprezo em relação aos eslavos. Quando Engels estava estudando russo, em 1852, escreveu a Marx que achava importante que

> ao menos um de nós conheça [...] os idiomas, a história, a literatura e os detalhes referentes às instituições sociais daquelas nações com as quais entraremos em conflito imediatamente. A verdade é que Bakunin só veio a se tornar alguém porque ninguém fala russo. E o velho *dodge* [truque] pan-eslavista de transformar a comuna eslava da antiguidade em comunismo e fazer os camponeses russos passarem por comunistas natos terá o fim que merece.

Engels zombava da ideia de Herzen segundo a qual a Rússia, cujas raízes estavam nessas comunas primitivas, estava destinada a implantar o socialismo na Europa.

Foi só com a coroação de Alexandre II, que ocasionou uma revolta do campesinato e uma agitação pró-constitucional entre os nobres, que Marx e Engels começaram a considerar seriamente a possibilidade de uma revolução ocorrer na Rússia. Porém, continuavam a ter pouca confiança na ideologia irresponsável dos russos. Em 1868, após um dos congressos da Internacional, Marx escreveu a Engels: "O sr. Bakunin se digna a manifestar o desejo de colocar todo o movimento operário sob a liderança dos russos. [...] Essa associação, como diz *old Becker* [o velho Becker], trará o 'Idealismo' que falta à nossa organização. *L'Idéalisme Russe!*".

Assim, foi com muito espanto que Marx soube, no outono de 1868, que uma tradução russa de *O capital* estava sendo impressa em São Petersburgo. Ele depositava muitas esperanças numa tradução inglesa, que não chegou a ver em vida; no entanto o livro estava saindo em russo, apenas um ano depois de sua publicação em alemão, antes de ser traduzido para qualquer outro idioma. Escreveu Marx a Kugelmann: "É uma ironia do destino que os russos, contra quem venho lutando há 25 anos, e não apenas em alemão, mas também em francês e inglês, sejam sempre meus 'protetores'"; e atribuiu, de má vontade, o fato à tendência manifestada pelos russos de "estar sempre correndo atrás das ideias mais extremistas que o Ocidente tem para oferecer": aquilo não passava de "*gourmandise*" intelectual.

Não obstante, devido a esse interesse, Marx passou a dedicar mais atenção à Rússia. Foi nessa época que começou a estudar o idioma e decidiu, conforme já vimos, fazer da Rússia o assunto principal do Livro II de *O capital*. Contudo, tem-se a impressão de que Marx jamais entendeu o que ele próprio achava da Rússia.

Documento do maior interesse, e muito curioso, é sua resposta à carta de uma jovem marxista russa, Vera Zassulitch, que lhe escreveu em nome de seus camaradas, em fevereiro de 1881, para perguntar se, em *O capital*, Marx dera a entender que a Rússia agrária teria de atravessar todas as etapas da exploração industrial capitalista para que pudesse vir a ter esperanças de uma revolução. A tentativa de Marx de responder a essa carta talvez tenha sido seu último esforço mental, e os diversos rascunhos que ficaram mostram o quanto essa questão era difícil para ele. Marx não estava mais tão certo quanto estivera Engels em 1852 de que a comuna russa de camponeses não tinha nenhuma possibilidade como base potencial para o socialismo. Marx respondeu que em *O capital* afirmara apenas que os países da Europa *ocidental* teriam de evoluir passando pela exploração capitalista, e que só se referira à transformação da "propriedade *privada*, baseada no trabalho individual", em propriedade privada capitalista — de modo que a economia *comunal* primitiva de um país da Europa *oriental* não seria necessariamente o mesmo caso. Em seus rascunhos, nos quais a princípio tentou abordar o assunto mais a fundo, ele menciona diversas considerações que parecem favorecer a hipótese contrária: aparentemente os russos conseguiram implantar da noite para o dia todo o sistema bancário moderno que o Ocidente levara séculos para desenvolver: "a configuração física da terra russa" favorecia a mecanização da agricultura "organizada em grande escala e administrada através de cooperativas", e a agronomia e os equipamentos mecânicos do Ocidente industrializado estariam à disposição da Rússia; afinal, as comunas medievais que Marx vira nos arredores de Trier quando jovem haviam sobrevivido a todas as vicissitudes da Idade Média e ainda existiam. Por outro lado, a chamada emancipação dos servos colocara os camponeses à mercê dos cobradores de impostos e agiotas, e em face disso eles seriam rapidamente espoliados ou mesmo expulsos das terras, tal como ocorrera com os fazendeiros decuriões no final do Império Romano, a menos que uma revolução viesse salvá-los.

Porém a carta que Marx enviou é curta e cautelosa. Ele afirma apenas que está convencido de que a comuna de camponeses é "o *point d'appui* da regeneração social da Rússia", mas que, para ela continuar a "atuar como tal, as influências deletérias que a atacam de todos os lados terão de ser eliminadas para que então sejam garantidas as condições normais para um desenvolvimento espontâneo".

Quanto a Engels, em 1874, já manifestara, numa polêmica com o russo Tkatchov, a opinião de que as comunas russas de camponeses só poderiam caminhar em direção à revolução se não fossem destruídas antes que uma revolução proletária na Europa ocidental possibilitasse uma coletivização geral. No prefácio

400

que escreveram para a segunda tradução do *Manifesto comunista*, publicada em 1882, Marx e Engels afirmam que a própria revolução do Ocidente, que facilitaria esse desenvolvimento, poderia ser iniciada por uma rebelião contra o czar.

Entre os jovens russos que já liam Marx na década de 1880 e no início da de 1890 estavam os dois filhos mais velhos do diretor das escolas da província de Simbirsk, às margens do Volga, Ilia Nikolaievitch Uliánov.

Ilia Nikolaievitch era homem de caráter elevado e grande capacidade. O posto de conselheiro de Estado, que obtivera em virtude de seu cargo, lhe conferia um título de nobreza hereditário, porém ele descendia da pequena burguesia de Astrakhan e tinha dedos curtos, malares proeminentes e nariz achatado. Seu pai morrera prematuramente e nada legara à família, e o irmão de Ilia Nikolaievitch fora forçado a trabalhar para sustentar os outros. Obrigado a abandonar seu sonho de instruir-se, dedicou-se à tarefa de tornar possível, por meio de muito trabalho e rígida economia, que o irmão de sete anos terminasse o ginásio em Astrakhan e entrasse para a Universidade de Kazan, onde se licenciou em física e matemática.

A diligência, a austeridade e a dedicação do irmão mais velho de Ilia Nikolaievitch deram o tom para todo o desenvolvimento subsequente dos Uliánov, emprestando à família um caráter muito diferente da imagem que o estrangeiro tende a formar da Rússia. Para entender essa família extraordinária, seus hábitos de abnegação e sua paixão pela instrução, será melhor pensar nos habitantes da Nova Inglaterra dos tempos do puritanismo austero e idealista. Ilia Nikolaievitch consolidou as qualidades dos Uliánov com as de uma mulher de origem alemã, Maria Aleksandrovna Blank, cunhada de um professor colega seu e filha de pais de etnia alemã da região do Volga, luteranos, que a criaram à moda alemã. O pai dela era médico, mas comprara uma propriedade e abandonara a medicina, e a família era mais culta e bem mais próspera que os Uliánov. No entanto

Maria Aleksandrovna também sofrera os reveses que atingiram sua família: ela não pôde ter os professores particulares que seu pai contratara para todos os outros filhos. Foram obrigados a recorrer a uma tia alemã, que ensinou à menina idiomas estrangeiros e música. A família era numerosa, e todos haviam aprendido a ser diligentes e econômicos. Além disso, o pai tinha ideias espartanas; não permitira que Maria Aleksandrovna e suas irmãs, mesmo quando já eram mocinhas, bebessem chá ou café. Cada uma tinha dois vestidos de chita, de mangas curtas e sem colarinho, que eram obrigadas a usar no verão e no inverno.

Ilia Nikolaievitch e Maria Aleksandrovna casaram-se no verão de 1863, quando ele tinha 32 anos e ela 28. Em 1869, Uliánov foi nomeado inspetor das escolas primárias da província de Simbirsk e foi morar na capital da província, a cidade de Simbirsk (atualmente Uliánov); mais tarde foi promovido a diretor e tornou-se — graças exclusivamente a seu trabalho, já que não tinha ambições burocráticas — figura de certa eminência em sua área. A recente emancipação dos servos e as reformas judiciárias e educacionais do início do reinado de Alexandre ii haviam concedido a profissionais sérios como Ilia Nikolaievitch a oportunidade de trabalhar junto ao povo. Ele crescera nos anos terríveis da opressão de Nicolau i, quando o máximo que os estudantes universitários podiam fazer era reunir-se em segredo para cantar as canções do poeta dezembrista Rileiev. Ilia Nikolaievitch às vezes cantava para seus filhos essas canções, quando estavam caminhando pela floresta e pelos campos, bem longe da cidade. Em toda a sua carreira foi um funcionário leal, e tanto ele quanto Maria Aleksandrovna sempre foram cristãos praticantes, cheios de fé. Em Simbirsk, contudo, Uliánov era conhecido como "o liberal", e seu senso de responsabilidade para com o povo lhe proporcionava uma motivação intensa que nem todos viam com bons olhos. Como professor de ginásio, jamais cobrara dinheiro dos alunos mais pobres por prepará-los para os exames e, em Simbirsk, dedicava-se com entusiasmo à tarefa de construir uma rede de escolas. Viajava por toda a província, por estradas cheias de lama, na primavera e no outono, e cobertas de gelo, no inverno. Às vezes passava semanas viajando. Entrando em choque com funcionários, formando professores, dormindo em casebres de camponeses, adquiriu uma capacidade especial de lidar com todo tipo de gente. Num período de dezessete anos, conseguiu vencer a preguiça e a ignorância tão vastas quanto as planícies da Rússia, construindo 450 escolas e dobrando a taxa de frequência de alunos.

Enquanto isso, seus filhos cresciam em Simbirsk. A cidade, construída sobre um alto e íngreme penhasco, eleva-se diretamente da margem do rio; dela se descortina uma vista magnífica do Volga, que se estende, largo, pela planície. De lá se pode ver, por uma distância enorme que nada é em comparação com a imensidão do rio, para onde ele vai e de onde ele vem, fluindo lento e plácido pelos campos da Rússia. A cidadezinha, a 900 quilômetros de Moscou e 1500 de São Petersburgo, e que hoje em dia parece um tanto decadente, com seus prédios de tijolos caiados e suas velhas casas ornadas com arabescos de madeira trabalhada, suas ladeiras íngremes de paralelepípedos, era a sede do governo de Simbirsk e refúgio para funcionários de província. As encostas são cobertas de pomares, com macieiras que dão maçãzinhas verdes e flores que, durante algumas semanas na primavera, tornam Simbirsk, segundo se diz, uma das mais belas cidadezinhas russas; mas quando chega o verão tudo é poeira e folhas estorricadas, lama grudenta e escorregadia.

No tempo dos Uliánov, a hierarquia da sociedade russa era perfeitamente visível na estratificação da cidade. No ponto mais elevado, chamado "Coroa", ficavam as residências das classes mais prósperas, com jardins onde floriam lilases. Lá havia dois grupos distintos: a nobreza e os funcionários do governo. Aqueles orgulhavam-se de seus ancestrais e desprezavam os funcionários, que não eram nobres de verdade e entre os quais havia uma hierarquia com catorze postos. Havia em Simbirsk certa tradição cultural. Karamzin, um dos estudiosos pioneiros que fundaram a língua e a literatura russa moderna no final do século XVIII, autor de uma história da Rússia que glorifica os primeiros czares e deve muito a Walter Scott, vivera por algum tempo

403

na cidade; e Gontcharóv, criador de Oblómov, tipo tragicômico do cavalheiro russo decadente, fora filho de um comerciante de Simbirsk e trabalhara por algum tempo como secretário do governador. Tanto os Kerenski como os Uliánov faziam parte do círculo acadêmico da cidade. Descendo o morro a partir da "Coroa", vinham em primeiro lugar os mercados, as lojas maiores, as ruas em que moravam os comerciantes; depois, ao pé da encosta, perto das docas, vivia a borra da população, ao que tudo indica de modo bem semelhante ao atual, chafurdando na lama entre porcos e cães e bancas de vendedores de salsichas e kvas.

Inicialmente os Uliánov se instalaram na fronteira da "Coroa" aristocrática. Não se ajustavam muito bem à população local. Devido às origens plebeias de Ilia Nikolaievitch e ao luteranismo de Maria Aleksandrovna, a nobreza não os aceitava; eram gente séria demais para o meio dos funcionários, descontentes com as reformas recentes, e nada tinham em comum com os comerciantes. Maria Aleksandrovna ocupava-se com os filhos e com uma economia rigorosa, já que o dinheiro mal dava para viver. Teve um filho, que foi batizado Vladímir, na primeira primavera em que ela e o marido passaram em Simbirsk, em 22 de abril de 1870 — seu terceiro filho, o segundo do sexo masculino; posteriormente teve mais dois meninos e duas meninas, e um dos meninos morreu. Em 1878, quando Vladímir tinha oito anos de idade, puderam se mudar para uma casa maior.

Essa casa ainda existe e foi transformada em museu; nela as irmãs Uliánov recriaram o interior original. Vista de fora, a casa de madeira baixa e amarela, numa rua larga de província sem meios-fios, que parece um leito de rio, tem um quê de oriental, mas o visitante americano que nela entra encontra um ambiente tão absolutamente compreensível e familiar que mal pode acreditar que está tão longe de Concord e Boston, que está em plena Rússia czarista. E é surpreendente encontrar, na Rússia soviética, um interior tão limpo e definido, tão despido dos enfeites e barroquismos que caracterizam lugares mais pretensiosos. A mobília é, de modo geral, de mogno, e é quase exatamente o tipo de móvel que você encontra na casa da sua avó. Na sala de visitas, de teto baixo e bastante simples, há um piano de cauda antigo em cuja estante se vê a partitura de I puritani, de Bellini, com folhas de samambaias secas entre as páginas. Entre duas janelas, um espelho de mogno reto na parte de cima e uma mesa de mogno de pés finos destacam-se contra a parede coberta com um papel estampado de cor clara — na maioria dos cômodos, as paredes são amarelo-claras ou cinza-claras; e as folhas das figueiras-elásticas e palmeirinhas em vasos contrastam vivamente com o branco dos marcos das janelas, com cortinas presas no alto mas que não pendem dos lados — janelas pelas quais se veem as folhinhas verdes das árvores contra o céu branco. Candelabros de bronze; lamparinas a óleo nas paredes, com reluzentes refletores de lata atrás; fogareiros russos cobertos de ladrilhos brancos; uma almofada vermelha enfeitada com bordados negros feitos por uma das moças da família. Na sala de jantar, a grande mesa da família está coberta por uma toalha de renda grossa. Esse cômodo, é evidente, também era lugar de leitura e estudo e onde se jogava xadrez. Há peças de xadrez, um mapa na parede, uma pequena máquina de costura. Nas estantes, Zola, Daudet, Victor Hugo, Heine, Schiller e Goethe, além dos clássicos russos; há também muitos mapas e globos: a Rússia e a Ásia, os dois hemisférios, o mundo.

A casa dá a impressão de ser um tanto maior do que é de fato, porque já foi habitada por uma família numerosa. No andar de cima, o menino menor e as duas meninas menores dormiam juntos no mesmo quarto, em três caminhas brancas de ferro. Aqui há aros, bonecas de papel e cavalos de pau, assim como desenhos e diplomas escolares; os números de 1883 de uma revista, encadernados, em que As aventuras de Tom Sawyer estavam sendo publicadas; redes de pegar borboletas azuis e cor de alfazema. A irmã mais velha dormia num quarto que dava para esse, e a babá, contratada quando Vladímir nasceu, dormia num quartinho embaixo.

No mesmo andar que as outras crianças, mas afastados dos quartos das irmãs, num trecho da casa a que só se tinha acesso por uma escada separada, ficavam os quartos dos dois meninos maiores. Sacha era quatro anos mais velho que Volodia (eram os apelidos de Aleksander e Vladímir); Volodia imitava Sacha ao mesmo tempo que tentava competir com ele. A família divertia-se ao ver que ele sempre respondia "igual ao Sacha" quando lhe perguntavam se queria cereal com leite ou com manteiga, ou qualquer outra coisa do gênero. Se Sacha descia uma ladeira de patins, Volodia tinha que descê-la também. Os dois quartinhos são interligados; no de Volodia há edições escolares de Xenofonte e Ovídio; no de Sacha, um pouco maior, há Darwin e Huxley, Spencer e Mill, mais tubos de ensaios e vidros nos quais ele realizava suas experiências químicas. As toalhas estão penduradas em pregos nas paredes. Quando os primos vinham visitá-los e tentavam invadir esses aposentos, eles diziam: "Agradecemos sua ausência".

As janelinhas baixas dos quartos de Sacha e Ana dão para uma pequena varanda e são cobertas por uma treliça com trepadeiras cujas flores são de um roxo rosado. Nos fundos fica o pomar, cheio de macieiras, uma das coisas mais agradáveis da casa localizada na Ulitsa Moskovskaia. O cocoricó de um galo numa casa vizinha é o único som nessa tarde silenciosa de província.

Aleksander era muito introvertido. Quando pequeno, raramente chorava; já rapaz, era reservado e meditabundo. Era alto e bonito, porém tinha um olhar melancólico e pachorrento. Na escola era aluno-modelo, sempre o primeiro da turma, e ao formar-se, era um ou dois anos mais novo que os colegas. Quando perdeu a fé religiosa, nada disse à família. Os outros só descobriram quando, numa tarde, Ilia Nikolaievitch perguntou-lhe se ia ao ofício das vésperas, e ele respondeu "não" num tom de voz que impediu que seu pai insistisse. Gostava dos romances de Dostoiévski, que muito tinham em comum com sua natureza subjetiva, mas resolvera estudar ciências.

Vladímir, por outro lado, gostava de Turguêniev, cujos romances lia e relia, deitado em seu quarto. Era barulhento, cheio de energia, um tanto agressivo. Tinha cabelos ruivos, malares proeminentes e os olhos oblíquos dos tártaros de Astrakhan. Quando pequeno, fora um tanto desajeitado: levara muito tempo para aprender a andar — provavelmente, segundo sua irmã, porque a cabeça era muito grande — e costumava quebrar os brinquedos mal começava a manuseá-los. Ao contrário de Sacha, que era de uma honestidade escrupulosa, Vladímir era meio sonso às vezes. Certa feita mentiu para uma tia a respeito de uma garrafa que quebrara na casa dela; três meses depois começou a chorar na hora em que sua mãe o punha na cama, e confessou o que havia feito. Era muito sarcástico e vivia atazanando o irmão e as irmãs menores. Havia uma canção que costumavam cantar, acompanhados ao piano pela mãe, sobre um lobo cinzento e um cabritinho indefeso. Sempre que chegavam no trecho em que só restavam os chifres e o cabresto, o pequeno Mitia chorava, mas, enquanto os outros membros da família tentavam fazer com que ele não levasse a coisa muito a sério, Volodia carregava nas tintas trágicas, para que Mitia se debulhasse em lágrimas.

Na escola, Vladímir revelou-se tão bom aluno quanto Sacha, ainda que não tão bem-comportado. Era vivo e tinha a capacidade de aprender a lição tão depressa e tão bem em sala de aula que raramente precisava estudar em casa. Contudo, zombava tão abertamente do professor de francês que um dia o homem acabou lhe dando uma nota baixa, e seu pai foi obrigado a lhe passar uma descompostura. Por volta dos quinze anos de idade, deixou de acreditar na religião e jogou fora a pequena cruz que usava. Ao contrário de Sacha, não se interessava por ciências: era muito melhor em história e letras clássicas. Tornou-se tão bom em latim que ajudou a irmã mais velha, Ana, e uma amiga não muito inteligente a terminarem o curso de oito anos em dois ou três anos.

Quando Aleksander tinha vinte anos e Vladímir dezesseis, Ilia Nikolaievitch morreu súbita e inesperadamente. Durante toda a vida trabalhara demais. Como diretor da rede escolar, fora obrigado a resolver todos os problemas de todos os mestres-escolas da província, que viviam lhe pedindo ajuda, e tinha o hábito de substituí-los quando adoeciam. Mas, depois de ter se matado de trabalhar por 25 anos, via todo o seu trabalho ser destruído pela reação contra o ensino popular provocada pelo assassinato de Alexandre ii, em 1881; profissionalmente humilhado, enfrentava sérios problemas financeiros. Foi aposentado quatro anos mais cedo do que o esperado e, embora um novo superior subsequentemente o reconvocasse, passou seus últimos anos sob a opressão do Estatuto de 1884, que despediu professores liberais e excluiu estudantes suspeitos, e sob um ministro da Educação que proibiu que fossem instruídos os "filhos de cozinheiras". Ilia Nikolaievitch sofreu um derrame e morreu em janeiro de 1886.

O primeiro efeito da morte do pai sobre Vladímir foi liberar a sua arrogância natural, que Uliánov reprimira. O rapaz tornou-se desrespeitoso para com a mãe. Certa vez ela lhe pediu que fizesse algo quando ele estava jogando xadrez com Sacha; Vladímir respondeu-lhe secamente e continuou a jogar. Sacha disse-lhe que, se não obedecesse à mãe, ele abandonaria a partida. Uma tarde — relata seu irmão Dmitri — as crianças menores estavam brincando no quintal. Pela janela aberta, protegida por uma tela, elas viam Sacha e Volodia no quarto, sentados, absolutamente imóveis e calados, debruçados sobre o tabuleiro iluminado. Uma das meninas veio até a janela e gritou: "Eles estão sentados lá dentro como prisioneiros que acabam de ser condenados a trabalhos forçados!". Os dois irmãos olharam para a janela de repente, e a menina saiu correndo.

Agora havia muito menos intimidade entre Sacha e Volodia. O irmão mais velho estava estudando na universidade, em São Petersburgo. Por essa época, a irmã mais velha, Ana, perguntou a Aleksander: "Como você acha que o nosso Vladímir está se saindo?". Sacha respondeu: "Sem dúvida ele tem muita capacidade, mas eu e ele não nos entendemos".

Aleksander estava estudando zoologia. Um dia escreveu à mãe que tinha acabado de ganhar uma medalha de ouro por um trabalho que escrevera sobre os vermes anelídeos. Quando ele e Ana foram para São Petersburgo, seu pai dera uma mesada de quarenta rublos para cada um. Aleksander dissera ao pai que trinta bastavam; como o pai continuasse a lhe enviar quarenta, passara a economizar dez rublos por mês — sem dizer nada a ninguém, para não envergonhar Ana — e, ao final dos oito meses do ano letivo, devolvera ao pai oitenta rublos.

Em março do ano seguinte ao da morte de Ilia Nikolaie-vitch, uma professora amiga da família veio ao ginásio em que Vladímir estudava e mostrou a ele uma carta que acabara de receber de um parente dos Uliánov que morava em São Peters-burgo. A carta dizia que Aleksander fora preso, com outros estudantes, por participar de um complô para matar o czar. O mais jovem dos estudantes tinha vinte anos; o mais velho, 26. Um deles escrevera uma carta a um amigo falando sobre os planos terroristas, e através dela a polícia tomou conhecimento de um dos nomes. Em seguida, prendeu um grupo de seis deles, que caminhavam pela Nevski Prospekt com um falso dicionário de medicina cheio de dinamite e balas envenenadas com estricni-na. Aleksander foi preso depois. Descobriu-se que, como ele conhecia química, recebera a tarefa de fazer a bomba; e Alek-sander vinha trabalhando alternadamente no laboratório da escola e num outro particular, no qual lidava com explosivos. Havia penhorado a medalha de ouro que ganhara na escola em Simbirsk para comprar ácido nítrico fabricado em Vilna.

Ana por acaso visitava o irmão no momento em que a polícia chegou, e foi presa também. Apesar da intimidade que tinha com Aleksander, nada sabia de suas atividades políticas. Foi só depois que ela entendeu o significado do comentário que o ouvira fazer, uma ou duas vezes recentemente, em relação a algum ato de que ouvira falar: "Será que eu teria coragem de fazer isso? Acho que não".

Coube a Vladímir dar à mãe aquela notícia. Porém Maria Aleksandrovna não lhe deu oportunidade de exercer seu tato: assim que ele começou a falar, arrancou-lhe a carta da mão e foi aprontar-se a fim de partir para São Petersburgo. Naquela época a estrada de ferro ainda não chegava a Simbirsk, e parte da viagem teria de ser feita a cavalo. Vladímir tentou achar alguém para acompanhar a mãe, mas quando as pessoas eram informadas do que havia ocorrido, tornavam-se mais cautelosas em relação aos Uliánov. Assim, ele não conseguiu encontrar nenhuma pessoa amiga na cidade que estivesse disposta a ser vista em companhia de sua mãe.

Foi só no final do mês que ela foi autorizada a visitar Aleksander. Conversaram por entre duas grades na sala de visitantes da fortaleza de Pedro e Paulo. Maria Aleksandrovna passou mais um mês em São Petersburgo, visitando os filhos na prisão e dirigindo apelos às autoridades. Permitiram que ela assistisse ao interrogatório. Aleksander não fora o iniciador nem o organizador da conspiração, porém tentou assumir toda a responsabilidade para que seus companheiros fossem soltos. Afirmou suas convicções políticas com uma eloquência que emocionou sua mãe profundamente. Desde a última vez que o vira em Simbirsk, ele deixara de ser um adolescente, e agora tinha a voz e a firmeza de um homem. Maria Aleksandrovna não suportou aquela cena; levantou-se e saiu do tribunal. Continuou a dirigir apelos às autoridades, na esperança de conseguir que ele fosse punido com prisão perpétua. A sentença já estava definida, mas, numa atitude dissimulada tipicamente russa, as autoridades deixaram que ela continuasse insistindo. No início de maio, um dia após ter visto o filho na prisão, Maria Aleksandrovna leu num jornal que havia comprado na rua que Sacha acabara de ser enforcado.

Alguns dias depois, Ana foi solta, tendo sido banida para a propriedade de seu avô Blank. Maria Aleksandrovna voltou para Simbirsk. Obrigou-se a levar sua vida adiante como se nada tivesse acontecido para não prejudicar a reputação dos filhos menores, nem criar um clima trágico para eles. Os vizinhos admiravam sua força, porém pararam de procurá-la. Até mesmo um velho professor, amigo da família, que costumava jogar xadrez com o falecido Ilia Nikolaievitch, parou de frequentar a casa.

Foi durante essas semanas que Volodia teve que estudar para os exames finais. Passou com notas tão altas que a escola foi

410

obrigada a lhe dar a medalha de ouro, apesar de todos saberem o que havia acontecido com a premiação recebida por Sacha.

Estava com dezessete anos, e era o homem da família. Segundo Ana, o caso de Aleksander teve o efeito de "endurecê--lo". Já criara entre os professores a reputação de ser "excessivamente reservado" e "pouco sociável", como escreveu o diretor Kerenski; dizia-se que ele era "distante até com pessoas conhecidas e até mesmo com seus colegas mais notáveis". Talvez seja um mito, como acreditava Trótski, que, ao saber da execução de Aleksander, ele tivesse dito: "Por esse caminho, jamais chegaremos lá!". Ana afirma que a morte do irmão o levou a pensar a sério sobre a questão da revolução. Ao professor que lhe deu a notícia, Vladímir disse: "Então Sacha não poderia mesmo ter agido de nenhum outro modo".

A década de 1880 foi a negação de tudo aquilo em que os Uliánov acreditavam. O czar seguinte, Alexandre III, que subiu ao trono no início da década, após o assassinato de Alexandre II, resolveu deixar de lado aquelas políticas reformistas que haviam sido tão desastrosas para seu antecessor. Seu primeiro ato foi vetar um projeto que visava estabelecer comissões de consulta, por meio do qual Alexandre II pretendera fazer uma concessão às classes instruídas, e começou a praticar a política mais abertamente reacionária que se pode imaginar. Fortaleceu a Igreja Ortodoxa; enfraqueceu os conselhos locais e submeteu as comunas camponesas a um controle autocrático. Fez o que pôde para impedir a entrada de influências ocidentais e obrigou seus súditos alemães, finlandeses e poloneses a falar russo. Na margem do documento que o jovem Aleksander Uliánov redigira como programa de seu grupo, o czar escreveu, ao lado da afirmativa de que o atual regime político tornava impossível elevar o nível do povo: "Isso é tranquilizador". Todo o entusiasmo por ideias novas, o ardor de transformar a Rússia num país moderno que a intelligentsia russa representava, defrontava-se com a volta a uma espécie de feudalismo que ela jamais nem sequer imaginara.

Volodia passaria a encontrar obstáculos em seu caminho. Kerenski fizera o possível para atestar seus bons antecedentes.

411

Numa carta de recomendação, afirmou que o rapaz recebera dos pais uma formação "baseada na religião e na disciplina racional" e que nunca dera sinal de insubordinação. Garantiu que a mãe do jovem Uliánov estaria com ele na universidade. O chefe de polícia de São Petersburgo aconselhara Maria Aleksandrovna a mandar o filho para uma instituição de ensino discreta em alguma província bem distante.

Ficou combinado que o rapaz iria estudar em Kazan, a 250 quilômetros de Simbirsk, Volga acima. E Maria Aleksandrovna, com as três crianças menores, foi morar com ele. Vladímir ingressou na faculdade de direito, porém constatou que não havia como escapar das repercussões do que ocorrera com seu irmão. A conspiração estudantil tivera o efeito de aumentar ainda mais a pressão sobre as instituições acadêmicas: foram despedidos mais professores liberais e expulsos mais estudantes suspeitos. Em dezembro, uma onda de rebeliões estudantis que começara em Moscou chegou até a Universidade de Kazan. Os estudantes convocaram uma assembleia, chamaram o inspetor da universidade e exigiram que fossem restabelecidos certos direitos seus que haviam sido abolidos recentemente. Naquela noite, a polícia foi ao apartamento dos Uliánov e levou Vladímir. Ele havia participado na manifestação, mas não desempenhara nenhum papel importante. O problema era que o irmão do conspirador Aleksander estava sendo vigiado pela polícia. Foi expulso da universidade e da cidade de Kazan.

Dirigiu-se para a propriedade do avô, onde estava Ana, e o resto da família o acompanhou. Na primavera seguinte, fez um pedido de reintegração à universidade, mas o diretor do departamento de educação o recusou. "Este aqui não é irmão do outro Uliánov?", escreveu ele na margem. "Também não é de Simbirsk?" No outono, recusaram-lhe um pedido de autorização para concluir seus estudos no estrangeiro. No entanto, Maria Aleksandrovna ainda conseguiu que as autoridades permitissem que ele morasse em Kazan.

Instalaram-se num apartamento pequeno, de dois andares, na colina, bem nos limites da cidade; e foi lá, naquela velha cidade oriental, cuja população ainda usava o idioma tártaro, que Vladímir leu pela primeira vez Karl Marx.

Nessa época, as principais ideias políticas que os russos haviam seguido no passado foram por água abaixo. A nobreza liberal, prejudicada por uma crise do mercado internacional para o qual exportava grãos, foi obrigada a recorrer ao czar, e não podia mais se dar ao luxo de ser liberal. Foi na década de 1880 que o proprietário de terras Liev Tolstói tentou desapossar-se de sua propriedade e estabelecer uma nova forma de vida cristã caracterizada por ausência de posses, não resistência, abstinência sexual e trabalho braçal. O grande movimento político dos anos 1870 fora o Partido da Vontade do Povo, que julgara que o campesinato russo, com sua tradição de revolta e violência, se interessaria pelo socialismo de Bakunin. Mas o potencial subversivo dos camponeses diminuiu com o aumento do preço do trigo, que fez com que os mais empreendedores entre eles enriquecessem; e o socialismo que Bakunin elaborara no Ocidente nada tinha a ver com as comunas dos camponeses. O czar abalou profundamente o Partido da Vontade do Povo, exilando e prendendo seus membros; o partido apelou para o terrorismo, o que resultou na morte de Alexandre II. Para os jovens da geração de Aleksander Uliánov, parecia não haver outra solução senão matar o novo czar, que era ainda pior que o anterior. "Não possuímos classes fortemente unidas que possam restringir o governo", afirmara o jovem Uliánov perante o tribunal.

Nossa intelligentsia é tão desorganizada e fisicamente tão fraca que no momento não tem condições de partir para a luta abertamente. [...] Essa intelligentsia fraca, que não está imbuída dos interesses das massas, [...] só pode defender seu direito de pensar através dos métodos do terrorismo.

Mas, na verdade, a conspiração da qual Sacha participou foi o último gesto do movimento terrorista. O grupo que conseguira matar Alexandre II havia concretizado, em grau surpreendente, o sonho alucinado de Netchaiev: um grupo dedicado e disciplinado disposto a morrer para cumprir sua missão; porém os líderes foram necessariamente destruídos, e os intelectuais da geração seguinte não mais dispunham de sua liderança e atemorizaram-se com seu fim. O fim de Uliánov e seus companheiros intimidou-os mais ainda. O jovem Aleksander afirmara que estava vivendo num período em que só o terrorismo funcionava, e agora nem isso parecia mais funcionar. Ele havia lido Marx, ao que indica o programa que ele redigiu, mas julgava impossível para um marxista promover uma agitação entre os operários russos enquanto o regime político não tivesse sido derrubado. Em face da morte do irmão, Vladímir também leu Marx e nele encontrou algo que lhe parecia capaz de funcionar na prática.

Nesse ínterim, após o fim do Partido da Vontade do Povo, o desenvolvimento industrial da Rússia, ainda que a um ritmo muito menos acelerado do que o dos países ocidentais, vinha avançando depressa o bastante para dar razão a Marx, que julgara improvável que os russos conseguissem tomar um atalho que os conduzisse da comuna de camponeses diretamente para o socialismo de uma sociedade mecanizada. No período de 1877 a 1897, a produção têxtil dobrou e a da indústria metalúrgica triplicou; entre 1887 e 1897, o número de empregados da indústria têxtil passou de 300 mil para o dobro; na metalúrgica, o aumento foi de 100 mil para 150 mil. Na década de 1880, haviam ocorrido greves desesperadas que foram reprimidas com grande brutalidade, mas em decorrência desse movimento foi possível conhecer os rudimentos de uma legislação trabalhista: inspeção de fábricas, abolição do trabalho de menores, algumas restrições ao trabalho de adolescentes e mulheres e o pagamento regular dos salários — pois até então os patrões, tão caprichosos em relação a seus empregados quanto os proprietários de terra para com os servos no passado, pagavam quando bem entendiam, em algumas ocasiões apenas duas vezes por ano. Na atmosfera opressiva da Rússia daquela época, a visão marxista pareceu a Vladímir uma perspectiva realista; era a única teoria por ele conhecida que dava sentido à situação russa e a relacionava com o resto do mundo. E o temperamento peculiar de Vladímir fazia dele o porta-voz ideal dessa doutrina: seu intelecto incisivo, sua natureza combativa, seu gosto pela crítica áspera e cáustica, a combinação de sentimentos profundos com a capacidade de distanciamento — tudo isso o fez sentir-se atraído por Marx.

Vladímir estudou o Livro 1 de *O capital* numa pequena cozinha acessória que ele converteu em gabinete. Relata sua irmã Ana:

> Sentado no fogão da cozinha, o qual estava coberto de números atrasados de jornais, gesticulando furiosamente, ele me falava com entusiasmo candente a respeito dos princípios da teoria marxista e os novos horizontes que ela lhe descortinava, quando eu descia para conversar um pouco com ele.

Havia em Vladímir um tipo de exuberância que nada tinha a ver com Marx. Prossegue Ana:

> Dele emanava uma fé alegre que contagiava seus interlocutores. Já nessa época tinha o dom de persuadir, de arrastar consigo os que o ouviam. Já não conseguia estudar uma coisa, descobrir uma nova linha de pensamentos, sem explicar tudo para os amigos e conquistar adeptos.

Vinham outras pessoas ouvi-lo falar sobre Marx, estudantes da universidade, mas não era frequente eles virem à casa dos Uliánov, porque não podiam ser vistos lá. O principal marxista de Kazan na época era um estudante chamado Fedosseiev, mais ou menos da idade de Vladímir, mas os dois jamais chegaram a se conhecer pessoalmente — segundo Trótski, porque até mesmo um marxista convicto evitaria a companhia do irmão de um homem que havia tramado a morte do czar. Vladímir também não teve acesso às publicações do grupo marxista Libertação do Operariado, fundado em 1883 na Suíça por um pequeno círculo

415

de exilados russos. Mas já havia travado contato com algo que era encarado como uma nova força na Rússia.

E como sua carreira universitária fora interrompida, não tinha mais o que fazer senão estudar Marx — e jogar xadrez com seu irmão mais moço, segundo o qual Vladímir, embora tivesse se tornado um bom jogador e fizesse questão de seguir as regras com rigor, não se preocupava muito com a vitória. Obrigava Mitia a aceitar um handicap, porém não permitia que ele voltasse atrás após mover uma peça. Naquele inverno de 1888-9, o noivo de Ana organizou para Vladímir uma partida por correspondência com um advogado de Samara que era perito em xadrez. Na época Vladímir começou a fumar; sua mãe não gostou e, quando viu que de nada valiam seus argumentos relacionados à saúde, começou a dizer que se tratava de uma despesa desnecessária. Nesse período, estavam vivendo da pensão que o marido deixara a Maria Aleksandrovna. Vladímir parou de fumar e nunca mais voltou a fazê-lo.

Sua mãe temia também que suas ligações políticas lhe criassem problemas em Kazan; assim, fez com que o filho fosse com ela para o interior, onde adquirira, por intermédio do noivo de Ana, uma pequena propriedade na província de Samara, também às margens do Volga, rio abaixo em relação a Simbirsk. Conseguiu tirar Vladímir de Kazan na hora certa. Algumas semanas depois que partiram — em maio de 1889 — tanto o grupo marxista liderado por Fedosseiev como grupo do qual Vladímir fizera parte foram desbaratados, e seus membros receberam penas severas.

Mas Vladímir não se adaptou à vida de proprietário de terras. Anos depois, escreveu ele à esposa: "Minha mãe queria que eu me interessasse por agricultura. Mas percebi que aquilo não ia dar certo: minhas relações com os camponeses tornaram-se anormais". Sem dúvida, ele considerava anormal qualquer relacionamento em que predominasse a polarização do tipo senhor-lacaio. (É interessante observar que o homem que posteriormente adquiriu essa propriedade foi assassinado pelos camponeses na época da revolução de 1905.) Sem dúvida,

Vladímir sabia falar com a gente do campo com vistas a atingir seus objetivos: ou seja, fazer com que eles lhe dissessem como estavam vivendo e o que pensavam. Era como se ele tivesse herdado do pai o dom de relacionar-se com pessoas de todo tipo e lidar com elas do modo adequado a cada uma. Costumava ter longas conversas com o cunhado de Ana, um kulak que havia prosperado comprando terras e vendendo-as aos camponeses, e ria muito quando o outro lhe contava as negociatas que conseguira realizar. O fazendeiro achava Vladímir um sujeito ótimo. Esses poucos anos passados em Alakaievka lhe proporcionaram seu único contato direto com camponeses, e ele os estudava com a atenção concentrada que vinha dedicando cada vez mais ao desenvolvimento social da Rússia. Além disso, colecionava e estudava estatísticas agrícolas da região, e convenceu-se de que os camponeses, longe de constituir um elemento homogêneo, tal como haviam suposto os populistas, exemplificavam os princípios do marxismo: a partir da abolição da servidão, estavam se diferenciando, gerando uma espécie de burguesia, de um lado, e uma de proletariado, do outro.

No outono de 1889, Vladímir apelou ao ministro da Educação, pedindo autorização para realizar os exames finais na universidade como aluno extraordinário; explicou que tinha de sustentar sua família e que, sem um diploma universitário, não poderia seguir nenhuma profissão. O ministro fez uma anotação em sua agenda para lembrar-se de fazer indagações junto ao departamento de polícia a respeito dele, observando: "É um mau sujeito"; mais tarde, negou a autorização. Enquanto isso, os Uliánov nadavam, às vezes duas vezes por dia, numa lagoa na propriedade; o irmão mais moço de Vladímir escreveu que ele flutuava muito bem, com os braços atrás da cabeça. Assim, também, flutuavam na vida sonolenta da província. A irmãzinha gostava "do vento das estepes e do silêncio por toda parte". Como nas residências anteriores, não tinham muito contato com os vizinhos, e, quando vinha alguma visita, Vladímir normalmente escapulia pela janela. Tinha uma mesa de trabalho ao ar livre, presa no chão à sombra das tílias, e ia até lá todas as manhãs; também havia improvisado uma barra horizontal para exercitar-se. À noite levavam o samovar para o caramanchão no quintal e ficavam lendo ou jogando xadrez em torno da lamparina. Dmitri lembra-se do irmão estudando Ricardo com a ajuda de um dicionário. Ana escreveu uns versos sobre uma dessas noites de outono, com mosquitos e mariposas emergindo da escuridão aos bandos e dançando ao redor da luz, como se aquele calor os enganasse, levando-os a pensar que o verão estava voltando.

Em maio seguinte, Maria Aleksandrovna foi a São Petersburgo para fazer um apelo pessoal ao ministro da Educação. Escreveu-lhe que para ela tornara-se "um suplício olhar para meu filho e ver que os melhores anos de sua vida estão se passando sem que ele possa aproveitá-los". Conseguiu que Vladímir recebesse permissão para fazer os exames finais da faculdade de direito de uma universidade. Vladímir viajou a São Petersburgo para saber o que teria de fazer e aproveitou a oportunidade para adquirir um exemplar do *Anti-Dühring*, de Engels, no qual encontrou a exposição de toda a visão marxista. Estudou toda a matéria do curso de quatro anos em menos de um ano e meio. Podemos formar uma ideia de seus hábitos de estudo com base nos conselhos por ele dados a Albert Rhys Williams numa reunião da Assembleia Constituinte no inverno de 1918, quando Williams estava estudando russo. "O importante é ser sistemático", disse ele, com os olhos brilhando, gesticulando para enfatizar suas palavras. "Vou lhe explicar o meu método." Segundo Williams, o método era nada menos que o seguinte: "Primeiro, aprenda todos os verbos, todos os advérbios e adjetivos, toda a gramática e as regras de sintaxe; depois comece a praticar em todos os lugares, com todo mundo". Quando fez os exames, Vladímir foi o primeiro entre 124 candidatos.

Mas nesse momento ocorreu outra tragédia. Sua irmã Olga também estudava em São Petersburgo, e justamente quando Vladímir estava fazendo as provas ela contraiu febre tifoide. Era a mais brilhante das irmãs de Vladímir e a mais chegada a ele. Em Samara, os dois liam juntos e falavam sobre assuntos sérios.

Olga queria estudar medicina, mas, como a faculdade de medicina não admitia mulheres, foi estudar matemática e física. Seguindo a tradição da família, trabalhava demais, dando aulas gratuitas para seus colegas, ajudando a prepará-los para os exames. Vladímir levou-a para um hospital que não era bom — e quem já esteve num hospital russo pode bem imaginar como devia ser ruim esse. Maria Aleksandrovna foi a São Petersburgo e chegou a tempo de ver Olga morrer no aniversário da execução de Sacha.

Vladímir não tinha outra opção senão voltar para Samara com a mãe. A influência que ela exercia sobre os filhos era profunda e duradoura. Quando eram pequenos, ela jamais levantava a voz para eles, e quase nunca os punia; também não dava demonstrações efusivas de amor. Vladímir, ansioso para seguir seu próprio caminho, impôs-se a obrigação de passar mais dois anos na província com sua mãe. Precisou de mais cinco meses para obter o certificado de lealdade política de que precisava para exercer a profissão de advogado. Ficou amigo do advogado de Samara com o qual certa vez jogara xadrez por correspondência e tornou-se seu assistente. Atuou como advogado de defesa em algumas causas criminais de pouca importância e perdeu todas. Alcançou seu único sucesso quando processou um comerciante local que impunha um monopólio ilegal sobre a travessia do Volga e que apontara uma arma para ele, obrigando-o a atravessar o rio em sua lancha a vapor, e não no barco de pesca que Vladímir havia alugado. O homem há muito tempo vinha importunando os moradores da região, mas ninguém antes tivera perseverança suficiente para levar um processo contra ele até o fim. Vladímir insistiu, embora as autoridades quisessem impedir que a questão chegasse a juízo, e conseguiu que o comerciante fosse julgado culpado.

Em 1891-2, a fome e a epidemia de cólera que a seguiu trouxeram os intelectuais para o interior. Aos 63 anos de idade, Tolstói deu o exemplo, trabalhando sem parar, com toda a família, durante dois anos: ele e seus filhos abriram centenas de dispensários de refeições para pobres; além disso, tentou melhorar a situação do povo distribuindo sementes e cavalos. Porém, segundo um de seus amigos, Vladímir Uliánov e um outro foram os únicos exilados políticos de Samara que se recusaram a trabalhar nos dispensários; ele também não quis entrar para a comissão de assistência. O único dado de que dispomos a respeito da posição por ele então adotada é uma acusação feita por um adversário populista: Vladímir teria ficado satisfeito com a fome por ver nela um fator que destruiria o campesinato e criaria um proletariado industrial. Segundo Trótski, teria sido absolutamente injustificável para um marxista ocupar qualquer cargo oficial, pois o dever do revolucionário era pressionar o governo czarista, ameaçando-o constantemente como adversário.

Sem dúvida, nessa época o ponto de vista marxista de Vladímir Uliánov estava se cristalizando numa convicção impiedosa e rígida. No estrangeiro, sob o estímulo da greve dos estivadores na Inglaterra e da recuperação do movimento operário francês depois do desastre da Comuna, o marxismo criava novo ânimo com a fundação da Segunda Internacional. O marxista russo G. V. Plekhánov, líder do grupo Libertação do Operariado, fizera no primeiro congresso da organização, em 1889, um discurso que tivera repercussão na Rússia. Dissera ele: "O movimento revolucionário russo será vitorioso como movimento revolucionário de trabalhadores. Não há nem pode haver outra alternativa". Nas eleições de 1890 na Alemanha, o Partido Social-Democrata, que se tornara ilegal com a promulgação da Lei Antissocialista de Bismarck em 1878 mas continuara a eleger membros para o Reichstag, recebeu 1,5 milhão de votos; a lei foi anulada por ser inútil. Nas fábricas de São Petersburgo, os trabalhadores conseguiam livros de Marx e de Lassalle, rasgavam a encadernação, e os capítulos circulavam de mão em mão. Em 1893, um ensaio manuscrito de Fedosseiev começou a circular clandestinamente em Samara. Era uma aplicação original dos princípios marxistas à situação peculiar da Rússia. Fedosseiev, estudando a situação dos camponeses no reinado de Alexandre II, convenceu-se de que os instintos liberais que os liberais haviam insistentemente atribuído ao czar nada tinham a ver com a libertação dos servos. Essa reforma fora estimulada pelos próprios latifundiários, especialmente os barões bálticos, os quais concluíram que seria mais fácil e mais lucrativo racionalizar seus métodos agrícolas e utilizar mão de obra assalariada. Assim, respaldado por forças maiores, Vladímir desenvolveu a autoconfiança de seu gênio dinâmico e intelectual. Passou a encarar com desprezo crescente os populistas, e em suas polêmicas atacava-os mais e mais. Sua irmã afirma que eles passaram a considerá-lo "um jovem excessivamente presunçoso e mal-educado".

Para entender essa aspereza de Vladímir, é preciso levar-se em conta a inércia, a corrupção e a frivolidade da vida provinciana russa. Quando um dos vizinhos dos Uliánov, um bibliófilo, soube que Sacha fora preso, ele exclamou: "Que pena! Emprestei um livro a ele, e agora nunca mais me será devolvido!".

Uma noite, no último inverno que passou em Samara, Vladímir leu um conto de Tchékhov, intitulado "Pavilhão nº 6", que fora recentemente publicado numa revista. O pavilhão 6 era o pavilhão psiquiátrico de um hospital numa cidadezinha russa, a duzentas verstas da ferrovia. Cercado de bardanas e urtigas, escreve Tchékhov, o prédio tinha aquele ar particularmente deprimente e amaldiçoado que caracteriza as prisões e os hospitais na Rússia. No vestíbulo havia um cheiro horrível de roupas de hospital e colchões velhos, tudo empilhado, apodrecendo. Sobre uma dessas pilhas ficava o guarda, um velho soldado que batia nos pacientes e os roubava. O teto do pavilhão estava negro de fuligem, como o teto de uma cabana de camponês, o que dava uma ideia de como devia ser sufocante ali dentro no inverno. Nesse recinto estava confinado um jovem que sofria de mania de perseguição. Quando não estava tremendo de medo por achar que a polícia estava atrás dele, ficava balbuciando a respeito da maldade dos homens, das forças que pisoteavam a verdade, da vida maravilhosa que, quando chegasse a hora, se instauraria na terra, das grades na janela que o faziam pensar na estupidez e na crueldade dos poderosos. O diretor era um médico instruído em cuja consciência o hospital pesava constantemente: sabia muito bem o quanto estava obsoleto, como era mal administrado e como eram frequentes as práticas corruptas, mas jamais tivera força de caráter suficiente para modernizá-lo ou limpá-lo. Todas as noites, ficava em casa lendo e enchendo seu copo de vodca mecanicamente de meia em meia hora, até que, já meio tonto, tentava pensar na insignificância de todos os problemas do hospital no cômputo geral do sofrimento humano e da inevitabilidade da morte, ou quando se levava em conta que um dia a Terra seria um globo despovoado girando no espaço, depois que o Sol perdesse seu calor.

Um dia o diretor visitou o pavilhão 6 e entabulou uma longa conversa com o jovem maníaco. Tentou acalmá-lo — e imediatamente o jovem o acusou de ser o carcereiro que os mantinha presos naquele lugar terrível e afirmou que seu impulso inicial fora tentar matá-lo — dizendo-lhe que a mente verdadeiramente filosófica não dependia de coisas exteriores a ela, e podia sentir-se tão feliz num hospital quanto em qualquer outro lugar; disse-lhe também que os estoicos gregos haviam aprendido a desprezar o sofrimento. O paciente respondeu, veemente, que aprender a não dar importância ao sofrimento era aprender a desprezar a vida, que ele próprio sempre sofrera e sabia que ia sempre sofrer, enquanto a vida do médico sempre fora confortável; desse modo era fácil desprezar o sofrimento, já que ele jamais o conhecera. O jovem paciente era filho de um funcionário próspero, mas sua família havia soçobrado: o irmão morrera de tísica galopante, o pai fora preso por fraude, e ele fora obrigado a largar a faculdade e voltar àquela cidadezinha sonolenta. Ao ver um grupo de prisioneiros acorrentados, foi acometido de mania de perseguição. O médico passou a visitar esse paciente com frequência. Um dia um assistente que lhe fora mandado recentemente, um jovem ignorante e vulgar que ambicionava o cargo de diretor, ouviu-o dizer ao paciente que todos os pontos de discordância que havia entre eles não eram nada se comparados com a solidariedade decorrente do fato importantíssimo de que os dois eram as únicas pessoas da cidade capazes de pensar e falar sobre assuntos realmente sérios.

422

Daí em diante, a narrativa relata o processo pelo qual o próprio médico é pouco a pouco acossado, até terminar preso no pavilhão 6. Evidentemente, havia nessa história certos elementos que poderiam afetar somente Vladímir Uliánov, por estarem ligados a experiências que ele vivera recentemente: um hospital ruim, um homem cuja formação universitária fora bloqueada, um funcionário injustamente demitido após vinte anos de serviço. Porém o conto — uma das obras-primas de Tchékhov — é uma fábula que resume toda a situação dos frustrados intelectuais russos das duas últimas décadas do século passado. Quando o leitor finalmente percebe que o diretor vai acabar internado no hospital, o impacto é terrível. No decorrer da narrativa, o médico permanece absolutamente passivo e não consegue resistir a seu destino; contudo, quando cai na armadilha, faz uma cena e exige que o soltem. O velho soldado lhe dá uma surra; então, deitado em sua cama, doído, o médico sente, por fim, que está participando do sofrimento dos outros, pelo qual sua apatia e timidez são responsáveis. O jovem paciente atingira sua consciência; a aquiescência do médico havia sido, no fundo, um impulso no sentido de expiar sua culpa. Agora, tanto ele como o jovem rebelde são prisioneiros indefesos rotulados de loucos por seus semelhantes. O médico sofre um ataque de apoplexia e morre no pavilhão 6.

Quando Vladímir terminou de ler esse conto, sentiu tamanho horror que não conseguiu ficar em seu quarto. Saiu para ver se encontrava alguém com quem pudesse conversar; mas era tarde, e todos já tinham ido dormir. Disse ele à irmã no dia seguinte: "Eu tive a nítida sensação de que eu próprio estava trancafiado no pavilhão 6!".

26. LÊNIN: O GRANDE DIRETOR

AQUELA VIDA PACHORRENTA DE PROVÍNCIA gerou, obedecendo a uma lei de antagonismos, uma determinação de intensidade irresistível.

A partir do momento em que Vladímir parte de Samara, no outono de 1893, aos 23 anos de idade, sua história assume uma nova forma e tem que ser abordada de modo diferente. Para Vladímir Uliánov, líder do movimento social-democrata na Rússia, as proibições e repressões do czar e a inépcia e apatia de seus súditos não passam de obstáculos a serem cuidadosamente contornados, empecilhos temporários que podem ser utilizados, ao mesmo tempo que são suportados, por uma vontade que nem por um instante duvida de sua própria superioridade ou de seu sucesso futuro.

Em Vladímir, diversos elementos reuniram-se para produzir esse resultado. Sem dúvida, provinham de seu sangue alemão a solidez, a eficiência e a diligência que eram tão raras entre os intelectuais russos. A coerência moral de Vladímir parece fazer parte de outro sistema que não aquela flutuação incontrolável entre extremos emocionais e morais — que funciona muito como teatro mas para nada serve na vida real — que faz com que até um grande russo como Tolstói pareça um pouco ridículo para os ocidentais. Vladímir jamais caía no ceticismo, jamais se entregava à autocomplacência ou à indiferença. A seu modo mais sóbrio e mais escrupuloso, ele tinha mais em comum com outro tipo de russo que estava sendo gerado pelo regime czarista. O efeito da obstinação e da crueldade do czar era tornar ferozes os corajosos, e o efeito da sensação geral de medo e futilidade era fazer com que esses homens reunissem suas forças, na tentativa de ter algum impacto como indivíduos ou em pequenos grupos dedicados, ao preço do próprio aniquilamento. Fora esse o papel vivido por Netchaiev numa fantasia que nada tinha a ver com a realidade, e ele pagara o preço real e terrível na fortaleza de Pedro e Paulo; os terroristas, porém, o viveram na realidade. Vladímir conversara em Samara com exilados que participaram do movimento anterior e aprendera como era necessário viver quando se tinha o objetivo de combater o czar. A um homem como esse, numa Rússia como essa, vieram por fim as palavras de Marx para acrescentar à sua convicção moral a certeza de que ele estava realizando uma das tarefas essenciais da história da humanidade.

Vladímir, libertado, torna-se Lênin. O filho do conselheiro de Estado abdica de sua identidade social, assume o caráter antissocial de conspirador e, ao adotar a visão marxista, perde até certo ponto a identidade de russo, passando a se ocupar com linhas de força que reduzem as fronteiras internacionais a simples convenções e que se estendem por todo o mundo dos homens.

Apesar de naturalmente reservado, de início Lênin não tinha os instintos adequados a um conspirador. Era excessivamente confiante e entusiástico. Sua irmã Ana é que o impedia de escrever cartas que pudessem vir a comprometer os destinatários; e mesmo depois que voltou da Sibéria, quando era fundamental que evitasse a polícia, acabou sendo preso novamente ao tentar entrar em São Petersburgo via Tsarskoye Selo, lugar particularmente vigiado porque era lá que o czar passava o verão — um estratagema ingênuo do qual a Okhrana achou graça. Porém Lênin dedicou-se a estudar a técnica da conspiração com a mesma atenção minuciosa e objetiva com que estudara direito; e, ao ser libertado da segunda prisão, apenas dez dias depois de ter sido detido, tendo conseguido preservar sua lista de contatos políticos, escrita com tinta invisível, imediatamente foi ter com todos os seus colaboradores para ensiná-los a usar linguagem cifrada.

Lênin também não tinha a resistência férrea de um Bakunin. Ainda na faixa dos vinte anos, já sofria de tuberculose gástrica; quando, em 1895, viajou para o estrangeiro a fim de estabelecer relações com Plekhánov, foi se tratar num sanatório suíço. E o trabalho excessivo e clandestino durante esses anos deixou marcas profundas em sua saúde. Quando foi preso pela primeira vez, já era um homem nervoso e doente; na Sibéria restabeleceu-se, mas o suspense dos dias que antecederam sua libertação, o medo de que na última hora sua pena fosse aumentada sem motivo, fez com que emagrecesse outra vez. Antes dos trinta anos já havia perdido os cabelos quase por completo. E nos últimos anos de vida a tensão nervosa causada pelas crises do partido às vezes o levava a um colapso total. No entanto, Lênin habituou-se a poupar suas energias e adaptar-se às vicissitudes da vida. Durante seus três meses de prisão, numa cela de um metro e meio por três de comprimento, com pé-direito de 1,80 metro, todas as manhãs ele encerava o chão, não só para manter limpa a cela como também para exercitar-se, e fazia cinquenta flexões todas as noites antes de deitar. Na Sibéria, patinava e caçava; enquanto companheiros de exílio ficavam até altas horas mexericando, discutindo e especulando, com chá e cigarros, Lênin fazia longas caminhadas solitárias.

Com mais sucesso do que Marx, conseguiu não se envolver nos choques e nas disputas pessoais que são o tormento da vida do exilado. Ao contrário de Marx, tinha consideração pelas necessidades e pela saúde de seus associados e jamais se envolvia em suas vidas privadas, abstendo-se até de fazer críticas. Um bom exemplo disso foi a sua atitude, já depois da Revolução, quando seus colegas queriam punir severamente a poliândrica Kollontai quando ela de repente foi à Crimeia acompanhada de um belo e jovem oficial de marinha; Lênin desarmou-os sugerindo que os dois fossem condenados a permanecer juntos cinco anos. Ao sentir-se ameaçado de se envolver em algum conflito, ele simplesmente rompia relações com as pessoas em questão. Quando surgiu o perigo de que os social-democratas exilados tivessem desavenças pessoais com os exilados mais velhos do Partido da Vontade do Povo, Lênin insistiu em que o melhor a fazer era simplesmente parar de ter contato com eles. Escreveu:

> Não há nada pior do que esses escândalos de exilados. Para nós, são um retrocesso terrível. Esses velhos estão com os nervos em pandarecos. Imagine o que eles já sofreram, os anos que já passaram na cadeia. Mas não podemos permitir que escândalos desse tipo desviem nossa atenção. O *nosso* trabalho ainda está todo pela frente; não devemos nos desgastar em coisas desse tipo.

Era mais difícil não perder a calma em face das tragédias reais da desmoralização. Durante o período de exílio na Sibéria um desastre abalou Vladímir profundamente. O marxista pioneiro Fedosseiev, que também fora enviado à Sibéria e com o qual Lênin se correspondia, suicidou-se por causa de uma campanha de difamação movida contra ele por outro exilado. Fedosseiev fora acusado de usar em proveito próprio um fundo geral de exilados; já abatido pela prisão, resolveu abrir mão, indignado, da renda proveniente de seus escritos e dos fundos do partido e tentou viver apenas com os oito rublos mensais concedidos pelo governo aos exilados. Não aguentou; constatou que não conseguia trabalhar e concluiu que era um inútil. Suicidou-se. Deixou um bilhete para Lênin no qual afirmava que morria "não de desilusão", mas que ainda tinha "fé na vida, inabalada e completa". Um camarada, amigo íntimo de Fedosseiev, suicidou-se ao receber a notícia. Outro, um homem de origem proletária, enlouqueceu, acometido de mania de perseguição. Ainda outro morreu de tuberculose, contraída quando preso em regime de solitária. Julius Cedarbaum, jovem judeu de Odessa, cujo nome de guerra era Martov, fora enviado para o círculo polar ártico por Alexandre, que era antissemita (tanto Lênin quanto Martov foram exilados para o rio Ienissei, a 3 mil quilômetros de Moscou, mas Lênin ficou num lugar onde o clima era melhor, 1500 quilômetros mais para o sul). Lá, como Fedosseiev, foi atormentado pelas calúnias de um camarada, entrou em crise e parou de trabalhar. "Deus nos livre das 'colônias de exilados'!", escreveu Vladímir à mãe, ao falar-lhe das desgraças de Martov. Enquanto outros exilados tentavam de todos os modos ser transferidos para lugares onde encontrariam seus camaradas, Vladímir insistia em permanecer na cidade para a qual fora designado, onde havia apenas dois outros exilados, ambos trabalhadores.

Porém fez com que uma camarada viesse ficar com ele: Nadejda Konstantinovna Krupskaia. Os jovens radicais desprezavam o casamento legal, mas Vladímir e Nadejda Konstantinovna realizaram a cerimônia, já que as autoridades só permitiriam sua ida se ela se casasse ao chegar.

Os pais de Nadejda pertenciam à pequena nobreza, mas eram ambos órfãos, e ao casar-se não tinham um tostão. Sua mãe fora trabalhar como governanta assim que concluiu seus estudos. Seu pai fora oficial do exército. Ainda muito jovem, foi enviado para esmagar a insurreição polonesa de 1863 e simpatizou com os poloneses; mais tarde, foi servir na Polônia como governador militar de um distrito. Lá viu os russos atormentarem os judeus, obrigando-os a ter os cabelos cortados em praça pública, ao mesmo tempo que os poloneses os impediam de colocar cercas em seus cemitérios e depois levavam porcos para lá a fim de desenterrar os mortos. Krupski pôs fim a essas práticas: construiu um hospital, tornou-se querido pela população. Pouco depois foi acusado de uma série de infrações que caracterizariam sua falta de lealdade, entre elas, dançar mazurcas, falar polonês e deixar de ir à igreja. Foi dispensado do exército sem o direito de se realistar. A causa arrastou-se pelos tribunais durante dez anos e nesse ínterim Krupski trabalhou como agente de seguros e inspetor de fábricas. A família vivia mudando de cidade, de modo que Nadejda teve uma experiência de vida bem diversificada. Por fim, o Senado deu ganho de causa a Krupski, pouco antes de ele morrer. Nadejda tinha então catorze anos. Agora ela e a mãe tinham como única fonte de renda uma pequena pensão do governo.

Nadejda jamais veio a saber se seu pai havia sido um revolucionário, mas era fato que sua casa costumava ser frequentada por revolucionários. Uma vez foram visitar uma família no interior cujos filhos haviam sido alunos de sua mãe; os camponeses, achando que eram proprietários de terras, prenderam-nos quando estavam indo embora, espancaram o cocheiro e ameaçaram matá-los. Seu pai não ficou indignado e comentou com sua mãe que não era à toa que os camponeses odiavam os proprietários. Aos dez anos de idade, Nadejda Konstantinovna ficou muito afeiçoada a uma jovem professora que falava a sério com as crianças e pertencia ao Partido da Vontade do Povo. Jurou que, quando crescesse, ia ser professora numa escola no interior. Naquela primavera, Alexandre II foi assassinado pelo partido. A professora de Nadejda, que já estava presa, passou dois anos numa cela sem janelas.

Quando já estava mais crescida, Nadejda foi trabalhar como governanta, seguindo os passos da mãe. Estudava à noite, e conseguiu formar-se numa pequena faculdade para mulheres de São Petersburgo. Leu Tolstói e começou a cuidar de todos os afazeres domésticos e eliminar tudo aquilo que considerava supérfluo. No início dos anos 1890, ensinava geografia em escolas dominicais para operários. Uma vez descobriu que uma de suas turmas era um grupo de estudos de Marx. Leu Marx também, e tornou-se marxista. Nas fotos que a mostram quando jovem, com as blusas de colarinho alto e mangas largas da época, Nadejda parece um tanto masculina, os cabelos lisos escovados para trás, os olhos apertados com uma expressão de desdém, um nariz voluntarioso e uma boca com lábios carnudos, porém carrancuda.

Conheceu Lênin no início de 1894 (era um ano mais velha que ele); ele chegara a São Petersburgo havia pouco tempo e ainda passava seus dias — conforme ele próprio afirmou — andando pelas ruas à procura de marxistas. Nadejda trabalhou com ele na Liga de Luta pela Emancipação da Classe Operária, organizada por Lênin no ano seguinte. Lênin evitava os intelectuais, exceto os agitadores social-democratas, e tentava lidar diretamente com os trabalhadores. Fazia-lhes perguntas, ouvindo-os com atenção penetrante, vendo por trás deles suas casas e lojas, que ficavam longe dos imensos edifícios públicos, dos restaurantes efervescentes, das óperas em branco e dourado das amplas avenidas imperiais: alojamentos de tijolo, prédios de madeira baixos e sujos, que se estendiam por ruas de terra batida, mal iluminadas. Krupskaia ajudou Lênin a se aproximar dos operários. De início fornecia-lhe as informações dadas por seus alunos; depois, vestida como uma operária, passou a visitar os alojamentos das fábricas. Lênin escrevia panfletos sobre multas impostas às fábricas e leis reguladoras da indústria, Krupskaia e as outras mulheres da Liga de Luta os distribuíam nos portões das fábricas quando os operários estavam saindo, ou então os acompanhavam até suas casas e enfiavam os panfletos debaixo das portas. O grupo continuou a promover a agitação depois que Lênin foi preso, e desempenhou papel importante numa greve geral de trabalhadores da indústria têxtil no verão de 1896. Krupskaia foi presa e exilada. Fora através dela que Lênin, preso, se comunicara com seus seguidores; certa vez ela tentou, a pedido dele, colocar-se num lugar na calçada no qual ele pudesse vê-la quando estivesse a caminho do pátio de exercícios, para atenuar-lhe um pouco o isolamento na solitária; porém, embora ela houvesse ficado vários dias naquele lugar, Lênin não conseguiu vê-la. Quando finalmente Nadejda foi juntar-se a ele na Sibéria, acompanhava-a sua mãe, que sempre morara com ela e os ajudava a fugir da polícia. Lênin alugou dois apartamentos adjacentes, um para as duas e um para si.

Durante todo esse tempo — vigiado pela polícia, preso na solitária, exilado para um lugar a 3 mil quilômetros da cidade —, continuou dando instruções a seus lugares-tenentes e a fazer planos. Na prisão, comunicara-se com seus camaradas do mundo exterior através de mensagens escritas com leite guardado em tinteiros feitos de pão, para que ele pudesse engolir tudo quando o guarda se aproximava. Foi assim que redigiu um manifesto do Dia do Trabalho, clandestinamente distribuído entre os trabalhadores e que ajudou a promover a grande greve. E com todos esses obstáculos, dificuldades e perturbações, continuava a escrever uma obra de peso sobre o desenvolvimento do capitalismo na Rússia com uma abordagem marxista. Conseguiu obter, na prisão, relatórios parlamentares e estatísticas; passou parte de sua licença de três dias entre a saída da prisão e a partida rumo à Sibéria na biblioteca de Moscou. Quando, a caminho do exílio, teve de passar um mês numa localidade, aproveitou o ensejo para estudar na biblioteca de um comerciante local, andando diariamente três quilômetros até ela, e, assim que chegou ao seu destino, começou a escrever para a família pedindo com insistência que lhe mandassem os livros de que precisava. Às vezes levava um ano e meio para receber um livro. Em uma de suas cartas, afirma: "Não é fácil conviver com essas 'distâncias enormes'!". Porém, levando em conta os atrasos causados pelas torrentes na primavera, comparando a velocidade dos trens expressos, Lênin conseguiu manter uma correspondência que lhe permitiu manter-se em contato com o Ocidente.

Suas cartas dão a impressão de que ele controla a família tanto quanto seus camaradas na política. A mãe, as irmãs, o irmão, até mesmo o cunhado, todos trabalham para ajudá-lo a realizar seus projetos, e todos estão mais ou menos envolvidos em atividades revolucionárias. Ao ler as cartas e os depoimentos dessa família, não muito diferentes, quanto ao tom, dos escritos análogos de uma família inglesa como a de A. E. e Laurence Housman, é estranho ver essas pessoas cultas da última década do século xix transformando-se rapidamente num grupo clandestino, dedicando suas mais admiráveis qualidades à tarefa de enganar e subverter a sociedade constituída. Até mesmo Maria Aleksandrovna foi obrigada a se tornar cúmplice dos filhos. Vladímir foi preso pela primeira vez quando foi descoberta uma mala de fundo falso, na qual ele trouxera livros proibidos da Europa ocidental. A polícia, que descobrira o estratagema na fronteira, deixou que Lênin seguisse viagem com a mala para acompanhar seus movimentos; e ele, que declarara em interrogatório que a mala havia sido deixada com sua família, pediu a Nadia, através de uma carta em código, que dissesse a Ana que conseguisse uma mala do mesmo tipo para apresentar no tribunal. Ana relata como esse problema a obcecou: obteve uma mala em segredo; tentou fazê-la parecer menos nova; constatou, em desespero, que era totalmente diferente da mala do irmão; no fim, desviava a vista sempre que passava por uma vitrine em que havia malas expostas. Maria e Dmitri foram presos quando Vladímir estava na Sibéria, e Ana, Maria e Dmitri foram todos presos em Kiev em 1904.

Se as cartas de Lênin a seus familiares, dedicadas basicamente a instruções sobre correios e publicação de seus escritos, são tão monótonas para o leitor comum quanto certamente eram para seus destinatários, isso não quer dizer que Vladímir fosse indiferente. Aqui vemos pela primeira vez o paradoxo de sua atitude em relação à humanidade. Dedicado a um objetivo a longo prazo, que sempre tem prioridade em relação aos relacionamentos pessoais normais, não obstante Lênin entra na vida das pessoas com uma sensibilidade peculiar. Como não pensa nem se interessa em si próprio senão como um instrumento para atingir seus objetivos, identifica-se com os outros com muita facilidade. Na Sibéria e no resto de sua vida, acompanha as atividades e os infortúnios de sua família, aconselhando, estimulando, repreendendo, em seu papel de irmão mais velho. Em 1910, ainda escrevia assim a seu irmão mais moço:

Querido Mitia! Faz muito tempo que recebi sua carta e envergonho-me de só agora responder-lhe. Como está indo sua recuperação? Espero que os médicos saibam o que estão fazendo e não comecem a atuar enquanto você não estiver completamente bom. Tenho pensado muito nos perigos de acidentar-se aqui, quando atravesso o centro de Paris de bicicleta, nesses engarrafamentos infernais. Mas levar um tombo do jeito que você levou, no campo, no meio do inverno! Deve ter sido um cavalo selvagem — e a maneira como você montou, também! Tente arranjar uma hora para me escrever um bilhete a respeito de sua saúde: você já está completamente recuperado? Aniuta me escreveu dizendo que eles acham que vão conseguir curar sua perna completamente, mas não o ombro. Você vai poder andar de bicicleta depois? E o ombro? Acho difícil acreditar que não saibam curar uma clavícula fraturada. Você deve levar a sério o tratamento e fazer tudo direito até o fim.

E Vladímir, sabendo que o xadrez será um consolo para o irmão com sua deficiência física, começa a escrever sobre problemas enxadrísticos: "Tenho sentido vontade de voltar a jogar". Em anos posteriores, Lênin pareceu transferir algo dessa atitude protetora que tinha em relação a Mitia para Maksim Górki. Passava feriados com Górki, em Capri, rindo e bebendo um pouco de vinho, e ao mesmo tempo que o repreendia dava-lhe demonstrações de afeto. Quando foi visitá-lo em Londres, sabendo que a saúde de Górki estava abalada, fez questão de examinar a cama para ver se estava bem arejada.

Nadejda Konstantinovna, afastada de suas atividades políticas, é um pouco mais abalada pela vida na Sibéria: "A monotonia dessa vida acaba fazendo com que se perca a noção do tempo. Volodia e eu chegamos ao ponto de termos que fazer um esforço para lembrar se foi há três ou há dez dias que V. V. veio nos visitar". No final do outono, antes da primeira nevada, quando os rios estavam começando a congelar, os dois davam longas caminhadas pelas margens dos riachos, e viam com perfeição todos os seixos, os menores peixinhos, através do gelo, "como um reino encantado". Quando os rios congelavam até o fundo e o próprio mercúrio dos termômetros endurecia, eles se aqueciam patinando alguns quilômetros. A mãe de Nadejda Konstantinovna, Elisaveta Vassilevna, um dia levou um tombo e machucou-se no gelo. Os cisnes selvagens anunciavam o fim do longo inverno. Quando, à margem de uma floresta, ouviam o ruído das marmotas e o burburinho dos riachos, e Vladímir entrava no meio do mato enquanto Nadia segurava o cachorro, que tremia de tão ansioso por começar logo a caçada, ela se sentia dominada pelo tumulto do despertar da natureza. Vladímir não era muito bom como caçador, mas gostava de enfiar-se em pântanos e testar suas forças contra obstáculos de todos os tipos. Ela escreve em suas memórias:

De certa feita, organizamos uma caça à raposa, com bandeirinhas e tudo. Vladímir Ilitch estava muito interessado nos preparativos. "Tudo muito bem pensado", comentou ele. Estacionamos os caçadores de tal modo que a raposa correu diretamente até ele. Vladímir Ilitch pegou a arma, porém a raposa, após ficar parada olhando para ele por um instante, escapuliu no meio do mato. Ficamos intrigados e perguntamos: "Por que cargas d'água você não atirou?". Respondeu ele: "É que ela era tão bonita!".

Juntos, Vladímir e Nadejda traduziram o livro de Sidney e Beatrice Webb a respeito do movimento sindicalista inglês, para ganhar algum dinheiro. Vladímir concluiu seu livro *O desenvolvimento do capitalismo na Rússia* e começou a estudar filosofia com o propósito de adquirir munição para atacar Edward Bernstein, que estava tentando corrigir o marxismo com base em Kant. Ensinou noções de contabilidade ao lojista, e explicou-lhe que ele, o lojista, era um parasita do sistema capitalista. Encomendou livros infantis para os filhos do chapeleiro polonês, homem pobre, que era um de seus companheiros de exílio e que estava tendo dificuldades em fazer chapéus apropriados ao clima siberiano. Dava assessoria jurídica gratuita aos camponeses, decifrando seus relatos ininteligíveis e defendendo suas causas com tanto sucesso que em pouco tempo bastava dizer que se havia consultado Vladímir Ilitch. Além disso, redigiu e enviou a Plekhánov um programa para o Partido Social-Democrata.

Em fevereiro de 1900, quando terminou seu período de exílio, Lênin levou Nadejda Konstantinovna até Ufa, onde ela ainda teria de passar um ano sob vigilância, e foi visitar a família em Moscou. Mitia veio recebê-lo na estação; segundo ele, depois de indagar a respeito de todos, Vladímir começou a "criticar Bernstein impiedosamente". O livro de Bernstein sobre o socialismo lhe fora entregue na Sibéria, e Lênin considerava o autor um perigoso perversor de Marx; julgava que chegara a hora de enfrentá-lo num "conflito decisivo e implacável". Assim que chegou em casa, quis saber dos telegramas e cartas recebidos, e indagou se Martov já tinha chegado. Ficou tão desconcertado por não ter notícias do aliado que fez questão de redigir um telegrama e mandar Mitia passá-lo — com o que, escreve Ana, todos ficaram desapontados, pois queriam tê-lo só para eles ao menos nos primeiros momentos após sua chegada.

De início, durante alguns anos da década de 1890, o marxismo havia prosperado na Rússia, porque as autoridades não sabiam do que se tratava. Mas agora a polícia andava atrás dos social-democratas: houve novas prisões no sul na primavera de 1900, e Lênin achou arriscado demais realizar um congresso do partido. Concluiu que a única coisa que se podia fazer era publicar um jornal no estrangeiro. Ficou na Rússia apenas o tempo necessário para levantar dinheiro e deixar tudo combinado com seus colaboradores; em seguida, estabeleceu-se em Munique, para onde Krupskaia posteriormente também foi. O primeiro número da *Iskra* [Centelha], impresso por tipógrafos social-democratas, foi publicado em 21 de dezembro de 1900; em 1902 Lênin publicou em Stuttgart um panfleto intitulado *Que fazer?*, no qual esboçava um programa para a criação de um partido revolucionário.

Todos os escritos de Lênin são funcionais: visam atingir um objetivo imediato.

Karl Marx carregara nos ombros o pesado ônus da velha parafernália cultural: *O capital*, com sua abundância de exemplos, notas de rodapé, informações subsidiárias, chistes eruditos, citações de muitas literaturas, antigas e modernas, nos inúmeros idiomas originais, ainda tem algo em comum com obras como *A anatomia da melancolia*, do escritor seiscentista Robert Burton; se o pai de *O capital* foi o gênio moral do judaísmo, sua mãe foi a Renascença. Mas Lênin, além de não ser um estudioso do tipo antiquado, como era Marx, não é sequer um escritor propriamente falando. Até mesmo sua obra mais longa e mais ambiciosa, *O desenvolvimento do capitalismo na Rússia*, cujo propósito era suplementar o livro de Marx, não tem um lado puramente intelectual e literário, como *O capital*. Lênin simplesmente reúne estatísticas e indica qual o processo que elas representam. O fato de não haver nem um pouco da ironia e da indignação típicas de Marx sem dúvida deve-se em parte à circunstância — explicitada por Lênin em *O imperialismo, fase superior do capitalismo*, obra de caráter análogo — de que o livro tinha que passar pela censura. Mas seus outros escritos deixam patente sua indiferença à forma literária. Ele é simplesmente um homem que quer convencer. Em sua dicção há uma certa austeridade: Lênin detestava todo tipo de retórica e costumava desancar o jargão da esquerda. Afirma D. S. Mirsky: "Ele é talvez o único escritor revolucionário que nunca disse mais do que quis dizer". É impessoal, seco e duro; tem o dom de resumir o que quer dizer em epítetos e slogans que ficam na memória. Os russos afirmam que seu entusiasmo pelo latim desde criança influenciou seu estilo literário; e é verdade que ele soube aproveitar bem a concisão permitida pelo russo, língua altamente flexionada. Porém seus escritos polêmicos são repetitivos, e suas invectivas marxistas são um tanto rígidas; há em seu texto um quê de desajeitado que não se encontra nem mesmo nos rompantes bizantinos de Marx. A questão é muito simples: os métodos adotados por Lênin são os mais adequados para atingir seus objetivos, expressar seus argumentos. "Sua correspondência com seus associados mais íntimos", afirma Trótski, era expressa "em linguagem telegráfica. [...] As explicações complicadas eram substituídas por palavras isoladas sublinhadas duas ou três vezes, pontos de exclamação adicionais etc." O que dá força a seus escritos é basicamente a solidez, o vigor que neles se manifestam.

Para fazer uma ideia precisa da bagagem intelectual de Lênin, provavelmente seria necessário tê-lo ouvido falar. Segundo Górki, os discursos de Lênin sempre lhe davam a impressão de um "brilho frio de raspas de aço", do qual "emanava, com simplicidade surpreendente, a forma perfeita da verdade".

Porém essa verdade é sempre a verdade de alguma situação específica que Lênin quer propor a seus ouvintes.

Não que suas faculdades naturais fossem especializadas dentro de limites estreitos; muito pelo contrário: respeitava e até mesmo admirava outros ramos do saber, como um professor. Contudo, havia deliberadamente restringido seu campo de interesse. Como quase todos os russos instruídos, adorava música e literatura. Górki relata que certa vez foi visitá-lo e encontrou sobre a mesa um exemplar de *Guerra e paz*; disse Lênin:

> "É Tolstói, sim; eu queria reler a cena da caçada, mas aí lembrei que tinha de escrever para um camarada. Não tenho tempo nenhum para ler. Foi só ontem à noite que consegui ler o seu livro sobre Tolstói". Sorrindo e revirando os olhos, espreguiçou-se gostosamente na poltrona e, baixando a voz, acrescentou depressa: "Que colosso, hein? Que cérebro maravilhosamente desenvolvido! Isso é que é um artista, sim, senhor. E sabe o que é o mais extraordinário? Até esse conde aparecer em cena, era impossível encontrar um mujique de verdade na literatura".

Em uma outra ocasião, ele e Górki estavam escutando a *Appassionata*, de Beethoven, e Lênin comentou:

> "Não conheço nada mais grandioso que a *Appassionata*; gostaria de ouvi-la todos os dias. É uma música maravilhosa, sobre-humana. Sempre penso, orgulhoso — o que talvez seja ingenuidade minha: de que maravilhas os seres humanos não são capazes!" Então, revirando os olhos e sorrindo, acrescentou, um tanto triste: "Mas não posso ouvir essa música com muita frequência. Afeta os nervos, faz a gente querer dizer bobagens simpáticas e passar a mão na cabeça das pessoas que são capazes de fazer coisas tão belas vivendo nesse inferno desgraçado. E além disso não se deve passar a mão na cabeça de ninguém: pode-se levar uma mordida e ficar sem mão. Temos que golpeá-los na cabeça, sem nenhu-

ma piedade, embora nosso ideal seja não usar da força contra ninguém. Hum, hum, nosso dever é infernalmente difícil".

E, quando Lênin estudava ciências da natureza, era para provar que as novas teorias da matéria, pelas quais tinha o maior respeito, não eram incompatíveis com o materialismo marxista.

Num certo sentido, pode-se dizer que Lênin não tem curiosidade intelectual, porque não se permite dedicar-se a atividades intelectuais gratuitas. Até mesmo no campo do marxismo, nunca teve muito interesse pelos fundamentos do pensamento marxista. Sua única obra de fôlego sobre os princípios filosóficos do marxismo, *Materialismo e empiriocriticismo*, é do começo ao fim uma polêmica contra o que ele considerava tendências perigosamente idealistas entre os marxistas russos, que vinham sendo influenciados por Ernst Mach.

Lênin acreditava que, se ele conseguisse desencavar um texto de Marx ou Engels que pareça atacar uma teoria filosófica, isso equivaleria a refutá-la. Para convencer-se de algo, basta saber que a ideia em questão foi "confirmada centenas de vezes por Marx e Engels", e o "desejo de descobrir um 'novo' ponto de vista em filosofia trai a mesma pobreza de espírito que o desejo de criar uma 'nova' teoria do valor ou uma 'nova' teoria da renda". Evidentemente, ele nem sempre compreendia de fato as posições de seus adversários, nem imaginava as implicações possíveis das descobertas científicas nas quais elas se baseavam — nessa época, 1908, a tendência era reduzir o átomo a um sistema de tensões no espaço. Para Lênin, nossas percepções sensoriais representam realidades externas; nós as verificamos — conforme Marx indicara nas *Teses contra Feuerbach* — ao entrar em ação; nosso conhecimento do mundo é relativo, mas está sempre se aproximando de um absoluto, e esse processo é garantido pelo progresso da dialética. A dialética é "a *única* concepção que oferece a chave do entendimento da 'autopropulsão' de tudo o que existe; só ela oferece a chave do entendimento dos 'saltos', da 'transformação no oposto', da destruição do velho e do aparecimento do novo". "A destrutibilidade do átomo, sua inexauribilidade, a mutabilidade de todas as formas da matéria e a variabilidade de seu movimento constituem o baluarte do materialismo dialético" — e nas ciências sociais a dialética é exemplificada pelos processos da luta de classes. A única concepção alternativa é "morta, pobre e seca"; a dialética é cheia de vida. Se tomarmos essas ideias como dogmas e agirmos com base nelas, o triunfo do socialismo será "inevitável". Sua concepção de marxismo pode ser indicada por uma comparação por ele feita: a "filosofia marxista" seria "um bloco sólido de aço do qual não se pode eliminar nem uma premissa básica sem abandonar a verdade objetiva, sem cair nos braços da falsidade reacionária burguesa".

Também como historiador crítico, Lênin não tem o mesmo interesse de Marx e Engels. Até *O desenvolvimento do capitalismo na Rússia* difere de Marx por ter um âmbito limitado e por dar ênfase a questões locais, para polemizar contra os populistas russos. E, mesmo nesse campo político, Lênin concentra-se de modo a limitar-se. Há uma carta de Engels a Marx, à qual já fiz menção, em que o primeiro diz, após a derrota de 1848, que uma situação concreta de revolução teria um efeito desmoralizante sobre pensadores críticos como ele próprio e Marx; assim, quando chegasse a hora, eles deveriam tentar evitar, "ao menos por algum tempo, ser tragados pelo redemoinho". Para Lênin, esse ponto de vista seria absolutamente inconcebível: ele não seria capaz de conceber a possibilidade de perder alguma coisa que valesse a pena ter devido à atuação prática na política. Mesmo numa situação semelhante — a reação que se seguiu à derrocada da revolução de 1905 — ele não se recolheu, o que Marx e Engels teriam feito de bom grado, para examinar as coisas mais de perto e elaborar suas ideias de modo mais completo. As raízes da atividade de Lênin eram instintivas, irrestritas, irreprimíveis; suas convicções explícitas se baseiam em tudo aquilo que encontra em Marx que possa servir a seus objetivos. Tudo o que ele quer é formar um partido, e sua atividade crítica está restrita ao que ele considera indispensável para a tarefa de dar forma a esse partido.

* * *

Seria tedioso detalhar as etapas através das quais Lênin guiou seus seguidores por entre os recifes e bancos de areia da política revolucionária. À medida que acompanhamos os meandros das suas polêmicas intermináveis, que hoje em dia nos parecem tão tediosas, podemos ser tentados a concordar com certos adversários seus e achar que ele é vítima de uma obsessão teológica com doutrinas, como também podemos ficar, como Boris Souvarine, intrigados com as aparentes incoerências de sua trajetória. Mas quem aborda Lênin dessa forma, através de seus escritos, mesmo aqueles que dizem respeito a seu partido, não o compreende em absoluto. Se seus escritos polêmicos são normalmente de leitura tediosa, é porque os temas envolvidos não estão, no fundo, sendo discutidos por Lênin como ideias. Essas questões não são — ao contrário do que pensa Lênin — de teoria marxista. São, invariavelmente, problemas de política prática, e seu objetivo verdadeiro não é justificar teoricamente a política que ele considera correta, mas apenas convencer as pessoas a adotá-la. O lado teórico de Lênin, num certo sentido do termo, não é sério; é o instinto de lidar com a realidade da situação política definida que constitui sua genialidade. Ele vê e adota sua tática sem levar em conta as posições teóricas de outrem nem a sua própria no passado; em seguida, cita textos marxistas que a substanciem. Quando se engana, admite o erro e assume nova tática, baseado em novos textos. Porém, com todas as suas mudanças táticas, ele sempre tinha em mente um objetivo único relacionado à teoria em um sentido mais amplo: o de realizar na Rússia uma revolução que fosse não apenas russa como também marxista. Assim, Lênin tinha um problema duplo: implementar o marxismo em si e orientar o movimento russo segundo uma linha marxista.

Em relação ao primeiro desses problemas, na realidade, ele tinha que recarregar as armas que Marx e Engels haviam guardado após a campanha de 1848, trazer de volta ao marxismo o "princípio dinâmico" da dissertação universitária de Marx, a vontade de transformar o mundo das *Teses contra Feuerbach*, a força humana que fazia do marxismo "não um dogma", conforme a citação de Engels que Lênin gostava de lembrar, e sim "um guia para a ação" de cunho irrevogável. E o caráter de Lênin era absolutamente isento daquela ambição e da vaidade que traíram Ferdinand Lassalle quando ele tentou colocar o marxismo em prática.

Na Europa ocidental, a doutrina marxista estava descambando para algo que os marxistas chamavam de "reformismo" e "oportunismo". Em 1895, quando Lênin foi visitar Paul Lafargue em Paris, o genro de Marx lhe disse que era impossível os russos entenderem Marx, pois ninguém o entendia mais nem na Europa ocidental. Os sucessos eleitorais do Partido Social-Democrata na Alemanha tiveram o efeito de esfriar o ardor revolucionário dos marxistas alemães, levando-os a questionar o credo marxista. Em 1898, Edward Bernstein começou a propor uma revisão da teoria marxista. Afirmava que os social-democratas não eram mais um partido revolucionário no sentido em que fora, por exemplo, a Liga dos Comunistas: eram simplesmente reformadores que iam ao Reichstag na esperança de conseguir a aprovação de certas medidas. Bernstein propunha que o partido fizesse um levantamento sincero das premissas implicadas pelo seu novo ponto de vista. Julgava evidente que a expectativa marxista da eventual eliminação da classe média já fora frustrada: o proletariado empobrecido e multiplicado não enfrentaria um pequeno grupo de capitalistas que se tornariam mais poderosos à medida que diminuíssem numericamente; a classe operária melhorara de situação, e a classe média estava se multiplicando, assim como os próprios capitalistas. As contradições entre os interesses das diferentes classes estavam se tornando menos acentuadas, e não se aguçando; as crises periódicas do sistema tornavam-se menos sérias, e não mais graves. O controle cada vez maior exercido sobre a indústria pelos trustes monopolizadores provavelmente evitaria a catástrofe final, e nesse ínterim seria possível os socialistas transformarem a sociedade mediante a utilização de métodos não muito diferentes daqueles através

441

dos quais, pressionados pela agitação socialista, Bismarck e Guilherme II haviam concedido reformas de cima para baixo.

Além disso, os aspectos morais do marxismo precisavam ser esclarecidos. O ponto de vista científico que ele ressaltava não fornecia uma motivação moral. Na verdade, ocultava uma doutrina dos direitos naturais do homem que era importante trazer à tona. Era necessário um padrão de moralidade, tal como o kantiano, que fosse independente dos interesses de classe. Esse padrão teria o efeito de estabelecer uma solidariedade humana com aqueles que haviam sido considerados pelo marxismo antagonistas irreconciliáveis do proletariado, de modo a evitar a violência entre as classes e beneficiar a sociedade como um todo. Como o crescimento da consciência moral era gradual, assim também devia ser o desenvolvimento do socialismo: "evolução" deveria substituir "revolução". Assim seria possível justificar o procedimento dos social-democratas no Reichstag do Kaiser.

Ora, para Lênin, cujo antagonista era o czar, nem sequer se colocava a questão de uma evolução gradual em direção ao socialismo; para ele era inconcebível um código moral que incluísse ao mesmo tempo ele e Nicolau. Deixando de lado o que havia de perfeitamente razoável em boa parte das críticas negativas de Bernstein, Lênin reagiu contra toda a proposta revisionista com uma agressividade furiosa. Essas doutrinas haviam sido elaboradas com a finalidade de abalar as convicções dos revolucionários russos, portanto elas ameaçavam os interesses vitais de Lênin; por isso, ele passou a denunciar como a mais abominável das heresias toda e qualquer tentativa dos revisionistas de minimizar o lado combativo de Marx.

Na Rússia, ele tinha de enfrentar uma série de heresias diferentes, muitas delas ligadas ao movimento revisionista. Havia, em primeiro lugar, como já vimos, os populistas, que continuavam a acreditar no potencial revolucionário de um campesinato que ainda consideravam homogêneo. Lênin analisou as diferenciações ocorridas depois da emancipação e demonstrou que não se podia esperar que os diferentes grupos

442

formados atuassem em uníssono. E, enquanto os populistas combatiam os progressos do capitalismo porque destruíam a vida tradicional do campo, Lênin ressaltava seu aspecto progressista. Mais tarde, teve de combater a escola de "economistas" marxistas, que representavam uma espécie de tendência sindicalista: julgavam que a política deveria ser posta de lado para atuar exclusivamente no campo da economia. Convictos de que a classe operária inevitavelmente chegaria por si própria ao socialismo, renunciavam às responsabilidades da liderança afirmadas pelos marxistas e ao mesmo tempo se desobrigavam de lutar contra o czar. Esses marxistas estavam sofrendo de uma espécie de doença que inevitavelmente os ataca em épocas de reação política: a ilusão de que os processos históricos farão automaticamente o trabalho que cabe a eles fazer, sem que precisem intervir. A mudança ocorrera da noite para o dia, por assim dizer, como resultado da campanha contra os marxistas que resultara na prisão de Lênin; e, após passar um ano na prisão, ele encontrou um grupo de marxistas "legais" que se contentava em assumir uma posição liberal na política. Lênin não conseguia suspender voluntariamente a vontade marxista, e mesmo após a derrota de 1905 não pensou sequer por um momento em abandonar a missão de fazer história segundo as diretrizes do marxismo. Nesse período, os intelectuais russos, frustrados no campo da política, caíram em várias formas de misticismo. *Materialismo e empiriocriticismo*, publicado em 1908, foi uma tentativa de combater essas tendências tais como se manifestavam em certos marxistas russos. Lênin temia que os social-democratas começassem a duvidar de que sua visão da realidade se identificasse com a realidade em si e, consequentemente, se desviassem do caminho da ação marxista. Embora, como já vimos, não compreendesse as tendências da física de sua época, Lênin cumpriu a obrigação de policiar o marxismo — e esse aspecto de seu livro tem valor até mesmo hoje, quando os resultados de experimentos nebulosos são utilizados como pretextos para justificar sistemas teológicos. Lênin realizou a única coisa que o interessava: advertir seus seguidores de que o novo idealismo possibilitado pelo pensamento moderno, devido ao caráter insubstancial que a matéria parecia estar assumindo, seria capaz de trazer de volta Deus, abalando o moral daqueles para quem a humanidade, sem nenhuma ajuda do além, teria de criar seu próprio futuro.

Mas, por trás desses dois problemas, está a necessidade de fazer com que as pessoas sigam sua liderança.

A capacidade de dominar que tinha Lênin não decorria — como era o caso de Marx — da autoridade de um grande sábio ou profeta, que pode se contentar com uns poucos discípulos. Lênin precisava de seguidores leais com quem ele pudesse trabalhar concretamente e que tivessem uma formação que os levasse a aceitar sua liderança, e em sua atitude em relação aos comandados havia algo de sua postura de irmão mais velho e muito da autoridade de um inspirado diretor de escola. "Que grande professor perdemos em Vladímir Ilitch!", exclamou Maksim Kovalevski quando ouviu Lênin pronunciar uma conferência em Paris; e seus opositores no Congresso de 1907 gritavam: "Não banque o professor conosco: não somos escolares!". Sukhanov, que viu Lênin com seus seguidores em Petrogrado em 1917 e os observou com certo distanciamento, constantemente refere-se a eles como "o professor" e os "alunos".

Primeiro com seus associados, depois com as massas, Lênin estava sempre insistindo, explicando, certificando-se de que haviam aprendido a lição, supervisionando tudo o que faziam, tão entusiasmado quando davam a resposta certa que eles se sentiam melhor quando concordavam com ele; ralhando e expulsando-os da sala quando insistiam em dar a resposta errada. Até mesmo quando discute questões filosóficas, Lênin trata seus adversários como se fossem alunos obtusos que não conseguem entender a explicação:

Se Plekhánov é um idealista que se desviou de Engels, então por que você não é um materialista, já que supostamente é um seguidor de Engels? Isso, camarada Bazarov, não passa de uma reles mistificação! [...] Outra advertência. Camarada Dauge: a estrada que vai de Marx ao "dietzgenismo" e ao "machismo" [i.e., à doutrina de Ernst Mach] *é uma estrada que leva a um lamaçal* — e não apenas para Ivan, Sidor e Paul, mas todo o movimento.

Para com os alunos mais lerdos e menos preparados, Lênin demonstrava a mesma paciência dedicada que ele e o pai haviam demonstrado no ginásio de Simbirsk, levando-os de um degrau a outro, repisando cada conceito até conseguirem fixá-lo em suas mentes; e em relação aos alunos mais brilhantes, jamais deixa de ser exigente e vigilante. Ao contrário de Marx, era incapaz de sentir inveja, jamais se envolvia em conflitos pessoais, jamais guardava rancores; por outro lado, embora fosse, conforme veremos, capaz de formar ligações pessoais fortíssimas que sobreviviam às discordâncias políticas (coisa de que Marx não era capaz), nunca deixava que tais sentimentos influenciassem sua atividade política, do mesmo modo que um professor não pode se permitir ser influenciado, na hora de dar notas ou disciplinar a turma, por sua afeição por um aluno predileto.

Assim, nas últimas imagens vivas que nos deixou, no documentário *Do czar a Lenin*, composto de velhos cinejornais, vemos um homem baixo e forte, com uma testa ampla que emenda na cabeça calva, debruçado para a frente, como se estivesse sentado na beira da cadeira, discutindo, insistindo, sorrindo, revirando os olhos com malícia de um jeito tipicamente russo, gesticulando para reforçar sua argumentação: um movimento rápido de lábios, olhos e mãos no qual se concentra toda a energia de um homem. Não há aqui nada da dramatização do orador, da jovialidade pública do político: é a dignidade segura do diretor de escola respeitado, que se dirige direta e francamente a seus alunos, porém coloca-se sempre num plano superior e a certa distância deles — uma distância que nem mesmo o mais insolente rebelde será capaz de transpor.

Embora Lênin não tivesse nem um pouco daquele orgulho nervoso, daquela tendência a pontificar e humilhar, que tanto caracterizavam Marx, em sua atuação política ele era quase tão pouco democrático quanto Marx. Gostava de seus associados, reconhecia suas qualidades, porém jamais lhe ocorreu por um momento duvidar de sua própria capacidade de saber melhor do que eles o que deviam fazer; tampouco abdicou da responsabilidade final por tudo que era dito ou feito pelo grupo, de forma similar a um diretor de escola que, por melhores que sejam os seus professores, por mais promissores os alunos, jamais se submete ao voto majoritário da comunidade escolar. Sukhanov afirma que, apesar da capacidade que revelava ao preparar e apresentar suas ideias, Lênin evitava o debate direto.

Isso, naturalmente, não se devia apenas à sua personalidade peculiar e a seu condicionamento na infância. Se foi levado a ocupar a posição de ditador, foi porque o contexto social da Rússia o fez seguir esse curso. Em sua trajetória rumo ao poder concentrado não havia nem o egoísmo do gênio nem o desejo de honrarias do estadista. Lênin foi um dos mais desinteressados dos grandes homens. Não fazia questão de ver o próprio nome em letra de fôrma, não queria que as pessoas o homenageassem; não se importava com a aparência, jamais fazia pose. Considerava seus adversários políticos não concorrentes que tinham de ser esmagados, e sim colegas que ele lamentavelmente havia perdido ou colaboradores que não conseguira recrutar. Ao contrário de outros grandes revolucionários, como Marx ou Bakunin, Lênin poderia ter sido um estadista ocidental se tivesse se desenvolvido no seio de uma tradição diferente.

Mas na Rússia a diferença de cultura entre o povo e as classes instruídas era tamanha que um líder popular tinha inevitavelmente que comandar o povo do alto. Tolstói passou a maior parte de seus últimos anos alternando seu papel real de grande proprietário de terras de consciência pesada com a imitação, cheia de convicção, de um mujique, cuja humildade era sempre falsa. Lênin sabia falar ao povo, sabia colocar-se em seu lugar, acreditava que havia em meio ao povo indivíduos capazes de fazer parte de seu corpo de revolucionários profissionais. No entanto, sua percepção da realidade social deixava claro que havia desigualdades intelectuais muito concretas entre a intelligentsia e as massas. Em *Que fazer?* ele cita, qualificando-a de "profundamente verdadeira e importante", uma afirmação de Karl Kautsky, de que o proletariado, por si só, jamais chegará ao socialismo, sendo, portanto, necessário conduzi-lo, guiando-o do alto: "Os veículos da ciência não são os proletários, e sim os intelectuais *burgueses*". Mais: "Nosso primeiro e principal dever", afirma ele no mesmo texto,

> é ajudar a criar revolucionários proletários no mesmo nível *em relação às atividades do partido* que os revolucionários intelectuais (grifamos as palavras "em relação às atividades do partido" porque, no tocante a outros contextos, fazer com que os operários atinjam esse nível, ainda que necessário, não é nem tão fácil nem tão urgente). Assim, devemos concentrar nossa atenção na tarefa de elevar os trabalhadores ao nível de revolucionários não, em absoluto, necessariamente nos degradando ao nível das "massas trabalhadoras", como querem os "economistas", nem ao nível dos "trabalhadores médios", como quer a svoboda.

As massas são, em sua maioria, analfabetas e, quando passam da postura de submissão para a de insurreição, tendem a se colocar filialmente em relação ao homem que orienta sua revolta, do mesmo modo como antes assumiam essa atitude em relação ao homem que as oprimia.

Por outro lado, os intelectuais russos com quem Lênin tinha de colaborar haviam sido desmoralizados pelo mesmo tipo de paternalismo: caçados, castrados, sem experiência de poder, eram irresolutos, irresponsáveis, despreparados. Certa vez, quando os social-democratas estavam se queixando amargamente da dominação de Lênin, um velho amigo deste, Krjijanovski, perdeu a paciência e perguntou a Fiódor Dan como era possível que — conforme eles dizem — um único homem destruísse um partido inteiro enquanto todo mundo olhava passivamente sem poder fazer nada. Respondeu Dan:

Porque não há ninguém que se ocupe com a Revolução 24 horas por dia, que não pense em outra coisa que não a Revolução, e que mesmo quando dorme só sonha com a Revolução. O que se pode fazer com um homem desses?

Em *Que fazer?*, Lênin caracteriza a Rússia como "um Estado politicamente escravizado no qual 99% dos habitantes foram corrompidos até a medula pela subserviência política e pela total incapacidade de entender o que são a honra partidária e os vínculos partidários".

Assim, o rigor de Lênin era intensificado pela frouxidão do material com o qual trabalhava; seu hábito de trabalho, desenvolvido em relação à insegurança de seus colegas. E o professor transformou-se em algo jamais visto na Rússia ou no resto do mundo: o revolucionário por formação profissional que conduz suas tropas com a ciência de um general, fundamenta suas ações com o saber de um estudioso e mantém os padrões e a disciplina de sua profissão com a rigidez de uma associação de médicos. Em *Que fazer?*, Lênin relata que ele e seus amigos sofreram muito, nos tempos da Liga pela Emancipação da Classe Operária,

a ponto de nos sentirmos supliciados por estarmos conscientes de que estávamos nos revelando artesãos primitivos nesse momento histórico, quando, para parafrasear um dito conhecido, teríamos possibilidade de dizer: "Deem-nos uma organização de revolucionários que viraremos a Rússia de pernas para o ar!". E, posteriormente, sempre que me lembro da vergonha intensa que experimentei então, minha irritação aumenta com esses pseudossocial-democratas que, através de suas pregações, "desonram a profissão de revolucionário", que não entendem que nossa tarefa não é degradar o revolucionário ao nível de artesãos primitivos [no campo da política revolucionária], e sim *elevar* os artesãos primitivos ao nível de revolucionários.

Era essa tarefa que ele agora assumiria; e *Que fazer?*, um documento político da maior importância, apresenta uma descrição da poderosa maquinaria por meio da qual Lênin se propõe a suplantar o nível do "artesão primitivo".

A organização geral daqueles que trabalham pela revolução deverá ser dominada por um pequeno grupo — o menor possível — de indivíduos que dedicam suas vidas a esse objetivo. É fácil para a polícia política desmoralizar um movimento, por maior que seja, que tenha caráter desestruturado e descentralizado; porém será difícil combater um movimento dirigido por um grupo permanente e secreto de pessoas que, tal como os policiais, aprenderam a julgar as situações com objetividade e a evitar cair nas mãos das autoridades. Esse grupo deixará a massa do movimento livre para distribuir panfletos ilegais e realizar outras formas de agitação — pois a polícia, incapaz de prender os líderes, acabará tendo de desistir de reprimir essa atividade — e a protegerá do perigo de ser desencaminhada por demagogos, enquanto o "punhado de revolucionários experimentados concentrará em suas mãos todo o lado secreto do trabalho revolucionário: a preparação de panfletos, a elaboração de planos gerais, a designação de lideranças para cada distrito de cidade, fábrica e instituição de ensino". Entre parênteses, observa: "Sei que serei criticado por minhas ideias 'antidemocráticas', porém mais adiante responderei exaustivamente a essa objeção insensata". Assim, a comissão central terá em suas mãos o controle de todos os órgãos subsidiários, mas permanecerá sempre afastada e acima deles, separada por uma rígida demarcação do resto do movimento. Isso, longe de restringir o âmbito do movimento, tornará possível a inclusão do maior número de organizações revolucionárias, e não somente de trabalhadores — sindicatos, grupos operários para autoeducação e leitura de textos proibidos — mas também de círculos socialistas e mesmo simplesmente democráticos em todas as outras camadas da sociedade. Haverá também os simpatizantes encontrados em todas as atividades: "Empregados e funcionários, não apenas nas fábricas, mas também nos correios, ferrovias, alfândegas, entre a nobreza, o clero, até mesmo na polícia e na corte", que os ajudarão dentro de suas possibilidades. O partido não se apressaria em admitir simpatizantes desse tipo no âmago da organização;

> pelo contrário, eles seriam utilizados com muita cautela; treinaríamos pessoas especialmente para tais funções, levando em conta que muitos estudantes poderiam ser de utilidade bem maior para o partido como "cúmplices" — como funcionários — do que na qualidade de revolucionários "de curto prazo".

Segundo Lênin, esse sistema não significa que o "punhado" de dirigentes se encarregará de pensar "enquanto o resto não terá uma participação ativa no movimento. Pelo contrário, das massas emergirá um número cada vez maior de revolucionários profissionais". Quanto ao argumento dos "amplos princípios democráticos", num despotismo como o russo não se pode ter democracia em um partido revolucionário, como não se pode tê-la em nenhuma outra instituição. Para que haja democracia, é preciso ter, em primeiro lugar, publicidade e, em segundo, cargos eletivos em todos os níveis. Os socialistas alemães podem se dar ao luxo de ter democracia, porque até mesmo os congressos de seu partido são públicos; mas como pode haver o que quer que seja de democrático num grupo obrigado a trabalhar em segredo e que exige de seus seguidores revolucionários mais sigilo do que consegue manter? Como ter eleições democráticas se não é possível que a massa do movimento saiba muita coisa a respeito dos líderes, se até mesmo sua identidade é desconhecida da maioria? São apenas os exilados bombásticos que "bancam generais" na Europa ocidental que reclamam de "tendências antidemocráticas". "Pense um pouco que você compreenderá que a 'ampla democracia', praticada em organizações partidárias nas trevas da autocracia e sob a dominação da polícia, nada mais é do que *um brinquedo inútil e nocivo*." Se o movimento tiver sucesso, ele conseguirá algo maior do que a democracia: a "completa confiança mútua entre camaradas" na tradição da história revolucionária.

450

Eles não precisam pensar em formas de democracia de brinquedo [...] porém têm a consciência viva de sua *responsabilidade*, porque sabem por experiência própria que uma organização verdadeiramente revolucionária lança mão de quaisquer recursos quando precisa livrar-se de um membro indesejável.

Assim, a configuração da sociedade russa levou o marxista Lênin a planejar uma organização não muito diferente da de Netchaiev e Bakunin. Lênin reclama que "o próprio conceito de organização militante centralizada" que declare guerra sem trégua ao czarismo é associado, numa tentativa de depreciá-lo, ao movimento terrorista da década de 1870. Isso é "um absurdo, tanto em termos históricos como em termos lógicos, porque nenhuma tendência revolucionária, se está pensando seriamente em lutar, pode prescindir de uma tal organização".

Na concretização desse programa, Lênin só poderia levar consigo os mais resistentes e mais decididos. Nas cisões e reagrupamentos da política intrapartidária do Partido Social-Democrata, havia em jogo uma questão que não pode ser reduzida a uma formulação em termos de ideias ou mesmo de táticas. Já se disse, com razão, que a diferença entre bolcheviques e mencheviques era no fundo uma diferença de temperamento.

Essa divisão crucial ocorreu no segundo congresso do partido, realizado no verão de 1903. Iniciado em Bruxelas, num moinho de trigo infestado de ratos e cercado por detetives russos e belgas, prosseguiu, depois que dois dos delegados foram presos pela polícia e deportados, na poeira e no calor de agosto de Tottenham Court Road, em Londres.

A atmosfera estava terrivelmente tensa: os conflitos políticos estavam destruindo relacionamentos pessoais. O próprio Lênin estava tão nervoso que mal conseguia dormir ou comer. É difícil para nós, com nossas tradições parlamentares, conceber uma assembleia como essa, em que o presidente, Plekhánov, o pai do movimento, não conseguia se conter e interrompia os oradores dos quais discordava com comentários como o que fez quando o departamento de remonta do governo foi mencionado em conexão com o problema da igualdade de status dos idiomas: "Os cavalos não falam; os burros, sim". Um dos delegados mais jovens pediu a Krupskaia que convencesse Vladímir Ilitch a assumir a presidência antes que Plekhánov tornasse as coisas ainda piores. Para se ter uma ideia da superioridade de Lênin em relação aos outros, observemos que Krupskaia julga importante mencionar que "por mais ferozes que fossem as intervenções de Vladímir Ilitch nos debates, ele era absolutamente imparcial como presidente e jamais fazia alguma injustiça com seus adversários". Porém uma vez perdeu a calma — o que lhe acontecia só muito raramente — e abandonou a assembleia, batendo a porta ao sair. Quando o congresso terminou, estava completamente esgotado.

Mas Lênin venceu. "Esse é da estirpe dos Robespierres", comentou Plekhánov com um membro da minoria. Seu principal adversário era o velho aliado Martov. Este, segundo os próprios oponentes, era um homem excepcional. Górki afirma que ele era "extraordinariamente atraente". Sua inteligência era penetrante e sutil; e Krupskaia lhe atribuía "uma capacidade aguda de captar as ideias de Ilitch e desenvolvê-las de modo talentoso". Era o aluno predileto de Lênin, e seus instintos revolucionários eram genuínos; contudo era suscetível a depressões hamletianas. Trótski diz dele que tinha "ombros finos" e usava um "pince-nez caído e nunca muito limpo"; Henri Guilbeaux revela que ele exibia *une totale et invraisemblable négligence de son extérieur*. Mais tarde, Górki escreveria que Martov foi "profundamente afetado pela tragédia das dissensões e da cisão. Ele tremia todo, oscilava para trás e para a frente, afrouxando com gestos espasmódicos o colarinho de sua camisa engomada e agitando as mãos".

A cisão teve como pretexto uma simples cláusula do programa elaborado para o partido por Plekhánov e Lênin. Martov queria que o partido aceitasse em suas fileiras todos os liberais que se considerassem simpatizantes; Lênin insistia em restringir a filiação a indivíduos que se dispusessem a trabalhar ativamente e submeter-se à disciplina partidária. Ele sabia que o descontentamento na Rússia estava aumentando e se aproximando de uma crise — que de fato ocorreu em 1905. Os camponeses, esmagados pelo ônus das dívidas e morrendo de fome, não podiam mais esperar que os senhores de terra os sustentassem, já que haviam sido emancipados; assim, passaram a saquear as mansões senhoriais e a exigir a distribuição das terras. Os protestos dos operários industriais finalmente chegaram a um ponto em que pela primeira vez os socialistas podiam discursar em assembleias de trabalhadores sem que a polícia ousasse interferir. No momento em que o congresso estava sendo realizado, uma gigantesca greve geral ocorria no sul da Rússia. O movimento de insurreição disparara com tanta velocidade que os marxistas mal conseguiam acompanhá-lo; e Lênin precisava controlá-lo o mais depressa possível, antes que ele se perdesse de vez num curso suicida. Afirmou Lênin num discurso no congresso:

A raiz dos erros dos que apoiam a fórmula de Martov é que eles não apenas ignoram um dos principais males de nossa vida partidária como também o santificam. O mal está no fato de que, numa atmosfera de insatisfação política quase universal, numa situação em que é necessário o mais completo sigilo para nosso trabalho, em que a maior parte de nossas atividades está concentrada em pequenos círculos clandestinos e até mesmo em encontros de indivíduos, é da maior dificuldade, quase impossível, distinguir os trabalhadores dos faladores. E dificilmente haverá outro país em que essas categorias se misturem tanto, causando tanta confusão e tantas dificuldades, quanto na Rússia. Esse mal aflige cruelmente não apenas a intelligentsia, mas também o proletariado, e a fórmula do camarada Martov o legitima.

A maioria apoiou o programa de Lênin. Seus seguidores vieram a ser conhecidos como *Bolcheviki* [bolcheviques], membros da maioria, e seus adversários como *Mencheviki* [mencheviques], membros da minoria. Esses termos, por estarem associados às

453

palavras russas que significam "maior" e "menor", com o tempo adquiriram, para o público, conotações de força e fraqueza, abundância e escassez, exigências máximas e mínimas. A partir desse momento, os termos "duro" e "mole" passaram a ser empregados com frequência no interior do partido.

A cisão afastou Martov da *Iskra*; o jornal passou a ser dirigido por Lênin e Plekhánov. Mas não demorou para que Lênin perdesse também esse outro aliado. Plekhánov, o primeiro expoente do marxismo russo, treze anos mais velho que Lênin, era membro de uma família nobre; aos vinte anos de idade rejeitara a carreira militar para participar do movimento populista. Na década de 1870, liderou uma grande manifestação populista, mas abandonou o partido quando ele passou a fazer terrorismo. Dominou os instrumentos analíticos do marxismo e aprendeu a utilizar sua inteligência viva e mordaz, ao mesmo tempo que levou ao extremo a arrogância intelectual de Marx. Segundo Górki, Plekhánov parecia um pastor protestante, com sua sobrecasaca apertada, "convicto de que suas ideias eram inquestionáveis, que todas as suas palavras e pausas eram de grande valor". Quando trabalhadores russos iam visitá-lo, recebia-os de braços cruzados, falando-lhes num tom tão professoral que eles não conseguiam dizer aquilo que queriam. Estava afastado da Rússia havia tanto tempo que foi incapaz de conceber corretamente o que era o movimento operário quando este eclodiu. Segundo Krupskaia, uma vez ela lhe mostrou as cartas a respeito do movimento que Lênin aguardava ansiosamente, e que despertavam nele seu talento divinatório; entretanto, logo se deu conta de que para o velho Plekhánov aquelas notícias só podiam ter o efeito de desmoralizá-lo — "Ele parecia sentir o chão mexer-se sob seus pés, e seu rosto assumiu uma expressão desconfiada". Krupskaia jamais fez tal coisa outra vez.

Já tinha ocorrido uma espécie de luta pelo poder entre Plekhánov e Lênin quando fora lançada a *Iskra* para decidir quem dirigiria o jornal, apesar de Plekhánov ter cedido. Pouco depois da cisão entre bolcheviques e mencheviques, Plekhánov não conseguiu resistir aos apelos de seus velhos associados. Propôs que os antigos membros da redação do jornal fossem readmitidos; Lênin, ainda querendo manter a unidade, concordou, porém ele próprio largou a publicação. Os mencheviques começaram então a combatê-lo; Plekhánov atacou *Que fazer?* na *Iskra*. Lênin era caracterizado como "um autocrata" que visava a uma "centralização burocrática" e estava "transformando membros do partido em engrenagens e parafusos"; era acusado de planejar uma "utopia organizacional de caráter teocrático". Como consequência de todos esses protestos, alguns mencheviques foram admitidos no Comitê Central. A vitória da maioria foi destruída. Na Rússia, os comitês locais, aceitando os princípios leninistas de disciplina partidária, haviam apoiado os bolcheviques, contudo o comitê central russo, com medo de perder líderes famosos como Martov e Plekhánov, acabou removendo Lênin do cargo de diretor de assuntos estrangeiros e o proibiu de publicar qualquer coisa sem o consentimento do comitê; desse modo, ele não poderia nem defender sua posição nem se comunicar com a Rússia.

Lênin renunciou ao Comitê Central. Estava isolado, com apenas 22 seguidores. Na Internacional Socialista, Karl Kautsky pronunciou seu veredicto contra ele, e mesmo Rosa Luxemburgo, que ficara a seu lado quando ele combateu os reformistas, aderiu aos mencheviques.

A ruptura com seus amigos foi difícil. Não há, nos escritos polêmicos de Lênin desse período, nenhuma acusação venenosa, nenhum rancor pessoal. Embora combatente implacável, era essencialmente um homem afável. Seus impropérios são rotineiros, dentro da tradição das controvérsias marxistas; neles não há malevolência, apenas desapontamento por seus adversários não entenderem o que era necessário fazer para enfrentar o czar em seu próprio campo. Apesar de sua afirmação, feita em tom de ameaça, de que uma verdadeira organização revolucionária lançaria mão "de quaisquer recursos quando precisa livrar-se de um membro indesejável", ele tendia a confiar nas pessoas até demais; assim, julgou confiável o espião Malinovski quando Krupskaia já desconfiava dele, até o dia em que o próprio Malinovski entrou numa reunião de bolcheviques, jogou na mesa suas credenciais do partido e fugiu. Afirmou Krupskaia:

Sua afeição pessoal pelas pessoas fazia com que essas rupturas políticas fossem incrivelmente dolorosas para ele. Lembro-me de como Vladímir Ilitch ficou arrasado na época do segundo congresso, quando se tornou claro que era inevitável separar-se de Akselrod, Zassulitch e Martov. Eu e ele passamos uma noite toda em claro, tremendo. Se ele não fosse tão apaixonado em suas ligações, teria vivido mais.

Lênin e Martov haviam sido presos juntos e trabalharam juntos na *Iskra*. "Posteriormente, Vladímir Ilitch passou a combater com veemência os mencheviques, mas toda vez que Martov dava o menor sinal de assumir uma posição correta sua velha atitude em relação a ele ressurgia." Após a Revolução, Lênin disse a Górki: "Lamento muito, muito mesmo, Martov não estar conosco. Que camarada esplêndido ele era, que homem absolutamente sincero!". Martov permaneceu na Rússia, mas quando começou a criticar os julgamentos sem júri e a pena capital para os adversários dos bolcheviques, a polícia o fez exilar-se. Em seu leito de morte, Lênin perguntou por ele. "Disse com tristeza: 'Dizem que ele está morrendo também'. Havia em sua voz um toque de ternura", relata Krupskaia.

Porém agora, quando perdeu tanto e só ganhou a condição de marginalizado, Lênin exibe uma espécie de júbilo austero:

A batalha para matar as organizações foi inevitavelmente de uma ferocidade terrível. O vento da luta aberta logo transformou-se em vendaval. Esse vendaval varreu sem exceção todo vestígio — e que coisa ótima isso ter acontecido! — de interesses, sentimentos e tradições de subgrupos, produzindo órgãos oficiais que eram, pela primeira vez, órgãos do partido de fato.

Ao defender sua posição no livro *Um passo à frente, dois passos atrás*, que publica nesse momento, Lênin fundamenta o papel por ele assumido na luta na dialética. Parece afirmar (é esta minha interpretação de uma passagem muito curiosa) que foi como se a minoria do grupo de seguidores que havia antes do segundo congresso houvesse se transformado na maioria dos bolcheviques, e que em seguida a maioria passasse a ser a minoria; como se a negação tivesse sido negada. "Resumindo: não apenas a aveia cresce de acordo com Hegel [a germinação de um grão de aveia fora um dos exemplos utilizados na *Lógica*, de Hegel, e no *Anti-Dühring*, de Engels], mas também os social-democratas russos brigam uns com os outros de acordo com Hegel." E no entanto o processo dialético não pode jamais andar para trás, como ocorreria se a comparação fosse verdadeira. A verdadeira *antítese* é a ala revolucionária, e não a oportunista, do partido. "Seria uma covardia criminosa duvidar por um momento do triunfo inevitável e completo dos princípios da social-democracia revolucionária, da organização do proletariado e da disciplina partidária."

Depois de publicar sua declaração e renunciar ao Comitê Central, Lênin, acompanhado de Krupskaia, preparou sua mochila — era o verão de 1904 e estavam morando em Genebra — e foi passar um mês nas montanhas. Uma nova camarada, cujo nome de guerra era Zverka ("criatura selvagem"), que acabava de fugir do exílio político e era "cheia de uma alegria e uma energia contagiosas", partiu com eles, mas logo desanimou. "Vocês gostam de ir a lugares onde não há sequer um gato, e eu não sei ficar longe de gente!" Comenta Krupskaia: "De fato, sempre escolhíamos os caminhos mais desertos, indo para o coração das montanhas, longe dos seres humanos". Haviam levado muitos livros, mas não leram nada. À noite iam direto para a cama. Quase não tinham dinheiro e se alimentavam basicamente de queijo e ovos; porém numa estalagem conheceram um trabalhador social-democrata que os aconselhou a comer não com os turistas, e sim com os cocheiros e motoristas. Foi o que fizeram, e constataram que tudo era mais barato. Contemplaram os "picos cobertos de neves eternas, os lagos azuis e as cachoeiras tumultuosas" e "os nervos de Vladímir Ilitch voltaram ao normal".

27. TRÓTSKI: A JOVEM ÁGUIA

Estivera presente ao congresso de Londres outro brilhante jovem judeu, que, como Martov, era da província de Kherson, às margens do mar Negro — o delegado que sugerira a Krupskaia que Lênin assumisse a presidência.

Quase dez anos mais moço do que Lênin, Lev Davidovitch Bronstein nasceu em 8 de novembro de 1879, na cidadezinha de Ianovka, perto de Elisavetgrad. A aldeia era de propriedade de um coronel que a ganhara de presente do czar, mas que não havia conseguido cultivar aquela estepe imensa e desabitada. O governo czarista, na tentativa de povoar a região, dera terras também a judeus; os Bronstein vieram a Kherson de uma cidade judaica em Poltava para fugir do confinamento e das perseguições a que estavam sujeitos como judeus. O pai de Lev Davidovitch foi mais empreendedor do que costumavam ser esses judeus, os quais normalmente se tornavam pequenos comerciantes e formavam pequenas colônias rurais: comprou ou arrendou cerca de 260 hectares da propriedade do coronel Ianovski, foi morar na casa de barro e palha que o coronel construíra para uso próprio, plantou cereais e criou vacas, porcos e cavalos. Ao contrário daquele, porém, teve persistência, e com muito trabalho e economia tornou-se um kulak — ou seja, um camponês rico. Tinha uma máquina a vapor de dez cavalos com a qual operava uma debulhadora e o único moinho de cereais da região. Vinham camponeses de longe, e esperavam semanas para moer seus grãos, pagando ao proprietário 10%. Bronstein parou de vender para os comerciantes locais quando descobriu que conseguiria preço melhor se trabalhasse com um agente intermediário em Nikolaiev e esperasse a melhora da cotação de seu produto no mercado.

Assim, Lev Davidovitch pertencia a uma família que, embora tivesse emergido da pobreza havia pouco e ainda sofresse algumas agruras dessa condição, já se encontrava em situação financeira bastante estável. Ele tinha consciência de que abaixo da sua havia duas classes sociais — a dos camponeses e a dos criados —, que às vezes lhe jogavam na cara o fato de que ele comia melhor do que elas; porém não sofria de nenhuma restrição imposta pela consciência de que havia classes superiores à sua. Os aristocratas daquela região pouco convidativa eram parvenus, que por algum tempo prosperaram, compraram mesas de bilhar e aprenderam francês, mas foram arrasados pela queda do preço do trigo no início dos anos 1880. Quando o jovem Bronstein começou a se dar conta disso, pouco restava da terceira geração de aristocratas. No caso de uma das mais ricas dessas famílias, que dera nome a todo um condado, Bronstein sênior arrendou dos herdeiros os restos hipotecados de sua propriedade, que já fora imensa, e contratou o filho mais jovem da família como aprendiz na oficina mecânica de sua fazenda. Quando os pais do rapaz vinham visitar os Bronstein, falavam sobre as glórias do passado e surrupiavam pedacinhos de fumo e açúcar, que escondiam nas mangas.

A família Bronstein não foi muito afetada pela campanha de antissemitismo que, em outras regiões, teve consequências trágicas. Como parte de sua política de combater as influências estrangeiras, Alexandre III tornou mais difícil a vida dos judeus, impondo-lhes novas restrições, de modo que, após a coroação do czar, o pai de Lev Davidovitch não pôde comprar mais terra, e o próprio Lev perdeu um ano de escola porque a cota de meninos judeus foi limitada a 10%. Não obstante, Bronstein sênior continuou a aumentar sua propriedade lançando mão de subterfúgios, e Bronstein júnior sempre foi o primeiro de sua turma. À medida que prosperavam mais e mais, pararam de frequentar a sinagoga e guardar o sábado — o pai sempre dissera abertamente não acreditar em Deus, e o filho, embora obrigado a estudar hebraico, jamais falara iídiche. Quando foi estudar em Odessa, encontrou um porto em que era tamanha a mistura de nacionalidades que os distúrbios raciais nunca eram sérios, e a animosidade dos ortodoxos contra os judeus não era maior do que a que havia contra os católicos. Afirmou em sua autobiografia que

> esta desigualdade nacional foi provavelmente uma das causas subjacentes de minha insatisfação com a ordem vigente, mas ela se perdeu em meio às outras fases da injustiça social. Jamais desempenhou um papel preponderante — nem sequer um papel reconhecido — entre as injustiças de que eu me sentia vítima.

Aparentemente, foram os camponeses da fazenda de seu pai que despertaram em Lev Davidovitch o sentimento da justiça. No tempo em que estudara em Odessa, fora morar com um sobrinho de sua mãe, homem inteligente e culto, que lhe ensinou gramática russa e como lavar e segurar uma taça, e cujas tendências liberais, ainda que bem moderadas, o impediram de cursar a universidade. Quando Lev Davidovitch, adolescente, ia passar o verão em Ianovka "com um terno de brim bem limpo, um cinto de couro com um botão de bronze e um chapéu branco com um distintivo amarelo reluzente" e mostrava-se incapaz de ceifar trigo, sentia-se incomodado ao perceber que os empregados do pai dirigiam-lhe olhares sarcásticos e ressentidos. Havia um ceifeiro de língua ferina na aldeia, cuja pele era tão negra quanto suas botas, que às vezes criticava a mesquinhez de seus senhores na presença de Lev Davidovitch, e o rapaz sentia-se dividido entre, de um lado, a raiva e a vontade de mandar o homem se calar e, de outro, a admiração pela "argúcia e ousadia" do ceifeiro e a vontade de que ele estivesse do seu lado. Um dia esse homem lhe disse: "Vá para casa comer bolos com sua mãe"; ao chegar, encontrou uma camponesa descalça que caminhara sete verstas para cobrar um rublo que lhe deviam. Estava sentada no chão em frente à casa por não ter coragem — concluiu o rapaz — de sentar-se no degrau de pedra na entrada; e ela teria de esperar até a noite, porque não havia ninguém para lhe pagar.

Ele sabia que os camponeses que trabalhavam para seu pai recebiam como alimento apenas mingau e sopa; só ganhavam carne quando faziam um protesto silencioso, reunindo-se no pátio e deitando-se no chão de bruços. Um dia, Lev Davidovitch, voltando para casa após uma partida de croqué, encontrou seu pai discutindo com um camponês. A vaca do homem havia entrado no campo de Bronstein, e este a prendera, dizendo ao dono que só a devolveria quando fosse indenizado pelo prejuízo que a vaca causara a suas plantações. O camponês protestava e implorava, e Lev Davidovitch percebeu que aquele homem odiava seu pai. Foi para seu quarto e começou a chorar; quando o chamaram para o jantar, não atendeu. Então o pai mandou a mãe dizer-lhe que o animal havia sido devolvido ao camponês e que o pai não o obrigara a indenizá-lo.

Em seu segundo ano na escola em Odessa, Lev Davidovitch foi suspenso (porém com direito a voltar) por ter liderado uma manifestação contra um professor francês antipático que — segundo pensavam os estudantes —, por preconceito de nacionalidade, vinha perseguindo um dos meninos alemães e dando-lhe notas mais baixas do que ele merecia. A mãe de Lev Davidovitch ficou tão indignada quando lhe deram a notícia que se recusou a reconhecer a presença do filho quando este chegou em casa. Alguns dias depois, contudo, seu pai o surpreendeu ao perguntar de repente: "Mostre-me como foi que você assobiou para o diretor da escola. Foi assim? Com os dois dedos na boca?". E, fazendo o gesto, caiu na gargalhada. O rapaz tentou explicar que haviam se limitado a gemer todos ao mesmo tempo de boca fechada, mas seu pai cismou que ele havia assobiado.

Sua carreira naquele mundo intelectual no qual ele começava a brilhar, tão diferente da poeira e suor da fazenda, o afastou dos pais cada vez mais. O velho Bronstein orgulhava-se dos sucessos do filho na escola, no entanto ele próprio era completamente analfabeto: só aprendeu a identificar as letras do alfabeto para ler os títulos dos livros do filho, e quando este, por recomendação médica, começou a usar óculos, aquilo lhe pareceu uma afetação detestável. O primo com o qual Lev Davidovitch morava em Odessa era editor — viria a tornar-se dono da maior editora do sul da Rússia — e despertou no rapaz a paixão pelas letras. Com um amigo, começou a editar uma revista ainda na segunda série; mais tarde, passou a dar aulas particulares a fim de ganhar um dinheiro a mais para poder frequentar o teatro. Escreve ele: "Para mim, os escritores, jornalistas e artistas representavam um mundo mais atraente do que qualquer outro, um mundo reservado apenas para os eleitos".

Mas, para seus pais, muito mais sério era seu envolvimento com revolucionários. A escola que ele frequentava em Odessa não oferecia a última série; assim, foi concluir os estudos numa cidade chamada Nikolaiev, para ficar mais perto da família. Foi lá que, pela primeira vez — estava com dezesseis anos —, Lev Davidovitch fez amizade com populistas e marxistas conhecidos de um jardineiro cuja casinha, com um único cômodo, era um centro para estudantes radicais e ex-exilados que faziam circular publicações clandestinas. O velho Bronstein visitou o filho um dia em que fora até a cidade para falar com seu agente e ameaçou deserdá-lo. Como o rapaz demonstrava aptidão para a matemática, seu pai queria muito que ele estudasse engenharia, para ajudá-lo a cuidar dos engenhos de açúcar e cervejarias que estava pensando em construir. Lev Davidovitch não quis: resolveu sustentar-se com as aulas particulares e viver em comunidade com seus amigos radicais.

Até ir morar em Nikolaiev, o jovem Bronstein considerava-se conservador e falava com desprezo das "utopias socialistas". Odessa, "talvez a cidade mais infestada de policiais dessa Rússia infestada de policiais", era politicamente muito atrasada, e lá o rapaz não fora exposto ao movimento revolucionário. Em Nikolaiev, embora guinasse para a esquerda com uma rapidez que chegou a assustar alguns de seus novos amigos, segundo ele próprio afirmou, Lev Davidovitch associou-se aos populistas, e não aos marxistas. O marxismo o repelia — declarou — "em parte porque parecia ser um sistema completo". O principal marxista

462

naquela cidade provinciana era uma mulher chamada Aleksandra Lvovna Sokolovskaia, seis anos mais velha que ele. Pobre na infância, sua consciência política fora despertada quando ainda era menina, na época do julgamento de Vera Zassulitch, que tentara atirar no general Trepov. Posteriormente tornara-se parteira em Odessa, onde conheceu estudantes que estiveram na Universidade de Genebra e atuaram no grupo da Emancipação da Classe Operária com Plekhánov, Lênin e a própria Vera Zassulitch, que se convertera do terrorismo populista ao marxismo. Aleksandra Lvovna tinha "olhos bondosos" e "uma mente de ferro"; tinha muitos admiradores no círculo de Nikolaiev. O jovem Bronstein ganhara tremenda reputação como debatedor, e os simpatizantes do populismo disseram a Aleksandra Lvovna que ele seria capaz de demolir os argumentos dela. Tudo indica que desde cedo Bronstein se sentia muito convicto de sua própria importância. Nessa época, ele se opunha ao marxismo por considerar que ameaçava a individualidade — uma típica acusação populista —, e ele e Aleksandra Lvovna foram protagonistas de uma comédia adolescente em que questões políticas se misturaram à guerra entre os sexos. Toda vez que se encontravam, havia uma escaramuça; Aleksandra Lvovna, segundo relato de Max Eastman, assim recriou um desses encontros sarcásticos: "Então você continua marxista, é?", perguntava ele. "Não consigo entender como uma moça tão cheia de vida pode aguentar aquela coisa árida e teórica!" Respondia ela: "Eu é que não entendo como é que uma pessoa que se considera tão lógica se contenta em andar com a cabeça cheia de vagas emoções idealistas".

Quando um jornal populista trocou o corpo de redatores e tornou-se a primeira publicação marxista legal da Rússia, Bronstein organizou uma petição à biblioteca pública de Nikolaiev para suspender a assinatura do periódico. Mas quando ele e um dos irmãos mais moços de Aleksandra Lvovna resolveram escrever a quatro mãos uma peça de teatro, o herói populista saiu uma personagem um tanto fraca, e seu amor acabou sendo rejeitado por uma bela jovem marxista "com uma fala impiedosa a respeito do fracasso do populismo". O clímax foi uma brincadeira adolescente de mau gosto que Lev Davidovitch pregou em Aleksandra Lvovna quando ele voltou de Odessa, após ausentar-se por algum tempo de Nikolaiev. Mandou o jardineiro dizer à moça que havia finalmente se convertido, e convidou-a para uma festa de ano-novo. Naquela noite, tratou-a com muita amabilidade, mas, à meia-noite, quando se sentaram à mesa para cear, ele levantou-se e propôs o brinde: "Malditos sejam todos os marxistas e todos aqueles que querem tornar secos e duros todos os relacionamentos da vida". Aleksandra Lvovna levantou-se e saiu da sala dizendo: "Há coisas importantes demais para serem motivo de brincadeira". Lev Davidovitch acabou derrubado, como Paulo na estrada de Damasco, embora, ao abraçar Aleksandra Lvovna, não admitisse que havia mudado de posição.

Segundo afirmou mais tarde, o que o enfurecia era não conseguir entender a teoria na qual se baseavam os marxistas. O único texto de que dispunha seu grupo, ao que parece, era um exemplar manuscrito, e eivado de erros, do *Manifesto comunista*; e as ambições intelectuais do jovem Bronstein, aguçadas pela necessidade de impor sua personalidade, estavam muito à frente de sua competência. Porém o decorrer dos acontecimentos já o havia convencido da importância da agitação nas fábricas. O desenvolvimento industrial da Rússia estava se deslocando do norte para a Ucrânia. Em Nikolaiev havia duas grandes fábricas, com 8 mil empregados. A grande greve dos operários da indústria têxtil em São Petersburgo, liderada por Lênin e pela Liga de Luta, ocorreu em 1896. Na primavera seguinte, Lev Davidovitch, então com dezoito anos, acompanhado de um dos irmãos mais novos de Aleksandra Lvovna, resolveu organizar os trabalhadores locais. Entraram em contato com um eletricista que — como muitos operários russos daquela época que haviam adquirido especialização em mecânica — possuía inteligência superior à da média da população, batizaram sua organização como Sindicato dos Trabalhadores do Sul da Rússia e começaram a distribuir panfletos ilegais que vinham do estrangeiro, via Odessa, e folhetos escritos em letra de imprensa pelo próprio Lev Davidovitch e copiados num hectógrafo, a ritmo de meia página por hora.

Essas atividades de agitação duraram um ano; a polícia pegou-os em janeiro de 1898. Os seis intelectuais do movimento haviam combinado que, se isso acontecesse, não se esconderiam, para que as autoridades não pudessem abalar o moral dos membros do sindicato dizendo-lhes que eles haviam sido abandonados por seus líderes. Duzentas pessoas foram presas e a polícia tentou subjugá-las com espancamentos: um homem pulou do segundo andar da prisão, outro enlouqueceu. Lev Davidovitch passou três meses na solitária numa miserável prisão de província, sem roupas limpas, sem sabão, sem livros nem materiais para escrever, sem nenhuma oportunidade de exercitar-se e sem nenhuma companhia senão a de uma infinidade de piolhos. Como era inverno, a janela estava fechada, de modo que não havia nenhuma ventilação; ele fazia uma ideia do quanto devia estar fedendo ao ver a expressão que fazia o carcereiro quando ia vê-lo. Obrigava-se a dar 1111 passos ao longo da diagonal que ia de um canto da cela ao canto oposto, ao mesmo tempo que inventava letras novas, de cunho revolucionário, para melodias de canções populares — essas letras se popularizaram e foram cantadas durante a grande Revolução. Depois foi transferido para uma prisão moderna em Odessa, onde podia receber roupas e comida da família e comunicar-se com os outros prisioneiros. Sua irmã lhe trouxe a Bíblia em quatro línguas, e ele pôde estudar francês, alemão e italiano. Enquanto isso, os documentos dos agitadores haviam caído nas mãos da polícia: o velho zelador da casa do jardineiro, que recebera ordem de escondê-los, limitara-se a enterrá-los na neve; quando a neve derreteu, o pacote foi encontrado por um trabalhador que cortava a grama e que o entregou ao proprietário do terreno. Após dois anos de prisão, Lev Davidovitch recebeu a pena de quatro anos de exílio, passou mais seis meses em diversas prisões e depois foi transportado, juntamente com Aleksandra Lvovna, com quem se casara na prisão, para o rio Lena, na Sibéria, onde moraram em várias aldeias um pouco acima do círculo polar ártico, a mais de 1500 quilômetros a leste do Ienissei, onde Lênin e Martov haviam cumprido suas penas.

A vida naquele lugar, mais perto do Alasca do que de Moscou, diz Trótski, era "escura e reprimida, totalmente isolada do mundo". No verão, eram devorados pelos mosquitos, que às vezes matavam as vacas, e as casas eram infestadas de baratas, que eles eram obrigados a expulsar de cima das páginas dos livros à medida que iam lendo. Àquela altura, já tinham uma filha de dez meses de idade, e o frio era tamanho que, quando eram obrigados a viajar, colocavam um funil de peles sobre a cabeça da criança, e a cada parada o retiravam para certificarem-se de que ela ainda estava viva. Moravam com um casal que bebia, o que era comum naquela região desolada, e tinha brigas violentíssimas, nas quais costumava se envolver um parente incalculavelmente idoso, o que obrigava Lev Davidovitch a intervir.

Ele escrevia textos de crítica literária e pequenos ensaios, que eram publicados num jornal siberiano. Seus trabalhos foram tão bem recebidos que lhe ofereceram sessenta rublos por mês para que se tornasse um colaborador regular, mas, antes que tivesse a oportunidade de começar, o censor de São Petersburgo proibiu a publicação de seus artigos.

Na Sibéria, finalmente aplicou-se ao estudo da economia marxista. Quando fora preso em Odessa, ainda resistia ao marxismo; porém, na biblioteca da prisão, obrigado a ler e reler as revistas conservadoras sobre religião e história que de início eram as únicas disponíveis, resolvera tentar elucidar de modo definitivo um problema histórico: o crescimento da maçonaria na Europa a partir do início do século XVII. Ainda não havia aceitado o materialismo histórico, e considerava os fenômenos históricos produtos de uma variedade de fatores. Quando lhe foi possível obter livros do mundo exterior, conseguiu alguns textos traduzidos do pensador hegeliano-marxista italiano Labriola, os quais o levaram a pensar na questão do surgimento desses fatores. Ficou na sua cabeça o refrão de Labriola — "as ideias não caem do céu" —, e ele começou a ver o progresso da maçonaria como uma tentativa da velha classe dos artesãos, durante o período de dissolução das guildas medievais, de manter um sistema ético cuja sobrevivência estava sendo ameaçada pela decadência das instituições sociais. Na prisão em Moscou, aguardando a ida para a Sibéria, ouviu falar pela primeira vez em Lênin e leu sua obra *O desenvolvimento do capitalismo na Rússia*. Na Sibéria, estudou *O capital* e, quando voltou do exílio, já era um marxista convicto capaz de defender a posição marxista.

A doutrina dos social-democratas se espalhara para o leste ao longo da ferrovia transiberiana, e Lev Davidovitch havia escrito algumas proclamações para eles. O espírito da revolução estava se difundindo pela Rússia outra vez. Quando souberam que Tolstói havia sido excomungado por causa de heresias, tais como negar a Imaculada Conceição, de início ficaram surpresos, depois tranquilizaram-se: "Tínhamos certeza absoluta de que conseguiríamos derrotar aquele hospício". Um novo movimento terrorista fora iniciado e dois chefes de departamentos do governo haviam sido assassinados; entretanto os social-democratas no exílio declararam-se contrários a tais práticas. Em 1902 Lev Davidovitch recebera, ocultos na encadernação de livros, alguns exemplares da *Iskra*, que chegavam até ele um ano e meio após terem sido publicados. Depois chegou *Que fazer?*. O jovem Bronstein já havia escrito e divulgado entre as comunidades de exilados um ensaio sobre a importância de organizar um partido social-democrata centralizado, e constatava que os camaradas no Ocidente estavam levando adiante essa ideia a toda velocidade. Ansiava por estar entre eles.

A intensificação do ritmo da rebelião estava dando origem a uma série de fugas. Por quase toda a Sibéria havia camponeses influenciados pelos exilados populistas, e precisamente as condições — os espaços imensos, os rios largos e as florestas impenetráveis — que deveriam impedir as fugas dificultavam a ação da polícia. As diversas colônias de exilados se revezavam.

Os Bronstein tinham então duas filhas, mas Aleksandra disse a Lev que ele devia partir; ela própria sugerira tal ideia. Quando Lev estava na Europa ocidental, não conseguiu manter contato com ela, e mais tarde Aleksandra foi novamente exilada. "A vida nos separou", comenta ele.

Lev Davidovitch fugiu em agosto de 1902, sob um carregamento de feno na carroça de um camponês, enquanto Aleksandra Lvovna cuidava de um boneco numa cama, que representava um doente. Quando chegou à ferrovia siberiana, os amigos lhe entregaram uma mala cheia de roupas e um passaporte falso, que ele preencheu com o primeiro nome que lhe veio à cabeça — o nome do carcereiro-chefe da prisão de Odessa, Trótski.

Saltou do trem em Samara, onde ficava a sede russa da organização fundada pela *Iskra*, e tornou-se membro do grupo. Os camaradas de Samara ficaram entusiasmados com ele e passaram a chamá-lo de "jovem águia". Krjijanovski, velho aliado de Lênin, deu-lhe o nome de guerra "Peró" ("pena"); não sabia se o mandava para o estrangeiro para escrever ou se o mantinha na Rússia trabalhando como organizador, mas decidiu enviá-lo à *Iskra*. Trótski atravessou a fronteira e teve menos problemas com a polícia do que com o estudante encarregado de ajudá-lo a escapulir, o qual entrou numa discussão tão acalorada com ele a respeito dos ataques que a *Iskra* vinha fazendo aos terroristas que ameaçou parar de ajudá-lo ali mesmo.

Chegando em Viena sem um tostão, foi diretamente à redação do jornal publicado por Victor Adler, chefe da social-democracia austríaca, onde encontrou um obstáculo na pessoa de um prodigioso burocrata social-democrata, o redator-chefe do jornal. Esse indivíduo estava usando dois pares de óculos e, quando Trótski pediu para falar com o camarada Adler, encarou-o com frieza e perguntou se ele se referia "ao *Herr Doktor*". "Sim", respondeu Lev Davidovitch. "Sabe que dia é hoje?", indagou o outro, muito sério. A jovem águia não sabia, pois havia perdido a conta na sucessão de carroças, celeiros e casas em que havia se escondido. "Hoje é domingo", disse então o redator, e tentou passar por ele e descer as escadas. Trótski insistiu que era importante.

Mesmo se fosse dez vezes mais importante, mesmo que você estivesse trazendo a notícia — está me ouvindo? —, a notícia do assassinato do seu czar, de que uma revolução havia estourado em seu país — está me ouvindo? —, mesmo assim você não teria o direito de perturbar o descanso dominical do *Herr Doktor*!

Foi nesse momento — escreveu Trótski mais tarde — que percebeu que o homem estava dizendo bobagens; continuou a impedir que ele saísse dali até que lhe arrancou o endereço de Victor Adler. Lá chegando, constatou que era a pura verdade que o líder social-democrata estava cansado: tinha trabalhado na campanha eleitoral. "Sou russo", disse Trótski ao se apresentar. "Já percebi", disse Adler, e garantiu ao rapaz que, no dia em que explodisse uma revolução na Rússia, ele podia tocar sua campainha até mesmo tarde da noite.

Em Samara, haviam entregado a Lev Davidovitch uma quantia calculada para durar até sua chegada a Zurique, porém ele se deixara explorar pelas pessoas que o abrigaram e o ajudaram, e fora descuidado sob outros aspectos, de modo que ao tomar o trem para Viena não lhe restava um único copeque. E, embora Adler lhe tivesse dado 25 coroas, chegou a Zurique no meio da noite sem nenhum dinheiro para transporte ou alojamento. (Essa tendência a esbanjar dinheiro é importante ressaltar, pois constitui um dos aspectos principescos da personalidade de Trótski — uma tendência que posteriormente ele aprendeu a controlar deixando que outras pessoas cuidassem de suas finanças.) Pegou um táxi até a casa de Akselrod, tirou-o da cama e o fez pagar a viagem.

Akselrod despachou-o para Londres. Trótski chegou lá numa alvorada de outubro, e foi imediatamente aos aposentos de Lênin e Krupskaia em Tottenham Court Road, onde eles se faziam passar por um casal alemão de sobrenome Richter. Bateu na porta três vezes com força, tal como haviam lhe dito. "Peró chegou!", exclamou Krupskaia. Lênin ainda estava deitado e o recebeu cordialmente, porém surpreso. Krupskaia pagou o táxi e foi preparar café. Ao voltar, encontrou "Vladímir Ilitch ainda sentado na cama, numa conversa animada com Trótski a respeito de um assunto um tanto abstrato". Mas Trótski já tivera tempo de dizer a Lênin tudo o que sabia acerca do movimento no sul da Rússia, onde fizera uma rápida viagem a mando de Krjijanovski. De modo geral, sua missão não correra muito bem: o endereço secreto da *Iskra* em Kharkov estava errado; os redatores do *Trabalhador Sulista* opunham-se à fusão com a *Iskra* porque (ao menos foi essa a justificativa por eles dada) tinham certas divergências com o outro jornal — por exemplo, em relação à intensa polêmica promovida pelo *Trabalhador* contra os liberais, embora Trótski percebesse que no fundo se tratava apenas do desejo provinciano de preservar a independência regional — assim mesmo, contudo, ele acreditava que seria possível colaborar com eles — e a travessia da fronteira austríaca estava nas mãos de um estudante ginasiano que era hostil aos seguidores da *Iskra*.

Lênin ficou muito satisfeito com o jovem: apreciou a maneira como ele soube apreender e pôr em palavras a situação do *Trabalhador Sulista*.

Lênin levou-o para passear em Londres. Trótski relata a impressão que teve nessa ocasião num trecho tão notável que merece ser transcrito:

De uma ponte, Lênin apontou para Westminster e alguns outros prédios famosos. Não me lembro das palavras exatas que ele usou, mas o sentido foi o seguinte: "Esta é a famosa abadia de Westminster deles", onde "deles", naturalmente, se referia não aos ingleses, mas às classes dominantes. Essa implicação, que não era em absoluto enfatizada, mas que, vinda do mais profundo âmago do homem e manifestada mais pelo seu tom de voz do que por qualquer outra coisa, estava sempre presente, quer Lênin falasse dos tesouros culturais, das novas realizações, da abundância de livros do Museu Britânico, das informações fornecidas pelos grandes jornais europeus ou, anos depois, da artilharia alemã ou da aviação francesa. Eles sabem isso, eles têm aquilo, eles fizeram isso e realizaram aquilo — mas que inimigos eles são! Para Lênin, a sombra invisível das classes dominantes sempre se sobrepunha à totalidade da cultura humana — uma sombra que, para ele, era tão real quanto a luz do dia.

Lênin havia conseguido completamente — ao contrário de Marx — excluir-se das classes proprietárias. Embora reconhecesse com clareza e franqueza, como já vimos, sua bagagem de intelectual burguês e sua função de líder da classe operária, naquele momento, pelo seu modo de vida concreto, ele se identificara com os expropriados. Já se levantou a hipótese — provavelmente verdadeira — de que ele e Krupskaia não tiveram filhos por saberem que, com os parcos recursos de que dispunham, com a obrigação de estar sempre indo de um lugar para outro, com o perigo de ser exilados ou presos a que estavam constantemente expostos, a presença de crianças teria constituído um obstáculo ao cumprimento de seus deveres. E Lênin dava tão pouca importância a luxos que, à medida que o tempo passava e ele dependia cada vez mais do salário que lhe pagava o partido, e que não raro mal dava para comer, não lhe era difícil abrir mão dos confortos mais elementares. Quando jovem, era tão indiferente à indumentária que sua mãe e sua irmã Ana iam periodicamente a São Petersburgo e compravam roupas novas para ele. Quando Krupskaia foi ao seu encontro em Munique, encontrou-o morando num pequeno quarto mobiliado e bebendo chá num caneco de lata, o qual, após usar, ele lavava e pendurava num prego ao lado da pia. Após a morte de Lênin, Krupskaia tentou destruir o que, para ela, era o mito de que sua vida comum fora "cheia de privações", mas tudo o que conseguiu foi revelar a austeridade inconsciente de seus padrões. Segundo ela, os dois jamais se viram na miséria em que se encontravam alguns outros emigrados russos, que por vezes "ficavam sem nenhum meio de ganhar a vida durante dez anos até, não recebiam dinheiro da Rússia e literalmente passavam fome". Em sua obra mais detalhada, *Memória de Lenin*, Krupskaia relata sua vida em Munique com ele, primeiro com uma família proletária de seis membros, que se amontoavam num pequeno quarto e uma cozinha, enquanto Lênin e Krupskaia tinham um quarto para si, e depois numa casinha no subúrbio, com móveis que eles próprios compraram e que, ao se mudarem de lá, venderam por doze marcos. Quando o cerco da polícia czarista os obrigou a transferir a *Iskra* para Londres, de início instalaram-se num conjugado péssimo; posteriormente, quando a mãe de Krupskaia chegou, mudaram-se para um apartamento de dois quartos, no qual estavam morando quando Trótski chegou em Londres. Eram eles que cuidavam da casa e ainda cozinhavam para os camaradas que frequentavam o apartamento e às vezes passavam a noite lá, dormindo no chão: ali era a sede da *Iskra*. Ao contrário de Marx, Lênin não tinha muitos livros; estudava mais nas bibliotecas.

Assim, na tentativa de negar o "ascetismo" de Lênin, Krupskaia só fez ressaltar a concentração exclusiva que ele dedicava ao trabalho. Ela revela que Lênin se interessava por tudo e gostava de se distrair; suas distrações mais comuns eram, em Paris, ir ao teatro ouvir um cantor — filho de um communard — que compunha canções revolucionárias; em Londres, ir até Primrose Hill, porque era perto do túmulo de Marx, andar de ônibus pelas avenidas mais respeitáveis e depois caminhar pelos bairros proletários — nesses passeios, costumava murmurar, em inglês, a exclamação de Disraeli: "Duas nações!". Quase sempre sentia-se entediado nos museus, porém ficava horas a fio no Museu da Revolução de 1848 em Paris, "examinando cada item, cada esboço". Também Krupskaia não tinha outras distrações que não essas. Quando Elisaveta Vassilevna chegou, ela assumiu o controle da casa, para que Nadia pudesse se dedicar à política. Era secretária da diretoria da *Iskra* e, segundo Trótski, ocupava

o centro de todo o trabalho organizacional. Recebia camaradas quando estes chegavam, dava-lhes instruções quando partiam, fornecia-lhes contatos e endereços secretos, escrevia cartas, codificava e decodificava a correspondência. Em seu quarto havia sempre um cheiro de papel queimado das cartas secretas que ela aquecia ao fogo para ler. Com frequência queixava-se, com seu jeito manso mas insistente, de que as pessoas escreviam muito pouco, ou não sabiam utilizar o código corretamente, ou escreviam com tinta química de tal modo que as linhas se confundiam etc.

Bobrovskaia, uma bolchevique que trabalhava no partido, afirma que, embora Krupskaia sorrisse às vezes, ela jamais a ouviu rir, e que quando a viu na Finlândia em 1907 ela parecia estar com a mesma blusa cinzenta que havia usado em Genebra em 1903.

Todo aquele que conheceu os maiores revolucionários russos das gerações anteriores à Grande Guerra se surpreende com a eficácia do regime czarista como escola de formação de intelecto e caráter para seus adversários. Obrigados a dedicar a vida e a carreira a suas convicções, levados pelo movimento a entrar em contato com gente de todas as classes, forçados a viver em países estrangeiros cujos idiomas aprendiam com facilidade e perfeição e cujos costumes estudavam com curiosidade e poder de observação rápido e realista, compelidos pelos longos períodos passados na prisão a se adaptar ao convívio com criminosos e, portanto, a entendê-los, ao passo que os meses ou anos de confinamento na fortaleza de Pedro e Paulo ou na escuridão das regiões polares lhes impunha o tempo de lazer necessário para ler e escrever — esses homens e mulheres reuniam uma cultura extraordinariamente ampla a uma variedade de experiências sociais igualmente extraordinária; e, despidos de muitos dos confortos com os quais os seres humanos se protegem, conseguiam conservar, ao sobreviver, a consciência daquilo que é indispensável à honra do ser humano. Mesmo em tal meio, Lênin destacava-se quanto a sua estatura moral à medida que se livrava de tudo aquilo que poderia fazer com que viesse a ter interesses em comum com os que lucravam com o sistema vigente. Talvez seja verdade — como, segundo se diz, Lênin observou — que havia em Trótski algo de Lassalle. Era mais sensato e mais sóbrio que Lassalle, e desenvolveu uma autodisciplina que o impedia de cair nas tentações das quais aquele não escapava; mas os seus escritos dessa época deixam claro que Trótski o admirava, e, como ele, gostava de brilhar. Lunatcharski, que conheceu Trótski em 1905, o descreve como arrogante e bonito, de uma elegância um pouco ofensiva para um revolucionário marxista exilado, e totalmente desprovido do charme humano de Lênin. Enquanto Lênin — escreve Lunatcharski — jamais "se olhava no espelho da história, jamais sequer pensava no que a posteridade diria a seu respeito, simplesmente fazia o que tinha de fazer", Trótski "com frequência olhava para si próprio".

Também não conseguia especializar-se tanto quanto Lênin. Trótski jamais deixou de gostar de ler romances franceses, e em Paris conheceu uma jovem camarada que o induziu a conhecer o Louvre: Natalia Ivanovna Sedova, que começara sua carreira revolucionária convencendo toda a sua turma no internato em que estudava a ler textos radicais e recusar-se a rezar. Quando Trótski chegou da Rússia, ela era a chefe do comitê de recepção para social-democratas recém-chegados a Paris; passou a viver com ele e é mãe de seus dois filhos homens. Foi ela quem lhe mostrou Paris. De início, relata Trótski, ele combateu a arte, porém mais tarde conseguiu compreendê-la, chegando até a escrever sobre o assunto. Trótski seguiu mais a tradição de Lassalle e Engels que a de Marx e Lênin: a tradição do socialista como homem refinado de personalidade multifacetada.

Comentários seus a respeito de Lênin como o citado acima revelam o reconhecimento irrestrito, quase involuntário, da superioridade do outro. Embora marxista e combatente implacável, Trótski só se refere a Lênin como alguém que se aproxima de um nível notável e raro, quase sobre-humano, e, ao escrever sobre ele, exerce uma arte sutil na escolha e na apresentação cuidadosa de características, de caráter afetuoso e delicado, marcado por um profundo respeito, que difere muito da típica veemência marxista e que lembra, de modo inconfundível, o retrato de Sócrates esboçado por Platão.

Ainda não chegara a hora de Trótski seguir Lênin. No início de 1903, Lênin escreveu uma carta em que propunha que Trótski fosse admitido à *Iskra*, afirmando que o jovem escritor era "um homem de rara capacidade, cheio de convicção e energia, que irá longe". Não gostava do que nele havia de espalhafatoso, no entanto previu que com a idade ele deixaria aquilo para trás. Plekhánov, claramente contrariado com o aparecimento de outro escritor brilhante, e com medo de que Lênin e Trótski se aliassem contra ele, recusou-se a admiti-lo no corpo de redatores e tratou-o com calculada frieza, na qual, segundo Trótski, era imbatível. Mas com a ruptura do segundo congresso, Trótski ficou do lado da minoria. Aos 25 anos de idade, seu respeito pelos velhos líderes era tamanho que ele não conseguia entender por que Lênin os excluía impiedosamente, e ficou indignado com tal comportamento, como tantos outros. Daí em diante, passou alguns anos criticando as tendências ditatoriais de Lênin e propondo — afirmava ser um social-democrata independente, sem ser membro de nenhuma das facções — a reconciliação entre bolcheviques e mencheviques.

A crise para a qual Lênin estava tentando se preparar ocorreu antes que ele estivesse pronto, encontrando-o num momento em que estava mais ou menos indefeso; Trótski, mais jovem, justamente por estar com as mãos livres, pôde assumir a liderança.

O massacre de 22 de janeiro de 1905 sacudiu os exilados russos, arrancando-os de seus estudos, polêmicas e debates. O fiasco da guerra contra o Japão destruíra o moral do exército e da marinha, fazendo com que o povo se indignasse com o czarismo. Foi realizada uma manifestação, liderada por um sacerdote ortodoxo e com bandeiras religiosas, para pedir ao czar anistia política, a separação entre Igreja e Estado, a jornada de trabalho de oito horas, a reforma agrária e a convocação de uma Assembleia Constituinte baseada no sufrágio universal. A petição fora redigida na linguagem dos tempos de Boris Godunov: "Se vos recusardes a ouvir nossas súplicas, morreremos aqui nesta praça perante vosso palácio". O czar respondeu à altura: mandou fuzilar todos ali mesmo, homens, mulheres e crianças. A partir daquele momento o movimento revolucionário, deixando para trás a Santa Rússia, desencadeou uma série de greves industriais que foram as mais colossais e abrangentes que o mundo já conhecera. A conspiração dos dezembristas fora uma revolução de nobres, e o movimento terrorista, de classe média; agora, pela primeira vez, um movimento revolucionário eclodia no seio do povo, liderado pelos trabalhadores da indústria. Como Lênin escreveu posteriormente, "foi só então que a velha Rússia rude, patriarcal, religiosa, submissa e servil livrou-se do passado; só então o povo russo conseguiu receber uma educação realmente democrática, realmente revolucionária".

O próprio Lênin, porém, era basicamente um espectador passivo. O padre Gapon, que havia liderado a manifestação e que estava aprendendo a montar e atirar, foi encontrá-lo em Genebra; extremamente excitado, Lênin tentou ajudá-lo a levar armas para os trabalhadores de São Petersburgo, mas o navio encalhou e o carregamento de armas se perdeu. Lênin enfurnou-se na biblioteca de Genebra e estudou estratégia militar e tudo o que achou a respeito de insurreições urbanas. Em abril, foi ao terceiro congresso do Partido Social-Democrata, que teve de ser realizado em Londres, e constatou que os delegados vindos da Rússia se opunham ao controle do partido exercido no estrangeiro, porque os exilados já não estavam a par dos acontecimentos. Em junho, quando soube do motim a bordo do *Potemkin*, da greve geral em Odessa e do episódio em que foi hasteada uma bandeira vermelha pela nau capitânia do esquadrão do mar Negro, Lênin enviou um emissário bolchevique a Odessa com ordens de tomar a cidade, espalhar a revolta pela frota e enviar um torpedeiro para ele. Contudo, quando o homem chegou lá a rebelião já havia sido reprimida. Por fim, em 20 de novembro, Lênin conseguiu voltar à Rússia, mas era tarde demais para que pudesse fazer alguma coisa. Havia bolcheviques no Soviete (Conselho) de São Petersburgo, se bem que apenas nos últimos dias, e um jovem engenheiro bolchevique chamado Krassin, que comprava e distribuía armas, era um dos homens-chave do movimento; porém ficou patente que uma das desvantagens da postura ditatorial de Lênin era que seus seguidores não conseguiam agir, na ausência do líder, com ousadia — o mesmo motivo pelo qual Trótski não conseguira colaborar com ele.

Trótski havia voltado à Rússia em fevereiro; fora um dos primeiros exilados a chegar. Lançando mão de uma série de estratagemas, veio de Kiev, onde voltou a escrever panfletos que eram impressos por Krassin numa gráfica clandestina, até São Petersburgo, onde se tornou, aos 26 anos de idade, a personalidade pública mais importante da capital; e por um momento o poder parecia vacilar entre sua vontade férrea e o czar insípido. Sedova foi presa por cavalarianos numa assembleia do Dia do Trabalho realizada numa floresta, e no verão Trótski foi para a Finlândia. Mas quando teve início a imensa greve de outubro, ele voltou e, com os mencheviques, organizou um Soviete de Delegados de Trabalhadores, cuja primeira reunião ocorreu na noite de 13 de outubro, e no qual as duas facções de social-democratas, mais os herdeiros da tradição populista, iriam unir-se para fornecer aos sindicatos uma direção centralizada. Os líderes bolcheviques, entretanto, com medo de aceitar a fusão de sua facção, não quiseram agir na ausência de Lênin, e só participaram efetivamente quando ele chegou, em novembro. Trótski tornou-se presidente do conselho em 9 de dezembro, quando seu antecessor no cargo foi preso, e redigiu todos os documentos do Soviete, além de escrever artigos para três jornais revolucionários — um dos quais, que contava com a participação dos mencheviques, alcançou enorme circulação, eclipsando totalmente o jornal dos bolcheviques. As inúmeras conferências que dera no exílio o transformaram em orador extraordinário — Lunatcharski achava-o superior mesmo a Jaurès —, dominando tanto a exposição como a argumentação; por maiores que fossem seus problemas de relacionamento com as pessoas como indivíduos, tinha o dom de compelir as massas. Sabia utilizar a árida lógica marxista com agilidade e liberdade, fazendo dela um instrumento de persuasão, bem como brandir a faca da ironia marxista em público, esfolando vivas as autoridades, virando-lhes a pele ao avesso, exibindo as carcaças vergonhosas escondidas por suas afirmações e promessas; sabia descer o nível para arrancar uma gargalhada do camponês que há no âmago de todo trabalhador russo, com um provérbio ou uma fábula do interior da Ucrânia, onde passara a infância; sabia afiar epigramas com uma rapidez e uma limpeza que maravilhavam os mais argutos intelectuais; ainda, sabia escancarar os horizontes da mente para a visão daquela dignidade e liberdade a que todo homem tinha direito. Ao exibir essa visão e as carcaças horríveis que se colocavam como obstáculos à sua concretização, levava a plateia à fúria.

Era necessário despertar a fúria para enfrentar a fúria. Intimidado, o governo divulgou em 30 de outubro um manifesto que prometia uma Constituição; porém as pretensões liberais do ministro do Interior eram contrariadas pelo chefe de polícia, que enchera a cidade de soldados e lhes dera ordem de não poupar balas. Nenhum dos soldados da guarda foi removido, e a provocação começou. Trótski teve que enfrentar a fúria antissemita que não conhecera quando jovem na fazenda, sempre um dos últimos recursos de um governo que não consegue mais ocultar do povo sua incapacidade de permitir-lhe viver. A polícia, utilizando bandas de música e vodca, conseguiu mobilizar certos elementos daquela população miserável — o pequeno comerciante, o batedor de carteiras, o beberrão, o mujique esfomeado perdido na cidade — e jogá-los contra outros tão miseráveis quanto eles próprios, em pogroms que seriam descritos por Trótski com cores muito vivas. Nesses massacres, que tiveram lugar em cem cidades, sabe-se que 4 mil pessoas foram mortas e 10 mil foram mutiladas.

Por algum tempo parecia que o protesto do povo contra o governo era uma força irresistível. Organizavam-se sovietes nos principais centros industriais, e em alguns lugares declaravam-se repúblicas. Uma greve de ferroviários iniciada em Moscou em 24 de outubro, envolvendo também os trabalhadores de telegrafia e telefonia, alastrou-se em uma semana por todas as ferrovias do país, paralisando toda a vida da Rússia. Os camponeses queimaram 2 mil propriedades e enviaram delegados a um congresso em Moscou, no qual foi organizado um Sindicato de Camponeses. Em Sebastopol, em razão da tentativa de proibir que os marinheiros comparecessem a reuniões políticas, um deles matou friamente dois oficiais superiores que haviam dado ordens a fim de impedir que os homens saíssem dos alojamentos. A maioria dos marinheiros da frota do mar Negro se revoltou, bem como muitos dos soldados de Sebastopol, demonstrando que Lênin estava certo quanto ao potencial do incidente do *Potemkin*. Essas revoltas, ao mesmo tempo que protestavam contra situações específicas, exigiam a formação de uma Assembleia Constituinte. E na Polônia, Finlândia, Letônia e Geórgia, os povos subjugados do Império Russo estavam queimando livros escolares russos e expulsando proprietários de terras e funcionários de etnia russa. Ao todo, durante o ano de 1905 cerca de 2,8 milhões de pessoas participaram de manifestações contra o governo czarista. O movimento espalhou-se para outros países, tal como ocorrera em 1848, e grandes greves eclodiram na Áustria, Alemanha, Bulgária, Itália e França.

O Soviete proclamou a liberdade de imprensa — a censura já não vigorava — e organizou uma greve a favor da jornada de oito horas e outra contra a execução dos marinheiros de Kronstadt, que haviam se amotinado, e contra a decretação de lei marcial na Polônia. O Soviete ajudou na organização de novos sindicatos, auxiliou os desempregados e foi levado a assumir o controle de todo tipo de função que o governo não podia mais controlar — Trótski chamou a atenção dos anarquistas para esse fato. No final de novembro, o Soviete representava 147 fábricas, 34 oficinas e dezesseis sindicatos — cerca de 200 mil pessoas. Era procurado por gente de todos os cantos da Rússia que se queixavam de injustiças que iam desde a opressão de províncias inteiras à situação de velhos veteranos de guerra que não tinham do que viver, assim como de velhos cossacos que haviam sido demitidos de cargos que exerceram durante toda a vida. Por fim, o Soviete emitiu um *Manifesto financeiro*, orientando as pessoas para que parassem de pagar impostos e exigissem que os pagamentos das instituições estatais fossem feitos em ouro ou prata pura, além de avisar aos governos estrangeiros que o governo revolucionário, se vitorioso, não reconheceria as dívidas do czar.

O Soviete durou cinquenta dias. O ministro do Interior deu ordens de atirar nos camponeses e incendiar suas casas. Os navios revoltosos de Sebastopol foram bombardeados da fortaleza, da cidade e de navios ainda controlados pelo governo, e os tripulantes que não morreram afogados nem atingidos por balas foram massacrados quando seus navios aportaram. O Soviete de São Petersburgo foi preso dois dias após a divulgação do *Manifesto financeiro*. Uma greve geral, declarada três dias depois da queda do Soviete, foi derrotada após uma terrível guerra civil, tão encarniçada quanto a da Comuna de Paris, no bairro proletário de Moscou, em que cerca de 8 mil operários, dos quais provavelmente apenas 2 mil estavam armados, enfrentaram os dragões do czar, atuando como franco-atiradores e resistindo durante nove dias, quando então foram esmagados pela Guarda Semionovski, que viera de São Petersburgo com esse propósito. Os soldados apontavam suas peças de artilharia não apenas para as barricadas, mas também para as casas do povo. Na frente das ruínas de uma delas foi colocado um prato contendo um pedaço de carne humana com uma placa em que se lia: "Contribua com sua parte para as vítimas". Os soldados da Guarda, com ordens de "ser impiedosos, não fazer prisões", queimaram boa parte do bairro proletário e mataram cerca de mil pessoas, inclusive mulheres, crianças pequenas e bebês; arrastavam os feridos para fora das ambulâncias e os matavam na rua. Entre o dia do apelo do padre Gapon ao czar e a convocação da primeira Duma, em 27 de abril do ano seguinte, as autoridades massacraram 14 mil, executaram mil, feriram 20 mil e prenderam 70 mil.

Em seu julgamento, Trótski fez um magnífico discurso à maneira de Ferdinand Lassalle, transformando a defesa em acusação:

A promotoria os convida, senhores juízes, a declarar que o Soviete de Delegados de Trabalhadores armou os operários para a luta direta contra a "forma de governo" vigente. Se me pedirem que responda a essa pergunta categoricamente, minha resposta será: sim! Sim, aceito essa acusação, porém com uma condição. E não sei se o promotor público estará disposto a admitir esta condição, ou se este tribunal estará disposto a aceitá-la. Pergunto eu: o que quer dizer exatamente a acusação quando fala em uma certa "forma de governo"? Que existe na Rússia uma forma genuína de governo? Há muito tempo o governo vem recuando diante da nação, e agora é forçado a apelar para suas forças policiais e militares, e mais as Centúrias Negras. O que temos atualmente na Rússia não é um poder nacional: é uma máquina automática usada para massacrar a população.

Não sei de que outro modo definir a máquina governamental que atormenta o organismo vivo de nosso país. E se me disserem que os pogroms, os assassinatos, os incêndios, os estupros — se me disserem que tudo o que aconteceu em Tver, em Rostov, em Kursk, em Sedlitz — se me disserem que os eventos ocorridos em Kitchiniov, Odessa, Belostok representam a forma de governo do Império Russo — então estarei disposto a reconhecer, concordando com o promotor público, que pegamos nas armas em outubro e novembro com o objetivo de lutar diretamente contra a forma de governo que existe neste Império Russo.

Há uma fotografia interessante de Trótski na Casa de Detenção. Estatura baixa porém ombros largos, cabelos negros despenteados, nariz adunco, bigode, olhos azuis e penetrantes, de águia, por trás do pince-nez preso a uma fita, olhos que encaram a câmara ou talvez estejam voltados para seu próprio espírito feroz, uma perna cruzada sobre a outra e mãos sobre os joelhos, Trótski, sentado em sua cela, não parece desconcertado, nem indignado, nem sequer desafiador; parece, sim, um grande chefe de Estado que parou por um momento, numa situação de crise, para dar uma oportunidade ao fotógrafo.

Foi mandado de volta ao círculo polar ártico, desta vez por um período indefinido; contudo, conseguiu escapar antes mesmo de chegar a seu destino. Fingiu sentir-se mal em uma das paradas, e não foi tomada nenhuma precaução a fim de que fosse vigiado, pois quem tentasse voltar pelo rio pelo qual eles avançavam seria certamente preso, e não parecia haver nenhum outro caminho. Entre o rio Ob e os montes Urais não havia uma única aldeia russa — só neve e algumas cabanas de nativos, que não falavam russo; além disso, era fevereiro, época das nevascas. Mas Trótski convenceu um camponês a levá-lo para o meio da neve num trenó puxado por veados: seguindo uma trilha de veados, inacessível a cavalos, viajaram setecentos quilômetros em uma semana. Trótski atravessou os Urais a cavalo, fazendo-se passar por funcionário; pegou um trem, mandou um telegrama para Sedova, pedindo-lhe que fosse buscá-lo na estação, e com ela fugiu para a Finlândia, onde estavam Lênin e Martov.

Nos anos seguintes, Trótski relatou e analisou a revolução num livro extraordinário chamado *1905*. O primeiro revolucionário marxista a escrever uma obra de história a respeito de eventos nos quais ele próprio havia participado fora Engels, em seu texto sobre 1848; Trótski porém foi além de Engels. Seu papel fora mais importante, o assunto era mais vasto, e tanto seu papel como o próprio livro receberam do autor um sopro de vida mais dramático: *1905* é um brilhante precursor da história da grande Revolução que Trótski viria a escrever. O marxista ainda não está dominando os eventos, mas já pode ao menos, por um lado, exercer certa influência concreta sobre eles e, por outro, fazer o seu relato imediatamente depois de ocorridos os fatos. A história representada e a história escrita ainda correm por linhas paralelas, mas tendem a juntar-se.

Segundo a análise marxista de Trótski, o movimento de 1905 fracassou porque o czar, no momento decisivo, pôde controlar as forças de combate, uma vez que tanto no exército como na marinha predominava o elemento camponês. Como esses camponeses, mantidos coesos e bem cuidados pelas forças armadas, não tinham, como os ex-servos, o estímulo da fome para rebelar-se contra os superiores, estavam fadados a sucumbir à sua passividade natural e trair os elementos com formação técnica. Todavia, Trótski achava que a situação peculiar da Rússia obrigara o proletariado a assumir a função e se arrogar a posição que na França do século XVIII haviam sido atribuídas à burguesia. O proletariado havia gerado o Soviete; e o Partido Social-Democrata, que fora o único a entender o que estava acontecendo, necessariamente assumira a direção.

Concluir para que lado estava caminhando a revolução e para que lado guiá-la quando a maré virasse novamente era o grande problema dos social-democratas russos, que sabiam que não podiam se basear em nenhum precedente ocidental. Os mencheviques esperavam uma democracia burguesa, na qual o capitalismo não seria abolido, mas o governo seria exercido por liberais, com os socialistas na oposição. Lênin acreditava que viria um período de ditadura exercida pelo proletariado e pelo campesinato que não seria uma revolução social, mas apenas um meio de estabelecer uma democracia de estilo ocidental. Na Finlândia, Trótski elaborou uma teoria de "revolução permanente", quase idêntica à que Lênin viria a adotar, e que vigorou após a tomada do poder pelos bolcheviques em 1917. Em 1847, em sua obra *Princípios do comunismo*, Engels escrevera que seria impossível uma revolução socialista manter-se num único país: os outros países capitalistas avançados teriam de seguir o seu exemplo. Trótski não apenas afirmava que uma revolução proletária na Rússia não teria como ser puramente democrática — pois teria de recorrer ao socialismo para satisfazer os trabalhadores, diante da inevitável resistência dos capitalistas — como também, devido ao estado primitivo da economia russa, que seria impossível lá implantar o socialismo sem que ocorressem revoluções socialistas em outros países. Foi essa linha de desenvolvimento histórico que Trótski passou a seguir em sua atuação política, e dela jamais se desviou.

Suas aventuras subsequentes até a época de sua volta à Rússia, em 1917, não cabe detalhá-las aqui. Figura independente de facções, Trótski completou sua formação internacional com temporadas em Viena, Berlim, Zurique, Belgrado, Paris e Madri. Foi caçado de um país a outro depois da eclosão da guerra em 1914: um coronel russo das tropas enviadas à França foi assassinado pelos próprios soldados, e Trótski, que estava editando um jornal em Paris, foi expulso do país como suspeito. Acabou indo para os Estados Unidos, e já estava em Nova York havia dez semanas quando estourou a nova revolução na Rússia. Dessa vez chegou um tanto atrasado, porque os ingleses o detiveram durante um mês em Halifax. O Governo Provisório russo incentivou as autoridades a mantê-lo no estrangeiro, porém o Soviete insistiu para que o soltassem.

Trótski afirma que ficou desiludido com os mencheviques quando colaborou com eles em 1905; embora as massas os incentivassem a avançar, "percebi, atônito, sentindo-me cada vez mais distanciado, que cada acontecimento pegava desprevenido até mesmo Martov, o mais inteligente deles, confundindo-o". Em 1917, os dois marxistas mais capazes, Trótski e Lênin, finalmente começaram a trabalhar juntos.

28. TRÓTSKI IDENTIFICA A HISTÓRIA CONSIGO PRÓPRIO

VIMOS, PORTANTO, que o movimento marxista havia chegado, no início do século, a um ponto em que já podia oferecer uma base e um campo de ação para um jovem ambicioso e talentoso. Trótski não é, como Marx, um grande pensador original; não é, como Lênin, um grande estadista original; talvez não fosse sequer inevitavelmente um grande rebelde: é como se ele se visse jogado no mundo da revolução. É um desses homens superiores que prosperam dentro de uma escola, sem criar o sistema nem tampouco romper com ele.

O jovem estudante que impressionara os colegas com sua eloquência e com a força de seu raciocínio numa época em que ainda não sabia bem do que estava falando, porque se sentia compelido a representar um papel a qualquer preço, encontrou seu lugar no exército do marxismo — no drama do progresso, no palco do mundo, concebidos de uma certa maneira. Naturalmente, não se está dizendo que haja algo de insincero ou enganoso na relação entre Trótski e seu papel. Pelo contrário: por ele, Trótski arriscou não apenas seu conforto e sua paz de espírito, como também a própria vida e a de seus seguidores e familiares, além do desfrute do poder político que é a única satisfação material que o marxismo permite a seus sacerdotes. Ele aprendeu na academia marxista uma perfeição de forma revolucionária e padrões de honra revolucionária que parecem quase rivalizar a forma e os padrões dos oficiais czaristas em seus duelos.

Há um trecho em que Trótski fala do efeito exercido sobre ele pela leitura da correspondência entre Marx e Engels que vale a pena citar como exemplo da tradição por eles fundada. Trótski estava tentando trabalhar com os social-democratas austríacos, que tinham sido estupidificados pelo academicismo germânico — os trabalhadores por vezes dirigiam-se a eles com a fórmula *"Genosse Herr Doktor"* — e desmoralizados pelo ceticismo vienense: Victor Adler uma vez chocou Trótski ao dizer-lhe que preferia as previsões políticas baseadas no Apocalipse àquelas baseadas no materialismo dialético.

Escreve Trótski:

Nesta atmosfera, a correspondência entre Marx e Engels era um dos livros de que eu mais precisava, e o que mais próximo estava de mim. Ele me fornecia o teste principal e mais infalível para minhas ideias, bem como para toda a minha atitude pessoal em relação ao resto do mundo. Os líderes vienenses da social-democracia usavam as mesmas fórmulas que eu, mas bastava girar qualquer um deles cinco graus em torno de seu eixo para constatar que dávamos significados muito diferentes aos mesmos conceitos. Nossa concordância era temporária, superficial e irreal. A correspondência entre Marx e Engels para mim foi uma revelação não teórica, mas psicológica. *Toutes proportions gardées*, encontrei em cada página uma prova de que eu estava unido àqueles dois por uma afinidade psicológica direta. A atitude que tinham em relação aos homens e às ideias era igual à minha. Eu adivinhava o que eles não exprimiam, simpatizava com as mesmas coisas, sentia indignação e ódio pelas mesmas coisas que eles. Marx e Engels eram revolucionários até o âmago. Porém não tinham o menor sinal de sectarismo nem de ascetismo. Ambos, principalmente Engels, podiam a qualquer momento dizer a respeito de si próprios que nada que era humano lhes era estranho. Sua visão revolucionária, contudo, sempre os colocava num plano acima dos azares do destino e dos atos dos homens. A mesquinhez era incompatível não apenas com suas personalidades, mas também com suas presenças. A vulgaridade não aderia nem sequer à sola de suas botas. Seus julgamentos, suas simpatias, suas brincadeiras — até mesmo as mais banais — são sempre investidas do ar rarefeito da nobreza espiritual. Às vezes fazem críticas mortais a um homem, mas jamais caem em mexericos.* São por vezes implacáveis, mas nunca traiçoeiros. Glamour, títulos e distinções só lhes inspiram um frio desprezo. O que os filisteus e parvenus viam neles de aristocrático era na verdade apenas sua superioridade revolucionária. Sua característica mais importante é uma atitude de independência completa e profundamente arraigada em relação à opinião pública oficial, a qualquer momento e em quaisquer circunstâncias.

Mesmo aqui percebemos que é a atitude em si, e não o que é realizado através dela, que fala à imaginação de Trótski: ele se vê como o aristocrata da revolução. Segundo Lunatcharski, Trótski comentou a respeito do líder social-revolucionário Tchernov, que havia aceitado um cargo no governo de coalizão antes da revolução de outubro: "Que ambição desprezível! Abandonar sua posição histórica em troca de uma pasta". No entanto, a posição de honra é apenas deslocada para o final de uma perspectiva mais longa. Acrescenta Lunatcharski: "Trótski dá muito valor a seu papel histórico, e sem dúvida estaria disposto a fazer qualquer sacrifício pessoal, sem excluir em absoluto o da própria vida, a fim de permanecer na lembrança da humanidade com o halo de líder revolucionário genuíno". Escreveu Bruce Lockhart em seu diário em fevereiro de 1918, após sua primeira entrevista com Trótski: "Ele me parece um homem disposto a morrer lutando pela Rússia, desde que haja uma boa plateia assistindo". E de algum modo Trótski dá a impressão de que a causa do progresso da humanidade depende dele: a luta da Verdade é a sua luta. Em sua autobiografia, explica como ele julgava os meninos de sua

* Isto foi escrito antes de Trótski ter acesso ao texto completo da correspondência, publicado pelo Instituto Marx-Engels de Moscou. A publicação só teve início em 1929, ano em que ele terminou *Minha vida*. Porém é claro que o próprio expurgo a que Bebel e Bernstein submeteram as cartas evidencia o ideal de autodisciplina que os marxistas se impunham. [N. A.]

escola quando voltou a frequentá-la depois de ter sido suspenso por causa da manifestação contra o professor de francês. Dividiu--os em três grupos: os que o "traíram", os que o "defenderam" e os que "permaneceram neutros". Com os do primeiro grupo, ele cortou relações completamente; dos pertencentes ao segundo ele procurou se aproximar. Ele comenta:

> Pode-se dizer que foi esse o primeiro teste político pelo qual passei. Foram esses os grupos que resultaram daquele episódio: os delatores e invejosos de um lado, os corajosos e francos no outro extremo e a massa neutra e vacilante no meio. Esses três grupos jamais desapareceram completamente, mesmo em anos subsequentes. Encontrei-os repetidamente em minha vida, nas circunstâncias mais diversas.

Assim, até mesmo o leitor de Trótski inevitavelmente se envolve numa espécie de questão de lealdade pessoal para com o autor. Trótski, ao contrário de Lênin, não se contenta em apresentar a sequência de eventos que ele ou outro autor neste ou naquele caso podem ter interpretado de maneira mais ou menos correta: ele faz questão de se justificar em relação a eles.

Nós, que em anos recentes vimos o Estado que Trótski ajudou a construir atravessar uma fase em que se manifestaram juntas a barbárie do Terror de Robespierre e a corrupção e a reação do Diretório, que vimos o próprio Trótski representar o papel dramático de Graco Babeuf, podemos ser tentados a atribuir-lhe qualidades que ele não possui, princípios que ele repudiou expressamente. Vimos o sucessor de Lênin empreender a tarefa fabulosa de reescrever toda a história da Revolução a fim de suprimir a participação de Trótski, persegui-lo de país a país, bem como a seus filhos, até a morte; e por fim, em julgamentos e confissões falsas mais degradantes para o espírito humano que a brutalidade franca de Ivan, o Terrível, tentar jogar sobre ele a responsabilidade por todos os motins, erros e desastres que vêm dificultando seu governo — até conseguir fazer com que o mundo passasse a ver em Trótski o acusador da própria consciência pesada de Stálin, como se os carreiristas soviéticos da década de 1930 fossem incapazes de negar o ideal socialista sem tentar aniquilar a autoridade moral desse homem caçado sem trégua. Não foi apenas Trótski que criou seu papel: seus inimigos lhe emprestaram uma realidade que não poderia ter sido conseguida apenas por meio da tentativa de Trótski de dramatizar a própria situação. E como as chamas da Revolução morreram na União Soviética numa época em que os sistemas de pensamento do Ocidente já estavam em um estado avançado de decadência, Trótski tornou-se um verdadeiro farol, projetando um facho alongado de luz por sobre os mares e recifes a seu redor. Porém, precisamos tentar ver o homem por trás da personagem, examinar suas verdadeiras tendências e doutrinas.

O rapaz que voltou de Odessa para a fazenda com sua cultura livresca e óculos novos, com seus novos hábitos de limpeza e roupas novas de cidade, constatou que estava alienado de seu mundo, tornara-se uma criatura de outra ordem, que se considerava superior aos outros; e o relacionamento que se estabeleceu nesse ponto parece ter persistido durante toda a vida de Trótski em relação aos seres humanos em geral. Em *Minha vida*, ele nos diz, com aquela franqueza que o distingue tanto do homem público típico, que suas primeiras emoções de "protesto social" consistiram em sentimentos de "indignação provocada pela injustiça" e não de "simpatia pelos oprimidos", e,

> mesmo quando minhas ideias revolucionárias já estavam tomando forma, eu me surpreendia assumindo uma atitude de desconfiança em relação à ação das massas, uma visão livresca, abstrata e, portanto, cética da revolução. Era obrigado a lutar contra essa minha tendência, por meio de pensamentos e leituras, mas principalmente da experiência, até conseguir dominar os elementos de inércia psíquica que havia em mim.

Lunatcharski afirma — e é amplamente confirmado por outras pessoas que conheceram Trótski — que "uma tremenda arrogância e uma espécie de incapacidade ou falta de vontade de manifestar um mínimo de carinho e atenção pelas pessoas, a ausência daquele charme que Lênin sempre teve, condenaram Trótski a um certo grau de solidão". É típica de Trótski a afirmação — feita num artigo a respeito de um livro de Céline —, que jamais poderia ter sido feita por nenhum outro grande marxista, de que o movimento revolucionário "redime a humanidade da noite escura do eu circunscrito".

Sem o dom de inspirar confiança nas relações pessoais que caracterizava Lênin, sem o senso político astuto por meio do qual Stálin pôde construir sua máquina e manipular a opinião pública, Trótski encontra-se hoje essencialmente na mesma posição que ocupava entre o racha de 1903 e a revolução de 1905, e, mais uma vez, de 1905 até sua volta à Rússia em 1917: a posição de marxista independente com um punhado de seguidores fiéis, mas sem um número significativo de seguidores do povo. É quando um momento de crise o coloca numa posição de autoridade incontestada e ele pode agir por conta própria que Trótski se torna uma força política poderosa, pois tem o dom de fazer com que as pessoas ajam. Como comissário da guerra em 1918-9, conseguiu, viajando em seu trem blindado, deslocar-se tão depressa de um front a outro, dirigir apelos tão apaixonados aos trabalhadores, pedir pelo telégrafo suprimentos com tanta presteza, escrever e despachar tantas reportagens de impacto, pressionar com tanta habilidade os peritos em assuntos militares que haviam sido formados pelo velho regime para que oferecessem seus serviços à causa da Revolução, e capturar e fuzilar tantos oficiais descontentes, que os dezesseis exércitos soviéticos, sentindo que tinham atrás de si esse homem de vontade demoníaca, conseguiram conter os Koltchaks e Denikins e salvar a Revolução. Quando Iudenitch marchava rumo a Petrogrado e Lênin propôs que a cidade fosse abandonada, quando o comandante do regimento já dera a seus homens ordem de recuar e os soldados fugiam, tendo chegado ao quartel-general da divisão, Trótski montou no primeiro cavalo que encontrou e, perseguindo um soldado depois do outro, com sua ordenança atrás brandindo uma pistola e gritando: "Coragem, pessoal, que o camarada Trótski está no comando!", fez com que todo o regimento voltasse e recuperasse as posições anteriores. O comandante apareceu nos lugares mais perigosos e foi ferido em ambas as pernas; os homens atacaram os tanques a golpes de baioneta. E mesmo na política é incontestável que — como afirmou Bruce Lockhart anos atrás — Trótski é mais extraordinário quando está numa situação difícil. Sem dúvida, ele jamais foi uma figura tão imponente quanto na época em que, quando todas as nações europeias lhe negaram asilo, foi obrigado a defender-se da perseguição assassina movida contra ele por Moscou.

Assim, o ideal que o impulsiona é menos o desejo de tornar feliz a humanidade do que o entusiasmo pela cultura humana, por aquela "primeira cultura verdadeiramente humana", conforme ele diz em *Literatura e revolução*, que o socialismo deverá um dia tornar possível, a qual irradia do homem ensimesmado para iluminar este crepúsculo da sociedade. Portanto, é a *teoria* do marxismo, o diagrama do desenvolvimento social, e não as vicissitudes imediatas da vida de seus semelhantes, que está presente na mente de Trótski. Naturalmente, o marxista tem de agir, mas ele só pode aceitar a ação se puder compreender a situação e explicar sua própria intervenção em termos de teoria marxista. Escreve ele:

O sentimento da supremacia do geral sobre o particular, da lei sobre o fato, da teoria sobre a experiência pessoal, arraigou-se em minha mente desde cedo, e foi ganhando força com a passagem dos anos. [...] [Este sentimento] tornou-se parte integrante de meu trabalho literário e político. O empirismo tedioso, o culto servil e desavergonhado do fato que é tantas vezes imaginário, e ainda por cima mal interpretado, eram para mim coisas detestáveis. Eu procurava as leis além dos fatos. [...] Em todas as esferas, sem nenhuma exceção, eu sentia que só podia movimentar-me e agir quando tinha em minha mão o fio do geral.

O lado mau dessa atitude é que pode resultar na substituição da observação dos homens em seu meio por uma espécie de demonstração lógica, que nos traz à mente a aptidão que Trótski sempre revelou para matemática; isso tende a acontecer especialmente com algumas de suas previsões políticas, escritas longe do teatro de operações. O lado bom — que se manifesta quando faz a análise de eventos que já ocorreram, de modo que a base na realidade é dada de antemão — é responsável pela produção de estudos históricos de sutileza e solidez extraordinárias. A diferença entre Trótski e o típico pedante marxista, que desfia "teses" abstratas, é que na mente daquele o predomínio da teoria marxista não limita o alcance de sua inteligência: em seus escritos, encontramos não apenas a análise marxista do comportamento de massa como também a observação realista — em particular no campo da personalidade — na tradição dos grandes escritores russos; e não se trata somente do domínio do desenvolvimento e da forma que empresta dignidade até ao menor de seus artigos: a utilização de imagens felizes que conferem beleza até mesmo a suas polêmicas e torna inesquecíveis algumas passagens de seus livros. *1905*, *História da revolução russa*, *Minha vida*, a biografia de Lênin e *Literatura e revolução* são provavelmente obras que vieram para ficar.

No trecho já citado, Trótski acrescenta: "O radicalismo social-democrata que se tornou o centro permanente de toda a minha vida interior nasceu dessa antipatia intelectual pelos empreendimentos que visam a objetivos mesquinhos, o pragmatismo absoluto, tudo aquilo que é ideologicamente amorfo e teoricamente não generalizado". Perfeito; porém o centro permanente na vida interior de uma pessoa é igualmente um limite além do qual ela não pode atuar. Trótski relata de que modo, durante seu período de formação, por diversas vezes ele estendeu seu âmbito: de início "resistira" à revolução, depois a Aleksandra Lvovna e ao marxismo, depois à arte. E até 1917 resistira a

Lênin. No entanto, ainda que a corda se alongue, ela continua amarrada à estaca central. Nos empreendimentos mais sérios da humanidade, somos obrigados a desconfiar da mentalidade que resiste a tudo o que ameaça perturbar sua estruturação; há sempre o perigo de que ela não perceba o aparecimento de fatores novos importantes. Todos os escritos mais recentes de Trótski têm como refrão a ideia que é também a base principal de sua autojustificação: que desde o início da revolução ele vem gravitando em torno de Lênin (naturalmente, Trótski reconhece os conflitos entre eles, mas o fato de ser tentado a minimizá-los trai a sua necessidade de girar em torno de um centro fixo de autoridade) e, depois da morte de Lênin, de sua memória. E o marxismo de Trótski é tão dogmático quanto o de Lênin. Está longe do espírito exploratório de Marx e Engels; e, sendo essencialmente um escritor e um doutrinário, e não, como Lênin, um mestre na arte de trabalhar com os materiais imediatos da humanidade, as implicações desse marxismo dogmático ficam particularmente explícitas em sua obra.

Vejamos quais são essas implicações. Em primeiro lugar, jamais houve, que eu saiba, um marxista de primeira ordem para quem a concepção marxista da história, derivada da Ideia hegeliana, desempenhasse um papel tão francamente teleológico quanto Trótski. Eis algumas passagens de seu livro sobre a revolução de 1905, escrito logo depois dos acontecimentos nele relatados.

Se o príncipe não estava conseguindo regenerar o país em paz, estava realizando com extraordinária eficácia uma tarefa de ordem mais geral, para a qual a história o colocara na chefia do governo: a destruição das ilusões políticas e dos preconceitos da classe média.

A história utilizou o plano fantástico de Gapon com o objetivo de atingir seus fins, e tudo o que cabia ao padre era sancionar com a autoridade sacerdotal as suas [i.e., da história] conclusões revolucionárias.

Quem relê a correspondência de nossos maravilhosos clássicos [Marx, Engels e Lassalle], que do alto de seus observatórios — o mais jovem em Berlim, os mais velhos no próprio centro do capitalismo mundial, Londres — observavam o horizonte político com atenção constante, anotando cada incidente, cada fenômeno que pudesse assinalar a proximidade da Revolução; quem relê essas cartas em que a lava revolucionária chega ao ponto de fervura; quem respira essa atmosfera de expectativa impaciente mas nunca exausta chega a odiar essa cruel dialética da história que, para atingir fins momentâneos, vincula ao marxismo *raisonneurs* totalmente desprovidos de talento tanto em suas teorias como em sua psicologia, que opõem sua "razão" [àquilo que consideram] loucura revolucionária.

Assim, a História, com sua Trindade dialética, havia escolhido o príncipe Sviatopolk-Mirski para desiludir a classe média, havia proposto conclusões revolucionárias e compelido o padre Gapon a abençoá-las, e haverá de desacreditar e destruir impiedosamente certos fariseus e saduceus do marxismo antes de ferver a lava do Juízo Final. Essas afirmações só fazem sentido quando substituímos as palavras "história" e "dialética da história" por "Providência" e "Deus". E esse poder providencial da história está presente em todos os escritos de Trótski. John Jay Chapman afirmou, a respeito de Browning, que em sua obra Deus fazia as vezes de substantivo, verbo, adjetivo, advérbio, interjeição e preposição; o mesmo se dá em relação à História com Trótski. Mais recentemente, na solidão do exílio, essa História, espírito austero, chega a dar a impressão de estar a seu lado quando ele escreve, estimulando, admoestando, aprovando, dando-lhe coragem para confundir seus acusadores, que jamais viram o rosto da História.

O que significa, em momentos de ação, ter a História a seu lado, brandindo sua espada vingadora, é revelado por uma cena extraordinária ocorrida no primeiro congresso da ditadura soviética após o sucesso da insurreição de outubro de 1917, quando

Trótski, com o desdém e a indignação de um profeta, expulsou Martov e seus seguidores da assembleia. "Vocês são indivíduos isolados, dignos de piedade", exclamou, no auge do triunfo dos bolcheviques. "Estão falidos; já representaram seu papel. Vão para o lugar que lhes cabe de agora em diante — a lata de lixo da história!" Vale a pena analisar essas palavras, porque elas dizem muito a respeito da trajetória da política e do pensamento marxistas. Observe-se que o objetivo da fusão com a corrente caudalosa da história é escapar do destino ignóbil de se tornar um "indivíduo isolado, digno de piedade"; e que quem não a consegue é relegado à lata de lixo da história, onde não terá mais nenhuma serventia. Hoje em dia, ainda que concordemos com os bolcheviques que Martov não era um homem de ação, suas críticas ao caminho por eles adotado nos parecem permeadas de uma inteligência clarividente. Martov observou que proclamar um regime socialista em condições diferentes daquelas que Marx havia especificado não levaria aos resultados por ele previstos; que Marx e Engels normalmente afirmavam que a ditadura do proletariado teria, para a nova classe dominante, a forma de república democrática, com sufrágio universal e a possibilidade de o eleitorado tirar do poder líderes por ele elevados ao poder; que o slogan "Todo o poder aos sovietes" jamais significara exatamente o que parecia dizer, e que logo Lênin o trocara por "Todo o poder ao Partido Bolchevique". Por vezes coisas valiosas são jogadas na lata de lixo da história — coisas que depois precisamos recuperar. Do ponto de vista da União Soviética stalinista, é na lata de lixo que Trótski se encontra atualmente; e é bem possível que ele tenha que descartar sua antiga premissa de que o indivíduo isolado é necessariamente "digno de piedade", e substituí-la pela convicção do dr. Stockman, personagem do *Inimigo do povo*, de Ibsen: "O homem mais forte é o mais só".

As confusões da moral marxista tornam-se cada vez mais óbvias em Trótski à medida que seus conceitos são questionados, não mais pelo kantismo diluído de Bernstein, mas pela crítica severa e inelutável do desenrolar dos eventos naquele Estado fundado pela moral marxista. Vejamos o que diz Trótski no primeiro volume de sua biografia de Lênin, publicado em francês em 1936, no qual essas questões ainda não são discutidas especificamente. A respeito da mãe de Lênin, por exemplo, escreve:

> Uma fonte inesgotável de força moral possibilitava, após cada golpe do destino, restabelecer seu equilíbrio interior e dar apoio àqueles que o necessitavam. O gênio moral, quando não vem acompanhado de outros dons, não se percebe à distância, mas somente de perto. Mas se não houvesse no mundo naturezas femininas generosas desse tipo, não valeria a pena viver.

Ao narrar o episódio da mentira confessada pelo menino Vladímir, ele comenta: "Vemos, portanto, que o imperativo categórico da moralidade não era em absoluto tão alheio a Vladímir quanto foi afirmado pelos inúmeros inimigos seus". Porém escreve mais adiante, a respeito da afirmativa de Ana de que seu irmão Aleksander era incapaz de mentir e que esse fato ficou patente em seu julgamento:

> Somos tentados a acrescentar: Que pena! Uma tal mentalidade, num conflito social impiedoso, deixa a pessoa indefesa na política. Apesar dos argumentos dos moralistas austeros, esses mentirosos profissionais, a mentira é um reflexo das contradições sociais, mas é também por vezes uma arma contra elas. É impossível escapar, por um mero esforço moral individual, da teia da mentira social.

Por fim, sobre a acusação de "amoralismo" feita a Lênin por um de seus primeiros adversários, ele explica:

> Ora, este amoralismo aparentemente consistia na aceitação de qualquer meio como admissível desde que levasse ao fim desejado. É verdade: Uliánov não admirava essa moralidade dos papas ou de Kant, que, segundo se supõe, regula nossas

vidas do alto dos céus estrelados. Os objetivos que buscava eram tão grandes e suprapessoais que ele explicitamente subordinava os padrões morais a eles.

Dois anos depois, após os julgamentos de Moscou de março de 1938, Trótski escreveu um longo artigo, intitulado "A nossa moral e a deles" (*New International*, junho de 1938), atacando aqueles que afirmavam que as mentiras sistemáticas do Kremlin e o extermínio impiedoso dos velhos bolcheviques eram decorrência lógica da política jesuítica dos próprios bolcheviques. Esse artigo deve ser considerado o *locus classicus* das ideias de Trótski acerca dessa questão. O que diz ele? Em primeiro lugar, que os jesuítas foram injustamente criticados. A ideia de que acreditavam que o fim justificava *qualquer* meio é uma invenção maliciosa de seus adversários: o que eles afirmavam era que um dado meio pode não ser em si nem bom nem mau, podendo tornar-se uma coisa ou outra em função do objetivo a que serve. Assim, é um ato criminoso atirar num homem "com o fim de matá-lo ou cometer uma violência", no entanto é um ato virtuoso atirar num cão raivoso para salvar uma criança. "Os jesuítas representavam uma organização militante estritamente centralizada, agressiva e perigosa não apenas para seus inimigos como também para seus aliados." Eram superiores aos outros padres católicos de sua época por serem "mais coerentes, mais ousados e mais perspicazes". Foi só à medida que se tornaram menos jesuítas, menos "guerreiros da Igreja", ou seja, em que se perverteram e se transformaram em "burocratas", que sua ordem degenerou.

Desse modo, meios como a mentira e o assassinato não são em si nem bons nem maus. Ambos são necessários em tempo de guerra, e os aprovamos ou reprovamos dependendo do lado cuja vitória desejemos. Trótski apresenta exemplos impressionantes desse fenômeno, evidentemente sem ter consciência de que o faz, no próprio ensaio em que o examina, quando se queixa da "hipocrisia" e do "culto oficial da mentira" do Kremlin e denuncia um de seus caluniadores da GPU, chamando-o de "burguês sem honra nem consciência". O leitor fica a se perguntar se, quando os bolcheviques caluniavam os mencheviques, isso não implicava nada de negativo para sua honra e sua consciência. Encontramos a resposta a essa pergunta nesta outra passagem:

A questão não está nem mesmo em saber qual dos lados em conflito causou ou sofreu o maior número de vítimas. A história dá pesos diferentes à crueldade dos nortistas e à dos sulistas na Guerra de Secessão. O senhor de escravos que, por meio da astúcia e da violência, acorrenta um escravo, e o escravo que, por meio da astúcia e da violência, quebra suas correntes — que não nos venham eunucos desprezíveis afirmar que, perante um tribunal de moralidade, os dois são iguais!

Existe, pois, um tribunal de moralidade acima da luta de classes, e quem o preside, mais uma vez, é a Deusa História. Para qualquer pessoa, menos um marxista, pareceria razoável supor que a história, no sentido comum de relato ou análise dos eventos do passado, pudesse abordar sem paixão moral as perdas humanas do norte e do sul na Guerra de Secessão americana. Mesmo que aceitemos que uma das partes em conflito representa uma força progressiva e a outra uma força retrógrada, deverá o historiador dar "pesos diferentes" ao heroísmo e à crueldade de um dos lados em relação aos do outro? No momento em que emprega a palavra "crueldade", Trótski está fazendo implicitamente um julgamento moral que independe de sectarismos e pertence à linguagem comum. (Não obstante, vale a pena lembrar que o termo russo para "cruelmente", usado em sentido generalizante, como no trecho de Lênin citado na página 453, pode ser traduzido como "severamente". "Severamente", ao contrário de "cruelmente", não tem conotações morais; porém o elemento de crueldade da vida era — como ainda é — tão corriqueiro na Rússia que quase chega a perder suas implicações morais. Quando o conflito se torna tão agudo, é difícil para ambas as partes reconhecer conceitos morais comuns a todos. Isso também se aplica aos outros "meios" a que Trótski está se referindo. O estrangeiro que já ouviu muitas mentiras de funcionários russos depois de certo tempo acaba perdendo sua sinceridade nativa.)

Seria possível elaborar um ponto de vista que resolvesse essas contradições, que explicasse até que ponto nossos conceitos de bem e mal são universais e em que medida são determinados por nossa classe, de modo bem mais adequado do que Trótski foi capaz de fazer; tentei esboçar algo nesse sentido no final do capítulo sobre a dialética. É possível que tal ponto de vista jamais possa ser desenvolvido por qualquer um que, como Trótski, esteja ele próprio participando na luta de classes. A polêmica intrapartidária, essa convenção que é ela própria uma ab-rogação das relações pacíficas e obstáculo a uma discussão mais séria, interpõe-se nesse ponto entre Trótski e as verdadeiras questões em jogo. Muito do que vemos aqui não passa de uma argumentação ad hominem — ou melhor, à classe social — do tipo que foi explorado pela primeira vez por Marx e Engels no *Manifesto comunista*. Em resposta à objeção segundo a qual o comunismo "repudia, em vez de reformular, a religião e a moralidade", as "verdades eternas [...] comuns a todos os sistemas sociais", os fundadores do marxismo afirmam que, como todos esses sistemas sociais se baseiam na exploração, não admira que eles cheguem a valores semelhantes; e em resposta à queixa de que o comunismo destrói o casamento e a família, os autores jogam na cara de seus adversários a desintegração das relações familiares produzida pelo trabalho industrial. Assim, a questão da existência ou não de certos tipos e qualidades de comportamento que podem ser considerados desejáveis em si por seres humanos de diferentes classes — e, se existem, até que ponto são desejáveis — jamais é discutida. Trótski a evita ainda mais do que os autores do *Manifesto comunista*. Quem são essas criaturas que ousam questionar a nossa moralidade? São os "pequenos batedores de carteira da história" etc. O próprio título — *A nossa moral e a deles* — tenta distrair a atenção das questões em si, deslocando todo o debate para o nível da polêmica.

Mais uma vez Trótski invoca Lênin:

O "amoralismo" de Lênin, ou seja, sua rejeição de uma moralidade acima das classes, não o impediu de permanecer fiel a um determinado ideal durante toda a vida; de dedicar todo o seu ser à causa dos oprimidos; de exibir a mais elevada consciencialidade na esfera das ideias e o mais elevado destemor na esfera da ação, de manter uma atitude isenta de qualquer vestígio de superioridade em relação ao trabalhador "comum", a uma mulher indefesa, a uma criança. Não se tem a impressão de que, neste caso, o "amoralismo" não passa de um pseudônimo para a mais elevada moral humana?

Sem dúvida, é verdade que Lênin seguiu uma lógica moral toda sua; porém ele a viveu, e podemos ver o quanto ele permaneceu dividido, no plano dos sentimentos, ainda que não perplexo no campo das decisões, devido à dificuldade dessa lógica. Lênin tentou examiná-la e formulá-la em menor medida que Trótski, contudo, atualmente, o melhor que Trótski consegue fazer é apontar para o passado em direção a Lênin — ou seja, mostrar que já houve um grande bolchevique que era humano e dedicado.

Não se pode dizer que Trótski tenha se revelado uma pessoa particularmente humana. Em princípio, foi mais o aspecto do planejamento do socialismo, a oportunidade de aumentar a eficiência, bem como o lado implacável do marxismo, que o atraíram quando ele estava no poder. Naturalmente, a ditadura bolchevique era fundamentalmente antidemocrática. Em se tratando de um povo sem nenhuma formação política democrática, era inevitável que um governo revolucionário tivesse ele próprio que recorrer ao despotismo. E também é verdade que, durante os anos da guerra civil, os métodos brutais se impuseram como uma questão de vida ou morte para a Revolução. Ainda, os primeiros impulsos dos bolcheviques com vistas a demonstrar generosidade para com seus inimigos políticos tiveram resultados extremamente decepcionantes: quando soltaram o general monarquista Krasnov, após ele ter atacado Petrogrado, em troca de sua palavra de honra de que pararia de lutar contra o regime bolchevique, o general voltou de imediato ao ataque. Mas durante essa crise, que fez com que Trótski desse o melhor de si, ele não demonstrou muita sensibilidade em relação aos sentimentos e às necessidades do povo. Leia-se o panfleto *A defesa do terrorismo*, publicado em 1920, em resposta a um panfleto de Kautsky, que atacava o regime bolchevique, no qual Trótski defende tanto o fuzilamento de inimigos militares e políticos pelos bolcheviques como o projeto, proposto por ele próprio, de utilizar os soldados para realizar obras civis compulsoriamente. É bem verdade que seu panfleto foi escrito "num vagão de um trem militar, em meio às chamas da guerra civil", como ressalta Trótski e nos pede que tenhamos em mente; porém o que sentimos em sua leitura é a força terrível de uma vontade dominadora e arregimentadora, sem nenhum sinal de alguma empatia motivada pelas privações sofridas pelos dominados e arregimentados.

Após consolidar o Exército Vermelho à custa de muitas execuções sumárias e derrotar definitivamente os "brancos", Trótski resolveu, contra a opinião de Lênin, transformar sua admirável máquina militar num exército de trabalho forçado. Mas os soldados, que souberam enfrentar os inimigos da Revolução, desapareciam quando encarregados de obras públicas. Do mesmo modo, o comissário da guerra se opôs aos sindicatos, argumentando que, por definição, eram armas classistas contra os patrões e que, como agora estavam vivendo numa república de trabalhadores, tais armas não eram mais necessárias. Lênin contra-argumentou que o regime bolchevique ainda não era de todo uma república de trabalhadores, e sim — como os trabalhadores continuavam a ser governados por muitas autoridades que não eram de origem proletária — uma "república de trabalhadores com distorções burocráticas".

A inauguração da Nova Política Econômica no início de 1921, que permitia a efetuação, em determinada medida, do comércio privado e diminuía as requisições feitas aos camponeses, aliviou toda a situação, restabelecendo a antiga motivação do lucro pessoal em substituição ao ideal da disciplina comunista. Há que se reconhecer a sagacidade de Trótski, que havia defendido tais medidas em fevereiro de 1920, época em que foram rejeitadas por Lênin. Nesse ínterim, contudo, tivera lugar um incidente que, em vez de ser esquecido, adquiriu um significado mais sinistro à luz de eventos ocorridos posteriormente na Rússia. Em fevereiro de 1921, os marinheiros do forte de Kronstadt, que haviam desempenhado um papel heroico na revolução de 1917, se rebelaram em defesa dos camponeses; os bolcheviques enviaram tropas que esmagaram a rebelião impiedosamente. Há pouco, Trótski defendeu sua atuação argumentando que os amotinados de Kronstadt não eram mais os heróis de outubro, e que o levante era contrarrevolucionário. Porém, imediatamente em seguida resolveu-se atender as exigências dos revoltosos, com a implantação da Nova Política Econômica. Nesse meio-tempo — conforme nos informam outras fontes — as famílias dos amotinados foram tomadas como reféns, e os marinheiros, assim como as mulheres que estavam com eles, inclusive prostitutas, foram massacrados com todos os requintes de ferocidade por aquela filha da Okhrana czarista e mãe da GPU stalinista, a Tcheka. Vem-nos à mente a satisfação experimentada por Trótski, durante a revolução de 1905, quando a atuação do Soviete de São Petersburgo, por ocasião de um motim semelhante ao dos marinheiros de Kronstadt, impediu que os revoltosos fossem executados pelo czar. Fica claro que o entusiasmo de Trótski pela liberdade é algo mais negativo do que positivo, que se manifesta principalmente como indignação dirigida àqueles que não concedem liberdade aos seus partidários. Até mesmo em *Literatura e revolução*, obra de 1924, em que aborda um campo que é mais ou menos seu, e apesar da amplitude do seu gosto literário e de sua oposição às tentativas mais vulgares de atrelar a literatura à doutrina do partido, Trótski tenta atrair os outros escritores soviéticos para seu círculo intelectual marxista e os critica quando dele se desviam.

Durante o período a que me referi, no qual ocorreu a única divergência séria entre os dois, Lênin foi levado a repreender Trótski por estar ele preso a "fórmulas intelectualistas que não levam em conta o lado prático da questão". Em seu "testamento", as notas que escreveu pouco antes de morrer dirigidas ao Comitê Central, ao apontar Trótski como "o membro mais capaz", Lênin critica-o por sua "confiança excessiva e uma tendência a ser demasiadamente atraído pelo lado puramente administrativo das questões". E é como um herói da fé na Razão que Trótski deverá ser lembrado.

Em sua autobiografia, ele nos conta que ficava irritado na escola quando ouvia meninos que estudavam ciências falar sobre "uma segunda-feira 'azarada', ou dar importância ao fato de que haviam encontrado um padre atravessando a estrada"; afirma também que "ficava muito excitado e usava palavras ásperas" (como viria a fazer, no caso mencionado acima, com Kautsky) quando não conseguia convencer as pessoas em Ianovka de que o número a que ele chegara após medir rapidamente a área de um campo em forma de trapézio, utilizando a geometria euclidiana, era mais preciso que o número diferente a que elas haviam chegado, após "muitas horas cansativas" medindo-o pedaço por pedaço.

Marx, afinal, não é Euclides; pode-se até certo ponto, em situações revolucionárias, calcular o "paralelogramo das forças sociais", para usar a expressão que é tão cara a Trótski, mas, para amoldar o crescimento vivo de uma sociedade, é preciso levar em conta o que as pessoas querem. Toda a carreira de Trótski ilustra, de modo muito instrutivo, o que há de válido e o que há de cego nesse aspecto racionalista do marxismo.

29. LÊNIN IDENTIFICA A SI PRÓPRIO COM A HISTÓRIA

UMA DAS CARACTERÍSTICAS DO "REVISIONISMO" de Bernstein foi a tentativa de desacreditar a doutrina de Marx e Engels, exposta no *Manifesto comunista*, segundo a qual "o proletariado não tem pátria" — uma premissa que os próprios autores, conforme já vimos, com muita frequência pareciam esquecer —, argumentando que o operário alemão, agora um cidadão representado no Reichstag, tinha certas obrigações para com seu país que deveriam ter prioridade em relação às suas obrigações para com sua classe. No início dos anos 1890, o próprio Engels, ao sentir estar próxima uma guerra que envolveria toda a Europa, acreditava que os social-democratas alemães deviam votar a favor de créditos de guerra no Reichstag, no caso de uma agressão por parte da Rússia, e os congressos internacionais desse período foram perturbados por um conflito entre Engels e um ex-clérigo holandês chamado Nieuwenhuis, chefe de um pequeno partido da Holanda, que conseguiu convencer uma minoria a adotar a política de convocar os trabalhadores de todos os países, se estourasse uma guerra na Europa, para se recusarem a servir o exército e declararem uma greve geral. Mas Engels, com seu otimismo característico, achava que a grande revolução social viria antes da grande guerra, mas começou a duvidar quando percebeu — ele jamais conseguira aceitar o domínio prussiano — que o plano de fortalecimento do exército proposto pelo governo incluía o aumento do quadro de oficiais. Em 1893, publicou uma série de artigos em que propunha a extinção gradual do exército permanente alemão, a ser substituído por um exército popular fundamentado no serviço militar universal.

Em agosto de 1914, os membros social-democratas do Reichstag aprovaram unanimemente a concessão de créditos de guerra. Apenas dois anos antes, a Segunda Internacional havia preparado uma resolução contrária à participação da classe operária em qualquer espécie de guerra, pois acreditava que a guerra só poderia representar "o assassinato recíproco de trabalhadores em benefício dos lucros dos capitalistas, das ambições das dinastias, da realização dos objetivos de tratados diplomáticos secretos", e era dever dos socialistas aproveitar tais crises para levantar o povo contra a ordem capitalista.

O impacto que a notícia teve sobre Lênin foi imenso. De início, recusou-se a acreditar. Quando a leu no *Vorwärts*, o órgão do partido alemão, achou que aquilo só podia ter sido forjado pelo governo. Depois soube que Plekhánov, em Paris, instigara os exilados russos que estavam lá a se alistar no exército francês. Lênin não parava de repetir: "Será que Plekhánov também virou um traidor?". Tentava explicar aquilo lembrando que Plekhánov já fora do exército. E, por fim, teve de encarar o fato de que Karl Kautsky, o herdeiro intelectual da tradição de Marx e Engels, um homem que sempre respeitara, havia sucumbido à causa patriótica, com base num amontoado de sofismas que constituíam um escândalo para o movimento marxista. Os líderes da Segunda Internacional estavam disputando cargos nos governos do período da guerra.

Segundo Krupskaia, aquele incidente de sua meninice, na época em que seu irmão fora preso e todos os amigos liberais da família se recusaram a viajar com sua mãe, marcara profundamente Lênin, inspirando nele uma antipatia pela covardia dos liberais nos momentos difíceis, um sentimento que ele guardaria pelo resto da vida. Essa antipatia veio à tona novamente por meio da raiva e do desprezo que ele manifestou em relação aos democratas constitucionais de 1905, os quais, como deputados na série de dumas que o czar havia dissolvido como quem manda os criados se retirarem, de liberais haviam se transformado em profundamente reacionários — era como se a decepção daqueles tempos em Simbirsk se repetisse. Assim como aquela primeira crise de sua vida o fizera amadurecer aos dezessete anos de idade, ao isolá-lo entre os seus e colocar sobre seus ombros uma nova responsabilidade, a deserção de 1914 o colocou mais uma vez na posição de chefe de um grupo clandestino, inaugurando uma nova fase de sua vida. Escreve Lênin em junho de 1915, em seu panfleto *O colapso da Segunda Internacional*: "A experiência da guerra, como a experiência de qualquer crise na história, de todo grande desastre e toda súbita virada numa existência humana, atordoa e destrói alguns, *porém* [o grifo é de Lênin] ilumina e endurece outros".

Emagreceu, o que fez com que suas feições se acentuassem; a vivacidade e a confiança que o caracterizaram foram substituídas por um azedume permanente. A "jovialidade viril" mencionada por Trótski se transformou em algo mais duro, que permaneceu como um traço de sua personalidade até o fim e fez seu riso tornar-se incômodo para alguns: Lênin tinha o hábito de cair na gargalhada sempre que ouvia falar de alguma coisa particularmente atroz. A própria linguagem forte utilizada nos debates partidários na Rússia, que para o estrangeiro sempre pareceu um tanto burlesca, torna-se mortalmente séria. Quando Plekhánov pronuncia uma conferência em Lausanne, pregando a defesa da pátria, Lênin vai lá para enfrentá-lo, fala com voz calma mas com o rosto pálido de emoção, e recusa-se a apertar sua mão e a chamá-lo de camarada. Xinga Kautsky com termos mais fortes — hipócrita, prostituto, covarde — do que jamais usara para se referir a velhos companheiros de luta. Minimiza — como de costume — aqueles precedentes encontráveis em Marx e Engels que seus adversários, com muita razão, invocam. Não; a situação naquele tempo fora diferente: quando Marx e Engels apoiavam uma guerra, era sempre porque representava os interesses da revolução burguesa, que ainda não havia derrotado completamente o feudalismo; entretanto, a burguesia estava em decadência, e chegara a hora da revolução socialista. Na primavera de 1916, Lênin escreve um livrinho chamado *O imperialismo, fase superior do capitalismo*, no qual atualiza Marx, examinando o crescimento do monopólio e a dominação do capital financeiro; o desenvolvimento da exportação de capital para o estrangeiro, substituindo a exportação de produtos; a divisão do mundo explorável entre Inglaterra, Alemanha, França e Estados Unidos — as quatro potências que controlavam, ao todo, quase 80% do capital financeiro do mundo, com as três primeiras controlando mais de 80% do total do mundo colonizado, em área; o relacionamento cada vez mais parasitário entre as metrópoles e as colônias, e a inevitabilidade de um conflito mortal e gigantesco entre as nações, em virtude da disputa dos lucros, quando todas essas tendências chegarem a suas últimas consequências, tendo as contradições econômicas analisadas por Marx se aguçado ainda mais. Os grandes lucros, enquanto isso, eram usados para seduzir a camada mais privilegiada do proletariado, e os socialistas, assim, também se tornaram imperialistas.

Em setembro de 1915 e em abril do ano seguinte, os socialistas que se opunham à guerra conseguiram reunir-se para duas conferências na Suíça. Lênin e seus aliados, caçados, dispersos, reduzidos em número, eram figuras obscurecidas pelo holocausto ruidoso do patriotismo. Lênin havia voltado à sua situação de 1904: a de membro de uma pequena minoria. E dessa solidão ele derivou uma nova dignidade.

Ele e Krupskaia estiveram na Cracóvia em agosto de 1914, e de sua janela viram as vítimas da batalha de Krasnik. Viram as esposas e as famílias dos mortos e moribundos correndo entre as macas, com medo de reconhecer aqueles que procuravam. Nos escritos de Lênin, encontramos poucas manifestações de sentimentos humanitários. Um dos incidentes mais estranhos e mais característicos de toda a sua extraordinária carreira ocorreu em seu funeral, quando Krupskaia iniciou um breve discurso com as seguintes palavras:

> Camaradas, no decorrer desses últimos dias, passados ao lado do caixão de Vladímir Ilitch, tenho repassado toda a sua vida, é isto que eu queria lhes dizer. Ele amou com um amor profundo todos os trabalhadores, todos os oprimidos. Ele próprio jamais disse isso — nem eu; provavelmente eu

jamais teria falado sobre isso num momento menos solene que este.

Lênin nunca tocara nesse assunto, no entanto, só agora nos damos conta do fato. A linguagem por ele utilizada era permeada de indignação, de estímulos à ação: sempre pressupôs que as crueldades do czarismo, as doenças do sistema industrial, os massacres da Grande Guerra não precisassem de eloquência para convencer as pessoas de que não deviam continuar a existir. E o mais masculino de todos esses reformadores, porque jamais chora: sua atitude parte da impaciência. Declara Górki:

> Jamais conheci na Rússia, um país onde a inevitabilidade do sofrimento é apontada como o caminho que leva todos à salvação, nem jamais soube de nenhum homem, em parte alguma, que detestasse, desprezasse e abominasse toda infelicidade, dor e sofrimento tão profundamente, tão vigorosamente quanto Lênin. [...] A meu ver, o que o torna particularmente grande é justamente [...] sua convicção candente de que o sofrimento não era uma parte essencial e inevitável da vida, mas sim uma abominação que as pessoas podiam e deviam eliminar.

Foi isso que o fez tornar-se áspero e que, mais tarde, sob as pressões da guerra civil, o levou a aceitar os rigores da nova máquina que tinha de governar a Rússia. Trótski relata que Lênin, nos primeiros dias da Revolução, relutava em dar ordem aos soldados de executar sumariamente todo aquele que fosse apanhado saqueando casas, que foi a primeira utilização da pena de morte pelos bolcheviques; porém depois, quando algum emissário do Ocidente lhe fazia perguntas a respeito de execuções de fundo político, Lênin replicava: "Quem é que está interessado em saber disso? Os estadistas que acabam de enviar à morte 16 milhões de homens?". Uma vez, no interior, após falar a um grupo de crianças soviéticas, Lênin disse a Górki: "A vida dessas crianças será mais feliz do que as nossas. Muitas das coisas por que tivemos de passar elas jamais chegarão a conhecer. Não haverá tanta crueldade na vida delas".

Lênin perdeu-se nos eventos, encarando a si próprio apenas como agente de uma força histórica. Aqueles que o conheciam certamente terão constatado com surpresa sua total falta de vaidade. Angelica Balabanova afirma que não se lembra da ocasião em que o conheceu no exílio, pois "externamente parecia o mais impessoal dos líderes revolucionários". Também quando saiu da biblioteca de Zurique para se tornar ditador no Kremlin, nem assim se acendeu nele a paixão pelo poder, nem o impulso de representar o papel de grande homem. Bruce Lockhart, quando o viu depois da Revolução de Outubro, achou "à primeira vista" que ele

> parecia mais um merceeiro provinciano do que um líder. Porém naqueles olhos de aço havia algo que prendia a minha atenção, algo naquele olhar inquisidor, meio desdenhoso, meio sorridente, que exprimia uma autoconfiança ilimitada e uma superioridade consciente.

Clara Zetkin relata um episódio em que Lênin recebeu uma delegação de comunistas alemães: acostumados com os marxistas do Reichstag, com suas sobrecasacas e sua empáfia, esses alemães esperavam outra coisa; mas ele foi tão pontual, entrou na sala tão discretamente e dirigiu-se a eles com tanta naturalidade e simplicidade que jamais lhes ocorreu que estavam falando com Lênin. O médico berlinense que foi chamado para tratar da doença que o levou à morte nos deixou um relato em que fica patente o ascetismo habitual que decorria da identificação que Lênin fazia de si próprio com seu objetivo. Escreve o dr. Klemperer:

> Vi-o pela primeira vez em seu quarto, um apartamento grande e simples que só continha uma velha cama de criado, de ferro, uma escrivaninha simples, muitas cadeiras de madeira e uma mesa cheia de livros. Não havia enfeites nem quadros

nas paredes, nem tapetes. [...] Quando o vi novamente, em junho do mesmo ano, 1922, estava instalado na magnífica casa de campo do antigo prefeito de Moscou, onde fora para descansar e relaxar. No entanto, não ficou na casa em si, e sim num quarto modesto de uma casinha ao lado, que antes fora utilizada pelos criados. Tive que argumentar que sua saúde seria prejudicada naquele quarto para conseguir convencê-lo a deixar-se ser levado para a casa maior.

A única característica física de Lênin que as pessoas achavam notável eram seus pequenos olhos castanho-claros, descritos como penetrantes, rápidos e brilhantes. Esses olhos agora miravam a Europa através da lente que Marx e Engels haviam polido, e por meio dela focalizavam o conflito real que se dava por trás da fumaça da batalha. O autor destas linhas não tentará recriar a atmosfera desse período da Grande Guerra, do qual a maioria de seus leitores ainda há de se lembrar. O nacionalismo de nossa época, a um só tempo degradado e inflamado, de lá para cá, em alguns países, gerou manifestações ainda mais fantásticas, mas jamais foi tão universal, nem levou de modo tão completo à extinção da razão. Lênin dirigiu à Europa uma atenção concentrada, objetiva porém ao mesmo tempo tensa de expectativa, que a examinava na tentativa de localizar os controles de um mecanismo que a maioria das pessoas não enxergava. Examinava as grandes empresas, os bancos, os parlamentos, os Ministérios de Relações Exteriores, as populações coloniais, as fábricas, as forças combatentes, e via os latentes antagonismos de classes, a oposição — que viria a se tornar fatal — entre, de um lado, os processos de combinação, os monopólios e trustes internacionais e, do outro, os processos de dilaceração, as diferenciações de classe e nacionalidade. Um americano que viu Lênin no Kremlin fala da ânsia com que ele pegava um jornal e o lia "como se o estivesse queimando". Escreve Górki: "Suas palavras davam sempre uma impressão de impacto físico de uma verdade irresistível"; ele parecia falar "não por sua vontade própria, mas pela vontade da história".

Ao contrário de Trótski, Lênin não vive de teoria: vê sempre uma situação real, e a agarra quando consegue fazê-lo, sem se preocupar com a coerência de sua visão. Além disso, para ele a história não chega a ser o espírito antropomórfico, anjo registrador e anjo da guarda, que veio a se tornar para Trótski. Por vezes Lênin identifica a história com sua própria vontade, como em sua comunicação ao Comitê Central nas vésperas da Revolução de Outubro: "A História não perdoará o atraso dos revolucionários que poderiam ter sido vitoriosos imediatamente". Por vezes — como acontece com todo marxista, quando os eventos escapam a seu controle —, chega a empurrar para a história, como se esta fosse uma força exterior a ele, os acontecimentos pelos quais não quer sentir-se responsável: "A História é uma madrasta cruel; quando quer retaliar, é capaz de qualquer coisa" — disse ele a Górki, soturno, fechando os olhos, depois de olhar para o lado, quando Górki lhe falava sobre uma princesa que havia acabado de tentar o suicídio afogando-se no Neva. Mas, de modo geral, o que Lênin tem em mente são lugares e pessoas reais, contingências a serem enfrentadas de imediato.

Lênin pensara tão pouco nas metas a longo prazo do socialismo e no desenvolvimento da sociedade sob uma ditadura que, quando tentou — sentindo que a revolução era iminente, em fevereiro de 1916 — formular algumas ideias a respeito, tudo o que conseguiu fazer foi consultar Marx e Engels e repetir as escassas indicações fornecidas pela *Crítica ao programa de Gotha* referentes à desigualdade de salários e à extinção gradual do Estado. Em *Estado e revolução*, não se encontra nada além do utopismo moderado de seus mestres. O próprio Lênin ainda é utopista o suficiente para imaginar que as tarefas burocráticas, de "contabilidade e controle", "necessárias para o funcionamento regular e correto da primeira fase da sociedade comunista" já foram "simplificadas pelo capitalismo ao máximo, reduzindo-se a operações extraordinariamente simples de inspeção, registro e emissão de recibos, que podem ser aprendidas por qualquer pessoa alfabetizada que conheça as quatro operações". Para ele, tais funções podem ser facilmente assumidas pela "maioria dos cidadãos", que "ficarão responsáveis por esses registros e exercerão controle sobre os capitalistas, agora transformados em empregados, e sobre a elite intelectual que ainda tiver hábitos capitalistas". É típico de Lênin ter esperado até o último momento para dar atenção a essas questões e não ter tido tempo de terminar o livro no qual tentava examiná-las. *Estado e revolução* foi escrito no período em que ele estava escondido na Finlândia, no verão de 1917, entre sua primeira ida à Rússia e sua volta no outono, tendo sido interrompido pelos acontecimentos de outubro. Ao publicá-lo, já no poder, Lênin comentou: "É mais agradável e mais proveitoso viver a experiência de uma revolução do que escrever sobre ela".

O fato de Lênin não ter elaborado uma filosofia social nem ter pensado muito no futuro não implica que lhe faltasse imaginação. A questão é simplesmente que a sua imaginação histórica é toda voltada para a prática política, e portanto diz respeito sobretudo ao presente. A concepção leninista desse presente sem dúvida veio a se constituir em uma das grandes influências imaginativas de nossa era — uma visão do mundo que dá um significado à vida, na qual todo homem tem um lugar designado para si. Afinal, até mesmo Stálin, o político-bandido da Geórgia, que começou sua escalada rumo ao poder com alguns textos marxistas na cabeça, durante algum tempo julgou ser uma personagem de Lênin.

Isolado entre os socialistas da Europa ocidental, Lênin, não obstante, tinha a certeza de ser apoiado na Rússia.

Em 1912, o movimento revolucionário renascera. Em fevereiro daquele ano, ocorreu um incidente crítico nas minas de ouro de Lena, que proporcionavam gordos lucros. Essas minas ficavam muito ao norte do círculo polar ártico, na região para a qual Trótski fora mandado em seu primeiro exílio, onde havia seis meses de noite no inverno e praga de mosquitos no verão. Os trabalhadores de lá haviam sido reduzidos à mais miserável e degradante escravidão. Os homens trabalhavam durante uma jornada ilimitada, e suas esposas eram obrigadas a servir os diretores da companhia e dormir com eles. Quando sofreram um corte no salário de 20% a 25% e encontraram no meio da comida os órgãos genitais de um cavalo, finalmente decidiram entrar em greve. A pedido dos proprietários, São Petersburgo enviou uma companhia de infantaria comandada por um dos oficiais que haviam massacrado os manifestantes liderados pelo padre Gapon. Ele prendeu o comitê de greve e na manhã seguinte matou um manifestante desarmado que viera exigir a soltura do comitê. Duzentas e setenta pessoas morreram, e 250 ficaram feridas. Ao ser interrogado na Duma a respeito do massacre, o ministro do Interior declarou apenas que "assim foi, e assim continuará a ser".

Em abril, houve uma greve de protesto de mais de 300 mil trabalhadores; no Dia do Trabalho, uma greve de meio milhão. As resoluções redigidas pelos grevistas costumavam terminar com o slogan "Viva o socialismo!". A política concebida por Stolipin de criar uma camada de camponeses ricos como amortecedor entre o campesinato e a classe dos proprietários de terra tivera o efeito de aprofundar a diferença entre os camponeses prósperos e os outros, reduzindo-os a uma situação ainda mais miserável. Estes vendiam suas terras e iam trabalhar nas fábricas, acarretando uma queda no salário dos operários. Naquele ano, sete mencheviques e seis bolcheviques foram eleitos para a Quarta Duma. Os bolcheviques começaram a editar o jornal *Pravda* [Verdade], em abril, cuja circulação se tornou maior que a da publicação menchevique. O movimento sindicalista cresceu novamente, apesar da perseguição acirrada movida pelo governo, e em 1913 e 1914 houve uma onda de greves ainda maior do que a de 1905. Na primavera e início do verão de 1914, as queixas dos trabalhadores dos campos petrolíferos de Baku e das operárias de São Petersburgo, que haviam sido intoxicadas por certos ingredientes dos produtos de borracha e químicos, agravadas pelo fuzilamento de trabalhadores na fábrica de munições de Putilov, deram origem a um movimento que mais uma vez levou às barricadas o proletariado. Os bolcheviques calculavam que tinham o apoio de dois terços dos trabalhadores da indústria.

Tanto os bolcheviques como os mencheviques membros da Duma, que não eram suscetíveis aos apelos patrióticos de uma guerra do czar, foram contrários à aprovação de verbas para a guerra, e abandonaram a sessão em sinal de protesto. Foram julgados por traição e condenados, com base principalmente nos escritos que Lênin lhes enviava do estrangeiro, a exílio perpétuo com trabalhos forçados na Sibéria. Porém, no período de desânimo que se seguira à revolução de 1905, a maioria dos mencheviques havia proposto a "liquidação" da organização partidária clandestina, argumentando que seu único efeito era agravar a repressão — uma política que, para Lênin, equivalia a abandonar definitivamente a luta de classes. Em um congresso realizado em janeiro de 1912, os bolcheviques afinal romperam com os mencheviques, deixando de ser uma simples facção do Partido Social-Democrata e tornando-se um partido independente. Na conferência socialista geral de oposição à guerra, realizada em Zimmerwald em setembro de 1915, os bolcheviques organizaram um comitê internacional que constituiu o núcleo da Terceira Internacional. Assim, em Cracóvia ou em Zurique, Lênin podia sentir o crescimento, sob sua orientação, daquela organização disciplinada que ele havia projetado em 1902.

Max Eastman, que estava na Rússia no início da década de 1920, deixou uma descrição eloquente das pessoas que efetivaram esse projeto:

> Uma geração maravilhosa de homens e mulheres nasceu para concretizar esta revolução na Rússia. Quem viaja em qualquer região remota deste país encontra um rosto tranquilo, forte e delicado no ônibus ou no vagão do trem — um homem de meia-idade, de testa clara e filosófica, barba castanha macia, ou uma mulher de idade com sobrancelhas profundamente arqueadas e um toque sério e maternal nos lábios; ou talvez um homem de meia-idade, ou uma mulher mais jovem de uma beleza ainda sensual, mas que tem o porte de quem já enfrentou um canhão — e, se indaga, constata que são "velhos ativistas do partido". Formados na tradição do movimento

terrorista, um legado severo e sublime de fé e martírio, desde crianças ensinados a amar a humanidade e a pensar sem sentimentalismo, e a dominar a si próprios, e a conviver com a morte, eles aprenderam na juventude uma coisa nova — a pensar em termos práticos; e foram temperados no fogo da prisão e do exílio. Tornaram-se quase uma ordem nobre, um grupo seleto de homens e mulheres dos quais se pode sempre esperar o heroísmo, como cavaleiros da Távola Redonda ou samurais, só que as cartas patentes de sua nobreza estão no futuro, e não no passado.

E — o que é mais extraordinário — todo esse exército seguia o exilado Lênin. Nikolai Sukhanov, que não era bolchevique e estava presente à recepção oferecida a Lênin quando este voltou à Rússia, ficou impressionado ao ver que

todo o empreendimento bolchevique estava contido no corpo férreo daquele líder espiritual expatriado, sem o qual os ativistas do partido se sentiam absolutamente impotentes, em cuja presença se orgulhavam de estar e em relação ao qual os melhores deles se consideravam fiéis e dedicados servidores, como cavalheiros do Santo Graal.

30. LÊNIN NA ESTAÇÃO FINLÂNDIA

EM 22 DE JANEIRO DE 1917, Lênin disse a uma plateia de jovens, em uma conferência sobre a Revolução de 1905: "Nós, que pertencemos à geração mais velha, talvez não vivamos o suficiente para ver as batalhas decisivas da revolução vindoura". Em 15 de fevereiro, escreveu à sua irmã Maria perguntando--lhe a respeito de certas quantias que lhe haviam sido enviadas da Rússia sem nenhuma explicação. Disse ele na carta: "Nadia zomba de mim, dizendo que estou começando a receber minha pensão. Ha! Ha! Essa é boa, porque a vida é infernalmente cara, e minha capacidade de trabalho está desesperadamente reduzida por causa do mau estado de meus nervos".

Estavam vivendo de uma pequena herança da mãe de Krupskaia. Um corretor em Viena cobrara metade da quantia para transferi-la para eles durante a guerra, e não restava muito mais do que o equivalente a mil dólares. Em 1917, suas finanças estavam em tal estado que Lênin tentou convencer seu cunhado, que estava na Rússia, a negociar a publicação de uma "enciclopédia pedagógica" que seria escrita por Krupskaia.

Em Zurique, moraram de início em uma pensão; lá "Ilitch gostava da simplicidade do serviço, de ver que o café era servido numa xícara de asa quebrada, de comer na cozinha, de ter conversas simples". Porém, descobriram que o lugar era frequentado por marginais. Havia uma prostituta que "falava abertamente de sua profissão", e um homem que, embora não falasse muito, revelou "por comentários ocasionais que era quase um criminoso". Estavam interessados nesse tipo de gente, mas Krupskaia insistiu em se mudar, a fim de que não se metessem em nenhuma confusão. Assim, foram morar com a família de um sapateiro, onde ocupavam um único quarto de uma casa velha e sombria que fora construída pouco depois do século XVI. Pelo mesmo valor, poderiam ter arranjado coisa melhor: do outro lado da rua havia uma fábrica de salsichas, e o fedor era tamanho que eles só abriam as janelas tarde da noite; passavam a maior parte do tempo na biblioteca. Mas Vladímir Ilitch recusava-se a se mudar dali, pois ouviu a senhoria afirmar que "os soldados deviam virar as armas contra os governos". Muitas vezes o almoço resumia-se a farinha de aveia, e quando a farinha ficava queimada Lênin dizia: "Isso é que é viver bem. Comemos assado todos os dias".

Como dissera na carta à irmã, com o passar dos anos seus nervos haviam ficado em mau estado. Depois de 1905, fora difícil voltar à vida e já haviam se passado doze anos do exílio. Seus camaradas ficaram ainda mais arrasados do que após as prisões da década de 1890. Um deles enlouqueceu na casa de Lênin e passou a ter visões de sua irmã, que fora enforcada. Outro contraiu tuberculose num regimento penal; foi enviado a Davos, porém morreu. Outro, sobrevivente da insurreição de Moscou, veio visitá-los um dia e "começou a falar, de modo excitado e incoerente, a respeito de carruagens cheias de feixes de trigo e jovens formosas". Vladímir ficou com ele enquanto Nadia foi chamar um psiquiatra, que lhes revelou que o homem estava enlouquecendo de fome. Posteriormente, esse homem amarrou pedras aos próprios pés e pescoço e se afogou no Sena. Havia ainda um operário de fábrica na Rússia que não conseguia permanecer em nenhum emprego nem sustentar a mulher e os filhos e virou *agent provocateur*. Começou a beber; uma noite expulsou a família da casa, entupiu a chaminé, acendeu o fogão e foi encontrado morto na manhã seguinte. Agora estavam sendo ameaçados por espiões de uma espécie nova: não aqueles tipos óbvios, fáceis de despistar, que ficavam parados nas esquinas à espera dos exilados, e sim jovens empolgados e convincentes, que acabavam ocupando cargos no partido.

Numa ocasião em que foram visitar os Lafargue em Paris, Krupskaia, um pouco entusiasmada por conhecer a filha de Marx, falou de modo um tanto inconsequente sobre o papel das mulheres no movimento revolucionário, mas a conversa foi morrendo. Lênin falou a Lafargue a respeito do livro que estava escrevendo, *Materialismo e empiriocriticismo*, atacando os místicos marxistas, e Lafargue concordou que a religião era algo vazio. Laura trocou um olhar com o marido e disse: "Em breve ele vai provar a sinceridade de suas convicções". Quando soube que os dois haviam se suicidado, Lênin ficou profundamente comovido; nessa ocasião, comentou com Krupskaia: "Se não se pode mais trabalhar para o partido, é preciso poder encarar a verdade frontalmente como fizeram os Lafargue".

Elisaveta Vassilevna, sua sogra, costumava dizer às pessoas: "Ele vai acabar matando Nadiucha e a si próprio com essa vida que leva". A mãe de Krupskaia morreu em 1915. Em seu último ano de vida, quis voltar para a Rússia, mas lá não havia ninguém para tomar conta dela, e pouco antes de morrer disse à filha: "Vou esperar até eu poder voltar com vocês dois". Ela havia trabalhado muito pelos camaradas que iam e vinham, costurado fundos falsos em saias e coletes para carregar panfletos proibidos e escrito longas cartas aleatórias nas quais se inseriam mensagens secretas nas entrelinhas. Vladímir costumava dar-lhe presentes para alegrar um pouco sua vida; uma vez ela esqueceu de comprar cigarros antes de um feriado, e ele rodou toda a cidade para encontrar cigarros para ela. Sempre se considerou religiosa, e não conversava com a filha e o genro sobre assuntos sagrados; porém, logo antes de morrer, afirmou de repente: "Quando moça, eu era religiosa, mas, à medida que fui vivendo e aprendendo as coisas da vida, vi que era tudo uma bobagem". Pediu que a cremassem quando morresse. Morreu após um passeio com Nadia num dia quente de março em que ficaram meia hora sentadas num banco na floresta de Berna.

Após a morte da mãe, Krupskaia adoeceu. Era a recaída de uma doença que a acometera pela primeira vez em 1913. Tinha algo a ver com o coração; suas mãos começaram a tremer. O médico lhe dissera que seu coração era fraco e que seus nervos estavam muito tensos. A mulher do sapateiro, que fazia as compras para eles — estavam morando na Cracóvia —, ficou indignada: "Quem disse que você é nervosa? Nervosa são essas madames que jogam os pratos no chão!". Porém constatou-se que não podia trabalhar, e Vladímir levou-a até as montanhas. Descobriram que ela estava sofrendo de bócio exoftálmico. Nadia sempre ficara um pouco contrariada porque as pessoas achavam que ela parecia um peixe. Em uma carta que escreveu quando jovem, queixa-se da irmã de Vladímir, Ana, por ter dito que ela tinha cara de arenque; seus nomes de guerra haviam sido "Lampreia" e "Peixe". Uma senhora que a visitara no Kremlin me disse que ela parecia "um bacalhau velho". O bócio, que inchava seu pescoço e fazia seus olhos ficarem saltados, ressaltou essa semelhança. Ela foi operada em Berna: a operação foi difícil, levou três horas, sem anestesia geral. Lênin reagiu como sempre reagia ao sofrimento. As cartas que escreveu nessa época evidenciam a tensão que lhe proporcionou a doença de Nadia.

Um dia, em meados de março, quando haviam acabado de jantar, Nadia já lavara os pratos e Ilitch preparava-se para ir à biblioteca quando um camarada polonês entrou afobado, gritando: "Vocês não souberam da notícia? Houve uma revolução na Rússia!".

Dessa vez, as derrotas sofridas na Grande Guerra romperam as barreiras que, em 1905, tinham contido a maré. As derrotas russas acarretaram a perda das minas e fábricas na Polônia, e metade da produção do país estava sendo gasta com as forças combatentes. Em 22 de janeiro, aniversário da manifestação do padre Gapon, realizara-se uma greve de 150 mil trabalhadores em Petrogrado; e em 8 de março uma nova greve geral teve início, os trabalhadores ocuparam as ruas. O exército, que contava com muitos recrutas camponeses, não podia mais ser mobilizado contra os operários. Até mesmo os cossacos, até mesmo o Regimento Semionovski, que haviam reprimido a insurreição de Moscou, passaram para o lado dos rebeldes. O povo, farto da guerra, havia perdido toda a confiança no czar; a família real, dominada por Raspútin, secretamente tentava fazer as pazes com os alemães.

Por sua vez, grandes proprietários de terra e a burguesia, interessados na continuação da guerra, estavam ansiosos para livrar-se da autocracia. O próprio czar fora para o quartel-general para proteger-se, e quando tentou voltar para Petrogrado os trabalhadores ferroviários detiveram seu trem. Todo o mecanismo da monarquia havia parado: o czar foi obrigado a abdicar por telegrama, e alguns dias depois foi preso. Ele tentara dissolver a Quarta Duma, tal como fizera com as anteriores, mas os parlamentares se recusaram a se dispersar e formaram um Comitê Provisório, que nomeou um Governo Provisório. Um Soviete Operário, cujo comitê executivo incluía tanto mencheviques como bolcheviques, voltou à vida, após ter sido paralisado em 1905, como uma das vítimas de Kochtchei, o encantador imortal do folclore russo, que foi finalmente morto quando um ovo foi quebrado. O comitê resolveu chamar o exército e transformá-lo num Soviete de Operários e Delegados de Soldados.

Lênin tinha como única fonte de informação os jornais estrangeiros, mas, lendo as entrelinhas de suas matérias imprecisas e tendenciosas, pôde apreender os dados fundamentais. Nos poucos artigos que escreveu para o *Pravda*, que voltara a ser publicado, enumerou as premissas básicas que norteariam sua atuação. O poder estava dividido entre dois órgãos, o Governo Provisório e o Soviete de Petrogrado — que representavam dois agrupamentos de interesses irreconciliáveis. O Soviete era o porta-voz do povo, que queria paz, pão, liberdade e terra. O Governo Provisório, o que quer que dissesse, representava uma burguesia cujas tendências liberais se limitavam à intenção de livrar-se dos Románov: o ministro da Guerra e da Marinha era Guchkov, grande industrial e proprietário de terras de Moscou; o ministro das Relações Exteriores era Miliukov, ex-professor de história e fundador do Partido dos Cadetes, o principal líder da burguesia russa; e o ministro da Justiça era um jovem advogado apenas ligeiramente mais para a esquerda que os Cadetes, filho do velho Kerenski, o diretor do ginásio de Simbirsk que dera uma ficha limpa para Vladímir Uliánov após a execução de seu irmão, com a garantia de que sua mãe o impedisse de se meter em encrencas. O jovem Kerenski se tornara um orador de grande sucesso, do tipo emocional e bombástico; muito mimado pelas damas de Petrogrado, tinha a convicção quase mística de que havia sido escolhido para desempenhar algum papel ilustre.

Esse governo — dizia Lênin — nunca daria ao povo o que ele queria. Não podia lhe dar a paz, pois dependia dos subsídios da França e da Inglaterra e estava comprometido a continuar lutando naquela guerra por essas nações: jamais dissera uma palavra que fosse de repúdio à política imperialista de anexar a Armênia, a Galícia e a Turquia e capturar Constantinopla. Não podia lhe dar pão, porque a única maneira de fazer isso seria violar dois valores sagrados, o capital e o sistema de propriedade de terra, e por definição a burguesia protegeria o princípio da propriedade. Não lhe daria liberdade, porque era o governo daqueles proprietários de terras e capitalistas que sempre haviam demonstrado temer o povo. Os únicos aliados em potencial do Soviete eram, primeiramente, os pequenos camponeses e outros grupos empobrecidos na Rússia e, em segundo lugar, o proletariado de outras nações envolvidas na guerra.

A revolução ainda estava na sua primeira fase, transitória, e teria de arrancar o poder das mãos da burguesia. Os trabalhadores, os camponeses e os soldados tinham que se organizar por toda a Rússia sob a liderança do Soviete de Petrogrado. Precisavam livrar-se da antiga polícia e estabelecer uma "milícia popular", à qual caberia assumir o encargo de distribuir os alimentos de que dispunha, certificando-se de que "toda criança recebesse uma garrafa de leite bom, e que nenhum adulto rico ousasse levar para si leite extra até que todas as crianças tivessem recebido o seu", e que "os palácios e as residências luxuosas abandonados pelo czar e a aristocracia não fossem abandonados, e sim usados para abrigar os miseráveis e os que não têm onde morar". Assumindo o poder, o Soviete deveria declarar não ser responsável pelos tratados firmados pela monarquia ou por qualquer governo burguês e publicar todos os tratados secretos; propor armistício imediato a todas as nações; insistir na libertação de todas as colônias e povos dependentes; propor aos trabalhadores de todos os países que derrubassem seus governos burgueses e transferissem o poder para sovietes de trabalhadores; declarar que as dívidas de bilhões de dólares contraídas pelos governos burgueses com o propósito de financiar a guerra deveriam ser pagas pelos próprios capitalistas; não havia sentido em trabalhadores e camponeses pagarem juros por elas: "Seria pagar tributo aos capitalistas durante muitos e muitos anos por terem generosamente permitido que os trabalhadores se matassem uns aos outros por causa da divisão do butim pelos capitalistas". Agora precisamos responder às objeções de Kautsky, que, ao escrever sobre a situação da Rússia, adverte que "duas coisas são absolutamente necessárias para o proletariado: democracia e socialismo". Mas o que significa isto exatamente? Miliukov diria que queria democracia; Kerenski diria que queria socialismo...

Mas nesse ponto se interrompe a quinta carta. Lênin está a caminho da Rússia, não precisa mais terminá-la. Nos primeiros dias, passou noites em claro tentando conceber uma maneira de voltar. Os franceses e os ingleses não queriam lhe dar passaporte, pelo mesmo motivo que os estes últimos iriam fazer Trótski desembarcar de seu navio em Halifax, embora Plekhánov e outros socialistas nacionalistas fossem enviados à Rússia num couraçado britânico guardado por torpedeiros. A verdade era que o próprio Miliukov havia enviado telegramas aos cônsules russos dizendo-lhes que não repatriassem os socialistas internacionalistas. Lênin pensou seriamente em voltar de avião, mas na manhã seguinte convenceu-se de que não seria possível. Concluiu que o jeito era tirar um passaporte falso — sueco se possível, pois seria a nacionalidade que despertaria menos suspeitas. Infelizmente, Lênin não falava o sueco, nem sequer o suficiente para passar pela fronteira; decidiu por fim que não devia se arriscar, não devia nem tentar falar nada. Escreveu para um camarada na Suécia pedindo-lhe que encontrasse dois surdos-mudos suecos parecidos com Zinoviev e com ele. Comentou Krupskaia: "Você vai dormir e sonhar com mencheviques; aí vai começar a gritar palavrões e exclamar: 'Canalhas! Canalhas!', e vai estragar o plano todo".

522

Em 19 de março, houve uma reunião de exilados para discutir maneiras de voltar para a Rússia. Martov havia elaborado um plano para convencer o governo alemão a deixá-los voltar através da Alemanha, em troca de prisioneiros alemães e austríacos. Lênin achou ótima a ideia, que não havia lhe ocorrido, mas ninguém mais quis arriscar-se a adotá-la. O próprio Martov teve medo e recuou, e foi Lênin quem a pôs em prática. Os apelos dirigidos ao governo suíço não deram em nada, e os telegramas enviados à Rússia não eram respondidos: os patriotas do Governo Provisório não queriam que os internacionalistas voltassem, e mesmo os socialistas estavam incertos. Lênin escreveu para seu camarada em Estocolmo: "Que tortura é para todos nós ficar parados aqui numa hora dessas!". Ele próprio estava em seu quarto de teto baixo escrevendo suas *Cartas do estrangeiro*. Por fim Lênin enviou um telegrama ao camarada na Suécia pedindo-lhe que mandasse alguém a Tchkheidze, o menchevique que presidia o Soviete de Petrogrado, e lhe dirigisse o apelo de que era seu dever trazer de volta os mencheviques que não estavam conseguindo voltar. Outras pressões foram feitas, e a permissão foi finalmente enviada pelo telégrafo, sob a forma da mensagem: "Uliánov deve voltar imediatamente". Foi combinado com o embaixador da Alemanha na Suíça que um grupo seria enviado através da Alemanha: os alemães tinham esperanças de que a presença de Lênin desorganizasse ainda mais o governo russo. Ficou acertado que, enquanto estivessem passando pela Alemanha, ninguém sairia do trem nem se comunicaria com nenhum indivíduo de fora, e que ninguém poderia entrar sem permissão do socialista suíço que os acompanharia. O governo alemão insistiu para que Lênin recebesse um representante dos sindicatos, mas ele respondeu que, se algum representante entrasse no trem, ele se recusaria a falar.

Assim que recebeu permissão para voltar, Lênin fez questão de pegar o próximo trem, que sairia dentro de duas horas. Krupskaia achava que não daria tempo de preparar as malas, acertar suas contas com a senhoria e devolver os livros à biblioteca, e propôs ir depois. Mas Vladímir insistiu que ela fosse com ele.

Deixaram diversos objetos numa caixa, para o caso de terem de voltar. O senhorio, que escreveu um relato a respeito de Lênin e Krupskaia, nunca tinha dado atenção especial a eles. Quando *Frau* Lênin viera indagar a respeito do quarto, sua mulher não quis que ele os aceitasse: "Via-se que era bem do tipo russo", e "ela usava um vestido um pouco curto", contudo, quando Lênin apareceu, ele causou melhor impressão. Viram que era um homem forte; o filho do casal dizia: "Meu Deus, ele tem um pescoço de touro!". Além disso, pagavam o aluguel pontualmente, e *Herr* Lênin se dava bem com a esposa.

Acho que os dois nunca brigaram. *Frau* Lênin era pessoa de trato fácil. Nós permitimos que ela cozinhasse na nossa cozinha com minha mulher. As duas mulheres sempre se deram bem, o que é de espantar, porque a cozinha era uma tripinha, e uma tinha que se espremer para a outra poder passar. *Frau* teria dado uma boa dona de casa, mas ela sempre estava ocupada com outros tipos de trabalho.

Quando *Frau* Lênin comentou com *Frau* Kammerer que queria ir para a Rússia, esta comentou que seria perigoso ir "para aquele país instável numa época tão incerta". Respondeu *Frau* Lênin: "Mas, *Frau* Kammerer, é lá que eu tenho trabalho a fazer. Aqui não tenho nada a fazer". *Herr* Lênin comentou com *Herr* Kammerer logo antes de partir: "Então, *Herr* Kammerer, agora haverá paz".

No trem que partiu na manhã de 8 de abril, havia trinta exilados russos; nenhum deles era menchevique. Estavam acompanhados pelo socialista suíço Platten, que se responsabilizou pela viagem, e pelo socialista polonês Radek. Alguns dos melhores camaradas ficaram horrorizados ao saber que Lênin tivera a imprudência de pedir ajuda aos alemães e que iria atravessar um país inimigo. Foram até a estação implorar aos viajantes que não fossem. Lênin entrou no trem sem lhes dirigir uma palavra. No vagão encontrou um camarada que era suspeito de ser um informante. "O homem estava muito bem acomodado em seu lugar. De repente vimos Lênin agarrá-lo pelo colarinho e, com um gesto incomparavelmente natural, jogá-lo para fora do vagão."

Os alemães serviram-lhe fartas refeições, com as quais eles não estavam acostumados, para mostrar aos russos como era abundante a comida na Alemanha. Lênin e Krupskaia, que até então não haviam estado em nenhum dos países beligerantes durante o período final da guerra, ficaram surpresos, quando passaram pela Alemanha, ao ver que não havia homens adultos em lugar nenhum: na estação, nos campos e nas ruas das cidades, só se viam algumas mulheres, crianças e adolescentes de ambos os sexos. Lênin achava que iam todos ser presos assim que chegassem à Rússia, e discutia com seus camaradas o discurso de defesa que estava escrevendo. Mas, de modo geral, não conversava muito. Em Stuttgart, o homem do sindicato entrou com um capitão de cavalaria e sentou-se num compartimento especial. Enviou seus cumprimentos aos russos por intermédio de Platten, em nome da libertação dos povos, e solicitou uma entrevista. Platten respondeu que eles não iriam falar com ele e que não podiam retribuir seu cumprimento. A única pessoa que falou com os alemães foi o filho de quatro anos de um dos russos; o menino enfiou a cabeça no compartimento deles e perguntou em francês: "O que é que o chefe do trem faz?".

A caminho de Estocolmo, Lênin afirmou que o Comitê Central do Partido haveria de ter um escritório na Suécia. Quando entraram, foram recebidos e homenageados pelos deputados socialistas suecos. Havia uma bandeira vermelha hasteada na sala de espera, e uma gigantesca refeição sueca. Radek levou Lênin a uma loja e comprou para ele sapatos novos, dizendo que agora ele era um homem público e tinha de pensar um pouco em sua aparência; porém Lênin recusou um sobretudo novo e cuecas sobressalentes, afirmando que não estava voltando para a Rússia com o objetivo de abrir uma alfaiataria.

Foram da Suécia para a Finlândia em pequenos trenós finlandeses. Platten e Radek não puderam cruzar a fronteira russa.

Lênin mandou um telegrama para suas irmãs avisando que chegaria na noite de segunda-feira às onze horas. Na Finlândia russificada, Krupskaia comenta: "Tudo nos parecia familiar e adorável: os miseráveis vagões de terceira classe, os soldados russos. Era bom demais". Havia soldados nas ruas novamente; as plataformas das estações estavam cheias deles. Um senhor de idade levantou um menininho e lhe deu queijo. Um camarada debruçou-se para fora da janela e gritou: "Viva a revolução mundial!". Mas os soldados olharam-no sem entender. Lênin obteve alguns exemplares do *Pravda*, que estava sendo publicado por Kamenev e Stálin, e descobriu que eles estavam pretendendo pressionar o Governo Provisório com vistas a recomeçar as negociações de paz. Afirmavam patrioticamente que, enquanto o exército alemão obedecesse ao imperador, o soldado russo deveria "permanecer com firmeza em seu posto, retribuindo cada bala com uma bala, cada obus com um obus".

Lênin ia fazer um comentário a respeito da questão quando soou o apito do trem e alguns militares entraram. Um tenente de rosto pálido, andando de um lado para o outro, passou por Lênin e Krupskaia; quando ambos foram sentar-se num vagão quase vazio, ele sentou-se ao lado deles e confidenciou que também acreditava na guerra de defesa. Lênin lhe disse que deviam terminar a guerra, e o tenente ficou muito pálido. Outros soldados entraram no vagão e amontoaram-se em torno de Lênin; alguns chegaram a ficar em pé sobre os bancos. Estavam tão espremidos que mal podiam se mexer. Escreve Krupskaia: "E à medida que passavam os minutos iam ficando mais atentos, e seus rostos se tornavam mais tensos". Lênin interrogou-os sobre suas vidas e sobre a mentalidade dominante no exército: "Como? O quê? Por quê? Em que proporção?"; é o que relata um praça que estava presente. — Quem eram seus comandantes? — Em sua maioria, oficiais de tendências revolucionárias. — Não havia uma equipe de praças no comando? Por que havia tão poucas promoções? — Eles não tinham conhecimento das operações, portanto o poder continuava nas mãos dos oficiais superiores. — Seria melhor promover os praças. Os soldados confiam mais nos seus do que na elite. — Lênin sugeriu que pedissem ao chefe do trem um vagão com mais espaço, para que pudessem realizar uma espécie de reunião, e passou toda a noite falando-lhes sobre suas "teses".

De manhã cedo, em Beloostrov, uma delegação de bolcheviques entrou no trem; entre eles estavam Kamenev e Stálin. Assim que Lênin pôs os olhos em Kamenev, a quem não via fazia anos, explodiu: "O que é isso que você anda escrevendo no *Pravda*? Acabamos de ler alguns números, e dissemos o diabo de você!". A irmã mais moça de Lênin, Maria, também estava lá, bem como uma delegação de operárias. As mulheres queriam que Krupskaia dissesse alguma coisa, mas ela constatou que as palavras lhe faltavam. Pediram que Lênin falasse, e os tripulantes do trem, que nada sabiam daquele passageiro além de que era uma pessoa importante, carregaram-no até o vagão-restaurante e o colocaram em pé numa mesa. Aos poucos reuniu-se uma multidão a seu redor; então o chefe do trem veio avisar que era hora de seguir viagem. Lênin interrompeu o discurso. O trem partiu. Lênin perguntou a seus camaradas se eles achavam que todos iam ser presos assim que chegassem a Petrogrado. Os bolcheviques limitaram-se a sorrir.

Dois séculos antes, Giambattista Vico, absorto em seus livros num recanto da Europa a meio continente dali, ao afirmar que "o mundo social" era "certamente obra do homem", não fora mais adiante e não chegara a declarar, tal como fizera Grotius, que as instituições sociais dos homens podiam ser explicadas exclusivamente em termos humanos. Grotius, embora tivesse sido um dos mestres de Vico, fora protestante e herege, e seu grande livro fora colocado no *Índex*; assim, Vico não teve coragem sequer de editá-lo. Na cidade católica de Nápoles, à sombra da Inquisição, Vico foi obrigado a manter Deus em seu sistema.

No final do século XVIII, Babeuf, que não apenas acreditava que a sociedade fora feita pelos homens como também queria refazê-la, dissera, ao explicar seu fracasso: "Basta refletir por um momento a respeito da multidão de paixões na ascendência desse período de corrupção a que chegamos para ficar claro que a probabilidade de realizar um tal projeto é de menos de um em cem".

Em 1917, com um vestígio de Deus ainda disfarçado de dialética, mas sem temer o papa de Roma nem o sínodo protestante, sem ter tanta segurança a respeito dos controles da sociedade quanto tinha o maquinista acerca dos controles da locomotiva que o levava a Petrogrado, porém capaz de calcular a probabilidade com mais precisão do que 1%, Lênin estava na iminência do momento em que, pela primeira vez na história da humanidade, a chave de uma filosofia da história iria encaixar-se numa fechadura histórica.

Se a porta que Lênin estava prestes a abrir não iria revelar exatamente o futuro que ele entrevia, deve-se levar em conta que, de todos os grandes marxistas, ele era o menos apaixonado por visões proféticas, o que mais prontamente reajustava seus projetos. Em suas *Cartas do estrangeiro*, Lênin acabara de escrever: "As classificações teóricas não importam agora". Referia-se à questão de considerar as medidas imediatas que ele pretendia adotar para alimentar o povo russo como "ditadura do proletariado" ou como "ditadura revolucionário-democrática do proletariado e do campesinato pobre".

> Seria um erro grave tentar adaptar as tarefas práticas complexas e urgentes da revolução, que se desenrolam rapidamente, ao leito de Procusto de uma "teoria" estreita em vez de considerar a teoria acima de tudo como um *guia para a ação*.

Acompanhamos as tentativas de Michelet de reviver os acontecimentos do passado como uma criação artística coerente, e vimos de que modo o material da história sempre rompia a estrutura da arte. Lênin está prestes a tentar impor aos eventos do presente uma estrutura para orientá-los e determinar a história futura. Não devemos nos surpreender se os eventos subsequentes nem sempre se conformam a essa estrutura. A questão é que, àquela altura dos acontecimentos, é possível verificar que o homem ocidental de fato progrediu no tocante a dominar a ganância, o medo, a confusão que sempre caracterizaram sua existência.

Hoje, o terminal ferroviário no qual chegam os trens provenientes da Finlândia é um prediozinho de estuque mal conservado, de um cinzento cor de borracha e um tom de rosa sujo, com um galpão para trens sustentado por colunas finas que se ramificam ao encostarem no teto. Por um dos lados os trens chegam; no outro ficam as portas que dão para as salas de espera, o restaurante e o depósito de bagagens. É um prédio cujo tamanho e forma seriam considerados, em qualquer país europeu mais moderno, apropriados para uma cidade de província e não para os esplendores de uma capital; porém, com seus bancos desgastados pelos muitos passageiros que neles esperaram, seus bolos e pães expostos com etiquetas em vitrines, é uma pequena estação ferroviária europeia típica, com aquela mesmice que caracteriza todas as instituições úteis que se espalharam por todos os lugares onde impera a classe média. Hoje em dia, as camponesas, com seus embrulhos e cestas e lenços amarrados na cabeça, esperam sentadas nos bancos, pacientes.

Mas na época sobre a qual estou escrevendo, havia uma sala especial, com banheiro, reservada para o czar, e foi para lá que os camaradas que receberam Lênin o levaram quando seu trem chegou, tarde da noite, no dia 16 de abril. Na plataforma, ele fora recebido por homens que haviam saído de prisões ou voltado do exílio, de cujas faces escorriam lágrimas.

Um socialista não bolchevique, N. Sukhanov, nos deixou um relato em primeira mão da chegada de Lênin. Ele entrou quase correndo na sala do czar. Seu casaco estava desabotoado; o rosto parecia congelado; carregava um grande buquê de rosas que havia acabado de receber. Ao defrontar-se com o menchevique Tchkheidze, presidente do Soviete de Petrogrado, parou de repente, como se esbarrasse num obstáculo inesperado. Tchkheidze, mantendo a expressão contrariada com a qual havia esperado a chegada de Lênin, dirigiu-se a ele no tom sentencioso de quem faz um discurso de boas-vindas convencional. Disse-lhe:

> Camarada Lênin, em nome do Soviete de Petrogrado e de toda a revolução, damos-lhe as boas-vindas à Rússia... *porém* consideramos que no momento atual a principal tarefa da democracia revolucionária é defender nossa revolução contra todo tipo de ataque, tanto interno quanto externo. [...] Esperamos que você colabore conosco no sentido de trabalhar para esse fim.

Segundo Sukhanov, Lênin ficou parado,

> com uma expressão no rosto que parecia indicar que o que estava ocorrendo alguns metros a sua frente nada tinha a ver com ele; olhava de um lado para o outro; corria a vista pelo público a seu redor, e chegou mesmo a examinar o teto da "sala do czar", ao mesmo tempo que endireitava o buquê em suas mãos (o qual destoava bastante de sua figura).

Por fim, desviando o rosto do comitê e sem responder diretamente ao discurso, dirigiu-se à multidão:

> Caros camaradas, soldados, marinheiros e trabalhadores, tenho o prazer de congratulá-los pela vitória da revolução russa, saudá-los como a vanguarda do exército proletário internacional. [...] A guerra do banditismo imperialista é o começo da guerra civil na Europa. [...] Não tarda a hora em que, atendendo ao chamado de nosso camarada Karl Liebknecht, o povo apontará suas armas para os exploradores capitalistas. [...] Na Alemanha, tudo já está fermentando! Não hoje, mas amanhã, qualquer dia, pode ocorrer o colapso geral do capitalismo europeu. A revolução russa que vocês realizaram deu o

golpe inicial e inaugurou uma nova era [...]. Viva a Revolução Social Internacional!

Saiu da sala. Lá fora, na plataforma, um oficial aproximou-se e bateu continência. Lênin, surpreso, retribuiu a continência. O oficial deu a ordem, e um destacamento de marinheiros com baionetas ficou em posição de sentido. Holofotes iluminavam o local, e bandas tocavam a "Marselhesa". Uma grande aclamação brotou de uma multidão que se formava ao redor da plataforma. "O que é isso?", perguntou Lênin, dando um passo para trás. Disseram-lhe que eram as boas-vindas dos trabalhadores e marinheiros revolucionários: haviam gritado a palavra "Lênin". Os marinheiros apresentaram armas, e seu comandante apresentou-se. Cochicharam-lhe que queriam ouvi-lo falar. Lênin deu alguns passos e tirou o chapéu-coco. Começou:

> Camaradas marinheiros, eu os saúdo sem saber se vocês têm acreditado ou não em todas as promessas do Governo Provisório. Porém estou certo de que, quando eles lhes falam com palavras açucaradas, quando prometem mundos e fundos, estão enganando a vocês e a todo o povo russo. O povo precisa de paz; o povo precisa de pão; o povo precisa de terra. E eles lhes dão guerra, fome, nada de pão — deixam os proprietários continuar controlando a terra. [...] Precisamos lutar pela revolução social, lutar até o fim, até a vitória completa do proletariado. Viva a Revolução Social Mundial!

"Foi extraordinário!", afirma Sukhanov. "Para nós, que estávamos incessantemente ocupados, totalmente imersos no trabalho cotidiano da revolução, as necessidades do dia a dia, as coisas imediatamente urgentes que se tornam invisíveis 'na história'", foi como se uma luz deslumbrante se acendesse de repente.

A voz de Lênin, emergindo diretamente do vagão do trem, era uma "voz de fora". Sobre nós, no meio da revolução, explodiu — a verdade, de modo algum dissonante, de modo algum violando seu contexto, porém uma nota *nova*, brusca, algo estonteante.

Foram surpreendidos pela consciência de

que Lênin estava inegavelmente com razão, não apenas ao afirmar que havia iniciado a revolução socialista mundial, não apenas ao ressaltar o vínculo indissolúvel entre a guerra mundial e o colapso do sistema imperialista, mas também ao enfatizar e destacar a própria "revolução mundial", insistindo que deveríamos nos orientar por ela, e avaliar com base nela todos os eventos da história contemporânea.

Tudo isso eles compreendiam agora, era inquestionável; no entanto, do que não estavam certos era se Lênin sabia de que modo essas ideias podiam ser postas em prática na política da revolução. Teria ele um conhecimento real da situação da Rússia? Mas no momento isso não importava. Tudo era tão extraordinário!

A multidão carregou Lênin nos ombros até um dos carros blindados que aguardavam fora da estação. O Governo Provisório, que fizera o possível para impedir a formação de multidões nas ruas, havia proibido a utilização desses carros, que podiam se transformar em fatores decisivos numa manifestação de massa; contudo, os bolcheviques não se importaram com a proibição. Lênin teve que fazer mais um discurso, em pé, sobre o carro blindado. A praça à frente da estação ficou abarrotada de gente: eram trabalhadores da indústria têxtil, metalúrgicos, soldados e marinheiros de origem camponesa. Não havia luz elétrica na praça, mas os holofotes iluminavam bandeiras vermelhas com dizeres dourados.

O carro blindado partiu da estação acompanhado de um séquito. Os outros carros diminuíram suas luzes para destacar as do carro de Lênin. Os faróis lhe mostravam a guarda operária, enfileirada dos dois lados da estrada. Disse Krupskaia: "Aqueles que não presenciaram a revolução não podem imaginar sua beleza solene e grandiosa". Os marinheiros eram da guarnição de Kronstadt; os holofotes eram da fortaleza de Pedro e Paulo. Dirigiam-se para o Palácio Kchessinskaia, a casa da bailarina que fora amante do czar, da qual os bolcheviques, num gesto calculadamente simbólico que indignou a moradora, haviam se apropriado, transformando-a em sede do partido.

No seu interior havia uma profusão de espelhos grandes, candelabros de cristal, afrescos nos tetos, estofamentos de cetim, amplas escadarias e grandes armários brancos. Muitas estátuas de bronze e cupidos de mármore haviam sido quebrados pelos invasores, porém os móveis da bailarina foram cuidadosamente guardados e substituídos por mesas, cadeiras e bancos simples, colocados onde necessários, aqui e ali. Apenas um ou outro vaso chinês, perdido no meio dos jornais e manifestos, ainda atrapalhava a passagem. Queriam servir chá a Lênin e fazer discursos de boas-vindas, mas ele os fez falar sobre táticas. O palácio estava cercado por uma multidão que pedia aos gritos um discurso. Lênin caminhou até uma sacada para ver as pessoas. Foi como se toda a rebelião sufocada sobre a qual se assentava aquela grande cidade plana e pesada, desde os tempos dos artesãos que Pedro, o Grande, para lá enviara para trabalhar até morrer naqueles pântanos, numa única noite tivesse entrado em ebulição. E Lênin, que só havia falado em reuniões de partidos, perante plateias de estudantes marxistas, e que desde 1905 quase nunca aparecia em público, agora falava à multidão com uma voz cheia de autoridade que canalizaria toda a energia dispersa daquela gente, conquistaria sua confiança abalada e seria subitamente ouvida em todo o mundo.

De início, contudo, quando o ouviram naquela noite — diz Sukhanov, que estava no meio da multidão —, havia indícios de que as pessoas estavam chocadas e assustadas. À medida que a voz rouquenha de Lênin falava de "capitalistas ladrões", da "destruição dos povos europeus para engordar os lucros de uma quadrilha de exploradores", e que "a defesa da pátria significa na verdade a defesa dos capitalistas em detrimento de todos os outros" — à medida que essas frases explodiam como obuses, os próprios soldados da guarda de honra murmuravam: "O que é isso? O que ele está dizendo? Se ele descesse aqui, ele ia ver!". Porém, diz Sukhanov, quando Lênin lhes falou face a face, eles não cumpriram suas ameaças, e jamais tentaram fazê-lo posteriormente.

Lênin entrou no palácio, mas teve de voltar à sacada para fazer um segundo discurso. Quando retornou, decidiu-se realizar uma assembleia. No grande salão de festas, os longos discursos de boas-vindas se repetiram. Segundo Trótski, Lênin suportou aquela torrente de retórica "como um pedestre impaciente parado à porta de um edifício esperando a chuva parar". De vez em quando consultava seu relógio. Quando chegou sua vez, falou durante duas horas, e encheu sua plateia de confusão e terror.

Disse ele: "Na viagem para cá com meus camaradas, eu julgava que seríamos levados da estação diretamente para a fortaleza de Pedro e Paulo. Pelo visto, nossa situação é bem outra. Mas não vamos perder a esperança de que ainda venhamos a passar por essa experiência". Fez pouco-caso dos planos de reforma agrária e outras medidas legais propostas pelo Soviete, e afirmou que os próprios camponeses deveriam se organizar e se apossar da terra sem intervenção governamental. Nas cidades, os operários armados deviam assumir o controle das fábricas. Ignorou a maioria do Soviete e repreendeu severamente os próprios bolcheviques. A revolução proletária estava iminente: não deviam dar o menor apoio ao Governo Provisório. "Não precisamos de nenhuma república parlamentar. Não precisamos de nenhuma democracia burguesa. Não precisamos de nenhum governo além do Soviete de Delegados de Trabalhadores, Soldados e Camponeses!"

O discurso, segundo Sukhanov, apesar de seu "conteúdo desconcertante e de sua eloquência lúcida e brilhante", não apresentava, contudo, "uma coisa: uma análise das 'premissas objetivas' das fundações socioeconômicas para o socialismo na Rússia". Sukhanov acrescenta:

> Saí na rua como se tivesse acabado de levar uma pancada na cabeça. Apenas uma coisa estava clara: não havia como

eu, que não era membro do partido, concordar com Lênin. Deliciado, enchi os pulmões de um ar que já continha o frescor da primavera. Estava prestes a amanhecer; o dia já havia chegado.

Um jovem oficial de marinha bolchevique que participou da assembleia escreveu: "As palavras de Ilitch abriram um Rubicão entre as táticas de ontem e as de hoje".

Os líderes, em sua maioria, ficaram estupefatos. O discurso não foi posto em debate naquela noite, mas a indignação explodiria no dia seguinte, quando Lênin soltou outra bomba numa assembleia geral dos social-democratas. Declarou um dos bolcheviques:

> Lênin acaba de apresentar sua candidatura a um trono europeu que está vago há trinta anos: o trono de Bakunin. Com novo fraseado, Lênin está nos contando a mesma velha história de sempre: as velhas ideias desacreditadas do anarquismo primitivo. O Lênin social-democrata, o Lênin marxista, o Lênin líder de nossa social-democracia militante — este Lênin não existe mais!

E o esquerdista Bogdanov, que estava sentado bem junto à plataforma, repreendeu a plateia com fúria: "Vocês deviam se envergonhar de aplaudir essas tolices! Vocês estão agindo de modo vergonhoso! E ainda se dizem marxistas!".

O objetivo do discurso de Lênin fora impedir que se concretizasse a proposta de fusão dos bolcheviques com os mencheviques; porém naquele momento a impressão era de que o efeito seria justamente o de empurrar os bolcheviques para o lado oposto. A muitos dos próprios bolcheviques parecia — tal como parecera a muitos dos adversários de Lênin após o cisma de 1903 — que ele havia simplesmente conseguido colocar-se num beco sem saída.

Na noite da chegada, escreve Krupskaia, após a recepção no Palácio Kchessinskaia, ela e Lênin foram "para casa, onde nos esperavam os nossos, Ana Ilinichna e Mark Timofeievitch". Maria Ilinichna estava morando com a irmã e o cunhado. Deram a Vladímir Ilitch e Nadia um quarto separado; e lá encontraram, penduradas sobre as camas pelo filho de criação de Ana, as palavras finais do *Manifesto comunista*: "Proletários de todo o mundo, uni-vos!".

Krupskaia comenta que praticamente não falou com Ilitch. "Tudo foi compreendido sem palavras."

RESUMO: A SITUAÇÃO EM 1940*

I

Relativamente falando, o marxismo está em eclipse. Chegou ao fim uma etapa de sua história. Talvez valha a pena, neste momento, olhar para trás e tentar ver o que aconteceu.

Comecemos nos perguntando o que queremos dizer — se é que queremos mesmo dizer algo definido e fixo — quando utilizamos normalmente a palavra "marxismo".

O marxismo do próprio Karl Marx era, em sua forma original, uma mistura de judaísmo tradicional, rousseaunismo do século XVIII e utopismo do início do século XIX. Marx partia da premissa de que a sociedade capitalista havia corrompido a espécie humana, induzindo-a a abandonar os valores espirituais em troca da satisfação proporcionada pela posse de coisas: ele acreditava que algum dia o espírito voltaria a se afirmar, a humanidade destruiria seus falsos ídolos e os carneiros seriam separados das cabras: isso só poderia se realizar por meio do comunismo — isto é, a posse comum dos meios de produção, que possibilitaria o surgimento de uma sociedade sem classes.

Friedrich Engels, filho de um industrial renano, que havia trabalhado na filial de Manchester da empresa têxtil de sua família e ficara horrorizado com a miséria da classe operária, fez Marx interessar-se por economia política e lhe forneceu dados a respeito do sistema industrial. Ambos haviam chegado à conclusão de que o fator econômico era de importância fundamental para o desenvolvimento da sociedade humana e, tomando emprestado à filosofia de Hegel o princípio da transformação revolucionária,

* Extraído de *The Shores of Light*, © 1952 by Edmund Wilson, Farrar, Straus & Young, Inc., Publishers.

desenvolveram uma imagem da história em que o mecanismo do progresso era representado como um processo de conflito de classes contínuo. Toda mudança importante sofrida pelos métodos de produção dos produtos essenciais à vida dava origem a novas classes socioeconômicas, que tinham que lutar contra as classes obsoletas a fim de conquistar o controle do mecanismo. A burguesia lutara contra o sistema feudal e o derrotara, porque este obstruía a liberdade de comerciar do comerciante, bem como a liberdade de se empregar do trabalhador, e ambas eram necessárias ao bom funcionamento das fases competitivas iniciais do capitalismo. O proletariado industrial iria, por sua vez, fazer o mesmo com o sistema capitalista, quando este, em suas fases posteriores, se tornasse um obstáculo ao desenvolvimento lógico da grande indústria e do monopólio financeiro ao transformarem-se num sistema único centralizado, que só poderia ser operado pelo Estado.

Assim, Marx e Engels fizeram o possível para promover o sucesso das organizações trabalhistas que visavam conquistar para a classe operária o direito de voto, melhores salários ou melhores condições de trabalho: o movimento cartista inglês e a Liga dos Comunistas nos anos 1840, a Internacional dos Trabalhadores nos anos 1860 e 1870. Tentaram convencer os participantes desses movimentos de que eles, como representantes da classe operária, eram protagonistas do drama marxista da história.

Esse drama, segundo a concepção de Marx às vésperas da revolução de 1848, se desenrolaria rapidamente até um clímax catastrófico, que seria seguido por uma espécie de idade do ouro. Engels imaginava o futuro em termos da Revolução Francesa combinada com o Apocalipse. Porém, posteriormente, quando foi estabelecido um sistema parlamentar naquela Alemanha feudal que havia servido de pano de fundo para o pensamento de Marx e Engels, os socialistas alemães de formação marxista, mas que podiam se eleger para o Reichstag, começaram a achar que não eram tão inevitáveis o impasse socioeconômico e a guerra decisiva entre as classes, conforme Marx previra. Como a pressão da classe operária havia conseguido obter certas reformas, talvez não houvesse motivo para acreditar que os objetivos do socialismo não pudessem ser atingidos por meio de reformas pacíficas e graduais. O próprio Marx, em seus últimos anos de vida, cogitou admitir que, em países democráticos como a Inglaterra, os Estados Unidos e a Holanda, talvez a revolução socialista pudesse se dar através de métodos parlamentares pacíficos — embora julgasse que isso provavelmente causaria uma revolta dos reacionários, que seriam derrotados nas urnas.

Karl Marx por vezes elogiava as realizações dos países democráticos, como, por exemplo, quando defendeu a causa do norte durante a Guerra de Secessão americana, porém com mais frequência — e mais coerentemente com sua personalidade sombria e selvagem — ele fala em guerra total; e é uma guerra total que ele antevê. Chegou a aplaudir a Comuna, quando os trabalhadores e soldados de Paris se levantaram contra o governo burguês e tomaram a cidade durante dois meses — a despeito de os métodos adotados pela Comuna terem sido bem mais drásticos do que aqueles por ele propostos. Marx jamais acreditara na possibilidade de se abolirem pura e simplesmente as instituições burguesas e substituírem-nas por novas instituições socialistas, que foi o que a Comuna tentou fazer; o que ele previa é que a ditadura do proletariado começasse por assumir o controle dos mecanismos do Estado burguês existente.

Também devemos lembrar aqui que, na obra imensa de Marx e Engels, pode-se encontrar uma variedade de atitudes em relação aos principais problemas abordados pelos autores. Em primeiro lugar, há duas personalidades envolvidas que dão ênfases um tanto diferentes às questões. Engels por si só — tal como ficou após a morte de Marx — era politicamente mais flexível e mais tolerante, e dava ênfase menor ao lado materialista da filosofia que denominavam materialismo dialético; Karl Marx tinha em sua própria natureza tendências tão fortemente divergentes que sua formidável maquinaria lógica jamais conseguiu torná-las coerentes: era ao mesmo tempo um moralista e um profeta, que queria fulminar uma geração de víboras, e um estudioso da história como ciência, que visava a uma análise objetiva dos processos econômicos. Acrescente-se a isso tudo que os pontos de vista de Marx e Engels variavam em função da maior ou menor iminência ou probabilidade de surgir um movimento operário no qual eles pudessem participar ativamente; e que os jovens combatentes de 1848, que viam o operário de fábrica de um lado das barricadas e o capitalista explorador do outro, não se reconciliaram totalmente com os observadores idosos dos anos de exílio na Inglaterra, obrigados a levar em conta situações inesperadas às quais o sistema capitalista deu origem em suas fases posteriores e mais complicadas.

Assim, os escritos de Marx e Engels se prestam a todo tipo de exploração — justamente como as Sagradas Escrituras —, a servir de base para uma variedade de doutrinas; e diferentes cânones marxistas já foram preparados por diferentes seitas. Os social-democratas alemães não tiveram escrúpulos de alterar os textos; e os russos do Instituto Marx-Engels, por sua vez, ao publicarem os textos tais como foram escritos, deram-se ao trabalho de suplementá-los com um comentário que dá a interpretação "correta".

II

O marxismo chegou à Rússia ainda em 1868, quando lá foi publicada uma tradução de *O capital*, e começou a ganhar adeptos na década de 1880, depois que o movimento terrorista culminou com o assassinato de Alexandre II. Porém, assim como os alemães o haviam tornado respeitável, acadêmico e parlamentar, na Rússia, tendo necessariamente que permanecer como um movimento clandestino, o marxismo tornou-se, em sua forma mais eficaz, estreito, concentrado, sombrio e cruel. Lá, o primeiro problema dos radicais era livrar-se de uma aristocracia feudal que nem sequer queria ouvir falar de constituição e que excluía os liberais burgueses das instituições de ensino.

Vladímir Uliánov, cognominado Lênin, fazia parte de um setor das classes profissionais que havia sido duramente atingido nos anos 1880. Seu pai, diretor das escolas da província de Simbirsk, à margem do Volga, começara de baixo e, devido a sua carreira dedicada e honrada, ganhara um título de nobreza durante o período das reformas educacionais inspiradas por Alexandre II; prematuramente removido de seu posto, viu todo o seu trabalho ser desfeito quando a reação de Alexandre III pretendeu punir o assassinato de seu predecessor. O irmão mais velho de Lênin, que estudava na Universidade de São Petersburgo, envolveu-se numa conspiração que visava dar continuidade ao trabalho dos terroristas assassinando Alexandre III, porém foi preso pela polícia e enforcado. O velho Uliánov acabara de morrer de derrame, talvez em parte por desgosto, e Vladímir tornou-se o chefe da família. Tinha profunda admiração pela mãe, que caiu no ostracismo com a execução de seu filho; e essa sucessão de desastres na família fez com que endurecesse. Durante os primeiros anos de sua juventude, sua formação foi brutalmente interrompida: por causa de uma manifestação estudantil na qual não tivera participação importante, foi expulso da Universidade de Kazan como suspeito, por ser irmão de um terrorista, e proibido de se formar, na Rússia ou no estrangeiro. Foi nesse período de frustração que Vladímir leu Marx.

A brutalidade da autocracia czarista inevitavelmente desencadeava brutalidade nos grupos que a combatiam, e o marxismo russo adquiriu algumas características do movimento terrorista dos anos 1870. O grupo de revolucionários treinados e dedicados proposto por Lênin em *Que fazer?*, panfleto que publicou em 1902, e posteriormente concretizado por ele no Partido Bolchevique e no Partido Comunista, é um conceito que não se encontra em Marx, cujas atividades de organizador se limitaram à elaboração de programas e à presidência de assembleias da Liga de Comunistas e da Internacional de Trabalhadores. Lênin, diante da ignorância das massas russas analfabetas, foi obrigado a propor com franqueza que elas teriam de ser dirigidas por um núcleo de intelectuais revolucionários, e, em face da tendência normal da intelligentsia russa a falar muito e não fazer nada, teve que enfatizar que os líderes burgueses do movimento proletário não deveriam ser pessoas capazes apenas de falar, nem mesmo de pensar, e sim que trabalhassem ativamente pelo partido e que estivessem dispostas a assumir responsabilidades reais. As fontes da atividade de Lênin eram profundas, irresistíveis e instintivas. Sua motivação fundamental era provavelmente o ódio avassalador pelo sofrimento de que Górki fala com tanta ênfase, combinado com uma paixão pelo combate que assumia uma forma curiosamente impessoal, fazendo-o considerar-se uma força histórica nua em conflito com outras forças do mesmo tipo. Disciplinou-se a tal ponto que sua emoção sempre alimentava sua convicção, e sua convicção sempre levava à ação. Esse processo chegou ao clímax quando o regime czarista arrastou a Rússia para a prolongada devastação e matança que Lênin não chamava por outro nome que não o de Guerra Imperialista.

O fato de o Governo Provisório de Kerenski desejar continuar a guerra e não parecer nem um pouco disposto a distribuir terras ou alimentos às massas famintas por si só já teria sido quase o suficiente para fazer com que Lênin resolvesse derrubá-lo, mesmo sem a força impulsionadora messiânica do conceito marxista de história. Indivíduos como o menchevique Martov observavam, com razão, que Lênin estava deixando de lado o processo expressamente prescrito por Marx, e que antes era aceito pelo próprio Lênin, ao não esperar até que um estado "democrático" burguês fizesse a transição da autocracia czarista para o estado proletário socialista. Quando jovens russos perguntaram a Marx se seria possível passar, na Rússia das antigas comunas camponesas, diretamente para uma economia socialista sem atravessar todas as etapas da exploração capitalista em grande escala, Marx — embora tivesse antes aprovado a experiência da Comuna de Paris — afirmou que achava a possibilidade muito duvidosa.

Mas Lênin, apesar de meter-se em tantas polêmicas infindáveis, não se preocupava muito com a teoria marxista: o que o interessava não eram as ideias, e sim os eventos de sua época, que ele observava atento ao surgimento de uma brecha, por menor que fosse, pela qual se tornasse possível a destruição do regime czarista. Durante a guerra, quando surgiu o momento, Lênin viu como era frágil e impraticável o Governo Provisório burguês, e substituiu-o por um novo tipo de governo baseado nos conselhos (sovietes) de trabalhadores, camponeses e soldados, os quais, assim que o czar perdeu o poder, assumiram posições de autoridade, ainda que não oficiais, em 1917 tal como ocorrera em 1905. Contudo, embora Lênin não permanecesse fiel à letra de Marx, foi fiel a seu espírito apocalíptico; sempre fora seu hábito primeiro agir e depois procurar em Marx e Engels os textos que legitimassem sua ação — o que, como já vimos, normalmente não é difícil.

Os objetivos finais de Lênin eram, obviamente, de natureza humanitária, democrática e antiburocrática, mas a lógica da situação geral era forte demais para seus propósitos. Seu grupo treinado de revolucionários, o Partido, transformou-se em uma máquina tirânica que perpetuou, na chefia do governo, a intolerância, a desonestidade, o sigilo, a implacabilidade para com os dissidentes políticos, que os bolcheviques haviam sido obrigados a aprender no tempo em que eram um grupo clandestino perseguido. Em vez de transformar a velha Rússia feudal numa sociedade sem classes, esse grupo estimulou a ascensão e o domínio de uma nova classe privilegiada dominante, que logo se pôs a explorar os trabalhadores de modo quase tão insensível quanto os industriais do regime czarista, sujeitando-os a uma espionagem que provavelmente era pior do que a que era praticada nos tempos do czar. O que Lênin realizou, na verdade, foi uma espécie de revolução burguesa; de certa maneira, a situação seguira o modelo previsto por Marx — só que não era essa, em absoluto, sua intenção. Lênin morreu, depois de apenas seis anos no poder, na maior perplexidade e angústia, passado para trás por um de seus lugares-tenentes que sabia distribuir favores e não tinha nenhum escrúpulo de enganar o povo.

De início, sob a ditadura de Stálin, houve tentativas sérias de elevar a economia soviética ao nível das nações capitalistas, para que o socialismo se tornasse uma realidade; mas quando ficou claro que isso não estava dando certo, devido à inépcia mecânica e à incompetência administrativa dos russos, Stálin rapidamente enterrou os ideais leninistas, executou ou calou por outros meios todos aqueles dispostos a defendê-los e consolidou a posição dos grupos de funcionários que estavam fazendo o possível para dar à Rússia a burguesia forte que lhe faltava, e que talvez tenha afinal dominado o próprio Stálin.

Enquanto isso, o curto-circuito do sistema capitalista que Karl Marx previra com tanta certeza havia de fato ocorrido na Alemanha, só que com resultados muito diferentes daqueles que ele esperava. Em vez de os processos do capitalismo darem origem automaticamente a uma crise em que um proletariado reduzido à miséria se defrontasse com um pequeno grupo de capitalistas, nada mais tendo a fazer senão expropriar os expropriadores, um novo tipo de classe média, como na Rússia, emergiu da pequena burguesia, e não teve a menor dificuldade em recrutar membros ambiciosos do proletariado. Esse grupo conseguiu estabelecer um novo tipo de socialismo de Estado, no qual o governo planejava e liderava visando servir aos interesses da nova classe governante, sem chegar a assumir o controle das indústrias, porém eliminando os grandes capitalistas, se necessário, e fazendo com que a classe operária tivesse um padrão de vida mínimo para que não se tornasse seriamente recalcitrante.

III

Karl Marx concluiu que o proletariado ia expulsar os capitalistas por meio de duas analogias falsas. Uma delas era uma tendência — provavelmente inconsciente — a identificar a situação do proletário com a do judeu. Os judeus alemães da época de Marx estavam começando a escapar das restrições do gueto e do sistema do mundo judaico; nesse caso as antigas vítimas de uma discriminação social e econômica, com sua velha disciplina religiosa e sua formação intelectual, puderam assimilar com muita facilidade as técnicas e responsabilidades do mundo moderno que as cercavam. No entanto, o proletariado, ao contrário dos judeus, não tinha uma tradição de autoridade; era, por sua própria condição, mantido ignorante e fisicamente degenerado. O país — a Inglaterra industrializada — no qual Marx previa que o abismo cada vez maior entre a classe proprietária e a trabalhadora causaria a primeira revolução comunista veio a ser aquele em que a progressiva degradação da classe operária teve simplesmente o efeito de atrofiar os trabalhadores fisicamente, e pouco a pouco extinguir-lhes o espírito. A outra analogia falsa de Marx era estabelecida entre o comportamento da burguesia nos séculos XVII e XVIII e o comportamento previsto da classe trabalhadora em relação à burguesia. As classes médias europeias que conseguiram expropriar os senhores feudais eram, afinal de contas, pessoas instruídas, acostumadas a administrar propriedades e com experiência na gestão de negócios públicos. Os proletários, os trabalhadores industriais oprimidos no qual Marx depositava suas esperanças, eram quase inteiramente desprovidos de instrução e de experiência desse tipo; e agora sabemos que, quase invariavelmente, quando o povo pobre e analfabeto de uma sociedade industrial moderna aprende a dominar as técnicas mais avançadas e melhora seu padrão de vida, tende a exibir ambições e gostos que Marx teria considerado burgueses. É o que vimos ocorrer nos Estados Unidos, onde foi produzido o primeiro exemplo desse novo tipo de burguesia que está surgindo na Alemanha e na Rússia. Mas a versão americana é mais desenvolvida, ou seja, mais democrática; e quando digo que é mais democrática estou usando a palavra não num sentido lato e impreciso, e sim naquele mais estrito de que, nos Estados Unidos, a responsabilidade individual, a capacidade de tomar decisões, é distribuída de modo bem mais homogêneo do que nesses outros países.

Então não restará mais nada do marxismo? Não haverá ideias marxistas básicas que ainda possam ser aceitas como verdadeiras?

Examinei o marxismo acima, arriscando-me a cair na banalidade, nos termos de suas origens históricas, porque me parece que as generalidades cambiantes em que a mente liberal continua viciada ainda precisam ser corrigidas constantemente pelos fatos da história do socialismo. Mas é claro que há uma técnica comum ao marxismo de Marx e Engels, ao de Lênin e Trótski, uma técnica que ainda podemos utilizar com bom proveito: a de analisar fenômenos políticos em seus aspectos socioeconômicos. O que havia de verdadeiro nas pretensões de Marx e Engels de fazer o socialismo algo "científico" era o fato de eles terem sido os primeiros a tentar, de modo intensivo, estudar as causas econômicas objetivamente. Isso, é claro, não quer dizer que devamos tentar encontrar a chave dos eventos de nossa época nas conclusões que homens de outro século tiraram com base nos eventos de seu tempo. O método marxista só leva a resultados válidos quando aplicado de uma nova maneira por homens realistas o bastante para ver com os próprios olhos — e corajosos o bastante para pensar com as próprias cabeças.

Quanto aos objetivos e ideais do marxismo, há neles uma característica que atualmente é encarada com suspeita, e não sem razão. Não basta que o Estado assuma o controle dos meios de produção e se estabeleça uma ditadura que tenha por meta defender os interesses do proletariado para que esteja garantida a felicidade de alguém — exceto a dos próprios ditadores. Marx e Engels, cuja formação ocorreu na Alemanha autoritária, tendiam a imaginar o socialismo em termos autoritários; Lênin e Trótski, obrigados a partir de um povo que jamais conhecera outro regime que não a autocracia, também enfatizaram esse aspecto do socialismo e fundaram uma ditadura que se autoperpetuou como autocracia.

Porém, feitas todas essas considerações, restam alguns pontos mais importantes e comuns a todos os grandes marxistas: o desejo de abolir os privilégios de classe baseados no berço e nas diferenças de renda; a vontade de estabelecer uma sociedade em que o desenvolvimento superior de alguns não seja custeado pela exploração — ou seja, pela degradação proposital — de outrem; uma sociedade que seja homogênea e cooperativa, algo bem diverso de nossa sociedade comercial, e que seja dirigida pelas mentes criativas e conscientes de seus membros, dando o melhor de si. Essa é uma meta pela qual devemos trabalhar à luz de nossa imaginação e com a ajuda do bom senso. As fórmulas das diversas seitas marxistas, inclusive a que é comum a todas elas, o dogma da dialética, não são mais merecedoras do status de sagradas escrituras do que as fórmulas de outras crenças. Para realizar essa tarefa, precisaremos exercitar ao mesmo tempo — constantemente nos adaptando às diferentes circunstâncias — nossa razão e nosso instinto.

Apêndice
PREFÁCIO À EDIÇÃO DE 1971

É MUITO FÁCIL IDEALIZAR uma convulsão social que ocorre num país estrangeiro. Assim, é possível que ingleses como Wordsworth e Charles James Fox tenham idealizado a Revolução Francesa e homens como Lafayette tenham feito o mesmo com a Revolução Americana. A grande distância que separa a Rússia do Ocidente certamente tornou ainda mais fácil para os socialistas e os liberais americanos imaginar que a Revolução Russa poria fim a um passado de opressão, aboliria uma civilização comercial e fundaria, segundo a profecia de Trótski, a primeira sociedade realmente humana. Éramos muito ingênuos em relação a essa questão. Não prevíamos que a nova Rússia fatalmente teria muito em comum com a antiga: censura, polícia secreta, incompetência burocrática, uma autocracia todo-poderosa e brutal. Este livro parte da premissa de que um passo importante foi dado, que uma "ruptura" ocorreu, que nada na história da humanidade jamais seria como antes. Nada me levava a desconfiar que a União Soviética viria a tornar-se uma das mais abomináveis tiranias que o mundo jamais conhecera e que Stálin seria o mais cruel e inescrupuloso dos implacáveis czares russos. Portanto, este livro deve ser lido como um relato basicamente confiável do que os revolucionários julgavam estar fazendo em prol de "um mundo melhor". Algumas correções e modificações, porém, devem ser feitas a fim de retificar o tom excessivamente esperançoso do autor. O que houve na Revolução de Outubro de valor permanente — seja lá como essa expressão for entendida — é uma questão na qual não entrarei.

Fui acusado, não injustamente, de subestimar a vigorosa persistência da tradição socialista na França. "Onde estão Jaurès

548

e Zola?", perguntam-me. Devo responder que não estão onde deveriam estar. E admito que Anatole France merecia um tratamento um pouco melhor. Continuo fazendo tantas restrições ao *Pequeno Pierre* e ao tedioso abade Coignard quantas eu fazia na época em que escrevi o livro. Mas quando reli a *História contemporânea* na edição de volume único, gostei mais do que da primeira vez, e concluí que a obra ainda apresenta um quadro surpreendentemente preciso da política e sociedade francesa de nossa época. Quanto a *Os deuses têm sede*, os perigos para os quais a obra alerta, representados pelo fanático intransigente Evariste Gamelin, foram posteriormente demonstrados da forma mais horrível pela intolerância dos massacres soviéticos. De modo geral, não fiz justiça a esses escritores franceses pós-revolucionários, com os quais eu havia aprendido tanto.

Quanto a Marx e Engels, nada tenho a acrescentar. O sr. David McLellan, estudioso marxista britânico, recentemente publicou uma tradução inglesa de trechos do que ele denominou *Grundrisse* de Marx, um manuscrito de mil páginas, escrito entre outubro de 1857 e março de 1858, que até então só podia ser encontrado numa edição russa de 1939 e em uma outra alemã de 1953. O sr. McLellan enfatiza a importância desse texto, afirmando que ele "ocupa uma posição central no pensamento de Marx", e que "qualquer análise da continuidade do pensamento de Marx que não leve em conta os *Grundrisse* estará condenada ao fracasso". Esse manuscrito foi, para Marx, uma espécie de tentativa de esboçar o projeto de todo o seu sistema. De acordo com o sr. McLellan, ele levou alguns estudiosos à conclusão de que Marx era "na verdade um humanista, um existencialista, até mesmo um 'existencialista espiritual' [seja lá o que isso queira dizer]". Mas o fato é que os *Grundrisse* nunca foram publicados e é apenas mais um exemplo da tendência a não terminar seus escritos que caracteriza Marx. Os problemas que eles levantavam eram, a meu ver, sempre demais para o autor enfrentar. (Os *Grundrisse*, ao que parece, eram basicamente relacionados à economia e, embora tentem e não consigam explicar a excelência dos poemas homéricos como produtos de uma cultura que deveria ter sido primitiva — problema que Marx jamais resolveria —, deixam os problemas psicológicos totalmente em aberto.) É por isso que o primeiro livro de *O capital*, a única parte que Marx chegou a publicar, é de certo modo uma fraude. O autor coloca o proletário em confronto com o capitalista à beira de uma implacável guerra de classes centrada na questão do valor-trabalho. E o valor criado pelos inúmeros intermediários fica no ponto em que está, pois o manuscrito é interrompido. Mas a indignação contagiante desse primeiro livro de *O capital* é o que vem incitando revolucionários desde sua publicação. Fazer um levantamento do desenvolvimento intelectual de Marx, com base em escritos mais antigos que ficaram inéditos, parece uma atividade um tanto fútil e árida, um tour de force acadêmico. O que Marx queria que fosse lido foi lido e seus leitores experimentaram as emoções que ele queria provocar neles.

Também fui acusado de pintar um retrato excessivamente lisonjeiro de Lênin, e creio que essa crítica não é totalmente desprovida de razão. Mas na época em que escrevi o livro, não pude me basear em quase nenhuma fonte que não as autorizadas pelo governo soviético, devidamente manipuladas de modo a se tornarem aceitáveis. No fragmento da biografia de Lênin escrita por Trótski, este afirma que a supervisão governamental faz com que até mesmo as memórias de seus familiares não sejam confiáveis. O próprio Trótski, porém, em sua autobiografia, refere-se a Lênin em termos quase tão elogiosos — como observo no livro — quanto aqueles que Platão utiliza ao escrever sobre Sócrates. Foi apenas mais recentemente que foram publicados depoimentos, não censurados pelo governo soviético, de pessoas que tiveram oportunidade de conhecer o lado mais negativo de Lênin: Piotr Struve e N. Valentinov. Tem-se a impressão de que Vladímir Ilitch demonstrava consideração e bondade exclusivamente com aqueles que não discordavam dele, sendo muito áspero e grosseiro com os outros. Tanto Struve como Valentinov, apesar de procurados e incentivados por Lênin, foram repentinamente abandonados e denunciados por ele. Afirma Struve, segundo depoimento seu publicado em *Struve: um liberal de esquerda, 1870-1905*, de Richard Pipes:

> A impressão que Lênin me causou de imediato — e que perdurou por todo o resto de minha vida — foi desagradável. Não era a sua rispidez que era desagradável. Havia algo mais do que uma rispidez normal, havia uma espécie de deboche, em parte deliberado e em parte algo de orgânico e irreprimível, que brotava das profundezas de seu ser, na maneira como Lênin tratava aqueles que ele considerava seus adversários. E em mim ele percebeu desde o início um adversário, muito embora na época eu estivesse bastante próximo a ele. O que o orientava nesses casos não era a razão, e sim a intuição, aquilo que os caçadores chamam de "faro". Posteriormente, vim a ter muito contato com Plekhánov. Ele também exibia uma rispidez que era quase deboche quando lidava com pessoas que queria atacar ou humilhar. Porém, comparado a Lênin, Plekhánov era um aristocrata. A maneira como os dois tratavam os outros pode ser qualificada pelo termo francês intraduzível *cassant*. No *cassant* de Lênin havia, no entanto, algo de insuportavelmente plebeu, e ao mesmo tempo algo de morto e repulsivamente frio.
>
> Muitas pessoas tinham essa mesma impressão de Lênin. Mencionarei apenas duas, e duas pessoas muito diferentes: Vera Zassulitch e Mikhail Tugan-Baranovski. Vera Zassulitch, a mulher mais inteligente e sutil que já conheci em toda a minha vida, sentia tamanha antipatia por Lênin que era quase uma aversão física — a desavença política que ocorreu entre eles subsequentemente não se devia apenas a diferenças teóricas e táticas, mas também à profunda divergência entre a natureza de ambos.
>
> Mikhail Tugan-Baranovski, de quem fui amigo muito ínti-

mo durante anos e anos, costumava falar-me — com sua ingenuidade característica, que levava muita gente a julgá-lo estúpido injustamente — a respeito de sua antipatia irreprimível por Lênin. Tendo conhecido o irmão de Lênin, Aleksander Uliánov, e tendo sido seu amigo, [...] costumava enfatizar, com um espanto que era quase horror, que Aleksander Uliánov era muito diferente de seu irmão Vladímir. Aleksander, homem de grande firmeza e pureza moral, era muito meigo e delicado, mesmo quando lidava com desconhecidos e inimigos, enquanto que a rispidez do outro chegava a ser uma forma de crueldade.

De fato, a atitude de Lênin para com as pessoas caracterizava-se pela frieza, o desprezo e a crueldade. Já naquela época eu via com nitidez que aqueles aspectos desagradáveis — até mesmo repulsivos — de sua personalidade provinham de seu poder como político: Lênin só via o objetivo em direção ao qual ele caminhava, firme e inflexível. Melhor dizendo, sempre houve para ele não um único objetivo, e sim todo um sistema, toda uma cadeia de objetivos. O primeiro elo dessa cadeia era exercer o poder sobre o círculo imediato de seus amigos na política. Sua rispidez e crueldade — como percebi com clareza quase desde o início, desde que nos conhecemos — estavam psicologicamente associadas de forma indissolúvel, tanto por instinto como por deliberação, a seu amor indomável pelo poder. Nesses casos, geralmente é difícil dizer o que está a serviço do que, se o amor ao poder está a serviço de uma tarefa objetiva ou ideal mais elevado assumido pelo indivíduo, ou se, pelo contrário, essa tarefa ou ideal não passa de um meio de satisfazer a insaciável sede de poder.

O depoimento de Valentinov em seu livro *Encontros com Lenin* é bastante coerente com o de Struve:

Ninguém sabia melhor inspirar entusiasmo pelos seus projetos, impor sua própria vontade, tornar as pessoas submissas a sua personalidade, do que este homem que à primeira vista parecia tão indelicado, tão grosseiro, que aparentemente nada tinha de encantador. Nem Plekhánov, nem Martov, nem nenhum dos outros haviam conseguido dominar o segredo da influência hipnótica que emanava de Lênin e atuava diretamente sobre as pessoas — mais ainda, sua dominação sobre elas. Lênin era o único que elas seguiam cegamente como líder inconteste, já que era o único que se apresentava — especialmente na Rússia — como este fenômeno raríssimo: o homem de vontade férrea, de energia indomável, que combina uma crença fanática na ação e na atividade prática com uma fé inabalável em si próprio [...].

Quando Lênin rompeu com Valentinov, a seguinte conversa ocorreu: "Não consigo esquecer", disse Valentinov, "o modo como você foi capaz de me jogar rapidamente na categoria dos seus inimigos mais malignos, nem a torrente de impropérios com que você me saudou assim que descobriu que, no campo da filosofia, não compartilho das suas ideias". Respondeu Lênin: "Você tem toda a razão; quanto a isso, você tem toda a razão. Todos aqueles que se afastam do marxismo são meus inimigos. Não dou a mão a filisteus. Não sento à mesma mesa que eles [...]". "Sem apertar minha mão, Lênin virou-se e se afastou; e eu abandonei a organização bolchevique."

Afirma Ignazio Silone, que conversou com Lênin nos tempos em que ele próprio era comunista:

Sempre que ele entrava no salão, a atmosfera modificava-se, tornava-se elétrica. Era um fenômeno físico, quase palpável. Ele gerava um entusiasmo contagiante, assim como o dos fiéis na basílica de São Pedro, quando se amontoam em torno da *Sedia*, emana um fervor que se espalha em ondas pela igreja. No entanto ao vê-lo, ao falar com ele face a face, ao observar suas críticas acerbas e desdenhosas, sua capacidade de síntese, o tom peremptório de suas decisões, tinha-se impressão bem diversa, totalmente incompatível com quaisquer conotações místicas. Lembro que alguns de seus comentários secos que ouvi por acaso durante esta minha estada em Moscou em 1921 me atingiram com a força de um soco.

Consultando os artigos relevantes escritos por Górki, Bertram D. Wolfe pôde demonstrar que *Meus dias com Lenin*, obra patrocinada pelos comunistas, apresenta um relato muito distorcido, e até mesmo reescrito, das relações entre Lênin e Górki. A diferença básica entre os dois, aparentemente, residia no fato de que Lênin pensava em termos de classes e Górki em termos de homens. Górki sempre levou a sério a religião — embora não se considerasse cristão — e falava sobre *bogoiskatelstvo*, "a busca de Deus", algo que deixava Lênin furioso: "Toda ideia religiosa, toda concepção de qualquer deusinho, até mesmo qualquer namorico com qualquer deusinho, é uma vilania inominável". Górki assumiu a obrigação de defender a intelligentsia — os artistas, escritores e cientistas — e conseguiu que Lênin o nomeasse para um cargo que o tornou responsável por eles; Górki assoberbava Lênin com petições, até que este, impaciente, lhe disse que tais questões eram trivialidades quando comparadas com a grandeza da Revolução. Porém, diferentemente do que ocorria com Stálin, com Lênin era possível apelar para um impulso de bondade e conseguir livrar muitos acusados. No início da década de 1920, Górki tentou intervir contra a execução dos social-revolucionários, e ameaçou romper relações pessoais com Lênin. Este, pressionado, manteve-os presos sem executar as sentenças, mas pouco depois Stálin "liquidou-os". Górki fundou a revista *Besseda* [Conversação], que visava promover boas relações pessoais entre a União Soviética e o mundo exterior, mas sua venda foi proibida na Rússia e nenhum escritor russo teve permissão de colaborar nela. Quando Górki aconselhou Lênin a não repetir as medidas tirânicas que a Revolução supostamente tinha abolido, seu conselho não foi bem recebido. Por fim, Górki escreveu, aparentemente em momentos diferentes, três esboços da personalidade de Lênin, que não eram inteiramente acríticos. O último e mais conhecido deles, *Meus dias com Lenin*, sofreu modificações consideráveis no tempo de Stálin. O texto original terminava como se segue: "No final das contas, o que acaba vencendo é o que há de honesto e direito naquilo que o homem faz, aquilo sem o qual ele não seria um homem". A versão modificada é esta: "Vladímir Lênin morreu. Mas os herdeiros de seu pensamento e sua vontade estão vivos. Estão vivos e estão levando adiante sua obra, que é mais vitoriosa do que qualquer outro empreendimento na história da humanidade". Todos os comentários de Górki a respeito dos judeus foram suprimidos da edição soviética, assim como o seguinte trecho de um dos textos mais antigos sobre Lênin:

> Com frequência eu conversava com Lênin sobre a crueldade das táticas revolucionárias e da vida sob a Revolução.
>
> "O que você queria?" perguntava ele, atônito e irritado. "Será possível ter considerações humanitárias numa luta como essa, de ferocidade inaudita?" [...]
>
> "Por quais critérios se mede a quantidade de socos necessária e desnecessária numa luta?", ele me perguntou após uma discussão áspera. A essa pergunta simples, só pude dar uma resposta poética: "Creio que não há outra resposta". [O que significa isto?] [...]
>
> Uma vez perguntei-lhe: "É apenas impressão minha, ou você realmente tem pena das pessoas?".
>
> "Dos inteligentes, tenho pena. Há poucas pessoas inteligentes entre nós. Como povo, somos de modo geral talentosos, mas temos uma inteligência preguiçosa. O russo inteligente é quase sempre judeu, ou tem um pouco de sangue judeu."

Compreende-se que Lênin não tivesse paciência com o hábito russo de contemporizar e discutir, mas não admira que muitos tenham se sentido ofendidos por ele, e que sua imagem não seja tão benévola como a que talvez transpareça das páginas do meu livro.

* * *

Dois episódios pessoais que não mencionei no livro por desconhecê-los na época, embora não sejam relevantes para o movimento revolucionário, devam talvez ser apresentados aqui. Em sua obra *Eleanor Marx: uma tragédia socialista*, Chushichi Tsuzuki afirma que Marx teve um filho ilegítimo com Lenchen, a fiel criada cedida ao casal Marx pela mãe de Jenny Marx, a qual às vezes trabalhava sem receber pagamento. Ele foi registrado com o sobrenome da mãe, como Henry Frederick Demuth, e como a época em que nasceu — junho de 1851 — foi período particularmente difícil para a família Marx, no período em que estavam morando em dois cômodos miseráveis no Soho, ele provavelmente foi entregue a uma família proletária e só reapareceu nos anos 1880. Numa certa época, esse filho de Marx foi motorista de táxi, depois emigrou para a Austrália. Deixou na Inglaterra a esposa e os quatro filhos e Marx cuidou deles. Eleanor Marx sempre achou que Frederick fora injustiçado e sentia-se incomodada por essa consciência. Idealizava seu pai de modo extraordinário e tentou convencer-se de que o pai de Frederick era Engels; ficou chocada quando soube a verdade. Manteve, porém, boas relações pessoais com Frederick, que de certo modo era seu confidente.

Talvez a imagem de Lênin se torne menos desumana se levarmos em conta que ele teve uma amiga pela qual quase se apaixonou. Inessa Fedorovna Armand era filha de uma escocesa e um cantor de music hall francês. Fora levada à Rússia por sua avó, e lá trabalhou como governanta das filhas de um rico industrial franco-russo, cujo filho ela desposou aos dezoito anos de idade. Tornou-se bolchevique, uma seguidora dedicada de Lênin. Abandonou o marido, mas levou com ela os dois filhos menores, e aceitou ajuda financeira do ex-marido até sua firma ser liquidada pela revolução bolchevique. Inessa tornou-se indispensável para Lênin; tocava Beethoven para ele e frequentava as reuniões do partido, nas quais sua participação era particularmente importante para Lênin, pois falava com fluência cinco idiomas enquanto Lênin apenas sabia um pouco de alemão. Segundo um socialista francês que os observou num café, Lênin *avec ses petits yeux mongols épiait toujours cette petite française*. Krupskaia às vezes a menciona, e consta que propôs a Lênin pôr fim a seu *mariage blanc* e deixar o campo livre para Inessa Armand. Era das pouquíssimas pessoas tuteadas por Lênin, e escrevia para ele com frequência. Inessa estava no pequeno grupo de bolcheviques que acompanhou Lênin no trem isolado que o levou a Petrogrado em 1917. Três vezes foi presa, e uma vez foi deportada para a província de Arcângel. Embora a maioria dos relatos afirme que era bonita, no final de sua vida estava "mal alimentada, e muitas vezes passava frio e fome; [...] seu rosto começava a exibir os sinais do excesso de trabalho e da falta de cuidados consigo própria". Fez uma viagem desconfortável ao Cáucaso em trens de carga, e lá morreu de tifo em 1920. Bertram D. Wolfe, autor da citação acima (extraída da revista *Encounter*, fevereiro de 1964), afirma ter conversado a respeito dela com Angelica Balabanova, segundo a qual Lênin teria ficado "totalmente arrasado" com a morte de Inessa Armand. "Eu nunca o vi assim antes. Era mais do que a perda de 'uma boa bolchevique' ou de uma boa amiga. Ele havia perdido uma pessoa que lhe era muito querida, de quem se sentia muito próximo, e não tentou ocultar o fato." Segundo Balabanova e outros, Inessa teve uma filha com Lênin, a qual se casou com um comunista alemão que foi posteriormente expulso por Stálin; foi então adotada pela família Uliánov. Balabanova, que havia trabalhado com Inessa em reuniões políticas socialistas, disse a Wolfe: "Nunca gostei de Inessa. Era pedante, cem por cento bolchevique na maneira de se vestir (sempre do mesmo modo austero), na maneira de pensar e falar. Falava diversas línguas e em todas repetia o que Lênin dizia, ipsis litteris". Era típico de Lênin só conseguir sentir-se devotado a uma pessoa que obedecesse a seus planos sem nenhuma discordância.

No primeiro capítulo de sua biografia inacabada de Lênin, intitulado "A infância de Lênin", Isaac Deutscher esclarece muita coisa a respeito das origens do líder bolchevique. Nada se sabe a respeito da família Uliánov anteriormente à geração do avô de Lênin. Deutscher julga que seus ancestrais eram camponeses, provavelmente de origem mongólica, tártaros ou calmucos. O avô de Lênin veio para Astrakhan, um refúgio para servos fugidos. O próprio Lênin afirmou: "Nada sei a respeito de meu avô". Esse Uliánov, um alfaiate paupérrimo, foi registrado, já no final da vida, como *mechtchanin* — ou seja, membro de uma espécie de pequena burguesia. Provavelmente devido a seu baixo status social, não tivera sobrenome nem direito de cidadania. O pai de Lênin, graças a serviços prestados na área da educação, que lhe valeram um título de nobreza honorífico, tornou-se membro da intelligentsia de classe média. Lênin, embora sua mãe fosse de origem mais elevada, e embora ele se revelasse um intelectual de peso, sempre apresentou características rudes e um tanto vulgares.

Na biografia de Trótski em três volumes de autoria de Deutscher, que se aprofunda na história política muito mais do que esta minha obra um tanto resumida, não encontrei nada que me obrigasse a fazer retificações. De modo geral, em relação aos períodos da juventude de Trótski por mim abordados, Deutscher utiliza as mesmas fontes que utilizei: a autobiografia de Trótski e o livro de Marx Eastman, *Leon Trotski: retrato de um jovem*. Li, no entanto, em *Diário de Trotski no exílio, 1935*, que, ao contrário do que havia sido levado a pensar — o assunto é tabu na União Soviética —, não é verdade que Lênin nada sabia a respeito da execução da família real e não a aprovou. Trótski encarava essa questão com muita frieza e, pode-se concluir, Lênin a via da mesma forma:

> Conversando com Sverdlov, perguntei-lhe de passagem: "Ah, e onde está o czar?". "Está tudo terminado, ele foi morto", respondeu ele. "E onde está a família dele?" "A família também." "Todos eles?", perguntei, creio que um pouco surpreso. "Todos!" respondeu Sverdlov. "E daí?" Ele estava querendo ver minha reação. Não respondi nada. "E quem tomou a decisão?", perguntei. "Decidimos aqui. Ilitch achava que não

devíamos deixar que os reacionários tivessem uma bandeira viva em torno da qual pudessem se agrupar, especialmente sob as atuais circunstâncias difíceis..." Não fiz mais nenhuma pergunta, e dei a questão por encerrada. Na verdade, a decisão foi não apenas conveniente como também necessária. A severidade dessa justiça sumária mostraria ao mundo que continuaríamos a lutar impiedosamente, sem nenhum escrúpulo de consciência. A execução da família do czar foi necessária não apenas para assustar, horrorizar e desanimar o inimigo, como também para instigar nossos próprios seguidores, mostrar-lhes que não havia como voltar atrás, que à nossa frente tínhamos ou a vitória completa ou o fracasso completo. Nos círculos intelectuais do partido, provavelmente, houve questionamentos e críticas. Mas as massas de operários e soldados não tiveram dúvidas nem por um instante. Elas não teriam compreendido nem aceitado nenhuma outra decisão. *Isso* Lênin percebia bem. A capacidade de pensar e sentir pelas massas e com as massas manifestava-se nele no grau mais elevado, especialmente nos grandes momentos decisivos da política [...].

No estrangeiro, li na *Poslednie Novosti* um relato dos fuzilamentos, da queima dos corpos etc. O quanto disso é verdadeiro e o quanto é inventado é coisa da qual não faço a menor ideia, já que nunca tive curiosidade a respeito da maneira como a sentença foi executada [o czar, a czarina e todos os filhos do casal foram primeiro fuzilados, depois submetidos a golpes de baioneta e jogados numa mina abandonada], e, francamente, não entendo essa curiosidade.

ÍNDICE REMISSIVO

18 Brumário de Luís Bonaparte, O, por Marx, 217, 219, 232-3, 239, 255, 361-2

1905, por Trótski, 482, 492

Adler, Victor, 468-9, 486

Aldus (impressores), 29

Alerta às mulheres belas, 391

Alexandre II, 317, 398, 402, 408, 411, 413-4, 420, 429, 540

Alexandre III, 411, 459, 541

American Earthquake, The, 10

Amiel, Henri Frédéric, 64

Amigo dos sans-cullotes, O, 97

Amor, O, por Michelet, 48

Anatomia da melancolia, A, 435

Andrews, Stephen Pearl, 126

Annenkov, P. V., 195, 197-8

Anti-Dühring, por Engels, 212, 216, 249, 346, 349-50, 418, 457

Apologia, por Sócrates, 95

Apolônio de Rodes, 218

Appassionata, por Beethoven, 437

Armand, I. F., 556-7

Arnold, George, 134

Arnold, Mattew, 46

Augusto, 218

Ave, A, por Michelet, 49

Aveling, dr. Edward, 392-4

Aveling, Eleanor (esposa de Edward) *ver* Marx, Eleanor

Aventuras de Caleb Williams, As, 113

Babeuf, François-Nöel (Graco), 51, 90-1, 93-6, 98-100, 103, 108, 128, 172, 194, 317, 488, 527

Bacon, Francis, 16, 20

Bailly, Jean-Sylvain, 360

Bakunin, Mikhail Aleksandrovich, 5, 307-24, 326-7, 330, 378, 398-9, 413, 425, 446, 451, 535

Balabanova, Angelica, 509, 557

Balzac, Honoré de, 28, 375

Barnave, Antoine, 171-2, 367

Bauer, Bruno, 146-7, 151, 181

Bauer, Edgar, 143

Bazarov, V., 444

Bebel, August, 302, 377, 387

Becker, J. P., 399

Becker, K. F., 250

Beesly, Edward Spencer, 381

Beethoven, Ludwig van, 327, 437, 556

Béranger, Pierre-Jean de, 23, 33

Bernal, J. D., 223-4

Bernstein, Edward, 374, 384, 393, 434, 441-2, 495, 504

Bernstein, Regina, 383

Besant, Anne, 392

Besseda (Conversação), 554

Bíblia da humanidade, A, 48

Bismarck, Otto von, 266-8, 275, 283-7, 291-2, 377-8, 420, 442

Blanqui, Louis-Auguste, 194, 273, 302-3, 317, 325, 328, 330

Bloch, Joseph, 211, 218

Bobrovskaia, Cecilia, 473

Bodas coríntias, As, por France, 76

Bogdanov, 535

Bonaparte, Luís ver Napoleão III

Bonaparte, Napoleão ver Napoleão I

Bonnat, Leon-Joseph-Florentin, 55

Born, Stephan, 207-8

Börne, Ludwig, 269

Bradlaugh, Charles, 391-2

Breton, André, 88

Brisbane, Albert, 124

Bronstein, L. D ver Trótski, L.

Brousson, Jean-Jacques, 76, 85-6

Browning, Robert, 494

Burbank, Luther, 338

Burns, Lizzy, 383, 387

Burns, Mary, 160-1, 177, 208, 245, 292, 296, 298-9

Burns, Robert, 296, 383

Byron, Lord, 317

Cabet, Etienne, 128-30, 172

Caillaux, Joseph, 85

Caillavet, sra. Arman de, 77, 79-80, 351

Calas, Jean, 40

Carlos Magno, 100, 102

Carlos x, da França, 21

Carlyle, Thomas, 165

Carr, E. H., 5

Cartas de Wuppertal, por Engels, 226

Cartas do estrangeiro, por Lênin, 523, 528

Cartas do fanqueiro, por Swift, 334

Caso Crainquebille, O, por France ver Crainquebille

Castelo de Axel, O, 10-1

Catecismo do revolucionário, O, por Bakunin e Netchaiev, 318, 320-1, 323

Cavaignac, general, 204

Cederbaum, Julius ver Martov

Céline, Louis-Ferdinand, 490

César, Júlio, 81, 168, 210

Channing, William Ellery, 119, 134

Chapman, Jhon Jay, 494

Chopin, Kate, 11

Cipião, 210

Classics and Commercials, 10

Clemenceau, Georges, 85

Clementina, princesa, 26

Código da comunidade, por Dézamy, 172

Código da Natureza, por Morellet, 103

Colapso da Segunda Internacional, O, por Lênin, 506

Comte, Auguste, 126

Condorcet, marquês de, 174

Couture, Thomas, 55, 538

Crainquebille, O caso, por France, 79

Cremer, Sir William Randall, 306

Crime de Sylvestre Bonnard, O, por France, 76

Cristo ver Jesus

Crítica ao programa de Gotha, por Marx, 378-9, 511

Crítica da economia política, por Marx, 215, 301

Dafne e Cloé, 61

D'Alembert, 101

Da Vinci, Leonardo, 250

Dan, Fiodor, 447

Dana, Charles A., 134, 245, 252, 293

Dante, 225, 247

Danton, Georges-Jacques, 73, 192

Darwin, Charles, 301, 338, 406

Dauge, P., 445

De Hegel a Marx, por Hook, 167

Declaração de independência mental, por Owen, 118

Defesa do terrorismo, A, por Trótski, 501

D'Eichthal, Gustave, 122

Delteil, Joseph, 87

Demuth, Helen (Lenchen), 240, 253-4, 280, 297, 357, 382-3, 393, 556

Demuth, Henry Friederick, 556

Denikin, A. I., 490

Desenvolvimento do capitalismo na Rússia, O, por Lênin, 434, 436, 439, 467

Deuses têm sede, Os, por France, 81-2, 549

Deutsch-Französische Jahrbücher, 166, 172

Deutscher, Isaac, 557-8

Dézamy, Théodore, 172

Dialética e natureza, por Hook, 224

Diário de Trotski no exílio, 558

Diderot, Denis, 96-8, 174

Dilema do médico, O, por Shaw, 392

Disraeli, Benjamin, 242, 270, 291, 472

Divina comédia, A, por Dante, 256

Do czar a Lenin, 445

Dönniges, Helene von, 290-1

Dostoiévski, F. M., 406

Dramas filosóficos, 76

Dreyfus, 77-9, 84-5

Drieu de La Rochelle, Pierre, 87

Dühring, Eugen Carl, 249-50, 386; *ver também Anti-Dühring*

Eastman, Max, 5, 212, 361, 463, 514, 558

Eccarius, J. C., 317

Eddy, Mary Baker, 123

Edger, Henry, 126

Einstein, Albert, 224, 352

Eleanor Marx: uma tragédia socialista, por Tsuzuki, 556

Ellis, Havelock, 391-3

Enciclopédia americana, escritos de Marx para, 252, 293

Encontros com Lenin, por Valentinov, 552

Encounter, 557

Enfantin, Prosper, 122-4

Engels, Caspar (pai de Friedrich), 156, 158, 175, 177, 187, 205, 244

Engels, Friedrich, 11, 49, 141, 143, 145, 151, 155-68, 170-1, 174-7, 179-82, 184-92, 194, 196, 199-204, 206-26, 230, 232, 234-9, 243-51, 253-4, 256-7, 264-8, 273, 276, 278-82, 284, 289-301, 304, 306, 318, 322-5, 329-30, 332, 335, 340, 342-3, 346-50, 353-4, 356-9, 362-3, 366, 369-70, 373-7, 380-7, 390, 393-4, 398-401, 418, 438-41, 444, 457, 474, 482-3, 485-6, 493-5, 499, 504-6, 510-1, 537-40, 543, 546, 549, 556

Engels, Lizzy (esposa de Friedrich) *ver* Burns, Lizzy

Engels, Marie (irmã de Friedrich), 158

Ensaio sobre Tito Lívio, por Taine, 68

Espinosa, Baruch, 68

Ésquilo, 139, 195, 363

Estado e revolução, por Lênin, 511-2

Estudos sobre a psicologia da sexualidade, 391

Etienne (impressores) 29

Europe without Baedeker, 10

Fausto, por Goethe, 193, 256

Fedosseiev, N. E., 415-6, 420, 427

Fénelon, François de, 60

Ferdinand, duque, de Brunswick, 137

Feuerbach, Ludwig, 151-2, 159, 171, 184, 212, 215-6, 219, 227, 270, 373, 438, 441

Fichte, Johann Gottlieb von, 148, 152

Filipe de Valois, 24

Filipe, o Belo, 24

Filosofia da história, A, por Hegel, 168

Fitzgerald, F. Scott, 9

Flaubert, Gustave, 33, 56, 179

Ford, Henry, 113

Fortnightly Review, 381

Fourier, François-Marie-Charles, 108-13, 117, 121, 132, 134, 145, 164, 170

Fox, Charles James, 548

França perante a Europa, A, por Michelet, 49

France, Anatole, 75-88, 327, 351, 549

Frankenstein, por Shelley, 113

Frederico Guilherme III, 145

Frederico Guilherme IV, 148-9, 200, 237, 372

Freiligrath, Ferdinand, 157

Freud, Sigmund, 224, 352

Froissart, Jean, 23

Fuller, Margaret, 134

Futuro da ciência, O, por Renan, 57

Gálio, 81

Gall, Ludwig, 148

Gapon, padre G. A., 476, 480, 493-4, 513, 519

Garantias de harmonia e liberdade, por Weitling, 194

Gauss, Christian, 5

George, Henry, 343, 385

Godwin, William, 109

Goethe, Johann Wolfgang von, 221, 250, 405

Goncourt, Edmond de, 58

Goncourt, os, 30, 33, 60

Gontcharóv, I. A., 404

Górki, Maksim, 433, 436-7, 452, 454, 456, 508, 510-1, 542, 554-5

Gottschalk, dr. Andreas, 199-201, 352

Goujon, Jean, 23

Grainville, 35

Grant, Ulysses S., 11

Greeley, Horace, 125, 132, 134, 245

Grotius, Hugo, 16, 527

Grün, Karl, 182-3

Grundrisse, por Marx, 549

Guchkov, A. I., 520

Guerra civil na França, A, por Marx, 232, 329-30

Guerra dos camponeses na Alemanha, A, por Engels, 235, 243

Guerra e paz, por Tolstói, 437

Guilbeaux, Henri, 452

Guilherme I, 277

Guilherme II, 442

Guillaume, James, 315, 323-4

Guizot, François-Pierre-Guillaume, 171, 177

Gutzkow, Karl, 155

Guyon, Madame, 35

Haldane, J. B. S., 223-5

Hardy, Thomas, 83

Hatzfeldt, conde Edmund von, 272, 291

Hatzfeldt, condessa Sophie von, 271, 273-4, 290, 362, 377

Hegel, Georg Wilhelm Friedrich, 18, 142, 145-6, 148-51, 156, 167-8, 170, 172, 182, 184, 209-10, 220-1, 223, 225, 269, 275, 308, 457, 537

Heine, Heinrich, 33, 139, 180, 192-3, 198, 269, 405

Helvétius, Claude-Adrien, 96, 98

Henrique IV, da França, 35

Herder, Johann Gottfried von, 18, 136

Herzen, A. I., 33, 192, 207, 307, 309, 313, 398

Hess, Moses, 159, 176-7, 180, 203, 352

Hillquit, Morris, 125

História cômica, por France, 84

História contemporânea, por France, 78, 80-1, 549

História da conquista da Inglaterra, por Thierry, 171

História da França, por Michelet, 33, 42, 52

História da Idade Média, por Michelet, 22, 25, 27

História da literatura inglesa, por Taine, 68

História da revolução inglesa, por Guizot, 171

História da revolução russa, por Trótski, 492

História da Revolução, por Michelet, 33-5, 45, 54

História do socialismo americano, por Hillquist, 125

História dos socialismos americanos, por Noyes, 131

Höllering, Franz, 5

Homero, 80, 137

Hook, Sidney, 5, 167, 212, 224

Housman, A. E., 431

Housman, Laurence, 431

Hugo, Victor, 33, 405

Humanidade tal como é e tal como deveria ser, A, por Weitling, 194

Hyndman, H. M., 338, 358, 372, 381, 385, 392-3

I Thought of Daisy, 10

Ianovski, coronel, 458

Ibsen, Henrik, 495

Ideologia alemã, A, por Marx e Engels, 180, 185, 192, 213, 216, 359

Ilha dos pinguins, A, por France, 82-3

Imperialismo, fase superior do capitalismo, O, por Lênin, 436, 506

Infância de Lenin, A, por Deutscher, 557

Inglaterra para todos, A, por Hyndman, 381

Inimigo do povo, O, por Ibsen, 495

Inseto, O, por Michelet, 49

Introdução à crítica da economia política, por Marx, 214, 373

Introdução à história universal, por Michelet, 21

Investigação sobre a justiça política, por Godwin, 109

Iskra (Centelha), 435, 454-6, 467-8, 470, 472, 475

Iudenitch, N. M., 490

Jaurès, Jean, 395, 477, 548

Jefferson, Thomas, 119, 349

Jesus, 60-1, 63, 81, 97, 105, 122-3, 146, 194, 352, 391

Jevons, Stanley, 340

Joana d'Arc, 25, 51-2, 80

João de Leyden, 193

João, são, 60

Jocasta, por France, 84

Johnson, Samuel, 69

Jones, Ernest, 249, 293

Joyce, James, 9

Júlio César *ver* César, Júlio

Jung, Carl Gustav, 351

Kamenev, A. B., 526-7

Kammerer, *Herr* e *Frau*, 524

Kant, Emmanuel, 142, 148, 221, 434, 496

Karamzin, N. M., 403

Kautsky, Karl, 246, 375, 386, 447, 455, 501, 503, 505-6, 522

Kchessinskaia, N. F. e palácio, 533, 536

Kent, duque de, 119

Kerenski, A. F., 404, 521-2, 542

Kerenski, Fiodr (o velho), 411, 520

Klemperer, dr. Georg, 509

Koestler, Arthur, 9

Kollontai, Alexandra, 426

Koltchak, A. V., 490

Kossuth, Louis, 242

Kovalevski, M. M., 338, 444

Krasnov, P. N., 500

Kriege, Hermann, 198, 359, 363

Krjijanovski, G. M., 447, 468, 470

Kropotkin, príncipe P. A., 327

Krummacher, Friedrich Wilhem, 175, 226, 229

Krupskaia, Elisaveta Vassilevna (mãe de Nadejda), 430, 433, 472, 518

Krupskaia, Nadejda Konstantinovna (esposa de Lênin), 428-30, 433-5, 452, 454-8, 469, 471-3, 505, 507, 516-8, 522-7, 532, 536, 557

Krupski, Konstantin (pai de Nadejda), 428

Kugelmann, dr. Ludwig, 327, 329-30, 399

Labriola, Antonio, 466

Lafargue, Laura (esposa de Paul) *ver* Marx, Laura

Lafargue, Paul, 222, 301, 303-4, 354, 374, 394, 441, 518

Lafayette, 548

Lamartine, Alphonse-Marie-Louis de, 33

Lassalle, Ferdinand, 5, 249, 268-92, 302-4, 321, 352, 357, 362, 377, 385, 420, 441, 473-4, 480, 494

Lautréamont, conde de, 88

Leconte de Lisle, Charles-Marie, 78

LeGoff, Marcel, 85

Lench *ver* Demuth, Helene

Lênin, Nikolai (Uliánov, Vladímir I. "Volodia"), 5, 11, 88, 200, 227, 404-9, 411-21, 423-52, 454-8, 463-5, 467-74, 476, 479, 482-5, 488, 490, 492, 495-6, 498-503, 505-12, 514-36, 541-3, 546, 550-9

Leon Trotski: retrato de um jovem, por Eastman, 558

Leopardi, conde Giacomo, 83

Lepsius, Karl Richard, 357

Lerner, A. P., 225-6

Lesseps, Ferdinand-Marie, visconde de, 123

Lessing, Gotthold Ephraim, 136

Liebknecht, Karl, 389, 530

Liebknecht, Wilhelm, 195, 242, 254-6, 302, 377-8, 382-3, 385, 387-9

Lírio vermelho, O, por France, 79, 84

List, Friedrich, 172

Liszt, Franz, 157

Literatura e revolução, por Trótski, 491-2, 502

Livro de meu amigo, O, por France, 86

Lockhart, Bruce, 487, 491, 509

Lógica, por Hegel, 223, 457

Longuet, Charles, 301

Longuet, Jean (neto de Marx), 395

Longuet, Jenny (esposa de Charles) *ver* Marx, Jenny

Longuet, Robert-Jean (bisneto de Marx), 5, 395

Loria, Achille, 342-3

Lovett, William, 115

Ludwig Feuerbach e o fim da filosofia clássica alemã, por Engels, 219

Luís Bonaparte *ver* Napoleão III

Luís Filipe, 21, 123, 128-9, 199, 233

Luís IX (São Luís), 62

Luís XI, 25-6, 33

Luís XIV, 36, 49, 56, 81, 100

Luís XV, 41

Lunatcharski, A. V., 474, 477, 487, 490

Lundberg, Ferdinand, 369

Luta de classes na França, A, por Marx, 232, 246, 262, 361

Lutero, Martinho, 182-3, 222, 235

Luxemburgo, Rosa, 455

Mably, conde Gabriel de, 96

Macaulay, Lord, 64-5

MacCulloch, John Ramsay, 166

Mach, Ernst, 438, 445

Madame Bovary, por Flaubert, 391

Maimon, Salomon, 142

Maintenon, Madame de, 37

Maistre, Joseph de, 105

Malinovski, A. V., 455

Malraux, André, 9

Malthus, Thomas, 162

Manifesto ao povo, por Blanqui, 273

Manifesto comunista, por Marx e Engels,185-9,247,321,346,350, 372-3, 379, 401, 464, 499, 504, 536

Manifesto dos Iguais, 92, 96

Maquiavel, Nicolau, 250

Marat, Jean-Paul, 73, 192

Marco Aurélio, 60-2, 72

Maria Teresa, 90

Marrast, Armand, 360

Martov (Julius O. Cederbaum), 427-8, 435, 452-3, 455-6, 458, 465, 482, 484, 495, 523, 542, 553

Marx, Edgar (filho de Karl), 389

Marx, Eleanor ("Tussy", filha de Marx), 254, 280-1, 297, 352, 382, 384, 389-94, 556

Marx, Hirschel (Heinrich, pai de Marx), 136-7, 140-1, 144, 148, 269

Marx, Jenny (esposa de Karl) *ver* Westphalen, Jenny von

Marx, Jenny (filha de Karl), 256, 279, 281, 301, 381-2, 389, 395

Marx, Karl, 11, 49, 88, 135-45, 147-150, 152-5, 157-9, 164, 166, 168, 170-7, 179-92, 194, 196-201, 203-23, 226-30, 232-4, 236-40, 242-8, 250-9, 261-70, 273, 275-8, 280-4, 289-94, 296-306, 309, 314, 317-8, 321-3, 325-6, 328-59, 361-3, 365-90, 392, 394-5, 398-401, 413-6, 420, 425-6, 429, 434-6, 438-42, 444-6, 454, 471-2, 474, 485-6, 493-5, 499, 503-7, 510-1, 517, 537-46, 549-50, 556

Marx, Laura (filha de Karl), 279, 301, 356, 394, 518

Marx, Lenin e a ciência da revolução, por Eastman, 212

Marx, sra. Hirschel (Heinrich) (mãe de Marx), 136, 140, 150, 199, 239, 357, 381

Marxist Quarterly, 224

Materialismo e empiriocriticismo, por Lênin, 438, 443, 518

Maurer, G. L. von, 347

Mazzini, Giuseppe, 304, 306, 310

McCarthy, Mary, 5

McLellan, David, 549

Mehring, Franz, 181, 322, 335, 377, 385

Memoirs of Hecate County, 10

Mencken, H. L., 180

Mendel, G., 225

Mendeleiev, D. I., 224

Mendelssohn, Arnold, 274

Mendelssohn, Moses, 136

Meredith, George, 46, 290

Meus dias com Lenin, por Wolfe, 554-5

Meuse, Aramand de la, 97

Meyer, Siegfried, 354

Michelet, Furcy, 20-1, 29

Michelet, Jules, 11, 16-56, 58-60, 63-4, 66-9, 71-4, 80-1, 84, 87, 121, 164, 168, 191, 233, 327, 375, 528

Mickiewicz, Adam, 26, 60

Miliukov, P. N., 520, 522

Mill, James, 166, 406

Milton, John, 69

Minha vida, por Trótski, 487, 489, 492

Mirsky, D. S., 436

Miséria da filosofia, A, por Marx, 180

Molière, 36

Monod, Gabriel, 43

Montalembert, conde de, 33

Montesquieu, barão de, 18

More, sir Thomas, 334

Morellet, abade André, 103

Morgan, Lewis H., 346, 349
Morley, John, 381
Mulher, A, por Michelet, 48
Münzer, Thomas, 235-6, 244
Musset, Alfred de, 69-70, 73

Napoleão I, 20-1, 38, 40, 51, 71, 74, 90, 92, 94, 103, 105, 137
Napoleão III, 32, 48, 51, 58, 67-8, 80, 88, 204, 207, 217, 233, 258, 264, 266, 302, 328
Nathan, George Jean, 180
Natureza da crise do capitalismo, A, por Strachey, 341
Nero, 63
Netchaiev, S. G., 317, 319-22, 324, 414, 425, 451
New International, The, 497
New Republic, The, 5, 13
New York Tribune, The, 125, 245-6, 252, 279, 293-5, 369
Newton, Sir Isaac, 103, 352
Nichols, dr. Thomas L., 127
Nicolau I, czar, 307, 312, 402
Nicolau II, czar, 409, 442, 475, 477, 479-80, 482, 502, 505, 519-21, 543, 559
Niebuhr, Reinhold, 346
Nieuwenhuis, Anton Willem, 504
Nomad, Max, 5
Nossa moral e a deles, A, por Trótski, 497, 499
Nossos filhos, por Michelet, 48
Novo cristianismo, O, por Saint-Simon, 104

Odger, George, 306
Olmo do parque, O, por France, 78
Origem da família, da propriedade privada e do Estado, A, por Engels, 347
Origem das espécies, A, por Darwin, 49, 301

Origens da França contemporânea, As, por Taine, 66, 71
Origens do cristianismo, As, por Renan, 60, 62-3, 76
Orléans, duque d' (Regente), 36
Ouro do Reno, O, 151
Owen, Robert, 108-21, 124-6, 129-30, 152, 171, 174

Palmerston, Lord, 349
Para compreender Karl Marx, por Hook, 212
Paris With-out End..., por Pearl, 13
Parma, princesa de, 20
Partisan Review, 5
Pascal, Blaise, 83
Passado e presente, por Carlyle, 165
Patriotic Gore, 10-1
Paulo, são, 60, 81
Pavilhão nº 6, por Tchékhov, 421-3
Pedra branca, Na, por France, 81
Peel, Sir Robert, 115
People's Paper, 246
Pequeno Pierre, O, por France, 86, 549
Petrachevtsi, 317
Pierre Nozière, por France, 86
Pilatos, 81
Pipes, Richard, 551
Pitágoras, 221
Platão, 209, 221, 474, 550
Platten, Friedrich, 524-5
Plekhánov, G. V., 420, 426, 434, 444, 451-2, 454-5, 463, 475, 505-6, 522, 551, 553
Pompeu, 210
Por que não se lê mais Michelet, 55
Poslednie Novosti, 559
Potter, Beatrice, 391; *ver também* Webb, Sidney e Beatrice
Potter, George, 306
Povo, O, por Michelet, 45-8
Pravda, 513, 520, 526-7
Princípios de uma ciência nova sobre a

natureza comum das nações, por Vico, 16-8

Princípios do comunismo, por Engels, 186, 483

Procurador da Judeia, O, por France, 80-1

Programa dos trabalhadores, por Lassale, 277-8, 283-4

Prometeu, 139, 143, 147, 363

Proudhon, Pierre-Joseph, 33, 182-4, 187, 192, 195, 248, 266, 302-3, 349

Proust, Marcel, 9, 11, 38-9, 41, 84, 351-2

Púchkin, A. S., 307

Que fazer?, por Lênin, 435, 447-9, 455, 467, 541

Questão habitacional, A, por Engels, 214

Quinet, Edgar, 26, 44, 56, 60

Rabelais, François, 78, 86

Racine, Jean-Baptiste, 86

Radek, Karl, 524-5

Rakowitz, Janko von, 289

Rasputin, Gregor, 519

Ravaillac, François, 35

Reflexões de um jovem a respeito da escolha de uma profissão, por Marx, 135

Regente, O *ver* Orléans, duque d'

Renan, Ernest, 33, 55-64, 67-8, 71-2, 74-6, 78, 81-3, 86, 121, 179-80, 191, 351

Revolta dos anjos, A, por France, 82

Revue der Neuen Rheinischen Zeitung, 232, 236

Rheinische Zeitung, 149-50, 226

Ricardo, David, 166, 249, 340, 418

Richelieu, cardeal, 24, 281

Rileiev, K. F., 402

Rimbaud, Jean-Arthur, 88, 318

Robespierre, Maximilien, 33, 50, 81, 90, 329, 452, 488

Rodbertus, Johann Karl, 258

Rodrigues, Olinde, 122

Rohan, Cavaleiro de, 39

Roland, Madame, 73

Rousseau, Jean-Jacques, 96, 98, 111, 137, 349

Ruskin, John, 46

Rustow, Wilhelm, 288-9

Sagrada família, A, por Marx, 180-1, 227

Saint-Simon, conde de, 100-6, 108, 121-4, 126, 137, 164-5, 170, 189, 352

Saint-Simon, duque de, 100

Sainte-Beuve, Charles Augustin, 43

Sartre, Jean-Paul, 9

Schelling, Friedrich Wilhelm Joseph, 284

Schelling, o Jovem, 284, 286

Schirokauer, Arno, 5

Schlickmann, *Herr* von, 259-61

Schramm, Konrad, 241

Schramm, Rudolph, 257

Schreiner, Olive, 390, 393

Schweitzer, J. B., 377

Science and Society, 225

Scienza Nuova, por Vico *ver Princípios de uma nova ciência...*

Scott, sir Walter, 23, 403

Sedova, Natalia I., 474, 477, 482

Senhor Vogt, O, por Marx, 242, 258-9, 262

Shakespeare, William, 137, 256, 269

Shaw, Bernard, 78, 234, 264, 316, 392

Shelley, Percy Bysshe, 119, 121, 157

Shurz, Karl, 198

Sieyès, abade, 40

Silone, Ignazio, 553

Sirven, Pierre-Paul, 40

Sistema nacional da economia política, O, por List, 172

Situação da classe trabalhadora na Inglaterra em 1844, A, por Engels, 174-5, 353
Smith, Adam, 166, 249, 340
Smith, Joseph, 123, 131
Sócrates, 95, 209, 474, 550
Sokolovskaia, Aleksandra L. (esposa de Trótski), 463-5, 468, 492
Solow, Herbert, 5
Sorge, Friedrich Albert, 326, 382, 385-6
Souvarine, Boris, 440
Staël, Madame de, 101
Stálin, 12, 229, 489-90, 512, 526-7, 543-4, 548, 554-5, 557
Starkenburg, Hans, 219
Stendhal, 49
Stolipin, P. A., 513
Strachey, John, 341, 366
Strachey, Lytton, 35
Strauss, David Friedrich, 146, 151, 156
Struve, Piotr, 550-2
Struve: um liberal de esquerda, por Pipes, 551
Sukhanov, N. N., 444, 446, 515, 529-31, 533-4
Sverdlov, 558
Sviatopolk-Mirski, príncipe P. D., 494
Svoboda, 447
Swift, Jonathan, 259, 291, 334

Tácito, 49
Taine, Hippolyte-Adolphe, 33, 43, 55-6, 64-75, 82-3, 121, 251, 327
Tallien, Jean-Lambert, 97
Taylor (associado de Owen), 118
Tchékhov, A, P., 307, 421, 423
Tchernov, V. M., 487
Tchkheidze, N. S., 523, 529

Techow, Bustav, 261-2
Tennyson, Lord, 37, 69-70
Teses contra Feuerbach, por Marx, 171, 212, 215, 227, 373, 438, 441
Thibault, Jacques-Anatole *ver* France, Anatole
Thierry, Augustin, 57, 171
Thiers, Louis-Adolphe, 328-9
Thorne, Will, 390
Times, The, de Londres, 294
Timofeievitch, Mark, 536
Tkatchov, P. N., 400
Tolstói, Liev, 39, 413, 419, 424, 429, 437, 446, 467
Trágicos comediantes, Os, por Meredith, 290
Trepov, general, 463
Tribuna do Povo, A, 91
Trótski, Liev (Bronstein, L. D.), 5, 11, 411, 415, 420, 436, 452, 458-70, 472-4, 477-99, 501-3, 506, 508, 511-2, 522, 534, 546, 548, 550, 558
Tsuzuki, Chushichi, 556
Tugan-Baranovski, M., 551
Turguêniev, I. S., 307-8, 406

Uliánov, Aleksander I. (Sacha, irmão de Lênin), 406-8, 410-1, 413-4, 419, 421, 552
Uliánov, Dmitri I. (Mitia, irmão de Lênin), 407-8, 416, 418, 432-5
Uliánov, família, 401, 403-4, 409-12, 415, 417, 421, 557-8
Uliánov, I. N. (pai de Lênin), 401-2, 406-10, 541, 558
Uliánov, Vladímir Ilitch "Volodia" *ver* Lênin, Nikolai
Uliánova, Ana I. (irmã de Lênin), 406-12, 415-8, 425, 431-2, 435, 471, 496, 519, 536

Uliánova, M. A. (mãe de Lênin), 401-2, 404, 409-10, 412, 416, 418-9, 431, 496

Uliánova, Maria I. (irmã de Lênin), 432, 516, 527, 536

Uliánova, N. K *ver* Krupskaia, N. K.

Uliánova, Olga I. (irmã de Lênin), 418-9

Um passo à frente, dois passos atrás, por Lênin, 456

Valentinov, N., 550-3

Van Dongen, 87

Vanity Fair, 10

Verlaine, Paul, 78, 318

Viagem à Icária, por Cabet, 128

Vico, Giovanni Baptista, 11, 16-22, 33, 83, 168, 225, 527

Vida de Jesus, por Renan, 56, 60-1

Vida de Jesus, por Strauss, 146, 156

Vida de Lenin, 491-2, 496-7

Vida em flor, por France, 86

Vigário de Bray, O, 384

Vigny, Alfred de, 83

Virgílio, 75, 218

Vogt, Karl, 258-9, 261, 276, 372

Vogue, 13

Voltaire, 18, 39, 59, 65, 78, 81, 84-5, 137, 232

Vorwärts, 505

Wagner, Richard, 222, 288, 310-1, 316

Walzer, Michael, 12

Warren, Josiah, 126

Webb, Beatrice *ver* Potter, Beatrice

Webb, Sidney e Beatrice, 434

Webb, Sidney, 391

Weber, Herr, 260

Wehner, J. G., 267

Weitling, Wilhelm, 193-8, 200

Wellington, duque de, 238, 388-9

Westphalen, barão Ludwig Von, 137

Westphalen, Jenny von, 11, 138-9, 142, 144, 150, 166, 206-8, 240-2, 253-4, 256, 262, 278, 280, 296-7, 354, 356-7, 373, 381-2, 388-9, 556

Weydemeyer, Joseph, 257, 293

Williams, Albert Rhys, 418

Willich, August, 206-7, 237, 242

Winckelmann, Johann Joachim, 137

Wolfe, Bertram D., 554, 557

Wolff, Wilhelm, 301, 322

Woodhull, Victoria, 326

Woollcott, Alexander, 134

Wordsworth, 548

Wrangel, barão, 316

Wright, Frances, 125

Young, Brigham, 129, 133

Zabel, F., 260

Zassulitch, V. I., 399, 456, 463, 551

Zetkin, Clara, 509

Zimmerman, Wilhelm, 234-5

Zinoviev, 522

EDMUND WILSON nasceu em Red Bank, Nova Jersey, em 1895 e morreu em 1972. Figura decisiva na vida intelectual norte-americana, esteve entre os primeiros a saudar autores como Joyce, Fitzgerald e Hemingway. Crítico ativo até o fim da vida, assinou também várias obras de história das ideias. Escreveu, entre outros, *Os anos vinte*, *O castelo de Axel*, *Os manuscritos do mar Morto*, *Memórias do condado de Hecate* e *Onze ensaios*, todos publicados pela Companhia das Letras.

1ª edição Companhia das Letras [1986] 13 reimpressões
1ª edição Companhia de Bolso [2006] 5 reimpressões

Esta obra foi composta pela Verba Editorial
em Janson Text e impressa pela Gráfica Bartira em ofsete
sobre papel Pólen Natural da Suzano S.A.

A marca FSC® é a garantia de que a madeira utilizada na fabricação do papel deste livro provêm de florestas que foram gerenciadas de maneira ambientalmente correta, socialmente justa e economicamente viável, além de outras fontes de origem controlada.